PRAKTISCHE LOHNABRECHNUNG

2020

Thomas Werner

Dieser Ratgeber wurde mit großer Sorgfalt bearbeitet. Eine Gewähr für die Richtigkeit und Vollständigkeit kann dennoch nicht übernommen werden.

Der Verlag weist darauf hin, dass zur sprachlichen Vereinfachung in der Regel die männliche Schreibweise verwendet wurde, die Formulierungen aber selbstverständlich alle Geschlechter einbeziehen.

Bei der Herstellung des Buches haben wir uns bewusst für umweltverträgliche und wiederverwertbare Materialien entschieden. Der Inhalt wurde auf elementar chlorfreiem Papier gedruckt, der Umschlag mit biologisch abbaubarem Lack behandelt.

Satz: Klaudia Gottwald, Wien
Druck: Gebr. Geiselberger, Altötting

Alle Rechte, insbesondere das Recht der Vervielfältigung und Verbreitung sowie der Übersetzung, vorbehalten. Kein Teil des Werkes darf in irgendeiner Form (durch Fotokopie, Mikrofilm oder ein anderes Verfahren) ohne schriftliche Genehmigung des Verlages reproduziert werden.

2020 Dr. F. Weiss Verlag GmbH,
Josephspitalstraße 15, 80331 München
Postfach: 20 21 31, 80021 München
Telefon 089/7916004, Telefax 089/792293
office@weissverlag.de, www.weissverlag.de

ISBN 978-3-937015-68-2

Neues in der Praktischen Lohnabrechnung 2020

Auch im Jahr 2020 müssen in der täglichen Praxis der Lohnabrechnung wieder zahlreiche Änderungen aus Gesetzen und Verwaltungsvorschriften bewältigt werden. So bringen vor allem das Gesetz zur weiteren steuerlichen Förderung der Elektromobilität und zur Änderung weiterer steuerlicher Vorschriften oder das Dritte Bürokratieentlastungsgesetz wichtige Neuerungen, die bei der Lohnabrechnung zu beachten sind.

Einige wichtige Änderungen in der Praktischen Lohnabrechnung 2020 im Überblick:

Ein kleiner Auszug der Neuerungen:

Lohnsteuer
- Einbeziehung beschränkt Steuerpflichtiger in das ELStAM-Verfahren 19
- Neue Steuertabellen 23
- Aktuelles zur betrieblichen Altersversorgung 67
- Aktuelles zur betrieblichen Gesundheitsförderung 109
- Neues zu Jobtickets und Fahrtkostenzuschüsse bei Nutzung öffentlicher Verkehrsmittel 121
- Neue Steuerbefreiung für Weiterbildungsleistungen des Arbeitgebers 130
- Neue Sachbezugswerte für Verpflegung und Unterkunft 132
- Anhebung der Lohnsteuerpauschalierungsgrenze bei der Gruppenunfallversicherung 137
- Neues zur Abgrenzung geringwertiger Sachbezüge und Barlohn 141
- Neues bei der Überlassung von Elektrofahrzeugen 158
- Neues bei der Überlassung und Übereignung von (Elektro-)Fahrrädern 161
- Bewertungsabschlag für vom Arbeitgeber vergünstigt zur Verfügung gestellte Wohnungen 178
- Aktuelles zur Auswärtstätigkeit und doppelten Haushaltsführung 391
- Anhebung der Verpflegungspauschalen im Inland 193
- Neue Pauschale für Berufskraftfahrer 207
- Anhebung der Pauschalierungsgrenzen bei kurzfristiger Beschäftigung 302
- Neues zum Lohnsteuer-Jahresausgleich durch den Arbeitgeber 378
- Neues zur elektronischen Lohnsteuerbescheinigung 381
- Neue Auslandsreisekosten 2020 419

Sozialversicherung
- Nochmalige Senkung des Beitragssatzes in der Arbeitslosenversicherung 33
- Anhebung des durchschnittlichen Zusatzbeitragssatzes in der KV 33
- Neue Beitragsbemessungsgrenzen 35
- Neuer Faktor F in der Niedriglohn-Gleitgrenze 39
- Neuer Höchstbetrag für den Arbeitgeberzuschuss zur privaten Kranken- und Pflegepflichtversicherung 55

Sonstiges
- Neuer Mindestlohn 14

Inhaltsverzeichnis

BEISPIEL 1
Arbeitspapiere **13**
Arbeitsvertrag 13
ELStAM und Bescheinigung für den Lohnsteuerabzug 15
Sozialversicherungsausweis 21

BEISPIEL 2
Steuerabzugsbeträge und Sozialversicherungsbeitrag **23**
Lohnsteuerabzug 23
Solidaritätszuschlag 31
Kirchensteuer 32
Berechnung der Sozialversicherungsbeiträge 33
Arbeitnehmeranteil zur SozV in der Niedriglohn-Gleitzone 39
Berechnung der Insolvenzgeldumlage 42
Beschäftigung ausländischer Arbeitnehmer 43

BEISPIEL 3
Beginn der Beschäftigung und Versicherungspflicht **46**
Anmeldung 46
Versicherungspflicht in der Kranken- und Pflegeversicherung 48
Jahresarbeitsentgeltgrenze – JAEG 48
Keine Krankenversicherungspflicht 52
Arbeitgeberzuschuss zur Kranken- und Pflegeversicherung 53
Versicherungspflicht in der Renten- und Arbeitslosenversicherung 59
Scheinselbstständigkeit 59
Lohnabrechnung bei Beginn der Beschäftigung 60

BEISPIEL 4
Unterbrechung der Beschäftigung ohne Entgeltzahlung **62**
Unterbrechungstatbestände 62
Meldungen 63
Teillohnzahlungszeitraum 63
Lohnabrechnung bei Unterbrechung 65

BEISPIEL 5
Betriebliche Altersversorgung **67**
Direktzusage 72
Unterstützungskasse 74
Pensionskasse 74
Pensionsfonds 77
Direktversicherung – Neuzusage – 77
Direktversicherung – Altzusage – 81
BAV-Förderbetrag 86

BEISPIEL 6
Zulagen und Zuschläge, Heimarbeit,
Vermögensbildung, Vermögensbeteiligung **90**
Überstundenbezahlung 90
Steuerfreie Zuschläge für Sonntags-, Feiertags- und Nachtarbeit 91
Heimarbeit 97
Vermögensbildung und Vermögensbeteiligung 100

BEISPIEL 7
Sachbezüge und Aufwendungsersatz **105**
Aufmerksamkeiten 106
Auslagenersatz 106
Berufskleidung 107
Betreuungsleistungen 108
Betriebliche Gesundheitsförderung 109
Betriebsveranstaltungen 111
Bewirtung von Arbeitnehmern 116
Fahrten zwischen Wohnung und erster Tätigkeitsstätte 121
Fort- und Weiterbildungskosten 130
Freie Verpflegung und Unterkunft 132
Freiwillige Unfallversicherung 136
Geringwertige Sachbezüge 140
Heirats- und Geburtsbeihilfen 143
Kindergartenzuschüsse 143
Kraftfahrzeugüberlassung 144
Mahlzeiten 163
Personalrabatte 169
Telearbeitsplatz 173

Telefon-, Internet- und Computernutzung ... 174
Verpflegungsmehraufwand ... 177
VIP-Logen ... 177
Weiterbildungsleistungen ... 177
Werkzeuggeld ... 177
Wohnungsüberlassung ... 177
Zinsersparnisse und Zinszuschüsse ... 179

BEISPIEL 8
Auswärtstätigkeit und doppelte Haushaltsführung ... 183
Auswärtstätigkeit ... 183
Doppelte Haushaltsführung ... 208
Besteuerung von Verpflegungskostenersatz ... 212

BEISPIEL 9
Sonstige Bezüge und einmalig gezahltes Arbeitsentgelt ... 214
Steuerabzug und Beiträge von einmalig gezahltem Arbeitsentgelt ... 215
Einmalig gezahltes Arbeitsentgelt in den Monaten Januar bis März ... 223
Mehrjährige Tätigkeit ... 224
Jubiläumszuwendungen ... 225
Lohnsteuerpauschalierung für sonstige Bezüge ... 226
Pauschalierung nach § 37b EStG ... 230
Lohnnachzahlungen ... 234

BEISPIEL 10
Vereinbarung von Nettolohn ... 239

BEISPIEL 11
Rückzahlung von Arbeitslohn ... 241

BEISPIEL 12
Urlaub ... 244

BEISPIEL 13
Entgeltfortzahlung bei Krankheit ... 250

BEISPIEL 14
Feiertagslohn ... 257

BEISPIEL 15
Mutterschutz, Elternzeit, Pflegezeit, Familienpflegezeit **259**
Mutterschutz 259
Elternzeit 264
Elterngeld 267
Pflegezeit 268
Familienpflegezeit 271

BEISPIEL 16
Arbeitsverhinderung **272**

BEISPIEL 17
Kurzarbeit **273**

BEISPIEL 18
Geringfügige Beschäftigung **280**
Geringfügig entlohnte Beschäftigung 280
Minijob im Privathaushalt 298
Kurzfristige Beschäftigung 301
Kurzzeitige Beschäftigung 310
Unständige Beschäftigung 311

BEISPIEL 19
Beschäftigung von Rentnern **312**

BEISPIEL 20
Auszubildende, Schüler, Praktikanten und Werkstudenten **319**
Auszubildende 319
Schüler 321
Praktikanten 322
Werkstudenten 324

BEISPIEL 21
Beschäftigung von Familienangehörigen **329**

BEISPIEL 22
Gesellschafter-Geschäftsführer **334**

BEISPIEL 23
Flexible Arbeitszeit, Altersteilzeit und Vorruhestand **342**
Flexible Arbeitszeit 342
Altersteilzeit 348
Vorruhestand 353

BEISPIEL 24
Steuerfreie Auslandstätigkeit **356**

BEISPIEL 25
Beendigung des Arbeitsverhältnisses **363**
Kündigung 363
Ausfertigung der Arbeitspapiere 365
Abfindung 366
Direktversicherung bei Beendigung des Dienstverhältnisses 370
Lohnzahlung an ausgeschiedene Arbeitnehmer 371
Lohnzahlung an Hinterbliebene 374

BEISPIEL 26
Lohnsteuer-Jahresausgleich durch den Arbeitgeber **378**

BEISPIEL 27
Bescheinigungen **381**
Lohnsteuerbescheinigung 381
Jahresmeldung für die SozV 388
Entgeltbescheinigung 390

BEISPIEL 28
Aufzeichnungspflichten **391**

BEISPIEL 29
Abführung der Steuerabzugsbeträge,
der Sozialversicherungsbeiträge und Umlagen **396**
Lohnsteuer-Anmeldung 396
Beitragsnachweis 399
Außenprüfung 401
Lohnsteuer-Nachschau 401
Überblick zum Meldeverfahren Unfallversicherung 402
Hinweis auf das Optimierte Meldeverfahren OMS 403

ANLAGE 1
Kirchensteuersätze **404**

ANLAGE 1a
Kirchensteuer bei Lohnsteuerpauschalierung **405**

ANLAGE 2
Meldepflichten bei der Krankenkasse **408**

ANLAGE 2a
Meldepflichtige Sachverhalte **410**

ANLAGE 2b
Personengruppenschlüssel **413**

ANLAGE 2c
Beitragsgruppenschlüssel **415**

ANLAGE 3
Zusammenstellung der zulässigen Lohnsteuerpauschalierungen mit der beitragsrechtlichen Behandlung des pauschalversteuerten Arbeitslohns **416**

ANLAGE 4
Neue Auslandsreisekosten 2020 .... **419**

ABKÜRZUNGEN

AAG	Aufwendungsausgleichsgesetz
AltTZG	Altersteilzeitgesetz
ALV	Arbeitslosenversicherung
AO	Abgabenordnung
BBG	Beitragsbemessungsgrenze
BBiG	Berufsbildungsgesetz
BetrAVG	Betriebliches Altersversorgungsgesetz
BFH	Bundesfinanzhof
BGB	Bürgerliches Gesetzbuch
BGBl.	Bundesgesetzblatt
BMF-Schr.	Schreiben des Bundesfinanzministeriums
BSG	Bundessozialgericht
BStBl	Bundessteuerblatt
BUrlG	Bundesurlaubsgesetz
BVV	Beitragsverfahrensverordnung
DBA	Doppelbesteuerungsabkommen
EFZG	Entgeltfortzahlungsgesetz
EStG	Einkommensteuergesetz
EStH	Einkommensteuer-Hinweise
EStR	Einkommensteuer-Richtlinien
gKV	gesetzliche Krankenversicherung
gRV	gesetzliche Rentenversicherung
H	Hinweis
JAEG	Jahresarbeitsentgeltgrenze
JBBG	Jahresbeitragsbemessungsgrenze
KF	Zahl der Kinderfreibeträge
KiSt	Kirchensteuer
KSchG	Kündigungsschutzgesetz
KV	Krankenversicherung
LJA	Lohnsteuer-Jahresausgleich
LSt	Lohnsteuer
LStDV	Lohnsteuer-Durchführungsverordnung
LStH	Lohnsteuer-Hinweise
LStR	Lohnsteuer-Richtlinien
MuSchG	Mutterschutzgesetz
pKV	private Krankenversicherung
PV	Pflegeversicherung
R	Richtlinie
RV	Rentenversicherung
SFN-Zuschläge	Sonntags-, Feiertags- und Nachtarbeitszuschläge
SGB	Sozialgesetzbuch
SolZ	Solidaritätszuschlag
SozV	Sozialversicherung
SvEV	Sozialversicherungsentgeltverordnung
5. VermBG	Fünftes Vermögensbildungsgesetz
vL	vermögenswirksame Leistung
VVG	Versicherungsvertragsgesetz

BEISPIEL 1

Arbeitspapiere

Um welche Unterlagen handelt es sich?
- Arbeitsvertrag
- ELStAM (vgl. S. 15), ansonsten in Ausnahmefällen die Bescheinigung für den Lohnsteuerabzug
- Sozialversicherungsausweis
- Aufenthaltstitel bei ausländischen Arbeitnehmern (vgl. S. 43)

Arbeitsvertrag

Ist ein schriftlicher Arbeitsvertrag erforderlich?
Die Schriftform ist gesetzlich nicht vorgeschrieben. Der Arbeitsvertrag muss allerdings schriftlich abgeschlossen werden, wenn dies in dem für das Arbeitsverhältnis maßgebenden Tarifvertrag verlangt wird. Ein Ausbildungsdienstverhältnis ist jedoch in jedem Fall schriftlich zu vereinbaren. Auch die Befristung des Arbeitsvertrags muss schriftlich erfolgen.

Besteht für ein Arbeitsverhältnis kein schriftlicher Vertrag, ist der Arbeitgeber aufgrund des Nachweisgesetzes verpflichtet, spätestens einen Monat nach Beginn der Beschäftigung die wesentlichen Arbeitsbedingungen schriftlich niederzulegen und die Niederschrift dem Arbeitnehmer auszuhändigen.

Was soll im schriftlichen Arbeitsvertrag vereinbart sein, bzw. was muss in der Niederschrift festgehalten werden?
- Name und Anschrift der Vertragsparteien,
- der Beginn des Arbeitsverhältnisses,
- die vorhersehbare Dauer im Fall der Befristung,
- Angaben zum Arbeitsort,
- Beschreibung der Tätigkeit,
- Zusammensetzung und Höhe des Arbeitsentgelts,
- die vereinbarte Arbeitszeit,
- die Dauer des Erholungsurlaubs,
- die Kündigungsfrist.

Zum Erholungsurlaub und zur Kündigungsfrist kann auch auf die gesetzlichen Vorschriften verwiesen werden, wenn diese für das Arbeitsverhältnis gelten sollen. Die Angaben zum Arbeitsentgelt, zur Arbeitszeit, zum Erholungsurlaub und zur Kündigungsfrist können auch durch eine Verweisung auf die im Arbeitsverhältnis ggf. anzuwendenden Tarifverträge oder Betriebsvereinbarungen ersetzt werden.

Bei einem Auslandseinsatz sind zusätzliche Angaben vorgeschrieben (Dauer des Auslandsaufenthalts, Währung für das Arbeitsentgelt, Festlegung der zusätzlichen Leistungen des Arbeitgebers, Bedingungen der Rückkehr). In der Regel wird jedoch in solchen Fällen ohnehin ein schriftlicher Vertrag geschlossen, in dem die Bedingungen des Auslandsaufenthalts detailliert vereinbart werden.

Wann kann die schriftliche Niederlegung der Arbeitsbedingungen unterbleiben?
Die Niederschriftverpflichtung nach dem Nachweisgesetz gilt nicht, wenn die Beschäftigung nur zur vorübergehenden Aushilfe von höchstens einem Monat Dauer ausgeübt wird.

Welche Besonderheiten gelten bei Praktikanten?
Für Praktikanten, die gemäß § 22 Abs. 1 des Mindestlohngesetzes als Arbeitnehmer gelten, gilt nach § 2 Abs. 1a des Nachweisgesetzes Folgendes: Wer einen Praktikanten einstellt, hat unverzüglich nach Abschluss des Praktikumsvertrages, spätestens vor Aufnahme der Praktikantentätigkeit, die wesentlichen Vertragsbedingungen schriftlich niederzulegen, die Niederschrift zu unterzeichnen und dem Praktikanten auszuhändigen. In die Niederschrift sind mindestens aufzunehmen:
1. der Name und die Anschrift der Vertragsparteien,
2. die mit dem Praktikum verfolgten Lern- und Ausbildungsziele,
3. Beginn und Dauer des Praktikums,
4. Dauer der regelmäßigen täglichen Praktikumszeit,
5. Zahlung und Höhe der Vergütung,
6. Dauer des Urlaubs,
7. ein in allgemeiner Form gehaltener Hinweis auf die Tarifverträge, Betriebs- oder Dienstvereinbarungen, die auf das Praktikumsverhältnis anzuwenden sind.

Was gilt nach dem Mindestlohngesetz?
Mit dem Tarifautonomiestärkungsgesetz vom 11.8.2014, BGBl. I S. 1.348, wurde ein Mindestlohn eingeführt, der durch die Mindestlohnanpassungsverordnung vom 15.11.2016, BGBl. I S. 2.530, ab dem 1.1.2017 von 8,50 € auf 8,84 € und durch die Zweite Mindestlohnanpassungsverordnung vom 13.11.2018, BGBl. I S. 1.876, ab dem 1.1.2020 auf 9,35 € (2019: 9,19 €) je Zeitstunde angehoben wurde. Vom Mindestlohn ausgenommen sind nach § 22 MiLoG Auszubildende, ehrenamtlich Tätige, Schüler, Studierende sowie Auszubildende, die ein studentisches Pflichtpraktikum bzw. ein Orientierungspraktikum von bis zu 3 Monaten leisten. Sog. Langzeitarbeitslose, die unmittelbar vor Aufnahme der Beschäftigung länger als ein Jahr arbeitslos waren, haben erst nach Ablauf eines halben Jahres Anspruch auf den Mindestlohn.

Damit die Regelungen zum Mindestlohn auch tatsächlich um- und durchgesetzt werden, sind umfangreiche Meldepflichten (§ 16 MiLoG) und Dokumentationspflichten (§ 17 MiLoG) vorgeschrieben. So sind beispielsweise Arbeitgeber mit in § 2a des Schwarzarbeitsbekämpfungsgesetzes genannten Zweigen (vgl. S. 22) oder mit geringfügig Beschäftigten i.S. d § 8 Abs. 1 SGB IV (vgl. S. 280) verpflichtet, insbesondere Aufzeichnungen über Beginn, Ende und Dauer der täglichen Arbeitszeit zu führen und mindestens 2 Jahre aufzubewahren (Hinweis auf die Mindestlohnaufzeichnungsverordnung – MiLoAufzV – vom 26.11.2014, BGBl. I S. 1824, sowie die Mindestlohndokumentationspflichtenverordnung – MiLoDokV – vom 29.7.2015, Bundesanzeiger 31.7.2015 V1). Zudem haftet der Arbeitgeber nach Maßgabe des § 13 MiLoG dafür, dass auch der Subunternehmer den Mindestlohn zahlt. Die Behörden der Zollverwaltung prüfen bei den Arbeitgebern die Einhaltung des MiLoG. Auf die ausführlichen Erläuterungen im Handbuch „Arbeitsrecht in der betrieblichen Praxis" wird verwiesen.

Im Übrigen ist zu beachten, dass die SV-Beiträge ebenfalls auf Grundlage des zu beanspruchenden Mindestlohns zu entrichten sind, was auch für die Minijob-Arbeitsentgeltgrenze von Bedeutung ist (vgl. S. 298). Lediglich für Einmalzahlungen ist bei der Beitragsberechnung auf das tatsächlich ausgezahlte Arbeitsentgelt abzustellen, so wie dies generell für das Steuerrecht gilt.

Was gilt nach dem Gleichbehandlungsgesetz?

Nach dem Allgemeinen Gleichbehandlungsgesetz (AGG) ist im Bereich von Beschäftigung und Beruf jede Diskriminierung wegen Rasse, ethnischer Herkunft, Geschlecht, Religion, Weltanschauung, Behinderung, Alter oder sexueller Identität verboten. Bei Verstoß gegen die Bestimmungen des AGG haben die Betroffenen Anspruch auf Unterlassung, Schadenersatz und Schmerzensgeld. Jedoch nicht jede unterschiedliche Behandlung ist gleich eine verbotene Benachteiligung; sie muss sachlich gerechtfertigt sein. Erlaubt ist z. B. die Festsetzung eines Höchstalters für die Einstellung aufgrund besonderer Anforderungen eines Arbeitsplatzes etc. Der Arbeitgeber ist verpflichtet, die erforderlichen Maßnahmen zum Schutz vor Benachteiligungen zu treffen und seine Arbeitnehmer in geeigneter Art und Weise über das Benachteiligungsverbot zu informieren. Auf die Erläuterungen im Handbuch „Arbeitsrecht in der betrieblichen Praxis" wird verwiesen.

ELStAM und Bescheinigung für den Lohnsteuerabzug

Welche ELStAM-Daten werden zur Verfügung gestellt?

Als **E**lektronische **L**ohn**S**teuer**A**bzugs**M**erkmale **(ELStAM)** werden derzeit zur Verfügung gestellt:
— Lohnsteuerklasse und ggf. Faktor (vgl. S. 28)
— Zahl der Kinderfreibeträge bei den Steuerklassen I bis IV
— Freibetrag und Hinzurechnungsbetrag (vgl. S. 29)
— Kirchensteuerabzugsmerkmal (vgl. S. 32)

In einigen Jahren sollen zudem nach § 39 Abs. 4 Nr. 4 und Nr. 5 EStG auch die Höhe der Beiträge für eine private Krankenversicherung und Pflegepflichtversicherung und die Mitteilung, dass der von einem Arbeitgeber gezahlte Arbeitslohn nach einem Abkommen zur Vermeidung der Doppelbesteuerung von der Lohnsteuer freizustellen ist, dem Arbeitgeber elektronisch bereitgestellt werden, wenn der Arbeitnehmer dies beantragt.

Im Regelfall erfolgt die erstmalige **Bildung der ELStAM** zu Beginn eines Dienstverhältnisses aufgrund der Anmeldung des Arbeitnehmers durch seinen Arbeitgeber bei der Finanzverwaltung mit dem Ziel, die ELStAM des Arbeitnehmers abzurufen. Soweit Lohnsteuerabzugsmerkmale nicht automatisiert gebildet werden oder davon abweichend zu bilden sind (z. B. individueller Freibetrag des Arbeitnehmers oder Lohnsteuerklassen nach antragsgebundenem Steuerklassenwechsel), erfolgt die Bildung der Lohnsteuerabzugsmerkmale auf Antrag des Arbeitnehmers durch das Finanzamt.

Welche Voraussetzungen sind für den Abruf der ELStAM erforderlich?

Um die ELStAM abrufen zu können, benötigt der Arbeitgeber eine Registrierung im Elster-Online-Portal (www.elsteronline.de), soweit er nicht einen Dritten mit der Datenübermittlung beauftragt hat.

BEISPIEL 1   *ELStAM und Bescheinigung für den Lohnsteuerabzug*

Bei der Anmeldung des Arbeitnehmers in der ELStAM Datenbank hat der Arbeitgeber für die Anforderung von ELStAM folgende Daten, die sein Arbeitnehmers ihm mitzuteilen hat, anzugeben:
— Steueridentifikationsnummer des Arbeitnehmers
— Geburtsdatum des Arbeitnehmers
— Tag des Beginns des Dienstverhältnisses
— Angabe, ob es sich um ein erstes oder ein weiteres Dienstverhältnis des Arbeitnehmers handelt,
— etwaige Angaben, ob und in welcher Höhe ein Freibetrag abgerufen werden soll.

Macht der Arbeitgeber keine Angaben dazu, ob es sich um das erste oder ein weiteres Dienstverhältnis handelt, wird programmgesteuert, ein weiteres Dienstverhältnis mit Steuerklasse VI unterstellt.

In der Anmeldung des Arbeitnehmers hat der Arbeitgeber zudem den Zeitpunkt anzugeben, ab dem er die für den Lohnsteuerabzug erforderlichen ELStAM anzuwenden hat (**„Referenzdatum Arbeitgeber"**; sog. refDatumAG). Dies wird regelmäßig der Beginn des Dienstverhältnisses sein, da dieses Datum den Zeitpunkt festlegt, ab dem ELStAM gebildet und im Anschluss daran zum Abruf bereitgestellt werden soll. Das Referenzdatum Arbeitgeber darf nicht liegen:

— vor dem Beginn des Dienstverhältnisses,
— nach dem Tag der elektronischen Anmeldung des Arbeitnehmers,
— vor dem 1. Januar des laufenden Jahres, wenn der Arbeitnehmer nach Ablauf des Monats Februar des laufenden Jahres elektronisch angemeldet wird,
— vor dem Vorjahresbeginn, wenn der Arbeitnehmer vor dem 1. März des laufenden Jahres elektronisch angemeldet wird.

Was gilt zur Anwendung der abgerufenen ELStAM?

Nach erfolgreichem Abruf der ELStAM hat der Arbeitgeber für die angemeldeten Arbeitnehmer die abgerufenen ELStAM gemäß der zeitlichen Gültigkeitsangabe solange für den Lohnsteuerabzug zu verwenden, bis
— ihm die Finanzverwaltung geänderte ELStAM zum Abruf bereitstellt oder
— der Arbeitgeber der Finanzverwaltung die Beendigung des Dienstverhältnisses mitteilt.
Die Beendigung des Dienstverhältnisses hat unter Angabe der Daten des abzumeldenden Arbeitnehmers (Steueridentifikationsnummer, Geburtsdatum, Datum der Beendigung des Dienstverhältnisses) unverzüglich auf elektronischem Weg zu erfolgen.

Wie wird der Arbeitgeber über Änderungen der ELStAM-Daten informiert?

Der Arbeitgeber ist verpflichtet, die ELStAM monatlich abzufragen und abzurufen. Da sich jedoch die Lohnsteuerabzugsmerkmale in einer Vielzahl von Fällen nicht in jedem Monat ändern, hat die Finanzverwaltung einen Mitteilungsservice eingerichtet. Zur Nutzung dieses Mitteilungsservices kann der Arbeitgeber im Elster Online-Portal beantragen, per E-Mail Informationen über die Bereitstellung von Änderungen zu erhalten. Der Arbeitgeber erfährt durch den E-Mail-Mitteilungsservice, dass sich für einen Lohnzahlungszeitraum Änderungen bei den ELStAM seiner Arbeitnehmer ergeben haben, sodass er zum Abruf verpflichtet ist.
Ergeben sich im Laufe des Kalenderjahres Änderungen bei der ELStAM des Arbeitnehmers, z. B. weil sich dieser vom Finanzamt einen Freibetrag gewähren lässt oder sich durch Geburt

eines Kindes die Zahl der Kinderfreibeträge geändert hat, werden dem Arbeitgeber die geänderten Daten und der Zeitpunkt ihrer Wirksamkeit elektronisch mitgeteilt.

Wie wird der Arbeitnehmer informiert?

Der Arbeitgeber hat die verwendeten Lohnsteuerabzugsmerkmale in der üblichen Lohnabrechnung des Arbeitnehmers anzugeben, damit der Arbeitnehmer erkennen kann, nach welchen Merkmalen der Steuerabzug vorgenommen worden ist.

Was gilt bei unzutreffender ELStAM?

Stellt die Finanzverwaltung dem Arbeitgeber unzutreffende ELStAM bereit, kann der Arbeitnehmer deren Berichtigung beim Finanzamt beantragen. Um bei unzutreffenden ELStAM den zutreffenden Lohnsteuerabzug vornehmen zu können, stellt das Finanzamt im laufenden Verfahren auf Antrag des Arbeitnehmers eine Bescheinigung für den Lohnsteuerabzug (§ 39 Abs. 1 Satz 2 EStG) für die Dauer eines Kalenderjahres aus und sperrt in der Regel gleichzeitig den Arbeitgeberabruf. Durch diese Sperrung erhält der Arbeitgeber für den Arbeitnehmer keine sog. Änderungslisten mehr. Legt der Arbeitnehmer dem Arbeitgeber die Bescheinigung für den Lohnsteuerabzug vor, sind die darauf eingetragenen Lohnsteuerabzugsmerkmale maßgebend und ins Lohnkonto zu übernehmen.

Hebt das Finanzamt die Sperre nach einer Korrektur der (fehlerhaften) Daten auf, werden dem Arbeitgeber die zutreffenden ELStAM in einer sog. Änderungsliste zum Abruf bereitgestellt. Mit dem erneuten Abruf der ELStAM durch den Arbeitgeber verliert die Bescheinigung für den Lohnsteuerabzug ihre Gültigkeit; sie ist nicht an das Finanzamt zurückzugeben. Der Arbeitgeber darf sie nach Ablauf des Kalenderjahres vernichten.

Ist eine Korrektur unzutreffender ELStAM durch das Finanzamt für zurückliegende Lohnzahlungszeiträume erforderlich, stellt das Finanzamt auf Antrag des Arbeitnehmers eine befristete Bescheinigung für den Lohnsteuerabzug aus.

Was gilt bei fehlgeschlagenem Abruf der ELStAM?

a) Sperrung durch den Arbeitnehmer:

Hat der Arbeitnehmer von der Möglichkeit Gebrauch gemacht, seine **ELStAM** vom Finanzamt **sperren** zu lassen, wird dem Arbeitgeber keine ELStAM bereitgestellt und dies dem Arbeitgeber mitgeteilt. In einem solchen Fall hat der Arbeitgeber dann den Lohnsteuerabzug nach **Steuerklasse VI** vorzunehmen (§ 39e Abs. 6 EStG).

b) Bei anderen Störungen:

Ist ein Abruf der ELStAM wegen **technischer Störungen** nicht möglich oder hat der Arbeitnehmer die fehlende Mitteilung über die im zuzuteilende Steueridentifikationsnummer gegenüber dem Arbeitgeber bei Beginn des Dienstverhältnisses nicht zu vertreten, so dass der Arbeitgeber die ELStAM nicht abrufen kann, kann der Arbeitgeber abweichend von der Anwendung der Steuerklasse VI – längstens für einen Zeitraum von drei Kalendermonaten – die voraussichtlichen Lohnsteuerabzugsmerkmale dem Lohnsteuerabzug zu Grunde legen.

Erhält der Arbeitgeber vor Ablauf der drei Monate die ELStAM, hat der Arbeitgeber den bislang vorgenommenen Lohnsteuerabzug zu überprüfen und erforderlichenfalls zu ändern.

Hat der Arbeitnehmer nach Ablauf von drei Monaten die Steueridentifikationsnummer sowie den Tag seiner Geburt nicht mitgeteilt und ersatzweise die Bescheinigung für den Lohnsteuerabzug nicht vorgelegt, so ist rückwirkend die Besteuerung nach Steuerklasse VI durchzuführen und die Lohnsteuerermittlung für die ersten drei Monate zu korrigieren.

BEISPIEL 1   *ELStAM und Bescheinigung für den Lohnsteuerabzug*

Was gilt bei verschiedenartigen Bezügen/Lohnarten im selben Dienstverhältnis?

Bezieht ein Arbeitnehmer von seinem Arbeitgeber gleichzeitig
— neben dem Arbeitslohn für ein aktives Dienstverhältnis auch Versorgungsbezüge,
— neben Versorgungsbezügen, Bezügen und Vorteilen aus seinem früheren Dienstverhältnis auch andere Versorgungsbezüge oder
— neben Bezügen und Vorteilen während der Elternzeit oder vergleichbaren Unterbrechungszeiten des aktiven Dienstverhältnisses auch Arbeitslohn für ein weiteres befristetes aktives Dienstverhältnis zum selben Arbeitgeber

hatte die Finanzverwaltung trotz des Grundsatzes eines einheitlichen Dienstverhältnisses, der den Abruf von ELStAM für ein zweites Dienstverhältnisses verbietet und den Lohnsteuerabzug für beide Lohnarten zusammen nach einer ELStAM vorschreibt, es nicht beanstandet, wenn der Arbeitgeber für die eine Lohnart die ELStAM abruft, für die andere Lohnart den Lohnsteuerabzug **ohne** ELStAM-Abruf nach Steuerklasse VI versteuert und dann nach Ablauf des Kalenderjahres zwei getrennte Lohnsteuerbescheinigungen ausstellt und der Finanzverwaltung übermittelt.

Mit § 39e Abs. 5a EStG ist diese Möglichkeit der getrennten Abrechnung verschiedenartiger Bezüge gesetzlich geregelt worden. Das heißt, dass in den o.g. Fällen der Arbeitgeber weiterhin nur für die eine Lohnart die ELStAM des Arbeitnehmers abruft und für die andere Lohnart den Lohnsteuerabzug ohne Abruf weiterer elektronischer Lohnsteuerabzugsmerkmale nach der Lohnsteuerklasse VI einbehalten darf. Macht der Arbeitgeber von dieser Möglichkeit Gebrauch, ist der Arbeitnehmer nach Ablauf des Kalenderjahres zur Abgabe einer Einkommensteuererklärung bei seinem Finanzamt verpflichtet.

Was gilt bei Beendigung des Dienstverhältnisses?

Der Arbeitgeber hat die **Beendigung des Dienstverhältnisses** der Finanzverwaltung unverzüglich mitzuteilen und den Arbeitnehmer bei der Finanzverwaltung elektronisch abzumelden. Zahlt der Arbeitgeber nach Beendigung des Dienstverhältnisses **laufenden Arbeitslohn** (vgl. S. 371), sind der Besteuerung die ELStAM zum Ende des Lohnzahlungszeitraums zugrunde zu legen, für den die Nachzahlung erfolgt; eine erneute Anmeldung des Arbeitnehmers ist insoweit nicht erforderlich. Handelt es sich dagegen um **sonstige Bezüge** (vgl. S. 371), sind für die Besteuerung die ELStAM zum Ende des Kalendermonats des Zuflusses des sonstigen Bezugs maßgebend. Der Arbeitgeber muss daher den Arbeitnehmer erneut anmelden; unterlässt er dies, ist der Steuerabzug nach Steuerklasse VI vorzunehmen.

Nach dem **Tod des Arbeitnehmers** wird der Abruf der ELStAM automatisch allgemein gesperrt. Bei Lohnzahlungen an Erben oder Hinterbliebene des verstorbenen Arbeitnehmers sind diese durch den Arbeitgeber als Arbeitnehmer anzumelden, damit die Finanzverwaltung ELStAM bilden und zum Abruf bereitstellen kann.

Was gilt bei Arbeitgeberwechsel?

Im Falle eines Arbeitgeberwechsels ist der (bisherige) erste Arbeitgeber verpflichtet, die Beendigung des Dienstverhältnisses der Finanzverwaltung unverzüglich anzuzeigen und den Arbeitnehmer bei der Finanzverwaltung zeitnah elektronisch abzumelden (§ 39e Abs. 4 Satz 5 EStG). Der neue erste Arbeitgeber hat sich bei der Finanzverwaltung als erster Arbeitgeber (Hauptarbeitgeber) anzumelden und die ELStAM des Arbeitnehmers abzurufen.

Bei der Abmeldung ist zu berücksichtigen, dass die aktuellen ELStAM des Arbeitnehmers dem Arbeitgeber ab dem ersten bis zum fünften Werktag des Folgemonats zum Abruf bereitgestellt werden. Erfolgt die Abmeldung des Arbeitnehmers vor dem fünften Werktag des Folgemonats, kann der Arbeitgeber die aktuellen ELStAM des Arbeitnehmers für den Monat der Beendigung des Dienstverhältnisses ggf. nicht abrufen.

Erfolgt nach einem Arbeitgeberwechsel die Anmeldung des Arbeitnehmers durch den neuen (aktuellen) Hauptarbeitgeber, bevor der vorherige Hauptarbeitgeber die Abmeldung vorgenommen hat, gilt Folgendes:

— Der aktuelle Hauptarbeitgeber erhält die für das erste Dienstverhältnis gültigen ELStAM rückwirkend ab dem Beginn des Dienstverhältnisses. Der bisherige Hauptarbeitgeber erhält mit Gültigkeit ab diesem Tag die ELStAM für Steuerklasse VI.

— Erfolgt die Abmeldung des Arbeitnehmers zu einem Zeitpunkt, der mehr als sechs Wochen nach Beginn des Dienstverhältnisses liegt, erhält der aktuelle Hauptarbeitgeber die für das erste Dienstverhältnis gültigen ELStAM ab dem Tag der Anmeldung. Der bisherige Hauptarbeitgeber erhält mit Gültigkeit ab diesem Tag die ELStAM für Steuerklasse VI.

Was gilt bei weiteren Dienstverhältnissen?

Auch Arbeitnehmer, die nach **Steuerklasse VI** (weiteres Dienstverhältnis) besteuert werden, müssen zum Abruf der ELStAM vom Arbeitgeber angemeldet werden. Bei Arbeitnehmern in der Steuerklasse VI sichert der Abruf der ELStAM den korrekten Abzug der Kirchensteuer. Nur für geringfügig Beschäftigte (vgl. S. 280), deren Arbeitslohn pauschal versteuert werden soll, darf der Arbeitgeber keine ELStAM abrufen.

Beginnt der Arbeitnehmer ein neues (weiteres) Dienstverhältnis und bezieht somit nebeneinander von mehreren Arbeitgebern Arbeitslohn, hat er zu entscheiden, welches das erste und welches das weitere Dienstverhältnis ist. Soll der Arbeitslohn des neuen Dienstverhältnisses nach Steuerklasse VI besteuert werden, hat der Arbeitnehmer dem Arbeitgeber neben der Steueridentifikationsnummer und dem Geburtsdatum mitzuteilen, dass es sich um ein weiteres Dienstverhältnis handelt.

Soll der Arbeitslohn des neuen (weiteren) Dienstverhältnisses nach den Merkmalen des ersten Dienstverhältnisses besteuert werden, hat der Arbeitnehmer dem Arbeitgeber mitzuteilen, dass es sich um das erste Dienstverhältnis handelt. Nach Bildung der ELStAM erhält der neue Arbeitgeber die ELStAM-Daten für das erste Dienstverhältnis; dem anderen Arbeitgeber wird die Steuerklasse VI zum Abruf bereitgestellt.

Was gilt bei Arbeitnehmern ohne Steueridentifikationsnummer?

Nach § 1 Abs. 1 EStG unbeschränkt einkommensteuerpflichtige Arbeitnehmer **mit** Wohnsitz oder gewöhnlichem Aufenthalt im Inland, denen **keine** Steueridentifikationsnummer zugeteilt worden ist, erhalten auf Antrag von ihrem Wohnsitzfinanzamt für die Dauer eines Kalenderjahrs eine **Bescheinigung für den Lohnsteuerabzug.** Diese Bescheinigung ersetzt die Verpflichtung und Berechtigung des Arbeitgebers zum Abruf der elektronischen Lohnsteuerabzugsmerkmale.

Was gilt für im Inland nicht meldepflichtige beschränkt steuerpflichtige Arbeitnehmer aus dem Ausland?

Arbeitnehmer ohne Wohnsitz oder gewöhnlichen Aufenthalt im Inland (vgl. S. 44) konnten bislang generell nicht am ELStAM-Verfahren teilnehmen. Sie erhielten nach § 39 Abs. 2 und 3 EStG auf Antrag vom Betriebsstättenfinanzamt eine **kalenderjahrbezogene** Bescheinigung für den Lohnsteuerabzug ausgestellt.

BEISPIEL 1   ELStAM und Bescheinigung für den Lohnsteuerabzug

Mit dem Gesetz zur weiteren steuerlichen Förderung der Elektromobilität und zur Änderung weiterer steuerlicher Vorschriften ist nunmehr **ab 2020** auch der rechtliche Rahmen zur Einbeziehung beschränkt einkommensteuerpflichtiger Arbeitnehmer in das ELStAM-Verfahren geschaffen worden. Die verpflichtende Teilnahme am EStAM-Verfahren gilt für eine **erste Gruppe** von beschränkt steuerpflichtigen Arbeitnehmern, nämlich für Fälle des § 1 Abs. 4 EStG **ohne** Freibetrag. Voraussetzung für die Teilnahme am ELStAM-Verfahren ist die Zuteilung einer Identifikationsnummer. Diese ist – sofern nicht bereits vorhanden - nach § 39 Abs. 3 EStG beim Betriebsstättenfinanzamt des Arbeitgebers zu beantragen. Zur Beantragung der Identifikationsnummer steht ein bundeseinheitlicher Vordruck („Antrag auf Vergabe einer steuerlichen Identifikationsnummer für nicht meldepflichtige Personen durch das Finanzamt") unter www.formulare-bfinv.de zur Verfügung. Die Zuteilung einer Identifikationsnummer kann auch der Arbeitgeber beantragen, wenn ihn der Arbeitnehmer dazu bevollmächtigt hat. Wurde einem Arbeitnehmer bereits eine Identifikationsnummer zugeteilt, teilt das Betriebsstättenfinanzamt diese auf Anfrage des Arbeitnehmers mit. Der Arbeitgeber ist auch berechtigt, eine solche Anfrage im Namen des Arbeitnehmers zu stellen.

Weiterhin ausgenommen vom ELStAM-Verfahren sind:
— nach § 1 Abs. 4 EStG beschränkt steuerpflichtige Arbeitnehmer, die im Lohnsteuerermäßigungsverfahren **einen Freibetrag** nach § 39a EStG beantragt haben,
— nach § 1 Abs. 4 EStG beschränkt steuerpflichtige Arbeitnehmer, wenn deren Arbeitslohn auf Antrag gemäß einem **Doppelbesteuerungsabkommen** oder dem Auslandstätigkeitserlass **steuerfrei** gestellt ist,
— nach § 1 Abs. 3 EStG steuerpflichtige Arbeitnehmer, die auf Antrag wie unbeschränkt steuerpflichtig zu behandeln sind,
— nach § 1 Abs. 2 EStG erweitert unbeschränkt steuerpflichtige Arbeitnehmer (öffentlicher Dienst).

Wenn ein nach § 1 Abs. 4 EStG beschränkt steuerpflichtiger Arbeitnehmer seinem Arbeitgeber eine Papierbescheinigung für den Lohnsteuerabzug 2020 vorlegt, ist diese **Papierbescheinigung für den Arbeitgeber bindend** und tritt für den vermerkten Gültigkeitszeitraum an die Stelle auch einer bereits vom Arbeitgeber abgerufenen ELStAM.

Liegt kein Ausschlusstatbestand vor, ist der Arbeitgeber bei nach § 1 Abs. 4 EStG beschränkt steuerpflichtigen Arbeitnehmern zum Abruf der ELStAM verpflichtet.

Für die von der Teilnahme am ELStAM-Verfahren weiterhin ausgenommenen Arbeitnehmer ist auch für das Jahr 2020 – wie bisher – nach § 39 Abs. 2 und 3 EStG vom Betriebsstättenfinanzamt eine **kalenderjahrbezogene** Bescheinigung für den Lohnsteuerabzug auszustellen. Diese Bescheinigung ist auf amtlich vorgeschriebenem Vordruck zu beantragen und kann auch vom Arbeitgeber beantragt werden, wenn dieser den Antrag im Namen des Arbeitnehmers stellt.

Weitere Einzelheiten zum Abruf der Lohnsteuerabzugsmerkmale im ELStAM-Verfahren für gemäß § 1 Abs. 4 EStG beschränkt einkommensteuerpflichtige Arbeitnehmer ab dem 1.1.2020 sind im BMF-Schreiben vom 7.11.2019, BStBl I S. 1.087, zusammengefasst.

Gibt es eine Härtefallregelung für Arbeitgeber?

Für **Arbeitgeber**, die **nicht am ELStAM-Verfahren teilnehmen** können, gilt Folgendes: Zur Vermeidung unbilliger Härten kann das Betriebsstättenfinanzamt auf amtlich vorgeschriebenem Antrag des Arbeitgebers nach § 39e Abs. 7 EStG ein Ersatzverfahren zulassen. Der

Arbeitgeber hat dem Antrag unter Angabe seiner Wirtschafts-Identifikationsnummer ein Verzeichnis der beschäftigten Arbeitnehmer mit Angabe der jeweiligen Steueridentifikationsnummer und des Geburtsdatums des Arbeitnehmers beizufügen. Das Betriebsstättenfinanzamt stellt dann für diese Arbeitnehmer und für ein Kalenderjahr eine arbeitgeberbezogene Bescheinigung mit den Lohnsteuerabzugsmerkmalen der Arbeitnehmer aus. Diese Bescheinigung sowie evtl. Änderungsmitteilungen sind als Beleg zum Lohnkonto zu nehmen und bis zum Ablauf des Kalenderjahrs aufzubewahren und im Falle der Beendigung des Dienstverhältnisses ist dies dem Betriebsstättenfinanzamt mitzuteilen.

Was gilt bei Verweigern der ELStAM-Daten durch den Arbeitnehmer oder schuldhafter Nichtvorlage der Bescheinigung für den Lohnsteuerabzug?
Der Arbeitgeber hat bei fehlenden Lohnsteuerabzugsmerkmalen die Lohnsteuererhebung nach Steuerklasse VI durchzuführen. Dies kommt insbesondere dann in Betracht, wenn der Arbeitnehmer

— bei Beginn des Dienstverhältnisses seinem Arbeitgeber die zum Abruf der ELStAM erforderliche Steueridentifikationsnummer und das Geburtsdatum schuldhaft nicht mitteilt,
— eine Übermittlung der ELStAM an den Arbeitgeber gesperrt hat
oder
— beim Finanzamt die Bildung der ELStAM hat sperren lassen.

Abweichend hiervon darf der Arbeitgeber für die Lohnsteuerberechnung – längstens für die Dauer von 3 Kalendermonaten – die voraussichtlichen Lohnsteuerabzugsmerkmale zugrunde legen , wenn ein Abruf der ELStAM wegen technischer Störungen nicht möglich ist oder der Arbeitnehmer die fehlende Mitteilung über die ihm zuzuteilende Steueridentifikationsnummer nicht zu vertreten hat.

Wo gibt es weitergehende Informationen?
Die Finanzverwaltung hat die Regelungen zum Lohnsteuerabzug im ELStAM-Verfahren in den BMF-Schreiben vom 8.11.2018, BStBl I S. 1.137, und 7.11.2019, BStBl I S. 1.087, zusammengefasst.

Zusätzlich steht im Internet unter www.elster.de ein Leitfaden für Lohnbüros bereit, der erste Hilfe für Arbeitgeber und Arbeitnehmer beim Auftreten der häufigsten Abweichungen und Problemstellungen beim Abruf aufzeigt. Dort ist auch eine Sammlung häufig gestellter Fragen „FAQs" eingestellt.

Sozialversicherungsausweis

Wer stellt ihn aus?
Die Datenstelle der Träger der Rentenversicherung stellt für jeden Beschäftigten, für den sie eine Sozialversicherungsnummer vergibt, gemäß § 18h SGB IV von Amts wegen einen Sozialversicherungsausweis aus. Der Beschäftigte ist verpflichtet, einen Verlust des Ausweises unverzüglich der zuständigen Einzugsstelle anzuzeigen. Die Grundsätze zum Sozialversicherungsausweis hat das Bundesministerium für Arbeit und Soziales in der Bekanntmachung vom 18.9.2018, Bundesanzeiger vom 1.10.2018 veröffentlicht.

BEISPIEL 1   *Sozialversicherungsausweis*

Welche Pflichten treffen den Arbeitgeber?
Er ist gesetzlich verpflichtet, sich bei Beginn der Beschäftigung den SozV-Ausweis vorlegen zu lassen. Geschieht dies nicht, muss der Beginn der Beschäftigung noch am Tag der Beschäftigungsaufnahme gemeldet werden (vgl. S. 410).

 Rat für die Praxis

Zur Absicherung sollte der Arbeitgeber eine Kopie des Ausweises zu den Lohnunterlagen nehmen. Ist das nicht möglich, sollte er zumindest die Nummer des SozV-Ausweises, die Versicherungsnummer und den Vorlagetag in den Lohnunterlagen aufzeichnen.

Für wen besteht die Mitführungspflicht von Ausweispapieren?
Zur verbesserten Bekämpfung der Schwarzarbeit gibt es die Mitführungspflicht von Ausweispapieren. Als Ausweispapiere gelten:
— Personalausweis,
— Pass oder
— Ausweis-/Passersatz.

Die Mitführungspflicht gilt nach § 2a SchwarzArbG bei Ausübung einer Beschäftigung
— im Baugewerbe,
— im Gaststätten- und Beherbergungsgewerbe (ausgenommen Gaststätten von gemeinnützigen Vereinen),
— im Personen- und Güterbeförderungsgewerbe,
— im Speditions-, Transport- und damit verbundenen Logistikgewerbe*,
— im Schaustellergewerbe,
— bei Unternehmen der Forstwirtschaft,
— im Gebäudereinigungsgewerbe,
— bei Unternehmen, die sich am Auf- und Abbau von Messen und Ausstellungen beteiligen,
— in der Fleischwirtschaft*,
— im Prostitutionsgewerbe und
— im Wach- und Sicherheitsgewerbe
muss jeder Beschäftigte seine Ausweispapiere bei der Arbeit mitführen und bei einer Kontrolle, z. B. auf der Baustelle, vorlegen. Der Arbeitgeber hat den Beschäftigten auf die Mitführungspflicht nachweislich und schriftlich hinzuweisen.

---

*   Zur besonderen Haftung für die Sozialversicherungsbeiträge siehe das Gesetz zur Sicherung von Arbeitnehmerrechten in der Fleischwirtschaft (BGBl 2017 I S. 2.572) und zur Nachunternehmerhaftung in der Kurier-, Express- und Postbranche das Paketboten-Schutz-Gesetz vom 15.11.2019 (BGBl. I S. 1.602).

BEISPIEL 2

Steuerabzugsbeträge und Sozialversicherungsbeitrag

Lohnsteuerabzug

Wie wird die Lohnsteuer berechnet?
Sie bemisst sich nach der Einkommensteuer, die bei der Veranlagung nach Ablauf des Kalenderjahres für den bezogenen Arbeitslohn geschuldet wird. Also ist die Lohnsteuer eine Vorauszahlung auf die Einkommensteuerschuld.

Das BMF veröffentlicht jährlich Programmablaufpläne mit dem aktuellen Steuertarif zur maschinellen Berechnung der Lohnsteuer und für die Tabellenverlage, damit diese für die manuelle Lohnabrechnung gedruckte Lohnsteuertabellen anbieten können. Die für das Jahr 2020 gültigen Programmablaufpläne für den Lohnsteuerabzug 2020 sind mit BMF-Schreiben vom 11.11.2019 im BStBl I S. 1.089 veröffentlicht. Soweit in diesem Handbuch Steuerbeträge genannt sind, beruhen diese auf den vorgenannten amtlichen Programmablaufplänen.

Welcher Steuertarif gilt 2020?
Der für das Jahr 2020 geltende Steuertarif baut auf folgenden Eckpunkten auf:
— Grundfreibetrag 9.408,- € (Verheiratete 18.816,- €)
— Eingangssteuersatz 14%
— Spitzensteuersatz 45% (bei einem zu versteuernden Einkommen ab 270.501,- €)

Im Lohnsteuerabzugsverfahren wird zudem die geänderte Vorsorgepauschale für 2020 berücksichtigt. Die in der PAKTISCHEN LOHNABRECHNUNG dargestellten Beispiele gehen bei der Lohnsteuerberechnung für einen gesetzlich krankenversicherten Arbeitnehmer, soweit nicht anders vermerkt, von einem kassenindividuellen Zusatzbeitragssatz von nunmehr 1,1% aus.

Was gilt die Vorsorgepauschale ab?
Die Vorsorgepauschale gilt im Lohnsteuerabzugsverfahren typisierend die Renten-, Kranken- und Pflegeversicherungsbeiträge des Arbeitnehmers ab. Nach dem Bürgerentlastungsgesetz Krankenversicherung ist die im Lohnsteuerabzugsverfahren zum Abzug kommende Vorsorgepauschale individueller auf die persönlichen Verhältnisse des einzelnen Arbeitnehmers und seinen Belastungen abgestellt. Die Vorsorgepauschale setzt sich – je nach den individuellen Verhältnissen des Arbeitnehmers – aus einem Teilbetrag für die gesetzliche Rentenversicherung, einem Teilbetrag für die gesetzliche Kranken- und Pflegeversicherung und einem Teilbetrag für die private Basiskranken- und Pflegepflichtversicherung zusammen. Zudem werden auch die jeweiligen Beitragsbemessungsgrenzen und die unterschiedlichen Sätze der gesetzlichen Pflegeversicherung und in der gesetzlichen Krankenversicherung der jeweilige kassenindividuelle Zusatzbeitragssatz, der nach dem GKV-Versichertenentlastungsgesetz ab 2019 vom Arbeitnehmer und Arbeitgeber jeweils zur Hälfte zu tragen ist, berücksichtigt.

Die Vorsorgepauschale knüpft bei gesetzlich renten- und krankenversicherten Arbeitnehmern an den steuerpflichtigen Arbeitslohn bis zur Beitragsbemessungsgrenze an, wobei jedoch Entschädigungen i. S. d. § 24 Nr. 1 EStG (z. B. Abfindungen) außen vor bleiben. Die

Vorsorgepauschale ist typisierend und in ihrer Höhe unabhängig vom sozialversicherungspflichtigen Arbeitsentgelt sowie der Berechnung der tatsächlich abzuführenden Beiträge zur Renten-, Kranken- und Pflegeversicherung. Im Einzelnen gilt nach dem BMF-Schreiben vom 26.11.2013, BStBl I S. 1.532, i. V. m. dem Schreiben vom 11.11.2019, BStBl I S. 1.089, zum Programmablaufplan für den Lohnsteuerabzug 2020 Folgendes:

a) **Zur Teilvorsorgepauschale für die gesetzliche Rentenversicherung:**
   — Sie gilt für Arbeitnehmer, die in der gesetzlichen Rentenversicherung pflichtversichert sind und für die dabei ein **eigener** Arbeitnehmeranteil zu entrichten ist. Dies gilt auch für weiterbeschäftigte Altersrentner, die auf die RV-Freiheit verzichtet haben und einen eigenen RV-Beitrag leisten (vgl. S. 313). Zahlt nur der Arbeitgeber einen RV-Beitrag, führt dies nicht zum Ansatz der Teilvorsorgepauschale. Auch der pauschale Arbeitgeberanteil allein führt bei geringfügig Beschäftigten nicht zum Ansatz dieser Teilvorsorgepauschale. Hat der Arbeitgeber nach § 20 Abs. 3 Satz 1 SGB IV den Gesamtsozialversicherungsbeitrag alleine zu tragen (z. B. für Auszubildende mit einem Arbeitsentgelt von bis zu monatlich 325,– €), ist diese Teilvorsorgepauschale ebenfalls nicht anzusetzen.
   — Die Teilvorsorgepauschale gilt auch bei der Versicherung in einer berufsständischen Versorgungseinrichtung bei Befreiung von der gesetzlichen Rentenversicherung (§ 6 Abs. 1 Nr. 1 SGB VI).
   — Sind wie in den Fällen der sog. Einstrahlung vom Arbeitgeber Beiträge zur Altersversorgung nur an ausländische Sozialversicherungsträger abzuführen, darf die Teilvorsorgepauschale angesetzt werden, wenn der abzuführende Betrag – zumindest teilweise – einen als Sonderausgaben abzugsfähigen Arbeitnehmeranteil enthält. Besteht Sozialversicherungspflicht im Inland und parallel im Ausland, bleiben im Lohnsteuerabzugsverfahren die Beiträge an den ausländischen Sozialversicherungsträger unberücksichtigt.
   — Die Teilvorsorgepauschale differenziert danach, ob der Arbeitnehmer in der gesetzlichen Rentenversicherung dem Rechtskreis West oder Ost angehört. Übersteigt der Arbeitslohn die BBG Ost ergibt sich aufgrund der höheren Rentenversicherungsbeiträge im Rechtskreis West ein differenzierter Steuerabzug.

   Dementsprechend differenziert der maschinelle Programmablaufplan auch beim Eingangsparameter „KRV" nach Arbeitnehmern, die **nicht** in der gesetzlichen Rentenversicherung, in der gesetzlichen Rentenversicherung mit **BBG Ost** oder in der gesetzlichen Rentenversicherung mit **BBG West** versichert sind.

b) **Zur Teilvorsorgepauschale für die gesetzliche Krankenversicherung:**
   — Sie gilt für Arbeitnehmer, die in der inländischen gesetzlichen Krankenversicherung versichert sind und für die dabei ein Arbeitnehmeranteil zu entrichten ist. Ob der Arbeitnehmer in der gesetzlichen Krankenversicherung pflicht- oder freiwillig versichert ist, ist insoweit unbeachtlich. Krankenversicherungsbeiträge zu einer ausländischen gesetzlichen Kranken- und Pflegepflichtversicherung werden im Lohnsteuerabzugsverfahren nicht, sondern erst im Rahmen der Einkommensteuerveranlagung berücksichtigt.
   — Für geringfügig beschäftigte Arbeitnehmer (geringfügig entlohnte Beschäftigung sowie kurzfristige Beschäftigung), bei denen die Lohnsteuer nach den individuellen Lohnsteuerabzugsmerkmalen (ELStAM-Daten bzw. Bescheinigung für den Lohnsteuerabzug) erhoben wird, ist kein Teilbetrag für die gesetzliche Krankenversicherung an-

BEISPIEL 2   *Lohnsteuerabzug*

zusetzen, wenn kein **Arbeitnehmer**anteil für die Krankenversicherung zu entrichten ist; entsprechendes gilt für andere Arbeitnehmer, wenn kein Arbeitnehmeranteil zu entrichten ist. Dies wird bei maschineller Lohnabrechnung im amtlichen Programmablaufplan unter dem Eingangsparameter „PKV" durch den Wert „1" sichergestellt. Bei **maschineller Lohnsteuerberechnung** ist der kassenindividuelle Zusatzbeitragssatz einzugeben. Bei der Berechnung der Lohnsteuer für sonstige Bezüge ist der am Ende des Kalendermonats des Zuflusses geltende Zusatzbeitragssatz maßgeblich (R 39b.6 LStR). Bei der Nachforderung von Lohnsteuer nach R 41c.3 Abs. 2 LStR oder im Rahmen der Lohnsteuer-Außenprüfung nach Ablauf des Kalenderjahres mittels Jahreslohnsteuerberechnung ist der zuletzt im jeweiligen Kalenderjahr geltende Zusatzbeitragssatz maßgeblich. Bei Entschädigungen im Sinne des § 24 Nr. 1 EStG, die nach § 39b Abs. 2 Satz 5 Nr. 3 Schlusssatz Halbsatz 1 EStG bei der Berechnung der Vorsorgepauschale außen vor bleiben, aber im Fall der regulären Besteuerung aus Vereinfachungsgründen nach R 39b.6 Abs. 5 Satz 2 LStR einbezogen werden können, ist der am Ende des Kalendermonats des Zuflusses geltende Zusatzbeitragssatz maßgeblich. Bei bestimmten Personengruppen (vgl. § 242 Abs. 3 SGB V, wie. z. B. die 325-€-Geringverdiener) ist bei der Beitragsberechnung der durchschnittliche Zusatzbeitragssatz nach § 242a SGB V maßgeblich; dies gilt für den Lohnsteuerabzug entsprechend. Für bestimmte Übergangszeiträume kann es bei dem Lohnsteuerabzug unterliegenden Versorgungsbezügen zu Abweichungen zwischen dem von der Krankenkasse festgesetzten Zusatzbeitragssatz und dem tatsächlich vom Arbeitgeber anzuwendenden Zusatzbeitragssatz kommen (vgl. § 248 SGB V). Hier ist der der Beitragsberechnung zugrunde liegende Zusatzbeitragssatz maßgeblich; der von der Krankenkasse (aktuell) festgesetzte Zusatzbeitragssatz ist unmaßgeblich. Bei **manueller Lohnsteuerberechnung** ist immer der durchschnittliche Zusatzbeitragssatz von nunmehr 1,1 % für 2020 in die amtlichen Lohnsteuertabellen eingearbeitet. Die in der PAKTISCHEN LOHNABRECHNUNG dargestellten Beispiele gehen bei der Lohnsteuerberechnung für einen gesetzlich krankenversicherten Arbeitnehmer, soweit nicht anders vermerkt, von einem kassenindividuellen Zusatzbeitragssatz von 1,1 % aus.

c) **Zur Teilvorsorgepauschale für die soziale Pflegeversicherung:**
— Bei einem Arbeitnehmer, der in der inländischen sozialen Pflegeversicherung seiner gesetzlichen Krankenkasse versichert ist, kommt es auch darauf an, ob er den Beitragszuschlag für Kinderlose in Höhe von 0,25 % (vgl. S. 34) zu zahlen hat oder nicht und ob wegen der länderspezifischen Regelung in Sachsen, das keinen gesetzlichen Feiertag abgeschafft hat, ein höherer Arbeitnehmeranteil anfällt (vgl. S. 258).
— Bei maschineller Lohnabrechnung sind hierfür entsprechende Eingabewerte vorgesehen. Bei den amtlichen Lohnsteuertabellen wird der Beitragszuschlag für Kinderlose nicht berücksichtigt. Im Regelfall ist auch die länderspezifische Besonderheit in Sachsen in den Lohnsteuertabellen nicht enthalten; sie können jedoch angewandt werden, wenn der Arbeitnehmer einer entsprechenden Lohnsteuerberechnung nicht widerspricht.

d) **Zur Teilvorsorgepauschale für die private Basiskranken- und Pflegepflichtversicherung:**
— Sie gilt für Arbeitnehmer, die nicht in der gesetzlichen Krankenversicherung und sozialen Pflegeversicherung, sondern privat versichert sind (z. B. privat versicherte Beamte,

beherrschende Gesellschafter-Geschäftsführer und höher verdienende Arbeitnehmer). Wenn der Arbeitnehmer seine privaten Basiskranken- und Pflegepflichtversicherungsbeiträge dem Arbeitgeber nicht mitgeteilt hat, wird die Mindestvorsorgepauschale berücksichtigt.

— Hat der privat versicherte Arbeitnehmer seinem Arbeitgeber seine privaten Basiskranken- und Pflegepflichtversicherungsbeiträge mitgeteilt (ggf. einschließlich der Beiträge für den mitversicherten Ehegatten/Lebenspartner i. S. d. Lebenspartnerschaftsgesetzes und für mitversicherte Kinder), dürfen diese beim Lohnsteuerabzug nach Steuerklasse I bis V berücksichtigt werden. Der Arbeitnehmer muss hierzu dem Arbeitgeber jedoch eine gesonderte Beitragsmitteilung des Versicherungsunternehmens vorlegen, da nicht die Gesamtbeiträge berücksichtigungsfähig sind, sondern nur die Beitragsanteile für die sog. Basisabsicherung entsprechend dem Leistungskatalog der gesetzlichen Krankenversicherung. Der Arbeitgeber selbst hat nicht zu prüfen, ob diese Voraussetzungen für die Berücksichtigung der Versicherungsbeiträge erfüllt sind. Für den Lohnsteuerabzug 2020 hat der Arbeitgeber folgende Beitragsbescheinigung des Versicherungsunternehmens zu berücksichtigen:

— die bis zum 31.3.2020 vorgelegte Beitragsbescheinigung über die voraussichtlichen privaten Basiskranken- und Pflegepflichtversicherungsbeiträge des Kalenderjahres 2019,

— die Beitragsbescheinigung über die voraussichtlichen privaten Basiskranken- und Pflegepflichtversicherungsbeiträge des laufenden Kalenderjahres 2020 oder

— die Beitragsbescheinigung über die vom Versicherungsunternehmen an die Finanzverwaltung übermittelten Daten zur Kranken- und Pflegeversicherung für das Kalenderjahr 2019.

Eine dem Arbeitgeber vorliegende Beitragsbescheinigung darf im Rahmen des Lohnsteuerabzugs solange weiter berücksichtigt werden, bis der Arbeitnehmer eine neue Beitragsbescheinigung vorlegt.

Beitragsbescheinigungen ausländischer Versicherungsunternehmen darf der Arbeitgeber nicht berücksichtigen; abzugsfähige Beiträge zu einer ausländischen privaten Kranken- und Pflegeversicherung werden nur im Rahmen der Einkommensteuerveranlagung berücksichtigt.

— Bei der Berechnung der abzugsfähigen Teilvorsorgepauschale für die nachgewiesenen privaten Basiskranken- und Pflegepflichtversicherungsbeiträge wird dann – unabhängig vom tatsächlich zu zahlenden Zuschuss – ein **typisierend** berechneter Arbeitgeberzuschuss abgezogen, wenn der Arbeitgeber nach § 3 Nr. 62 EStG steuerfreie Zuschüsse zu einer privaten Kranken- und Pflegeversicherung des Arbeitnehmers zu leisten hat. Dementsprechend sieht der amtliche Programmablaufplan zur maschinellen Berechnung der Lohnsteuer beim Eingangsparameter „PKV" die entsprechenden Differenzierungen vor.

— Der Arbeitgeber kann die Beitragsbescheinigung des Versicherungsunternehmens oder die geänderte Beitragsbescheinigung entsprechend ihrer zeitlichen Gültigkeit beim Lohnsteuerabzug – auch rückwirkend – berücksichtigen. Der Arbeitgeber ist jedoch nicht verpflichtet, bereits abgerechnete Lohnabrechnungszeiträume nachträglich wieder aufzurollen; dies gilt auch im Falle niedrigerer Beiträge.

e) Zur Mindestvorsorgepauschale:

Beim Lohnsteuerabzug nach Steuerklasse I bis VI wird als Vorsorgepauschale in jedem Fall die sog. Mindestvorsorgepauschale berücksichtigt. Sie beträgt 12% des steuerpflichtigen Arbeitslohns, höchstens jährlich 1.900 € (in Steuerklasse III 3.000 €). Kommt auch die Teilvorsorgepauschale für die gesetzliche Rentenversicherung zum Ansatz, wird die Mindestvorsorgepauschale daneben berücksichtigt.

Der Ansatz der jeweiligen Vorsorgepauschale ist in der PRAKTISCHEN LOHNABRECHNUNG bei den einzelnen Beispielen soweit erforderlich erläutert. Im **„Handbuch für Lohnsteuer und Sozialversicherung"** ist die Vorsorgepauschale in Tz. 5.11 (Welche Vorsorgepauschale ist anzuwenden?) ausführlich auch im Zusammenhang dargestellt.

 Rat für die Praxis:

Aufgrund der differenzierten Vorsorgepauschalen muss bei der Eingabe der Daten in das Lohnabrechnungsprogramm verstärkt auf die individuellen Verhältnisse des Arbeitnehmers und bei einem gesetzlich krankenversicherten Arbeitnehmer auch auf den kassenindividuellen Zusatzbeitragssatz seiner gesetzlichen Krankenkasse geachtet werden. Dabei muss der Arbeitgeber aber keinen zusätzlichen Ermittlungsaufwand anstellen, weil bezogen auf das jeweilige Beschäftigungsverhältnis das Steuerrecht insoweit der sozialversicherungsrechtlichen Einordnung folgt.

Welche Lohnsteuertabellen werden für den Lohnsteuerabzug benötigt?

— Eine Monats- oder Wochentabelle für den laufenden Steuerabzug,
— eine Tagestabelle für Teillohnzahlungszeiträume (Eintritt oder Ausscheiden während des Monats),
— eine Jahrestabelle zur Besteuerung sonstiger Bezüge (vgl. S. 215) und zur Durchführung des Jahresausgleichs (vgl. S. 378).

Tabellen finden nur noch bei manueller Lohnabrechnung Verwendung. Sie werden von den Tabellenverlagen nach einem vom BMF für diese Zwecke bekannt gegebenen Programmablaufplan erstellt und angeboten. Bei **maschineller Lohnabrechnung**, also bei Einsatz eines Lohnsteuerberechnungsprogramms, wird die Lohnsteuer dagegen nicht nach Tabellenstufen, sondern aus dem konkreten Arbeitslohnbetrag nach dem Steuertarif ermittelt. Die sich bei maschineller Lohnabrechnung ergebenden Lohnsteuerbeträge sind deshalb geringfügig anders als bei Anwendung einer Lohnsteuertabelle.

Sind im Lohnsteuerabzugsverfahren für den Arbeitnehmer ein individueller Freibetrag oder nachgewiesene Basiskranken- und Pflegepflichtversicherungsbeiträge eines privat krankenversicherten Arbeitnehmers zu berücksichtigen und werden dieser Freibetrag oder die nachgewiesenen Basiskranken- und Pflegepflichtversicherungsbeiträge beim manuellen Ablesen der Lohnsteuer nach der Lohnsteuertabelle direkt vom steuerpflichtigen Arbeitslohn gekürzt, kann sich dies auf die Höhe der beim Lohnsteuerabzug zu berücksichtigenden Vorsorgepauschale auswirken und damit in der manuellen Lohnsteuerberechnung Abweichungen beim Steuerabzug im Vergleich zur maschinellen Lohnabrechnung bewirken. Bei der Berechnung der Lohnsteuer für einen sonstigen Bezug, für den § 34 EStG anzuwenden ist (= sog. Fünftelregelung beim Arbeitslohn für eine mehrjährige Tätigkeit und bei Entlassungsabfindungen), ergeben sich bei der maschinellen Lohnabrechnung im

Vergleich zum Ablesen der Lohnsteuer aus der Lohnsteuertabelle ebenfalls Abweichungen. Dies ist auf die bei Kürzung des Arbeitslohns sich verändernde Vorsorgepauschale zurückzuführen. Zudem werden in den manuellen Lohnsteuertabellen der Beitragszuschlag für Kinderlose in der Pflegeversicherung und die länderspezifische Besonderheit von Sachsen (vgl. S. 258) nicht berücksichtigt sowie bei gesetzlich krankenversicherten Arbeitnehmern für Zwecke des Lohnsteuerabzugs der durchschnittliche Zusatzbeitragssatz von nunmehr 1,1 % angesetzt.

Was gilt beim Faktorverfahren?

Das Faktorverfahren ermöglicht den beiden berufstätigen Ehegatten/Lebenspartnern i. S. d. Lebenspartnerschaftsgesetzes den Lohnsteuerabzug besser auf ihre individuellen Arbeitslöhne abzustellen, was häufig mit der Steuerklassenkombination IV/IV oder III/V allein nicht möglich ist. Auf Antrag der Ehegatten / Lebenspartner stellt das Finanzamt neben der Steuerklasse IV zusätzlich einen individuellen Faktor (z. B. IV, 0,975) als zusätzliches elektronisches Lohnsteuerabzugsmerkmal bzw. auf der Bescheinigung für den Lohnsteuerabzug zur Verfügung. Bei **manuellem Ablesen** der Lohnsteuer nach der Steuerklasse IV hat dann der Arbeitgeber diesen Faktor auf den abgelesenen Lohnsteuerbetrag anzuwenden und den Steuerabzug entsprechend zu ermäßigen.

 Beispiel:
Der in der gesetzlichen Renten- und Krankenversicherung (mit kassenindividuellem Zusatzbeitragssatz von angenommen 1,1 %) versicherte Arbeitnehmer ist in München mit einem Monatslohn von 3.000,– € beschäftigt. In den ELStAM-Daten ist zur Steuerklasse IV ein Faktor von 0,975 eingetragen.

Beim Ablesen aus der Allgemeinen Lohnsteuertabelle ergeben sich für einen Monatslohn in Steuerklasse IV ohne Kinderfreibetrag (aber nicht kinderlos) folgende Abzüge:

LSt	SolZ	KiSt
407,41 €	22,40 €	32,59 €

Die LSt ist in einer Nebenberechnung mit dem individuellen Faktor von 0,975 zu multiplizieren, sodass sich im Beispiel letztlich folgende Steuerabzüge ergeben:

LSt	SolZ	KiSt
397,22 €	21,84 €	31,77 €

Maschinelle Lohnabrechnungsprogramme sehen hingegen zur Eingabe der Steuerklasse IV auch die Direkteingabe des individuellen Faktors vor, sodass in diesen Fällen die Lohnsteuer unmittelbar unter Berücksichtigung des eingegebenen Faktors und der Solidaritätszuschlag sowie die Kirchensteuer unter Berücksichtigung der jeweiligen Kinderfreibeträge sowie der beim Solidaritätszuschlag zu beachtenden Null- und Überleitungsregelung (vgl. S. 31) berechnet werden.

Hat der Arbeitgeber beim Lohnsteuerabzug das Faktorverfahren anzuwenden, darf er keinen Arbeitgeber-Lohnsteuer-Jahresausgleich (vgl. S. 378) durchführen. Der Arbeitnehmer hat nach Ablauf des Kalenderjahres beim Finanzamt eine Einkommensteuererklärung zur Durchführung der Einkommensteuerveranlagung nach § 46 Abs. 2 Nr. 3a EStG einzureichen.

BEISPIEL 2 — *Lohnsteuerabzug*

Wie werden die Arbeitslöhne aus mehreren nebeneinander bestehenden Dienstverhältnissen besteuert?

Die dem Familienstand entsprechende Steuerklasse (entweder I, II, III, IV oder V) kommt nur im ersten Dienstverhältnis zur Anwendung, während in jedem weiteren Beschäftigungsverhältnis dann die Steuerklasse VI gilt. Der Arbeitnehmer kann selbst entscheiden, welche individuellen Lohnsteuerabzugsmerkmale er dem jeweiligen Arbeitgeber zur Verfügung stellt bzw. welcher Arbeitgeber die dem Familienstand des Arbeitnehmers entsprechende Steuerklasse oder die Steuerklasse VI zu verwenden hat. Da in der Lohnsteuertabelle für die Steuerklasse VI keine Freibeträge berücksichtigt sind, ergibt sich hier ein hoher Steuerabzug. Deshalb wird der Arbeitnehmer die günstigere Steuerklasse in dem Dienstverhältnis geltend machen, aus dem er den höheren Arbeitslohn bezieht.

 Beispiel (Arbeitnehmer in allen Sozialversicherungszweigen versichert, ohne Kinderfreibetrag, aber nicht kinderlos im Sinne der Pflegeversicherung; angenommener kassenindividueller Zusatzbeitragssatz von angenommen 1,1 %):

		LSt €	SolZ €	KiSt €
1. Dienstverhältnis (Steuerklasse I) Monatslohn	2.000,–	173,83	9,56	13,90
Dienstverhältnis (Steuerklasse VI) Monatslohn	1.500,–	262,25	14,42	20,98
Lohnsteuerabzug insgesamt		436,08	23,98	34,88

Der Steuerabzug in der Steuerklasse VI erscheint sehr hoch. Die Annahme eines Gesamtarbeitslohns von 3.500,– € zeigt jedoch, dass der Steuerabzug insgesamt noch zu niedrig ist und mit einer Nachforderung des Finanzamts gerechnet werden muss:

Steuerklasse I Monatslohn	3.500,–	537,58	29,56	43,00
Beim monatlichen Lohnsteuerabzug zu wenig entrichtet		101,50	5,58	8,12

Kann der Lohnsteuerabzug in der Steuerklasse VI vermieden werden?

Fällt im 1. Dienstverhältnis wegen des geringen Arbeitslohns keine Lohnsteuer an, wird im 2. Dienstverhältnis durch den Steuerabzug nach Steuerklasse VI zu viel Lohnsteuer einbehalten. Um dies zu vermeiden, können Freibeträge vom 1. auf das 2. Dienstverhältnis übertragen werden.

Dazu ist ein Antrag des Arbeitnehmers beim Finanzamt notwendig. Falls nach der Erklärung des Arbeitnehmers der Arbeitslohn aus dem 1. Dienstverhältnis so niedrig ist, dass keine Lohnsteuer anfällt, stellt das Finanzamt bei den ELStAM-Daten bzw. bei der entsprechenden Bescheinigung für den Lohnsteuerabzug mit Steuerklasse VI einen Freibetrag und bei den ELStAM-Daten bzw. bei der entsprechenden Bescheinigung für den Lohnsteuerabzugs des ersten Dienstverhältnisses einen **Hinzurechnungsbetrag** zur Verfügung.

Beispiel:
Ein in der gesetzlichen Renten- und Krankenversicherung (mit einem kassenindividuellen Zusatzbeitragssatz von angenommen 1,1%) versicherter Arbeitnehmer ohne Kinderfreibetrag, aber nicht kinderlos im Sinne der Pflegeversicherung, hat bei einem anderen Arbeitgeber einen Nebenjob angenommen. Der Arbeitslohn im ersten Dienstverhältnis beträgt monatlich 480,– € und im Nebenjob 420,– €. Der Arbeitslohn wird nicht pauschal versteuert. Ohne eine Freibetragsübertragung würden folgende Steuerabzugsbeträge anfallen:

1. Dienstverhältnis
(Steuerklasse I)   LSt   SolZ   KiSt
Monatslohn   480,– €   0   0   0

Nebenjob (mit Steuerklasse VI*)
Monatslohn   420,– €   47,33 €   0   3,78 €

Auf Antrag trägt das Finanzamt bei den individuellen Lohnsteuerabzugsmerkmalen der Steuerklasse VI einen Freibetrag von 420,– € und bei den individuellen Lohnsteuerabzugsmerkmalen der Steuerklasse I einen Hinzurechnungsbetrag von 420,– € ein. Bei den Arbeitgebern fallen dann folgende Steuerabzüge an:

1. Dienstverhältnis   LSt   SolZ   KiSt
Monatslohn   480,– €
Hinzurechnungsbetrag   420,– €
zu versteuern   900,– €   0   0   0

Nebenjob (mit Steuerklasse VI*)
Monatslohn   420,– €
Freibetrag   420,– €
zu versteuern   0,– €   0   0   0

Der Arbeitnehmer hat also durch die Freibetragsübertragung monatlich 51,11 € mehr zur Verfügung.

Wann findet die besondere Lohnsteuertabelle Anwendung?

Bei manueller Lohnabrechnung wird zwischen allgemeiner und besonderer Lohnsteuertabelle unterschieden. Die allgemeine Lohnsteuertabelle gilt für Arbeitnehmer, die in allen Zweigen der Sozialversicherung pflichtversichert sind. Die besondere Lohnsteuertabelle gilt für Arbeitnehmer, die keinen eigenen Beitragsanteil zur gesetzlichen Rentenversicherung zu leisten haben, und bei denen ansonsten lediglich die Mindestvorsorgepauschale zu berücksichtigen ist. Von den Arbeitgebern der Privatwirtschaft ist in der Regel die **allgemeine** Lohnsteuertabelle und nur in Ausnahmefällen (weiterbeschäftigte Altersrentner mit Vollrente, geringfügig beschäftigte Arbeitnehmer, bei denen der Arbeitnehmer keinen eigenen Beitrag zur Renten- und Kranken-/Pflegeversicherung zahlt) die besondere Lohnsteuertabelle anzuwenden.

---

* Im Beispielsfall soll der Nebenjob mit Steuerklasse VI und nicht nach der Minijob-Regelung (vgl. S. 280) versteuert werden.

BEISPIEL 2 — *Solidaritätszuschlag*

Solidaritätszuschlag*

Das Solidaritätszuschlagsgesetz verpflichtet den Arbeitgeber bei jeder Lohnzahlung, und zwar sowohl vom laufenden Arbeitslohn als auch von sonstigen Bezügen, den Solidaritätszuschlag (SolZ) einzubehalten.

Wonach bemisst sich der Zuschlag?
Bemessungsgrundlage ist die einzubehaltende Lohnsteuer, getrennt nach laufendem Arbeitslohn und sonstigen Bezügen.

Wie hoch ist der Zuschlag?
Er beträgt **5,5%** der Lohnsteuer. Bei geringen Arbeitslöhnen sind jedoch die so genannte Nullzone und der Überleitungsbereich zu beachten.

Was gilt bei laufendem Arbeitslohn?
— Abhängig von der Steuerklasse des Arbeitnehmers beträgt der SolZ erst ab einer bestimmten Arbeitslohnhöhe 5,5% der Lohnsteuer.
— Bei niedrigeren Arbeitslöhnen wird der SolZ von einer Nullzone stufenweise auf den Zuschlagssatz von 5,5% übergeleitet. In diesem Überleitungsbereich ergibt sich deshalb, bezogen auf die Lohnsteuer, ein niedrigerer Satz als 5,5%. Die vom Fachhandel angebotenen Lohnsteuertabellen-Programme sind so aufgebaut, dass der SolZ ohne zusätzliche Abfrage festgestellt werden kann.

Wie werden beim Solidaritätszuschlag Kinder berücksichtigt?

Zur Berechnung der Lohnsteuer sind in den Lohnsteuertabellen keine Kinderfreibeträge berücksichtigt. Für die Ermittlung des SolZ wird jedoch die als Bemessungsgrundlage dienende Lohnsteuer unter Berücksichtigung von Kinderfreibeträgen errechnet. Maßgebend ist dabei für den Arbeitgeber die vom Finanzamt mitgeteilte Zahl der Kinderfreibeträge.

Die im Fachhandel angebotenen Lohnsteuertabellen weisen den einzubehaltenden SolZ zu der jeweils zu berücksichtigenden Kinderfreibetragszahl aus, sodass zur Berücksichtigung der Kinder keine zusätzlichen Berechnungen notwendig werden.

Wie wird der Solidaritätszuschlag bei Zahlung von sonstigen Bezügen berechnet?

Der SolZ beträgt **stets 5,5%** der auf den sonstigen Bezug entfallenden Lohnsteuer. Hier gibt es also bei der Zuschlagsberechnung keine Nullzone und keinen Überleitungsbereich. Dadurch im Kalenderjahr insgesamt zu wenig erhobener SolZ wird vom Finanzamt bei der Einkommensteuerveranlagung nacherhoben und zu viel gezahlter SolZ erstattet. Eine Erstattung kann ggf. auch im Rahmen des **Arbeitgeber-Lohnsteuerjahresausgleichs** erfolgen (vgl. S. 378).

Was gilt bei Lohnsteuerpauschalierungen?
Der SolZ beträgt in jedem Fall 5,5% der pauschalen Lohnsteuer (vgl. Anlage 3, S. 416).

---

* Das Gesetz zur Rückführung des Solidaritätszuschlags 1995 vom 10.12.2019 (BGBl. I S. 2.115), durch das der größte Teil der Arbeitnehmer dann keinen Solidaritätszuschlag mehr zahlen muss, gilt erst ab **2021**.

Weitere Hinweise:
Zur Berücksichtigung des SolZ
— bei Nettolohnvereinbarungen vgl. S. 239
— in der Lohnsteuer-Anmeldung vgl. S. 397
— in der Lohnsteuerbescheinigung vgl. S. 381
— bei Pauschalierung nach § 37b EStG vgl. S. 230

Kirchensteuer

Wie hoch ist die Kirchensteuer?
Bemessungsgrundlage für die Kirchensteuer ist die anfallende Lohnsteuer. Der Kirchensteuersatz ist in den Ländern unterschiedlich. Die derzeit geltenden Sätze sind in Anlage 1 zusammengestellt. Maßgebend für den Kirchensteuersatz ist, wo sich die Betriebsstätte des Arbeitgebers befindet.

Wie werden Kinder bei der Kirchensteuer berücksichtigt?
Zur Berechnung der Lohnsteuer werden keine Kinderfreibeträge berücksichtigt. Für die Ermittlung der Kirchensteuer wird jedoch genauso wie bei der Berechnung des Solidaritätszuschlags die als Bemessungsgrundlage dienende Lohnsteuer unter Berücksichtigung von Kinderfreibeträgen festgestellt. Maßgebend ist dabei für den Arbeitgeber die vom Finanzamt mitgeteilte Zahl der Kinderfreibeträge.

Die Lohnsteuertabellen weisen die einzubehaltende Kirchensteuer zu der jeweils zu berücksichtigenden Kinderfreibetragszahl aus. Die vom Fachhandel angebotenen Tabellenprogramme sind ebenfalls so aufgebaut, dass zur Berücksichtigung der Kinder keine zusätzlichen Berechnungen notwendig werden.

Sonderfälle beim Kirchensteuerabzug
— Gehören die Ehegatten verschiedenen Religionsgemeinschaften an (z. B. rk/ev), so ist die KiSt nach den meisten kirchensteuerlichen Landesregelungen auf jede Religionsgemeinschaft zur Hälfte aufzuteilen. Dieser so genannte Halbteilungsgrundsatz gilt nicht in den Ländern Bayern, Bremen und Niedersachsen. Hier wird die volle Kirchensteuer für die Religionsgemeinschaft erhoben, der der Arbeitnehmer angehört (das Kirchensteuermerkmal des Ehegatten spielt hier keine Rolle).
— Gehört der Arbeitnehmer keiner steuererhebenden Religionsgemeinschaft an, ist KiSt nicht zu erheben.

Wann wird die Kirchensteuer pauschal erhoben?
Wird die Lohnsteuer pauschal ermittelt, ist auch die Kirchensteuer pauschal zu berechnen. Hierzu kann sich der Arbeitgeber zwischen einem vereinfachten Verfahren und dem Nachweisverfahren entscheiden. Die Regelung und die Behandlung in der Lohnsteuer-Anmeldung sind in der **Anlage 1a** (S. 405) für alle Pauschalierungsarten zusammengefasst und erläutert.

BEISPIEL 2　　　　　　　　　　　　　　　Berechnung der Sozialversicherungsbeiträge

Berechnung der Sozialversicherungsbeiträge

Was gehört zum Gesamtsozialversicherungsbeitrag?
Er umfasst zunächst den Beitrag zur gesetzlichen Kranken-, Pflege-, Renten- und Arbeitslosenversicherung. Zur Insolvenzumlage siehe S. 42.

Beitragssätze 2020

	Arbeitnehmeranteil	Arbeitgeberanteil
Rentenversicherung (RV) (weiterhin)	9,3 %	9,3 %
Arbeitslosenversicherung (ALV)* (nunmehr)	1,2 %	1,2 %

Krankenversicherung (KV)
Der allgemeine Beitragssatz beträgt im gesamten Bundesgebiet für alle gesetzlichen Krankenkassen weiterhin **14,6 %**. Dazu kann die jeweilige gesetzliche Krankenkasse einen einkommensbezogenen Zusatzbeitragssatz gemäß ihrer Satzung erheben, den nach dem GKV-Versichertenentlastungsgesetz vom 11.12.2018, BGBl. I S. 2.387, der Arbeitnehmer und der Arbeitgeber ab 2019 jeweils zur Hälfte zu tragen haben und den der Arbeitgeber einzubehalten hat. Der Zusatzbeitragssatz kann sich im Laufe des Kalenderjahres auch ändern. Bei bestimmten Personengruppen (vgl. § 242 Abs. 3 SGB V) ist an Stelle des kassenindividuellen Zusatzbeitragssatzes der durchschnittliche Zusatzbeitragssatz maßgebend. Dieser beträgt nach der Bekanntmachung des Bundesministeriums für Gesundheit vom 22.10.2019 für das gesamte Kalenderjahr 2020 einheitlich nunmehr 1,1 %. Damit gilt für 2020:

	Arbeitnehmeranteil	Arbeitgeberanteil
Allgemeiner Beitragssatz	7,3 %	7,3 %
zuzüglich kassenindividueller Zusatzbeitragssatz (angenommen 1,1 %)	z. B. 0,55 %	0,55 %

Der **ermäßigte** Beitragssatz beträgt einheitlich weiterhin **14,0 %**; wovon der Arbeitgeber bis 7,0 % und der Arbeitnehmer 7,0 % zu tragen haben; hinzu kommt der kassenindividuelle Zusatzbeitragssatz. Der ermäßigte Beitragssatz** gilt für Arbeitnehmer, die keinen Anspruch auf Krankengeld haben (z. B. Vorruhestandsbezieher, Arbeitnehmer während der Freistellungsphase der Altersteilzeitarbeit, Arbeitnehmer, deren Beschäftigungsverhältnis im Voraus auf einen kürzeren Zeitraum als zehn Wochen befristet ist, oder Arbeitnehmer, die eine Rente wegen voller Erwerbsminderung, Erwerbsunfähigkeit oder Vollrente wegen Alters aus der gesetzlichen Rentenversicherung beziehen).

---

*　Nach § 341 Abs. 2 SGB III beträgt der maßgebende Beitragssatz 2,6 %. Dieser war jedoch befristet für die Zeit vom 1.1.2019–31.12.2022 durch die Verordnung vom 18.12.2018, BGBl. I S. 2.663, auf 2,5 % abgesenkt. Nunmehr wurde mit der Ersten Verordnung zur Änderung der Beitragssatzverordnung 2019 vom 2.12.2019, BGBl. I S. 1.998, der Beitragssatz befristet für die Zeit vom 1.1.2020 – 31.12.2022 nochmals abgesenkt und beträgt damit für 2020 2,4 %.

**　Unständig Beschäftigte (= auf weniger als eine Woche entweder nach der Natur der Sache oder im Voraus durch den Arbeitsvertrag befristet beschäftigt; vgl. S. 311) können sich für einen Krankengeldanspruch und den allgemeinen Beitragssatz entscheiden.

BEISPIEL 2 — *Berechnung der Sozialversicherungsbeiträge*

	Arbeitnehmeranteil	Arbeitgeberanteil
Pflegeversicherung (PV)* (weiterhin)	1,525 %	1,525 %
Beitragszuschlag für Kinderlose (weiterhin)	0,25 %	0 %
zusammen	1,775 %	1,525 %

Der Beitragszuschlag für Kinderlose wird von Mitgliedern der Pflegeversicherung erhoben, die das 23. Lebensjahr vollendet haben; er wird aber nicht erhoben von Personen, die vor dem 1.1.1940 geboren wurden. Der Zuschlag ist vom Arbeitnehmer allein zu tragen. Er entfällt, wenn dem Arbeitgeber die Elterneigenschaft nachgewiesen wird. Der gesonderte Nachweis ist entbehrlich, wenn dem Arbeitgeber die Elterneigenschaft ohnehin bekannt ist, z. B. wegen Berücksichtigung eines Kinderfreibetrags beim Lohnsteuerabzug oder aus anderen Personalunterlagen.

Wer trägt die Sozialversicherungsbeiträge?

— Abgesehen von den Erläuterungen zur KV und PV tragen in der Regel Arbeitnehmer und Arbeitgeber die Beträge je zur Hälfte. Bezüglich der Kompensation der Arbeitgeberaufwendungen für die Pflegeversicherung durch Streichung eines gesetzlichen Feiertags und die besondere Situation in Sachsen vgl. S. 258. Daneben gibt es vom Grundsatz der hälftigen Beitragstragung weitere Ausnahmen.

Ausnahme:

— Der einzubehaltende Beitragszuschlag zur PV für kinderlose Beschäftigte ist vom Arbeitnehmer allein zu tragen.
— Niedriglohnbereich (vgl. S. 39).
— Für Auszubildende, deren Arbeitsentgelt 325,- € monatlich nicht übersteigt, hat der Arbeitgeber gemäß § 20 Abs. 3 Satz 1 SGB IV den gesamten Beitrag (einschließlich des durchschnittlichen Zusatzbeitragssatzes von nunmehr 1,1 % in der gKV) aufzubringen.
— Bezieher von Kurzarbeiter- oder Saisonkurzarbeitergeld; den auf das ausgefallene Arbeitsentgelt entfallenden KV-, PV- und RV-Beitrag hat der Arbeitgeber allein zu tragen (vgl. S. 276).
— Altersrentner mit Vollrente und Pensionsempfänger in einem Beschäftigungsverhältnis; wenn diese Personen in der Rentenversicherung frei sind und auf die RV-Freiheit auch nicht verzichtet haben, hat der Arbeitgeber den sonst auf ihn entfallenden Anteil zu entrichten (vgl. S. 314, 318).
— Bei Einstellung eines zuvor arbeitslosen Arbeitnehmers, der das 55. Lebensjahr vollendet hat, entfällt für den Arbeitgeber der Beitrag zur Arbeitslosenversicherung. Die auf den Arbeitnehmer entfallende Hälfte des Beitrags (ab 2020: 1,2 %) muss er jedoch einbehalten und abführen. Diese Regelung gilt vom 1.1.2008 an nur noch für Beschäftigungsverhältnisse, die vor dem 1.1.2008 begründet worden sind. (Rechtsquelle: § 418 SGB III).

---

* Der nach § 55 Abs. 1 Satz 1 SGB XI maßgebende Beitragssatz zur gesetzlichen Pflegeversicherung wurde ab dem 1.1.2019 durch das Beitragssatzanpassungsgesetz vom 17.12.2018, BGBl. I S. 2.587, von 2,55 % auf 3,05 % angehoben.

BEISPIEL 2 *Berechnung der Sozialversicherungsbeiträge*

— Personen in einer Beschäftigung, die im Rahmen des Bundesprogramms „Soziale Teilhabe am Arbeitsmarkt" durch Zuwendungen des Bundes gefördert wird, unterliegen in der KV, PV und RV nach den allgemeinen Regeln der Versicherungspflicht; in der Arbeitslosenversicherung sind sie jedoch nach § 420 SGB III versicherungsfrei.
— Personen in einer kurzzeitigen Beschäftigung (vgl. S. 301) und in einer unständigen Beschäftigung (vgl. S. 311) sind in der Arbeitslosenversicherung versicherungsfrei.
— Arbeitnehmer, die die Regelaltersgrenze erreicht haben, sind mit Ablauf des Monats, in dem sie die Altersgrenze für die Regelaltersrente aus der gesetzlichen Rentenversicherung erreicht haben, in der Arbeitslosenversicherung beitragsfrei. Bislang war allerdings der Arbeitgeber verpflichtet, die Hälfte des Betrags zu entrichten, der zu entrichten wäre, wenn der Beschäftigte nicht versicherungsfrei wäre. Nach § 346 Abs. 3 Satz 3 SGB III wird bestimmt, dass dieser Arbeitgeberbeitrag zur Arbeitslosenversicherung für die Zeit vom **1.1.2017 bis 31.12.2021** entfällt (vgl. S. 314).
— Für geringfügig Beschäftigte, die auf die RV-Freiheit verzichtet bzw. die RV-Pflicht nicht gewählt haben, hat der Arbeitgeber einen Beitrag von 15% zu übernehmen; der Arbeitnehmeranteil (Aufstockung auf den vollen Beitragssatz von weiterhin 18,6%) beträgt nur 3,6% (vgl. S. 285).
— Für geringfügig Beschäftigte in Privathaushalten, die auf die RV-Freiheit verzichtet bzw. die RV-Pflicht nicht abgewählt haben, hat der Arbeitgeber einen Beitrag von 5% zu übernehmen; der Arbeitnehmeranteil (Aufstockung auf den vollen Beitragssatz von weiterhin 18,6%) beträgt 13,6%.
— Für Versicherte, die ein freiwilliges soziales Jahr oder ein freiwilliges ökologisches Jahr im Sinne des Jugendfreiwilligendienstgesetzes oder einen **Bundesfreiwilligendienst** nach dem Bundesfreiwilligendienstgesetz leisten, trägt der Arbeitgeber für die einzelnen Versicherungszweige den Gesamtsozialversicherungsbeitrag gemäß § 20 Abs. 3 Nr. 2 SGB IV alleine. Im Übrigen bleiben Kinder, wenn sich das Studium oder die Ausbildung wegen eines solchen Freiwilligendienstes oder des freiwilligen Wehrdienstes nach Abschnitt 7 des Wehrpflichtgesetzes verzögert, für die Dauer von höchstens 12 Monaten über das 25. Lebensjahr hinaus in der gesetzlichen Krankenversicherung und sozialen Pflegeversicherung beitragsfrei familienversichert (10 Abs. 2 Nr. 3 SGB V; § 25 Abs. 2 Nr. 3 SGB XI). Nach § 3 Nr. 5 Buchstabe d EStG ist das Taschengeld oder eine vergleichbare Geldleistung, das an Personen gezahlt wird, die einen in § 32 Abs. 4 Satz 1 Nr. 2 Buchstabe d EStG genannten Freiwilligendienst leisten, steuerfrei.

Welche Beitragsbemessungsgrenzen gelten 2020?

Das Arbeitsentgelt wird nur bis zur Beitragsbemessungsgrenze, die jährlich festgesetzt wird, zur SozV herangezogen.
Sie beträgt in der

	Kranken- und Pflegeversicherung	Renten- und Arbeitslosenversicherung	
	einheitlich West und Ost nunmehr	West nunmehr	Ost nunmehr
Jahr	56.250,00 €	82.800,00 €	77.400,00 €
Monat	4.687,50 €	6.900,00 €	6.450,00 €
Tag	156,25 €	230,00 €	215,00 €

BEISPIEL 2　　　　　　　　　　　　　　　Berechnung der Sozialversicherungsbeiträge

Wie sind die Beitragsbemessungsgrenzen bei Mehrfachbeschäftigten zu berücksichtigen?

Nach § 22 Abs. 2 Satz 1 SGB IV sind die Arbeitsentgelte zusammenzurechnen und die Beitragsbemessungsgrenzen anteilig von jedem Arbeitgeber zu berücksichtigen. Dabei ist zu beachten, dass **vor** der Verhältnisrechnung die beitragspflichtigen Einnahmen aus dem jeweiligen Versicherungsverhältnis auf die maßgebliche Beitragsbemessungsgrenze zu reduzieren sind (§ 22 Abs. 2 Satz 2 SGB IV). Demzufolge gilt Folgendes:

$$\frac{\text{Beitragsbemessungsgrenze} \times \text{(ggf. gekürztes) Einzelarbeitsentgelt}}{\text{(ggf. gekürztes) Gesamtarbeitsentgelt}}$$

Beispiel:
Arbeitgeber A:	Arbeitsentgelt	7.000,— €
Arbeitgeber B:	Arbeitsentgelt	2.000,— €
zusammen		9.000,— €

Die Beitragsbemessungsgrenze in der Renten- und Arbeitslosenversicherung beträgt in den alten Bundesländern 2020 6.900,- €.

Es ergibt sich folgende Aufteilung:
Kürzung des Arbeitsentgelts bei Arbeitgeber A auf　　　　　　　　6.900,— €
Gekürztes Gesamtarbeitsentgelt　　　　　　　　　　　　　　　　8.900,— €
Beitragspflichtiges Arbeitsentgelt bei
Arbeitgeber A:　　$\dfrac{6.900{,}-€ \times 6.900{,}-€}{8.900{,}-€} = 5.349{,}44\ €$

Arbeitgeber B:　　$\dfrac{6.900{,}-€ \times 2.000{,}-€}{8.900{,}-€} = 1.550{,}56\ €$

Entsprechend ist auch die Beitragsbemessungsgrenze in der KV/PV in Höhe von 4.687,50 € aufzuteilen.

Weitere Einzelheiten sind im Schreiben der Spitzenverbände vom 12.11.2014 (Gemeinsame Grundsätze zur Beitragsberechnung nach § 22 Abs. 2 SGB IV bei Arbeitnehmern mit mehreren versicherungspflichtigen Beschäftigungen) enthalten.

Im Übrigen sind nach § 26 Abs. 4 SGB IV die Krankenkassen verpflichtet, **in den Fällen des Überschreitens der Beitragsbemessungsgrenze** durch das Zusammentreffen von beitragspflichtigen Einnahmen aus mehreren versicherungspflichtigen Beschäftigungen auf Grundlage der von den Arbeitgebern abgegebenen Entgeltmeldungen von Amts wegen zu ermitteln, ob Beiträge zu Unrecht entrichtet wurden. Die Krankenkassen dürfen weitere Angaben zur Ermittlung der zugrunde zu legenden Entgelte von den beteiligten Arbeitgebern anfordern. Die frühere Verpflichtung der Arbeitgeber, für die versicherungspflichtigen Mehrfachbeschäftigten stets eine monatliche Meldung an die Krankenkassen abzugeben, ist weggefallen. Den Arbeitgebern von Mehrfachbeschäftigten, deren Arbeitsentgelte insgesamt die Beitragsbemessungsgrenze übersteigen, teilen die Krankenkassen das monatliche Gesamtarbeitsentgelt je Sozialversicherungszweig mit. Das ermöglicht den Arbeitgebern, die entsprechend dem Verhältnis der Höhe der Arbeitsentgelte zueinander abzuführenden Beiträge unter Beachtung der maßgebenden Beitragsbemessungsgrenze zu berechnen

BEISPIEL 2 Berechnung der Sozialversicherungsbeiträge

und ggf. nachträglich zu berichtigen. Damit wird im Ergebnis erreicht, dass keine Beiträge von Einnahmen oberhalb der maßgeblichen Beitragsbemessungsgrenze erhoben werden.

Wie werden die Beiträge berechnet?

Beispiel Januar

		Arbeitnehmeranteil		Arbeitgeberanteil	
Monatl. Arbeitsentgelt	3.000,00 €				
(KV) Krankenversicherung	14,6%	7,3%	219,00 €	7,3%	219,00 €
KV-Zusatzbeitrag (angenommen 1,1%)	1,1%	0,55%	16,50 €	0,55%	16,50 €
(PV) Pflegeversicherung	3,05%	1,525%	45,75 €	1,525%	45,75 €
Beitragszuschlag für Kinderlose	0,25%	0,25%	7,50 €	—	—
(RV) Rentenversicherung	18,6%	9,3%	279,00 €	9,3%	279,00 €
(ALV) Arbeitslosenversicherung	2,4%	1,2%	36,00 €	1,2%	36,00 €
Gesamtbeitrag	**40,00%**	**20,125%**	**603,75 €**	**19,875%**	**596,25 €**

Die Auf- oder Abrundung ist wie folgt vorzunehmen: (–,555 = –,56; –,554 = –,55).

Welche Beitragsbemessungsgrenzen sind in Entsendungsfällen zwischen alten und neuen Bundesländern anzuwenden?

Solange im Beitrittsgebiet niedrigere Beitragsbemessungsgrenzen gelten, finden im Verhältnis alte Bundesländer/neue Bundesländer die Bestimmungen über die Ein- und Ausstrahlung Anwendung. Zur Erläuterung der bei Ein- und Ausstrahlung nach den §§ 4 und 5 SGB IV maßgebenden Grundsätze haben die Spitzenorganisationen der Sozialversicherung in ihrer gemeinsamen Verlautbarung zur versicherungsrechtlichen Beurteilung entsandter Arbeitnehmer vom 18.11.2015 bekannt gegeben. Entscheidend ist danach, ob das Beschäftigungsverhältnis mit dem im jeweiligen Gebiet ansässigen Arbeitgeber weiterbesteht. Dies ist nicht der Fall, wenn der Arbeitnehmer in eine Betriebsstätte des Arbeitgebers im anderen Gebiet mit allen Konsequenzen eingegliedert wird. Die Ein- und Ausstrahlungsgrundsätze finden somit nur in Entsendungsfällen Anwendung; ein im anderen Gebiet eingestellter Arbeitnehmer unterliegt den Sozialversicherungsvorschriften dieses Gebietes. Ferner muss die Entsendung in das andere Gebiet infolge ihrer Eigenart oder vertraglich im Voraus zeitlich begrenzt sein; eine feste Grenze ist aber nicht vorgeschrieben.

 Beispiel:
Der Arbeitnehmer wird von seinem in München ansässigen Arbeitgeber in die Betriebsstätte nach Leipzig entsandt. Eine Eingliederung des Arbeitnehmers in diese Betriebsstätte erfolgt nicht. Die Bezahlung und Abrechnung des Lohns erfolgt weiterhin in München.

Es liegt ein Entsendungsfall vor; deshalb sind die in den alten Bundesländern maßgebenden Vorschriften zur Versicherungspflicht und die dort geltende Beitragsbemessungsgrenze in der RV/ALV von 6.900,– € weiter anzuwenden.

Beispiel:
Ein in München ansässiges Unternehmen unterhält in Halle eine Betriebsstätte. Ein in dieser Betriebsstätte eingestellter Arbeitnehmer wird zu Fortbildungszwecken für einen von vornherein begrenzten Zeitraum nach München in den Hauptbetrieb entsandt.

Für diesen Arbeitnehmer gilt 2020
— in der Renten- und Arbeitslosenversicherung die Beitragsbemessungsgrenze von nunmehr 77.400,– €, monatlich 6.450,– €;
— in der Kranken- und Pflegeversicherung beträgt die Beitragsbemessungsgrenze in West und Ost einheitlich nunmehr 4.687,50 € im Monat.

Welche Beitragsbemessungsgrenzen gelten bei einem Betriebsstättenwechsel?
Es gibt Fälle, in denen der Arbeitnehmer während des Kalenderjahres von einer westlichen in eine östliche Betriebsstätte – oder umgekehrt – desselben Arbeitgebers auf Dauer wechselt und deshalb kein Entsendungsfall gegeben ist. Bei der Beitragsberechnung für einmalig gezahlte Entgelte ist die anteilige Jahresbeitragsbemessungsgrenze in diesen Fällen entsprechend der Beschäftigungsdauer in West und Ost anzusetzen.

Was gilt bei Beschäftigung im Ausland?
Sozialversicherungspflichtig sind grundsätzliche nur Arbeitnehmer, die im Inland beschäftigt sind. Ausnahmen von diesem Grundsatz ergeben sich bei vorübergehender Beschäftigung im Ausland jedoch aus dem Prinzip der Ausstrahlung (§ 5 SGB IV), aus zwischenstaatlichen Abkommen über die soziale Sicherung und aus EU-Recht, wo sich seit dem 1.5.2010 Änderungen auf Grund der EG-Verordnung 883/2004 ergeben haben. Zum einen wurde der maximale Entsendezeitraum von 12 auf 24 Monate ausgeweitet, zum anderen ergeben sich auch für Personen, die in mehreren EU-Ländern beschäftigt sind (sog. Mehrfachbeschäftigte), wesentliche Änderungen. Werden Arbeitnehmer aus Deutschland in die EU, den EWR oder die Schweiz entsandt, sollte der Arbeitgeber daher die Entsendebescheinigung (A1-Bescheinigung) rechtzeitig beantragen. Diese dient als Nachweis, dass ausnahmsweise nicht das Beschäftigungsstaatsprinzip gilt, sondern z. B. weiterhin das deutsche Sozialversicherungsrecht gilt.

Mehrfachbeschäftigte sind Personen, die gewöhnlich in zwei oder mehr Staaten der EU erwerbstätig sind. Davon geht man insbesondere dann aus, wenn

— unter Beibehaltung der Beschäftigung in einem EU-Staat zugleich eine gesonderte Beschäftigung in einem oder mehreren anderen EU-Staaten ausgeübt wird. Dabei kommt es nicht auf die Dauer oder die Eigenheit der gesonderten Beschäftigung an.
— kontinuierlich Tätigkeiten – mit Ausnahme unbedeutender Tätigkeiten (= die weniger als 2 Stunden pro Woche in einem anderen EU-Staat ausgeübt werden oder weniger als 5% der Erwerbstätigkeit ausmachen) – abwechselnd in verschiedenen EU-Staaten ausgeübt werden. Dabei kommt es nicht auf die Häufigkeit oder Regelmäßigkeit des Wechsels an.

Sind Mehrfachbeschäftigte in mehr als einem EU-Staat beschäftigt – und zwar nicht nur unbedeutend – unterliegen sie dem Sozialversicherungsrecht des Staates, in dem sie mit ihrem Lebensmittelpunkt wohnen, wenn sie einen wesentlichen Teil (quantitativ erheblichen Teil von mehr als 25%) auch im Wohnstaat ausüben. Wenn der Mehrfachbeschäftigte für ein ausländisches Unternehmen in mehreren EU-Staaten tätig ist und keinen wesentlichen

BEISPIEL 2   *Arbeitnehmeranteil zur SozV in der Niedriglohn-Gleitzone*

Teil seiner Tätigkeit im Wohnsitzstaat ausübt, unterliegt er den Rechtsvorschriften des Staates, in dem sein Arbeitgeber ansässig ist. Fragen zur Beurteilung der Rechtszuordnung für Mehrfachbeschäftigte beantwortet die Deutsche Verbindungsstelle Krankenversicherung (DVKA). Auf die von den Spitzenorganisationen der Sozialversicherung neu gefasste gemeinsame Verlautbarung zur versicherungsrechtlichen Beurteilung entsandter Arbeitnehmer vom 18.11.2015 wird zur versicherungsrechtlichen Beurteilung von Arbeitnehmern bei Ein- und Ausstrahlung nach den §§ 4 und 5 SGB IV ergänzend hingewiesen.

Gelten für einen in einem anderen **EU-Mitgliedstaat** entsandten Beschäftigten nach EG-Verordnung Nr. 883/2004 weiterhin die deutschen Sozialversicherungsvorschriften, kann der Arbeitgeber gemäß § 106 Abs. 1 SGB IV die Ausstellung der A1-Bescheinigung mittels eines zertifizierten Lohnabrechnungsprogramms elektronisch beantragen. Auch die Rückmeldung erfolgt digital. Die Gemeinsamen Grundsätze und die Verfahrensbeschreibung für das elektronische Antrags- und Bescheinigungsverfahren A1 in der vom 1.7.2019 an geltenden Fassung haben die Spitzenverbände in ihrem Schreiben vom 28.6.2018 zusammengefasst.

Arbeitnehmeranteil zur SozV in der Niedriglohn-Gleitzone

Durch das RV-Leistungsverbesserungs- und -Stabilitätsgesetz vom 28.11.2018, BGBl. I S. 2.016, wurde ab dem **1.7.2019** die Obergrenze für sog. **Midijobs** (= Beschäftigungsverhältnisse in der Niedriglohn-Gleitzone, die nun Übergangsbereich genannt wird) von 850,– € **auf 1.300,– €** angehoben. Dadurch profitieren ab dem 1.7.2019 mehr Arbeitnehmer von günstigeren Sozialabgaben. Im Rahmen der gesetzlichen Neuregelung wird mit § 70 Abs. 1a SGB VI zudem sichergestellt, dass die reduzierten Rentenversicherungsbeiträge des Arbeitnehmers nicht mehr zu geringeren Rentenversicherungsleistungen führen. Dementsprechend ist es ab dem 1.7.2019 auch nicht mehr erforderlich, zur Vermeidung rentenrechtlicher Nachteile auf die Anwendung der beitragsrechtlichen Regelung des § 163 Abs. 10 SGB VI zu verzichten. Die bis dahin erteilten Verzichtserklärungen verloren daher für Zeiten ab dem 1.7.2019 ihre Wirkung. Gleiches galt für Versicherte, die seinerzeit bei Anhebung der Gleitzonenregelung von 800,– € auf 850,– € nicht gemäß § 276b Abs. 2 SGB VI in der bis zum 30.6.2019 geltenden Fassung bis zum 31.12.2014 für die Anwendung der Gleitzone votiert hatten.

Zum 1.7.2019 wurde das bisherige Kennzeichen der Gleitzone in den SV-Meldungen abgeändert. Künftig heißt das neue Kennzeichen „Midijob". Die bestehenden Auswahlziffern 0, 1 und 2 lauten seitdem

0 = kein Arbeitsentgelt innerhalb der Grenzen des § 20 Abs. 2 SGB IV/Verzicht
1 = Arbeitsentgelt durchgehend in den Grenzen des § 20 Abs. 2 SGB IV
2 = Arbeitsentgelt sowohl innerhalb, als auch außerhalb der Grenzen des § 20 Abs. 2 SGB IV

Die Spitzenorganisationen der Sozialversicherung haben die Auswirkungen der Neuregelung auf die versicherungs-, beitrags- und melderechtliche Behandlung von Beschäftigungsverhältnissen im neuen Übergangsbereich im Rundschreiben vom 21.3.2019 zusammengefasst.

Bei einem Arbeitsentgelt **innerhalb der Gleitzone** wird für die Berechnung des Arbeitnehmeranteils ein ermäßigtes, nach einer Formel zu berechnendes Arbeitsentgelt zugrunde gelegt. Der Arbeitgeberanteil ist dagegen vom tatsächlichen Arbeitsentgelt mit dem im jeweiligen Sozialversicherungszweig maßgebenden Beitragssatz zu berechnen.

BEISPIEL 2 *Arbeitnehmeranteil zur SozV in der Niedriglohn-Gleitzone*

Durch die gesetzlich bestimmte Formel wird das für die Berechnung des Arbeitnehmeranteils maßgebende Arbeitsentgelt gleitend ermäßigt. Bei Verwendung von Lohnabrechnungsprogrammen wird der ermäßigte Arbeitnehmeranteil automatisch ermittelt. Für Fälle der manuellen Beitragsberechnung stellen die Krankenkassen für den Niedriglohnbereich Tabellen bzw. im Internet einen Gleitzonenrechner zur Verfügung.

Zur Prüfung der Niedriglohngrenze sind mehrere versicherungspflichtige Beschäftigungen zusammenzurechnen. Ein versicherungsfreier Mini-Job wird somit nicht einbezogen. Maßgebend ist das regelmäßige Arbeitsentgelt; dieses wird nach den für geringfügig entlohnte Beschäftigungen geltenden Grundsätzen ermittelt (vgl. S. 280).

Wichtig!
Die Gleitzonenregelung darf nicht angewendet werden
— bei Personen, die zur Berufsausbildung beschäftigt sind (Auszubildende, Praktikanten),
— wenn das Arbeitsentgelt vorübergehend (z. B. wegen Kurzarbeit oder Saisonkurzarbeit) unter 1.300,- € beträgt,
— wenn sich wegen eines Teillohnzahlungszeitraums (Beginn oder Ende des Arbeitsverhältnisses während des Monats) ein Arbeitsentgelt unter 1.300,- € ergibt,

Die Gleitzonenformel lautet:

$$F \times 450 + \left(\left\{ \frac{1.300}{(1.300 - 450)} \right\} - \left\{ \frac{450}{(1.300 - 450)} \right\} \times F \right) \times (AE - 450)$$

AE ist das tatsächliche Arbeitsentgelt. F ist der Faktor, der jedes Jahr vom Bundesministerium für Arbeit und Soziales neu festgelegt wird. Unter Berücksichtigung des zum 1.1.2020 geltenden und um den durchschnittlichen Zusatzbeitragssatz von nunmehr 1,1 % erhöhten allgemeinen Beitragssatzes der gesetzlichen Krankenkassen von 14,6 %, der gesetzlichen Beitragssätze zur Rentenversicherung (weiterhin 18,6 %), zur Pflegeversicherung (weiterhin 3,05 %) und zur Arbeitslosenversicherung (nunmehr 2,4 %) errechnet sich für 2020 ein **neuer Faktor F** von nunmehr 0,7547.

Daraus ergeben sich für 2020 die folgenden verkürzten Formeln:

$$1{,}1298647 \times AE - 168{,}8241176$$

Beispiel:
Mit dem für das ganze Jahr 2020 gültigen neuen Faktor F (0,7547) und der Gleitzonenformel ergibt sich für ein tatsächliches Arbeitsentgelt (AE) von 1.000,- € ein für die Beitragsberechnung maßgebendes reduziertes Arbeitsentgelt von 961,04 €.

Daraus errechnen sich bei einem kassenindividuellen Zusatzbeitragssatz von angenommenen 1,1 % die folgenden Arbeitgeber- und Arbeitnehmeranteile:

BEISPIEL 2   *Arbeitnehmeranteil zur SozV in der Niedriglohn-Gleitzone*

	Halber Beitragssatz	Gesamtbeitrag (= halber Beitragssatz vom reduzierten Arbeitsentgelt x 2)	Arbeitgeberanteil (= halber Beitragssatz für das tatsächliche Arbeitsentgelt)	Arbeitnehmeranteil = Differenz zum Gesamtbeitrag
Arbeitsentgelt		961,04 €	1.000,00 €	
KV	7,3 %	140,31 €	73,00 €	67,31 €
Zusatzbeitrag ang. 1,1 %	0,55 %	10,57 €	5,50 €	5,07 €
PV	1,525 %	29,31 €	15,25 €	14,06 €
RV	9,3 %	178,75 €	93,00 €	85,75 €
ALV	1,2 %	23,06 €	12,00 €	11,06 €
Summe		382,00 €	198,75 €	183,25 €
+ Vom Arbeitnehmer allein zu tragende Beiträge:				
Zuschlag-PV*	0,25 %	2,40 €	0 €	2,40 €
Gesamtbeitrag		384,40 €	198,75 €	185,65 €

* Im Beispielsfall handelt es sich um einen kinderlosen Arbeitnehmer mit Zuschlag zur Pflegeversicherung und Beschäftigungsort außerhalb von Sachsen.

Zur Berechnung der Insolvenzgeldumlage in der Niedriglohn-Gleitzone vgl. S. 42.

In der „Meldung zur Sozialversicherung" ist bei allen Entgeltmeldungen, in denen die beitragspflichtige Einnahme nach den Regelungen im Übergangsbereich bemessen wird, gemäß § 28a Abs. 3 Satz 2 Nr. 2 Buchstabe c SGB IV das **tatsächliche** Arbeitsentgelt anzugeben. Somit sind im obigen Beispiel **1.000,–** € und die Kennzahl 1 einzutragen.

Berechnung der Insolvenzgeldumlage

1. Was gilt?

Die Insolvenzgeldumlage wird von den Einzugsstellen zusammen mit dem Gesamtsozialversicherungsbeitrag eingezogen und an die Bundesagentur für Arbeit weitergeleitet. Die Vorschriften für den Gesamtsozialversicherungsbeitrag (Fälligkeit, Säumniszuschläge) finden dementsprechend Anwendung. Im **Beitragsnachweisdatensatz** ist die Insolvenzgeldumlage mit der **Beitragsgruppe 0050** zu berücksichtigen. Der **Umlagesatz** nach § 360 SGB III beträgt gemäß der Verordnung vom 2.10.2019, BGBl. I S. 1.413, für das Jahr 2020 weiterhin 0,06 % der Bemessungsgrundlage.

2. Welche Arbeitgeber sind umlagepflichtig?

Die monatliche Umlage ist **allein vom Arbeitgeber** aufzubringen. Ausgenommen von der Zahlung der Umlage sind **Privathaushalte** und **Arbeitgeber der öffentlichen Hand** (insbesondere der Bund, die Länder und die Gemeinden, Körperschaften, Stiftungen und Anstalten des öffentlichen Rechts, über deren Vermögen ein Insolvenzverfahren nicht zulässig ist, juristische Personen des öffentlichen Rechts, bei denen der Bund, ein Land oder eine Gemeinde kraft Gesetzes die Zahlungsfähigkeit sichert, die öffentlich-rechtlichen Religionsgemeinschaften und öffentlich-rechtlichen Rundfunkanstalten). Auch für bei Wohnungseigentümergemeinschaften Beschäftigten fällt keine Insolvenzgeldumlage an.

3. Was gehört zum umlagepflichtigen Arbeitsentgelt?

Zum umlagepflichtigen Arbeitsentgelt gehört das **laufende und einmalig gezahlte Arbeitsentgelt** nach dem die Beiträge zur gesetzlichen Rentenversicherung der im Betrieb beschäftigten Arbeitnehmer und Auszubildende bemessen werden. Die Umlage wird daher von einem Arbeitsentgelt **bis zur allgemeinen Beitragsbemessungsgrenze in der Rentenversicherung** erhoben. Bei Mehrfachbeschäftigten gilt die anteilige Berücksichtigung. Für Arbeitnehmer, die zum Beispiel von der Rentenversicherungspflicht befreit sind, wird die Insolvenzgeldumlage aus dem Arbeitsentgelt berechnet, aus dem im Fall einer Versicherungspflicht die Rentenversicherungsbeiträge zu bemessen wären. Bei Beamten oder Soldaten ist das Arbeitsentgelt, das diese in einer Nebentätigkeit in der Privatwirtschaft erzielen, umlagepflichtig.

Bei **geringfügig entlohnter Beschäftigung** (Minijob, vgl. S. 280) oder kurzfristiger Beschäftigung (vgl. S. 301) ist das tatsächlich erzielte Arbeitsentgelt Berechnungsgrundlage für die Insolvenzgeldumlage. Private Haushalte sind von der Umlage ausgenommen.

Beim **Arbeitsentgelt innerhalb der Gleitzone** von 450,01 € bis 1.300,– € (vgl. S. 39) ist das reduzierte Arbeitsentgelt Bemessungsgrundlage für die Insolvenzgeldumlage. Nur wenn der Arbeitnehmer auf die Anwendung der Gleitzone in der Rentenversicherung verzichtet, wird die Insolvenzgeldumlage nach dem tatsächlichen Arbeitsentgelt berechnet.

4. Was ist bei besonderen Entgeltarten zu beachten?

a) **Kurzarbeit**

Während die Rentenversicherungsbeiträge für Bezieher von Kurzarbeitergeld, Saisonkurzarbeitergeld und Transferkurzarbeitergeld aus dem tatsächlich erzielten Arbeits-

BEISPIEL 2   *Beschäftigung ausländischer Arbeitnehmer*

entgelt zuzüglich 80% des Unterschiedsbetrages zwischen dem Sollentgelt und dem Istentgelt berechnet werden, ist für die Berechnung der Umlage nur das tatsächlich erzielte Arbeitsentgelt bis zur BBG in der gesetzlichen RV maßgebend. Das fiktive Arbeitsentgelt wird für die Umlageberechnung also nicht herangezogen.

b) **Altersteilzeit und flexible Arbeitszeitverhältnisse**

Für die Berechnung der Umlage ist jeweils das tatsächlich ausgezahlte Arbeitsentgelt zu berücksichtigen. Als umlagepflichtiges Arbeitsentgelt ist damit in der Arbeitsphase das tatsächlich erzielte (ausgezahlte) Arbeitsentgelt maßgebend, in der Freistellungsphase das ausgezahlte Wertguthaben. Nicht umlagepflichtig sind der Aufstockungsbetrag, der zusätzliche Beitrag zur Rentenversicherung sowie die nach § 163 Abs. 5 SGB VI zusätzliche beitragspflichtige Einnahme.

c) **Einmalig gezahltes Arbeitsentgelt und März-Klausel**

Anders als bei der Berechnung der Umlage U1 (vgl. S. 255) und U2 (vgl. S. 264) wird bei der Insolvenzgeldumlage auch das einmalig gezahlte Arbeitsentgelt berücksichtigt.

Das Weitere haben die Spitzenorganisationen der Sozialversicherung in ihrer Verlautbarung vom 3.11.2010 zusammengefasst.

Beschäftigung ausländischer Arbeitnehmer

Welche zusätzlichen Arbeitspapiere benötigen ausländische Arbeitnehmer?

— Einen gültigen Pass oder Passersatz;
bei Staatsangehörigen von Mitgliedstaaten der EU reicht ein amtlicher Personalausweis;

— einen Aufenthaltstitel;
geregelt durch das Zuwanderungsgesetz vom 30.7.2004, BGBl. I S. 1.950, im Gesetz über den Aufenthalt, die Erwerbstätigkeit und die Integration von Ausländern im Bundesgebiet (Aufenthaltsgesetz). Erforderlich ist danach ein Aufenthaltstitel, den die zuständig Ausländerbehörde regelmäßig nur nach Zustimmung der Agentur für Arbeit erlässt. Damit entfällt der früher selbständige Verwaltungsakt der Arbeitsgenehmigung durch die Arbeitsverwaltung.

Wer einen ausländischen Arbeitnehmer aus einem Staat beschäftigt, der nicht der EU oder dem Europäischen Wirtschaftsraum (EWR) angehört, muss nach § 4 Abs. 3 des Aufenthaltsgesetzes für die Dauer der Beschäftigung eine Kopie des Aufenthaltstitels oder der Bescheinigung über die Aufenthaltsgestattung oder über die Aussetzung der Abschiebung des Ausländers in elektronischer Form oder in Papierform aufbewahren. Weitere Einzelheiten über die Beschäftigung ausländischer Arbeitnehmer enthält die Verordnung über die Beschäftigung von Ausländerinnen und Ausländern (Beschäftigungsverordnung – BeschV) in der jeweils gültigen Fassung.

Bei **Staatsbürgern der EU** gilt das Gesetz über die allgemeine Freizügigkeit von Unionsbürgern. Staatsbürger aus den EU-Staaten sowie Norwegen, Liechtenstein und Island haben Anspruch auf Zugang zu einer Tätigkeit im Inland. Sie können in Deutschland ohne Aufenthaltstitel und ohne Arbeitsgenehmigung tätig werden, sie erhalten von Amts wegen eine Bescheinigung über ihr Aufenthaltsrecht nach dem Freizügigkeitsgesetz/EU. Die ursprünglichen Beschränkungen für die beigetretenen Länder Bulgarien, Rumänien und Kroatien sind

BEISPIEL 2 *Beschäftigung ausländischer Arbeitnehmer*

inzwischen ausgelaufen. Im Hinblick auf künftige EU-Beitrittsstaaten wurde mit Änderung des § 284 SGB III durch das Gesetz zur Änderung des Zwölften Buches Sozialgesetzbuch und weiterer Vorschriften jedoch bereits jetzt klargestellt, dass auch nach dem Beitritt zur EU diese künftigen EU-Staatsbürger eine Beschäftigung in Deutschland ggf. nur mit Genehmigung der Bundesagentur für Arbeit ausüben dürfen.

Für ausländische Arbeitnehmer **aus Drittstaaten** gilt grundsätzlich das Aufenthaltsgesetz, das die Zuwanderung reguliert. Es sieht vor, dass sie eine Aufenthalts- und Arbeitserlaubnis benötigen, um in Deutschland arbeiten zu können. Am 1.3.2020 wird das Fachkräfteeinwanderungsgesetz vom 15.8.2019, BGBl. I S. 1.307, in Kraft treten, das durch die Verordnung zur Änderung der Beschäftigungsverordnung und der Aufenthaltsverordnung vom Dezember 2019 ergänzt wurde. Weitergehende Erläuterungen enthält hierzu das Handbuch „Arbeitsrecht in der betrieblichen Praxis".

Die Beurteilung einer Beschäftigung oder eines Praktikums ist bei **Asylbewerbern** nach den grundsätzlichen Kriterien vorzunehmen. Die Problematik einer Beschäftigung von Asylbewerbern liegt nicht in der sozialversicherungsrechtlichen Beurteilung, sondern darin, ob eine Beschäftigung überhaupt zulässig ist. Dazu ist zu unterscheiden, ob Asylbewerber zum Personenkreis der

— Asylsuchenden mit noch nicht abgeschlossenem Verfahren,
— geduldeten Menschen (Asylantrag abgelehnt, Abschiebung aber noch nicht möglich) oder
— anerkannten Asylbewerber mit Aufenthaltserlaubnis gehören.

Nähere Informationen hat die Bundesagentur für Arbeit in einer Broschüre zusammengefasst. Die Publikation „Potenziale nutzen – geflüchtete Menschen beschäftigen" gibt es als Download unter www.arbeitsagentur.de.

Weitergehende Erläuterungen zur Beschäftigung ausländischer Arbeitnehmer enthält das Handbuch „Arbeitsrecht in der betrieblichen Praxis" im Abschnitt „ausländische Arbeitnehmer".

Welche Gruppen von ausländischen Arbeitnehmern sind für Lohnabrechnungszwecke zu unterscheiden?

1. **Ausländische Arbeitnehmer mit Wohnsitz oder gewöhnlichem Aufenthalt in Deutschland**
   Sie sind **unbeschränkt einkommensteuerpflichtig** wie deutsche Arbeitnehmer. Dementsprechend ist vom inländischen Arbeitgeber der Lohnsteuerabzug für die Arbeitnehmer nach deren ELStAM-Daten oder in Ausnahmefällen nach deren Eintragungen auf einer Bescheinigung für den Lohnsteuerabzug vorzunehmen.

   Auch hinsichtlich der Sozialversicherungspflicht bestehen keine Besonderheiten, denn auf die Staatsangehörigkeit kommt es nicht an. Ausschlaggebend ist, dass die Beschäftigung im Inland bei einem inländischen Arbeitgeber erfolgt.

2. **Vorübergehend in Deutschland für einen ausländischen Arbeitgeber tätiger ausländischer Arbeitnehmer**
   Da kein inländischer Arbeitgeber vorhanden ist, besteht auch keine Steuerabzugspflicht. Gilt mit dem Wohnsitzstaat des Arbeitnehmers ein Doppelbesteuerungsabkommen (vgl. S. 357), ist der Arbeitnehmer in der Regel in Deutschland nur steuerpflichtig, wenn er mehr als 183 Tage im Inland tätig ist. Der Arbeitnehmer muss dann zu seiner steuerlichen Erfassung beim Finanzamt eine Einkommensteuererklärung abgeben.

BEISPIEL 2 *Beschäftigung ausländischer Arbeitnehmer*

Wegen des Beschäftigungsverhältnisses zu einem ausländischen Arbeitgeber und der Entsendung in das Inland besteht nach dem Prinzip der Einstrahlung keine Sozialversicherungspflicht.

3. **Beschäftigung bei einem inländischen Arbeitgeber und tägliche Rückkehr an den Wohnsitz im Ausland (so genannte Grenzgänger)**
Mit den Nachbarstaaten Frankreich und Österreich bestehen so genannte Grenzgängervereinbarungen, die dem Wohnsitzstaat das Besteuerungsrecht zuweisen. Das bedeutet, dass vom inländischen Arbeitgeber keine Lohnsteuer einzubehalten ist. Voraussetzung ist allerdings, dass eine vom Betriebsstättenfinanzamt ausgestellte Freistellungsbescheinigung vorliegt. Besondere Regelungen bestehen für Grenzgänger aus der Schweiz und Belgien.

Auch auf sozialversicherungsrechtlichem Gebiet regeln zwischenstaatliche Vereinbarungen die Versicherungspflicht der Grenzgänger. Auskunft erteilt die Einzugsstelle, die für die Erhebung der Beiträge ggf. zuständig wäre.

4. **Beschäftigung bei einem inländischen Arbeitgeber ohne Wohnsitznahme im Inland und ohne gewöhnlichen Aufenthalt im Inland, wenn keine Grenzgängervereinbarung mit dem Nachbarstaat besteht**
Diese ausländischen Arbeitnehmer erhalten, sofern sie ab 2020 nicht in das ELStAM-Verfahren einbezogen sind (Zur verpflichtenden Einbeziehung bestimmter beschränkt steuerpflichtiger Arbeitnehmer siehe S. 19), – wie bisher – auf Antrag von dem für den Arbeitgeber zuständigen Betriebsstättenfinanzamt eine kalenderjahrbezogene Papierbescheinigung, aus der sich die maßgebende Steuerklasse und ein evtl. beim Lohnsteuerabzug zu berücksichtigender Freibetrag ergeben. Liegt dem Arbeitgeber keine derartige Bescheinigung des Finanzamts vor, ist die Steuerklasse VI maßgebend.

Bei der Ausstellung der Bescheinigung unterscheidet das Finanzamt zwischen Arbeitnehmern, die als unbeschränkt steuerpflichtig behandelt werden, und anderen, beschränkt steuerpflichtigen ausländischen Beschäftigten. Dabei ist für die Besteuerungsmerkmale von Bedeutung, ob die jährlichen Einkünfte zu mindestens 90 % der deutschen Einkommensteuer unterliegen bzw. ob die anderen Einkünfte einen bestimmten Höchstbetrag nicht übersteigen. Für die Eintragung familienabhängiger Vergünstigungen (z. B. StKl III) kommt es darauf an, ob der Arbeitnehmer Angehöriger eines EU-Mitgliedstaats (einschließlich Island, Liechtenstein und Norwegen) ist.

Auf der Abzugsbescheinigung für wie unbeschränkt Steuerpflichtige zu behandelnde ausländische Arbeitnehmer kann das Finanzamt im wesentlichen Freibeträge wie bei deutschen Arbeitnehmern eintragen. Wie diese wird der ausländische Arbeitnehmer dann vom Finanzamt zur Einkommensteuer veranlagt.

Ist eine Lohnsteuerbescheinigung für ausländische Arbeitnehmer auszuschreiben?
Der Arbeitgeber ist auch bei beschränkt steuerpflichtigen Arbeitnehmern immer verpflichtet, die Lohnsteuerbescheinigung vorzunehmen und der Steuerverwaltung die Daten elektronisch zu übermitteln (vgl. S. 387).

Was ist mit der Kirchensteuer?
Kirchensteuerpflichtig sind nur Personen, die Mitglied einer kirchensteuerberechtigten Religionsgemeinschaft sind und im Inland ihren Wohnsitz oder gewöhnlichen Aufenthalt haben.

BEISPIEL 3

Beginn der Beschäftigung und Versicherungspflicht

Anmeldung

Wann?

Mit der ersten Lohn- und Gehaltsabrechnung, spätestens innerhalb von sechs Wochen nach Beginn der Beschäftigung hat der Arbeitgeber den Arbeitnehmer bei der zuständigen Krankenkasse anzumelden (vgl. Anlage 2, S. 407).

Wo?

Zuständig ist bei einem Pflichtversicherten oder freiwillig in einer gesetzlichen Krankenkasse Versicherten die Krankenkasse, die der Arbeitnehmer gewählt hat. Die Wahl muss spätestens zwei Wochen nach Beginn der Versicherungspflicht ausgeübt werden. Die Krankenkasse stellt eine **Mitgliedsbescheinigung** aus; sie ist dem Arbeitgeber unverzüglich vorzulegen, der sie als Lohnbeleg aufzubewahren hat. Falls der Arbeitnehmer die Mitgliedsbescheinigung nicht spätestens zwei Wochen nach Eintritt der Versicherungspflicht vorlegt, hat ihn der Arbeitgeber bei der Krankenkasse anzumelden, bei der zuletzt eine Versicherung bestand, und sonst bei irgendeiner wählbaren Krankenkasse.

Ist der Arbeitnehmer privat krankenversichert, ist die Meldung an eine der gesetzlichen Krankenkassen zu erstatten, die der Arbeitnehmer wählen könnte, wenn er versicherungspflichtig wäre.

Wie?

Zur Meldung muss der Arbeitgeber feststellen

— Die Versicherungsnummer
  Sie kann dem SozV-Ausweis entnommen werden.
— Die Personalnummer
  Es handelt sich um die freiwillige Angabe der evtl. betrieblichen Ordnungsnummer.
— Den Schlüssel für den Grund der Meldung
  Bei der Anmeldung ist die Schlüssel-Nr. 10 maßgebend (vgl. Anlage 2a, S. 410).
— Den Beginn der Beschäftigung
— Die Betriebsnummer
  Sie ist achtstellig und wird dem Arbeitgeber von der Agentur für Arbeit zugeteilt.
— Den Personengruppenschlüssel
  Er bezeichnet die SozV-Merkmale (vgl. Anlage 2b, S. 413); sind mehrere Schlüssel möglich, ist der niedrigste anzugeben.
— Die Mehrfachbeschäftigung
  Hierzu muss der Arbeitnehmer befragt werden.
— Die Beitragsgruppen (vgl. Anlage 2c, S. 415)
  Hierzu muss der Arbeitgeber prüfen, ob in den jeweiligen SozV-Zweigen Versicherungspflicht besteht.

BEISPIEL 3 — Anmeldung

— Den Tätigkeitsschlüssel
Das Schlüsselverzeichnis wird von der Agentur für Arbeit zur Verfügung gestellt.
— Den Staatsangehörigkeitsschlüssel
Das Schlüsselverzeichnis ist bei der Krankenkasse erhältlich.

Was ist die Sofortmeldung?

Zur besseren Bekämpfung der Schwarzarbeit ist in den auf S. 22 angeführten Branchen noch am Tag des Beginns des Beschäftigungsverhältnisses eine Sofortmeldung (Schlüsselzahl 20; vgl. Anlage 2a, S. 410) mit Familien- und Vornamen des Beschäftigten, Versicherungsnummer (soweit bekannt), Betriebsnummer des Arbeitgebers und Tag der Beschäftigungsaufnahme direkt an die Datenstelle der Träger der Rentenversicherung (DSRV) abzugeben. Bei der Sofortmeldung handelt es sich um eine zusätzliche Meldung, die ausschließlich an die DSRV zu übermitteln ist, und ersetzt nicht die allgemeine Meldung mit der ersten Lohn- und Gehaltsabrechnung.

Was gilt bei Saisonarbeitnehmern?

Mit Artikel 8 des Gesetzes vom 18.7.2017, BGBl I S 2.757, wurde § 188 Abs. 4 SGB V ergänzt, wonach Saisonarbeitnehmer (nicht bei geringfügiger Beschäftigung, vgl. S. 280) bei der DEÜV-Anmeldung gesondert zu kennzeichnen sind, weil für Saisonarbeitnehmer eine Ausnahmeregelung zur obligatorischen Anschlussversicherung in der Krankenkasse geschaffen wurde. Wird ein Arbeitnehmer bei der Anmeldung zur Sozialversicherung als Saisonarbeitnehmer gekennzeichnet, geht die Krankenkasse jetzt grundsätzlich davon aus, dass keine Anschlussversicherungspflicht besteht, das Versicherungsverhältnis also beendet wird. Der Saisonarbeitnehmer kann sich allerdings innerhalb von drei Monaten nach Beendigung seines Arbeitsverhältnisses freiwillig krankenversichern. Dafür muss er aber seinen Wohnsitz oder ständigen Aufenthalt in Deutschland nachweisen. Hierzu kann beispielsweise eine entsprechende Bescheinigung von der zuständigen Meldebehörde bei der Krankenkasse eingereicht werden.

Bei der Anmeldung eines versicherungspflichtigen Saisonarbeitnehmers bei der Krankenkasse (Abgabegründe „10" und „40") hat der Arbeitgeber im Feld „KENNZ-Saisonarbeitnehmer" ein „J" einzutragen. Für geringfügig entlohnt Beschäftigte (Personengruppe 109), für kurzfristig Beschäftigte (Personengruppe 110) und für Personen die ausschließlich in der gesetzlichen Unfallversicherung versichert sind (Personengruppe 190) gibt es keine Kennzeichnungspflicht.

Als Saisonarbeitnehmer gilt jemand, der vorübergehend eine auf bis zu acht Monate befristete versicherungspflichtige Beschäftigung in Deutschland ausübt, und mit seiner Tätigkeit einen jahreszeitlich bedingten jährlich wiederkehrenden erhöhten Arbeitsbedarf des Arbeitgebers abdeckt. Beispiele hierfür sind Erntehelfer, Eisverkäufer oder Skilehrer. Es ist dabei nicht Aufgabe des Arbeitgebers zu prüfen, ob der Arbeitnehmer nur für diese Beschäftigung nach Deutschland gekommen ist und unmittelbar nach der Beschäftigung wieder in sein Heimatland zurückkehrt.

Versicherungspflicht in der Kranken- und Pflegeversicherung

Wer?

Für die Lohnabrechnung von Bedeutung ist die Krankenversicherungspflicht der
— gegen Arbeitsentgelt beschäftigten Arbeiter, Angestellten und Auszubildenden,
— Leistungsempfänger nach dem SGB III (vgl. S. 273),
— Bezieher von Vorruhestandsgeld (vgl. S. 353).

Von der **Pflegeversicherung** wird grundsätzlich der Personenkreis erfasst, der auch der gesetzlichen Krankenversicherungspflicht unterliegt. Darüber hinaus sind in die soziale Pflegeversicherung auch die Personen einbezogen, die in der gesetzlichen Krankenkasse freiwillig krankenversichert sind.

Freiwillig in der gesetzlichen Krankenversicherung Versicherte, die bei einem privaten Unternehmen gegen das Risiko der Pflegebedürftigkeit versichert sind, werden auf Antrag (Frist drei Monate) von der Versicherungspflicht in der sozialen Pflegeversicherung befreit, wenn die Leistungsansprüche aus diesem Vertrag dem Leistungsumfang der sozialen Pflegeversicherung gleichwertig sind.

Wer nicht?

öffentlich Bedienstete, wenn sie nach beamtenrechtlichen Grundsätzen bei Krankheit Anspruch auf Fortzahlung der Bezüge und auf Beihilfe oder Heilfürsorge haben;
— Werkstudenten (vgl. S. 324),
— geringfügig Beschäftigte (vgl. S. 280 und 301),
— Arbeiter und Angestellte, deren regelmäßiges Jahresarbeitsentgelt die JAEG
  – nach Maßgabe der nachfolgenden Ausführungen – übersteigt

Jahresarbeitsentgeltgrenze – JAEG

Was gilt nach dem GKV-Versichertenentlastungsgesetz?

1. **Beitragssatz:**
   Der allgemeine Beitragssatz (§ 241 SGB V) beträgt 14,6%, der von Arbeitgeber und Arbeitnehmer je zur Hälfte zu tragen ist. Der Arbeitgeberanteil ist damit gesetzlich auf von 7,3% festgeschrieben. Der ermäßigte Beitragssatz nach § 243 SGB V beträgt 14,0%.

2. **Zusatzbeitrag:**
   Neben dem gesetzlichen Beitragssatz gibt es einen kassenindividuellen Zusatzbeitrag nach § 242 SGB V, den jede gesetzliche Krankenkasse nach ihrem Finanzierungsbedarf in ihrer Satzung selbst festlegt **(kassenindividueller Zusatzbeitragssatz)**. Ergibt sich während des Haushaltsjahres ein zusätzlicher Finanzierungsbedarf, ist der Zusatzbeitragssatz durch Änderung der Satzung zu erhöhen. Der Zusatzbeitrag ist vom Arbeitnehmer alleine zu tragen.

BEISPIEL 3   *Jahresarbeitsentgeltgrenze – JAEG*

Für bestimmte Krankenkassenmitglieder (z. B. 325-Euro-Geringverdiener) gilt an Stelle des kassenindividuellen Zusatzbeitragssatzes **ein durchschnittlicher Zusatzbeitragssatz** nach § 242a SGB V, der vom Bundesministerium für Gesundheit mit Bekanntmachung vom 22.10.2019 für das Jahr 2020 auf einheitlich 1,1 % festgelegt wurde.

Nach dem GKV-Versichertenentlastungsgesetz ist ab dem 1.1.2019 der Zusatzbeitrag nicht mehr alleine vom Arbeitnehmer, sondern vom Arbeitnehmer und vom Arbeitgeber jeweils zur Hälfte zu tragen.

3. **Sonderkündigungsrecht der Mitglieder:**

   Mitglieder, die ihr Krankenkassenwahlrecht ausgeübt haben, sind an diese Wahl grundsätzlich mindestens 18 Monate gebunden. Davon abweichend besteht nach § 175 Abs. 4 SGB V ein Sonderkündigungsrecht, wenn die Krankenkasse erstmals einen Zusatzbeitrag erhebt oder diesen erhöht. Die Kündigung der Mitgliedschaft kann bei erstmaliger Erhebung des Zusatzbeitrags oder Erhöhung des Zusatzbeitragssatzes bis zum Ablauf des Monats erklärt werden, für den der Zusatzbeitrag erstmals erhoben oder für den der Zusatzbeitragssatz erhöht wird. Der GKV-Spitzenverbände hat die „Grundsätzlichen Hinweise zum Krankenkassenwahlrecht" überarbeitet und mit Datum vom 12.6.2019 neu bekannt gegeben.

4. **Meldeverfahren:**

   Das Nähere zu dem verfahrenstechnischen Ablauf, den zu übermittelnden Daten sowie den Datensätzen regeln entsprechend § 26 Abs. 4 SGB IV die Gemeinsamen Grundsätzen nach § 28b Abs. 2 SGB IV sowie das Gemeinsame Rundschreiben „Gemeinsames Meldeverfahren zur Kranken-, Pflege-, Renten- und Arbeitslosenversicherung" in der jeweils geltenden Fassung.

   Im Falle einer Mehrfachbeschäftigung leiten die Einzugsstellen aufgrund der Entgeltmeldungen gegebenenfalls von Amts wegen eine Prüfung ein, ob Beiträge **wegen Überschreitens der BBG** zu Unrecht entrichtet wurden (§ 26 Abs. 4 SGB IV) und fordern vom Arbeitgeber Unterlagen an, die dieser gemäß nach § 28a Abs. 1 Satz 1 Nr. 10 SGB IV zu melden hat. Anschließend werden die Gesamtentgelte an die beteiligten Arbeitgeber zurückgemeldet, so dass der einzelne Arbeitgeber nunmehr in der Lage ist, die Verhältnisrechnung entsprechend § 22 Abs. 2 SGB IV durchzuführen und eine Beitragskorrekturvorzunehmen. Damit wird im Ergebnis erreicht, dass keine Beiträge von Einnahmen oberhalb der maßgeblichen Beitragsbemessungsgrenze erhoben werden.

5. **Hinweise zur Versicherungsfreiheit:**

   Die grundsätzlichen Hinweise zur Versicherungsfreiheit von Arbeitnehmern bei Überschreiten der Jahresarbeitsentgeltgrenze hat der GKV-Spitzenverband im neuen Rundschreiben vom 20.3.2019 zusammengefasst.

Welche Grenzen sind 2020 von Bedeutung?

Die JAEG ist entscheidend für die Versicherungspflicht in der gesetzlichen Krankenversicherung.

Für Arbeitnehmer, die am 31.12.2002 wegen Überschreitens der für 2002 geltenden JAEG versicherungsfrei und privat krankenversichert waren, beträgt die JAEG in 2020 nunmehr   **56.250,- €**

Für alle anderen Arbeitnehmer beträgt die JAEG in 2020   **62.550,- €**

BEISPIEL 3   *Jahresarbeitsentgeltgrenze – JAEG*

Wann ist die Versicherungspflicht anhand der JAEG zu prüfen?

— **Bei Beginn der Beschäftigung**
Wird ein Arbeitnehmer mit Gehaltsaussichten eingestellt, die erkennen lassen, dass das regelmäßige Jahresarbeitsentgelt die für ihn geltende JAEG übersteigen wird, besteht von Anfang an keine KV/PV-Pflicht.

— **Bei einer Gehaltserhöhung**
Die Versicherungspflicht endet nur, wenn das Jahresarbeitsentgelt auch die JAEG für das nächste Jahr übersteigt.

Außerdem dürfen Erhöhungen zur Berechnung der JAEG erst ab dem Zeitpunkt berücksichtigt werden, ab dem der Anspruch auf das höhere Arbeitsentgelt besteht. Das gilt auch dann, wenn die Erhöhung von vornherein feststeht.

Beispiel:
Monatsgehalt Januar 2020   5.100,– €
Ab 1. März ist von vornherein eine Erhöhung des Monatsgehalts
vereinbart, und zwar auf   5.300,– €
Obwohl sich insgesamt für 2020 eine Überschreitung der JAEG von 62.550,– € ergibt (2 x 5.100,– € + 10 x 5.300,– € = 63.200,– €), bleibt die Versicherungspflicht bis Ende 2020 bestehen.

Rat für die Praxis:

Mit dem Ende der Versicherungspflicht wegen Überschreitung der JAEG endet nicht automatisch die Mitgliedschaft in der gesetzlichen Krankenkasse. Diese muss den Arbeitnehmer vielmehr schriftlich über die Austrittsmöglichkeit informieren. Innerhalb von 2 Wochen kann der Arbeitnehmer dann seinen Austritt erklären. Unterlässt er dies, wird die bisherige Pflichtversicherung in eine freiwillige Versicherung in der gesetzlichen Krankenkasse umgewandelt.

— **Bei einer Gehaltsminderung**
Der Angestellte wird von Beginn des Monats an, in dem das niedrigere Gehalt gezahlt wird, wieder KV/PV-pflichtig, wenn das regelmäßige Jahresentgelt die JAEG nicht mehr überschreitet.

Beispiel:
Gehalt 1.1. – 31.10.2020 monatlich   5.300,– € =   53.000,– €
Gehalt ab 1.11.2020 wegen Übergang
zur Teilzeitbeschäftigung monatlich   4.800,– € =   _9.600,– €_
                                                                                                                                      62.600,– €

Obwohl das Arbeitsentgelt für den bisher privat versicherten Arbeitnehmer die für ihn im Jahr 2020 maßgebende JAEG von 62.550,– € übersteigen wird, ist der Angestellte ab 1.11.2020 aufgrund der Herabsetzung des Monatsgehalts versicherungspflichtig. Wird das Arbeitsentgelt nur vorübergehend gemindert (z. B. durch Kurzarbeit), entsteht dadurch nicht Versicherungspflicht, da es nur auf den regelmäßigen Arbeitsverdienst ankommt.

BEISPIEL 3   *Jahresarbeitsentgeltgrenze – JAEG*

— **Anlässlich der jährlichen Erhöhung der JAEG**

 Rat für die Praxis:

Ein Arbeitnehmer, der wegen der Erhöhung der JAEG versicherungspflichtig würde, kann sich auf Antrag von der Krankenversicherungspflicht befreien lassen. Der Antrag ist innerhalb von 3 Monaten nach Beginn der Versicherungspflicht bei der Krankenkasse zu stellen.

Was gilt bei der Feststellung des regelmäßigen Jahresarbeitsentgelts?

Als Formel gilt:

Monatliches Arbeitsentgelt (./. beitragsfreie Bezüge)
x 12
+ regelmäßiges einmalig gezahltes Arbeitsentgelt
+ besondere Zulagen, soweit regelmäßig und beitragspflichtig
./. Familienzuschläge
= regelmäßiges Jahresarbeitsentgelt

Beispiel:

1. Gehalt monatlich 3.500,– €   jährlich   42.000,– €

   Zulagen, die mit Rücksicht auf den Familienstand gewährt werden, bleiben bei der Berechnung des Jahresarbeitsentgelts außer Ansatz.

2. vermögenswirksame Leistung 40,– €   jährlich   480,– €

3. Fahrtkostenzuschuss   — €

   Ist der Fahrtkostenzuschuss steuerpflichtig, kann die Lohnsteuer ggf. pauschal berechnet werden und gehört dann insoweit nicht zum Arbeitsentgelt in der Sozialversicherung (vgl. S. 121 und 126). Dort auch zur Steuerfreiheit bestimmter Fahrtkostenzuschüsse.

4. jährliche tarifliche Sonderzuwendung   3.000,– €

5. Urlaubsgeld   2.200,– €

   Es wird wie die tarifliche Sonderzuwendung auf die JAEG angerechnet, wenn es fest vereinbart ist oder regelmäßig gewährt wird.

6. Weihnachtsgeld, zugesichert in
   Höhe eines Monatsgehalts   3.500,– €

   Weihnachtszuwendungen gehören zum regelmäßigen Jahresarbeitsentgelt, unabhängig davon, ob auf sie ein Rechtsanspruch besteht oder ob sie freiwillig gewährt werden. Voraussetzung ist, dass die Zuwendung mit Sicherheit erwartet werden kann (betriebliche Übung) und ihre Höhe bestimmbar ist.

BEISPIEL 3 — *Keine Krankenversicherungspflicht*

7. Mehrarbeitsvergütungen — €

   Vergütungen für eine über die regelmäßige (tarifliche oder einzelvertragliche) Arbeitszeit hinausgehende Arbeitsleistung werden auf die JAEG nicht angerechnet; Pauschalbeträge, die zur Abgeltung der Überstunden regelmäßig gezahlt werden, sind dagegen einzubeziehen.

8. Zuschläge für Sonntags-, Feiertags- und Nachtarbeit — €

   Soweit diese Zuschläge steuerfrei sind gehören sie regelmäßig auch nicht zum Arbeitsentgelt (vgl. S. 91), sie werden deshalb auch nicht bei der Berechnung der JAEG berücksichtigt.

9. Personalrabatte (vgl. S. 169)

   fließen im Allgemeinen nicht regelmäßig zu; sie bleiben deshalb bei der Ermittlung des regelmäßigen Jahresarbeitsentgelts außer Betracht. — €

Regelmäßiges Jahresarbeitsentgelt   **51.180,– €**

Welche Meldungen sind veranlasst?

Bei Wegfall der Versicherungspflicht wegen Überschreitung der JAEG ist eine Abmeldung unter Angabe der Schlüssel-Nr. 31 oder 32 erforderlich.

Gleichzeitig ist unter der Schlüssel-Nr. 11 oder 12 (vgl. Anlage 2a, S. 410) eine Anmeldung zu erstatten.

Keine Krankenversicherungspflicht

1. **Befreiung wegen Herabsetzung der Arbeitszeit**

   Auf Antrag wird eine Befreiung gewährt, wenn der Arbeitnehmer KV-pflichtig würde, weil seine Arbeitszeit auf die Hälfte oder weniger als die Hälfte der regelmäßigen Wochenarbeitszeit vergleichbarer Vollbeschäftigter des Betriebs herabgesetzt wird. Voraussetzung ist, dass er bereits seit 5 Jahren in der Krankenversicherung wegen Überschreitens der JAEG versicherungsfrei ist.

   Die gleiche Befreiungsmöglichkeit besteht für Arbeitnehmer, die im Anschluss an ihr bisheriges Beschäftigungsverhältnis bei einem anderen Arbeitgeber eine entsprechende Teilzeitbeschäftigung aufnehmen.

2. **Befreiung wegen Erhöhung der JAEG**

   Einem Arbeitnehmer, der wegen Erhöhung der JAEG wieder versicherungspflichtig würde, wird auf Antrag Befreiung von der Krankenversicherungspflicht gewährt. Der Antrag ist innerhalb von 3 Monaten nach Beginn der Versicherungspflicht bei der Krankenkasse zu stellen.

   ✎ **Beispiel:**
   Der Arbeitnehmer mit einem Jahresarbeitsentgelt von 55.000,– € war bereits im Jahr 2002 privat krankenversichert, weil die damals für ihn maßgebende JAEG von 40.500,– € überschritten war. Nach der JAEG 2020 würde er mit seinem Entgelt von 55.000,– € ver-

BEISPIEL 3 *Arbeitgeberzuschuss zur Kranken- und Pflegeversicherung*

sicherungspflichtig in der gesetzlichen Krankenversicherung. Auf Antrag kann er sich jedoch befreien lassen und so in der privaten Krankenversicherung verbleiben.

3. **Keine Aufnahme älterer Arbeitnehmer**
Personen, die erst nach Vollendung des 55. Lebensjahrs versicherungspflichtig würden, sind in der gesetzlichen Krankenversicherung versicherungsfrei, wenn in den letzten 5 Jahren vor Beginn der an sich versicherungspflichtigen Tätigkeit kein gesetzlicher Krankenversicherungsschutz bestanden hat (also keine Pflichtversicherung, keine freiwillige Versicherung, keine Familienversicherung).

Dieser Ausschluss von der gesetzlichen Krankenversicherung trifft vor allem ältere Arbeitnehmer, die privat versichert sind, aber wegen einer Minderung ihres Arbeitsentgelts (z. B. wegen Altersteilzeitarbeit) die JAEG nicht mehr überschreiten. Sie erhalten vom Arbeitgeber einen Zuschuss zum privaten KV-Beitrag.

Arbeitgeberzuschuss zur Kranken- und Pflegeversicherung

Beispiel A
Zuschuss bei freiwilliger Versicherung in einer gesetzlichen Krankenkasse

Daten aus dem Lohnkonto:
Steuerklasse III, kinderlos; gRV; gKV (kassenindividueller Zusatzbeitragssatz angenommen 1,1 %); Religionszugehörigkeit rk;

Lohnabrechnung Januar:
1. Gehalt   5.250,00
2. Zuschuss zur KV   367,97
3. Zuschuss zur PV   71,48
                                                         5.689,45

Abzüge:
4. Steuerpflichtiger Arbeitslohn   5.250,00
   LSt   667,33
   SolZ   36,70
   KiSt 8 % (angenommen)   53,38   757,41
5. Beitragspflichtiges Entgelt   5.250,00
   RV   9,3 %   488,25
   ALV   1,2 %   63,00   551,25
6. Abführung des KV und PV-
   Gesamtbeitrags   890,63   2.199,29
Netto   3.490,16
Arbeitgeberanteil zur RV und ALV   **551,25**

| Zu 2 und 3 |

Beschäftigte, die wegen Überschreitung der JAEG (vgl. S. 48) versicherungsfrei sind, haben gemäß § 257 Abs. 1 SGB V bei freiwilliger Versicherung in einer gesetzlichen Krankenkasse Anspruch auf einen Beitragszuschuss des Arbeitgebers zur Krankenversicherung (einschließlich des kassenindividuellen Zusatzbeitrags, hier angenommen 1,1 %). Als Zuschuss ist der Betrag zu leisten, den

BEISPIEL 3 *Arbeitgeberzuschuss zur Kranken- und Pflegeversicherung*

der Arbeitgeber für einen Pflichtversicherten bei der Krankenkasse zu tragen hätte, bei der die freiwillige Versicherung besteht; höchstens muss der Arbeitgeber die Hälfte des tatsächlichen Beitrags als Zuschuss bezahlen.

Freiwillig in der gesetzlichen Krankenkasse Versicherte gehören der sozialen Pflegeversicherung an. Sie haben gegen den Arbeitgeber einen Anspruch auf einen Beitragszuschuss in Höhe der Hälfte des Beitrags, der aus dem Arbeitslohn für die Pflegeversicherung ohne den Zuschlag für Kinderlose aufzubringen ist.

Danach errechnet sich der Zuschuss im Beispielsfall wie folgt:

Beitragsbemessungsgrenze in der KV/PV 4.687,50 €
KV: 1/2 von 14,6 % = 7,3 % = Arbeitgeberzuschuss 342,19 €
    1/2 vom 1,1 % = 0,55 % = Arbeitgeberzuschuss 25,78 €
= Arbeitgeberzuschuss zur KV (inkl. Zusatzbeitrag) 367,97 €
PV: 1/2 von 3,05 % = 1,525 % = Arbeitgeberzuschuss 71,48 €

Zu 4

Der Arbeitnehmer ist in der gesetzlichen Rentenversicherung pflichtversichert und freiwillig in der gesetzlichen Krankenversicherung. Da er in allen Zweigen der Sozialversicherung versichert ist, kommt die Allgemeine Lohnsteuertabelle zur Anwendung. Der Arbeitnehmer ist kinderlos und hat einen Zuschlag zur Pflegeversicherung zu leisten, was hier bei maschineller Lohnsteuerberechnung berücksichtigt ist. Bei manueller Lohnabrechnung wäre diese Besonderheit nicht in den Lohnsteuertabellen berücksichtigt, sodass sich im Vergleich zur maschinellen Lohnabrechnung ein geringfügig abweichender Steuerabzug ergäbe.

Der Zuschuss zur Kranken- und Pflegeversicherung ist gemäß § 3 Nr. 62 EStG steuerfrei. Der kassenindividuelle Zusatzbeitrag zur KV von hier angenommen 1,1 % ist vom Arbeitgeber zur Hälfte zu tragen. Der Beitragszuschlag für Kinderlose zur PV ist hingegen vom Arbeitnehmer allein aufzubringen; ein Arbeitgeberzuschuss steht hierfür nicht zu.

Zu 5

Bei einem regelmäßigen Gehalt von monatlich 5.250,- € (jährlich 63.000,- €) ist die JAEG von 62.550,- € überschritten. Der Angestellte ist deshalb nicht krankenversicherungspflichtig.

Ein Arbeitnehmeranteil fällt somit nur in der Renten- und Arbeitslosenversicherung an. Diesen hat der Arbeitgeber an die Krankenkasse (Einzugsstelle) abzuführen, bei der die Krankenversicherung des Arbeitnehmers besteht.

Zu 6

Im Beispielsfall beträgt der vom Arbeitnehmer geschuldete

Beitrag aus der Beitragsbemessungsgrenze von 4.687,50 €
KV 15,7 % (14,6 % + angenommener Zusatzbeitragssatz von 1,1 %) = 735,94 €
PV 3,3 % (3,05 % + 0,25 % für Kinderlose) = 154,69 €
zusammen 890,63 €

Nach einer entsprechenden Vereinbarung mit der Krankenkasse kann der Arbeitgeber diese Beiträge vom Arbeitslohn einbehalten und für den Arbeitnehmer an die Krankenkasse abführen.

BEISPIEL 3   Arbeitgeberzuschuss zur Kranken- und Pflegeversicherung

Beispiel B
Zuschuss <u>bei privater</u> Krankenversicherung

Beschäftigte, die wegen Überschreitens der JAEG versicherungsfrei sind (vgl. S. 48) oder von der Versicherungspflicht befreit wurden und bei einem privaten Krankenversicherungsunternehmen versichert sind, haben gemäß § 257 Abs. 2 und 2a SGB V gegen ihren Arbeitgeber Anspruch auf einen Zuschuss zum Krankenversicherungsbeitrag. Die Höhe des Arbeitgeberzuschusses bemisst sich nach § 257 Abs. 2 Satz 2 SGB V. Eine leistungsbezogene Begrenzung des Zuschusses ist danach nicht vorgesehen, sodass Beiträge zur privaten Krankenversicherung im Rahmen des § 257 SGB V zuschussfähig sind, auch wenn der Krankenversicherungsvertrag Leistungserweiterungen enthält. Voraussetzung für die Steuerfreiheit des Arbeitgeberzuschusses ist, dass der Arbeitnehmer eine Bescheinigung der Versicherung beibringt, wonach ein zuschussfähiger Vertrag besteht. Diese Bescheinigung muss dem Arbeitgeber alle 3 Jahre vorgelegt werden; sie ist zu den Lohnunterlagen zu nehmen. Die Bescheinigung der Basiskranken- und Pflegepflichtversicherungsbeiträge zur Berücksichtigung der Teilvorsorgepauschale Krankenversicherung im Lohnsteuerabzugsverfahren (vgl. S. 57) ist keine Grundlage für die Bemessung des Arbeitgeberzuschusses.

Bei **privater KV** ist für den Arbeitgeberzuschuss der gesetzliche **Höchstbetrag** zu beachten. Dieser ergibt sich aus der Hälfte des allgemeinen Beitragssatzes sowie der Hälfte des durchschnittlichen Zusatzbeitragssatzes von 1,1 % und beträgt damit einheitlich für Ost und West für 2020 367,97 € [(14,6 % + 1,1 %) : 2 x 4.687,50 €]. Der Arbeitgeber muss jedoch nicht mehr als die Hälfte des tatsächlichen Krankenversicherungsbeitrags des Arbeitnehmers als Zuschuss gewähren.

Privat Krankenversicherte sind in der sozialen **Pflegeversicherung** bei der gesetzlichen Krankenkasse nicht erfasst. Sie sind aber verpflichtet, bei ihrem privaten Krankenversicherungsunternehmen zur Absicherung des Pflegerisikos einen Versicherungsvertrag abzuschließen. Zu ihrem Beitrag für die Pflegeversicherung erhalten sie ebenfalls einen Arbeitgeberzuschuss.

Beispiel 1
Zuschuss bei privater Kranken- und Pflegeversicherung
ohne Nachweis der Basiskranken- und Pflegepflichtversicherungsbeiträge

Daten aus dem Lohnkonto:
Steuerklasse I; kinderlos; Religionszugehörigkeit rk; gRV (BBG West);
pKV, ohne Nachweis der Basiskranken- und Pflegepflichtversicherungsbeiträge

Lohnabrechnung für Januar:

1.	Gehalt		5.600,00
2.	Zuschuss Krankenversicherung		367,97
	Zuschuss Pflegeversicherung		71,48
			6.039,45
	Abzüge:		
3.	Steuerpflichtiger Arbeitslohn	5.717,97	
	LSt		1.373,08
	Solz		75,51
	KiSt 8 % (angenommen)		109,84 1.558,43

55

BEISPIEL 3   Arbeitgeberzuschuss zur Kranken- und Pflegeversicherung

4. Beitragspflichtiges Entgelt   <u>5.717,97</u>
RV   9,3 %   531,77
ALV   1,2 %   <u>68,62</u>   <u>600,39</u>   <u>2.158,82</u>
Auszahlungsbetrag   <u>3.880,63</u>
Arbeitgeberanteil zur RV und ALV   **600,39**

Zu 2

Die nach § 3 Nr. 62 EStG steuerfreie Zuschussverpflichtung des Arbeitgebers ist auf den Höchstbetrag und die Hälfte des tatsächlichen Kranken- und Pflegepflichtversicherungsbeitrags begrenzt.

Im Beispielsfall beträgt der tatsächliche Krankenversicherungsbeitrag des Arbeitnehmers   <u>500,— €</u>
Hiervon muss der Arbeitgeber die Hälfte aufgrund gesetzlicher Verpflichtung übernehmen =   250,— €
Der Arbeitgeber zahlt jedoch freiwillig den Höchstbetrag von   <u>367,97 €</u>
Somit beträgt die freiwillige Leistung des Arbeitgebers   <u>117,97 €</u>

Der Zuschuss zur Pflegeversicherung beträgt 1,525 % aus der für 2020 maßgebenden Beitragsbemessungsgrenze von 4.687,50 € =   <u>71,48 €</u>

Den Beitragszuschlag für Kinderlose zur PV von 0,25 %, der von einem gesetzlich krankenversicherten Arbeitnehmer allein aufzubringen ist, gibt es in der privaten Pflegepflichtversicherung nicht. Ein Arbeitgeberzuschuss steht hierfür nicht zu.

Zu 3

Zum steuerpflichtigen Arbeitslohn gehören:
Monatsgehalt   5.600,— €
freiwilliger Zuschuss zum Krankenversicherungsbeitrag   117,97 €

     Der Zuschuss zur privaten Kranken- und Pflegeversicherung ist steuerfrei, soweit der Arbeitgeber hierzu verpflichtet ist (s. zu 2). Voraussetzung für die Steuerfreiheit ist, dass der Arbeitnehmer eine Bescheinigung beibringt, in der die Versicherung bestätigt, dass ein zuschussfähiger Versicherungsvertrag vorliegt.

     Zahlt der Arbeitgeber – wie im Beispielsfall – die Zuschüsse an den Arbeitnehmer aus, ist für die Steuerfreiheit weitere Voraussetzung, dass nach Ablauf des Kalenderjahres die zweckentsprechende Verwendung durch eine Bescheinigung der Versicherung über die tatsächlich geleisteten Kranken- und Pflegeversicherungsbeiträge nachgewiesen wird.

     Beide Bescheinigungen sind vom Arbeitgeber mit den Lohnunterlagen aufzubewahren.

steuerpflichtig   <u>5.717,97 €</u>

BEISPIEL 3   *Arbeitgeberzuschuss zur Kranken- und Pflegeversicherung*

Der Arbeitnehmer ist in der gesetzlichen Rentenversicherung und privat krankenversichert. Da er seinem Arbeitgeber seine Basiskranken- und Pflegepflichtversicherungsbeiträge nicht mittels besonderer Beitragsbescheinigung seines Versicherungsunternehmens nachgewiesen hat, kommt für die Teilvorsorgepauschale Kranken-/Pflegeversicherung die Mindestvorsorgepauschale von 1.900,- € im Jahr (Steuerklasse I) zum Tragen. Die Bescheinigung für die Berechnung des steuerfreien Arbeitgeberzuschusses zur Kranken- und Pflegeversicherung enthält sämtliche Beiträge und kann für den Ansatz der Teilvorsorgepauschale Kranken-/Pflegeversicherung, die nur die sogenannte Basisversorgung umfassen darf, nicht herangezogen werden.

| Zu 4 |

Der Beschäftigte ist wegen Überschreitens der JAEG (vgl. S. 48) nicht krankenversicherungspflichtig. Versicherungspflicht besteht dagegen in der RV und ALV. Den Gesamtbeitrag für diese Versicherungszweige (Arbeitnehmeranteil und Arbeitgeberanteil) hat der Arbeitgeber an die zuständige gesetzliche Krankenkasse abzuführen. Für die Berechnung ist die Beitragsbemessungsgrenze 2020 von 6.900,- € maßgebend.

Beispiel 2
Zuschuss bei privater Kranken- und Pflegeversicherung
mit Nachweis der Basiskranken- und Pflegepflichtversicherungsbeiträge

Daten aus dem Lohnkonto:
Steuerklasse I; kinderlos; Religionszugehörigkeit rk; gRV (BBG West); pKV, nachgewiesene Basiskranken- und Pflegepflichtversicherungsbeiträge in Höhe von mtl. 600,- €;

Lohnabrechnung für Januar:
1. Gehalt   6.950,00
2. Zuschuss Krankenversicherung   367,97
    Zuschuss Pflegeversicherung   71,48
    7.389,45

Abzüge:
3. Steuerpflichtiger Arbeitslohn   6.950,00
    LSt   1.846,75
    Solz   101,57
    KiSt 8 % (angenommen)   147,74   2.096,06
4. Beitragspflichtiges Entgelt   6.900,00
    RV   9,3 %   641,70
    ALV   1,2 %   82,80   724,50   2.820,56
Auszahlungsbetrag   **4.568,89**
Arbeitgeberanteil zur RV und ALV   **724,50**

| Zu 2 |

Die tatsächlichen Aufwendungen des Arbeitnehmers für die private Kranken- und Pflegeversicherung betragen angenommen 850,- € im Monat. Der Arbeitgeber zahlt den nach § 3 Nr. 62 EStG steuerfreien Höchstzuschuss in Höhe von 439,45 € (= 367,97 € + 71,48 €; vgl. Beispiel B).

BEISPIEL 3　　　　　　　Arbeitgeberzuschuss zur Kranken- und Pflegeversicherung

Zu 3

steuerpflichtiges Monatsgehalt　　　　　　　　　　　　　　　　6.950,— €
Der Arbeitnehmer ist in der gesetzlichen Rentenversicherung und privat krankenversichert. Nach der seinem Arbeitgeber vorgelegten Bescheinigung der Krankenversicherung betragen seine Basiskranken- und Pflegepflichtversicherungsbeiträge 600,- € im Monat. Die Bescheinigung für die Basiskranken- und Pflegepflichtversicherung ist nicht mit der Bescheinigung über den Arbeitgeberzuschuss identisch (vgl. S. 57). Dieser Betrag wird in das maschinelle Lohnabrechnungsprogramm eingegeben, sowie die Feststellung, dass der Arbeitnehmer einen steuerfreien Arbeitgeberzuschusses zur Kranken- und Pflegeversicherung erhält, weil auch diese Feststellung ebenfalls Auswirkungen auf die Höhe der beim Steuerabzug zum Ansatz kommenden Vorsorgepauschale hat.

Zu 4

Der Beschäftigte ist wegen Überschreitens der JAEG (vgl. S. 48) nicht krankenversicherungspflichtig. Versicherungspflicht besteht dagegen in der RV und ALV. Den Gesamtbeitrag für diese Versicherungszweige (Arbeitnehmeranteil und Arbeitgeberanteil) hat der Arbeitgeber an die zuständige gesetzliche Krankenkasse abzuführen. Für die Berechnung ist die Beitragsbemessungsgrenze 2020 von 6.900,- € maßgebend.

Beispiel C
Zuschuss bei Mehrfachbeschäftigung

Der Arbeitgeber ist nur anteilmäßig zur Zuschusszahlung verpflichtet.

 Beispiel:

Arbeitsentgelt aus der Hauptbeschäftigung　　　　　　　　3.000,— €
Arbeitsentgelt aus der Nebenbeschäftigung　　　　　　　　2.000,— €
Gesamtentgelt　　　　　　　　　　　　　　　　　　　　　5.000,— €
x 12 = Jahresbetrag =　　　　　　　　　　　　　　　　　60.000,— €

Das Arbeitsentgelt übersteigt somit insgesamt die JAEG, sodass Versicherungsfreiheit in der KV besteht.

Die für die anteilmäßige Aufteilung des Arbeitsentgelts maßgebende Berechnungsformel lautet:

$$\frac{\text{Beitragsbemessungsgrenze x (ggf. gekürztes) Einzelarbeitsentgelt}}{\text{(ggf. gekürztes) Gesamtarbeitsentgelt}}$$

Der Anteil der jeweiligen Arbeitsentgelte an der Beitragsbemessungsgrenze von monatlich 4.687,50 € beträgt damit

1.　　　$\dfrac{4.687{,}50 \times 3.000}{5.000} = 2.812{,}50\ €$

2.　　　$\dfrac{4.687{,}50 \times 2.000}{5.000} = 1.875{,}—\ €$

BEISPIEL 3   *Versicherungspflicht in der Renten- und Arbeitslosenversicherung*

Der Arbeitnehmer ist freiwillig in der gesetzlichen Krankenversicherung. Für 2020 beträgt der Zuschuss (inkl. Zusatzbeitrag von angenommen 1,1 %) des jeweiligen Arbeitgebers bei der

Hauptbeschäftigung 7,3 % + 0,55 % von 2.812,50 € =	220,78 €
Nebenbeschäftigung 7,3 % + 0,55 % von 1.875,— € =	147,19 €

In gleicher Weise wird der Zuschuss zur PV (1,525 %) aufgeteilt.

Beispiel D
Zuschuss unter Berücksichtigung einmalig gezahlter Entgelte

Monatsgehalt 4.400,- € x 12 =	52.800,— €
von vornherein vereinbarte und im Dezember fällige Sonderzahlung	4.000,— €
Jahresgehalt	56.800,— €
Beitragsbemessungsgrenze	56.250,— €

Bei dem Beitragssatz in der gesetzlichen KV von 15,7 % (inkl. Zusatzbeitrag von angenommen 1,1 %) müsste der Arbeitgeber im Falle der freiwilligen Versicherung in der gesetzlichen Krankenversicherung gemäß § 257 SGB V zunächst einen Zuschuss von monatlich 345,40 € (7,85 % von 4.400,- €) leisten. Die Beitragsbemessungsgrenze würde erst im Dezember bei Erfassung der Sonderzahlung aufgefüllt.

Da die Überschreitung der Beitragsbemessungsgrenze aber von vornherein feststeht, kann der Arbeitgeber aus Vereinfachungsgründen den Zuschuss in gleichen Monatsbeträgen in Höhe von 367,97 € (56.250,- €: 12 x 7,85 %) erbringen. Der **monatliche Zuschuss bleibt auch in diesem Fall steuer- und beitragsfrei.** Entsprechendes gilt für den Zuschuss zur PV.

Versicherungspflicht in der Renten- und Arbeitslosenversicherung

Der Versicherungspflicht unterliegen die gegen Entgelt oder zu ihrer Berufsausbildung Beschäftigten. Anders als in der KV/PV endet die Versicherungspflicht in der RV/ALV nicht ab einer bestimmten Höhe des Arbeitsentgelts. Bei der Berechnung der Beiträge ist jedoch die Beitragsbemessungsgrenze (BBG) zu beachten (vgl. hierzu das Beispiel S. 55).

Im Jahr 2020 beträgt die BBG jährlich nunmehr 82.800,- € (West) und nunmehr 77.400,- € (Ost).

Scheinselbstständigkeit

Die nachhaltige Kritik an dem Versuch durch gesetzliche Vermutungsregeln sog. Scheinselbstständige in der Sozialversicherung zu erfassen, hat dazu geführt, dass mit dem Zweiten Gesetz für moderne Dienstleistungen am Arbeitsmarkt die Vermutungsregeln in § 7 Abs. 4 SGB IV gestrichen wurden, und zwar mit Wirkung ab 1.1.2003.

Nach dieser Vorschrift wird – jetzt umgekehrt – vermutet, dass Personen, die einen Existenzgründungszuschuss nach § 421l SGB III a.F. beantragten, selbstständig tätig sind. Für

BEISPIEL 3 *Lohnabrechnung bei Beginn der Beschäftigung*

die Dauer dieses Zuschusses gelten sie unwiderlegbar als selbstständig Tätige (sog. Ich-AG). Entsprechendes gilt für den ab 1.8.2006 eingeführten Gründungszuschuss nach § 93 SGB III. Auf die grundsätzlichen Hinweise des GKV-Spitzenverbands vom 23.7.2015 zum Begriff der hauptberuflich selbständigen Tätigkeit, die unter Berücksichtigung des GKV-Versorgungsstärkungsgesetzes vom 16.7.2015 (BGBl I S. 1.211) ergangen sind, wird hingewiesen.

Lohnabrechnung bei Beginn der Beschäftigung

Beispiel:
Abrechnung bei Aufnahme der Beschäftigung während des Monats

Daten aus dem Lohnkonto:
Beginn der Beschäftigung: 25. April; Monatsgehalt 2.200,– €;
Wochenarbeitszeit 37,5 Stunden;
Steuerklasse I; kinderlos; Religionszugehörigkeit rk; gRV; gKV (kassenindividueller Zusatzbeitragssatz angenommen 1,1 %);

Lohnabrechnung April:

1.	Anteiliges Gehalt				506,13
	Abzüge:				
2.	Steuerpflichtiger Arbeitslohn	506,13			
	LSt		58,26		
	Solz		3,18		
	KiSt 8 % (angenommen)		4,62	66,06	
3.	Beitragspflichtiges Entgelt	506,13			
	KV	7,3 %	36,95		
	KV-Zusatzbeitrag (ang. 1,1 %)	0,55 %	2,78		
	PV	1,525 %	7,72		
	Beitragszuschlag (kinderlos)	0,25 %	1,27		
	RV	9,3 %	47,07		
	ALV	1,2 %	6,07	101,86	167,92
	Auszahlungsbetrag				**338,21**
	Arbeitgeberanteil				
	zur SozV	KV (7,3 % + 0,55 %)	39,73		
		PV (1,525 %)	7,72		
		RV (9,3 %)	47,07		
		ALV (1,2 %)	6,07		
			100,59		

Zu 1

Der Arbeitnehmer wurde am 25.4. eingestellt; im April sind deshalb 37,5 Stunden Arbeitszeit angefallen. Als Teiler zur Ermittlung des Stundenlohns ist im maßgeblichen Tarifvertrag 1/163 vereinbart; zu den Teilungsverfahren vgl. S. 63)

$$\text{Teilgehalt April} : \frac{2.200 \times 37{,}5}{163} = \underline{506{,}13\ €}$$

BEISPIEL 3   *Lohnabrechnung bei Beginn der Beschäftigung*

Zu 2

Da das Arbeitsverhältnis nur für einen Teil des Monats bestanden hat, ist die LSt nach der Tagestabelle zu berechnen. Hierzu wird das anteilige Monatsgehalt durch die Anzahl der Kalendertage geteilt.

= Anteiliges Gehalt	506,13 €
Beschäftigung vom 25.–30.4.	
= 6 Kalendertage; Tagesbetrag	84,35 €
hiervon LSt lt. Tagestabelle A (StKl I)	
= 9,71 € x 6 Kalendertage =	<u>58,26 €</u>
SolZ lt. Tagestabelle	
= 0,53 € x 6 Kalendertage =	<u>3,18 €</u>
KiSt lt. Tagestabelle	
= 0,77 € x 6 Kalendertage =	<u>4,62 €</u>

Der Arbeitnehmer ist in der gesetzlichen Rentenversicherung und in der gesetzlichen Krankenversicherung versichert. Da er in allen Zweigen der Sozialversicherung versichert ist, kommt die Allgemeine Lohnsteuertabelle zur Anwendung. Der Arbeitnehmer ist kinderlos und hat daher einen Zuschlag zur Pflegeversicherung zu leisten, was hier bei maschineller Lohnsteuerberechnung berücksichtigt ist und sich auch auf die Höhe des Steuerabzugs auswirkt. Bei manueller Lohnabrechnung wäre diese Besonderheit nicht in den Lohnsteuertabellen berücksichtigt.

Zu 3

Zur Berechnung der Beiträge ist zunächst zu prüfen, ob die Beitragsbemessungsgrenzen überschritten werden. Für Teillohnzahlungszeiträume können die Beitragsbemessungsgrenzen der auf S. 64 abgedruckten Tabelle entnommen werden:

Im Beispielsfall beträgt der Teillohnzahlungszeitraum 6 Kalendertage; das hierfür gezahlte Entgelt von 506,13 € übersteigt in allen Zweigen der Sozialversicherung nicht die Beitragsbemessungsgrenzen. Die Beiträge sind deshalb vom gesamten Entgelt zu berechnen. Die Gleitzonenregelung (vgl. S. 39) gilt nicht.

BEISPIEL 4

Unterbrechung der Beschäftigung ohne Entgeltzahlung

Unterbrechungstatbestände

Welche Unterbrechungen gibt es und wie wirken sie sich auf die SozV-Pflicht aus?

— Ende der Entgeltfortzahlung bei Arbeitsunfähigkeit
   Zur Entgeltfortzahlung vgl. S. 250.
   Beim Bezug von Krankengeld von der Krankenkasse bzw. während der Zeit bezahlter Reha-Maßnahmen besteht die Mitgliedschaft in der KV/PV weiter, solange das Beschäftigungsverhältnis nicht aufgelöst ist. Wegen des fehlenden Entgelts sind vom Arbeitgeber jedoch keine Beiträge zu entrichten.

— Beschäftigungsverbot nach dem Mutterschutzgesetz
   Zum Mutterschutz vgl. S. 259.
   Während der Mutterschutzfristen besteht die Versicherungspflicht in der KV und PV fort, solange Anspruch auf Mutterschaftsgeld besteht.

— Elternzeit
   Zum Anspruch vgl. S. 264.
   Für Personen die Elternzeit in Anspruch nehmen, bleibt die Mitgliedschaft in der KV und PV erhalten; sie sind dort beitragsfrei versichert. Die Beitragsfreiheit erstreckt sich allerdings nicht auf Arbeitseinkommen, das neben dem Elterngeld verdient wird.

— Pflegezeit (vgl. S. 268)
   Bei vollständiger Freistellung wird die Versicherungspflicht unterbrochen.

— Kurzarbeitergeld
   Zur Kurzarbeit vgl. S. 273
   Die Mitgliedschaft in der KV/PV bleibt für die Dauer des Anspruchs auf die Lohnersatzleistung erhalten.

— Gesetzliche Dienstpflicht (gesetzl. Wehrpflicht und Zivildienst sind derzeit ausgesetzt)
   Die Mitgliedschaft in der KV und PV bleibt erhalten.

— Streik und Aussperrung
   Solange das Arbeitsverhältnis ohne Zahlung des Arbeitsentgelts fortbesteht, bleibt auch die Mitgliedschaft in der KV und PV erhalten, und zwar bis zur Beendigung des rechtmäßigen Arbeitskampfes. Für die Dauer des Arbeitskampfes werden keine Beiträge zur RV und ALV geleistet; die Versicherung wird nach Ablauf 1 Monats deshalb mit der Folge der Meldepflicht unterbrochen.

— Unbezahlter Urlaub
   Das Versicherungsverhältnis bleibt in allen SozV-Zweigen für längstens einen Monat erhalten.

— Unentschuldigtes Fehlen
   Das Versicherungsverhältnis bleibt wie bei unbezahltem Urlaub in allen SozV-Zweigen für längstens einen Monat erhalten.

Meldungen

Zu den Meldepflichten des Arbeitgebers in der Sozialversicherung und den zu verwendenden Schlüsselnummern vgl. die Zusammenfassung in den Anlagen 2 bis 2c.

Welche Unterbrechungsmeldungen sind erforderlich?

1. Unterbrechungen von längstens einem Monat Dauer lösen keine Meldepflicht aus.

    Beispiel:
   Unbezahlter Urlaub vom 26. Juli bis 6. August. Es ist keine Unterbrechungsmeldung zu erstatten. In die Jahresmeldung ist als Beschäftigungszeit 1.1. – 31.12. einzutragen.

2. Dauert die Unterbrechung länger als einen Monat, bleibt die Mitgliedschaft in der Krankenversicherung in den folgenden Fällen weiter bestehen:
   — Bezug von Krankengeld, Verletztengeld,
   — Bezug von Mutterschaftsgeld,
   — Bezug von Erziehungsgeld,
   — Inanspruchnahme von Elternzeit,
   — Ableistung des Wehr- oder Zivildienstes
     (gesetzl. Wehrpflicht und Zivildienst sind derzeit ausgesetzt),
   — Zeiten eines rechtmäßigen Arbeitskampfes (Streik oder Aussperrung).

   In diesen Fällen muss der Arbeitgeber für die Zeit bis zum Beginn der Unterbrechung der Entgeltzahlung eine Meldung abgeben und zwar innerhalb von zwei Wochen nach Ablauf des ersten Monats der Unterbrechung. Die Wiederaufnahme der Beschäftigung muss nicht gemeldet werden. Das ab diesem Zeitpunkt anfallende Entgelt wird erst in der nächsten ohnehin fälligen Meldung (z. B. der Jahresmeldung) erfasst.

   Beispiel:
   Der Arbeitnehmer ist vom 1. Juni bis 30. September krank. Nach Ablauf der 6-wöchigen Entgeltfortzahlung erhält er ab 13. Juli Krankengeld.
   Somit ist für die Zeit vom 1.1. bis 12.7. eine Unterbrechungsmeldung abzugeben (Schlüsselzahl 51) und das für diesen Zeitraum gezahlte Entgelt anzugeben.

3. Dauert die Unterbrechung länger als einen Monat, endet die Versicherungspflicht (unbezahlter Urlaub und unentschuldigtes Fehlen). Der Arbeitnehmer muss danach abgemeldet (Schlüsselzahl 34) und bei Wiederaufnahme der Tätigkeit angemeldet werden (Schlüsselzahl 13).

Teillohnzahlungszeitraum

Wann entsteht ein Teillohnzahlungszeitraum?

— Bei Aufnahme oder Beendigung des Arbeitsverhältnisses während des Monats (vgl. Beispiel S. 60)
— Bei Beginn oder Ende der z. B. wegen des Bezugs von Krankengeld, Mutterschaftsgeld oder der Inanspruchnahme von Erziehungsurlaub bestehenden beitragsfreien Versicherung in der KV/PV

BEISPIEL 4   *Teillohnzahlungszeitraum*

— bei Unterbrechung der Entgeltzahlung für länger als einen Monat (z. B. bei unbezahltem Urlaub)

Wie wird das Arbeitsentgelt bei Vereinbarung von Monatslohn geteilt?

Im Fall der Stundenlohnvereinbarung ist die Aufteilung unproblematisch; der vereinbarte Stundenlohnsatz (z. B. 10,– €) wird mit der Anzahl der im Lohnabrechnungszeitraum geleisteten Arbeitsstunden multipliziert.

Im Fall der Monatslohnvereinbarung ergibt sich der Aufteilungsschlüssel aus der Umrechnung der vereinbarten Wochenarbeitszeit auf die monatliche Arbeitszeit. Die Errechnung des Teilers ist Gegenstand der Lohnvereinbarung; in den meisten Tarifverträgen ist er deshalb bereits festgelegt, **z. B.**

Teiler für den Monatslohn

Wochenarbeitszeit 37,5 Stunden x 52 : 12 =   162,5

oder

Wochenarbeitszeit $\frac{37,5 \text{ Stunden} \times 365}{7 \times 12}$ = 162,9 aufgerundet   163

oder

Wochenarbeitszeit 37,5 Stunden x 4,35 = 163,1 abgerundet   163

Welche Beitragsbemessungsgrenzen gelten für Teillohnzahlungszeiträume?

Kalendertage	Kranken- und Pflegeversicherung	Renten- und Arbeitslosenversicherung	
	West und Ost Euro	West Euro	Ost Euro
1	156,25	230,00	215,00
2	312,50	460,00	430,00
3	468,75	690,00	645,00
4	625,00	920,00	860,00
5	781,25	1.150,00	1.075,00
6	937,50	1.380,00	1.290,00
7	1.093,75	1.610,00	1.505,00
8	1.250,00	1.840,00	1.720,00
9	1.406,25	2.070,00	1.935,00
10	1.562,50	2.300,00	2.150,00
11	1.718,75	2.530,00	2.365,00
12	1.875,00	2.760,00	2.580,00
13	2.031,25	2.990,00	2.795,00
14	2.187,50	3.220,00	3.010,00
15	2.343,75	3.450,00	3.225,00
16	2.500,00	3.680,00	3.440,00
17	2.656,25	3.910,00	3.655,00
18	2.812,50	4.140,00	3.870,00
19	2.968,75	4.370,00	4.085,00

BEISPIEL 4 — *Lohnabrechnung bei Unterbrechung*

Kalendertage	Kranken- und Pflegeversicherung	Renten- und Arbeitslosenversicherung	
	West und Ost Euro	West Euro	Ost Euro
20	3.125,00	4.600,00	4.300,00
21	3.281,25	4.830,00	4.515,00
22	3.437,50	5.060,00	4.730,00
23	3.593,75	5.290,00	4.945,00
24	3.750,00	5.520,00	5.160,00
25	3.906,25	5.750,00	5.375,00
26	4.062,50	5.980,00	5.590,00
27	4.218,75	6.210,00	5.805,00
28	4.375,00	6.440,00	6.020,00
29	4.531,25	6.670,00	6.235,00
30	4.687,50	6.900,00	6.450,00

Lohnabrechnung bei Unterbrechung

Abrechnung bei Krankengeldbezug

Daten aus dem Lohnkonto:
Lohnfortzahlung im Krankheitsfall bis 10. Juli;
Krankengeld von der Krankenkasse ab 11. Juli;
Steuerklasse V; kinderlos; gRV; gKV (kassenindividueller Zusatzbeitragssatz angenommen 1,1 %);
Religionszugehörigkeit rk;

Lohnabrechnung Juli:
1. Lohn vom 1. bis 10. Juli   1.600,00
2. tarifliche vL   27,00
                                                                       1.627,00

Abzüge:
3. Steuerpflichtiger Arbeitslohn   1.627,00
   LSt   275,33
   SolZ   15,14
   KiSt 8 % (angenommen)   22,02   312,49
4. Beitragspflichtiges Entgelt   1.562,50
   KV   7,3 %   114,06
   Zusatzbeitrag (ang. 1,1 %) 0,55 %   8,59
   PV   1,525 %   23,83
   Beitragszuschlag (kinderlos) 0,25 %   3,91
   Beitragspflichtiges Entgelt 1.627,00
   RV   9,3 %   151,31
   ALV   1,2 %   19,52   321,22
5. Vermögenswirksame Anlage   40,00
                                                                         673,71
Auszahlungsbetrag   **953,29**

BEISPIEL 4   *Lohnabrechnung bei Unterbrechung*

Arbeitgeberanteil
zur SozV

	KV (7,3 % + 0,55 %)	122,65
	PV (1,525 %)	23,83
	RV (9,3 %)	151,31
	ALV (1,2 %)	19,52
		317,31

Zu 3

Der Arbeitnehmer ist in der gesetzlichen Rentenversicherung und in der gesetzlichen Krankenversicherung versichert. Da er in allen Zweigen der Sozialversicherung versichert ist, kommt die Allgemeine Lohnsteuertabelle zur Anwendung. Der Arbeitnehmer ist zudem kinderlos und hat daher einen Zuschlag zur Pflegeversicherung zu leisten, was hier bei maschineller Lohnsteuerberechnung berücksichtigt ist. Bei manueller Lohnabrechnung wäre diese Besonderheit nicht in den Lohnsteuertabellen berücksichtigt.

Das Arbeitsverhältnis besteht auch während des Bezugs von Krankengeld fort, sodass die individuellen Lohnsteuerabzugsmerkmale während dieser Zeit dem Arbeitgeber weiterhin zur Verfügung stehen. In steuerlicher Hinsicht entsteht somit kein Teillohnzahlungszeitraum, der eine Berechnung der LSt und KiSt nach Tagen erfordern würde. Auf den steuerpflichtigen Arbeitslohn von 1.627,– € ist die Lohnsteuer-Monatstabelle anzuwenden.

Wegen der Unterbrechung der Lohnzahlung um mindestens 5 Arbeitstage ist im Lohnkonto der Großbuchstabe „U" zu vermerken (vgl. S. 392). In der Lohnsteuerbescheinigung ist die Anzahl der „U" anzugeben (vgl. S. 381 und 382).

Zu 4

Bei der Berechnung der SozV-Beiträge ist zu beachten, dass für Zeiten, in denen wegen der Gewährung von Krankengeld oder Mutterschaftsgeld kein Entgelt gezahlt wird, keine Beiträge anfallen. Im Beispielsfall entsteht somit ein Teillohnzahlungszeitraum vom 1. bis 10. des Monats = 10 Kalendertage.

Die Beitragsbemessungsgrenze für 10 Kalendertage beträgt entsprechend der Tabelle auf S. 64:

in der Krankenversicherung	1.562,50 €
in der Renten- und Arbeitslosenversicherung (West)	2.300,— €

Somit erfolgt die Beitragsberechnung für die KV und PV aus 1.562,50 € und für die RV und ALV aus 1.627,– €.

Die vom Arbeitgeber erbrachte vermögenswirksame Leistung von 27,– € ist nicht auf die beitragsfreie Zeit und die Zeit der Entgeltzahlung aufzuteilen; sie wird vielmehr insgesamt dem Arbeitsentgelt zugerechnet.

Wird die vermögenswirksame Leistung vom Arbeitgeber jedoch für einen Lohnzahlungszeitraum weitergewährt, für den kein anderes Arbeitsentgelt gezahlt wird (z. B. Krankengeldbezug während des ganzen Monats), bleibt sie beitragsfrei.

BEISPIEL 5

Betriebliche Altersversorgung

Wann liegt betriebliche Altersversorgung vor?

Merkmal der betrieblichen Altersversorgung ist die Versorgungszusage des Arbeitgebers aus Anlass des Arbeitsverhältnisses. Mit der Zusage muss zumindest ein biometrisches Risiko abgesichert sein. Dabei handelt es sich um

1. das altersbedingte Ausscheiden aus dem Erwerbsleben, frühestens bei Erreichen des 60. Lebensjahres (des 62. Lebensjahres bei nach dem 31.12.2011 erteilten Zusagen);
2. die Hinterbliebenenversorgung bei vorzeitigem Tod;
3. die vorzeitige Invalidität.

Die Ansprüche auf die zugesagten Leistungen dürfen erst mit Eintritt des jeweiligen Ereignisses fällig werden.

Keine betriebliche Altersversorgung liegt allerdings vor, wenn die Vererbung der Ansprüche vereinbart wird. Dagegen kommt es nicht darauf an, ob die Aufwendungen vom Arbeitgeber zusätzlich zum ohnehin geschuldeten Arbeitslohn getragen oder ob sie vom Arbeitnehmer durch Entgeltumwandlung (arbeitnehmerfinanziert) aufgebracht werden.

Hinweis: Im Folgenden werden die Fragen zur betrieblichen Altersversorgung nur insoweit erläutert, als sie unmittelbar die lohnsteuerliche und sv-rechtliche Behandlung der Aufwendungen in der Lohnabrechnung betreffen. Weitergehende Fragen zu den Voraussetzungen und den Vorteilen der einzelnen Durchführungswege, zur steuerlichen Förderung mittels Sonderausgabenabzug und Altersvorsorgezulage sowie zur steuerlichen Behandlung der Leistungen nach Eintritt des Versorgungsfalls sind im Ratgeber **„Handbuch für Lohnsteuer und Sozialversicherung"** des Weiss Verlags ausführlich dargestellt.

Die Verwaltungsanweisungen zum steuerrechtlichen Teil der betrieblichen Altersversorgung enthält unter Berücksichtigung des Betriebsrentenstärkungsgesetzes das BMF-Schreiben 6.12.2017, BStBl 2018 I S. 147. Die beitragsrechtliche Beurteilung von Beiträgen und Zuwendungen zum Aufbau betrieblicher Altersversorgung haben die Spitzenverbände in ihrem Rundschreiben vom 21.11.2018 zusammengefasst.

Die steuerlichen Aufzeichnungs- und Mitteilungspflichten des Arbeitgebers sind in § 5 LStDV zusammengefasst und betreffen die Durchführungswege „Pensionskasse", „Pensionsfonds" und „Direktversicherung".

Was hat sich durch das Betriebsrentenstärkungsgesetz geändert?

Durch das Betriebsrentenstärkungsgesetz vom 17.8.2017, BGBl. I S. 3.214, ergeben sich ab 2018 für Beitragszahlungen an eine Pensionskasse, einen Pensionsfonds oder in eine Direktversicherung folgende wesentlichen Änderungen:

— Änderung des steuerfreien Volumens:
    Der nach § 3 Nr. 63 Satz 1 EStG steuerfreie Höchstbetrag für Beiträge an Pensionskassen, Pensionsfonds und Direktversicherungen (= kapitalgedeckte betriebliche Altersversor-

gung) beträgt ab 2018 insgesamt 8 % (vormals 4 %) der Beitragsbemessungsgrenze in der gesetzlichen Rentenversicherung (West) bei gleichzeitiger Abschaffung des vormaligen steuerfreien zusätzlichen Höchstbetrags von 1800,– €. Sozialversicherungsfreiheit für diese Beträge besteht hingegen weiterhin nur bis 4 % der gesetzlichen Rentenversicherung (West). Im Einzelnen vergleiche Seite 74.

— Anrechnung von nach § 40b EStG a.F. pauschal versteuerter Beiträge:
Laufende Beiträge zur kapitalgedeckten betrieblichen Altersversorgung an Pensionskassen und Direktversicherungen, die aufgrund einer vor dem 1.1.2005 erteilten Versorgungszusage geleistet werden (sog. Altzusage), können weiterhin mit 20 % nach § 40b Abs. 1 EStG a.F. (= in der am 31.12.2004 geltenden Fassung) pauschal versteuert werden. Nach § 40b Abs. 1 EStG a. F. pauschal versteuerte Beiträge an eine Pensionskasse oder in eine Direktversicherung werden gemäß § 52 Abs. 4 EStG auf das steuerfreie Volumen von bis zu 8 % lediglich nur angerechnet, während früher die Pauschalversteuerung zum Ausschluss des zusätzlichen Höchstbetrags von 1800,– € geführt hat. Vergleiche auch Seite 74.

— Abgrenzung Alt- und Neuzusage:
Die Abgrenzung wurde vereinfacht (vgl. S. 81).

— Steuerfreiheit bei Auflösung des Dienstverhältnisses:
Beiträge zur kapitalgedeckten betrieblichen Altersversorgung an einen Pensionsfonds, eine Pensionskasse oder eine Direktversicherung, die aus Anlass der Beendigung des Dienstverhältnisses geleistet werden, bleiben im Rahmen des § 3 Nr. 63 Satz 3 EStG steuerfrei (vgl. S. 76).

— Nachholung von Beiträgen zur Schließung von Versorgungslücken:
Beiträge zur kapitalgedeckten betrieblichen Altersversorgung an einen Pensionsfonds, eine Pensionskasse oder eine Direktversicherung, die für Kalenderjahre nachgezahlt werden, in denen das erste Dienstverhältnis ruhte und vom Arbeitgeber im Inland kein steuerpflichtiger Arbeitslohn bezogen wurde, bleiben im Rahmen des § 3 Nr. 63 Satz 4 EStG steuerfrei (vgl. S. 75).

— Förderbetrag zur betrieblichen Altersversorgung bei Geringverdienern:
Mit § 100 EStG wird für Arbeitgeber ein neuer Förderbetrag zur betrieblichen Altersversorgung (BAV-Förderbetrag) eingeführt. Danach dürfen im Inland zum Lohnsteuerabzug verpflichtete Arbeitgeber vom Gesamtbetrag der einzubehaltenden Lohnsteuer für jeden Arbeitnehmer mit einem ersten Dienstverhältnis einen Teilbetrag des Arbeitgeberbeitrags zur kapitalgedeckten betrieblichen Altersversorgung bei der Lohnsteuer-Anmeldung absetzen. Im Einzelnen zum neuen BAV-Förderbetrag siehe Seite 86.

— Reine Beitragszusage und Sicherungsbeiträge des Arbeitgebers:
Neben den bisherigen Zusageformen der Leistungszusage, der beitragsorientierten Leistungszusage und der Beitragszusage mit Mindestleistung gibt es nunmehr mit § 1 Abs. 2 Nr. 2a BetrAVG auch die reine Beitragszusage (vgl. S. 69).

— Arbeitgeberzuschuss bei Entgeltumwandlung:
Für bei einer reinen Beitragszusage in Entgeltumwandlungsfällen ersparte Sozialversicherungsbeiträge hat der Arbeitgeber einen Zuschuss an die Versorgungseinrichtung zu entrichten (vgl. S. 71).

Welche Formen der betrieblichen Altersversorgung gibt es?

Das BetrAVG nennt als Durchführungswege
— die Direktzusage,
— die Unterstützungskasse,
— die Pensionskasse,
— den Pensionsfonds und
— die Direktversicherung.

Die SV-rechtliche und steuerliche Behandlung der Aufwendungen zur Erlangung der Versorgungsanwartschaft richtet sich nach dem jeweiligen Durchführungsweg. Daraus ergeben sich wiederum Konsequenzen bei der Förderung der privaten Altersvorsorge und vor allem für die steuerliche Behandlung der späteren Versorgungsleistungen.

Was ist die reine Beitragszusage?

Das Betriebsrentenstärkungsgesetz schafft mit § 1 Abs. 2 Nr. 2a BetrAVG nunmehr auch die Möglichkeit, durch Tarifvertrag oder aufgrund eines **Tarifvertrages** in einer Betriebs- oder Dienstvereinbarung die kapitalgedeckte betriebliche Altersversorgung als reine Beitragszusage im sog. Sozialpartnermodell durchzuführen. Bei der reinen Beitragszusage beschränkt sich die Zusage des Arbeitgebers auf die Zahlung der Beiträge, was Kritiker auch als „pay and forget" bezeichnen. Die Leistungsansprüche des Arbeitnehmers richten sich ausschließlich gegen die Pensionsfonds, die Pensionskasse oder die Direktversicherung. Der Arbeitgeber steht für die aus dem Beitrag erwirtschafteten Renten nicht ein, seine bisher geltende subsidiäre Haftung entfällt. Anders als bei den bisherigen Zusageformen (Leistungszusage, beitragsorientierte Leistungszusage, Beitragszusage mit Mindestleistung) muss der externe Versorgungsträger für die Leistungen aus der Anlage der Beiträge aus der reinen Beitragszusage keine Mindest- oder Garantieleistungen gewähren. Den Arbeitnehmern wird eine Zielrente in Aussicht gestellt, deren Höhe nicht garantiert ist. Die Leistungen sind an die Vermögensentwicklung dieser Einrichtungen gekoppelt. Es gibt auch keine Insolvenzsicherung über den Pensions-Sicherungs-Verein.

Als Ausgleich für den Wegfall der Einstandspflicht des Arbeitgebers für die Versorgungsleistung soll im Tarifvertrag vereinbart werden, dass der Arbeitgeber einen Sicherungsbeitrag zahlt (§ 23 Abs. 1 BetrAVG). Der Sicherungsbeitrag kann dazu genutzt werden, die Versorgungsleistung (Betriebsrente) etwa dadurch zusätzlich abzusichern, dass die Versorgungseinrichtung einen höheren Kapitaldeckungsgrad oder eine konservativere Kapitalanlage realisiert; im Rahmen eines kollektiven Sparmodells kann er auch zum Aufbau kollektiven Kapitals verwendet werden.

Der Sicherungsbeitrag nach § 23 Abs. 1 BetrAVG ist gemäß § 3 Nr. 63a EStG steuer- und in der Sozialversicherung gemäß § 1 Abs. 1 Satz 1 Nr. 9 SvEV beitragsfrei, soweit er nicht unmittelbar dem einzelnen Arbeitnehmer gutgeschrieben oder zugerechnet wird. Werden Sicherungsbeiträge hingegen nicht lediglich für die zusätzliche Absicherung der reinen Beitragszusage gezahlt, sondern dem einzelnen Arbeitnehmer direkt gutgeschrieben oder zugerechnet, gelten die allgemeinen steuer- und beitragsrechtlichen Regelungen für Beiträge zur kapitalgedeckten betrieblichen Altersversorgung.

BEISPIEL 5 — *Betriebliche Altersversorgung*

In welcher Höhe besteht ein Anspruch auf Entgeltumwandlung?

Seit 1. Januar 2002 haben Arbeitnehmer, die in der allgemeinen gesetzlichen Rentenversicherung pflichtversichert sind, einen Anspruch darauf, dass der Arbeitgeber gemäß § 1a Abs. 1 BetrAVG – wie bisher – 4 % der BBG (West) in der Rentenversicherung (in 2020 somit nunmehr 3.312,– €) von künftigen Entgeltansprüchen für die betriebliche Altersversorgung verwendet. Hierzu ist eine Vereinbarung zwischen Arbeitgeber und Arbeitnehmer erforderlich. Darin muss auch der Durchführungsweg für die betriebliche Altersversorgung festgelegt sein, für den die umgewandelten Beträge verwendet werden. Will der Arbeitgeber eine Pensionskasse oder einen Pensionsfonds bedienen, sind diese Durchführungswege maßgebend. Andernfalls kann der Arbeitnehmer verlangen, dass der Arbeitgeber für ihn eine Direktversicherung abschließt. Macht der Arbeitnehmer seinen Umwandlungsanspruch geltend, muss er einen bestimmten Mindestbetrag festlegen. Dieser beträgt 1/160 der jährlichen Bezugsgröße nach § 18 Abs. 1 SGB IV und damit im Jahr 2020 nunmehr 238,88 €.

Nach dem Betriebsrentenstärkungsgesetz kann durch **Tarifvertrag** oder aufgrund eines Tarifvertrages in einer Betriebs- oder Dienstvereinbarung auch eine **verpflichtende** Entgeltumwandlung geregelt werden, die der einzelne Arbeitnehmer aber ablehnen kann (sog. Opting-Out- bzw. Optionsmodelle nach § 20 Abs. 2 BetrAVG).

Welche Entgelte können umgewandelt werden?

Der Arbeitgeber und der Arbeitnehmer können sowohl die Herabsetzung von künftigem laufenden Arbeitslohn (das monatliche Gehalt) als auch die Verwendung einer künftigen Einmalzahlung (z. B. das Urlaubs- oder Weihnachtsgeld) vereinbaren. Voraussetzung ist nicht, dass es sich um noch nicht erdiente Arbeitslohnansprüche handelt. Für die Anerkennung reicht es vielmehr aus, dass der umgewandelte Bezügeteil im Zeitpunkt der Vereinbarung über die Verwendung zur betrieblichen Altersversorgung noch nicht fällig war.

 Beispiel:
Das fest vereinbarte 13. Gehalt in Höhe von 4.000,– € ist am 30.11. zur Zahlung fällig. Am 10.11. vereinbart der Arbeitnehmer mit dem Arbeitgeber, dass hiervon 3.000,– € zur Aufstockung der in Form einer Direktzusage bestehenden betrieblichen Altersversorgung verwendet wird.

Auch wenn der Anspruch auf das 13. Gehalt bis zur Vereinbarung am 10.11. bereits zum größten Teil erdient war, wird die Umwandlung anerkannt, da die Vereinbarung noch vor der Fälligkeit am 30.11. getroffen wurde. Von dem umgewandelten 13. Gehalt unterliegen somit nur 1.000,– € als steuerpflichtiger Arbeitslohn dem Lohnsteuerabzug.

Kann auch Tariflohn umgewandelt werden?

Ist ein Arbeitsverhältnis tarifgebunden oder findet ein für allgemeinverbindlich erklärter Tarifvertrag Anwendung, besteht nur dann ein Anspruch auf Entgeltumwandlung, wenn eine solche im Tarifvertrag vorgesehen ist oder zumindest durch eine Öffnungsklausel die Umwandlung im Wege einer Betriebsvereinbarung oder durch Arbeitsvertrag gestattet ist.

Steuerlich wird die vereinbarte Entgeltumwandlung auch dann akzeptiert, wenn sie wegen des Verstoßes gegen den Tarifvertrag arbeitsrechtlich unwirksam ist, solange und soweit der Arbeitgeber und der Arbeitnehmer die Entgeltumwandlung tatsächlich vollziehen.

BEISPIEL 5   *Betriebliche Altersversorgung*

Ab wann wird der Anspruch aus der betrieblichen Altersversorgung unverfallbar?

Ab dem 1.1.2001 erteilte Versorgungszusagen, die auf einer Entgeltumwandlung beruhen, sind durch ausdrückliche gesetzliche Regelung (§ 1b Abs. 5 BetrAVG) sofort unverfallbar.

Welche steuerlichen und sv-rechtlichen Folgen ergeben sich aus der Entgeltumwandlung?

Der umgewandelte und für den Aufbau der betrieblichen Altersversorgung verwendete Entgeltteil gehört in den Durchführungswegen „Direktzusage" und „Unterstützungskasse" nicht zum Arbeitslohn und ist in den Durchführungswegen „Pensionskasse" und „Pensionsfonds" im Rahmen von Höchstbeträgen steuerfrei. Auch Beiträge zu bestimmten Direktversicherungen sind im Rahmen der Höchstbeträge steuerfrei. In der SozV gehört der umgewandelte Teil nicht zum Arbeitsentgelt, soweit nach dem BetrAVG ein Anspruch auf die Entgeltumwandlung besteht.

Wann ist ein Arbeitgeberzuschuss an die Versorgungseinrichtung zu entrichten?

Werden Beiträge zugunsten einer kapitalgedeckten betrieblichen Altersversorgung an einen Pensionsfonds, eine Pensionskasse oder eine Direktversicherung **aus einer Entgeltumwandlung** gezahlt, muss der Arbeitgeber 15% des umgewandelten Arbeitsentgelts zusätzlich als Arbeitgeberzuschuss zur betrieblichen Altersversorgung zahlen, soweit er dadurch Sozialversicherungsbeiträge spart (§ 1a Abs. 1a bzw. § 23 Abs. 2 BetrAVG). Unterschreiten die eingesparten Sozialversicherungsbeiträge 15% des umgewandelten Arbeitsentgelts, ist die Pflicht zur Zahlung des Arbeitgeberzuschusses auf den Betrag der eingesparten Sozialversicherungsbeiträge begrenzt. Dabei gelten die folgenden Übergangsregeln:

Die Verpflichtung zur Zahlung des Arbeitgeberzuschusses gilt gemäß § 23 Abs. 2 BetrAVG für die betriebliche Altersversorgung, die **2018** in Form der reinen Beitragszusage nach § 1 Abs. 2 Nr. 2a BetrAVG im Sozialpartnermodell durch Tarifvertrag vereinbart wird. Für die übrigen Formen der betrieblichen Altersversorgung tritt die Verpflichtung gemäß § 1a Abs. 1a BetrAVG i. V. m. Art. 17 Abs. 5 des Betriebsrentenstärkungsgesetzes ab 1.1.2019 in Kraft. Dies bedeutet, dass für ab **2019** neu abgeschlossenen bAV-Verträge, die durch eine Gehalts-/Entgeltumwandlung bespart werden, der Arbeitgeber seine eingesparten Sozialversicherungsbeiträge nunmehr zusätzlich als Arbeitgeberzuschuss in Höhe von 15% des umgewandelten Entgelts zur betrieblichen Altersversorgung zu zahlen hat. Nur für Entgeltumwandlungsvereinbarungen, die vor dem 1.1.2019 geschlossen worden sind, tritt sie erst ab dem 1.1.**2022** ein (§ 26a BetrAVG).

Der Arbeitgeberzuschuss ist im Rahmen des § 3 Nr. 63 Satz 1 EStG steuerfrei und in der Sozialversicherung im Rahmen des § 1 Abs. 1 Satz 1 Nr. 9 SvEV beitragsfrei. Handelt es sich um einen Arbeitgeberzuschuss zu einer Entgeltumwandlung für eine Altzusage, die nach § 40b EStG in der Fassung vom 31.12.2004 pauschal besteuert wird, besteht Beitragsfreiheit, wenn der Arbeitgeberzuschuss ebenfalls hiernach pauschal versteuert wird (§ 1 Abs. 1 Satz 1 Nr. 4 SvEV).

Was gilt beim Versorgungsausgleich?

Nach dem Gesetz zur Strukturreform des Versorgungsausgleichs (VAStrRefG) vom 3.4.2009, BGBl. I S. 700, werden die während einer Ehe/eingetragener Lebenspartnerschaft erworbenen Ansprüche auf Altersversorgung bei einer Scheidung ausgeglichen. Hierunter fallen auch die Anrechte aus einer betrieblichen Altersversorgung und zwar unabhängig vom gewählten Durchführungsweg. Das Versorgungsausgleichsgesetz sieht eine Reihe von Ausgleichsformen vor. Haben die Eheleute/Lebenspartner eine wirksame Vereinbarung über den Versorgungsausgleich geschlossen, gilt diese. Liegt eine solche nicht vor, wird grundsätzlich die „interne Teilung" vorgenommen, das heißt, der Ehegatte/Lebenspartner bekommt ein Anrecht unmittelbar beim jeweiligen Versorgungsträger. Ausnahmsweise kann eine „externe Teilung" erfolgen, bei der dann die Anrechte des Ehegatten/Lebenspartners auf einen anderen Versorgungsträger übertragen werden.

Ist der Arbeitgeber selbst der Versorgungsträger (wie z. B. im Falle der Direkt-/Pensionszusage), ist er verpflichtet, dem Ehegatten/Lebenspartner Auskunft über die Höhe des Anrechts zu erteilen. Außerdem muss der Arbeitgeber die Berechnung der in der Ehezeit/Lebenspartnerschaft erworbenen Ansprüche selbst vornehmen und dem Familiengericht einen Vorschlag machen, wie sich der Ausgleichswert bestimmt. Wird die interne Teilung angewandt, gilt auch der ausgleichsberechtigte Ehegatte/Lebenspartner gleichsam als Mitarbeiter; denn nicht nur die späteren (reduzierten) Leistungen an den ausgleichsverpflichteten Arbeitnehmer, sondern auch die Leistungen aus den Anrechten der Direktzusage an den ausgleichsberechtigten Ehegatten/Lebenspartner führen gemäß § 3 Nr. 55a EStG ab dem Zeitpunkt der Versorgungszahlung zu Einkünften aus nichtselbständiger Arbeit; von denen der Arbeitgeber den Lohnsteuerabzug vorzunehmen hat. Für die Ermittlung des Versorgungsfreibetrags und des Zuschlags zum Versorgungsfreibetrag bei der ausgleichsberechtigten Person ist auf deren Versorgungsbeginn abzustellen.

Wird die Versorgung über eine Direktversicherung, eine Pensionskasse oder einen Pensionsfonds abgewickelt, treffen die gesetzlichen Aufgaben nicht den Arbeitgeber, sondern die Versorgungsträger.

Auf das BMF-Schreiben vom 21.12.2017, BStBl 2018 I S. 147, und das Rundschreiben der Spitzenverbände vom 21.11.2018 wird ergänzend hingewiesen.

Was bringt das GKV-Betriebsrentenfreibetragsgesetz?

Betriebsrenten werden bei den gesetzlich Krankenversicherten mit dem vollen Beitragssatz in der Kranken- und Pflegeversicherung belastet. Dies bleibt auch nach dem neuen Gesetz so. Allerdings wird die Einführung eines Freibetrags ab dem 1.1.2020 dafür sorgen, dass in vielen Fällen eine deutliche Beitragsminderung bei den Beiträgen zur gesetzlichen Krankenversicherung eintritt. Die Neuerungen werden im „Handbuch für Lohnsteuer und Sozialversicherung" erläutert.

Direktzusage

Der Arbeitgeber sagt ohne Einschaltung eines externen Versorgungsträgers dem Arbeitnehmer vertraglich zu, bei Eintritt des Versorgungsfalls bestimmte Leistungen zu gewähren. In vielen Fällen sichert der Arbeitgeber die Anwartschaften durch eine Rückdeckungsversicherung ab. Da dem Arbeitnehmer aus einem solchen Versicherungsvertrag keine unmittelbaren Rechte zustehen, sind die Versicherungsprämien des Arbeitgebers lohnsteuerlich und sv-rechtlich nicht relevant. Die Versorgungsanwartschaft, für die der Arbeitgeber eine Pensionsrückstellung bildet, kann sowohl arbeitgeberfinanziert als auch durch Entgeltumwandlung (arbeitnehmerfinanziert) erfolgen.

BEISPIEL 5 *Direktzusage*

Die gesetzlich vorgeschriebene Absicherung der Versorgungsansprüche der Arbeitnehmer über den Pensions-Sicherungs-Verein (PSV) oder die darüber hinausgehende zusätzliche privatrechtliche Absicherung (z. B. über das Modell der doppelseitigen Treuhand) bewirkt nach Maßgabe des § 3 Nr. 65 EStG noch keinen Lohnzufluss. Die Übertragung von bestehenden Versorgungsverpflichtungen oder Versorgungsanwartschaften auf einen Pensionsfonds ist nach Maßgabe des § 3 Nr. 66 EStG steuerfrei.

Welche Folgen ergeben sich bei Arbeitgeberfinanzierung?

Arbeitgeberfinanzierung bedeutet, dass nicht ein Teil des vereinbarten Entgelts für die betriebliche Altersversorgung abgezweigt wird; der Arbeitgeber also für die gegebenen Versorgungszusagen mit eigenen Mitteln neben dem vereinbarten Entgelt einsteht. Die Zusage führt beim Arbeitnehmer weder zu steuerpflichtigem Arbeitslohn, noch zu sv-pflichtigem Arbeitsentgelt.

Welche Folgen hat die Arbeitnehmerfinanzierung (Entgeltumwandlung)?

Lohnsteuer:
Soweit eine wirksame Entgeltumwandlung vorliegt, also nur noch nicht fällige Entgeltansprüche umgewandelt werden, ist nur der verminderte Arbeitslohn dem Lohnsteuerabzug zu unterwerfen. Für die lohnsteuerliche Wirksamkeit besteht keine Betragsgrenze. Voraussetzung ist nur, dass die umgewandelten Lohnteile für eine betriebliche Altersversorgung verwendet werden.

Sozialversicherung:
Der umgewandelte Teil gehört nicht zum sv-pflichtigen Arbeitsentgelt. Allerdings ist für die Umwandlung ein Höchstbetrag von weiterhin 4 % der BBG in der gesetzlichen RV zu beachten; dieser beträgt in 2020 somit 4 % von nunmehr 82.800,- € = 3.312,- €. Ein darüber hinausgehender Teil ist zwar steuerlich zu berücksichtigen, er gehört aber zum sv-pflichtigen Arbeitsentgelt (§ 14 Abs. 1 Satz 2 SGB IV).

 Beispiel:
Vereinbartes Monatsgehalt 4.700,- €
Hiervon wurden vertraglich für Zwecke der betrieblichen Altersversorgung 300,- € umgewandelt.

Lohnsteuer:
Dem Lohnsteuerabzug unterliegen 4.700,- € abzüglich 300,- € = 4.400,- €

Sozialversicherung:
Die Entgeltumwandlung ist begrenzt auf 4 % der BBG von 82.800,- € = 3.312,- €
= monatlich 276,- €
sv-pflichtig sind somit 4.700,- € abzüglich 276,- € = 4.424,- €

Unterstützungskasse

Die Unterstützungskasse ist zwar ein externer Versorgungsträger; der Arbeitnehmer hat gegen sie jedoch keine unmittelbaren Rechtsansprüche, selbst wenn eine Rückdeckung besteht. Die steuerliche und die sv-rechtliche Behandlung der Aufwendungen für die Finanzierung der Unterstützungskasse entspricht deshalb der Sachbehandlung bei der Direktzusage (s.o.). Wie dort ist im Fall der Entgeltumwandlung die SV-Freiheit auf weiterhin 4% der BBG beschränkt.

Pensionskasse

Die Pensionskasse ist ein externer Versorgungsträger, der dem Arbeitnehmer im Rahmen der betrieblichen Altersversorgung einen unmittelbaren Rechtsanspruch gewährt. Dies hat zur Folge, dass die Zahlungen des Arbeitgebers an eine Pensionskasse zugunsten des Arbeitnehmers diesem sofort zuzurechnen sind. Die Arbeitgeberleistungen gehören zum steuerpflichtigen Arbeitslohn und auch zum sv-pflichtigen Arbeitsentgelt, soweit nicht eine Steuerbefreiung nach § 3 Nr. 63 EStG für kapitalgedeckte Pensionskassen oder eine Steuerbefreiung nach § 3 Nr. 56 EStG für umlagefinanzierte Pensionskassen in Betracht kommen.

Welche Pensionskassenbeiträge sind nach § 3 Nr. 63 EStG steuerfrei?

Voraussetzung für die Steuerfreiheit ist, dass die Beiträge im sog. Kapitaldeckungsverfahren erhoben werden; reine Umlagen einer Pensionskasse zur Finanzierung laufender Rentenleistungen sind nicht begünstigt. Außerdem erfordert die Steuerfreiheit, dass die Auszahlung der Versorgungsleistungen in Form einer Rente oder nach einem Auszahlungsplan vorgesehen ist. Dagegen kommt es für die Steuerfreiheit nicht darauf an, ob die Beiträge vom Arbeitgeber zusätzlich zum geschuldeten Arbeitslohn aufgebracht werden oder ob sie durch Entgeltminderung vom Arbeitnehmer finanziert werden.

In welcher Höhe sind die Beiträge nach § 3 Nr. 63 Satz 1 EStG steuerfrei?

Der Höchstbetrag richtet sich nach der Beitragsbemessungsgrenze in der gesetzlichen Rentenversicherung, und zwar ist im gesamten Bundesgebiet einheitlich die Beitragsbemessungsgrenze West maßgebend. Im Jahr 2020 beträgt der Höchstbetrag somit nunmehr (vgl. S. 67) 82.800,- € = **6.624,- €**. In der Sozialversicherung besteht hingegen weiterhin nur bis 4% SV-Freiheit; für 2020 somit 4% von 82.800,- € = 3.312,- € (§ 1 Abs. 1 Satz 1 Nr. 9 und Satz 2 SvEV). Bei diesen Höchstbeträgen handelt es sich um Jahresbeträge. Eine zeitanteilige Kürzung ist daher nicht vorzunehmen, wenn das Arbeitsverhältnis nicht während des ganzen Jahres besteht oder nicht für das ganze Jahr Beiträge gezahlt werden. Der Arbeitnehmer kann den Höchstbetrag im Fall des Arbeitgeberwechsels bei dem neuen Arbeitgeber erneut in Anspruch nehmen.

Wenn im jeweiligen Kalenderjahr Beiträge nach § 40b Abs. 1 und 2 EStG (alte Fassung) pauschal versteuert werden (vgl. S. 81), mindern diese gemäß § 52 Abs. 4 EStG das nach § 3 Nr. 63 Satz 1 EStG steuerfreie Volumen.

Beispiel:
Der Arbeitgeber zahlt für den Arbeitnehmer im Jahr 2020 Beiträge in Höhe von 6.600,– € an eine kapitalgedeckte Pensionskasse. Außerdem zahlt er einen Beitrag von 1.500,– € an eine Direktversicherung, die bereits vor dem 1.1.2005 abgeschlossen wurde, sodass dieser Beitrag weiterhin nach § 40b EStG a.F. mit 20 % pauschal besteuert wird.

Nach § 3 Nr. 63 Satz 1 EStG blieben von den Beiträgen zur Pensionskasse 8 % (= 6.624,– €) grundsätzlich steuerfrei. Dieser Betrag vermindert sich jedoch um den tatsächlich pauschal besteuerten Direktversicherungsbeitrag von 1.500,– €, sodass die Pensionskassenbeiträge nur in Höhe von 5.124,– € (= 6.624,– € ./. 1.500,– €) steuerfrei und damit in Höhe von 1.476,– € (= 6.600,– € ./. 5.124,– €) als Arbeitslohn zu versteuern sind.

In der Sozialversicherung bleiben die Beiträge an die Pensionskasse in Höhe von 3.312,– € (= 4 % von der BBG-RV-West) gemäß § 1 Abs. 1 Nr. 9 SvEV und die pauschal versteuerten Direktversicherungsbeiträge in Höhe von 1.500,– € nach § 1 Abs. 1 Nr. 4 SvEV beitragsfrei.

Für wen gilt die Steuerbefreiung nach § 3 Nr. 63 EStG?

Begünstigt sind alle Arbeitnehmer i. S. d. Steuerrechts. Die Pflichtversicherung in der gesetzlichen Rentenversicherung ist nicht Voraussetzung. Die Steuerfreiheit gilt allerdings nur für das erste Dienstverhältnis. Somit gehören die Beiträge zum steuer- und sv-pflichtigen Arbeitslohn, wenn vom Arbeitgeber bei der Besteuerung des Arbeitslohns die Steuerklasse VI anzuwenden ist. Die Steuerbefreiung findet auch bei geringfügiger Beschäftigung (vgl. S. 280) Anwendung, selbst wenn die individuellen Lohnsteuerabzugsmerkmale nicht zur Verfügung gestellt werden. Der Arbeitgeber muss dann allerdings eine schriftliche Erklärung des Arbeitnehmers zu den Lohnunterlagen nehmen, dass es sich um dessen erstes Dienstverhältnis handelt.

Kann der Arbeitnehmer auf die Steuerfreiheit nach § 3 Nr. 63 EStG verzichten?

Falls die steuerliche Förderung der privaten Altersversorgung durch den Sonderausgabenabzug (§ 10a EStG) bzw. die Altersvorsorgezulage (§§ 79 ff. EStG) in Anspruch genommen werden soll, kann der Arbeitnehmer vom Arbeitgeber verlangen, dass dieser für die auf Entgeltumwandlung beruhenden Pensionskassenbeiträge die Voraussetzungen hierfür erfüllt. Der Arbeitgeber muss dann diese Pensionskassenbeiträge zusammen mit dem übrigen Arbeitslohn dem Lohnsteuerabzug unterwerfen und im Rahmen der allgemeinen Vorschriften SV-Beiträge abführen.

Wann sind Beiträge zur Schließung von Versorgungslücken steuerfrei?

Beiträge zur kapitalgedeckten betrieblichen Altersversorgung an einen Pensionsfonds, eine Pensionskasse oder eine Direktversicherung, die für Kalenderjahre nachgezahlt werden, in denen das erste Dienstverhältnis ruhte und vom Arbeitgeber im Inland kein steuerpflichtiger Arbeitslohn bezogen wurde, bleiben im Rahmen des § 3 Nr. 63 Satz 4 EStG steuerfrei, soweit sie 8 % der Beitragsbemessungsgrenze in der gesetzlichen Rentenversicherung (West), vervielfältigt mit der Anzahl dieser Kalenderjahre, höchstens jedoch zehn Kalenderjahre, nicht übersteigen. Dabei ist zu beachten, dass nur Kalenderjahre berücksichtigt werden, in denen vom Arbeitgeber im Inland vom 1.1.–31.12. kein steuerpflichtiger Arbeitslohn bezogen wurde.

BEISPIEL 5 — *Pensionskasse*

Eine solche Nachzahlung kommt beispielsweise in Betracht für Zeiten einer Entsendung ins Ausland, während der Elternzeit oder eines Sabbatjahres. Im Zeitraum des Ruhens und im Zeitpunkt der Nachzahlung muss ein erstens Dienstverhältnis vorliegen.

Diese zusätzlichen Arbeitgeberbeiträge werden jedoch nicht von der Beitragspflicht ausgenommen, da sich die Beitragsfreiheit der Arbeitgeberbeiträge zur kapitalgedeckten betrieblichen Altersversorgung weiterhin auf die nach § 3 Nr. 63 Satz 1 EStG steuerfreien Beträge beschränkt, sofern sie 4 % der BBG nicht übersteigen.

In welcher Höhe sind aus Anlass der Beendigung des Dienstverhältnisses erbrachte Beiträge steuerfrei?

Beiträge zur kapitalgedeckten betrieblichen Altersversorgung an einen Pensionsfonds, eine Pensionskasse oder eine Direktversicherung, die aus Anlass der Beendigung des Dienstverhältnisses geleistet werden, bleiben im Rahmen des § 3 Nr. 63 Satz 3 EStG steuerfrei, soweit sie **4 %** der Beitragsbemessungsgrenze in der gesetzlichen Rentenversicherung (West), vervielfältigt mit der Anzahl der Kalenderjahre, in denen das Dienstverhältnis des Arbeitnehmers zu dem Arbeitgeber bestanden hat, höchstens jedoch zehn Kalenderjahre, nicht übersteigen. Auf eine Gegenrechnung des steuerfreien Volumens für die letzten sieben Jahre, so wie dies bislang § 3 Nr. 63 Satz 4 EStG i.d.F. vor dem Betriebsrentenstärkungsgesetz vorsah, wird ab 2018 verzichtet. Pauschal besteuerte Zuwendungen aus Anlass der Beendigung des Dienstverhältnisses an eine Pensionskasse oder in eine Direktversicherung nach § 40b Abs. 1 und Abs. 2 Satz 3 und Satz 4 EStG a.F. werden gemäß § 52 Abs. 4 EStG auf das nach § 3 Nr. 63 Satz 3 EStG steuerfreie Volumen angerechnet.

Kann der Anspruch auf die betriebliche Altersversorgung beim Arbeitgeberwechsel steuerunschädlich übertragen werden?

Die Übertragung kann nach § 3 Nr. 55 EStG steuerfrei erfolgen, wenn die betriebliche Altersversorgung auch beim neuen Arbeitgeber über einen der externen Durchführungswege (Pensionsfonds, Pensionskasse oder Direktversicherung) durchgeführt wird. Auch die Übertragung einer Direktzusage vom ehemaligen Arbeitgeber zur Verwendung im Rahmen einer Direktzusage beim neuen Arbeitgeber führt nicht zu Lohnzufluss. Das Gleiche gilt für Versorgungszusagen über Unterstützungskassen.

Die Steuerfreiheit nach § 3 Nr. 55 EStG kommt allerdings nicht in Betracht, wenn die betriebliche Altersversorgung beim ehemaligen Arbeitgeber im Wege der Direktzusage oder mittels einer Unterstützungskasse erfolgt ist, während sie beim neuen Arbeitgeber über einen Pensionsfonds, eine Pensionskasse oder eine Direktversicherung abgewickelt wird. Im umgekehrten Fall gilt dies entsprechend.

Was gilt bei umlagefinanzierten Pensionskassen?

Laufende Beiträge des Arbeitgebers aus einem ersten Dienstverhältnis an eine Pensionskasse, die nicht im Kapitaldeckungsverfahren, sondern im Umlageverfahren finanziert werden (z. B. Umlagen an die Versorgungsanstalt des Bundes und der Länder – VBL – bzw. an eine kommunale oder kirchliche Zusatzversorgungskasse) können in Hohe von bis zu 3 % (ab 2020 = 3 %) der Beitragsbemessungsgrenze in der gesetzlichen Rentenversicherung – West – im Rahmen des § 3 Nr. 56 EStG steuerfrei bleiben. Der Höchstbetrag beträgt damit im Jahr 2020 nunmehr maximal 2.484,– €. Begünstigt sind nur die laufenden Zuwendungen des Arbeitgebers, nicht aber der Arbeitnehmeranteil an der Umlage. Zu beachten ist ferner, dass eine Steuerfreiheit nach § 3 Nr. 56 EStG nur insoweit in Betracht kommen kann, als im jeweiligen Dienstverhältnis die nach § 3 Nr. 63 EStG steuerfreien Beträge den Höchstbetrag des § 3 Nr. 56 EStG unterschreitet (§ 3 Nr. 56 Satz 3 EStG). Soweit die Beiträge nach § 3 Nr. 56 EStG steuerfrei bleiben, gehören sie nach § 1 Abs. 1 Satz 1 Nr. 4a SvEV grundsätzlich auch nicht zum beitragspflichtigen Arbeitsentgelt.

Zur steuerlichen Behandlung von Sonderzahlungen des Arbeitgebers an umlagefinanzierte Pensionskassen wird auf § 19 Abs. 1 Satz 1 Nr. 3 EStG und § 40b Abs. 4 EStG hingewiesen.

Bestehen besondere Aufzeichnungs- und Mitteilungspflichten?

Die besonderen Aufzeichnungs- und Mitteilungspflichten im Rahmen der betrieblichen Altersversorgung sind in § 5 LStDV geregelt.

Pensionsfonds

Die Beiträge an einen Pensionsfonds sind nach den für Pensionskassen-Beiträge geltenden Regeln steuer- und beitragsfrei.

Direktversicherung – Neuzusage –

Ab 2005 ist der Durchführungsweg „Direktversicherung" in das System der nachgelagerten Besteuerung einbezogen und damit den Beiträgen zu einer Pensionskasse oder zu einem Pensionsfonds im Prinzip gleichgestellt. Das gilt allerdings nur für neu zugesagte Direktversicherungen.

Wann liegt eine Neuzusage vor?

Maßgebend ist die erstmalige, zu einem Rechtsanspruch führende Verpflichtungserklärung des Arbeitgebers (z. B. durch Arbeitsvertrag, Betriebsvereinbarung oder Tarifvertrag). Ist diese **nach dem 31.12.2004** erfolgt, handelt es sich um eine Neuzusage. Es kommt also nicht darauf an, wann der erste Versicherungsbeitrag geleistet wird. Ebenso ist im Fall der Entgeltumwandlung nicht der Zeitpunkt der ersten Barlohnkürzung maßgebend, sondern der Zeitpunkt des Abschlusses der Gehaltsänderungsvereinbarung.

Wurde danach für den Arbeitnehmer vor dem 1.1.2018 – unter der Voraussetzung, dass keine Neuzusage, sondern eine Altzusage vorlag – mindestens ein Beitrag nach § 40b EStG i.d.F. am 31.12.2004 pauschal besteuert, liegen für diesen Arbeitnehmer die Voraussetzungen für die Pauschalbesteuerung sein ganzes Leben lang vor. Im Fall eines Arbeitgeberwechsels genügt es nach § 52 Abs. 40 EStG, wenn der Arbeitnehmer gegenüber dem neuen Arbeitgeber, der die Zusage übernommen hat, nachweist, dass mindestens ein Beitrag nach § 40b EStG i.d.F. am 31.12.2004 pauschal besteuert wurde (z. B. durch Gehaltsabrechnung oder Bescheinigung des Vorarbeitgebers bzw. des Versorgungsträgers). Ist der Nachweis erbracht, kann auch der neue Arbeitgeber die Beiträge weiterhin pauschal besteuern. Eine weitergehende Prüfung, ob die Versorgungszusage vor dem 1.1.2005 von einem der bisherigen Arbeitgeber erteilt wurde, ist nicht erforderlich.

Was gilt bei Übertragung von Direktversicherungen?

Wird bei einem Arbeitgeberwechsel eine vom bisherigen Arbeitgeber vor dem 1.1.2005 im Durchführungsweg der Direktversicherung erteilte Versorgungszusage (Altzusage) unter Anwendung des Abkommens zur Übertragung von Direktversicherungen nach dem

BEISPIEL 5 *Direktversicherung – Neuzusage*

31.12.2004 auf den neuen Arbeitgeber übertragen, bestehen nach Auffassung der Finanzverwaltung keine Bedenken, wenn der neue Arbeitgeber weiterhin von einer Altzusage ausgeht und die Beiträge weiterhin pauschal besteuert (vgl. S. 81). Entsprechendes gilt, wenn eine vor dem 1.1.2005 abgeschlossene Direktversicherung (Altzusage) infolge der Beendigung des Dienstverhältnisses zunächst nach § 2 Abs. 2 BetrAVG auf den Arbeitnehmer übertragen, wegen Arbeitslosigkeit zwischenzeitlich von diesem privat fortgeführt und dann bei Wiedereintritt in ein Dienstverhältnis vom neuen Arbeitgeber übernommen wird. Auch in diesem Fall besteht die Möglichkeit, dass der neue Arbeitgeber die Beiträge zur Direktversicherung als Altzusage pauschal versteuern kann.

Unter welchen Voraussetzungen sind die Beiträge zur Direktversicherung steuerfrei?
Die Steuerfreiheit richtet sich nach § 3 Nr. 63 EStG und betrifft alle Arbeitnehmer i.S.d. Steuerrechts. Die Pflichtversicherung in der gesetzlichen Rentenversicherung ist nicht Voraussetzung. Die Steuerfreiheit gilt allerdings nur für das erste Dienstverhältnis. Sie findet deshalb keine Anwendung, wenn der Lohnsteuerabzug vom Arbeitgeber nach der Steuerklasse VI vorzunehmen ist. Bei geringfügiger Beschäftigung (vgl. S. 280) kann § 3 Nr. 63 EStG angewendet werden, und zwar selbst dann, wenn die individuellen Lohnsteuerabzugsmerkmale nicht zur Verfügung gestellt werden. Der Arbeitgeber muss in diesem Fall allerdings eine schriftliche Erklärung des Arbeitnehmers zu den Lohnunterlagen nehmen, dass es sich um dessen erstes Dienstverhältnis handelt.

Voraussetzung für die Steuerfreiheit ist, dass im Versicherungsvertrag die Auszahlung der Versorgungsleistungen in Form einer Rente oder nach einem Auszahlungsplan vorgesehen ist. Dagegen kommt es für die Steuerfreiheit nicht darauf an, ob die Beiträge vom Arbeitgeber zusätzlich zum geschuldeten Arbeitslohn aufgebracht werden oder ob sie durch Entgeltminderung vom Arbeitnehmer finanziert werden.

In welcher Höhe sind die Beiträge steuerfrei?
Der Höchstbetrag richtet sich nach der Beitragsbemessungsgrenze in der allgemeinen gesetzlichen Rentenversicherung, und zwar ist im gesamten Bundesgebiet einheitlich die Betragsbemessungsgrenze West maßgebend. Im Jahr 2020 beträgt der Höchstbetrag somit 8 % (vgl. S. 67) von 82.800,- € = 6.624,- €. In der Sozialversicherung besteht hingegen weiterhin nur bis 4 % SV-Freiheit; für 2020 somit 4 % von 82.800,- € = 3.312,- € (§ 1 Abs. 1 Satz 1 Nr. 9 und Satz 2 SvEV). Bei diesen Höchstbeträgen handelt es sich um Jahresbeträge. Eine zeitanteilige Kürzung ist daher nicht vorzunehmen, wenn das Arbeitsverhältnis nicht während des ganzen Jahres besteht oder nicht für das ganze Jahr Beiträge gezahlt werden. Der Arbeitnehmer kann den Höchstbetrag im Fall des Arbeitgeberwechsels bei dem neuen Arbeitgeber erneut in Anspruch nehmen.

Wenn im jeweiligen Kalenderjahr Beiträge nach § 40b Abs. 1 und 2 EStG (alte Fassung) pauschal versteuert werden (vgl. S. 81), mindern diese gemäß § 52 Abs. 4 EStG das nach § 3 Nr. 63 Satz 1 EStG steuerfreie Volumen.

Beispiel
Steuerfreier Direktversicherungsbeitrag

Der Arbeitgeber hatte im Jahr 2008 zugunsten des Arbeitnehmers eine Direktversicherung zugesagt und abgeschlossen, bei der im Versorgungsfall die Leistungen in Form einer Rente vorgesehen sind (Neuzusage). Der monatliche Beitrag hierfür beträgt 600,- €. Davon übernimmt der

BEISPIEL 5 Direktversicherung – Neuzusage

Arbeitgeber zusätzlich zum ohnehin geschuldeten Arbeitslohn von monatlich 6.000,– € einen Beitrag von 200,– € und der Arbeitnehmer durch Entgeltumwandlung 400,– €. Eine Altzusage, bei der die Lohnsteuerpauschalierung nach § 40b EStG in Anspruch genommen wird, besteht nicht.

Daten aus dem Lohnkonto:
Steuerklasse I; gRV (BBG West); pKV (Basiskranken- und Pflegepflichtversicherungsbeiträge lt. Beitragsbescheinigung mtl. 650,– €); kinderlos; Religionszugehörigkeit rk;

Lohnabrechnung für Januar:
1. Gehalt   6.000,00
   Hiervon werden für die
   Versicherungsprämie umgewandelt   400,00
                                                                                      5.600,00
2. Zuschuss Krankenversicherung   367,97
   Zuschuss Pflegeversicherung   71,48
   Barlohn   6.039,45
Abzüge:
3. Steuerpflichtiger Arbeitslohn   5.648,00
   LSt   1.318,08
   Solz   72,49
   KiSt 8 % (angenommen)   105,44   1.496,01
4. Beitragspflichtiges Entgelt   5.924,00
   RV   9,3 %   550,93
   ALV   1,2 %   71,09   622,02   2.118,03

Auszahlungsbetrag   3.921,42
Arbeitgeberanteil zur RV und ALV   622,02
Vom Arbeitgeber abzuführender
Direktversicherungsbeitrag:
arbeitgeberfinanziert   200,00
aus der Entgeltumwandlung   400,00
zusammen   600,00

Zu 2

Der Arbeitnehmer ist wegen Überschreitung der JAEG (vgl. S. 48) in der KV nicht versicherungspflichtig. Er hat jedoch einen Anspruch auf einen Arbeitgeberzuschuss zu seinen Beiträgen zur privaten Krankenversicherung. Der Arbeitgeber leistet den Höchstzuschuss (vgl. S. 55).

KV-Zuschuss 15,7 % von 4.687,50 €   und davon die Hälfte =   367,97 €
PV-Zuschuss 3,05 % von 4.687,50 €   und davon die Hälfte =   71,48 €

Zu 3

Zur Berechnung des steuerpflichtigen Arbeitslohns ist zunächst der nach § 3 Nr. 63 Satz 1 EStG steuerfreie Höchstbetrag zu ermitteln. Dieser beträgt:
8 % der Beitragsbemessungsgrenze in der RV (BBG West) von 82.800,– €   = 6.624,– €
Eine Kürzung ist nicht vorzunehmen.

BEISPIEL 5   *Direktversicherung – Neuzusage*

weil eine Lohnsteuerpauschalierung nach § 40b EStG nicht in Anspruch genommen wird	*0,— €*
Jahreshöchstbetrag	*6.624,— €*
gleichmäßige Aufteilung bei monatlicher Zahlung =	*552,— €*
hierauf wird zunächst der vom Arbeitgeber finanzierte und steuerfrei geleistete Beitrag angerechnet =	*200,— €*
für die Entgeltumwandlung stehen somit als steuerfrei zur Verfügung	*352,— €*
vereinbartes Bruttogehalt	*6.000,— €*
dem Lohnsteuerabzug unterliegen	*5.648,— €*

Der Arbeitgeber hat den steuerfreien Beitrag zur Direktversicherung im Lohnkonto aufzuzeichnen und der Versorgungseinrichtung als nach § 3 Nr. 63 EStG steuerfrei belassen mitzuteilen. Die Mitteilung kann unterbleiben, wenn die Versorgungseinrichtung die steuerliche Behandlung kennt.

Der Arbeitnehmer ist in der gesetzlichen Rentenversicherung, aber privat krankenversichert. Der Arbeitnehmer hat seine Basiskranken- und Pflegepflichtversicherungsbeiträge seinem Arbeitgeber mit der Beitragsbescheinigung seiner Krankenkasse in Höhe von mtl. 650,- € nachgewiesen. Wenn der Arbeitnehmer keine aktuellere Beitragsbescheinigung vorgelegt hat, darf der Arbeitgeber die für das Lohnsteuerabzugsverfahren 2019 vorgelegte Beitragsbescheinigung auch im Kalenderjahr 2020 weiter verwenden (im Einzelnen vgl. S. 25). Dieser Betrag wird in das Rechenprogramm gesondert eingegeben und damit bei maschineller Lohnabrechnung automatisch im Rahmen der Vorsorgepauschale Kranken- und Pflegeversicherung (im Beispielsfall auch kinderlos) berücksichtigt. Zudem muss bei der Eingabe berücksichtigt werden, dass der Arbeitnehmer einen steuerfreien Zuschuss zur KV und PV erhält.

Zu 4

SV-frei sind auch 2020 höchstens 4 % der Beitragsbemessungsgrenze von 82.800,- € = 3.312,- €; monatlich 276,- €.

Vereinbartes Bruttogehalt	6.000,— €
+ arbeitgeberfinanzierter Direktversicherungsbeitrag	200,— €
	6.200,— €
sv-frei	276,— €
beitragspflichtiges Arbeitsentgelt	5.924,— €

Wie werden auf einer Neuzusage beruhende Beiträge behandelt, wenn die Voraussetzungen für die Steuerfreiheit nach § 3 Nr. 63 EStG nicht vorliegen?

Findet § 3 Nr. 63 EStG keine Anwendung, z. B. weil die Beiträge für eine Direktversicherung verwendet werden, bei der eine Kapitalauszahlung und keine Versorgungsleistung in Form einer Rente oder eines Auszahlungsplans vorgesehen ist, sind die Arbeitgeberleistungen individuell zu versteuern, denn die Lohnsteuerpauschalierung nach § 40b EStG darf bei einer Neuzusage nicht angewandt werden.

Direktversicherung – Altzusage –

Die Direktversicherungsbeiträge beruhen auf einer Altzusage, wenn der Arbeitgeber die Zusage, solche Beiträge zu erbringen, bereits vor dem 1.1.2005 gegeben hat. Wurde danach für den Arbeitnehmer vor dem 1.1.2018 – unter der Voraussetzung, dass eine Altzusage vorlag – mindestens ein Beitrag nach § 40b EStG i.d.F. am 31.12.2004 pauschal besteuert, liegen für diesen Arbeitnehmer die Voraussetzungen für die Pauschalbesteuerung sein ganzes Leben lang vor. Im Fall eines Arbeitgeberwechsels genügt es nach § 52 Abs. 40 EStG, wenn der Arbeitnehmer gegenüber dem neuen Arbeitgeber, der die Zusage übernommen hat, nachweist, dass mindestens ein Beitrag nach § 40b EStG i. d. F. am 31.12.2004 pauschal besteuert wurde (z. B. durch Gehaltsabrechnung oder Bescheinigung des Vorarbeitgebers bzw. des Versorgungsträgers). Ist der Nachweis erbracht, kann auch der neue Arbeitgeber die Beiträge weiterhin pauschal besteuern. Eine weitergehende Prüfung, ob die Versorgungszusage vor dem 1.1.2005 von einem der bisherigen Arbeitgeber erteilt wurde, ist nicht erforderlich. Bezüglich der Behandlung einer Direktversicherung als Altzusagen, die nach dem 31.12.2004 als Folge eines Arbeitgeberwechsels unter Anwendung des Abkommens zur Übertragung von Direktversicherungen auf den neuen Arbeitgeber übertragen wurde, vergleiche den Hinweis auf Seite 77.

Gilt die Steuerbefreiung nach § 3 Nr. 63 EStG auch für Altzusagen?

Grundsätzlich ja, **wenn** der Direktversicherungsvertrag, wie in § 3 Nr. 63 EStG vorgeschrieben, die Auszahlung in Form einer Rente oder eines Auszahlungsplans vorsieht.

Kann der Arbeitnehmer auf die Steuerfreiheit verzichten und die Lohnsteuerpauschalierung wählen?

Auch mit dem Betriebsrentenstärkungsgesetz wurde an der seit 2005 geltenden Vorgabe festgehalten, dass der Arbeitnehmer bei der betrieblichen Altersversorgung im Durchführungsweg der Direktversicherung, die vor dem 1.1.2005 abgeschlossen wurde (sog. Altzusage) auf die Steuerfreiheit nach § 3 Nr. 63 EStG ausdrücklich verzichten musste, damit der Arbeitgeber die Beiträge nach § 40b EStG a.F. pauschal besteuern konnte (vgl. § 52 Abs. 4 Satz 12 und 13 i. V. m. Abs. 40 Satz 2 EStG i. d. F. des Betriebsrentenstärkungsgesetzes). Die Voraussetzung „Verzichtserklärung des Arbeitnehmers auf die Steuerfreiheit" wurde mit dem Gesetz zur Vermeidung von Umsatzsteuerausfällen beim Handel mit Waren im Internet und zur Änderung weiterer steuerlicher Vorschriften vom 11.12.2018, BGBl. I S. 2.338, aufgehoben.

Wie hoch ist die pauschale Steuer?

Der Pauschsteuersatz für die Lohnsteuer beträgt gemäß § 40b EStG 20%. Zusätzlich ist der Solidaritätszuschlag in Höhe von 5,5% der pauschalen Lohnsteuer zu erheben. Zur Berechnung der pauschalen KiSt vgl. S. 405.

Wie ist zu pauschalieren, wenn mehrere Arbeitnehmer gemeinsam in einer Direktversicherung versichert sind?

Zur Feststellung der Pauschalierungsgrenze ist in einer Durchschnittsberechnung der auf den einzelnen Arbeitnehmer entfallende Teilbetrag zu ermitteln. Dabei dürfen in die Durchschnittsberechnung keine Arbeitnehmer einbezogen werden, für die steuerpflichtige Beiträge von mehr als 2.148,– € im Kalenderjahr geleistet werden.

Beispiel:
Der Arbeitgeber erbringt jährlich folgende Versicherungsbeiträge aufgrund eines gemeinsamen Versicherungsvertrages:

a) für 3 Arbeitnehmer je 2.400,- € = 7.200,- €
b) für 20 Arbeitnehmer je 1.800,- € = 36.000,- €
c) für 30 Arbeitnehmer je 1.200,- € = 36.000,- €

Die steuerpflichtigen Leistungen für die Arbeitnehmer zu a) übersteigen je 2.148,- € jährlich. Sie dürfen deshalb in die Durchschnittsberechnung nicht einbezogen werden.

Bei den Arbeitnehmern zu b) und c) wird die Grenze von 2.148,- € dagegen nicht überschritten. Für sie ist deshalb der Durchschnittsbetrag festzustellen:

$$\frac{36.000,- € + 36.000,- €}{50} = 1.440,- €$$

Die Pauschalierungsgrenze von 1.752,- € ist nicht überschritten. Die Leistungen für die Arbeitnehmer zu b) und c) können deshalb in vollem Umfang pauschal besteuert werden.

Bei den Arbeitnehmern zu a) sind dagegen nur jeweils 1.752,- € pauschalierungsfähig. Der übersteigende Betrag von 648,- € (2.400,- € ./. 1.752,- €) ist bei jedem Arbeitnehmer in der Lohnabrechnung als steuer- und beitragspflichtiges Entgelt zu erfassen.

Was bringt ein Barlohnverzicht (Gehaltsumwandlungsversicherung)?

Die Lohnsteuerpauschalierung ist nicht nur zulässig, wenn die Beiträge zusätzlich zu dem ohnehin geschuldeten Arbeitslohn erbracht werden. Zur Erlangung steuerlicher Vorteile kann der Arbeitnehmer mit dem Arbeitgeber auch die Herabsetzung des Barlohns und die Verwendung des freiwerdenden Betrags für eine Direktversicherung vereinbaren. Je nach Höhe der individuellen Steuerbelastung ergeben sich bei der Lohnsteuerpauschalierung mit nur 20% u.U. erhebliche Steuerersparnisse. Für die steuerliche Wirksamkeit reicht es aus, wenn die Herabsetzung vor der Fälligkeit des Barlohns vereinbart wird; auf die Entstehung des Barlohnanspruchs kommt es nicht an.

Ist die Abwälzung der pauschalen Steuerbeträge auf den Arbeitnehmer zulässig?

Die auf den Arbeitnehmer abgewälzte Lohnsteuer gilt als zugeflossener Arbeitslohn und darf nicht die Bemessungsgrundlage mindern.

Wie werden pauschalversteuerte Direktversicherungsbeiträge in der Sozialversicherung behandelt?

Zusätzlich zum ohnehin geschuldeten Entgelt vom Arbeitgeber aufgebrachte Direktversicherungsbeiträge sind nach § 1 Abs. 1 Satz 1 Nr. 4 und Satz 2 SvEV sv-frei, soweit sie mit der Entgeltabrechnung für den jeweiligen Abrechnungszeitraum nach § 40b EStG pauschal versteuert werden.

Beiträge, die auf einer Umwandlung von laufendem Arbeitslohn beruhen, können zwar pauschal versteuert werden, sie sind aber sv-pflichtig.

Soweit für den pauschal versteuerten Direktversicherungsbeitrag eine Einmalzahlung verwendet wird, gehört die Zuwendung nicht zum beitragspflichtigen Arbeitslohn.

BEISPIEL 5　　　　　　　　　　　　　　　　　　　　　Direktversicherung – Altzusage

Beispiel A
Verzicht auf laufenden Arbeitslohn

Der Arbeitgeber hat bereits vor 2005 zugunsten des Arbeitnehmers eine Direktversicherung mit einem Monatsbeitrag von 146,- € abgeschlossen. Sowohl die Versicherungsprämie als auch die pauschalen Steuern werden entsprechend der über eine Barlohnkürzung getroffenen Vereinbarung vom Arbeitnehmer getragen.

Da die Abwälzung der pauschalen Steuer nicht die Bemessungsgrundlage für den Lohnsteuerabzug mindern darf, muss der Arbeitgeber wie folgt abrechnen:

Daten aus dem Lohnkonto:
Steuerklasse I; kinderlos; gRV; gKV (kassenindividueller Zusatzbeitragssatz angenommen 1,1 %); Religionszugehörigkeit rk;

Lohnabrechnung Januar:

1.	Vereinbartes Gehalt				3.000,00
2.	Hiervon werden für die Versicherungsprämie umgewandelt				146,00
					2.854,00
	Abzüge:				
3.	Steuerpflichtiger Arbeitslohn	2.854,00			
	LSt		369,00		
	SolZ		20,29		
	KiSt 8 % (angenommen)		29,52	418,81	
4.	Beitragspflichtiges Entgelt	3.000,00			
	KV	7,3 %	219,00		
	Zusatzbeitrag (ang. 1,1 %)	0,55 %	16,50		
	PV	1,525 %	45,75		
	Beitragszuschlag (kinderlos)	0,25 %	7,50		
	RV	9,3 %	279,00		
	ALV	1,2 %	36,00	603,75	1.022,56
5.	Vom Arbeitnehmer aufzubringende pauschale Steuer aus dem Versicherungsbeitrag				
	LSt aus	146,00	20,00 %	29,20	
	SolZ aus LSt		5,50 %	1,60	
	KiSt aus LSt (angenommen)		7,00 %	2,04	32,84
	Auszahlungsbetrag				1.798,60
	Arbeitgeberanteil	KV (7,3 % + 0,55 %)	235,50		
		PV (1,525 %)	45,75		
		RV (9,3 %)	279,00		
		ALV (1,2 %)	36,00		
			596,25		

Zu 2

Die Herabsetzung des Barlohnanspruchs wird steuerlich nur hinsichtlich des Direktversicherungsbeitrags akzeptiert. Die pauschalen Steuerbeträge muss der Arbeitnehmer im Falle der Abwälzung aus dem versteuerten Barlohn tragen (vgl. zu 5).

Zu 3

Dem Steuerabzug unterliegt nur der um den Versicherungsbeitrag verminderte Arbeitslohn. Der Arbeitnehmer ist in der gesetzlichen Rentenversicherung und in der gesetzlichen Krankenversicherung versichert. Da er in allen Zweigen der Sozialversicherung versichert ist, kommt die Allgemeine Lohnsteuertabelle zur Anwendung. Der Arbeitnehmer ist daneben kinderlos und hat daher einen Zuschlag zur Pflegeversicherung zu leisten, was hier bei maschineller Lohnsteuerberechnung berücksichtigt ist und sich auch auf die Höhe des Steuerabzugs auswirkt. Bei manueller Lohnabrechnung wäre diese Besonderheit nicht in den Lohnsteuertabellen berücksichtigt, sodass sich dann ein geringfügig abweichender Steuerabzug ergäbe.

Zu 4

Pauschal besteuerte Zukunftssicherungsleistungen sind nur beitragsfrei, wenn es sich um zusätzliche Leistungen des Arbeitgebers handelt, oder aber, wenn sie ausschließlich aus Einmalzahlungen finanziert werden.

Im Beispielsfall sind somit 3.000,- € sv-pflichtig, weil die Direktversicherung durch Umwandlung von laufendem Arbeitslohn finanziert wird.

Zu 5

Die im vereinfachten Verfahren erhobene pauschale KiSt und die pauschale LSt aus dem Direktversicherungsbeitrag muss der Arbeitgeber in der Lohnsteuer-Anmeldung gesondert erfassen (vgl. S. 397) und an das Finanzamt abführen.

Den pauschal versteuerten Beitrag zur Direktversicherung hat der Arbeitgeber im Lohnkonto aufzuzeichnen und der Versorgungseinrichtung als nach § 40b EStG pauschal versteuert mitzuteilen. Die Mitteilung kann unterbleiben, wenn die Versorgungseinrichtung die steuerliche Behandlung kennt.

Wie wird die pauschale Kirchensteuer berechnet?

Zu den in den Ländern maßgebenden Kirchensteuersätzen im Fall der Lohnsteuerpauschalierung vgl. die Zusammenstellung in der Anlage 1 (S. 404).

Wird die Lohnsteuer pauschal ermittelt, ist auch die Kirchensteuer pauschal zu berechnen. Hierzu kann sich der Arbeitgeber zwischen einem vereinfachten Verfahren und dem Nachweisverfahren entscheiden; vgl. Erläuterungen in Anlage 1a (S. 405).

Beispiel B
Verzicht auf Sonderzuwendung

Auf Wunsch des Arbeitnehmers schloss der Arbeitgeber vor Jahren eine Direktversicherung ab (Altzusage). Die Jahresprämie in Höhe von 1.752,- € und die darauf entfallenden pauschalen Steuerbeträge sollen aus einer vom Arbeitgeber gewährten Einmalzahlung finanziert und, soweit diese nicht ausreicht, der laufende Lohn des Monats Juli verwendet werden.

Daten aus dem Lohnkonto:
Steuerklasse I; gRV; gKV (kassenindividueller Zusatzbeitragssatz angenommen 1,1 %); kinderlos; Religionszugehörigkeit rk;

BEISPIEL 5 Direktversicherung – Altzusage

Lohnabrechnung Juli
1. Monatslohn 3.000,00
2. Sonderzuwendung 1.500,00
   4.500,00
3. Hiervon werden für die
   Versicherungsprämie umgewandelt 1.752,00
   2.748,00

Abzüge:
4. Steuerpflichtiger Arbeitslohn 2.748,00
   LSt 343,25
   SolZ 18,87
   KiSt 8 % (angenommen) 27,46 389,58
5. Beitragspflichtiges Entgelt 3.000,00
   KV 7,3 % 219,00
   Zusatzbeitrag (ang. 1,1 %) 0,55 % 16,50
   PV 1,525 % 45,75
   Beitragszuschlag (kinderlos) 0,25 % 7,50
   RV 9,3 % 279,00
   ALV 1,2 % 36,00 603,75 993,33
6. Vom Arbeitnehmer aufzubrin-
   gende pauschale Steuer aus
   dem Versicherungsbeitrag
   LSt aus 1.752,00 20,00 % 350,40
   SolZ aus LSt 5,50 % 19,27
   KiSt aus LSt (angenommen) 7,00 % 24,52 394,19

Auszahlungsbetrag 1.360,48
   Arbeitgeberanteil KV (7,3 % + 0,55 %) 235,50
   PV (1,525 %) 45,75
   RV (9,3 %) 279,00
   ALV (1,2 %) 36,00
   596,25

Zu 3

Die Barlohnherabsetzung wird steuerlich nur hinsichtlich des Direktversicherungsbeitrags akzeptiert. Die pauschalen Steuerbeträge muss der Arbeitnehmer im Falle der Abwälzung aus dem versteuerten Barlohn tragen (vgl. zu 6).

Zu 4

Es handelt sich um eine sog. Altzusage, sodass eine Pauschalversteuerung des Versicherungsbeitrags möglich ist. Dem allgemeinen Steuerabzug unterliegt nur der um den Versicherungsbeitrag verminderte Arbeitslohn.

Der Arbeitnehmer ist in der gesetzlichen Rentenversicherung und in der gesetzlichen Krankenversicherung versichert. Da er in allen Zweigen der Sozialversicherung versichert ist, kommt die Allgemeine Lohnsteuertabelle zur Anwendung. Der Arbeitnehmer ist daneben kinderlos und hat daher einen Zuschlag zur Pflegeversicherung zu leisten, was hier bei maschineller Lohnsteuerberechnung berücksichtigt ist und sich auch auf die Höhe des Steuerabzugs auswirkt. Bei manueller Lohnabrechnung wäre diese Besonderheit nicht in den Lohnsteuertabellen berücksichtigt, sodass sich dann ein geringfügig abweichender Steuerabzug ergäbe.

Zu 5

Pauschal besteuerte Zukunftssicherungsleistungen sind beitragsfrei, soweit sie aus einer Sonderzuwendung des Arbeitgebers finanziert werden. Die Wirksamkeit der Gehaltsumwandlung ist im Beitragsrecht auf die Höhe der Sonderzuwendung beschränkt; Teile des laufenden Arbeitslohns dürfen nicht umgewandelt werden. Deshalb sind im Beispielsfall die Beiträge aus dem vollen Monatsgehalt von 3.000,- € zu berechnen.

Zu 6

Die im vereinfachten Verfahren erhobene pauschale KiSt und die pauschale LSt aus dem Direktversicherungsbeitrag muss der Arbeitgeber in der Lohnsteuer-Anmeldung gesondert erfassen (vgl. S. 397) und an das Finanzamt abführen. Da er die Abwälzung dieses Betrages auf den Arbeitnehmer vereinbart hat, kürzt er den Auszahlungsbetrag entsprechend.

Den pauschal versteuerten Beitrag zur Direktversicherung hat der Arbeitgeber im Lohnkonto aufzuzeichnen und der Versorgungseinrichtung als nach § 40b EStG pauschal versteuert mitzuteilen. Die Mitteilung kann unterbleiben, wenn die Versorgungseinrichtung die steuerliche Behandlung kennt.

Wie wird die pauschale Kirchensteuer berechnet?

Zu den in den Ländern maßgebenden Kirchensteuersätzen im Fall der Lohnsteuerpauschalierung vgl. die Zusammenstellung in der Anlage 1 (S. 404).

Wird die Lohnsteuer pauschal ermittelt, ist auch die Kirchensteuer pauschal zu berechnen. Hierzu kann sich der Arbeitgeber zwischen einem vereinfachten Verfahren und dem Nachweisverfahren entscheiden; vgl. Erläuterungen in Anlage 1a (S. 405).

BAV-Förderbetrag

1. Was ist der BAV-Förderbeitrag?

Mit § 100 EStG wird für Arbeitgeber ein neuer Förderbetrag zur betrieblichen Altersversorgung (BAV-Förderbetrag) eingeführt. Der BAV-Förderbetrag ist ein staatlicher Zuschuss zu einem vom Arbeitgeber zusätzlich zum ohnehin geschuldeten Arbeitslohn geleistete, rein arbeitgeberfinanzierte Beiträge (vgl. Nr. 4) zur kapitalgedeckten betrieblichen Altersversorgung von Arbeitnehmern mit geringem Arbeitslohn (vgl. Nr. 3). Der Arbeitgeber kann dann für zusätzliche Beiträge von mindestens 240,- € bis 480,- € je begünstigten Arbeitnehmer im Kalenderjahr einen Förderbetrag von jeweils 72,- € bis maximal 144,- € im Kalenderjahr erhalten (vgl. Nr. 5). Der zum Lohnsteuerabzug im Inland verpflichtete Arbeitgeber darf die einzubehaltende Lohnsteuer für den Arbeitnehmer um den Förderbetrag mindern (vgl. Nr. 7).

2. Was sind die Grundvoraussetzungen?

Begünstigt sind nur Beiträge zur kapitalgedeckte betrieblichen Altersversorgung im Durchführungsweg des Pensionsfonds, der Pensionskasse oder der Direktversicherung.

BEISPIEL 5   *BAV-Förderbetrag*

Der BAV-Förderbetrag setzt ein erstes Dienstverhältnis voraus (Steuerklassen I – V oder bei einem pauschal besteuerten geringfügigen Dienstverhältnis die entsprechende Erklärung des Arbeitnehmers), für das der Arbeitgeber im Inland lohnsteuerpflichtigen Arbeitslohn zahlt, der entweder nach den ELStAM-Merkmalen des Arbeitnehmers dem Lohnsteuerabzug unterliegt oder pauschal zu versteuern ist. Bei einem Arbeitgeberwechsel im Laufe des Kalenderjahres kann der BAV-Förderbetrag mehrfach nacheinander in Anspruch genommen werden.

3. Welche Arbeitnehmer sind förderberechtigt?

Begünstigt sind alle Arbeitnehmer im lohnsteuerlichen Sinne (z. B. auch Auszubildende, Teilzeitbeschäftigte oder geringfügig Beschäftigte), wenn sie als sogenannte Geringverdiener gelten. Das ist dann der Fall, wenn deren laufender lohnsteuerpflichtiger Arbeitslohn nach § 39b Abs. 2 Satz 1 EStG oder deren nach pauschal nach § 40a Abs. 1, 2, 2a oder 3 EStG zu besteuernder Arbeitslohn im Zeitpunkt der Beitragsleistung nicht mehr beträgt als

—   73,34 €   bei einem täglichen Lohnzahlungszeitraum,

—   513,34 €   bei einem wöchentlichen Lohnzahlungszeitraum,

—   2.200,— €   bei einem monatlichen Lohnzahlungszeitraum oder

— 26.400,— €   bei einem jährlichen Lohnzahlungszeitraum.

Sonstige Bezüge (z. B. Weihnachtsgeld) und steuerfreier Arbeitslohn (wie z. B. steuerfreie Sonntags-, Feiertags- oder Nachtarbeitszuschläge, nach dem Auslandstätigkeitserlass oder nach einem Doppelbesteuerungsabkommen steuerfreier Arbeitslohn, steuerfreier Personalrabatt oder nach §§ 37a, 37b, 40 und 40b EStG pauschal versteuerter Arbeitslohn bleiben bei der Prüfung der Arbeitslohngrenze unberücksichtigt.

Für die Inanspruchnahme des Förderbetrags sind die Verhältnisse im Zeitpunkt der Beitragsleistung maßgeblich.

4. Welche Beiträge sind begünstigt?

Der BAV-Förderbetrag kann nur für einen vom Arbeitgeber zusätzlich zum ohnehin geschuldeten Arbeitslohn, also nur für einen rein arbeitgeberfinanzierten Beitrag zur kapitalgedeckten Altersversorgung des Arbeitnehmers gewährt werden. Mittels Entgeltumwandlung finanzierte Beiträge oder Eigenbeteiligungen des Arbeitnehmers sind daher nicht begünstigt. Nicht begünstigt sind auch die Leistungen des Arbeitgebers i. S. d. § 1a Abs. 1a und § 23 Abs. 2 BetrAVG, die er als Ausgleich für die ersparten Sozialversicherungsbeiträge erhält (vgl. S. 71). Nicht begünstigt sind ferner Leistungen des Arbeitgebers i. S. d. § 23 Abs. 1 BetrAVG, die dem einzelnen Arbeitnehmer unmittelbar gutgeschrieben oder zugerechnet werden.

Zur Vermeidung von Mini-Anwartschaften ist zudem Voraussetzung, dass die vorstehend begünstigten Beiträge des Arbeitgebers einen Mindestbetrag von 240,- € im Kalenderjahr und je Arbeitnehmer ergeben. Maximal begünstigt ist ein zusätzlicher Beitrag des Arbeitgebers i. H. v. 480,- € je Arbeitnehmer und Kalenderjahr (vgl. Nr. 5).

Die **Zahlungsweise** des zusätzlichen Arbeitgeberbeitrags (monatlich, unregelmäßig oder jährlich) kann für die Inanspruchnahme des BAV-Förderbetrags manchmal von Bedeutung sein. Denn auch bei einer jährlichen Zahlung sind ausschließlich die Verhältnisse im Zeitpunkt der Beitragszahlung maßgeblich. Erfolgt die Zahlung monatlich

BEISPIEL 5   *BAV-Förderbetrag*

und ändern sich zu einem späteren Zeitpunkt die Verhältnisse (z. B. Lohnerhöhung im Folgemonat oder der Mindestbeitrag i. H. v. 240,- € wird aufgrund des unerwarteten Ausscheidens des Arbeitnehmers nicht erreicht), ist der geltend gemachte BAV-Förderbetrag nicht rückgängig zu machen, sofern im Zeitpunkt der Beitragszahlung die Voraussetzungen vorgelegen haben.

In Fällen, in denen der Arbeitgeber bereits im Jahr 2016 einen zusätzlichen Arbeitgeberbeitrag an einen Pensionsfonds, eine Pensionskasse oder für eine Direktversicherung geleistet hat, ist der jeweilige BAV-Förderbetrag auf den Betrag beschränkt, den der Arbeitgeber über den bisherigen Beitrag hinaus leistet. Dies gilt somit nicht bei einer erst ab 2017 bestehenden betrieblichen Altersversorgung.

5. Wie hoch ist der BAV-Förderbetrag?

Der Förderbetrag beträgt im Kalenderjahr 30% des zusätzlichen Arbeiterbeitrags, den der Arbeitgeber für den Arbeitnehmer zusätzlich zum ohnehin geschuldeten Arbeitslohn in einer Höhe von mindestens 240,- € an einen Pensionsfonds, eine Pensionskasse oder für eine Direktversicherung erbringt. Der Förderbetrag beträgt höchstens 144,- € je Arbeitnehmer, wodurch begünstigte zusätzliche Arbeitgeberbeiträge auf 480,- € im Kalenderjahr beschränkt sind (30% von 480,- € = 144,- €).

Der zusätzliche Arbeitgeberbeitrag ist gemäß § 100 Abs. 6 Satz 1 EStG, soweit er im Kalenderjahr 480,- € nicht übersteigt, steuer- und nach § 1 Abs. 1 Satz 1 Nr. 9 SvEV beitragsfrei. Die Steuerfreiheit nach § 100 Abs. 6 EStG hat Vorrang gegenüber der Steuerfreiheit nach § 3 Nr. 63 EStG und schmälert nicht das Volumen des § 3 Nr. 63 EStG. Bei dem BAV-Förderbetrag selbst handelt es sich nicht um einen geldwerten Vorteil für den Beschäftigten. Beitragspflicht besteht dafür daher nicht.

6. Wann ist der BAV-Förderbetrag zurückzuzahlen?

Verfällt die Anwartschaft auf Leistungen aus einer geförderten betrieblichen Altersversorgung, z. B. wenn das Dienstverhältnis zum Arbeitnehmer vor Ablauf der Unverfallbarkeitsfrist von drei Jahren endet (§ 1b Abs. 1 BetrAVG) und ergibt sich daraus eine ganz oder teilweise Rückzahlung der Beiträge an den Arbeitgeber, sind die entsprechenden BAV-Förderbeträge nach Maßgabe des § 100 Abs. 4 Satz 2 bis 4 EStG zurück zu gewähren. Die Abwicklung erfolgt über die Lohnsteuer-Anmeldung (vgl. Nr. 7).

7. Wie wird der BAV-Förderbetrag geltend gemacht?

Im Inland zum Lohnsteuerabzug verpflichtete Arbeitgeber dürfen den für jeden begünstigten Arbeitnehmer ermittelten BAV-Förderbetrag vom Gesamtbetrag der einzubehaltenden Lohnsteuer bei der Lohnsteuer-Anmeldung (vgl. S. 396) absetzen (siehe Zeile 22 im amtlichen Muster der Lohnsteuer-Anmeldung 2020, Bundessteuerblatt 2019 Teil I S. 830. Zusätzlich ist die Zahl der Arbeitnehmer mit BAV-Förderbetrag in Zeile 16 anzugeben. Übersteigt der Förderbetrag die insgesamt abzuführende Lohnsteuer, wird dieser dem Arbeitgeber über die Lohnsteuer-Anmeldung ersetzt.

BEISPIEL 5 BAV-Förderbetrag

 Beispiel:

Ein Arbeitgeber leistet für seine drei Arbeitnehmer, die das gesamte Kalenderjahr bei ihm beschäftigt sind, zusätzlich zum ohnehin geschuldeten Arbeitslohn folgenden Jahresbeitrag in einen kapitalgedeckten Pensionsfonds.

Für Arbeitnehmer A (Monatslohn: 1.000,– €)   70,– €
Für Arbeitnehmer B (Monatslohn: 1.200,– €)   250,– €
Für Arbeitnehmer C (Monatslohn: 2.500,– €)   400,– €

Der BAV-Förderbetrag errechnet sich wie folgt:

0,– € für A, weil der Arbeitgeber nicht den Mindestbetrag von 240,– € leistet.

75,– € für B (30% von 250,– €, weil sämtliche Voraussetzungen erfüllt sind).

0,– € für C, weil C einen Monatslohn von mehr als 2.200,– € hat und damit die maßgebende Arbeitslohngrenze überschreitet.

BEISPIEL 6

Zulagen und Zuschläge, Heimarbeit, Vermögensbildung, Vermögensbeteiligung

Überstundenbezahlung

Die Überstundenbezahlung setzt sich aus dem Grundlohn für die jeweilige Überstunde und dem tariflich oder arbeitsvertraglich vereinbarten Mehrarbeitszuschlag zusammen. Beide Teile gehören zum laufenden Arbeitslohn und sind, wie andere Erschwerniszulagen auch, steuer- und beitragspflichtig.

Wie ist zu verfahren, wenn die Überstunden erst später abgerechnet werden sollen?
Aus Vereinfachungsgründen ist es zugelassen, zur Beitragsberechnung die Überstundenvergütungen dem Lohnzahlungszeitraum zuzurechnen, in dem sie gezahlt werden. Diese Vereinfachung gilt aber nur für Betriebe, die Überstunden regelmäßig bereits im folgenden oder im übernächsten Monat abrechnen.

 Beispiel:
Die Vergütung für die im Monat Juni geleisteten Überstunden wird mit der Lohnabrechnung für **Juli** gezahlt. Die Beitragsberechnung kann zusammen mit dem Arbeitsentgelt für Juli erfolgen.

Diese Vereinfachungsregel gilt im Übrigen nicht nur für Überstunden, sondern auch für andere regelmäßig zeitversetzt zu zahlende Arbeitsentgelte, vor allem für **Provisionen**.

Werden die Überstunden jedoch nicht betriebsüblich bereits im nächsten oder übernächsten Monat abgerechnet, sondern in größeren Abständen, z. B. vierteljährlich, müssen die Lohnabrechnungen für die Lohnzahlungszeiträume, für die die Überstundenbezahlung erfolgt, wieder aufgerollt werden. Dabei ist die Lohn- und Kirchensteuer für diese Zeiträume neu zu berechnen. Ebenso sind die Beiträge zur Sozialversicherung unter Beachtung der Beitragsbemessungsgrenzen für jeden abzurechnenden Lohnzahlungszeitraum zu ermitteln.

Wie ist abzurechnen, wenn die Überstundenbezahlung in einer beitragsfreien Zeit erfolgt (z. B. bei Krankengeldbezug)?
Wird Krankengeld nur für einen Teil des Monats gezahlt, bilden die restlichen Tage einen Teillohnzahlungszeitraum. Die Überstundenvergütung ist mit dem für diesen Teillohnzahlungszeitraum gezahlten Arbeitsentgelt unter Beachtung der anteiligen Beitragsbemessungsgrenzen (siehe Tabelle S. 64) zusammenzurechnen.

Falls die Beitragsfreiheit für den gesamten Lohnabrechnungszeitraum besteht, muss die Überstundenvergütung zur Berechnung der Beiträge dem vorangehenden Abrechnungszeitraum zugerechnet werden.

Steuerfreie Zuschläge für Sonntags-, Feiertags- und Nachtarbeit

Die SFN-Zuschläge sind nur in dem in § 3b EStG beschriebenen Umfang steuerfrei. Nach welcher Rechtsgrundlage (gesetzlich, tarifvertraglich oder arbeitsvertraglich) die Zuschläge gezahlt werden, ist für die steuerliche Behandlung nicht von Bedeutung. Soweit die Zuschläge steuerfrei sind, besteht grundsätzlich auch keine Beitragspflicht in der SozV (vgl. S. 97).

Zur steuerlichen Beurteilung ergeben sich folgende Fragen:

Liegt ein Zuschlag vor?

Die SFN-Zuschläge müssen **neben dem Grundlohn** gezahlt werden; die Herausrechnung aus einem einheitlich geschuldeten Arbeitslohn ist nicht zulässig.

 Beispiel:
Ein leitender Angestellter bezieht ein Monatsgehalt von 7.500,- €. Eine Arbeitszeitregelung besteht nicht.

Für Sonntags-, Feiertags- oder Nachtarbeit kann kein steuerfreier Teil des Monatsgehalts abgespalten werden.

 Beispiel:
Bei einer regelmäßigen Arbeitszeit von 40 Stunden wöchentlich verdient der Arbeitnehmer im Monat 3.000,- €. Ausnahmsweise hat er an einem Sonntag 8 Stunden gearbeitet und dafür an einem Werktag freigenommen.

Der Monatslohn ist in voller Höhe steuer- und beitragspflichtig, denn der Arbeitgeber zahlt für die Sonntagsarbeit keinen Zuschlag. Aus dem Monatslohn darf kein steuerfreier Teil herausgerechnet werden.

Handelt es sich um eine Barabgeltung von Freizeit?

Die Barabgeltung eines Freizeitanspruchs oder Freizeitüberhangs führt nicht zu einem steuerfreien Zuschlag.

 Beispiel:
Der Tarif- oder Arbeitsvertrag sieht vor, dass der Arbeitnehmer für die Arbeit an einem gesetzlichen Feiertag an zwei Werktagen arbeitsfrei gestellt wird. Das für die arbeitsfreien Werktage gezahlte Entgelt ist in voller Höhe steuer- und beitragspflichtig.

Wird die Freizeit nicht in Anspruch genommen, sondern erhält der Arbeitnehmer den Lohn für zwei weitere Arbeitstage, ist dieses zusätzliche Entgelt ebenfalls in voller Höhe steuer- und beitragspflichtig, da es sich um die Barabgeltung eines Freizeitanspruchs handelt.

 Rat für die Praxis

Falls die Zahlung von SFN-Zuschlägen nicht ohnehin in dem vom Unternehmen anzuwenden Tarifvertrag bestimmt ist, müssen sie im Arbeitsvertrag geregelt werden. Wichtig ist für die Steuerfreiheit vor allem, dass sie zweifelsfrei als Zuschlag neben dem Grundlohn vereinbart werden. Damit dies gewährleistet ist, darf im Arbeitsvertrag auch die Berechnung des Grundlohns nicht offen bleiben (festes Monatsgehalt oder Stundenlohnsatz mit Arbeitszeitfestlegung).

BEISPIEL 6 *Steuerfreie Zuschläge für Sonntags-, Feiertags- und Nachtarbeit*

Wird der Zuschlag für tatsächlich geleistete SFN-Arbeit gezahlt?
Steuerfreiheit besteht nur bei tatsächlich geleisteter SFN-Arbeit. Der Arbeitgeber und der Arbeitnehmer müssen deshalb die Arbeitsleistung zu den begünstigten Zeiten nachweisen (durch Stundenzettel, Stempelkarten, Schichtpläne mit ergänzenden Aufzeichnungen).

Werden SFN-Zuschläge in die Bemessungsgrundlage z. B. für die Lohnfortzahlung im Krankheitsfall, für das Urlaubsentgelt oder bei der Lohnzahlung für freigestellte Betriebsratsmitglieder einbezogen, besteht Steuerpflicht, da die Zahlung nicht für tatsächlich geleistete SFN-Arbeit erfolgt.

Bis zu welcher Höhe sind die Zuschläge steuerfrei?

Vom **Grundlohn**

25%	für Nachtarbeit von 20 Uhr bis 6 Uhr;
40%	für Nachtarbeit von 0 Uhr bis 4 Uhr, wenn die Nachtarbeit vor 0 Uhr aufgenommen worden ist;
50%	für Sonntagsarbeit von 0 Uhr bis 24 Uhr;
125%	für Arbeit an den gesetzlichen Feiertagen (hierzu gehören im Sinn des § 3b EStG auch der Oster- und der Pfingstsonntag) von 0 Uhr bis 24 Uhr sowie für Arbeit am 31. Dezember ab 14 Uhr;
150%	für Arbeit am 24. Dezember ab 14 Uhr, am 25. und 26. Dezember sowie am 1. Mai (von 0 Uhr bis 24 Uhr).

Die höheren Zuschläge für **Sonntags- und Feiertagsarbeit** werden auch für Arbeit von 0 Uhr bis 4 Uhr des **folgenden Tages** gewährt, wenn die Nachtarbeit noch vor 0 Uhr aufgenommen wurde.

Welche Kombinationen von steuerfreien Zuschlägen sind möglich?

                                                                             Steuerfreier Zuschlag

1. Nachtarbeit am Sonntag
   — von 0 bis 4 Uhr,
   wenn die Nachtarbeit vor 0 Uhr
   aufgenommen wurde   50% + 40% = 90%
   — von 20 bis 24 Uhr   50% + 25% = 75%
   — von 0 bis 4 Uhr des folgenden Tages,
   wenn die Nachtarbeit vor 0 Uhr
   aufgenommen wurde   50% + 40% = 90%

2. Nachtarbeit am Feiertag
   — von 0 bis 4 Uhr,
   wenn die Nachtarbeit vor 0 Uhr
   aufgenommen wurde   125% + 40% = 165%
                                                                  oder 150% + 40% = 190%
   — von 20 bis 24 Uhr   125% + 25% = 150%
                                                                  oder 150% + 25% = 175%

BEISPIEL 6   *Steuerfreie Zuschläge für Sonntags-, Feiertags- und Nachtarbeit*

   — von 0 bis 4 Uhr des folgenden Tages,
      wenn die Nachtarbeit vor 0 Uhr
      aufgenommen wurde   125% + 40% = 165%
                                                                  oder 150% + 40% = 190%

3. Arbeit an einem Sonntag, der auf
   einen Feiertag fällt   125%
                                                                              oder 150%

Welche Kombinationen ergeben sich mit Mehrarbeitszuschlägen?
Für die Steuerfreiheit der Zuschläge für SFN-Arbeit, die als Mehrarbeit geleistet wird, ist die tarifliche bzw. arbeitsvertragliche Regelung über die Zahlung der jeweiligen Zuschlagsarten maßgebend. Zum Beispiel kommen im Verhältnis zur Nachtarbeit folgende Kombinationen vor:

1.   tariflich vereinbart
     Nachtarbeit   20%
     Mehrarbeit   30%
     der Arbeitgeber zahlt   50%
     Steuerfrei sind für die Nachtarbeit nur   **20%**,
     weil kein höherer Nachtarbeitszuschlag vereinbart ist.
2.   tariflich vereinbart
     Nachtarbeit   25%
     Mehrarbeit   20%
     der Arbeitgeber zahlt nur den Nachtarbeits-
     zuschlag. Dieser ist steuerfrei, auch wenn
     damit der Mehrarbeitszuschlag abgegolten ist   **25%.**
3.   tariflich vereinbart
     Nachtarbeit   25%
     Mehrarbeit   30%
     der Arbeitgeber zahlt nur den Mehrarbeits-
     zuschlag von   30%.
     Steuerfrei sind   **0**
     Da bei dieser tariflichen Regelung kein Nachtarbeits-
     zuschlag gezahlt wird, entfällt der gesamte Zuschlag
     auf die steuerpflichtige Mehrarbeit.
4.   tariflich vereinbart
     Nachtarbeit   20%
     Mehrarbeit   30%
     der Arbeitgeber zahlt einen Mischzuschlag von   40%.
     Der Mischzuschlag ist im Verhältnis der tariflich
     bestimmten Zuschläge aufzuteilen:
     Steuerfrei sind somit $2/5$ von 40%   **16%.**
5.   tariflich vereinbart
     Nachtarbeit   20%
     Mehrarbeit   30%
     der Arbeitgeber zahlt einen Mischzuschlag von   70%.
     Der Mischzuschlag ist im Verhältnis der tariflich
     bestimmten Zuschläge aufzuteilen:

BEISPIEL 6 — *Steuerfreie Zuschläge für Sonntags-, Feiertags- und Nachtarbeit*

Steuerfrei sind somit ²/₅ von 70%	**28%,**
für Nachtarbeit von 20 bis 24 Uhr aber höchstens der in § 3b EStG bestimmte Satz von	**25%.**

6. tariflich vereinbart
   Nachtarbeit (z. B. für Pförtner)   0
   Mehrarbeit   30%
   Steuerfrei   0

Da kein Nachtarbeitszuschlag vereinbart ist, muss der Mehrarbeitszuschlag für die als Nachtarbeit erbrachte Mehrarbeit des Pförtners voll versteuert werden.

Wie wird der Grundlohn für den Lohnzahlungszeitraum ermittelt?

1. Zum Grundlohn gehört nur der laufende Arbeitslohn; hierzu zählen auch laufend gewährte Sachbezüge, vermögenswirksame Leistungen, Erschwerniszuschläge und andere Zulagen. Lohnzuschläge für Zeiten, die nicht steuerbegünstigt sind, gehören unabhängig von ihrer Bezeichnung zum Grundlohn. Teil des Grundlohns ist außerdem der nach § 3 Nr. 63 und Nr. 56 EStG steuerfreie laufende Beitrag zu einer **betrieblichen Altersversorgung** (vgl. z. B. S. 74, Pensionskasse).

 Beispiel:
Für die Zeit von 18 bis 22 Uhr ist ein Spätarbeitszuschlag vereinbart.
Der für die nichtbegünstigte Zeit von 18 bis 20 Uhr gezahlte Zuschlag gehört zum Grundlohn.

Nicht zum Grundlohn gehören

— sonstige Bezüge,
— Lohnnachzahlungen, die sich auf mehrere Kalenderjahre erstrecken,
— Überstundenvergütungen,
— die Zuschläge für Sonntags-, Feiertags- und Nachtarbeit,
— steuerfreie Bezüge (z. B. Reisekosten),
— pauschal nach § 40 EStG versteuerte Bezüge (z. B. Fahrtkostenzuschuss).

2. Der Grundlohn ist für die für den Arbeitnehmer geltende Arbeitszeit zu ermitteln. Dabei ist zu unterscheiden zwischen dem Basisgrundlohn und den Grundlohnzusätzen.

3. **Basisgrundlohn** ist der für den jeweiligen Lohnzahlungszeitraum vereinbarte Grundlohn; Arbeitszeitausfälle (z. B. wegen Krankheit oder Urlaub) bleiben unberücksichtigt, sodass der Basisgrundlohn über mehrere Lohnzahlungszeiträume hinweg unverändert bleibt. Er ändert sich erst, wenn eine Lohnerhöhung oder eine Veränderung in der regelmäßigen Arbeitszeit eintritt.

4. **Grundlohnzusätze** sind die Teile des Grundlohns, die nicht im Voraus bestimmbar sind (z. B. Erschwerniszuschläge). Sie sind mit den Beträgen in den Grundlohn einzubeziehen, die für den jeweiligen Lohnzahlungszeitraum tatsächlich zustehen.

5. In der Regel ist der Grundlohn für den Lohnzahlungszeitraum zu ermitteln, in dem die begünstigte Arbeitsleistung erbracht wurde. Aus Vereinfachungsgründen kann jedoch der Grundlohn des Lohnzahlungszeitraums angesetzt werden, mit dem die Zuschläge gezahlt werden.

BEISPIEL 6   Steuerfreie Zuschläge für Sonntags-, Feiertags- und Nachtarbeit

 Beispiel:
Die Zuschläge für die im März geleistete Nachtarbeit werden mit der Lohnabrechnung für April gezahlt.
Aus Vereinfachungsgründen können die steuerfreien Zuschläge nach dem für den Monat April maßgebenden Grundlohn errechnet werden.

6. Ist die Arbeitszeit für den Arbeitnehmer aufgrund einer Altersteilzeitregelung herabgesetzt (vgl. S. 348), ist der Grundlohn zu berechnen, wie wenn Vollzeitbeschäftigung bestanden hätte.
7. Der sich aus dem Basisgrundlohn und den Grundlohnzusätzen für den jeweiligen Lohnzahlungszeitraum ergebende Wert ist auf einen **Stundenlohn** umzurechnen. Dabei ist im Falle eines monatlichen Lohnzahlungszeitraums die regelmäßige wöchentliche Arbeitszeit mit dem **4,35-fachen** anzusetzen.
8. Ausgelöst durch die Zahlung von steuerfreien Zeitzuschlägen im Profifußball wurde mit dem Steueränderungsgesetz 2003 zur Berechnung der steuerfreien Zuschläge ein **Grundlohn-Höchstbetrag von 50 Euro je Stunde** festgelegt. Damit wurde erreicht, dass bei sehr hohen Arbeitslöhnen nicht in unverhältnismäßigem Umfang steuerfreie Zeitzuschläge gezahlt werden können.
Die Begrenzung der Steuerfreiheit greift z. B. bei einer vereinbarten regelmäßigen monatlichen Arbeitszeit von 200 Stunden erst bei einem Monatsbezug von über 10.000,– €.

 Beispiel für die Grundlohnberechnung:
Basisgrundlohn bei einer regelmäßigen Arbeitszeit von 38 Stunden wöchentlich
— vereinbarter Stundenlohn 14,– € x 38 x 4,35 =   monatlich   2.314,20 €
— Schichtzulage 1,– € x 38 x 4,35 =   monatlich   165,30 €
— vermögenswirksame Leistungen   monatlich   40,— €
                                                    2.519,50 €
Grundlohnzusätze
— Erschwerniszuschlag 0,50 € für 90 Stunden (keine Überstundenvergütung) = 45,— €
— Zuschlag für Samstagsarbeit 1,50 € für 15 Stunden =   22,50 €
Grundlohn im Abrechnungsmonat insgesamt   2.587,— €

Stundengrundlohn $\dfrac{2.587,- €}{38 \text{ Stunden} \times 4{,}35}$ =   15,65 €

 Beispiele zur Berechnung der steuerfreien Zuschläge:
Der Stundengrundlohn (im vorigen Beispiel **15,65 €**) ist nur für die Berechnung der steuerfreien Zuschläge maßgebend. In welcher Höhe dem Arbeitnehmer tatsächlich Zuschläge zu bezahlen sind, bestimmt sich nach dem Tarifvertrag oder den Vereinbarungen im Arbeitsvertrag. Häufig wird aus Vereinfachungsgründen als Basis für die Zahlung der Zuschläge nicht der steuerlich maßgebende Grundlohn, sondern der tarifliche Stundenlohn vereinbart (z. B. **14,– €**):

BEISPIEL 6   *Steuerfreie Zuschläge für Sonntags-, Feiertags- und Nachtarbeit*

1. Nachtarbeit 20 Stunden; Zuschlag 25%

gezahlt werden	14,— € x 25% x 20 Stunden =	70,— €
steuerfrei wären	15,65 € x 25% x 20 Stunden =	78,25 €

   Steuerfrei kann nur der tatsächlich gezahlte Zuschlag von 70,- € bleiben. Der Differenzbetrag darf nicht aus dem übrigen Lohn als steuerfrei herausgerechnet werden.

2. Sieht der Tarifvertrag einen höheren Zuschlagsatz vor, als steuerlich zulässig wäre, wirkt sich der höhere steuerliche Grundlohn günstig aus:

   Sonntagsarbeit 16 Stunden; tariflicher Zuschlag 60%

gezahlt werden	14,— € x 60% x 16 Stunden =	134,40 €
steuerfrei sind	15,65 € x 50% x 16 Stunden =	<u>125,60 €</u>

Wie wird der Stundengrundlohn bei fehlender Arbeitszeitvereinbarung ermittelt?

 Beispiel:
Ein leitender Angestellter erhält ein Monatsgehalt von 4.000,- €. Eine feste Arbeitszeit ist nicht vereinbart. Neben dem monatlichen Gehalt zahlt der Arbeitgeber Zuschläge für Sonntags-, Feiertags- und Nachtarbeit in der nach § 3b EStG zulässigen Höhe.

Die tatsächliche Arbeitszeit des Angestellten beträgt im Abrechnungsmonat 200 Stunden. Nach seinen Aufzeichnungen entfallen hiervon 10 Stunden auf Sonntagsarbeit.

Berechnung:

Gehalt		4.000,— €
Stundenlohn 4.000,- € : 200 =	20,— €	
Sonntagszuschlag 50%	10,— €	
x 10 Stunden = steuerfreier Zuschlag		<u>100,— €</u>
Gesamtbrutto		<u>4.100,— €</u>

Falls für den leitenden Angestellten die Arbeitszeit fest vereinbart wurde (z. B. 40 Stunden wöchentlich), ist diese Arbeitszeit für die Ermittlung des Stundengrundlohns maßgebend:

40 Stunden wöchentlich x 4,35 = 174 Stunden monatlich;
<u>Monatsgehalt 4.000,- € : 174 = Stundengrundlohn</u>   <u>22,99 €</u>

Sind pauschale Abschlagszahlungen auf die SFN-Zuschläge steuerfrei?

Der Arbeitgeber kann aus Vereinfachungsgründen die steuerfreien Zuschläge zunächst in Form einer gleichbleibenden Monatspauschale bezahlen. Diese Pauschale ist steuerfrei, wenn

1. der steuerfreie Betrag höchstens nach den in § 3b EStG genannten Sätzen berechnet wird,
2. der steuerfreie Betrag nach dem durchschnittlichen Grundlohn und der durchschnittlich anfallenden Sonntags-, Feiertags- oder Nachtarbeit bemessen wird,
3. die Verrechnung mit den einzeln für jeden Lohnzahlungszeitraum ermittelten Zuschlägen jeweils vor der Erstellung der Lohnsteuerbescheinigung erfolgt (spätestens zum Ende des Kalenderjahres oder beim Ausscheiden des Arbeitnehmers).

BEISPIEL 6 *Heimarbeit*

— Ergibt die Einzelfeststellung, dass der dem Arbeitnehmer aufgrund der tatsächlich geleisteten Sonntags-, Feiertags- oder Nachtarbeit zustehende Zuschlag höher ist als die Pauschalzahlungen, so kann der Differenzbetrag nur steuerfrei bleiben, wenn er auch tatsächlich nachgezahlt wird. Eine Kürzung des steuerpflichtigen Arbeitslohns um den Differenzbetrag ist nicht zulässig.

— Ergibt die Einzelfeststellung, dass die Pauschalen zu hoch waren, ist der Differenzbetrag nachträglich dem Lohnsteuerabzug zu unterwerfen.

Was gilt bei zeitversetzter Auszahlung der SFN-Zuschläge?

Werden im Rahmen einer Vereinbarung über die Flexibilisierung der Arbeitszeit tatsächlich erdiente steuerfreie SFN-Zuschläge nicht ausbezahlt, sondern zunächst nur gutgeschrieben und dann in der Freistellungsphase verwendet, bleibt die Steuerfreiheit erhalten. Voraussetzung ist jedoch, dass bereits vor der Leistung der begünstigten Arbeit vereinbart wird, den steuerfreien Zuschlag als Wertguthaben auf einem Arbeitszeitkonto gutzuschreiben. Außerdem müssen die gutgeschriebenen steuerfreien Zuschläge im Arbeitszeitkonto getrennt ausgewiesen werden.

Rechtsquelle: R 3b Abs. 8 LStR

Was gilt in der Sozialversicherung?

Soweit die Zuschläge nach den vorgenannten Grundsätzen steuerfrei sind, besteht grundsätzlich auch keine Beitragspflicht in der Sozialversicherung. Nach § 1 Abs. 1 Satz 1 Nr. 1 SvEV ist der Zuschlag dann nicht mehr beitragsfrei, soweit das Arbeitsentgelt, auf dem sie berechnet werden, mehr als 25,- € für jede Stunde beträgt. Dem Arbeitsentgelt hinzuzurechnen und damit beitragspflichtig ist nur der Teil der SNF-Zuschläge, der auf einen den Grundlohn von 25,- € übersteigenden Betrag beruht, also nicht der vollständige SFN-Zuschlag (vgl. Schreiben der Spitzenverbände vom 22.6.2006).

Heimarbeit

Heimarbeiter stehen unter einem besonderen gesetzlichen Schutz. Regelungen hierzu finden sich im Heimarbeitsgesetz, Entgeltfortzahlungsgesetz, Bundesurlaubsgesetz, Mutterschutzgesetz und Schwerbehindertengesetz.

Beispiel zur Abrechnung von Heimarbeiterlohn

Daten aus dem Lohnkonto:
Steuerklasse V; gRV; gKV (kassenindividueller Zusatzbeitragssatz angenommen 1,1 %);
kinderlos;
Religionszugehörigkeit ev;
Beanspruchung von 24 Werktagen Urlaub

Lohnabrechnung Mai:

1.	Stücklohn	500,00
2.	Urlaubsentgelt	910,00
3.	Lohnzahlung für Feiertage	36,00
4.	Zuschlag zur Sicherung im Krankheitsfall	17,00
5.	Unkostenzuschlag	50,00
		1.513,00

BEISPIEL 6 — *Heimarbeit*

Abzüge:

6. Steuerpflichtiger Arbeitslohn	*1.463,00*			
LSt		211,58		
SolZ		11,63		
KiSt 8% (angenommen)		*16,92*	240,13	
7. Beitragspflichtiges Entgelt	*1.446,00*			
KV	7,3%	105,56		
Zusatzbeitrag (ang. 1,1%)	0,55%	7,95		
PV	1,525%	22,05		
Beitragszuschlag (kinderlos)	0,25%	3,62		
RV	9,3%	134,48		
ALV	1,2%	*17,35*	*291,01*	*531,14*
Auszahlungsbetrag				**981,86**
Arbeitgeberanteil	KV (7,3% + 0,55%)	113,51		
	PV (1,525%)	22,05		
	RV (9,3%)	134,48		
	ALV (1,2%)	*17,35*		
		287,39		

Zu 1

Die Entgelte für Heimarbeit sind in der Regel als Stückentgelte und zwar möglichst auf der Grundlage von Stückzeiten festzulegen.

Zu 2

Ständig beschäftigte Heimarbeiter haben nach dem Bundesurlaubsgesetz (BUrlG) einen jährlichen Mindesturlaub von 24 Werktagen zu beanspruchen. Das Urlaubsentgelt beträgt 9,1 % des in der Zeit vom 1. Mai bis 30. April des folgenden Jahres verdienten Arbeitsentgelts. Der Unkostenzuschlag, der Zuschlag zur Sicherung im Krankheitsfall sowie die Zahlung für den Lohnausfall am Feiertag gehören nicht zur Berechnungsgrundlage.

Verdienst 1.5.–30.4.	10.000,— €
Urlaubsentgelt 9,1 % =	*910,— €*

Das Urlaubsentgelt soll erst bei der letzten Entgeltzahlung vor Antritt des Urlaubs gezahlt werden (§ 12 Nr. 3 BUrlG).

Zu 3

Heimarbeiter haben nach § 11 EFZG Anspruch auf Bezahlung der gesetzlichen Feiertage. Das Feiertagsentgelt beträgt für jeden Feiertag, der nicht auf einen Sonntag fällt, 0,72 % des in 6 Monaten gezahlten reinen Arbeitsentgelts ohne Unkostenzuschlag. Maßgebend ist der Zeitraum 1.5.–31.10. oder 1.11.–30.4.

Arbeitsentgelt 1.11.–30.4.	5.000,— €
Feiertagsentgelt 0,72 % für den 1. Mai =	*36,— €*

BEISPIEL 6 *Heimarbeit*

Zu 4

Heimarbeiter haben nach § 10 EFZG Anspruch auf einen Zuschlag zur Sicherung im Krankheitsfall in Höhe von 3,4% des reinen Arbeitsentgelts (ohne Unkostenzuschlag, Urlaubsentgelt und Lohnzahlung für Feiertage).

Reines Arbeitsentgelt	500,— €
Zuschlag 3,4% =	17,— €

Der Zuschlag ist laufend mit jeder Lohnzahlung auszuzahlen und gesondert im Entgeltbeleg auszuweisen.

Soweit Heimarbeiter aufgrund tarifvertraglicher Regelungen einen Anspruch auf Entgeltfortzahlung im Krankheitsfall haben (§ 10 Abs. 4 EFZG), ist der Personengruppenschlüssel „124" (vgl. Anlage 2b) nicht anzuwenden.

Zu 5

Heimarbeitern kann zur Abgeltung von Aufwendungen (Benutzung des Arbeitsraums, von Werkzeugen usw.) ein Unkostenzuschlag gezahlt werden. Dieser Zuschlag ist steuer- und beitragsfrei, soweit er 10% des jeweils gezahlten Stücklohns (Grundlohn) nicht übersteigt.

Stücklohn	500,— €
Zuschlag 10%	50,— €

Zu 6

Zum steuerpflichtigen Arbeitslohn rechnen der Stücklohn, das Urlaubsentgelt, die Lohnzahlung für den Feiertag und der Zuschlag zur Sicherung im Krankheitsfall; nicht dazu gehört der Unkostenzuschlag.

Er beträgt somit 1.513,- € abzügl. 50,- € =	1.463,— €

Der Arbeitnehmer ist in der gesetzlichen Rentenversicherung und in der gesetzlichen Krankenversicherung versichert. Da er in allen Zweigen der Sozialversicherung versichert ist, kommt die Allgemeine Lohnsteuertabelle zur Anwendung. Der Arbeitnehmer ist daneben kinderlos und hat daher einen Zuschlag zur Pflegeversicherung zu leisten, was hier bei maschineller Lohnsteuerberechnung berücksichtigt ist und sich auch auf die Höhe des Steuerabzugs auswirkt. Bei manueller Lohnabrechnung wäre diese Besonderheit nicht in den Lohnsteuertabellen berücksichtigt, sodass sich dann ein geringfügig abweichender Steuerabzug ergäbe. Die Vorsorgepauschale wird auch in Steuerklasse V berücksichtigt.

Der Solidaritätszuschlag beträgt hier im sog. Überleitungsbereich weniger als 5,5% der LSt.

Zu 7

Neben dem Unkostenzuschlag bleibt auch der Zuschlag zur Sicherung im Krankheitsfall beitragsfrei. Das beitragspflichtige Entgelt beträgt somit:

Stücklohn	500,— €
Urlaubsentgelt	910,— €
Lohnzahlung für Feiertage	36,— €
	1.446,— €

BEISPIEL 6 Vermögensbildung und Vermögensbeteiligung

Die Heimarbeiterin ist in der gesetzlichen KV, PV, RV und ALV pflichtversichert. In der KV ist der allgemeine Beitragssatz von 14,6% (zuzügl. des kassenindividuellen Zusatzbeitragssatzes des Arbeitnehmers; hier angenommen 1,1%) maßgebend.

Vermögensbildung und Vermögensbeteiligung

Was sind vermögenswirksame Leistungen?

Es handelt sich um Geldleistungen, die der Arbeitgeber für den Arbeitnehmer in einer bestimmten, im 5. VermBG vorgeschriebenen Form anlegt. Es werden darunter sowohl Leistungen, die der Arbeitgeber zusätzlich erbringt, als auch die Anlage von Teilen des dem Arbeitnehmer ohnehin zustehenden Arbeitslohns verstanden.

Aus welchen Bezügen können vermögenswirksame Leistungen angelegt werden?

Die Anlage ist nicht nur aus den üblichen Lohnzahlungen zulässig; sie kommt z. B. auch in Betracht aus

— pauschal versteuertem Arbeitslohn von Aushilfskräften und Teilzeitbeschäftigten;
— pauschal versteuerten sonstigen Bezügen;
— steuerfreien Zuschüssen zum Mutterschaftsgeld.

Was hat sich durch das Mitarbeiterkapitalbeteiligungsgesetz geändert?

Mit dem Gesetz zur steuerlichen Förderung der Mitarbeiterkapitalbeteiligung vom 7.3.2009, BGBl. I S. 451, wurden im Fünften Vermögensbildungsgesetz ab dem Jahr 2009 der Fördersatz für in Beteiligungen angelegte vermögenswirksame Leistungen von 18% auf 20% und die Einkommensgrenzen von 17.900/35.800,- € auf 20.000/40.000,- € (Ledige bzw. zusammenveranlagte Ehegatten/Lebenspartner in eingetragener Lebenspartnerschaft) angehoben. Zudem ist die Ausdehnung der Fördermöglichkeit auch auf Beteiligungen über einen Mitarbeiterbeteiligungsfonds erfolgt. Bei Anlagen zum Wohnungsbau sind keine Änderungen vorgenommen worden, sodass bei diesen Anlagen der Sparzulagensatz und die Einkommensgrenzen unverändert bleiben.

Was zahlt der Staat?

Es wird zwischen zwei Förderarten unterschieden.

1. Förderart: Anlage zum **Wohnungsbau** (Bausparkassenbeiträge oder Entschuldung von Wohnungseigentum) und nicht sparzulagenbegünstigte Kapitalversicherungsverträge
Sparzulage   9%
Höchstbetrag jährlich 470,- €

2. Förderart: Anlage in betriebliche und außerbetriebliche Beteiligungen (Erwerb von Aktien, Anteilen an Aktienfonds; Beteiligungen am Unternehmen des Arbeitgebers durch stille Beteiligung oder Darlehen)
Sparzulage   20%
Höchstbetrag jährlich 400,- €

Die beiden Förderarten können nebeneinander in Anspruch genommen werden. Deshalb kann der Arbeitnehmer bis zu **870,-** € jährlich anlegen und hierfür eine Sparzulage von

123,– € erhalten. Die Sparzulage wird nicht vom Arbeitgeber ausgezahlt, sondern dem Arbeitnehmer auf Antrag vom Finanzamt gewährt.

Anspruch auf Sparzulage besteht, wenn das zu versteuernde Einkommen bei der 1. Förderart (= Wohnungsbau) 17.900,– € (Ledige) bzw. 35.800,– € (zusammenveranlagte Ehegatten / Lebenspartner in eingetragener Lebenspartnerschaft) nicht übersteigt. Bei der 2. Förderart (= Vermögensbeteiligung) beträgt die Einkommensgrenze 20.000,– € bzw. 40.000,– €. Die Einkommensgrenzen erhöhen sich bei Arbeitnehmern mit Kindern um die Freibeträge für Kinder.

Welche Angaben des Arbeitnehmers sind notwendig?

Damit die vermögenswirksame Anlage vom Arbeitgeber vorgenommen werden kann, sind anzugeben

— die Höhe des einmaligen Betrags (z. B. 470,– €) oder der laufenden Beträge (z. B. monatlich 39,– €), die angelegt werden sollen,
— der Zeitpunkt, von dem an die Anlage erfolgen soll,
— die Art der Anlage und das Institut, bei dem die Anlage erfolgen soll, einschließlich Konto- und Vertragsnummer.

Die Banken, Bausparkassen usw. stellen entsprechende Formulare zur Verfügung.

Kann der Arbeitnehmer vom Arbeitgeber eine Aufteilung der vL verlangen?

Die Anlagen zum Wohnungsbau und vL zu außerbetrieblichen Beteiligungen werden getrennt durch die Sparzulage gefördert. Deshalb kann der Arbeitgeber eine vom Arbeitnehmer gewünschte Aufteilung des gesamten Anlagebetrags nicht ablehnen. Allerdings kann der Arbeitnehmer nur einmal jährlich eine Änderung verlangen.

Was ist bei der Überweisung der vL zu beachten?

Der Arbeitgeber muss bei der Überweisung an das Anlageinstitut die vermögenswirksame Leistung als solche kenntlich machen und dabei die Konto- oder Vertragsnummer des Arbeitnehmers angeben. Bei der Dezember- und Januarüberweisung muss er außerdem das Kalenderjahr angeben, dem die vL zuzurechnen ist.

Was ist die elektronische Vermögensbildungsbescheinigung?

Für nach dem 31.12.2016 angelegte vermögenswirksame Leistungen hat das Institut, bei dem die vermögenswirksamen Leistungen angelegt werden, für den Arbeitnehmer keine Anlage VL als Papierbescheinigung auszustellen. Vielmehr hat das Kreditinstitut, die Kapitalverwaltungsgesellschaft, die Bausparkasse, das Unternehmen oder auch der Arbeitgeber oder ein anderer Gläubiger, mit dem der Arbeitnehmer den Anlagevertrag abgeschlossen hat, die im Kalenderjahr angelegten vermögenswirksamen Leistungen bis zum letzten Tag des Monats Februar des folgenden Kalenderjahres nach amtlich vorgeschriebenem Datensatz durch Datenfernübertragung über die amtlich bestimmte Schnittstelle zu übermitteln. In Härtefällen können kleinere Arbeitgeber, bei denen die vermögenswirksamen Leistungen im Unternehmen angelegt werden, bei ihrem zuständigen Betriebsstättenfinanzamt einen Antrag stellen, sich bis zu einem Zeitraum von drei Jahren von der Übermittlung der elektronischen Vermögensbildungsbescheinigung befreien zu lassen (vgl. BMF-Schreiben vom 17.4.2018, BStBl I S. 630). Die Einzelheiten zur Anwendung des Fünften Vermögensbildungsgesetzes sind im BMF-Schreiben vom 29.11.2017, BStBl I S. 1.626, zusammengefasst.

BEISPIEL 6   *Vermögensbildung und Vermögensbeteiligung*

Wie werden die vermögenswirksamen Leistungen lohnsteuerlich und beitragsrechtlich behandelt?

Beträge, die der Arbeitgeber gewährt, gehören wie der Barlohn zum steuer- und beitragspflichtigen Arbeitslohn.

Eine Besonderheit tritt auf, wenn in einem Lohnzahlungszeitraum kein laufendes Arbeitsentgelt gezahlt wird und der Arbeitgeber nur die vermögenswirksame Leistung weiter gewährt.

 Beispiel:
Der Arbeitnehmer bezieht während des ganzen Monats Krankengeld. Der Arbeitgeber gewährt auch in dieser Zeit die vermögenswirksame Leistung von z. B. 40,- €.

Die Arbeitgeberzuwendung bleibt in diesem Fall zwar beitragsfrei; sie muss aber als steuerpflichtiger Arbeitslohn erfasst werden (durch Zurechnung zum Bruttoarbeitslohn bei der Lohnsteuerbescheinigung).

Das **„Handbuch für Lohnsteuer und Sozialversicherung"** enthält in Tz 4.2 unter dem Stichwort „Vermögenswirksame Leistungen" weitere Erläuterungen zum begünstigten Personenkreis und den verschiedenen Anlagearten.

Wie wird die Überlassung von Vermögensbeteiligungen behandelt?

Überlässt der Arbeitgeber dem Arbeitnehmer Vermögensbeteiligungen unentgeltlich oder verbilligt, so bleibt der Vorteil nach § 19a EStG nach § 3 Nr. 39 EStG bis zu einem Freibetrag von **360,- €** im Kalenderjahr steuerfrei. Voraussetzung für die Steuerbefreiung nach § 3 Nr. 39 EStG ist, dass das Angebot zur Beteiligung am Unternehmen allen Arbeitnehmern offen stehen muss, die im Zeitpunkt der Bekanntgabe des Angebots ein Jahr oder länger ununterbrochen in einem gegenwärtigen Dienstverhältnis zum Unternehmen stehen. Mit dem Gesetz zur Umsetzung steuerlicher EU-Vorgaben sowie zur Änderung steuerlicher Vorschriften vom 6.4.2010, BGBl. I S. 386, ist zwar die Voraussetzung rückwirkend aus § 3 Nr. 39 EStG gestrichen worden, dass die Mitarbeiterkapitalbeteiligungen zum ohnehin geschuldeten Arbeitslohn gewährt werden müssen und nicht aus einer Gehaltsumwandlung finanziert werden dürfen. Dies gilt in Bezug auf die Steuerfreiheit, im Bereich der Sozialversicherung führt dies jedoch nicht zu einer Entlastung, denn nach § 1 Abs. 1 Satz 1 Nr. 1 SvEV bleiben nur lohnsteuerfreie Vergütungsanteile, die zusätzlich zu Löhnen und Gehältern gewährt werden, von der Beitragspflicht ausgenommen.

Das **„Handbuch für Lohnsteuer und Sozialversicherung"** enthält in Tz 4.2 unter dem Stichwort „Vermögensbeteiligungen" ausführliche Erläuterungen zum begünstigten Personenkreis, zum Umfang der Steuerbegünstigung, zu den Anlagearten, dem Wert der Vermögensbeteiligungen und zu den Aufzeichnungs- und Anzeigepflichten. Weitere Einzelheiten zur lohnsteuerlichen Behandlung von Vermögensbeteiligungen sind im BMF-Schreiben vom 8.12.2009, BStBl I S. 1.513, zusammengefasst, das im Bundessteuerblatt veröffentlicht wird.

BEISPIEL 6   Vermögensbildung und Vermögensbeteiligung

**Beispiel
zur Berücksichtigung von vermögenswirksamen Leistungen
und der Überlassung einer Vermögensbeteiligung**

Der Arbeitnehmer hat aufgrund des für ihn maßgebenden Tarifvertrags Anspruch auf eine vom Arbeitgeber zusätzlich zum Barlohn zu erbringende vermögenswirksame Leistung von monatlich 14,– €; er hat den Arbeitgeber beauftragt, an eine Bausparkasse monatlich 40,– € zu überweisen.

Im Abrechnungsmonat will der Arbeitgeber allen Arbeitnehmern zusätzlich zum geschuldeten Arbeitslohn eine vertraglich nicht zugesicherte Sonderzuwendung durch verbilligte Überlassung einer Vermögensbeteiligung gewähren. Hierzu überlässt er dem Arbeitnehmer Aktien eines inländischen Unternehmens mit einem Börsenkurs von 535,– € gegen ein Entgelt von 400,– €.

Daten aus dem Lohnkonto:
Steuerklasse III; gRV; gKV (kassenindividueller Zusatzbeitragssatz angenommen 1,1 %); kinderlos; Religionszugehörigkeit ev;

Lohnabrechnung Januar:
1. Monatslohn   3.300,00
2. Tarifliche vermögenswirksame Leistung   14,00
         3.314,00

Abzüge:
3. Steuerpflichtiger Arbeitslohn   3.314,00
     LSt   222,83
     SolZ   12,16
     KiSt 8 % (angenommen)   17,82   252,81
4. Beitragspflichtiges Entgelt   3.314,00
     KV   7,3 %   241,92
     Zusatzbeitrag (ang. 1,1 %)   0,55 %   18,23
     PV   1,525 %   50,54
     Beitragszuschlag (kinderlos)   0,25 %   8,29
     RV   9,3 %   308,20
     ALV   1,2 %   39,77   666,95
5. Anlage der vermögens-
     wirksamen Leistung   40,00
6. Entgelt für die Aktienüber-
     lassung   400,00   1.359,76
Auszahlung   1.954,24
Arbeitgeberanteil   KV (7,3 % + 0,55 %)   260,15
                                 PV (1,525 %)   50,54
                                 RV (9,3 %)   308,20
                                 ALV (1,2 %)   39,77
                                                            658,66

Zu 2

Die vom Arbeitgeber gewährte vermögenswirksame Leistung gehört unabhängig davon, ob sie tarifvertraglich zusteht oder freiwillig gezahlt wird, zum steuer- und beitragspflichtigen Arbeitslohn.

BEISPIEL 6　　　　　　　　　　　　　Vermögensbildung und Vermögensbeteiligung

Zu 3

Der Arbeitnehmer ist in der gesetzlichen Rentenversicherung und in der gesetzlichen Krankenversicherung versichert. Da er in allen Zweigen der Sozialversicherung versichert ist, kommt die Allgemeine Lohnsteuertabelle zur Anwendung. Der Arbeitnehmer ist daneben kinderlos und hat daher einen Zuschlag zur Pflegeversicherung zu leisten, was hier bei maschineller Lohnsteuerberechnung berücksichtigt ist und sich auch auf die Höhe des Steuerabzugs auswirkt. Bei manueller Lohnabrechnung wäre diese Besonderheit nicht in den Lohnsteuertabellen berücksichtigt, sodass sich dann ein geringfügig abweichender Steuerabzug ergäbe.

Die Aktienüberlassung ist nach § 3 Nr. 39 EStG bis zu 360,– € im Jahr steuerbegünstigt, da alle Arbeitnehmer die Vermögensbeteiligung als Sachzuwendung erhalten. Auch wenn es für die Frage der Steuerfreiheit unbeachtlich ist, ob die Vermögensbeteiligung zusätzlich zum ohnehin geschuldeten Arbeitslohn erbracht wird, hat der Arbeitgeber die Vermögensbeteiligung im Hinblick auf die sozialversicherungsrechtliche Bedeutung zusätzlich zum geschuldeten Arbeitslohn gewährt.

Der Wert der Aktien beträgt	535,– €
der Arbeitnehmer hat zu entrichten	400,– €
Vorteil aus der Aktienüberlassung	135,– €

Dieser Vorteil ist in voller Höhe steuerfrei und gehört im Beispielsfall nicht zum Arbeitsentgelt in der SozV.

Zu 5

Um die vL von 14,– € vom Arbeitgeber zusätzlich zum Barlohn zu erhalten, muss der Arbeitnehmer einen Antrag auf vermögenswirksame Anlage gestellt haben. Obwohl der Arbeitgeber nur 14,– € leistet, kann der Arbeitnehmer beantragen, für Bausparleistungen den monatlichen Höchstbetrag von 39,– € (im Jahr 470,– €) vermögenswirksam anzulegen. Dementsprechend hat der Arbeitgeber 39,– € an das angegebene Unternehmen zu überweisen und dem Arbeitnehmer vom Lohn abzuziehen.

 Rat für die Praxis:

Auch das Entgelt für die Aktienüberlassung von 400,– € kann der Arbeitnehmer vom Arbeitgeber vermögenswirksam anlegen lassen. Diese Anlage wird neben den Bausparleistungen mit der erhöhten Sparzulage von nunmehr 20% gefördert. Zusammen mit der monatlichen Überweisung an die Bausparkasse (jährlich wenigstens 470,– €) schöpft der Arbeitnehmer somit die Förderung nach dem VermBG voll aus.

BEISPIEL 7

Sachbezüge und Aufwendungsersatz

Die lohnsteuerliche Behandlung dieser Zuwendungen muss in jedem Einzelfall untersucht werden. Die steuerliche Entscheidung hat jeweils Auswirkung auch auf die Sozialversicherung. Soweit die Bezüge steuerpflichtig sind, sind sie auch beitragspflichtig in der SozV. Bestimmte pauschal versteuerte Bezüge gehören dagegen nicht zum beitragspflichtigen Arbeitsentgelt (vgl. hierzu auch die Zusammenstellung in Anlage 3).

Wegen der Vielzahl der in der Praxis vorkommenden Sachverhalte sind die nachstehenden Erläuterungen nach Schwerpunkten alphabetisch wie folgt gegliedert:

Aufmerksamkeiten 106
Auslagenersatz 106
Berufskleidung 107
Betreuungsleistungen 108
Betriebliche Gesundheitsförderung 109
Betriebsveranstaltungen 111
Bewirtung von Arbeitnehmern 116
Fahrten zwischen Wohnung und erster Tätigkeitsstätte 121
Fort- und Weiterbildungskosten 130
Freie Verpflegung und Unterkunft 132
Freiwillige Unfallversicherung 136
Geringwertige Sachbezüge 140
Heirats- und Geburtsbeihilfen 143
Kindergartenzuschüsse 143
Kraftfahrzeugüberlassung 144
Mahlzeiten 163
Personalrabatte 169
Telearbeitsplatz 173
Telefon-, Internet- und Computernutzung 174
Verpflegungsmehraufwand 177
VIP-Logen 177
Werkzeuggeld 177
Wohnungsüberlassung 177
Zinsersparnisse und Zinszuschüsse 179

Aufmerksamkeiten

gehören nicht zum steuerpflichtigen Arbeitslohn und nicht zum beitragspflichtigen Arbeitsentgelt.

Welche Arbeitgeberleistungen erkennt das Finanzamt als Aufmerksamkeiten an?

— Sachgeschenke von geringem, 60,- € nicht übersteigenden Wert, die dem Arbeitnehmer anlässlich besonderer persönlicher Ereignisse zugewendet werden, z. B. Blumen, Genussmittel, ein Buch oder eine CD zum Geburtstag;
— Getränke und Genussmittel, die der Arbeitgeber zum Verzehr im Betrieb unentgeltlich oder verbilligt überlässt;
— Zur Abgabe von Speisen bei einem außergewöhnlichen Arbeitseinsatz vgl. Bewirtung von Arbeitnehmern S. 116.

Geldzuwendungen des Arbeitgebers gehören dagegen stets zum Arbeitslohn, auch wenn es sich nur um geringe Beträge handelt.

Auslagenersatz

oder durchlaufende Gelder sind nach § 3 Nr. 50 EStG steuerfrei; sie gehören insoweit auch nicht zum beitragspflichtigen Arbeitsentgelt.

Welche Zahlungen erkennt das Finanzamt als Auslagenersatz an?

Es handelt sich um Ausgaben des Arbeitnehmers für Rechnung des Arbeitgebers, über die einzeln abgerechnet wird. Ob der Arbeitnehmer die Ausgaben im eigenen Namen oder im Namen des Arbeitgebers tätigt, ist nicht von Bedeutung;

Beispiele: **dienstliche** Telefongespräche, die der Arbeitnehmer von seinem privaten Anschluss führt; zur Schätzung des beruflichen Anteils bei fehlenden Aufzeichnungen und zur Berücksichtigung in der Lohnabrechnung vgl. S. 174;

Bewirtungskosten, die dem Arbeitnehmer durch die Bewirtung von Geschäftsfreunden des Arbeitgebers entstanden sind;

Geschenke für Geschäftsfreunde des Arbeitgebers, die der Arbeitnehmer besorgt;

Zuschüsse zum Ladestrom für das Aufladen eines vom Arbeitgeber überlassenen Kraftfahrzeugs zu Hause oder bei einem fremden Dritten (vgl. S. 162). Zur Vereinfachung des Auslagenersatzes sind nach dem BMF-Schreiben vom 26.10.2017, BStBl I S. 1.439, derzeit noch für den Zeitraum vom 1.1.2017–31.12.2020 für das elektronische Aufladen eines Dienstwagens (nur Pkw, nicht E-Bike) folgende monatliche Pauschalen typisierend festgelegt worden:

— Bei **zusätzlicher** Lademöglichkeit beim Arbeitgeber:
   20,- € für Elektrofahrzeuge
   10,- € für Hybridelektrofahrzeuge

— **Ohne** zusätzliche Lademöglichkeit beim Arbeitgeber:
   50,- € für Elektrofahrzeuge
   25,- € für Hybridelektrofahrzeuge

BEISPIEL 7 *Berufskleidung*

Die Erstattung von **Kontoführungsgebühren** stellt keinen Auslagenersatz dar, sondern rechnet zum steuerpflichtigen Arbeitslohn.

 Rat für die Praxis

> *Pauschaler Auslagenersatz gehört grundsätzlich zum steuer- und beitragspflichtigen Arbeitslohn. Er kann aber steuer- und beitragsfrei erfolgen, wenn regelmäßig wiederkehrende Auslagen ersetzt werden und der Arbeitnehmer außerdem für einen repräsentativen Zeitraum von drei Monaten die entstandenen Aufwendungen im Einzelnen nachgewiesen hat. R 3.50 Abs. 2 LStR*

Berufskleidung

Die Aufwendungen des Arbeitgebers für die Berufskleidung des Arbeitnehmers sind unter folgenden Voraussetzungen nach § 3 Nr. 31 EStG steuerfrei:

1. Es muss sich um **typische** Berufskleidung handeln. Hierzu gehören die spezielle Schutzkleidung und Kleidungsstücke, die objektiv eine berufliche Funktion erfüllen, wie dies bei uniformartiger Beschaffenheit oder auch bei dauerhaft angebrachtem Firmenemblem der Fall ist. Normale Schuhe und Unterwäsche sind z. B. keine Berufskleidung.

2. Der Arbeitgeber muss dem Arbeitnehmer die Berufskleidung stellen oder übereignen; d. h. beim Kauf der Berufskleidung muss der Arbeitnehmer die Rechnung auf den Arbeitgeber ausstellen lassen, wenn dieser sie ersetzt. Der Bezug von Berufskleidung aus einem üblichen betrieblichen Kleiderkassen- oder Kleiderkammersystem ist steuerfrei.

3. Barleistungen des Arbeitgebers sind nur steuerfrei, wenn der Arbeitnehmer nach einem Gesetz, einem Tarifvertrag oder einer Betriebsvereinbarung einen Anspruch auf Gestellung von Arbeitskleidung hat und der Arbeitgeber diesen Anspruch durch eine Barvergütung ablöst; pauschale Barablösungen, die die Aufwendungen des Arbeitnehmers offensichtlich nicht übersteigen, sind ebenfalls steuerfrei.

    Die Barablösung ist dagegen steuerpflichtig, wenn der Anspruch auf Gestellung von Berufskleidung lediglich in einem Einzelarbeitsvertrag festgelegt ist.

Auch wenn der Arbeitgeber seinen Arbeitnehmern bürgerliche Kleidung zur Verfügung stellt, die nicht als Berufskleidung die Steuerfreiheit des § 3 Nr. 31 EStG erfüllt, muss dies nicht immer zwangsläufig zu Arbeitslohn führen. Ergibt sich aus der Gesamtwürdigung des jeweiligen Einzelfalles ein vorrangig eigenbetriebliches Interesse des Arbeitgebers, weil er beispielsweise seinen im Lebensmittelhandel im Verkauf tätigen Arbeitnehmern aus hygienischen Gründen und zur Verbesserung des Erscheinungsbildes des Unternehmens eine einheitliche bürgerliche Kleidung zur Verfügung stellt, ist das Vorliegen von Arbeitslohn zu verneinen, wenn das Arbeitnehmerinteresse demgegenüber von untergeordneter Bedeutung ist (vgl. BFH vom 22.6.2006, BStBl II S. 915). Die kostenlose oder verbilligte Überlassung von qualitativ und preislich hochwertiger Kleidungsstücke, bei der es sich nicht um typische Berufskleidung handelt, führt hingegen auch dann zu steuer- und beitragspflichtigen Arbeitslohn, wenn das Tragen der vom Arbeitgeber hergestellten Kleidungsstücke neben Repräsentationszwecken auch der Werbung des Arbeitgebers dient (vgl. BFH vom 11.4.2006, BStBl II S. 691). Aufwendungen für die Reinigung gehören nach R 3.31 Abs. 2 Satz 4 LStR regelmäßig nicht zu den Instandhaltungs- und Instandsetzungskosten der typischen Berufskleidung.

Betreuungsleistungen

Zur Förderung der besseren Vereinbarkeit von Familie und Beruf wurde mit dem Gesetz zur Anpassung der Abgabenordnung an den Zollkodex der Union und zur Änderung weiterer steuerlicher Vorschriften vom 22.12.2014, BGBl. I S. 2.417, mit Wirkung ab 2015 eine neue Steuerbefreiung eingeführt.

Beratungs- und Vermittlungsleistungen

Nach § 3 Nr. 34a Buchstabe a EStG bleiben auch individuelle Leistungen des Arbeitgebers an ein Dienstleistungsunternehmen, das den einzelnen Arbeitnehmer hinsichtlich der Betreuung von Kindern und pflegebedürftigen Angehörigen berät oder hierfür Betreuungspersonen vermittelt, **in voller Höhe steuerfrei**. Begünstigt sind nicht die Betreuungskosten im eigentlichen Sinne, sondern die Übernahme der Beratungs- und Vermittlungskosten durch den Arbeitgeber. Demgegenüber gehören nach R 19.3 Abs. 2 Nr. 5 LStR pauschale Zahlungen des Arbeitgebers an ein Dienstleistungsunternehmen, das sich verpflichtet, alle Arbeitnehmer des Auftraggebers kostenlos in persönlichen und sozialen Angelegenheiten zu beraten und zu betreuen, beispielsweise durch die Übernahme der Vermittlung von Betreuungspersonen für Familienangehörige, bereits bislang nicht zum Arbeitslohn.

Notfallbetreuung

Betreuungskosten können hingegen in bestimmen Fällen bis zu einem **Höchstbetrag von 600,- €** im Kalenderjahr nach Maßgabe des § 3 Nr. 34a Buchstabe b EStG steuerfrei bleiben. Begünstigt sind die Leistungen des Arbeitgebers zur **kurzfristigen** Betreuung von

— **Kindern** des Arbeitnehmers (Kinder bis 14 Jahre oder schwerstbehinderte Kinder, wenn die Behinderung vor dem 25. Lebensjahr eingetreten ist und diese Kinder außerstande sind, sich selbst zu unterhalten) oder
— **pflegebedürftigen Angehörigen** des Arbeitnehmers,

wenn die Betreuung aus **zwingenden und beruflich** veranlassten Gründen notwendig ist. Die Aufwendungen müssen somit für eine zusätzliche, außergewöhnliche – also außerhalb der regelmäßig üblicherweise erforderlichen – Betreuung, die z. B. durch dienstlich veranlasste Fortbildungsmaßnahmen des Arbeitnehmers, eines zwingenden beruflichen Einsatzes zu außergewöhnlichen Dienstzeiten oder bei Krankheit eines Kindes bzw. pflegebedürftigen Angehörigen, notwendig werden. Die Betreuung kann auch im Haushalt des Arbeitnehmers stattfinden.

Sowohl hinsichtlich der Übernahme von Beratungs- und Vermittlungsleistungen, als auch in den Fällen der Übernahme von Betreuungskosten in Notfällen ist zudem Voraussetzung, dass die Leistungen vom Arbeitgeber zusätzlich zum ohnehin geschuldeten Arbeitslohn erbracht werden.

Betriebliche Gesundheitsförderung

Gesundheitsleistungen des Arbeitgebers, die im ganz überwiegenden eigenbetrieblichen Interesse des Arbeitgebers erfolgen, stellen keinen Arbeitslohn dar. Solche nicht zu Arbeitslohn führende Maßnahmen sind beispielsweise Leistungen zur Verbesserung der Arbeitsbedingungen (z. B. die Bereitstellung von Aufenthalts- und Erholungsräumen oder Sportmöglichkeiten für die Gesamtheit der Belegschaft) oder Maßnahmen des Arbeitgebers zur Vorbeugung spezifischer berufsbedingter Beeinträchtigungen der Gesundheit. Leistungen des Arbeitgebers zur Verbesserung des allgemeinen Gesundheitszustandes der Arbeitnehmer und zur betrieblichen Gesundheitsförderung führen dann zu Arbeitslohn, wenn sich die Vorteile bei objektiver Würdigung aller Umstände als Entlohnung und nicht lediglich als notwendige Begleiterscheinung betriebsfunktionaler Zielsetzungen erweisen (vgl. BFH-Urteil vom 21.11.2018, BStBl 2019 II S. 404; sog. Sensibilisierungs- oder Aktivwoche für Mitarbeiter). Zu Arbeitslohn führende Gesundheitsleistungen bleiben bei Vorliegen der nachfolgenden Voraussetzungen des § 3 Nr. 34 EStG jedoch steuerfrei.

Leistungen des Arbeitgebers zur Verhinderung und Verminderung von Krankheitsrisiken und zur Förderung der Gesundheit in Betrieben, die hinsichtlich Qualität, Zweckbindung, Zielgerichtetheit und Zertifizierung den Anforderungen der §§ 20 und 20b des SGB V genügen, sind nach § 3 Nr. 34 EStG bis zu einem Höchstbetrag von insgesamt **600,– €** (vormals: 500 €) **im Kalenderjahr je Arbeitnehmer steuerfrei**. Weitere Voraussetzung für die Steuerfreiheit ist, dass diese Leistungen vom Arbeitgeber **zusätzlich zum ohnehin geschuldeten Arbeitslohn** erbracht werden. Dementsprechend fallen 2020 unter die Steuerbefreiung des § 3 Nr. 34 EStG.

— gesundheitsförderliche Maßnahmen in Betrieben (= **betriebliche Gesundheitsförderung**), die den vom Spitzenverband der Krankenkassen nach § 20 Abs. 2 Satz 1 SGB V festgelegten **Kriterien** (sog. allgemeine Maßnahmen) entsprechen (siehe GKV-Leitfaden Prävention in der jeweils geltenden Fassung) sowie

— Maßnahmen zur **verhaltensbezogenen Prävention**, die nach § 20 Abs. 2 Satz 2 SGB V zertifiziert sind (vgl. § 20b Abs. 1 Satz 3 SGB V). Bei dieser verhaltensbezogenen Prävention (= individuelle Maßnahme) ist die **Zertifizierung** der Maßnahme Voraussetzung für die Steuerbefreiung. Bei bereits vor dem 1.1.2019 begonnenen individuellen Maßnahmen war eine Zertifizierung bis 31.12.2019 nicht erforderlich. Diese Übergangsregelung ist nunmehr ausgelaufen

Zur **betrieblichen Gesundheitsförderung** zählen beispielsweise:

— Maßnahmen zur Vorbeugung und Reduzierung arbeitsbedingter Belastungen des Bewegungsapparats
— die Förderung individueller Kompetenzen der Stressbewältigung am Arbeitsplatz
— gesundheitsgerechte Mitarbeiterführung
— Maßnahmen gegen den Suchtmittelkonsum (rauchfrei im Betrieb, Nüchternheit am Arbeitsplatz)

BEISPIEL 7 *Betriebliche Gesundheitsförderung*

Zur **Verbesserung des allgemeinen Gesundheitszustandes** zählen beispielsweise:
— Maßnahmen zur Reduzierung von Bewegungsmangel durch spezielle verhaltens- und gesundheitsorientierte Bewegungsprogramme
— Maßnahmen zur Vermeidung von Mangel- und Fehlernährung
— Maßnahmen zur Stressbewältigung und Entspannung
— Maßnahmen zur Förderung des Nichtrauchens oder Reduzierung des Alkoholkonsums

Unter die Steuerbefreiung fallen auch **Barleistungen** (Zuschüsse) des Arbeitgebers **an seine Arbeitnehmer**, die diese für extern durchgeführte zertifizierte Maßnahmen aufwenden. Dementsprechend kommt der Steuerfreibetrag auch in Betracht, wenn durch den Arbeitgeber ein Zuschuss für zertifizierte Maßnahmen gewährt wird, die Fitnessstudios oder Sportvereine anbieten.

Nicht unter die Steuerbefreiung des § 3 Nr. 34 EStG fallen hingegen beispielsweise die Übernahme bzw. Bezuschussung von Mitgliedsbeiträgen an Sportvereine, Fitnessstudios und ähnlichen Einrichtungen, Maßnahmen ausschließlich zum Erlernen einer Sportart, Trainingsprogramme mit einseitigen körperlichen Belastungen, Maßnahmen von Anbietern, die ein wirtschaftliches Interesse am Verkauf von Begleitprodukten (z.B. Diäten, Nahrungsergänzungsmittel) haben, oder Zuschüsse zur Kantinenverpflegung.

Betriebsveranstaltungen

Was hat sich ab 2015 geändert?

Mit dem Gesetz zur Anpassung der Abgabenordnung an den Zollkodex der Union und zur Änderung weiterer steuerlicher Vorschriften vom 22.12.2014, BGBl. I S. 2.417, wurde mit Wirkung ab 2015 die steuerliche Behandlung von Zuwendungen anlässlich von Betriebsveranstaltungen in § 19 Abs. 1 Satz 1 Nr. 1a EStG gesetzlich geregelt. Die vormalige 110,- €-Freigrenze wurde dabei in einen Freibetrag von 110,- € je Betriebsveranstaltung und teilnehmenden Arbeitnehmer umgewandelt. Die Finanzverwaltung hat die Verwaltungsauffassung zur lohn- und umsatzsteuerlichen Behandlung von Betriebsveranstaltungen in Folge der gesetzlichen Neuregelung im BMF-Schreiben vom 14.10.2015, BStBl I S. 832, zusammengefasst. R 19.5 LStR 2015 ist nicht mehr anzuwenden und aufgehoben worden. Die 44,- €-Monatsfreigrenze (vgl. S. 140) gilt nicht bei Betriebsveranstaltungen.

Was gilt als Betriebsveranstaltung?

Betriebsveranstaltungen sind gemäß § 19 Abs. 1 Satz 1 Nr. 1a Satz 1 EStG Veranstaltungen auf betrieblicher Ebene mit gesellschaftlichem Charakter.

Zum Beispiel
— Betriebsausflug,
— Weihnachtsfeier,
— Feier des Geschäftsjubiläums,
— Feier für die Arbeitnehmer des Betriebs mit einem runden (10-, 20-, 25-, 30-, 40-, 50-, 60-jährigen) Jubiläum,
— Pensionärtreffen.

Voraussetzung ist, dass die Veranstaltung allen Angehörigen des Betriebs oder eines Betriebsteils offen steht; die Teilnahme also nicht eine Bevorzugung bestimmter Arbeitnehmer darstellt (vgl. BFH-Urteil vom 15.1.2009, BStBl II S. 476, sowie § 19 Abs. 1 Satz 1 Nr. 1a Satz 3 EStG; wenngleich in diesem Zusammenhang der Gesetzgeber nur den Freibetrag anspricht). Wird eine Veranstaltung nur für eine Abteilung eines Betriebs durchgeführt, liegt eine Betriebsveranstaltung nur vor, wenn auch den anderen Abteilungen noch Gelegenheit zur Durchführung einer Veranstaltung gegeben wird. Veranstaltungen zur Ehrung der Jubilare oder Pensionärtreffen sind auch dann Betriebsveranstaltungen, wenn nur dieser Personenkreis eingeladen wird.

Wie berechnet sich der Freibetrag für die einzelne Betriebsveranstaltung?

Wie bisher kommt es auf die Dauer der Betriebsveranstaltung nicht an. Somit können auch für einen **mehrtägigen Betriebsausflug** steuerfreie Zuwendungen erfolgen.

Zu den **Gesamtkosten** der einzelnen Betriebsveranstaltung gehören beispielsweise
— Beförderungskosten (Omnibus, Bahn, Seilbahnen, Schiffsverkehr),
— Übernachtungskosten,
— Gewährung von Speisen, Getränken, Tabakwaren und Süßigkeiten,
— Aufwendungen für die Unterhaltung (Saalmiete, Musik, Kegelbahn, künstlerische Darbietungen); der Auftritt prominenter Künstler darf jedoch nicht Zweck der Veranstaltung sein,

BEISPIEL 7 — *Betriebsveranstaltungen*

- Überlassung von Karten für Theater und Sportstätten, wenn der Besuch dort lediglich Teil der Betriebsveranstaltung ist,
- Ausgabe von Eintrittskarten für Schwimmbäder, Museen u.ä.,
- Geschenke, die Arbeitnehmer anlässlich und nicht nur bei Gelegenheit der Betriebsveranstaltung erhalten (anders als früher spielt der Wert der Geschenke bei der Einbeziehung in die Gesamtkosten keine Rolle mehr. Geschenke, die lediglich bei Gelegenheit einer Betriebsveranstaltung, also nicht anlässlich der Betriebsveranstaltung, überreicht werden, z. B. Geburtstags- oder Belohnungsgeschenke, gehören grundsätzlich nicht zu den Gesamtkosten und sind wie bisher steuerlich eigenständig und unabhängig von den Regelungen zur Betriebsveranstaltung zu beurteilen. Aus Vereinfachungsgründen wird es jedoch nicht beanstandet, Geschenke, deren Wert je Arbeitnehmer 60,- € nicht übersteigt, als Zuwendung anlässlich einer Betriebsveranstaltung in die Gesamtkosten miteinzubeziehen. Zuwendungen/Geschenke im Rahmen einer Tombola oder Verlosung, die Teil der Betriebsveranstaltung ist, gehören zu den Gesamtkosten, auch wenn nicht jeder Arbeitnehmer ein solches Geschenk gewinnt),
- zu den Gesamtkosten gehören auch die Kosten für Begleitpersonen und Angehörige des Arbeitnehmers,
- Barzuwendungen gehören nach den gleichen Grundsätzen nicht zum Arbeitslohn wie Sachzuwendungen, wenn sichergestellt ist, dass sie nur den Teilnehmern an der Betriebsveranstaltung zufließen.

Nicht zu den Gesamtkosten gehören wie bisher die steuerfreien Reisekosten der an einem anderen Ort als dem des Betriebs tätigen Arbeitnehmer (z. B. Außendienstmitarbeiter) zum Ort des gemeinsamen Betriebsausflugs oder rechnerische Selbst-/Gemeinkosten des Arbeitgebers, wie z. B. die Abschreibung aufs Unternehmensgebäude oder Lohnkosten von Mitarbeitern, die die Veranstaltung vorbereiten.

§ 19 Abs. 1 Satz 1 Nr. 1a EStG erfasst Zuwendungen des Arbeitgebers an seine aktiven Arbeitnehmer, seine ehemaligen Arbeitnehmer, Praktikanten, Referendare, ähnliche Personen sowie Begleitpersonen. Aus Vereinfachungsgründen können auch Leiharbeitnehmer bei Betriebsveranstaltungen des Entleihers sowie Arbeitnehmer anderer konzernangehöriger Unternehmen miteinbezogen werden, wenn hinsichtlich dieser Personengruppen die weiteren Voraussetzungen (Offenstehen der Betriebsveranstaltung für alle Angehörigen dieser Personengruppe in diesem Betrieb) erfüllt sind.

Wann sind die Zuwendungen in jedem Fall steuerpflichtig?

Wie bisher sind bis **zu zwei** Betriebsveranstaltungen im Kalenderjahr begünstigt. Steuerpflicht entsteht,
- **soweit** die anteiligen **Aufwendungen (einschließlich Umsatzsteuer) den Freibetrag von 110,- €** je Veranstaltung übersteigen. Zur Prüfung des Freibetrags von 110,- € ist nicht auf die für jeden Teilnehmer entfallenden Aufwendungen, sondern auf die für jeden Arbeitnehmer erbrachten Leistungen abzustellen. Das heißt, bei Teilnahme von Angehörigen (Ehegatten/Lebenspartner, Verlobten, Kindern) erhöht sich der Anteil des jeweiligen Arbeitnehmers entsprechend. Wird durch diese Zusammenrechnung beim Arbeitnehmer der Freibetrag überschritten, ist auch der auf den Arbeitnehmer selbst entfallende Teil steuerpflichtig.
- **bei mehr als 2 Veranstaltungen im Kalenderjahr.** Ab der 3. Veranstaltung besteht Steuerpflicht. Jubilarfeiern oder Pensionärtreffen zählen bei der Anzahl der zwei begünstigen Veranstaltungen im Kalenderjahr mit.

Beispiel:

Je Teilnehmer
a) Juli: zweitägiger Betriebsausflug 100,— €
b) September: Oktoberfestbesuch in München 25,— €
c) Dezember: Feier für alle Jubilare des Betriebs 100,— €
d) Dezember: Weihnachtsfeier für die gesamte Belegschaft 50,— €

Bei Arbeitnehmern, die an allen Betriebsveranstaltungen teilgenommen haben, sind die Zuwendungen bei zwei Veranstaltungen steuerfrei. Der Oktoberfestbesuch und die Weihnachtsfeier zählen dann als dritte und vierte Veranstaltung; die aus diesem Anlass gewährten Zuwendungen sind steuerpflichtig, auch wenn der Freibetrag von 110,- € nicht überschritten ist. Da für die Bewertung von Sachzuwendungen anlässlich von Betriebsveranstaltungen auch nicht die 44-Euro-Monatsfreigrenze gilt (vgl. S. 140), können die Zuwendungen für den Oktoberfestbesuch auch nicht im Rahmen dieser Monatsfreigrenze steuerfrei bleiben.

 Rat für die Praxis:

Nimmt ein Arbeitnehmer an mehr als zwei Betriebsveranstaltungen teil, kann der Arbeitgeber am Ende des Kalenderjahres selbst entscheiden, bei welchen zwei Veranstaltungen er die Zuwendungen steuerfrei belassen will. Im obigen Beispiel wird er deshalb bei diesem Arbeitnehmer die Aufwendungen für den Oktoberfestbesuch nachversteuern, die höheren Zuwendungen anlässlich der Jubilarfeier ebenfalls steuerfrei lassen und die Weihnachtsfeier versteuern. Leistet der Arbeitgeber einen Zuschuss zu einer Betriebsveranstaltung in eine Gemeinschaftskasse der Arbeitnehmer, stellt diese Barzuwendung keinen Arbeitslohn dar, wenn der Zuschuss den Freibetrag von 110,- € je Arbeitnehmer nicht überschreitet und es sich um eine begünstigte erste oder zweite Veranstaltung handelt.

Wie erfolgt die Besteuerung bei steuerpflichtigen Betriebsveranstaltungen und steuerpflichtigen Zuwendungen?
Der Arbeitgeber kann die Lohnsteuer nach § 40 Abs. 2 Satz 1 Nr. 2 EStG pauschal mit dem **Steuersatz von 25%** erheben. Das gilt für die Aufwendungen anlässlich einer dritten oder weiteren Veranstaltung im Jahr und für Zuwendungen anlässlich einer ersten oder zweiten Betriebsveranstaltung, soweit bei den Letztgenannten der Freibetrag von 110,- € überschritten wird.

Zuwendungen aus Anlass von Betriebsveranstaltungen an Arbeitnehmer von anderen Unternehmen im Konzernverbund sowie an Leiharbeitnehmer durch den Entleiher können wahlweise vom Zuwendenden oder vom Arbeitgeber pauschal versteuert werden. Wendet der Zuwendende die Freibetragsregelung an, hat sich der Zuwendende beim Arbeitgeber zu vergewissern, dass für den Arbeitnehmer die Begrenzung auf maximal zwei Betriebsveranstaltungen im Kalenderjahr erfüllt ist.

Für Zuwendungen, die auch **ohne** Betriebsveranstaltung gewährt worden wären, ist dagegen die Pauschalierung mit 25% nicht zulässig. Ebenso wenig für während einer Betriebsveranstaltung überreichte Geldgeschenke. In die Pauschalversteuerung mit 25% können nur solche Zuwendungen einbezogen werden, bei denen ein **sachlicher** Zusammenhang der Zuwendung mit der Betriebsveranstaltung besteht, die also den Rahmen und das Programm der Betriebsveranstaltung betreffen. Zuwendungen, die mit der Betriebsveranstaltung nicht in einem sachlichen Zusammenhang stehen, sondern nur bei Gelegenheit der Betriebsveranstaltung überreicht werden, können folglich nicht mit 25% pauschal versteuert werden (vgl. BFH vom 7.11.2006, BStBl 2007 II S. 128 bezüglich allen Arbeitnehmern bei einer Betriebsveranstaltung überreichten Goldmünzen). Der günstige Pauschsteuersatz könnte bei den Goldmünzen nur dann zur Anwendung kommen, wenn ihre Zuwendung im Rahmen einer Tombola oder Verlosung, die Teil der Betriebsveranstaltung ist, erfolgt und der Freibetrag von 110,– € für die Zuwendungen anlässlich der Betriebsveranstaltung überschritten ist.

 Beispiel zur Abrechnung von Betriebsveranstaltungen
Der Arbeitgeber übernimmt für den Betriebsausflug, an dem auch Angehörige teilnehmen, sämtliche Kosten.

Außerdem hat er die Arbeitnehmer mit Angehörigen bei einer Weihnachtsfeier bewirtet und dabei jedem Arbeitnehmer, der an der Betriebsveranstaltung teilgenommen hat, eine Goldmünze im Wert von 200,– € überreicht.

1. Betriebsausflug:
Angefallene Kosten (einschließlich Umsatzsteuer):
- Busfahrt   1.000,— €
- Übernachtung   2.500,— €
- Speisen und Getränke   2.000,— €
(Die Speisen müssen mit ihren tatsächlichen Kosten
angesetzt werden; die amtlichen Sachbezugswerte
nach der SvEV finden keine Anwendung.)
- Saalmiete   250,— €
- Tanzkapelle   750,— €
- Trinkgelder   150,— €
insgesamt   6.650,— €

Teilnehmer: 70 Personen; davon 50 Arbeitnehmer und von 20 Arbeitnehmern je ein Familienangehöriger;
auf jeden Teilnehmer entfallen somit (6.650,– € : 70) = 95,– €.

Der Freibetrag von 110,– € ist somit nicht überschritten. Das gilt aber nur für 30 Arbeitnehmer, denen kein Anteil für den Familienangehörigen zuzurechnen ist. Für 20 Arbeitnehmer beträgt die Zuwendung 2 x 95,– € = 190,– €. Dieser Betrag übersteigt den Freibetrag um 80,– € und gehört insoweit zum steuerpflichtigen Arbeitslohn: 20 x 80,– € = 1.600,– €.

Die Besteuerung kann pauschal erfolgen.

Pauschsteuersatz 25% von 1.600,– € =   400,— €
SolZ 5,5% von 400,– € =   22,— €
KiSt 7% (angenommen) von 400,– € =   28,— €

Zur Berechnung und Anmeldung der pauschalen Kirchensteuer vgl. Anlage 1a (S. 405) und zum gesonderten Ausweis der pauschalen Lohnsteuer in der Lohnsteuer-Anmeldung vgl. S. 397.

BEISPIEL 7 *Betriebsveranstaltungen*

2. Weihnachtsfeier:
Angefallene Kosten (einschließlich Umsatzsteuer):
- Bewirtung mit Speisen und Getränken 2.800,— €
- Saalmiete 500,— €
- Künstlerhonorar 1.200,— €
insgesamt 4.500,— €

Teilnehmer: 90 Personen; davon 60 Arbeitnehmer und von 30 Arbeitnehmern je ein Familienangehöriger;

auf jeden Teilnehmer entfallen somit (4.500,- € : 90) = 50,- €. Der Freibetrag von 110,- € ist bei dieser Veranstaltung auch hinsichtlich der Arbeitnehmer nicht überschritten, bei denen ein Familienangehöriger teilgenommen hat. Somit gehört der gesamte Aufwand für die Veranstaltung nicht zum steuerpflichtigen Arbeitslohn.

Steuerpflichtig ist der Wert der allen Arbeitnehmern **bei Gelegenheit** der Weihnachtsfeier überreichten Goldmünzen = 60 x 200,- € = 12.000,- €. Hierfür kann nach dem BFH-Urteil vom 7.11.2006, BStBl 2007 II S. 128, die Steuer auch nicht mit dem Pauschsteuersatz von 25 % erhoben werden, selbst wenn es sich bei den Goldmünzen nicht um ein Geldgeschenk (Zahlungsmittel), sondern um eine Sachzuwendung handelt. Die Übergabe von Goldmünzen an alle bei einer Weihnachtsfeier anwesenden Arbeitnehmer ist eine untypische Programmgestaltung, bei der ein sachlicher Zusammenhang zur Betriebsveranstaltung nicht angenommen werden kann. Die Versteuerung muss entweder nach den individuellen Lohnsteuerabzugsmerkmalen des einzelnen Arbeitnehmers erfolgen oder pauschal im Rahmen des § 40 Abs. 1 Satz 1 Nr. 1 EStG (vgl. S. 226) oder ggf. des § 37b EStG (vgl. S. 230).

Was gilt bei gemischter Veranlassung?

Häufig verbinden Unternehmen Betriebsveranstaltungen und dienstlich veranlasste Veranstaltungen. Sachzuwendungen anlässlich einer solchen Reise, die sowohl eine Betriebsveranstaltung als auch eine aus überwiegend betrieblichen Interessen durchgeführte Betriebsbesichtigung bei einem Hauptkunden des Arbeitgebers umfasst, sind grundsätzlich aufzuteilen, da für die Prüfung des 110-Euro-Freibetrags nur die Aufwendungen zu berücksichtigen sind, die durch die Betriebsveranstaltung veranlasst sind. Die der Betriebsveranstaltung anteilig zuzuordnenden Aufwendungen des Arbeitgebers führen nur dann nicht zu Arbeitslohn, wenn diese den Freibetrag von 110,- € nicht übersteigen (vgl. BFH vom 30.4.2009, BStBl II S. 726). Die dem Betriebsbesichtigungsteil zuzurechnenden anteiligen Kosten sind ebenfalls kein Arbeitslohn, wenn die Besichtigung nachweislich im ganz überwiegend betrieblichen Interesse des Arbeitgebers durchgeführt wird. Die Aufteilung der nicht direkt zuordenbaren Aufwendungen kann im Verhältnis der Zeitanteile vorgenommen werden (vgl. BFH vom 16.11.2005, BStBl 2006 II S. 444).

Wie werden Zuwendungen anlässlich von Betriebsveranstaltungen in der Sozialversicherung behandelt?

Soweit die Zuwendungen steuerfrei sind, sind sie ohnehin auch beitragsfrei. Gemäß § 1 Abs. 1 Satz 1 Nr. 3 und Satz 2 SvEV gehören jedoch auch die pauschal mit 25 % versteuerten Bezüge nicht zum beitragspflichtigen Arbeitsentgelt, soweit diese vom Arbeitgeber oder von einem Dritten mit der Entgeltabrechnung für den jeweiligen Lohnabrechnungszeitraum pauschal besteuert werden (siehe Anlage 3).

Bewirtung von Arbeitnehmern

Die Mahlzeitenabgabe an den Arbeitnehmer kommt in der betrieblichen Praxis in vielen Varianten vor. Zur steuerlichen und damit auch beitragsrechtlichen Behandlung sind die folgenden Sachverhalte zu unterscheiden:

1. **Freie Verpflegung**
   Die Gewährung freier Verpflegung wird oft zusammen mit der Gestellung der Unterkunft als Lohnbestandteil vereinbart (z. B. Beschäftigung in der Landwirtschaft, hauswirtschaftliche Beschäftigungsverhältnisse). Der Wert der Verpflegung gehört zum steuer- und beitragspflichtigen Arbeitslohn. Für die Wertermittlung ist die Sozialversicherungsentgeltverordnung maßgebend (vgl. S. 132).

2. **Mahlzeiten im Betrieb**
   Hierunter wird die arbeitstägliche Abgabe von Mahlzeiten an der ersten Tätigkeitsstätte verstanden. Betroffen ist die Essenmarkeneinlösung in der eigenen oder verpachteten Kantine bzw. in umliegenden Gaststätten. Unter bestimmten Voraussetzungen erfolgt auch hier die Bewertung nach der Sozialversicherungsentgeltverordnung (vgl. S. 163).

3. **Betriebsveranstaltungen**
   Die Gewährung von Speisen und Getränken anlässlich von Betriebsveranstaltungen ist in bestimmten Grenzen steuer- und beitragsfrei (vgl. S. 111).

4. **Ehrung eines Arbeitnehmers**
   Die Einladung anlässlich eines runden Dienstjubiläums (10-, 20-, 25-, 30-, 40-, 50- oder 60-jähriges) oder des Ausscheidens aus dem Betrieb ist zwar auch dann keine Betriebsveranstaltung, wenn noch Kollegen beteiligt sind, gleichwohl gehören bei solchen Anlässen übliche Sachzuwendungen nicht zum Arbeitslohn. Betragen die Aufwendungen (einschließlich USt) jedoch mehr als **110,– €*** je teilnehmende Person, sind die Aufwendungen gemäß R 19.3 Abs. 2 Nr. 3 LStR insgesamt dem Arbeitnehmer als Arbeitslohn zuzurechnen. Das gleiche gilt für Sachleistungen anlässlich der **Diensteinführung** oder eines Funktionswechsels.

5. **Vom Arbeitgeber ausgerichtete Geburtstagsfeier**
   Sachleistungen des Arbeitgebers anlässlich einer betrieblichen Veranstaltung im Zusammenhang mit einem runden Geburtstag des Arbeitnehmers gehören nicht zum Arbeitslohn. Entscheidend ist, dass die betrieblichen Belange und das Interesse des Arbeitgebers an der Veranstaltung im Vordergrund stehen. Hierfür spricht, wenn der Arbeitgeber als Einladender auftritt, er den Teilnehmerkreis festlegt und deshalb nicht nur Freunde und Angehörige des Arbeitnehmers eingeladen sind, sondern die Veranstaltung vor allem der Pflege von Geschäftsbeziehungen des Arbeitgebers dient. Gemäß R 19.3 Abs. 2 Nr. 4 LStR ist dabei allerdings die Aufwandsgrenze von 110,– €* je teilnehmender Person zu beachten. Wird diese Grenze überschritten, ist der auf den Geburtstag feiernden Arbeitnehmer und dessen Angehörige entfallende Aufwand als Arbeitslohn dieses Arbeitnehmers zu erfassen, auch wenn insgesamt eine betrieblichen Interessen dienende Veranstaltung vorliegt. In die Prüfung der 110,– €-Grenze sind auch Geschenke bis zu einem Gesamtwert von 60,– € einzubeziehen.

---

* Bei dem 110-Euro-Betrag nach R 19.3 Abs. 2 Nr. 3 LStR und R 19.3 Abs. 2 Nr. 4 LStR handelt es sich nach wie vor jeweils um eine Freigrenze und nicht um einen Freibetrag, wie dies seit 2015 bei den Betriebsveranstaltungen in § 19 Abs. 1 Satz 1 Nr. 1a EStG gesetzlich geregelt ist.

BEISPIEL 7 *Bewirtung von Arbeitnehmern*

6. **Belohnungsessen**
   Es handelt sich hierbei um Mahlzeiten, die der Arbeitgeber als Gegenleistung für die Arbeitsleistung seines Mitarbeiters bezahlt (z. B. wegen eines erfolgreichen Geschäftsabschlusses). Ein Belohnungsessen liegt vor, wenn der Preis der Mahlzeit (einschließlich Umsatzsteuer) **60,– €** übersteigt und deshalb die Mahlzeit nicht mit dem Sachbezugswert angesetzt werden kann (§ 8 Abs. 2 Satz 8 EStG). Evtl. Zuzahlungen des Arbeitnehmers sind bei der Prüfung der 60-€-Grenze nicht zu berücksichtigen. Der Wert der Mahlzeit gehört zum steuerpflichtigen Arbeitslohn. Anzusetzen ist dabei nicht der niedrige amtliche Sachbezugswert, sondern der tatsächliche Preis der Mahlzeit. Unter diese Sachbehandlung fallen häufig z. B. auch regelmäßige Geschäftsleitungssitzungen.

   Wird ein Belohnungsessen (Preis der Mahlzeit über 60,– €) anlässlich einer Auswärtstätigkeit gewährt, bei der ein Anspruch auf eine steuerfreie Verpflegungspauschale besteht, führt diese Mahlzeitengestellung insoweit **nicht** zu einer Kürzung der Verpflegungspauschale.

7. **Mahlzeiten anlässlich und während eines außergewöhnlichen Arbeitseinsatzes**
   Der Wert der Mahlzeiten gehört in solchen Fällen als Aufmerksamkeit nicht zum steuerpflichtigen Arbeitslohn. Dabei kommt es darauf an, dass der Arbeitgeber die Mahlzeiten im ganz überwiegenden betrieblichen Interesse an einer günstigen Gestaltung des Arbeitsablaufs abgibt. Ein außergewöhnlicher Arbeitseinsatz in diesem Sinne ist z. B. auch eine außergewöhnliche betriebliche Besprechung oder Sitzung. Die Obergrenze beträgt nach R 19.6 Abs. 2 Satz 2 LStR **60,– €** je nach Anlass und je Arbeitnehmer. Ist diese Grenze überschritten, wird der Gesamtbetrag als steuerpflichtiges Belohnungsessen behandelt.

   Ist der Arbeitnehmer auf einer Auswärtstätigkeit (z. B. im Zweigbetrieb des Arbeitgebers) und wird ihm dort **vom Arbeitgeber** die Mahlzeit anlässlich und während eines außergewöhnlichen Arbeitseinsatzes gewährt, gelten die vorgenannten Ausführungen entsprechend. Hat dieser Arbeitnehmer wegen der Auswärtstätigkeit Anspruch auf eine steuerfreie Verpflegungspauschale, führt die Bewirtung zu einer Kürzung der Verpflegungspauschale, da der Arbeitnehmer insoweit keinen Verpflegungsmehraufwand hat.

8. **Teilnahme des Arbeitnehmers an einer Bewirtung von Geschäftsfreunden des Arbeitgebers**
   Die auf den Arbeitnehmer entfallenden Kosten der Bewirtung gehören nicht zum Arbeitslohn. Das gilt auch dann, wenn die Bewirtung während einer Auswärtstätigkeit stattgefunden hat und der Arbeitnehmer die Bewirtung der Geschäftsfreunde im Auftrag des Arbeitgebers selbst durchgeführt und die Kosten verauslagt hat.

   Hat der Arbeitnehmer wegen seiner Auswärtstätigkeit Anspruch auf eine steuerfreie Verpflegungspauschale, ist diese auch dann zu kürzen, wenn die Mahlzeit **vom Arbeitgeber** im Rahmen einer geschäftlich veranlassten Bewirtung im Sinne des § 4 Abs. 5 Satz 1 Nr. 2 EStG gewährt wird, weil der Arbeitnehmer insoweit keinen Verpflegungsmehraufwand hat. Nimmt der Arbeitnehmer hingegen an der geschäftlich veranlassten Bewirtung durch einen Dritten teil, ist die steuerfreie Verpflegungspauschale hingegen nicht zu kürzen, weil es in aller Regel an einer durch den Arbeitgeber zur Verfügung gestellten Mahlzeit fehlt.

9. **Mahlzeitenabgabe durch den Arbeitgeber oder auf seine Veranlassung durch einen Dritten bei Auswärtstätigkeiten**

Gibt der Arbeitgeber anlässlich oder während einer Auswärtstätigkeit, einer auswärtigen Fortbildungsveranstaltung oder im Rahmen einer doppelten Haushaltsführung übliche Mahlzeiten an den Arbeitnehmer ab, war bislang der Wert der Mahlzeit als Arbeitslohn zu erfassen und die steuerfreien Verpflegungspauschalen wurden bislang nicht gekürzt. Mit der Reform des steuerlichen Reisekostenrechts wurde diese Systematik umgestellt, sodass nunmehr der Grundsatz gilt: Kein Ansatz der Mahlzeit und Kürzung der Verpflegungspauschalen, wenn Verpflegung unentgeltlich oder verbilligt abgegeben wird. Im Einzelnen gilt unter Beachtung des § 8 Abs. 2 Satz 8 und 9 EStG Folgendes:

a) übliche Mahlzeit

Der Besteuerungsverzicht gilt nur für eine „übliche" Mahlzeit, die vom Arbeitgeber oder auf dessen Veranlassung von einem Dritten während einer beruflichen Auswärtstätigkeit oder im Rahmen einer beruflich veranlassten doppelten Haushaltsführung zur Verfügung gestellt wird. Als „üblich" gilt eine Mahlzeit, deren Preis **60,- €** nicht übersteigt. Hierbei sind auch die zur Mahlzeit eingenommen Getränke einzubeziehen. Für Belohnungsessen (vgl. Nr. 6) gilt der Besteuerungsverzicht daher nicht.

b) Arbeitgeberveranlassung

Die Gestellung einer Mahlzeit ist vom Arbeitgeber veranlasst, wenn er Tag und Ort der Mahlzeitengestellung bestimmt. Das ist insbesondere dann der Fall, wenn

— er die Verpflegungskosten im Hinblick auf die beruflich veranlasste Auswärtstätigkeit des Arbeitnehmers dienst- oder arbeitsrechtlich erstattet und

— die Rechnung auf den Arbeitgeber ausgestellt ist oder es sich um eine Kleinbetragsrechnung i. S. d. § 14 UStG i. V. m. § 33 UStDV handelt, die im Original dem Arbeitgeber vorliegt oder vorgelegen hat und zu Zwecken der elektronischen Archivierung eingescannt wurde.

c) Anspruch auf eine steuerfreie Verpflegungspauschale

Der Besteuerungsverzicht einer üblichen, vom Arbeitgeber oder auf dessen Veranlassung von einem Dritten veranlasste Mahlzeitengewährung greift nur dann, wenn der Arbeitnehmer für die betreffende Auswärtstätigkeit/doppelte Haushaltsführung dem Grunde nach eine steuerfreie Verpflegungspauschale beanspruchen könnte. Im Ergebnis unterbleibt die Erfassung der üblichen Mahlzeit immer dann, wenn der Arbeitnehmer **innerhalb** der Dreimonatsfrist mehr als acht Stunden von seiner Wohnung und der ersten Tätigkeitsstätte abwesend ist oder eine mehrtägige Auswärtstätigkeit mit Übernachtung vorliegt.

d) Beispiele

Beispiel 1:
Der Arbeitnehmer nimmt im Inland auf Veranlassung seines Arbeitgebers an einem zweitägigen Seminar mit Übernachtung teil. Die auf den Arbeitgeber ausgestellte Gesamtrechnung beinhaltet ein Frühstück und an den beiden Seminartagen jeweils ein Mittagessen. Nach der Gesamtrechnung ist unzweifelhaft, dass der Preis der einzelnen Mahlzeit die „Üblichkeitsgrenze" von 60,- € offenkundig nicht übersteigt.

BEISPIEL 7 — *Bewirtung von Arbeitnehmern*

Der Arbeitnehmer erhält sowohl das Frühstück als auch die beiden Mittagessen auf Veranlassung seines Arbeitgebers. Für den An- und den Abreisetag steht dem Arbeitnehmer grundsätzlich eine Verpflegungspauschale von nunmehr jeweils 14,- € zu, sodass die üblichen Mahlzeiten nicht als Arbeitslohn zu versteuern sind. Sofern der Arbeitgeber zusätzlich noch eine steuerfreie Verpflegungspauschale zahlen will, muss diese wegen der vom Arbeitgeber veranlassten Mahlzeitengestellungen gekürzt werden. Die Kürzung beträgt für das Frühstück 20% und für das Mittag- oder Abendessen jeweils 40% des für das Inland geltenden maßgebenden Verpflegungshöchstbetrags von nunmehr 28,- €. Für den Anreisetag (mit Mittagessen) beträgt die steuerfreie Verpflegungspauschale damit 2,80 € (= 14,- € ./. 11,20 €) und für den Abreisetag (mit Frühstück und Mittagessen) 0,- € (14,- € ./. 5,60 € ./. 11,20 €).

Beispiel 2:

Ein Arbeitnehmer mit erster Tätigkeitsstätte im Betrieb wird für 4 Monate zu einer Zweigniederlassung im Inland entsandt. Während dieser Auswärtstätigkeit übernachtet der Arbeitnehmer im Hotel (Übernachtung mit Frühstück); die auf den Arbeitgeber ausgestellte Rechnung wird dem Arbeitnehmer im Rahmen der Reisekostenabrechnung erstattet.

Es liegt eine beruflich veranlasste Auswärtstätigkeit von 4 Monaten mit einer vom Arbeitgeber veranlassten Mahlzeitengestellung (Frühstück) vor.

Für die ersten **3 Monate** der Auswärtstätigkeit stehen dem Arbeitnehmer eine steuerfreie Verpflegungspauschale zu, sodass der Wert des Frühstücks nicht als Arbeitslohn zu erfassen ist. Allerdings muss die steuerfreie Verpflegungspauschale um 5,60 € (= 20% von nunmehr 28,- €) gekürzt werden.

Ab dem **4. Monat** ist das Frühstück mit dem amtlichen Sachbezugswert i. H. v. nunmehr 1,80 € als Arbeitslohn zu erfassen. Dieser Betrag kann entweder individuell oder nach § 40 Abs. 2 Satz 1 Nr. 1a EStG pauschal mit 25% versteuert werden.

e) Pauschalbesteuerung nach § 40 Abs. 2 Satz 1 Nr. 1a EStG

Bei Mahlzeitengestellung anlässlich einer beruflich veranlassten Auswärtstätigkeit (nicht jedoch bei doppelter Haushaltsführung) besteht nunmehr mit § 40 Abs. 2 Satz 1 Nr. 1a EStG eine neue Möglichkeit der pauschalen Besteuerung mit **25%**. Es muss sich um eine vom Arbeitgeber oder auf dessen Veranlassung von einem Dritten während einer beruflich veranlassten Auswärtstätigkeit unentgeltlich oder verbilligt zur Verfügung gestellten **üblichen** Mahlzeit handeln, deren Besteuerung nicht nach § 8 Abs. 2 Satz 9 EStG unterbleibt, weil der Arbeitnehmer dem Grunde nach keine steuerfreie Verpflegungspauschale beanspruchen kann. Typische Fälle für die Pauschalbesteuerungsmöglichkeit sind:

— Der Arbeitnehmer ist ohne Übernachtung nicht mehr als 8 Stunden auswärts tätig.
— Der Arbeitgeber kennt die Abwesenheitszeit nicht oder will diese nicht erheben (vgl. nachstehendes Beispiel 3).
— Die Dreimonatsfrist ist abgelaufen (vgl. vorstehendes Beispiel 2).

Die Pauschalbesteuerungsmöglichkeit gilt **nicht**

— für Belohnungsessen, da eine solche Mahlzeit die Üblichkeitsgrenze von 60,- € übersteigt,

BEISPIEL 7   *Bewirtung von Arbeitnehmern*

— für sog. Arbeitsessen oder bei Beteiligung von Arbeitnehmern an einer geschäftlich veranlassten Bewirtung, da insoweit kein steuerpflichtiger Arbeitslohn vorliegt.

Beispiel 3:

Ein Arbeitnehmer nimmt an einer halbtägigen auswärtigen Seminarveranstaltung teil. Der Arbeitgeber hat für die teilnehmenden Arbeitnehmer neben dem Seminar ein übliches Mittagessen gebucht und bezahlt. Der Arbeitgeber zeichnet die Abwesenheitsdauer nicht auf.

Der Arbeitgeber kann das Mittagessen mit dem Sachbezugswert in Höhe von nunmehr 3,40 € als Arbeitslohn pauschal mit 25 % versteuern.

f) Der Großbuchstabe "M"

Auch wenn das Betriebsstättenfinanzamt für die steuerfreien Reisekostenvergütungen nach § 4 Abs. 3 LStDV eine andere Aufzeichnung als im Lohnkonto zugelassen hat, ist eine Bescheinigung des Großbuchstabens "M" zwingend erforderlich. Die Übergangsregelung galt nur bis 31.12.2018 und ist nicht verlängert worden. Damit gilt:

Hat der Arbeitgeber oder auf dessen Veranlassung ein Dritter dem Arbeitnehmer während seiner Auswärtstätigkeit oder doppelten Haushaltsführung eine übliche Mahlzeit (60,– €) zur Verfügung gestellt, muss im Lohnkonto der Großbuchstabe "M" aufgezeichnet und in der elektronischen Lohnsteuerbescheinigung (vgl. S. 381) bescheinigt werden. Diese Aufzeichnungs- und Bescheinigungspflicht gilt unabhängig von der Anzahl der Mahlzeitengestellungen an den Arbeitnehmer im Kalenderjahr. Es kommt nicht darauf an, ob eine Besteuerung der Mahlzeit ausgeschlossen ist (§ 8 Abs. 2 Satz 9 EStG) oder die Mahlzeit pauschal nach § 40 Abs. 2 Satz 1 Nr. 1a EStG oder individuell besteuert wurde.

10. Bewirtung bei gemischt veranlassten Veranstaltungen

Bei gemischt veranlassten Reisen sind die Kosten in einen beruflich veranlassten Anteil und einen den Kosten der Lebensführung zuzurechnenden Anteil aufzuteilen. Dies gilt auch für die Verpflegungsmehraufwendungen. Stellt der Arbeitgeber im Rahmen einer gemischt veranlassten Reise Mahlzeiten zur Verfügung, ist die Kürzung der Verpflegungspauschalen nach Ermittlung des beruflich veranlassten Teils der Verpflegungspauschalen vorzunehmen (vgl. Rz. 88 des BMF-Schreibens vom 24.10.2014, BStBl I S. 1.412).

Beispiel:

Ein Arbeitnehmer nimmt an einer einwöchigen vom Arbeitgeber organisierten und finanzierten Reise im Inland teil. Das Programm sieht morgens eine Fortbildungsmaßnahme vor, der Nachmittag steht für touristische Aktivitäten zur Verfügung. Frühstück und Abendessen sind inklusive (Halbpension).

Fahrtkosten und Übernachtungskosten sind unstreitig zu 50 % als Werbungskosten zu berücksichtigen. Folgende Auswirkungen ergeben sich durch die gemischte Veranlassung der Reise auf die steuerliche Berücksichtigung des Verpflegungsmehraufwands:

Die Verpflegungsmehraufwendungen sind – wie die übrigen Reisekosten – nur zu 50 % beruflich veranlasst.

BEISPIEL 7   *Fahrten zwischen Wohnung und erster Tätigkeitsstätte*

Anreisetag:
14,00 € x 50 % =   7,00 €
Kürzung (Abendessen)   11,20 €
verbleibt Verpflegungspauschale   0,00 €

3 Zwischentage
je 28,00 € x
50 % =   je 14,00 €
Kürzung (Frühstück + Abendessen)
je 5,60 € und
je 11,20 € =   je - 16,80 €
verbleibt Verpflegungspauschale   0,00 €

Abreisetag:
14,00 € x 50 % =   7,00 €
Kürzung (Frühstück)   5,60 €
verbleibt Verpflegungspauschale   1,40 €

Fahrten zwischen Wohnung und erster Tätigkeitsstätte

Was gilt bei Benutzung öffentlicher Verkehrsmittel?

Durch das Gesetz zur Vermeidung von Umsatzsteuerausfällen beim Handel mit Waren im Internet und zur Änderung weiterer steuerlicher Vorschriften vom 11.12.2018, BGBl. I S. 2.338, wurde mit § 3 Nr. 15 EStG eine neue Steuerbefreiung geschaffen. Danach bleiben Zuschüsse des Arbeitgebers zu den Aufwendungen des Arbeitnehmers für Fahrten mit öffentlichen Verkehrsmitteln im Linienverkehr (ohne Luftverkehr) zwischen Wohnung und erster Tätigkeitsstätte und nach § 9 Abs. 1 Satz 3 Nr. 4a Satz 3 EStG (also arbeitstägliche Fahrten von der Wohnung zu einem dauerhaft vom Arbeitgeber bestimmten Treffpunkt oder in ein weiträumiges Tätigkeitsgebiet; vgl. S. 191 und S. 192) steuerfrei. Entsprechendes gilt für die unentgeltliche oder verbilligte Nutzung öffentlicher Verkehrsmittel im Linienverkehr (ohne Luftverkehr) für die o.g. Fahrten. Begünstigt werden somit die Sachbezüge in Form der unentgeltlichen oder verbilligten Zurverfügungstellung von Fahrausweisen, Zuschüsse des Arbeitgebers zum Erwerb von Fahrausweisen und Leistungen (Zuschüsse und Sachbezüge) Dritter, die mit Rücksicht auf das Dienstverhältnis erbracht werden.

Voraussetzung für die Steuerfreiheit ist, dass Zuschuss bzw. Leistung vom Arbeitgeber **zusätzlich zum ohnehin geschuldeten Arbeitslohn** erbracht werden. Die Umwandlung des ohnehin geschuldeten Arbeitslohns führt nicht zur Steuerfreiheit, da der Gesetzgeber nur zusätzliche Leistungen begünstigen will.

Die Steuerfreiheit gilt nicht für die Nutzung eines Taxis, sondern nur für den Linienverkehr, wobei es bei Fahrten zwischen Wohnung und der ersten Tätigkeitsstätte sowie der vorgenannten vergleichbaren Fahrten – anders als bei Privatfahrten im ÖPNV – nicht von Bedeutung ist, ob es sich beim öffentlichen Verkehrsmittel um Nah- oder Fernverkehr handelt.

BEISPIEL 7   Fahrten zwischen Wohnung und erster Tätigkeitsstätte

Sind auch steuerfreie Leistungen für reine Privatfahrten möglich?

Auch für Fahrten, die keine Fahrten zwischen Wohnung und erster Tätigkeitsstätte sondern reine Privatfahrten sind, sind steuerfreie Leistungen des Arbeitgebers ohne Anrechnung auf die 44-Euro-Monatsfreigrenze (vgl. S. 140) möglich. Nach § 3 Nr. 15 EStG bleiben auch Zuschüsse für private Fahrten **im öffentlichen Personennahverkehr** und die unentgeltliche oder verbilligte Nutzung des öffentlichen Personennahverkehrs, die der Arbeitnehmer auf Grund seines Dienstverhältnisses auch für private Fahrten in Anspruch nehmen kann, steuerfrei. Voraussetzung für die Steuerfreiheit ist auch hier, dass der Zuschuss bzw. die Nutzung **zusätzlich zum ohnehin geschuldeten Arbeitslohn** gewährt wird. Die private Nutzung öffentlicher Verkehrsmittel außerhalb des öffentlichen Personen**nah**verkehrs ist hingegen nicht steuerfrei.

Was gilt für ein sog. Job-Ticket?

a) Job-Ticket ohne Vergünstigung des Arbeitgebers

  Beispiel 1:
Der Arbeitgeber schließt einen Rahmenvertrag mit dem Verkehrsunternehmen ab, der bei Abnahme einer bestimmten Anzahl von Fahrkarten einen Preisnachlass von 10% einräumt. Der Arbeitgeber gibt diesen Rabatt an seine Arbeitnehmer weiter und gibt keine weitere Verbilligung.

Üblicher Preis der Monatsfahrkarte	200,- €
vom Verkehrsunternehmen eingeräumte Rabatt	20,- €
	180,- €
vom Arbeitnehmer zu entrichtendes Entgelt	180,- €
geldwerter Vorteil	0,- €

Der vom Verkehrsunternehmen dem Arbeitgeber eingeräumte Rabatt von 20,- € gehört gemäß dem BMF-Schreiben vom 27.1.2004, BStBl I S. 173, nicht zum Arbeitslohn und ist auch nicht in der Lohnsteuerbescheinigung einzutragen.

b) Vergünstigtes Job-Ticket gilt **nur** im öffentlichen Personennahverkehr

Gilt das Job-Ticket nur im Personennahverkehr, entsteht aus der Verbilligung oder Bezuschussung durch den Arbeitgeber kein steuerpflichtiger geldwerter Vorteil, selbst wenn die Fahrberechtigung für ein bestimmtes Gebiet oder eine zusätzliche Strecke gilt. Sowohl die Nutzung auf dem Weg zur Arbeit als auch eine private Nutzung ist nach § 3 Nr. 15 EStG steuerfrei.

Die nach § 3 Nr. 15 EStG steuerfreien Arbeitgeberleistungen mindern den bei der Einkommensteuerveranlagung des Arbeitnehmers als Entfernungspauschale abziehbaren Betrag und müssen insoweit in Zeile 17 der Lohnsteuerbescheinigung eingetragen werden. Wurde die Fahrberechtigung auch für dienstliche Fahrten genutzt, ist dies nach § 3 Nr. 16 und Nr. 13 EStG vorrangig steuerfrei.

  Beispiel 2:
Der Arbeitnehmer nutzt für Fahrten zwischen Wohnung und erster Tätigkeitsstätte ein Jobticket, das ihm vom Arbeitgeber aufgrund eines Vertrags mit dem Verkehrsunternehmen zur Verfügung gestellt wird. Der Arbeitgeber übernimmt sämtliche Aufwendungen für das Jobticket, für das der Arbeitgeber dem Verkehrsunternehmen 50,- € zu zahlen hat.

BEISPIEL 7 *Fahrten zwischen Wohnung und erster Tätigkeitsstätte*

Der vom Verkehrsunternehmen dem Arbeitgeber eingeräumte Rabatt gehört – wie im Beispiel 1 – auch hier nicht zum Arbeitslohn. Der darüber hinausgehende Vorteil, den der Arbeitgeber durch die Kostenübernahme trägt, ist nunmehr in vollem Umfang nach § 3 Nr. 15 EStG steuer- und damit auch beitragsfrei, sodass die 44-Euro-Monatsfreigrenze (vgl. S. 140) hier keine Rolle mehr spielt. Den steuerfreien Betrag muss der Arbeitgeber in der Lohsteuerbescheinigung ausweisen (vgl. S. 383). Nicht zu erfassen ist dagegen der vom Verkehrsunternehmen eingeräumte Preisnachlass, weil dieser begrifflich keinen Arbeitslohn darstellt.

Beispiel 3:
Der Arbeitnehmer benutzt für seine Fahrten zwischen Wohnung und erster Tätigkeitsstätte die Bahn und zahlt hierfür monatlich 100,– €. Der Arbeitgeber gibt hierzu einen monatlichen Zuschuss von 30,– €.

Wird der Zuschuss – wie hier – zusätzlich zum ohnehin geschuldeten Arbeitslohn gewährt, bleibt dieser in vollem Umfang nach § 3 Nr. 15 EStG steuer- und damit auch beitragsfrei. Den steuerfreien Betrag muss der Arbeitgeber in der Lohsteuerbescheinigung ausweisen (vgl. S. 383), da die steuerfreie Leistung den beim Arbeitnehmer nach § 9 Abs. 1 Satz 3 Nr. 4 Satz 2 EStG als Werbungskosten abziehbaren Betrag mindert.

c) Vergünstigtes Job-Ticket gilt auch im öffentlichen Personen**fern**verkehr
— Gilt das Job-Ticket auch für den Personenfernverkehr und **nur auf der Strecke** zwischen Wohnung und erster Tätigkeitsstätte, dann wird aus Vereinfachungsgründen ebenfalls kein steuerpflichtiger geldwerter Vorteil angesetzt; eine tatsächliche Nutzung einer solchen Fahrberechtigung auch zu privaten Fahrten (z B. am Wochenende) ist dann unbeachtlich.

— Geht hingegen die Fahrberechtigung für den Personenfernverkehr über die Strecke zwischen Wohnung und erster Tätigkeitsstätte hinaus **(Fahrberechtigung für ein bestimmtes Gebiet oder eine zusätzliche Strecke oder z. B. Bahncard 100)**, ist diese Fahrberechtigung nur dann in voller Höhe nach § 3 Nr. 15 EStG steuerfrei, wenn für den entsprechenden Gültigkeitszeitraum der anzusetzende Wert der Arbeitgeberleistung den regulären Verkaufspreis einer Fahrberechtigung nur für die Strecke zwischen Wohnung und erster Tätigkeitsstätte nicht überschreitet. Nur wenn die Privatnutzung nicht zu Zusatzkosten führt, ergibt sich kein steuerpflichtiger Vorteil.

Oftmals werden solche Fahrkarten auch für Dienstreisen (vgl. S. 183) oder für eine Familienheimfahrt pro Woche im Rahmen einer doppelten Haushalsführung (vgl. S. 208) genutzt, wo die Arbeitgeberleistung nach § 3 Nr. 16 oder Nr. 13 steuerfrei gewährt werden kann. Diese Steuerbefreiung hat Vorrang vor der Jobticket-Befreiung nach § 3 Nr. 15 EStG. In diesen Fällen kann der Arbeitgeber im Rahmen einer Prognoseberechnung prüfen, ob die Fahrberechtigung bereits bei Hingabe insgesamt steuerfrei belassen werden kann:

— Rechnen sich für den Arbeitgeber die Aufwendungen für die Bahncard bereits **allein** durch die ersparten Kosten **für Dienstreisen** und/oder eine Familienheimfahrt pro Woche im Rahmen der doppelten Haushaltsführung, ergibt sich kein steuerpflichtiger Arbeitslohn. Die Fahrberechtigung ist in vollem Umfang nach § 3 Nr. 16 oder 13 EStG steuerfrei.

BEISPIEL 7　　　　　　　　　　　　　　Fahrten zwischen Wohnung und erster Tätigkeitsstätte

— Tritt eine Vollamortisation **unter Berücksichtigung** der Fahrten zur ersten Tätigkeitsstätte ein (also aus der Summe der ersparten Kosten für Einzelfahrscheine für Dienstreisen/Familienheimfahrten und Fahrten zur ersten Tätigkeitsstätte), bleibt die Gestellung ebenfalls insgesamt steuerfrei. Der nach § 3 Nr. 15 EStG steuerfreie Arbeitgeberleistung ist in Zeile 17 der Lohnsteuerbescheinigung (bei einer Gültigkeit über mehr als ein Kalenderjahr anteilig) einzutragen (vgl. S. 381).

Beispiel 4:
Arbeitgeber überlässt seinem Arbeitnehmer eine Bahncard 100 (angenommener Preis: 4.400,- €). Nach der Prognose des Arbeitgebers betragen die ersparten Kosten der Einzelfahrscheine für Dienstreisen im Gültigkeitszeitraum 3.000,- €. Der reguläre Preis der Jahresfahrkarte für die Strecke zwischen Wohnung und erster Tätigkeitsstätte hätte 1.600,- € betragen.

Nach der Prognose des Arbeitgebers im Zeitpunkt der Hingabe der Fahrberechtigung übersteigen die ersparten Kosten für steuerlich begünstigte Fahrten (3.000,- € + 1.600,- € = 4.600,- €) die Kosten der Bahncard 100 (4.400,- €). Da die Steuerfreiheit für Dienstreisen (3.000,- €) vorrangig zu berücksichtigen sind, entfällt der verbleibende Betrag von 1.400,- € (= 4.400,- € ./. 3.000,- €) auf die nach § 3 Nr. 15 EStG steuerfreie Arbeitgeberleistung. Diese ist in Zeile 17 der Lohnsteuerbescheinigung (vgl. S. 381) einzutragen und mindert im Rahmen der Einkommensteuerveranlagung des Arbeitnehmers die als Entfernungspauschale abziehbaren Werbungskosten.

Maßgebend ist jeweils die Nutzungsprognose des Arbeitgebers bei Hingabe der Nutzungsberechtigung. Tritt die zutreffend und nachvollziehbare prognostizierte Vollamortisierung aus unvorhersehbaren Gründen (z. B. Krankheit oder Verschiebung von Dienstreisen) nicht ein, ist eine Nachversteuerung nicht vorzunehmen.

— Werden die Kosten der Bahncard **hingegen nicht vollständig** erreicht (prognostizierte Teilamortisation), stellt die Überlassung der Fahrberechtigung zunächst in voller Höhe steuerpflichtigen Arbeitslohn dar. Davon können die als Jobticket steuerfreien Aufwendungen und monatsweise oder am Ende des Jahres die ersparten Dienstreisekosten abgezogen werden (Korrekturbetrag).

Beispiel 5:
Arbeitgeber überlässt seinem Arbeitnehmer eine Bahncard 100 (angenommener Preis: 4.400,- €). Nach der Prognose des Arbeitgebers betragen die ersparten Kosten der Einzelfahrscheine für Dienstreisen im Gültigkeitszeitraum 2.500,- €. Der reguläre Preis der Jahresfahrkarte für die Strecke zwischen Wohnung und erster Tätigkeitsstätte hätte 1.600,- € betragen.

Nach der Prognose des Arbeitgebers im Zeitpunkt der Hingabe der Fahrberechtigung übersteigen die ersparten Kosten für steuerlich begünstigte Dienstreisen (2.500,- €) auch zusammen mit dem regulären Verkaufspreis einer Fahrberechtigung für die Strecke zwischen Wohnung und erster Tätigkeitsstätte (1.600,- €) nicht die Kosten der Bahncard 100 von 4.400,- € (= prognostizierte Teilamortisation). Die Hingabe der Bahncard kann daher zunächst nur insoweit steuerfrei belassen werden, als die Voraussetzungen für eine Steuerbefreiung nach § 3 Nr. 15 EStG (= 1.600,- €) vorliegen. Der Arbeitgeber kann aber den steuerpflichtigen Arbeitslohn in Höhe der durch die tatsächliche Nutzung der Bahncard für Dienstreisen ersparten Kosten der Einzelfahrscheine monatswei-

BEISPIEL 7 *Fahrten zwischen Wohnung und erster Tätigkeitsstätte*

se oder auch am Ende des Gültigkeitszeitraums mindern (mittels Verrechnung mit dem dann feststehenden steuerfreien Reisekostenerstattungsanspruch). Danach ergibt sich noch eine steuerfreie Reisekostenerstattung i.H.v. 2.800,– €, neben den bereits steuerfrei belassenen Arbeitgeberleistungen nach § 3 Nr. 15 EStG i.H.v. 1.600,– €).

Verzicht auf Amortisationsprognose
Der Arbeitgeber ist nicht verpflichtet, bei Hingabe der Fahrberechtigung eine Amortisationsprognose anzustellen. Führt der Arbeitgeber keine Prognose durch, stellt die Überlassung der Fahrberechtigung zunächst in voller Höhe steuerpflichtigen Arbeitslohn dar. Die ersparten Kosten

— für Einzelfahrscheine, die ohne Nutzung der Fahrberechtigung während der Gültigkeitsdauer für die steuerlich begünstigten Dienstfahrten-/Familienheimfahrten (nach § 3 Nr. 16 oder Nr. 13 EStG steuerfreie Fahrten) angefallen wären, und

— für den regulären Verkaufspreis einer Fahrberechtigung für die Strecke zwischen Wohnung und erster Tätigkeitsstätte, die für den entsprechenden Gültigkeitszeitraum entstanden wären (nach § 3 Nr. 15 EStG steuerfrei Fahrten)

sind am Ende des Kalenderjahres der Gültigkeit der Fahrberechtigung als Korrekturbetrag beim steuerpflichtigen Arbeitslohn mindernd zu berücksichtigen.
Weitergehende Erläuterungen zur Steuerbefreiung nach § 3 Nr. 15 EStG und Beispiele sind im BMF-Schreiben vom 15.8.2019, BStBl I S. 875, aufgeführt.

Ist ein Verzicht auf die neue Steuerfreiheit möglich und welche Auswirkung hat dies?
Zur Förderung des Umstiegs auf öffentliche Verkehrsmittel im Linienverkehr und zur Erleichterung des Verfahrens hat der Gesetzgeber rückwirkend ab 2019 mit dem Gesetz zur weiteren steuerlichen Förderung der Elektromobilität und zur Änderung weiterer steuerlicher Vorschriften eine neue Pauschalversteuerungsmöglichkeit mit 25 % geschaffen. Der Arbeitgeber kann auf die Steuerfreiheit nach § 3 Nr. 15 EStG verzichten und anstelle der Steuerfreiheit nach § 3 Nr. 15 EStG die ÖPNV-Fahrtkostenzuschüsse und Jobtickets einheitlich für alle dort genannten Bezüge eines Kalenderjahres mit einem Pauschsteuersatz von 25 % gemäß § 40 Abs. 2 Satz 2 Nr. 2 EStG versteuern. Dies gilt auch dann, wenn diese Bezüge dem Arbeitnehmer nicht zusätzlich zum ohnehin geschuldeten Arbeitslohn gewährt werden. Bemessungsgrundlage der pauschalen Lohnsteuer sind die Aufwendungen des Arbeitgebers einschließlich Umsatzsteuer. Anders als die steuerfreien oder mit 15 % pauschal versteuerten Leistungen mindern die mit 25 % versteuerten Leistungen gemäß § 40 Abs. 2 Satz 2 Nr. 2 zweiter Halbsatz EStG nicht die Werbungskosten bei der Einkommensteuerveranlagung des Arbeitnehmers; die mit 25 % versteuerten Leistungen sind daher vom Arbeitgeber auch nicht in der Lohnsteuerbescheinigung (vgl. S. 384) einzutragen. Auch die Anwendung der 25 %-Pauschalbesteuerung führt zur Sozialversicherungsfreiheit der Arbeitgeberleistungen.

Was gilt bei Benutzung von Kraftfahrzeugen oder anderen Verkehrsmitteln?
Die Steuerfreiheit des § 3 Nr. 15 EStG gilt **nicht** für die Benutzung von Kraftfahrzeugen. Der Fahrtkostenzuschuss, den der Arbeitgeber dem Arbeitnehmer bei Benutzung des eigenen Kraftfahrzeugs zu Fahrten zwischen Wohnung und erster Tätigkeitsstätte gewährt, ist steuerpflichtig, auch wenn dieser Zuschuss zum ohnehin geschuldeten Arbeitslohn gewährt wird.

BEISPIEL 7 *Fahrten zwischen Wohnung und erster Tätigkeitsstätte*

Auch der geldwerte Vorteil aus der unentgeltlichen oder verbilligten Nutzung eines Firmenwagens zu Fahrten zwischen Wohnung und erster Tätigkeitsstätte ist – wie bisher – steuerpflichtig.

Die Steuerfreiheit gilt auch nicht für die Nutzung eines Taxis, da die Steuerfreiheit auf öffentliche Verkehrsmittel im Linienverkehr beschränkt ist.

Wie wird ein steuerpflichtiger Fahrtkostenzuschuss besteuert?

Zur steuerlichen Erfassung bestehen zwei Möglichkeiten:

1. Der Arbeitgeber kann einen steuerpflichtigen Fahrtkostenzuschuss für Fahrten zwischen Wohnung und erster Tätigkeitsstätte durch Hinzurechnung zum übrigen Arbeitslohn dem Lohnsteuerabzug unterwerfen. Entsprechendes gilt für Fahrten nach § 9 Abs. 1 Satz 3 Nr. 4a Satz 3 EStG, also arbeitstägliche Fahrten von der Wohnung zu einem dauerhaft vom Arbeitgeber bestimmten Treffpunkt oder in ein weiträumiges Tätigkeitsgebiet; vgl. S. 191 und S. 192. In diesen Fällen unterliegt der Zuschuss jedoch gleichzeitig der Beitragspflicht in der Sozialversicherung. Deshalb wird dieses Verfahren in der Praxis nur eine Rolle spielen, wenn das normale Gehalt die Beitragsbemessungsgrenze in der gesetzlichen Rentenversicherung ohnehin übersteigt.

2. Der Arbeitgeber kann vom Lohnsteuerabzug absehen und den Fahrtkostenzuschuss pauschal versteuern. Voraussetzung für die Lohnsteuerpauschalierung ist, dass der Arbeitgeber den Fahrtkostenzuschuss **zusätzlich zum ohnehin geschuldeten Arbeitslohn** gewährt, also keine Umwandlung von Barlohn stattfindet. Der Pauschsteuersatz beträgt nach § 40 Abs. 2 Satz 2 Nr. 1 EStG **15 %**. Die pauschale Lohnsteuer ist in der Lohnsteuer-Anmeldung gesondert auszuweisen (vgl. S. 397). Soweit der Fahrtkostenzuschuss pauschal versteuert wird, gehört er nicht zum Arbeitsentgelt in der **Sozialversicherung**. Für die Beitragsfreiheit muss die Pauschalversteuerung spätestens bis zur Ausstellung der Lohnsteuerbescheinigung vorgenommen worden sein (vgl. Anlage 3).

   Hinsichtlich des pauschalierungsfähigen Betrags gilt nach dem BMF-Schreiben vom 31.10.2013, BStBl I S. 1.276, und unter Berücksichtigung des steuerlichen Reisekostenrechts Folgendes:

   — Falls der Arbeitnehmer die Fahrten mit dem **eigenen PKW** oder einem ihm vom Arbeitgeber überlassenen **Firmenwagen** durchführt, ist die Höhe der pauschalversteuerungsfähigen Zuschüsse des Arbeitgebers auf die Höhe der nach § 9 Abs. 1 Satz 3 Nr. 4 EStG als Werbungskosten abziehbaren Entfernungspauschale beschränkt. Diese beträgt für jeden vollen Kilometer der Entfernung zwischen Wohnung und erster Tätigkeitsstätte **0,30 €** für jeden Arbeitstag, an dem der Arbeitnehmer seine erste Tätigkeitsstätte aufsucht. Maßgebend ist die kürzeste Straßenverbindung. Aus Vereinfachungsgründen kann davon ausgegangen werden, dass monatlich Fahrten an 15 Arbeitstagen erfolgen. **Unfallkosten** können als außergewöhnliche Aufwendungen (§ 9 Abs. 1 Satz 1 EStG) zwar neben der Entfernungspauschale als Werbungskosten berücksichtigt werden; soweit der Arbeitgeber dem Arbeitnehmer die Aufwendungen für einen auf einer Fahrt zwischen Wohnung und erster Tätigkeitsstätte eingetretenen Unfall erstattet, kann die Erstattung gleichwohl nicht pauschal versteuert und damit beitragsfrei gezahlt werden, weil die Pauschalversteuerung gemäß § 40 Abs. 2 Satz 2 Nr. 1 erster Halbsatz EStG auf die Höhe der Entfernungspauschale nach § 9 Abs. 1 Satz 3 Nr. 4 EStG beschränkt ist.

BEISPIEL 7   *Fahrten zwischen Wohnung und erster Tätigkeitsstätte*

— Bei Benutzung **anderer Verkehrsmittel** (Motorrad, Motorroller, Moped, Mofa) richtet sich die Höhe des pauschalversteuerungsfähigen Zuschusses ebenfalls nach den tatsächlichen Aufwendungen, beschränkt auf maximal 4.500,- € im Jahr.

— Bestimmte **Behinderte** (Grad der Behinderung mindestens 50% und Merkzeichen G im Behindertenausweis oder Grad der Behinderung mindestens 70%) können an Stelle der Entfernungspauschale ihre **tatsächlichen Aufwendungen** (bei Benutzung eines Kfz beispielsweise 0,60 € je Entfernungskilometer) als Werbungskosten gelten machen, sodass in diesen Fällen der Arbeitgeber auch die tatsächlichen Aufwendungen pauschal versteuern kann.

— Bei **entgeltlicher Sammelbeförderung** und für **Flugstrecken** ist die Pauschalversteuerung ebenfalls bis zur Höhe der **tatsächlichen Aufwendungen** des Arbeitnehmers zulässig.

Der vom Arbeitgeber pauschal versteuerte Fahrtkostenzuschuss wird vom Finanzamt bei der Einkommensteuerveranlagung des Arbeitnehmers auf die für Fahrten zwischen Wohnung und erster Tätigkeitsstätte zu gewährende Entfernungspauschale angerechnet. Deshalb ist der Arbeitgeber verpflichtet, den pauschal versteuerten Betrag in der Lohnsteuerbescheinigung auszuweisen (vgl. S. 381).

Beispiel:

Daten aus dem Lohnkonto:
Steuerklasse III; kinderlos; gRV; gKV (kassenindividueller Zusatzbeitragssatz angenommen 1,1%); Religionszugehörigkeit rk;

Lohnabrechnung für Juli:

1. Gehalt				3.200,00
2. Fahrtkostenzuschuss				250,00
				3.450,00
Abzüge:				
3. Steuerpflichtiger Arbeitslohn	3.300,00			
LSt		219,83		
SolZ		11,56		
KiSt 8% (angenommen)		17,58	248,97	
4. Beitragspflichtiges Entgelt	3.300,00			
KV	7,3%	240,90		
Zusatzbeitrag (ang. 1,1%)	0,55%	18,15		
PV	1,525%	50,33		
Beitragszuschlag (kinderlos)	0,25%	8,25		
RV	9,3%	306,90		
ALV	1,2%	39,60	664,13	
5. Vom Arbeitnehmer zu tragender pauschaler Steuerbetrag			25,30	938,40
Auszahlungsbetrag				**2.511,60**
Arbeitgeberanteil KV (7,3% + 0,55%)		259,05		
PV (1,525%)		50,33		
RV (9,3%)		306,90		
ALV (1,2%)		39,60		
		655,88		

BEISPIEL 7   *Fahrten zwischen Wohnung und erster Tätigkeitsstätte*

Zu 2

*Der Arbeitnehmer benutzt für die Wege zwischen Wohnung und erster Tätigkeitsstätte (angenommene kürzeste Straßenverbindung 25 Entfernungskilometer) seinen eigenen **PKW** an 20 Arbeitstagen. Als Fahrtkostenzuschuss gewährt der Arbeitgeber zusätzlich zum vereinbarten Barlohn einen Pauschalbetrag von 250,- € im Monat. Dieser ist im Hinblick auf die Benutzung eines Kraftfahrzeugs nicht steuerfrei. Der Arbeitnehmer bittet den Arbeitgeber, den Fahrtkostenzuschuss in zulässiger Höhe pauschal zu versteuern und ihn mit den pauschalen Steuerbeträgen zu belasten (vgl. zu 5).*

Die Lohnsteuerpauschalierung ist in folgendem Umfang zulässig:
Gesetzliche Entfernungspauschale:
0,30 € x 20 Arbeitstage x 25 km =   *150,- €*

 Rat für die Praxis:

*Damit für die Pauschalversteuerung nicht jeden Monat die Zahl der Benutzungstage neu ermittelt werden muss, dürfen aus Vereinfachungsgründen **15 Tage monatlich** angesetzt werden. Im Übrigen greift die Deckelung der Entfernungspauschale in den Fällen der Lohnsteuerpauschalierung nicht, wenn der Arbeitnehmer tatsächlich mit dem PKW zur ersten Tätigkeitsstätte fährt. Bei entsprechender Entfernung kann der Arbeitgeber also auch einen Zuschuss von über 4.500,- € jährlich pauschal versteuern.*

Zu 3

Zum steuerpflichtigen Arbeitslohn gehören:

das Monatsgehalt		3.200,— €
der ausgezahlte Fahrtkostenzuschuss von	250,— €	
vermindert um den pauschalversteuerten Teil	150,— €	100,— €
zusammen		3.300,— €

Der Arbeitnehmer ist in der gesetzlichen Rentenversicherung und in der gesetzlichen Krankenversicherung versichert. Da er in allen Zweigen der Sozialversicherung versichert ist, kommt die Allgemeine Lohnsteuertabelle zur Anwendung. Der Arbeitnehmer ist daneben kinderlos und hat daher einen Zuschlag zur Pflegeversicherung zu leisten, was hier bei maschineller Lohnsteuerberechnung berücksichtigt ist und sich auch auf die Höhe des Steuerabzugs auswirkt. Bei manueller Lohnabrechnung wäre diese Besonderheit nicht in den Lohnsteuertabellen berücksichtigt, sodass sich dann ein geringfügig abweichender Steuerabzug ergäbe.

Zu 4

Das beitragspflichtige Entgelt entspricht dem steuerpflichtigen Arbeitslohn, da der pauschal versteuerte Zuschuss nicht zum Arbeitsentgelt i.S. der SozV gehört.

BEISPIEL 7 Fahrten zwischen Wohnung und erster Tätigkeitsstätte

| Zu 5 |

Die auf den Arbeitnehmer abgewälzte Lohnsteuer gilt als zugeflossener Arbeitslohn und mindert nicht die Bemessungsgrundlage. Der Arbeitnehmer muss vielmehr aus dem individuell versteuerten Barlohn die pauschalen Steuerbeträge tragen und der Arbeitgeber sie in die Lohnsteuer-Anmeldung gesondert aufnehmen (vgl. S. 397) und an das Finanzamt abführen.

Pauschal zu versteuernder Fahrtkostenzuschuss	150,— €
LSt 15 %	22,50 €
SolZ 5,5 % von 22,50 € =	1,23 €
pauschale KiSt (vgl. Anlage 1a; S. 405)	
angenommen 7 % von 22,50 € =	1,57 €
zusammen	25,30 €

Der pauschal versteuerte Fahrtkostenzuschuss ist auf der Lohnsteuerbescheinigung gesondert einzutragen (vgl. S. 381).

Zur steuerlichen Behandlung der unentgeltlichen oder verbilligten Nutzung eines Firmenfahrzeugs zu den Fahrten zwischen Wohnung und erster Tätigkeitsstätte vgl. die Erläuterungen zur „Kraftfahrzeugüberlassung" S. 144 und zur Darstellung in der Lohnabrechnung das Beispiel S. 156.

Was gilt bei Arbeitnehmern mit wechselnden Tätigkeitsstätten?

Bei Fahrten zwischen Wohnung und Tätigkeitsstätte, die nicht die erste Tätigkeitsstätte darstellt, ist die Übernahme der Fahrtkosten als Reisekostenersatz steuer- und beitragsfrei; eine Ausnahme gilt, wenn der Arbeitgeber dauerhaft einen Treff- und Sammelpunkt zur Aufnahme der Auswärtstätigkeit bestimmt (vgl. S. 205).

Wie werden Aufwendungen des Arbeitgebers für die Sammelbeförderung von Arbeitnehmern behandelt?

Die unentgeltliche oder verbilligte Beförderung eines Arbeitnehmers zwischen Wohnung und erster Tätigkeitsstätte sowie Fahrten nach § 9 Abs. 1 Satz 3 Nr. 4a Satz 3 EStG mit einem vom Arbeitgeber eingesetzten Flugzeug, Omnibus, Kleinbus oder mit einem für mehrere Arbeitnehmer zur Verfügung gestellten PKW ist gemäß § 3 Nr. 32 EStG steuerfrei. Das Gleiche gilt, wenn das Fahrzeug von einem Dritten im Auftrag des Arbeitgebers eingesetzt wird.

Voraussetzung für die Steuerfreiheit ist, dass die Sammelbeförderung für den betrieblichen Einsatz des Arbeitnehmers notwendig ist. Beim Einsatz von Werksbussen wird diese Voraussetzung im Allgemeinen vorliegen.

 Beispiel:
Ein Unternehmer befördert seine Arbeitnehmer unentgeltlich mit einem Kleinbus zu der ersten Tätigkeitsstätte. Für die Arbeitnehmer entsteht kein steuerpflichtiger Vorteil.

Hinweis:

Für eine Strecke mit steuerfreier Sammelbeförderung steht dem Arbeitnehmer keine Entfernungspauschale zu. Damit dies gewährleistet ist, muss der Arbeitgeber in der Lohnsteuerbescheinigung (in Zeile 2) bei Sammelbeförderung den Großbuchstaben „F" vermerken (vgl. S. 382). Dabei ist zu beachten, dass eine Bescheinigung nur bei Arbeitnehmern mit Fahrten zwischen Wohnung und erster Tätigkeitsstätte sowie Fahrten nach § 9 Abs. 1 Satz 3 Nr. 4a Satz 3 EStG vorgenommen werden darf.

Fort- und Weiterbildungskosten

Aufwendungen des Arbeitgebers für die berufliche Fortbildung des Arbeitnehmers gehören nicht zum steuer- und beitragspflichtigen Arbeitslohn. Voraussetzung ist, dass die Bildungsmaßnahme entweder im ganz überwiegenden betrieblichen Interesse des Arbeitgebers durchgeführt wird oder nach dem neuen § 3 Nr. 19 EStG steuerfrei ist.

Nicht zu steuer- und beitragspflichtigem Arbeitslohn können Aufwendungen für Bildungsmaßnahmen führen:

— am Arbeitsplatz,
— in zentralen Bildungseinrichtungen,
— in außerbetrieblichen Einrichtungen,
— durch fremde Unternehmen, wenn diese auf Rechnung des Arbeitgebers tätig werden.

Für die Übernahme der Fahrtkosten sowie der Aufwendungen für Unterkunft und Verpflegung gelten die Grundsätze der Auswärtstätigkeit (vgl. S. 183).

 Beispiel:
Im Interesse des Arbeitgebers besucht ein Mitarbeiter ein Fortbildungsseminar im Inland. Die Kosten einschließlich Hotelunterkunft mit Vollverpflegung von Montag Mittag bis Freitag (Frühstück) werden vom Veranstalter mit dem Arbeitgeber abgerechnet und von diesem übernommen.

Der Besuch des Fortbildungsseminars stellt eine Auswärtstätigkeit dar, bei der dem Arbeitnehmer auf Veranlassung des Arbeitgebers mit dem Frühstück, Mittag- und Abendessen jeweils eine Mahlzeit zur Verfügung gestellt wird. Der Wert der einzelnen Mahlzeit übersteigt die Üblichkeitsgrenze von 60,– € nicht, sodass nach dem neuen steuerlichen Reisekostenrecht die einzelne Mahlzeit nicht mehr mit dem jeweiligen Sachbezugswert als Arbeitslohn zu erfassen ist. Wegen der unentgeltlichen Essenabgabe sind beim Arbeitnehmer jedoch seine steuerfreien Verpflegungspauschalen zu kürzen, wenn der Arbeitgeber diese zusätzlich steuerfrei zahlen will. *Die Kürzung beträgt für das Frühstück 20 % und für das Mittag- oder Abendessen jeweils 40 % des für das Inland geltenden maßgebenden Verpflegungshöchstbetrags von nunmehr 28,– €.*

Montag (Anreisetag)	14,00 €
Kürzung (Mittag- + Abendessen)	- 22,40 €
verbleibende Pauschale	0,00 €
Dienstag bis Donnerstag	28,00 €
Kürzung (Vollverpflegung)	- 28,00 €
verbleibende Pauschale	0,00 €
Freitag (Rückreisetag)	14,00 €
Kürzung (Frühstück)	- 5,60 €
verbleibende Pauschale	8,40 €

Als Fahrtkosten kann der Arbeitgeber den Aufwand für ein öffentliches Verkehrsmittel oder bei PKW-Benutzung je gefahrenen Kilometer den für eine Auswärtstätigkeit geltenden Kilometersatz (vgl. S. 190) steuerfrei ersetzen.

BEISPIEL 7 *Fort- und Weiterbildungskosten*

Mit R 19.7 Abs. 1 Satz 4 LStR sowie in Tz. 2 des BMF-Schreibens vom 13.4.2012, BStBl I S. 531, ist klargestellt, dass berufliche Fort- und Weiterbildungsmaßnahmen auch dann als im ganz überwiegend betrieblichen Interesse erbracht nicht zu Arbeitslohn führen, wenn der Arbeitnehmer Rechnungsempfänger ist. Allerdings muss in einem solchen Fall der Arbeitgeber dem Arbeitnehmer die Übernahme bzw. den Ersatz der Aufwendungen allgemein oder für die besondere Bildungsmaßnahme vor Vertragsabschluss schriftlich zugesagt haben. Durch diese Regelung werden die in der Praxis auftretenden Schwierigkeiten in den Fällen beseitigt, in denen eine Anmeldung zu der Bildungsmaßnahme durch den teilnehmenden Arbeitnehmer selbst vorgeschrieben ist. Aus umsatzsteuerlicher Sicht ist allerdings eine Rechnungserteilung an den Arbeitnehmer stets nachteilig, da der Arbeitgeber dann nicht zum Vorsteuerabzug berechtigt ist.

Bei Flüchtlingen und anderen Arbeitnehmern, deren Muttersprache nicht Deutsch ist, sind arbeitsplatzbezogene Bildungsmaßnahmen zum Erwerb oder zur Verbesserung der deutschen Sprache dem ganz überwiegenden betrieblichen Interesse des Arbeitgebers zuzuordnen, wenn der Arbeitgeber die Sprachkenntnisse in dem für den Arbeitnehmer vorgesehenen Aufgabengebiet verlangt (vgl. BMF-Schreiben vom 4.7.2017, BStBl I S. 882).

Übernimmt der Arbeitgeber im **Rahmen des Ausbildungsdienstverhältnisses** die vom studierenden Arbeitnehmer selbst geschuldeten Studiengebühren (z. B. für den Besuch einer Berufsakademie), wird gemäß Tz. 1.2 des BMF-Schreibens vom 13.4.2012, BStBl I S. 531, von der Finanzverwaltung hierin ausnahmsweise als im überwiegend eigenbetrieblichen Interesse des Arbeitgebers dann kein Arbeitslohn angenommen, wenn sich der Arbeitgeber arbeitsvertraglich zur Übernahme der Studiengebühren verpflichtet hat. Zudem muss das eigenbetriebliche Interesse dokumentiert sein durch eine Rückzahlungsverpflichtung des Studierenden, wenn er das ausbildende Unternehmen auf eigenen Wunsch innerhalb von zwei Jahren nach Studienabschluss verlässt. Ein ganz überwiegend eigenbetriebliches Interesse des Arbeitgebers wird auch dann angenommen, wenn der Arbeitgeber die übernommenen Studiengebühren nach arbeitsrechtlichen Grundsätzen nur anteilig zurückfordern kann. Scheidet der Arbeitnehmer zwar auf eigenen Wunsch aus dem Unternehmen aus, fällt der Grund für das Ausscheiden aber allein in die Verantwortungs- oder Risikosphäre des Arbeitgebers (z. B. Standortschließung und Arbeitnehmer nimmt das Angebot eines Ausweicharbeitsplatzes nicht an und kündigt), kann eine vereinbarte Rückzahlungsverpflichtung nach arbeitsrechtlichen Grundsätzen hinfällig sein, so dass in diesen Fällen die Vereinbarung der Rückzahlungsverpflichtung ausreichend ist. Mit § 1 Abs. 2 Satz 1 Nr. 15 und Satz 2 SvEV ist festgelegt, dass die sozialversicherungsrechtliche Behandlung der steuerlichen folgt.

Berufliche Fort- oder Weiterbildungsleistungen des Arbeitgebers führen beim Arbeitnehmer bereits nach geltender Rechtslage nicht zu Arbeitslohn, wenn diese Bildungsmaßnahmen gemäß den vorstehenden Ausführungen im ganz überwiegend eigenbetrieblichen Interesse des Arbeitgebers durchgeführt werden.

Mit dem Gesetz zur weiteren steuerlichen Förderung der Elektromobilität und zur Änderung weiterer steuerlicher Vorschriften vom 12.12.2019, hat der Gesetzgeber mit § 3 Nr. 19 EStG zudem festgelegt, dass **Weiterbildungsleistungen** des Arbeitgebers für Maßnahmen nach § 82 Abs. 1 und 2 SGB III sowie Weiterbildungsleistungen des Arbeitgebers, die der Verbesserung der Beschäftigungsfähigkeit des Arbeitnehmers dienen, steuerfrei sind. In § 82 SGB III sind die Voraussetzungen für die Weiterbildungsförderung beschäftigter Arbeitnehmer gebündelt. § 82 SGB III umfasst Weiterbildungen, welche Fertigkeiten, Kenntnisse und Fähigkeiten vermitteln, die über eine arbeitsplatzbezogene Fortbildung hinausgehen. Für eine Förderung durch die Bundesagentur für Arbeit ist hier grundsätzlich auch ein angemessener Arbeitgeberbeitrag zu den Lehrgangskosten bei Weiterbildungsmaßnahmen Voraussetzung, der sich nach der Betriebsgröße auf Grundlage der Beschäftigtenzahl richtet (§ 82 Ab. 2 SGB III). Von der neuen Steuerbefreiungsvorschrift sind jedoch auch – nicht unter § 82 Abs. 2 SGB III fallende – Weiterbildungsmaßnahmen des Arbeitgebers umfasst, die der Verbesserung der Beschäftigungsfähigkeit des Arbeitnehmers dienen (z. B. Sprachkurse oder Computerkurse, die nicht arbeitsplatzbezogen sind). Darunter sind solche Maßnahmen zu verstehen, die eine Anpassung und Fortentwicklung der beruflichen Kompetenzen des Arbeitnehmers ermöglichen und somit zur besseren Begegnung der beruflichen Herausforderungen beitragen. Die Weiterbildung darf jedoch keinen überwiegenden Belohnungscharakter haben.

Freie Verpflegung und Unterkunft

Die als Sachbezug gewährte freie Verpflegung und Unterkunft gehört zum steuerpflichtigen Arbeitslohn und zum beitragspflichtigen Entgelt. Die für 2020 maßgeblichen Werte hierfür ergeben sich aus der Sozialversicherungsentgeltverordnung (SvEV), die in allen Bereichen gleiche Werte für die alten und neuen Bundesländer vorsieht.

Hauptanwendungsfall für den Sachbezugswert „Verpflegung" ist die Gewährung von Mahlzeiten im Betrieb (Kantinenessen usw.; vgl. hierzu S. 164).

Tabelle I

Sachbezugswert „Freie Verpflegung"				
– In den alten und neuen Bundesländern gelten dieselben Werte –				
Zeitraum	Frühstück €	Mittagessen €	Abendessen €	Gesamtwert €
monatlich	54,00	102,00	102,00	258,00
täglich	1,80	3,40	3,40	8,60

Wird die freie Verpflegung auch Familienangehörigen des Arbeitnehmers gewährt, erhöhen sich die Werte aus der Tabelle, und zwar für Familienangehörige,
— die das 18. Lebensjahr vollendet haben um 100%,
— die das 14. Lebensjahr vollendet haben um 80%,
— die das 7. Lebensjahr vollendet haben um 40%,
— die das 7. Lebensjahr noch nicht vollendet haben um 30%.

Sind beide Ehegatten / Lebenspartner bei demselben Arbeitgeber beschäftigt, ist für jeden der volle Verpflegungswert anzusetzen. Der Erhöhungsbetrag für die Kinder wird ggf. jedem Ehegatten / Lebenspartner zur Hälfte zugerechnet.

Sachbezugswert „Freie Unterkunft"

Eine Unterkunft im Sinne der Sozialversicherungsentgeltverordnung liegt vor, wenn der Begriff der Wohnung nicht erfüllt ist, also keine in sich geschlossene Einheit von Räumen gegeben ist, in denen ein selbstständiger Haushalt geführt werden kann. Im Sachbezugswert „Unterkunft" ist der Wert für Heizung und Beleuchtung enthalten.

Wichtig ist, dass für die Überlassung einer **Wohnung** nicht der Sachbezugswert für „Unterkunft" maßgebend ist; vielmehr ist hier grundsätzlich die ortsübliche Miete heranzuziehen (vgl. S. 177).

BEISPIEL 7 *Freie Verpflegung und Unterkunft*

Die amtlichen Sachbezugswerte für freie Unterkunft betragen für das Jahr 2020 nunmehr:

Tabelle II

Zeitraum	Sachbezugswert „Freie Unterkunft" alte und neue Bundesländer €
monatlich	235,00
täglich	7,83

Von den in der vorstehenden Tabelle angegebenen Tageswerten für die Unterkunft sind die folgenden Abschläge vorzunehmen:

A:	Aufnahme eines Beschäftigten in den Haushalt des Arbeitgebers oder Unterbringung in einer Gemeinschaftsunterkunft	**15 %**
B:	Jugendliche bis zur Vollendung des 18. Lebensjahres und Auszubildende	**15 %**
C:	Belegung der Unterkunft	
	– mit 2 Beschäftigten	**40 %**
	– mit 3 Beschäftigten	**50 %**
	– mit mehr als 3 Beschäftigten	**60 %**

Diese Prozentsätze werden addiert, wenn die Voraussetzungen für mehrere Abschläge gegeben sind.

Ist der Ansatz des Unterkunft-Sachbezugswerts zwingend?

Die Unterkunft ist mit dem ortsüblichen Mietwert anzusetzen, wenn nach Lage des einzelnen Falles der amtliche Sachbezugswert zu einem unbilligen Ergebnis führen würde (z. B. weil die Ausstattungsqualität wesentlich vom Durchschnittsstandard einer Unterkunft abweicht).

Ist die Ermittlung des ortsüblichen Mietpreises mit außergewöhnlichen Schwierigkeiten verbunden, können für das Jahr 2020 nunmehr 4,12 €/m² monatlich bzw. 3,37 €/m² bei einfacher Ausstattung (ohne Sammelheizung oder ohne Bad/Dusche) angesetzt werden. Diese Werte gelten im Übrigen auch für eine Wohnung, wenn im konkreten Fall die Feststellung des ortsüblichen Mietpreises mit außergewöhnlichen Schwierigkeiten verbunden ist.

✎ **Beispielsfälle** **zur Anwendung der Sachbezugswerte für Verpflegung und Unterkunft**

1. Eine volljährige Hausgehilfin erhält im Haushalt des Arbeitgebers volle freie Verpflegung und bewohnt dort ein Zimmer.

    Monatlicher Sachbezugswert:

Gesamtwert für die freie Verpflegung nach Tabelle I		258,00 €
Wert für die freie Unterkunft nach Tabelle II	235,00 €	
Abschlag wegen Unterbringung im Haushalt des Arbeitgebers 15 % =	35,25 €	
Unterkunftswert		199,75 €
Sachbezugswert insgesamt		457,75 €

BEISPIEL 7   Freie Verpflegung und Unterkunft

2. Ein Arbeitgeber unterhält ein Wohnheim, das als Gemeinschaftsunterkunft konzipiert ist (Benutzung von Gemeinschaftseinrichtungen). Die Zimmer sind mit zwei Arbeitnehmern belegt.

Monatlicher Unterkunftswert:
Wert für die freie Unterkunft nach Tabelle II		235,00 €
Abschlag wegen Gemeinschaftsunterkunft	15 %	
Abschlag wegen Belegung der Unterkunft mit zwei Beschäftigten	40 %	
Abschlag insgesamt	55 %	129,25 €
Sachbezugswert		105,75 €

3. Der Arbeitgeber mietet in eigenem Namen zur Untermiete ein Zimmer (keine Wohnung) für einen Jugendlichen an. Es handelt sich dabei nicht um eine Gemeinschaftsunterkunft.

Monatlicher Unterkunftswert für den Jugendlichen:
Wert für die freie Unterkunft nach Tabelle II	235,00 €
Abschlag für Jugendliche und Auszubildende 15 %	35,25 €
Sachbezugswert	199,75 €

4. Ein volljähriger Beschäftigter wird im Haushalt des Arbeitgebers aufgenommen. Er erhält dort volle freie Verpflegung und Unterkunft. Das Beschäftigungsverhältnis beginnt am 20. März.

Berechnung des Sachbezugswerts für einen Teillohnzahlungszeitraum
Verpflegung:		
Gesamttageswert nach Tabelle I	8,60 €	
für 12 Kalendertage im März =		103,20 €
Unterkunft:		
Tageswert nach Tabelle II	7,83 €	
Abschlag wegen Aufnahme in den Haushalt 15 % =	1,17 €	
	6,66 €	
für 12 Kalendertage im März =		79,92 €
Sachbezugswert insgesamt		183,12 €

Wie wird der Vorteil bei verbilligten Sachbezügen ermittelt?

Als steuer- und beitragspflichtig ist der Unterschied zwischen Sachbezugswert und Entgelt des Arbeitnehmers zu erfassen.

Beispiel:
(Erfassung des Sachbezugswerts in der Lohnabrechnung)

Der in einem landwirtschaftlichen Betrieb beschäftigte volljährige Arbeitnehmer erhält im Haushalt des Arbeitgebers an 5 Tagen in der Woche volle Verpflegung. Zusammen mit einem weiteren Beschäftigten bewohnt er ein vom Arbeitgeber zur Verfügung gestelltes Personalzimmer. Für Verpflegung und Unterkunft behält der Arbeitgeber vereinbarungsgemäß monatlich pauschal 100,– € ein.

BEISPIEL 7   *Freie Verpflegung und Unterkunft*

Daten aus dem Lohnkonto:
Steuerklasse I; gRV; gKV (kassenindividueller Zusatzbeitragssatz angenommen 1,1 %); kinderlos;
Religionszugehörigkeit rk;

Lohnabrechnung Januar:

1.	Vereinbarter Barlohn			1.600,00
	Abzüge:			
2.	Steuerpflichtiger Arbeitslohn	1.794,95		
	LSt		129,16	
	SolZ		7,10	
	KiSt 8 % (angenommen)		10,33	146,59
3.	Beitragspflichtiges Entgelt	1.794,95		
	KV	7,3 %	131,03	
	Zusatzbeitrag (ang. 1,1 %)	0,55 %	9,87	
	PV	1,525 %	27,37	
	Beitragszuschlag (kinderlos)	0,25 %	4,49	
	RV	9,3 %	166,93	
	ALV	1,2 %	21,54	361,23
4.	Entgelt für Verpflegung und Unterkunft		100,00	607,82
	Auszahlungsbetrag			992,18
	Arbeitgeberanteil	KV (7,3 % + 0,55 %)	140,90	
		PV (1,525 %)	27,37	
		RV (9,3 %)	166,93	
		ALV (1,2 %)	21,54	
			356,74	

> **Zu 2 und 3**

Zur Bewertung der dem volljährigen Arbeitnehmer
gewährten Verpflegung ist die vorstehende
Tabelle I *maßgebend*

=	täglich		8,60 €
=	im Lohnabrechnungszeitraum für angenommen 22 Tage		189,20

Tabelle II *maßgebend*

=	monatlich		235,00 €
	Abschlag wegen Unterbringung im Haushalt	15 %	
	Abschlag wegen Belegung der Unterkunft mit zwei Beschäftigten	40 %	
	Abschlag insgesamt	55 %	129,25 € 105,75 €
	Sachbezugswert insgesamt		294,95 €
	vereinbartes Entgelt des Arbeitnehmers hierfür		100,— €
	steuer- und beitragspflichtiger Vorteil		194,95 €

Zur Ermittlung des steuerpflichtigen Arbeitslohns und des beitragspflichtigen Arbeitsentgelts im Abrechnungsmonat sind der Barlohn und der Vorteil aus der Sachbezugsgewährung zusammenzurechnen = 1.600,– € + 194,95 € = 1.794,95 €.

BEISPIEL 7 *Freiwillige Unfallversicherung*

Der Arbeitnehmer ist in der gesetzlichen Rentenversicherung und in der gesetzlichen Krankenversicherung versichert. Da er in allen Zweigen der Sozialversicherung versichert ist, kommt die Allgemeine Lohnsteuertabelle zur Anwendung. Der Arbeitnehmer ist daneben kinderlos und hat daher einen Zuschlag zur Pflegeversicherung zu leisten, was hier bei maschineller Lohnsteuerberechnung berücksichtigt ist und sich auch auf die Höhe des Steuerabzugs auswirkt. Bei manueller Lohnabrechnung wäre diese Besonderheit nicht in den Lohnsteuertabellen berücksichtigt, sodass sich dann ein geringfügig abweichender Steuerabzug ergäbe.

Freiwillige Unfallversicherung

Beiträge, die der Arbeitgeber zur **gesetzlichen** Unfallversicherung seiner Arbeitnehmer zu leisten hat, sind gemäß § 3 Nr. 62 EStG steuerfrei und gehören dementsprechend auch nicht zum beitragspflichtigen Arbeitsentgelt. Dagegen sind hinsichtlich der Behandlung von Beiträgen zu **freiwilligen** Unfallversicherungen und von Leistungen hieraus die Ausführungen im BMF-Schreiben vom 28.10.2009, BStBl I S. 1.275, das die Rechtsprechung des Bundesfinanzhofs im Grundsatzurteil vom 11.12.2008, BStBl 2009 II S. 385, berücksichtigt, zu beachten. Danach ist bei freiwilligen Unfallversicherungen zu unterscheiden:

A) Versicherungen des Arbeitnehmers und Versicherungen des Arbeitgebers, bei denen der Arbeitnehmer **unmittelbar** gegenüber der Versicherung einen unentziehbaren Rechtsanspruch hat. Davon ist auch dann auszugehen, wenn zwar der Anspruch durch den Versicherungsnehmer (Arbeitgeber) geltend gemacht werden kann, vertraglich nach den Unfallversicherungsbedingungen jedoch vorgesehen ist, dass der Versicherer die Versicherungsleistung in jedem Fall an die versicherte Person (Arbeitnehmer) auszahlt.

B) Versicherungen des Arbeitgebers, bei denen die Ausübung der Rechte aus dem Versicherungsvertrag dem Arbeitgeber zustehen und der Arbeitnehmer **keinen unmittelbaren** Rechtsanspruch gegen die Versicherung hat. Die Ausübung der Rechte steht auch dann nicht unmittelbar dem Arbeitnehmer zu, wenn die Versicherungsleistung mit befreiender Wirkung auch an den Arbeitgeber gezahlt werden kann; denn in einem solchen Fall kann der Arbeitnehmer die Auskehrung der Versicherungsleistung letztlich nur im Innenverhältnis vom Arbeitgeber und nicht unmittelbar gegen die Versicherung erlangen.

A) Versicherungen, bei denen der Arbeitnehmer einen Rechtsanspruch unmittelbar gegenüber der Versicherung hat

1. **Wie werden Beiträge für eine Dienstreiseversicherung behandelt?**
Deckt die Unfallversicherung ausschließlich das Risiko bei einer Auswärtstätigkeit ab, gehören die Beiträge zu den Reisenebenkosten (vgl. S. 201). Die Übernahme durch den Arbeitgeber ist steuer- und beitragsfrei.

2. **Wie werden die steuerpflichtigen Beiträge bei gemischten Unfallversicherungen aufgeteilt?**
Häufig deckt die Unfallversicherung sowohl das Risiko auf einer Auswärtstätigkeit als auch das allgemeine berufliche Unfallrisiko und oft auch das Risiko aus Unfällen im privaten Bereich ab. Die Finanzverwaltung nimmt in diesem Fall an, dass auf den beruflichen Bereich

BEISPIEL 7   *Freiwillige Unfallversicherung*

50% des Gesamtbeitrags entfallen und von diesen 50% wiederum 40% das Unfallrisiko auf Auswärtstätigkeiten (= steuerfreie Reisenebenkostenerstattung) und 60% das Unfallrisiko z. B. auf Fahrten zwischen Wohnung und erster Tätigkeitsstätte (= steuerpflichtiger Werbungskostenersatz) betreffen.

 Beispiel:

Jahresgesamtbeitrag für die Unfallversicherung	200,— €
hiervon entfallen 50% auf den beruflichen Teil =	100,— €
hiervon entfallen 40% auf das Risiko bei Auswärtstätigkeit =	40,— €
als steuer- und beitragspflichtig verbleiben	160,— €

Bei einer den gesamten Lebensbereich umfassenden Unfallversicherung sind somit stets **20%** des Gesamtbeitrags steuerfrei.

Diese Aufteilungsgrundsätze gelten unabhängig davon, ob es sich um eine Einzelversicherung oder um eine Gruppenunfallversicherung handelt.

3. Kann die Lohnsteuer pauschal berechnet werden?

Die Lohnsteuerpauschalierung ist nach § 40b Abs. 3 EStG von Beiträgen für eine **Gruppenunfallversicherung** zulässig. Voraussetzung ist, dass der auf den einzelnen Arbeitnehmer entfallende steuerpflichtige Teilbetrag **100,- €** – vormals 62,- € – (jeweils ohne Versicherungssteuer) im Kalenderjahr nicht übersteigt. Der Pauschsteuersatz beträgt 20%.

 Beispiel:

In der Gruppenunfallversicherung, die den beruflichen und den privaten Bereich abdeckt, sind 10 Arbeitnehmer versichert.

Die Gesamtprämie beträgt	750,— €
+ Versicherungssteuer 19%	142,50 €
Aufwand für die Gruppenunfallversicherung	892,50 €
hiervon sind 20% als auf das Risiko bei Auswärtstätigkeit entfallend steuerfrei =	178,50 €
steuerpflichtig sind	714,— €

Zur Prüfung der Pauschalierungsgrenze sind die Versicherungssteuer und der steuerfreie Teil des Gesamtaufwands auszuscheiden:

Prämie ohne Versicherungssteuer	750,— €
steuerfrei sind davon 20% =	150,— €
	600,— €
auf einen Arbeitnehmer entfällt ein Teilbetrag	60,— €

Die Pauschalierungsgrenze von 100,- € ist somit nicht überschritten.

Lohnsteuer 20% von 714,- € =	142,80 €
SolZ 5,5% von 142,80 € =	7,85 €
KiSt 7% (angenommen) von 142,80 € =	9,99 €

Zur Berechnung der pauschalen Kirchensteuer vgl. Anlage 1a, S. 405 und zum gesonderten Ausweis der pauschalen Lohnsteuer in der Lohnsteuer-Anmeldung vgl. S. 397.

Der steuerfreie und der pauschal versteuerte Aufwand für die Unfallversicherung unterliegt nicht der Beitragspflicht in der Sozialversicherung.

BEISPIEL 7 *Freiwillige Unfallversicherung*

4. Welche Folgen ergeben sich bei Überschreitung der Pauschalierungsgrenze?
Wird die Grenze von 100,– € je Arbeitnehmer überschritten, scheidet die Lohnsteuerpauschalierung insgesamt aus. Der auf den einzelnen Arbeitnehmer entfallende Prämienanteil (ggf. nach Abzug von 20 % wegen der Absicherung des Risikos bei einer Auswärtstätigkeit) muss dem individuellen Lohnsteuerabzug unterworfen werden.

Die Versagung der Lohnsteuerpauschalierung führt außerdem dazu, dass die steuerpflichtige Unfallversicherungsprämie auch der Beitragspflicht in der Sozialversicherung unterliegt.

5. Sind Leistungen aus der Unfallversicherung lohnsteuerpflichtig?
Handelt es sich um eine Unfallversicherung, bei der der Arbeitnehmer die Leistungen unmittelbar gegenüber der Versicherung geltend machen kann (bei der die Beiträge im Zeitpunkt der Zahlung steuerpflichtig sind), gilt Folgendes:

— Ist der Versicherungsfall im **privaten Bereich** eingetreten, sind die Versicherungsleistungen lohnsteuerlich nicht relevant. Soweit die Versicherung wiederkehrende Leistungen erbringt, prüft das Finanzamt jedoch, ob Einkünfte nach § 22 Nr. 1 EStG (Renteneinkünfte) vorliegen.

— Ist der Versicherungsfall im **beruflichen Bereich** eingetreten, sind die Leistungen nur insoweit steuerpflichtig als sie Entschädigungen für entgangene oder entgehende Einnahmen darstellen und die Beiträge ganz oder teilweise Werbungskosten bzw. steuerfreie Reisenebenkostenvergütungen waren.

Der Arbeitgeber hat den Lohnsteuerabzug jedoch nur dann vorzunehmen, wenn er weiß oder erkennen kann, dass derartige Zahlungen erbracht wurden. Andernfalls ist der als Entschädigung i. S. d. § 24 Nr. 1 Buchstabe a EStG steuerpflichtige Teil des Arbeitslohns, der ggf. durch Schätzung zu ermitteln ist, im Rahmen der Einkommensteuerveranlagung des Arbeitnehmers durch das Finanzamt zu erfassen.

B) Versicherungen, bei denen der Arbeitnehmer selbst keinen Rechtsanspruch unmittelbar gegenüber der Versicherung hat

1. Wie werden die Beiträge des Arbeitgebers behandelt?
Erlangt der Arbeitnehmer aufgrund der Beitragszahlungen des Arbeitgebers keinen eigenen Rechtsanspruch gegen die Versicherung, sondern handelt es sich um eine sogenannte Versicherung für fremde Rechnung (§ 179 Abs. 1 Satz 2 i. V. m. §§ 43 – 48 VVG), bei der der Arbeitgeber als Versicherungsnehmer über die Rechte, die dem Arbeitnehmer als Versicherten aus dem Versicherungsvertrag zustehen, im eigenen Namen verfügen kann (§ 45 Abs. 1 VVG), stellen die Beiträge im Zeitpunkt der Zahlung (noch) keinen dem Arbeitnehmer zufließenden Arbeitslohn dar (vgl. BFH-Urteile vom 16.4.1999, BStBl 2000 II S. 406 und S. 408), wenn die Ausübung der Rechte aus dem Versicherungsvertrag ausschließlich dem Arbeitgeber zusteht.

2. Zu welchem Zeitpunkt fließt der Arbeitslohn zu?
Erwirbt der Arbeitnehmer durch die Beitragszahlungen keinen eigenen Rechtsanspruch unmittelbar gegenüber der Versicherung, wird der Lohnzufluss nicht im Zeitpunkt der Beitragszahlung, sondern erst im Zeitpunkt der Versicherungsleistung im Schadensfall bewirkt.

BEISPIEL 7   *Freiwillige Unfallversicherung*

3. In welcher Höhe fließt aufgrund der Beitragszahlungen der Arbeitslohn zu?

Anders als früher liegt nach der neuen BFH-Rechtsprechung vom 11.12.2008 mit den Beitragszahlungen des Arbeitgebers der Lohnzufluss nicht in der Gestalt der Versicherungsleistung. Vielmehr sieht der BFH im Leistungsfall nunmehr den Vorteil des Arbeitnehmers in den in der Vergangenheit vom Arbeitgeber zugunsten des Arbeitnehmers geleisteten Beiträgen. Hinsichtlich der Bemessung des geldwerten Vorteils gilt unter Berücksichtigung der individualisierten Beiträge und nach Ausscheiden des beruflichen Risikos dabei Folgendes:

— Da in aller Regel bei einer Gruppenunfallversicherung die Person des Versicherten gegenüber der Versicherung nicht bekannt ist, muss der in den Beiträgen zugunsten des Arbeitnehmers liegende Vorteil bei Weiterleitung der Versicherungsleistung durch den Versicherungsnehmer (Arbeitgeber) oder bei Auskehrung durch die Versicherung erstmals konkretisiert und individualisiert werden. Der Anteil des betroffenen Arbeitnehmers an den Beiträgen muss dabei ggf. geschätzt werden. Es sind **alle** bis zum Zeitpunkt der Versicherungsleistung aufgelaufenen (nicht als Arbeitslohn versteuerten) Beiträge, die der Arbeitgeber seit Begründung des Dienstverhältnisses für den Arbeitnehmer erbracht hat, einzubeziehen, unabhängig davon, ob es sich um einen oder mehrere Versicherungsverträge handelt. Aus Vereinfachungsgründen können die auf den Arbeitnehmer entfallenden Beiträge unter Berücksichtigung der Beschäftigungsdauer auf Basis des zuletzt vor Eintritt des Versicherungsfalls geleisteten Versicherungsbeitrags hochgerechnet werden. Der Vorteil ist dabei auf die Höhe der ausgezahlten Versicherungsleistung begrenzt. Es kommt nicht darauf an, ob der Unfall im beruflichen oder im privaten Bereich eingetreten ist und ob die Versicherungsleistungen Ersatz für entgangene Einnahmen darstellen.

— Der auf das Risiko beruflicher Unfälle entfallende Anteil der Beiträge führt als steuerpflichtiger Werbungskostenersatz (Arbeitslohn) auch zu Werbungskosten des Arbeitnehmers, mit denen im Rahmen der Einkommensteuerveranlagung des Arbeitnehmers der entsprechende steuerpflichtige Arbeitslohn dann zu saldieren ist. Bei gemischten Unfallversicherungen, die das Risiko privater und beruflicher Unfälle abdecken, gelten für die Aufteilung und Zuordnung der Beiträge die Ausführungen unter A.2 entsprechend.

— Da bis zum Schadensfall in der Regel über mehrere Jahre hinweg Beiträge geleistet worden sind, kommt bei der Versteuerung des nach den obigen Grundsätzen ermittelten geldwerten Vorteils die sog. Fünftel-Regelung und die Steuerermäßigung für Vergütungen für mehrjährige Tätigkeiten in Betracht (vgl. S. 224).

— Bei mehrfacher Zahlung von Versicherungsleistungen (z. B. aufgrund eines vorangegangenen Unfalls) gelten die bei einer früheren Versicherungsleistung als Arbeitslohn berücksichtigten Beiträge als verbraucht; insoweit sind sie daher bei einer späteren Versicherungsleistung nicht erneut als Arbeitslohn zu erfassen.

✎ **Beispiel:**
Der Arbeitgeber hat für den Arbeitnehmer eine Unfallversicherung gegen alle Unfälle abgeschlossen. Die Ausübung der Rechte steht ausschließlich dem Arbeitgeber zu. Der Arbeitgeber hat bis zum Eintritt des ersten Versicherungsfalles für den Arbeitnehmer Beiträge in Höhe von 10.000,- € geleistet. Der Arbeitnehmer erleidet einen Unfall und erhält eine Versicherungsleistung von 4.000,- €, die über den Arbeitgeber ausbezahlt wird.

BEISPIEL 7   *Geringwertige Sachbezüge*

Die Beitragsleistungen können entsprechend den Ausführungen zu A.2 zu 50 % dem privaten Bereich, zu 30 % dem steuerpflichtigen Werbungskostenersatz und zu 20 % den steuerfreien Reisenebenkostenerstattungen zugeordnet werden. Dementsprechend gilt für die Versicherungsleistung in Höhe von 4.000,- € folgende Aufteilung und Zuordnung:

Reisenebenkostenerstattung: 20 % von 4.000,- € =	800,- €
Werbungskostenersatz: 30 % von 4.000,- € =	1.200,- €
privater Anteil: 50 % von 4.000,- € =	2.000,- €

Der Arbeitgeber hat demnach von der Versicherungsleistung 3.200,- € (= 1.200,- € + 2.000,- €) dem Lohnsteuerabzug zu unterwerfen, während 800,- € steuerfrei bleiben. Der Arbeitnehmer kann im Rahmen seiner Einkommensteuerveranlagung 1.200,- € als Werbungskosten geltend machen.

4. Welche steuerliche Bedeutung liegt in der Versicherungsleistung selbst?

Erhält der Arbeitnehmer aus einer durch Beiträge seines Arbeitgebers finanzierten Unfallversicherung, die ihm keinen eigenen unentziehbaren Rechtsanspruch einräumt, so führen im Zeitpunkt der Leistung nicht die Versicherungsleistung selbst, sondern die bis dahin entrichteten, auf den Versicherungsschutz des Arbeitnehmers entfallenden Beiträge zu Arbeitslohn, begrenzt auf die dem Arbeitnehmer ausgezahlte Versicherungsleistung (vgl. Nr. 3.).

Darüber hinaus gehört die Auskehrung des Arbeitgebers dann nicht zum Arbeitslohn, soweit der Arbeitgeber einen zivilrechtlichen Schadensersatzanspruch des Arbeitnehmers wegen schuldhafter Verletzung arbeitsvertraglicher Fürsorgepflichten erfüllt (vgl. BFH vom 20.9.1996, BStBl 1997 II S. 144). Schmerzensgeldrenten nach § 253 Abs. 2 BGB (bis 31.7.2002: § 847 BGB), Schadensersatzrenten zum Ausgleich vermehrter Bedürfnisse (§ 843 Abs. 1 2. Alternative BGB), Unterhaltsrenten nach § 844 Abs. 2 BGB sowie Ersatzansprüche wegen entgangener Dienste nach § 845 BGB sind ebenfalls nicht steuerbar (vgl. BMF vom 15.7.2009, BStBl I S. 836).

Wiederkehrende Leistungen aus der Unfallversicherung können unter bestimmten Voraussetzungen zu Einkünften aus nichtselbständiger Arbeit gehören, soweit sie Entschädigungen für entgangene oder entgehende Einnahmen i. S. d. § 24 Nr. 1 Buchstabe a EStG darstellen oder, soweit sie nicht steuerpflichtiger Arbeitslohn sind, zu den Einkünften nach § 22 Nr. 1 EStG gehören.

Geringwertige Sachbezüge

Gemäß § 8 Abs. 2 Satz 11 EStG gehören mit dem üblichen Endpreis zu bewertende Sachbezüge nicht zum Arbeitslohn und damit auch nicht zum Arbeitsentgelt in der SozV, wenn sie für den Arbeitnehmer insgesamt 44,- € im Kalendermonat nicht übersteigen. Die Freigrenze gilt nicht für die unentgeltliche oder verbilligte Verpflegung und Unterkunft oder für die Kraftfahrzeugüberlassung, da für solche Zuwendungen besondere Bewertungsregeln maßgebend sind (vgl. diese Stichworte). Anwendungsfälle für die Freigrenze sind z. B.:

— Vorteile aus Wohnungsüberlassung,
— von Dritten eingeräumte Preisnachlässe,
— Zinsvorteile
— Gutscheine, die ausschließlich nur zum Bezug von Waren und Dienstleistungen berechtigen.

BEISPIEL 7   *Geringwertige Sachbezüge*

Die Freigrenze von 44,– € ist monatsbezogen; sie darf nicht auf einen Jahresbetrag hochgerechnet werden. Für die Frage, ob die 44,– €-Grenze überschritten ist, bleiben Sachbezüge, die der Arbeitgeber pauschal versteuert, unberücksichtigt.

 Beispiel:
Dem Arbeitnehmer ist mit einer Verbilligung von monatlich 40,– € eine Betriebswohnung überlassen. Der Vorteil ist durch Anwendung der 44,– €-Freigrenze steuer- und beitragsfrei.

Im Februar erhält er zu seinem Geburtstag eine Uhr im Wert von 150,– €. Die Sachbezüge betragen somit 190,– €. Wegen Überschreitung der Freigrenze sind in diesem Monat 190,– € steuer- und beitragspflichtig.

Für den Arbeitnehmer wäre es vorteilhafter, wenn er das Geburtstagsgeschenk in bar erhält, da dann wenigstens der Mietvorteil in Höhe von 40,– € als geringwertiger Sachbezug weiterhin steuer- und beitragsfrei bleibt.

 Rat für die Praxis:

Wenn die 44,– €-Grenze in Anspruch genommen wird, muss bei jedem weiteren geringen Sachbezug die steuerliche Auswirkung bedacht werden.

Wann liegt ein Sachbezug, wann eine Geldleistung vor?
Nur ein Sachbezug kann unter die 44,–€-Monatsfreigrenze fallen, nicht jedoch eine Geldleistung. Ob ein Barlohn oder ein Sachbezug vorliegt, entscheidet sich nach dem Rechtsgrund des Zuflusses, also auf der Grundlage der arbeitsvertraglichen Vereinbarungen danach, was der Arbeitnehmer vom Arbeitgeber beanspruchen kann. Es kommt nicht darauf an, auf welche Art und Weise der Arbeitgeber den Anspruch erfüllt und seinem Arbeitnehmer den zugesagten Vorteil verschafft (vgl. BFH-Urteile vom 11.11.2010, BStBl 2011 II S. 383, 386 und 389), sowie vom 7.6.2018, BStBl 2019 II S. 371, und vom 4.7.2018, BStBl 2019 II S. 373). Hierzu hat der Gesetzgeber mit dem Gesetz zur weiteren steuerlichen Förderung der Elektromobilität und zur Änderung weiterer steuerlicher Vorschriften vom 12.12.2019 nunmehr in § 8 Abs. 1 Satz 2 und 3 EStG ausdrücklich klargestellt, dass zu den Einnahmen in Geld auch zweckgebundene Geldleistungen, nachträgliche Kostenerstattungen, Geldsurrogate und andere Vorteile, die auf einen Geldbetrag lauten, gehören. Dies gilt jedoch nicht für Gutscheine und Geldkarten, die ausschließlich nur zum Bezug von Waren oder Dienstleistungen berechtigen und die Kriterien des § 2 Abs. 1 Nr. 10 des Zahlungsdienstaufsichtsgesetzes erfüllen. Für diese als Sachbezug geltenden Gutscheine und Geldkarten kommt gemäß § 8 Abs. 2 Satz 11 EStG die 44-Euro-Freigrenze nunmehr jedoch nur dann in Betracht, wenn sie zusätzlich zum ohnehin geschuldeten Arbeitslohn gewährt werden. Dementsprechend gilt für 2020 folgendes:

Sachbezug und damit die Möglichkeit der Anwendung der 44,– €-Monatsfreigrenze ist danach u.a.

— ein dem Arbeitnehmer durch den Arbeitgeber zusätzlich zum ohnehin geschuldeten Arbeitslohn eingeräumtes Recht, bei einer Tankstelle zu tanken,
— ein Gutschein über einen in Euro lautenden Höchstbetrag, der zusätzlich zum ohnehin geschuldeten Arbeitslohn gewährt wird und ausschließlich zum Bezug einer Ware oder Dienstleistung berechtigt,

BEISPIEL 7 *Geringwertige Sachbezüge*

— ein zum ohnehin geschuldeten Arbeitslohn gewährter Gutschein (z. B. aufladbare Geschenkkarten für den Einzelhandel), der berechtigt, Waren oder Dienstleistungen vom Aussteller des Gutscheins zu beziehen (sog. Closed-Loop-Karten),

— ein zum ohnehin geschuldeten Arbeitslohn gewährter Gutschein (z. B. Centergutschein, „City-Cards"), der nicht nur beim Aussteller, sondern bei einem abgegrenzten Kreis von Akzeptanzstellen eingelöst werden kann (sog. Controlled-Loop-Karten).

Ein Abschlag von 4% auf den Endpreis des Sachbezugs nach R 8.1 Abs. 2 Satz 4 LStR darf nicht vorgenommen werden, wenn ein Gutschein mit Betragsangabe hingegeben wird.

Kein Sachbezug ist gegeben, wenn der Arbeitnehmer anstelle der Sachleistung Barlohn verlangen kann. Dementsprechend sind nach der neuen Gesetzeslage auch zweckgebundene Geldleistungen und nachträgliche Kostenerstattungen, also Zahlungen des Arbeitgebers an den Arbeitnehmer anstelle der geschuldeten Ware oder Dienstleistungen, kein Sachbezug. Auch Geldsurrogate, die im Rahmen unabhängiger Systeme des unbaren Zahlungsverkehrs eingesetzt werden können (sog. Open-Loop-Karten), sind in aller Regel nicht als Sachbezug, sondern als Geldleistung zu behandeln.

Für **Zukunftssicherungsleistungen** gilt Folgendes:

Bei Gewährung von Krankenversicherungsschutz handelt es sich dann um Sachlohn, wenn der Arbeitnehmer aufgrund des Arbeitsvertrags von seinem Arbeitgeber ausschließlich Versicherungsschutz und nicht auch eine Geldzahlung verlangen kann (vgl. BFH-Urteil vom 7.6.2018, BStBl 2019 II S. 371). Zahlt hingegen der Arbeitgeber seinem Arbeitnehmer einen Zuschuss unter der Bedingung, dass dieser mit einem vom Arbeitgeber benannten Unternehmen einen Vertrag schließt, wendet der Arbeitgeber auch nach dem BFH-Urteil vom 4.7.2018, BStBl 2019 II S. 373, Geld und keinen Sachlohn zu. Bei einem solchen verwendungsbezogenen Zuschuss des Arbeitgebers für eine private Zusatzkrankenversicherung seines Arbeitnehmers gilt somit die 44-Euro-Freigrenze weiterhin nicht. Auch Beiträge und Zuwendungen im Rahmen der betrieblichen Altersversorgung sind Geldleistungen und kein Sachbezug.

Die Finanzverwaltung wird zur neuen Gesetzeslage ein BMF-Schreiben erstellen und dabei auch das BMF-Schreiben vom 10.10.2013, BStBl I S. 1.301, zu den Zukunftssicherungsleistungen aufheben.

Für **Zuwendungen anlässlich von Betriebsveranstaltungen** (vgl. S. 111) ist die 44,– €-Monatsfreigrenze nicht anwendbar, selbst wenn die Aufwendungen des Arbeitgebers für den auf den Arbeitnehmer entfallenden Kostenanteil die 44,– €-Freigrenze nicht übersteigen.

Was gilt bei vom Arbeitgeber verteilten Warengutscheinen?
Für die Entscheidung, ob ein bei einem Dritten einzulösender Warengutschein als Barlohn und nicht als Sachbezug zu beurteilen ist, gelten die obigen Ausführungen. Danach sind Gutscheine, die ausschließlich nur zum Bezug von Waren oder Dienstleistungen berechtigen, ein Sachbezug. Für diese als Sachbezug geltenden Gutscheine und Geldkarten kommt gemäß § 8 Abs. 2 Satz 11 EStG die 44-Euro-Freigrenze nunmehr nur dann in Betracht, wenn sie zusätzlich zum ohnehin geschuldeten Arbeitslohn gewährt werden.

Beispiel:
Der Arbeitgeber räumt seinem Arbeitnehmer zusätzlich zum ohnehin geschuldeten Arbeitslohn das Recht ein, einmalig zu einem beliebigen Zeitpunkt bei einer Tankstelle auf Kosten des Arbeitgebers gegen Vorlage einer Tankkarte bis zu einem Betrag von 44,– € zu tanken.

Der Arbeitnehmer tankt im Februar für 44,– €; der Betrag wird vom Konto des Arbeitgebers abgebucht.

Unter der Voraussetzung, dass der Arbeitnehmer von seinem Arbeitgeber nicht anstelle der ausgehändigten Tankkarte Barlohn verlangen kann, liegt im Februar ein Sachbezug in Höhe der zugesagten 44,– € vor. Er ist steuerfrei, wenn dem Arbeitnehmer in diesem Monat keine weiteren Sachbezüge, die unter die 44,– €-Monatsfreigrenze fallen, gewährt werden.

Im Übrigen gilt bei Warengutscheinen, dass nach R 38.2 Abs. 3 LStR der Zufluss des Arbeitslohns bei einem Gutschein, der bei einem Dritten einzulösen ist, mit der Hingabe des Gutscheins erfolgt, weil der Arbeitnehmer zu diesem Zeitpunkt einen Rechtsanspruch gegenüber dem Dritten erhält. Ist der Gutschein hingegen beim Arbeitgeber einzulösen, fließt Arbeitslohn erst bei Einlösung des Gutscheins vor. Bei Einlösung des Gutscheins im Betrieb des Arbeitgebers liegt in der Regel Personalrabatt vor. Bei Bewertung des Sachbezugs nach § 8 Abs. 3 EStG (vgl. S. 169), gilt die Freigrenze von 44,– € nicht.

 Rat für die Praxis:

Auch in den Fällen von Warengutscheinen ist wichtig zu wissen, dass nun auch im Steuerrecht – wie bislang bereits in der SozV – die Umwandlung von Barlohn in einen Sachbezug nicht akzeptiert wird. Steuer- und Beitragsfreiheit lässt sich mit der Geringfügigkeitsgrenze von 44,– € also nur erreichen, wenn der Sachbezug zusätzlich zum ohnehin geschuldeten Arbeitslohn gegeben wird.

Heirats- und Geburtsbeihilfen

Bar- oder Sachgeschenke, die der Arbeitgeber einem Arbeitnehmer anlässlich der Eheschließung des Arbeitnehmers oder der Geburt seines Kindes zuwendet, waren gemäß § 3 Nr. 15 EStG bis zu einem Gesamtbetrag von jeweils 315,– € steuerfrei. Diese Freibeträge sind jedoch bereits seit 2006 aufgehoben.

Kindergartenzuschüsse

Arbeitgeberleistungen, die zur Unterbringung, einschließlich Unterkunft und Verpflegung, und Betreuung von nichtschulpflichtigen Kindern des Arbeitnehmers in Kindergärten oder vergleichbaren Einrichtungen bestimmt sind, gehören nicht zum steuer- und beitragspflichtigen Arbeitslohn. Ob ein Kind schulpflichtig ist, richtet sich nach dem jeweiligen landesrechtlichen Schulgesetz des einzelnen Bundeslandes. Aus Vereinfachungsgründen braucht der Arbeitgeber gemäß R 3.33 Abs. 3 LStR die Schulpflicht nicht zu prüfen bei Kindern, die

— das 6 Lebensjahr noch nicht vollendet haben oder
— im laufenden Kalenderjahr das 6. Lebensjahr nach dem 30. Juni vollendet haben, es sei denn, sie sind vorzeitig eingeschult worden, oder
— im laufenden Kalenderjahr das 6. Lebensjahr vor dem 1. Juli vollendet haben, in den Monaten Januar bis Juli dieses Jahres.

Zudem wurde mit R 3.33 Abs. 3 Satz 4 LStR klargestellt, dass den nichtschulpflichtigen Kindern schulpflichtige Kinder gleichstehen, solange sie mangels Schulreife vom Schulbesuch zurückgestellt oder noch nicht eingeschult sind. Voraussetzung ist, dass der Arbeitnehmer dem Arbeitgeber mindestens Zahlungen an den Kindergarten in Höhe des Zuschusses nachweist; den Originalbeleg hierzu muss der Arbeitgeber zusammen mit den übrigen Lohnunterlagen aufbewahren.

Weitere Voraussetzung für die Steuer- und Beitragsfreiheit ist, dass die Leistungen zusätzlich zu dem arbeitsrechtlich ohnehin geschuldeten Arbeitslohn erbracht werden. Wird eine zweckbestimmte Leistung unter Anrechnung auf den arbeitsrechtlich geschuldeten Arbeitslohn oder durch dessen Umwandlung gewährt, liegt keine zusätzliche Leistung vor. Eine zusätzliche Leistung liegt aber vor, wenn sie unter Anrechnung auf eine andere freiwillige Sonderzahlung, z. B. freiwillig geleistetes Weihnachtsgeld, erbracht wird. Unschädlich ist es, wenn der Arbeitgeber verschiedene zweckgebundene Leistungen zur Auswahl anbietet oder die übrigen Arbeitnehmer die freiwillige Sonderzahlung erhalten. Kommt die zweckbestimmte Leistung zu dem Arbeitslohn hinzu, den der Arbeitgeber schuldet, ist das Tatbestandsmerkmal „zusätzlich zum ohnehin geschuldeten Arbeitslohn" auch dann erfüllt, wenn der Arbeitnehmer arbeitsvertraglich oder aufgrund einer anderen arbeits- oder dienstrechtlichen Rechtsgrundlage einen Anspruch auf die zweckbestimmte Leistung hat.

Im Übrigen werden Leiharbeitnehmer, die wegen § 13b Arbeitnehmerüberlassungsgesetz Kinderbetreuungseinrichtungen des Entleihers in Anspruch nehmen dürfen, lohnsteuerlich so behandelt als hätte der Verleiher (Arbeitgeber) gegenüber seinen Arbeitnehmern (Leiharbeitnehmer) diese Leistungen unmittelbar erbracht.

Kraftfahrzeugüberlassung

Der Vorteil aus der unentgeltlichen oder verbilligten Überlassung eines Kraftfahrzeugs zur privaten Nutzung gehört nach § 8 Abs. 2 Sätze 2 bis 5 EStG zum steuerpflichtigen Arbeitslohn. Das gilt sowohl für ein firmeneigenes als auch für ein vom Arbeitgeber geleastes Fahrzeug. Um eine Überlassung handelt es sich auch dann, wenn der Arbeitnehmer das Fahrzeug selbst least, der Arbeitgeber aber sämtliche Kosten trägt und im Innenverhältnis über die Nutzung des Fahrzeugs bestimmt. In Rdnrn. 46–48 des BMF-Schreibens vom 4.4.4018, BStBl I S. 592, ist im Hinblick auf das BFH-Urteil vom 18.12.2014, BStBl 2015 II S. 670, ausdrücklich klargestellt worden, dass in Fällen, in denen der Arbeitgeber das Fahrzeug von einer Leasinggesellschaft least und dem Arbeitnehmer mit steuerlich anzuerkennender Gehaltsumwandlung zur privaten Nutzung überlässt, im Regelfall auch weiterhin eine Dienstwagenbesteuerung nach § 8 Abs. 2 Sätze 2 und 5 EStG gegeben ist, wenn die Kraftfahrzeugüberlassung aus dem Arbeitsvertrag oder aus einer anderen arbeitsrechtlichen Rechtsgrundlage resultiert. Diese Klarstellung war erforderlich, weil es nach dem vorgenannten, in einem Sonderfall mit kommunalem Bezug (sog. Bürgermeisterleasing) ergangenen BFH-Urteil an einer nach § 8 Abs. 2 Sätze 2 bis 5 EStG zu bewertenden Überlassung eines Kraftfahrzeugs durch den Arbeitgeber dann fehlen kann, wenn das vom Arbeitgeber geleaste Fahrzeug dem Arbeitnehmer auf Grund einer Sonderrechtsbeziehung im Innenverhältnis zuzurechnen ist, weil der Arbeitnehmer gegenüber dem Arbeitgeber neben den sämtlichen Kfz-Kosten auch noch sämtliche wirtschaftliche Risiken im Zusammenhang mit dem Fahrzeug zu tragen hat.

BEISPIEL 7   *Kraftfahrzeugüberlassung*

Die Bewertung des Vorteils aus einer Kraftfahrzeugüberlassung ist mit § 8 Abs. 2 Sätze 2 bis 5 EStG gesetzlich geregelt. Danach sind nur **zwei Methoden** zulässig:

— Pauschalverfahren auf der Basis des Listenpreises des Fahrzeugs
oder
— Gesamtkostenermittlung und Führung eines Fahrtenbuchs

Wird kein ordnungsgemäßes Fahrtenbuch geführt, ist der zu versteuernde geldwerte Vorteil nach dem Pauschalverfahren zu bewerten. Eine Schätzung des Privatanteils anhand anderer Aufzeichnungen wird nicht anerkannt. Der Arbeitgeber muss sich nach Abstimmung mit dem Arbeitnehmer auf eines der Verfahren festlegen. Das Verfahren darf bei dem gleichen Fahrzeug während des Kalenderjahres nicht gewechselt werden. Erst bei der Einkommensteuerveranlagung durch das Finanzamt kann sich der Arbeitnehmer anders entscheiden.

1. **Pauschalverfahren**

    Für die private Nutzung ist für jeden Kalendermonat **1%** des auf volle hundert Euro abgerundeten inländischen Listenpreises im Zeitpunkt der Erstzulassung des Fahrzeugs zuzüglich der Kosten für die Sonderausstattung und einschließlich der Umsatzsteuer anzusetzen (zur Elektromobilität siehe unter „Was gilt bei Elektrofahrzeugen?"). Zur Sonderausstattung, die jedoch nur dann einzubeziehen ist, wenn das Fahrzeug bereits werkseitig im Zeitpunkt der Erstzulassung damit ausgestattet ist, gehört z. B. ein Navigationsgerät oder Diebstahlsicherungssystem, nicht aber das Autotelefon einschließlich der Freisprecheinrichtung. Auch der Wert eines weiteren Satzes Reifen einschließlich der Felgen bleibt außer Ansatz. Der Listenpreis für das Neufahrzeug ist auch dann maßgebend, wenn ein Gebrauchtwagen überlassen wird. Wird das Fahrzeug vom Arbeitnehmer noch im Rahmen mit einer anderen Einkunftsart genutzt, ist in R 8.1 Abs. 9 Nr. 1 Satz 8 LStR ausdrücklich klargestellt, dass dieser Vorteil mit der 1%-Regelung abgegolten ist.

    Übernimmt der Arbeitgeber Aufwendungen für die Straßenbenutzung (z. B. Mautgebühren oder Straßenvignetten) für die mit einem Firmenwagen unternommenen Privatfahrten seines Arbeitnehmers, liegt darin die Zuwendung eines geldwerten Vorteils, der nicht durch die pauschalen Nutzungsregelungen abgegolten ist. Zur Behandlung von Unfallkosten vergleiche die nachfolgenden Ausführungen „Was gilt für Unfallkosten?".

    Kann das Fahrzeug auch für **Fahrten zwischen Wohnung und erster Tätigkeitsstätte** bzw. für Fahrten nach § 9 Abs. 1 Satz 3 Nr. 4a Satz 3 EStG (arbeitstägliche Fahrten von der Wohnung zu einem dauerhaft vom Arbeitgeber bestimmten Treffpunkt oder in ein weiträumiges Tätigkeitsgebiet; vgl. S. 191 und S. 192 genutzt werden, sind im Kalendermonat **zusätzlich grundsätzlich 0,03%** des obigen Listenpreises für jeden Kilometer der Entfernung zwischen Wohnung und erster Tätigkeitsstätte bzw. der Fahrten nach § 9 Abs. 1 Satz 3 Nr. 4a Satz 3 EStG anzusetzen. Dabei kommt es nicht darauf an, wie oft das Fahrzeug tatsächlich benutzt wurde. Ein eventueller Nutzungsausfall durch Urlaub oder Krankheit ist in dem gesetzlichen Satz von 0,03% pauschal berücksichtigt.

    Beispiel:
Listenpreis des PKW bei Erstzulassung einschließlich USt	25.000,— €
Sonderausstattung einschließlich USt	5.000,— €
maßgeblicher Fahrzeugpreis	30.000,— €

BEISPIEL 7   *Kraftfahrzeugüberlassung*

monatlich 1 % =   300,— €
Diesem Betrag ist der Vorteil aus der Nutzung des Fahrzeugs zu den
Fahrten zwischen Wohnung und erster Tätigkeitsstätte hinzuzurechnen.
Die Entfernung beträgt im Beispielsfall 20 km.
Maßgeblicher Fahrzeugpreis   30.000,— €
davon monatlich 0,03 % =   9,— €
x 20 km =   180,— €
steuerpflichtiger Vorteil insgesamt   480,— €
(Dieser Monatswert ist auch dann maßgebend, wenn das
Fahrzeug nicht den ganzen Kalendermonat zur Verfügung
steht.)
davon können pauschal versteuert werden (vgl. S. 121 und 126)
0,30 € x 20 km x 15 Tage =   90,— €
(15 Tage können aus Vereinfachungsgründen* angesetzt werden)
Dem individuellen Lohnsteuerabzug und der Beitragspflicht
in der SozV unterliegen   390,— €
Daneben sind vom Arbeitgeber die folgenden pauschalen
Steuerbeträge zu entrichten:
    LSt 15 % von 90,- € =   13,50 €
    (Zum gesonderten Ausweis der pauschalen
    LSt in der Lohnsteuer-Anmeldung vgl. S. 397)
    SolZ 5,5 % von 13,50 € =   —,74 €
    KiSt 7 % (angenommen) von 13,50 € =   —,94 €
    vgl. Anlage 1a, S. 405)

An Stelle der 0,03 %-Regelung können Arbeitgeber und Arbeitnehmer auch vereinbaren, dass der geldwerte Vorteil für **Fahrten zwischen Wohnung und erster Tätigkeitsstätte** bzw. der Fahrten nach § 9 Abs. 1 Satz 3 Nr. 4a Satz 3 EStG entsprechend den tatsächlich durchgeführten Fahrten nach der **Einzelbewertungsmethode mit 0,002 %** entsprechend Rdnr. 10 des BMF-Schreibens vom 4.4.2018, BStBl I S. 592, angesetzt wird. Die Wahl kann für jedes Kalenderjahr nur einheitlich für alle dem einzelnen Arbeitnehmer überlassenen Fahrzeuge getroffen werden und darf während des Kalenderjahrs nicht gewechselt werden. Der Arbeitnehmer hat gegenüber dem Arbeitgeber kalendermonatlich fahrzeugbezogen schriftlich zu erklären, an welchen Tagen (mit Datumsangabe) er das betriebliche Kraftfahrzeug tatsächlich für Fahrten zwischen Wohnung und erster Tätigkeitsstätte bzw. für Fahrten nach § 9 Abs. 1 Satz 3 Nr. 4a Satz 3 EStG genutzt hat; die bloße Angabe der Anzahl der Tage reicht nicht aus. Aus Vereinfachungsgründen kann für den Lohnsteuerabzug jeweils auf die Erklärung des Vormonats abgestellt werden. Macht der Arbeitgeber von der Einzelbewertung im Lohnsteuerabzugsverfahren keinen Gebrauch, kann der Arbeitnehmer diese im Rahmen seiner Einkommensteuerveranlagung geltend machen und dem Finanzamt gegenüber die erforderlichen Angaben darlegen.

---

* Die 15-Tage-Vereinfachungsregelung gilt nur bei der 0,03 %-Regelung; nicht jedoch bei der Einzelbewertungsmethode mit 0,002 %, bei der die Anzahl der erklärten tatsächlichen Fahrten auch für die Pauschalversteuerung maßgeblich sind.

BEISPIEL 7   *Kraftfahrzeugüberlassung*

Wird eine Einzelbewertung der tatsächlichen Fahrten zwischen Wohnung und erster Tätigkeitsstätte bzw. für Fahrten nach § 9 Abs. 1 Satz 3 Nr. 4a Satz 3 EStG vorgenommen, gilt für alle dem einzelnen Arbeitnehmer überlassenen Fahrzeuge eine jahresbezogene Begrenzung auf insgesamt 180 Fahrten. Eine monatliche Begrenzung auf 15 Fahrten ist jedoch ausgeschlossen.

 Beispiel
Ein Arbeitnehmer nutzt im Kalenderjahr 2020 einen Firmenwagen (Bruttolistenpreis im Zeitpunkt der Erstzulassung 30.000,– €) für Privatfahrten und für Fahrten zwischen Wohnung und erster Tätigkeitsstätte (25 Entfernungskilometer). Er legt seinem Arbeitgeber datumsgenaue Erklärungen vor, dass er das Fahrzeug für die Monate Januar bis Juni an jeweils 14 Tagen, für die Monate Juli bis November an jeweils 19 Tagen und für den Monat Dezember an 4 Tagen genutzt hat.

In den Monaten Januar bis Juni sind der Einzelbewertung jeweils 14 Tage, für Juli bis November 19 Tage und wegen der jahresbezogenen Begrenzung auf 180 Tage für Dezember 1 Fahrt zugrunde zu legen, sodass folgender geldwerter Vorteil ergibt:

Januar bis Juni:
1 % von 30.000,– € =   *300,– €*
0,002 % von 30.000,– € x 25 km x 14 Fahrten =   *210,– €*
                                                                                         510,– €

Juli bis November
1 % von 30.000,– € =   *300,– €*
0,002 % von 30.000,– € x 25 km x 19 Fahrten =   *285,– €*
                                                                                         585,– €

Dezember
1 % von 30.000,– € =   *300,– €*
0,002 % von 30.000 € x 25 km x 1 Fahrt =   *15,– €*
                                                                                         315,– €

Wird einem Arbeitnehmer ein Firmenfahrzeug neben rein beruflichen Fahrten **ausschließlich** für Fahrten zwischen Wohnung und erster Tätigkeitsstätte bzw. für Fahrten nach § 9 Abs. 1 Satz 3 Nr. 4a Satz 3 EStG überlassen, kann nunmehr auch im Pauschalverfahren dieser geldwerte Vorteil unabhängig von der 1 %-Regelung mit der 0,03 %- bzw. 0,002 %-Methode angesetzt werden. Voraussetzung ist, dass das Nutzungsverbot des betrieblichen Fahrzeugs für private Zwecke beachtet wird.

Wie wird die Übernahme der Kosten durch den Arbeitgeber für die eigene oder vom Arbeitnehmer angemietete Garage berücksichtigt?

1. Das Firmenfahrzeug wird in der eigenen Garage des Arbeitnehmers untergestellt; der Arbeitgeber zahlt hierfür monatlich 100,– €.
    - Die Einnahme für die Garage erhöht für den Arbeitnehmer nicht den geldwerten Vorteil aus der Kraftfahrzeugüberlassung.
    - Sie stellt auch keinen sonstigen steuerpflichtigen Arbeitslohn dar, sondern ist vom Arbeitnehmer im Rahmen der Einkommensteuerveranlagung bei den Einkünften aus Vermietung und Verpachtung zu versteuern.

2. Das Firmenfahrzeug wird in einer vom Arbeitnehmer angemieteten Garage untergestellt; der Arbeitgeber erstattet die Kosten hierfür.
   — Die Übernahme der Garagenkosten durch den Arbeitgeber erhöht für den Arbeitnehmer nicht den geldwerten Vorteil aus der Kraftfahrzeugüberlassung.
   — Es handelt sich auch nicht um sonstigen steuerpflichtigen Arbeitslohn, vielmehr liegt nach § 3 Nr. 50 EStG steuerfreier Auslagenersatz vor.

Rechtsquelle: BFH-Urteil vom 7.6.2002, BStBl II S. 829

Was gilt bei einem Nutzungsausfall?

Ein tageweiser Ausfall der Nutzung, z. B. durch Urlaub oder Krankheit, ist in den gesetzlich bestimmten Pauschalansätzen (1 % bzw. 0,03 % vom Listenpreis) bereits berücksichtigt und führt deshalb nicht zu einer Minderung des steuerpflichtigen Vorteils.

Der pauschale Nutzungswert braucht dagegen nicht angesetzt zu werden, wenn dem Arbeitnehmer **für einen vollen Monat** kein betriebliches Fahrzeug zur Verfügung steht, z. B. weil er es während eines längeren Urlaubs oder einer längeren Krankheit im Betrieb stehen lässt.

Wie erfolgt die pauschale Vorteilsermittlung bei gelegentlicher Überlassung?

Der Ansatz des Monatswerts kann unterbleiben, wenn das Fahrzeug nur gelegentlich **(von Fall zu Fall)** für nicht mehr als 5 Kalendertage im Kalendermonat überlassen wird. Der Nutzungswert ist in diesem Fall je Fahrtkilometer mit 0,001 % des Listenpreises zu ermitteln.

 Beispiel:
Dem Arbeitnehmer wird ausnahmsweise an einem Wochenende ein PKW (Listenpreis 40.000,– €) überlassen. Er fährt

am Freitag vom Betrieb zur Wohnung	40 km
am Wochenende	500 km
am Montag von der Wohnung zum Betrieb	40 km
zusammen	580 km
zu versteuern: 0,001 % von 40.000,– € = 0,40 € x 580 km =	232,— €

Was gilt in Park and Ride-Fällen?

Setzt der Arbeitnehmer das ihm überlassene Fahrzeug bei Fahrten zwischen Wohnung und erster Tätigkeitsstätte oder bei Familienheimfahrten nachweislich nur für eine Teilstrecke ein, weil er regelmäßig die andere Teilstrecke mit öffentlichen Verkehrsmitteln zurücklegt, so kann der pauschale Nutzungswert auf Grundlage der nur mit dem Kraftfahrzeug zurückgelegten Entfernung ermittelt werden, wenn beispielsweise dem Arbeitgeber eine auf den Arbeitnehmer ausgestellte Jahresbahnfahrkarte vorgelegt wird (vgl. Rdnrn. 19 und 20 des BMF-Schreibens vom 4.4.2018, BStBl I S. 592).

Was gilt, wenn ein Firmenfahrzeug von mehreren Arbeitnehmern privat genutzt wird?

In diesem Fall ist der pauschale Nutzungswert von 1 % des Listenpreises entsprechend der Zahl der Nutzungsberechtigten aufzuteilen. Für die Fahrten zwischen Wohnung und erster Tätigkeitsstätte ist bei jedem Berechtigten der Vorteil grundsätzlich mit 0,03 % des Listenpreises je Entfernungskilometer zu ermitteln und dann dieser Wert ebenfalls durch die Zahl

BEISPIEL 7 *Kraftfahrzeugüberlassung*

der Nutzungsberechtigten zu teilen. Dem einzelnen Nutzungsberechtigten bleibt es unbenommen zur Einzelbewertung seiner tatsächlichen Fahrten zwischen Wohnung und erster Tätigkeitsstätte mit der 0,002%-Methode überzugehen (vgl. Rdnr. 21 des BMF-Schreibens vom 4.4.2018, BStBl I S. 592).

Was gilt bei einem sog. Werkstattkastenwagen?

Nach dem BFH-Urteil vom 18.12.2008, BStBl 2009 II S. 381, gilt die pauschale 1-%-Regelung für die Privatnutzung nicht für Fahrzeuge, die nach ihrer objektiven Beschaffenheit und Einrichtung für private Zwecke nicht geeignet sind. Im Urteilsfall war dem Arbeitnehmer eines Unternehmens für Heizungs- und Sanitärbedarf ein zweisitziger Kastenwagen (Werkstattwagen) überlassen worden, dessen fensterloser Aufbau mit Materialschränken und -fächern sowie Werkzeug ausgestattet und mit einer auffälligen Beschriftung versehen war. Nach Auffassung des BFH machen Bauart und Ausstattung des Fahrzeugs deutlich, dass ein solcher Wagen typischerweise nicht für private Zwecke eingesetzt wird und daher, auch wenn kein Fahrtenbuch geführt worden ist, die 1-%-Regelung nicht zur Anwendung kommt. Hingegen war im Urteilsfall die Nutzung des Werkstattwagens für Fahrten zwischen Wohnung und erster Tätigkeitsstätte und damit auch die Versteuerung des geldwerten Vorteils in Höhe von monatlich 0,03% bzw. 0,002% vom Bruttolistenpreis je Entfernungskilometer zulässig (vorausgesetzt, dass ein solcher Arbeitnehmer tatsächlich eine erste Tätigkeitsstätte – vgl. S. 183 – hat).

Was gilt bei Nutzungsverbot und zum Anscheinsbeweis?

Die unentgeltliche oder verbilligte Überlassung eines Kfz durch den Arbeitgeber an den Arbeitnehmer auch für dessen Privatfahrten führt unabhängig davon, ob und in welchem Umfang der Arbeitnehmer das Kfz tatsächlich privat nutzt, zu einem lohnsteuerlichen Vorteil. Allein die Möglichkeit, das Kfz auch privat nutzen zu **dürfen**, führt zum geldwerten Vorteil, der nach der 1%-Regelung zu bewerten ist, sofern der Arbeitnehmer zur Anwendung der Gesamtkostenmethode kein ordnungsgemäßes Fahrtenbuch führt (BFH vom 21.3.2013, BStBl II S. 700).

Wird hingegen dem Arbeitnehmer ein Kfz mit der Maßgabe zur Verfügung gestellt, es für Privatfahrten nicht zu nutzen (ausdrückliches **Nutzungsverbot**), gibt es nach den BFH-Urteilen vom 21.3.2013, BStBl II S. 918 und vom 18.4.2013, BStBl II S. 920, keinen allgemeinen Erfahrungssatz oder den Beweis des ersten Anscheins, dass das Privatnutzungsverbot nur zum Schein ausgesprochen ist oder ein Privatnutzungsverbot generell missachtet wird. Das gilt selbst dann, wenn der Arbeitgeber ein arbeitsvertraglich vereinbartes Nutzungsverbot nicht überwacht. Die unbefugte Privatnutzung eines betrieblichen Kfz hat keinen Lohncharakter; erst der Verzicht auf Schadenersatz bzw. der Erlass einer Schadensersatzforderung durch den Arbeitgeber führt zu Arbeitslohn. Auf Rdnrn. 16–18 des BMF-Schreibens vom 4.4.2018, BStBl i S. 592, wird ergänzend hingewiesen.

 Rat für die Praxis:

Wenn der Arbeitnehmer den ihm überlassenen Firmenwagen nicht umfassend nutzen darf, muss dieses Nutzungsverbot im Arbeitsvertrag oder in einer Nebenabrede ausdrücklich und eindeutig niedergelegt werden.

Kann der pauschale Nutzungswert begrenzt werden?
Der nach dem Pauschalverfahren (1.) ermittelte Nutzungswert kann die dem Arbeitgeber für das Fahrzeug insgesamt entstandenen Kosten übersteigen. Wird dies im Einzelfall nachgewiesen, so ist der Nutzungswert höchstens mit dem Betrag der Gesamtkosten des Fahrzeugs anzusetzen, wenn nicht auf Grund des Nachweises der Fahrten durch ein Fahrtenbuch (vgl. nachfolgend 2. Gesamtkostenermittlung und Führen eines Fahrtenbuchs) ein geringerer Wertansatz in Betracht kommt.

2. Gesamtkostenermittlung und Führung eines Fahrtenbuchs
Bei einer nur geringen Nutzung des Firmenfahrzeugs zu privaten Fahrten kann die Kostenaufteilung günstiger sein als die 1%-Methode. Notwendig ist
— der Nachweis der für den überlassenen PKW insgesamt entstehenden Aufwendungen (Gesamtkosten) durch Belege und
— der Nachweis des Verhältnisses zwischen den Privatfahrten und den übrigen Fahrten durch ein Fahrtenbuch. Für dienstliche Fahrten müssen darin das Datum und der Kilometerstand zu Beginn und am Ende jeder einzelnen Auswärtstätigkeit, das Reiseziel und die Reiseroute sowie der Reisezweck und der aufgesuchte Geschäftspartner angegeben sein. Für Privatfahrten genügen die Kilometerangaben und für Fahrten zwischen Wohnung und erster Tätigkeitsstätte bzw. für Fahrten nach § 9 Abs. 1 Satz 3 Nr. 4a Satz 3 EStG ein entsprechender Vermerk. Zu verschiedenen berufsspezifischen Erleichterungen (z. B. Handelsvertreter, Kurierdienste, Taxifahrer, Fahrlehrer) vgl. das BMF-Schreiben vom 18.11.2009, BStBl I S. 1.326.
— Zu den **Gesamtkosten** gehören alle Kosten, die unmittelbar dem Halten und Betrieb des Kraftfahrzeugs zu dienen bestimmt sind und typischerweise entstehen (z. B. Steuer, Versicherung, Betriebskosten, Abschreibung, Leasinggebühren einschließlich der Umsatzsteuer). Eine Leasingsonderzahlung ist nach dem BFH-Urteil vom 3.9.2015, BStBl 2016 II S. 174, bei den Gesamtkosten jedenfalls dann periodengerecht (zeitanteilig) anzusetzen, wenn der Arbeitgeber die Kosten des von ihm überlassenen Kfz in seiner Gewinnermittlung periodengerecht erfassen muss. **Nicht** zu den Gesamtkosten gehören, z. B. Beiträge für einen auf den Namen des Arbeitnehmers ausgestellten Schutzbrief, Straßen- oder Tunnelbenutzungsgebühren, Parkgebühren/Anwohnerparkberechtigung, Aufwendungen für Insassen- und Unfallversicherungen, Verwarnungs-, Ordnungs- und Bußgelder. Zur Behandlung der Unfallkosten vgl. „Was gilt bei Unfallkosten?". Kosten für den vom Arbeitgeber verbilligt oder unentgeltlich nach § 3 Nr. 46 EStG steuerfreien Ladestrom (vgl. S. 162) bleiben bei den Gesamtkosten ebenfalls außer Ansatz.
— Ein **ordnungsgemäßes Fahrtenbuch** muss zeitnah und in geschlossener Form geführt werden und die zu erfassenden Fahrten einschließlich des an ihrem Ende erreichten Gesamtkilometerstands vollständig und in ihrem fortlaufenden Zusammenhang wiedergeben. Die erforderlichen Angaben müssen sich aus dem Fahrtenbuch selbst entnehmen lassen. Ein Verweis auf ergänzende Unterlagen ist nur zulässig, wenn der geschlossene Charakter der Fahrtenbuchaufzeichnungen dadurch nicht beeinträchtigt wird. Mehrere Teilabschnitte einer einheitlichen beruflichen Reise können miteinander zu einer zusammenfassenden Eintragung verbunden werden, wenn die einzelnen aufgesuchten Kunden oder Geschäftspartner im Fahrtenbuch in der zeitlichen Reihenfolge aufgeführt werden. Ein elektronisches Fahrtenbuch wird im Übrigen anerkannt, wenn

BEISPIEL 7   *Kraftfahrzeugüberlassung*

sich dadurch dieselben Erkenntnisse wie aus einem manuell geführten Fahrtenbuch gewinnen lassen, nachträgliche Veränderungen der aufgezeichneten Angaben technisch ausgeschlossen sind oder aber zumindest dokumentiert werden.

 Beispiel:

Anschaffungskosten für das Firmenfahrzeug 40.000,– €
(einschließlich Umsatzsteuer)
Nutzungsdauer 8 Jahre = AfA   5.000,– €
(Der BFH hat in seiner Entscheidung vom 29.3.2005, BStBl 2006 II S. 368, bei der Berechnung des geldwerten Vorteils eine 8-jährige Nutzungsdauer zugrunde gelegt und darauf verwiesen, dass es keinen korrespondierenden Ansatz der Abschreibung beim Arbeitnehmer und in der Gewinnermittlung des Arbeitgebers gibt. Die Entscheidung ist für den Arbeitnehmer vorteilhaft, weil sich dadurch niedrigere Gesamtkosten und somit ein niedrigerer geldwerter Vorteil ergibt.)

Fixkosten (Steuer- und Versicherung)   1.500,– €
Betriebskosten (Benzin, Wartung, Reparaturen
– einschließlich Umsatzsteuer)   <u>3.500,– €</u>
Gesamtkosten   <u>10.000,– €</u>

Fahrtenbuch:
   dienstlich gefahrene km   15.000 km
   Privatfahrten:
   210 Fahrten zwischen Wohnung
   und erster Tätigkeitsstätte
   Entfernung 10 km = gefahrene km   4.200 km
   sonstige Privatfahrten   <u>5.800 km</u>   10.000 km
   Gesamtfahrleistung   <u>25.000 km</u>

Somit entfallen von den Gesamtkosten auf die

sonstigen Privatfahrten $\dfrac{10.000{,}-\ € \times 5.800\ \text{km}}{25.000\ \text{km}}$ = 2.320,– €

monatlich ist zu versteuern 1/12 =   193,– €

Fahrten zwischen Wohnung und erster Tätigkeitsstätte
$\dfrac{10.000{,}-\ € \times 4.200\ \text{km}}{25.000\ \text{km}}$ = 1.680,– € =   monatlich   140,– €

Davon können pauschal mit dem Steuersatz von 15 % versteuert werden (vgl. S. 121 und 126)
0,30 € x 10 km x 210 Fahrten
= 630,– € =   monatlich   <u>52,50 €</u>   <u>87,50 €</u>

Dem individuellen Lohnsteuerabzug und der
Beitragspflicht in der SozV unterliegen   280,50 €

BEISPIEL 7   Kraftfahrzeugüberlassung

 Rat für die Praxis:

> Die genaue Ermittlung der Kosten und der privat gefahrenen Kilometer ist selbstverständlich nicht im Vorhinein möglich. Für den monatlichen Lohnsteuerabzug empfiehlt es sich deshalb vorläufig entweder $1/_{12}$ des Vorjahresbetrags ansetzen oder 0,001 % des Listenpreises für die im Vorjahr ermittelten Privatfahrten zugrunde legen. Im Übrigen dürfen bei der Berechnung des geldwerten Vorteils nach der Fahrtenbuchmethode bei der Ermittlung der Gesamtkosten die vom Arbeitnehmer selbst getragenen Kosten (z. B. Benzinkosten) gemäß R 8.1 Abs. 9 Nr. 2 Satz 8 zweiter Halbsatz LStR und Rdnr. 55 des BMF-Schreibens vom 4.4.2018, BStBl I S. 592, nach wie vor außer Ansatz bleiben (vgl. S. 154).

Was gilt für Unfallkosten?

Mit R 8.1 Abs. 9 Nr. 2 Sätze 11 bis 16 LStR hat die Finanzverwaltung in Anknüpfung an das BFH-Urteil vom 24.5.2007, BStBl II S. 766, sowohl für die pauschale Nutzungswertmethode als auch für die Fahrtenbuchmethode festgelegt, dass Unfallkosten grundsätzlich nicht mehr zu den Gesamtkosten eines dem Arbeitnehmer überlassenen Firmenwagens gehören, sondern grundsätzlich gesondert zu beurteilen sind. Aus Vereinfachungsgründen können allerdings Unfallkosten, die – bezogen auf den einzelnen Schadensfall und nach Erstattung von dritter Seite (z. B. Versicherung) – einen Betrag von **1.000,- €** (zuzüglich Umsatzsteuer) nicht übersteigen, weiterhin in die Gesamtkosten miteinbezogen werden. In Bezug auf die 1-%-Regelung bedeutet dies, dass Unfallkosten bis zu einem Betrag von 1.000,- € (zzgl. USt) daher weiterhin nicht als zusätzlicher geldwerter Vorteil zu berücksichtigen sind.

Ist der Arbeitnehmer gegenüber dem Arbeitgeber wegen Unfallkosten nach allgemeinen zivilrechtlichen Regeln schadensersatzpflichtig (z. B. Privatfahrten, Trunkenheitsfahrten) und verzichtet der Arbeitgeber (z. B. durch arbeitsvertragliche Vereinbarungen) auf diesen Schadensersatz, liegt in Höhe des Verzichts ein gesonderter geldwerter Vorteil vor. Erstattungen durch Dritte (z. B. Versicherung) sind unabhängig vom Erstattungszeitpunkt des Dritten vorteilsmindernd zu berücksichtigen, sodass der geldwerte Vorteil regelmäßig in Höhe der vereinbarten Selbstbeteiligung anzusetzen ist. Hat der Arbeitgeber auf den Abschluss einer Versicherung verzichtet oder eine Versicherung mit einem Selbstbehalt von mehr als 1.000,- € abgeschlossen, wird aus Vereinfachungsgründen von einem Selbstbehalt von 1.000,- € ausgegangen. Bei diesen Regelungen ist jedoch zu beachten, dass eine Versicherung bei einem vorsätzlichen oder grob fahrlässigen Unfall in der Regel nicht zahlt und deshalb in einem solchen Fall ein geldwerter Vorteil in Höhe des tatsächlichen Schadenersatzverzichts des Arbeitgebers zu erfassen ist.

Liegt keine Schadensersatzpflicht des Arbeitnehmers vor (z. B. Fälle der höheren Gewalt, Verursachung des Unfalls durch einen Dritten) oder ereignet sich der Unfall auf einer beruflich veranlassten Fahrt (Auswärtstätigkeit, die wöchentliche Familienheimfahrt bei doppelter Haushaltsführung oder einer Fahrt zwischen Wohnung und erster Tätigkeitsstätte bzw. einer Fahrt nach § 9 Abs. 1 Satz 3 Nr. 4a Satz 3 EStG), liegt kein geldwerter Vorteil vor, es sei denn, dem Unfall liegt eine Trunkenheitsfahrt zugrunde. Bei Unfällen auf beruflichen Fahrten verzichtet die Finanzverwaltung – wegen der zumindest im Einkommensteuer-Veranlagungsverfahren möglichen Saldierung von Arbeitslohn und Werbungskosten – auf den Ansatz eines geldwerten Vorteils.

BEISPIEL 7   *Kraftfahrzeugüberlassung*

Ist die Nutzung zu Familienheimfahrten bei doppelter Haushaltsführung zu versteuern?

1. Liegt eine aus beruflichem Anlass begründete doppelte Haushaltsführung vor (vgl. S. 208), ist für die **wöchentlichen** Fahrten zwischen dem Beschäftigungsort und dem Ort des eigenen Hausstands (Familienwohnort) **kein geldwerter Vorteil** zu erfassen.

   Die Steuerfreiheit des Vorteils aus der Nutzung des Firmen-PKW zu Familienheimfahrten hat zur Folge, dass bei der Einkommensteuerveranlagung des Arbeitnehmers für diese Fahrten keine Entfernungspauschale berücksichtigt wird.

2. In den folgenden Fällen ist für die Nutzung des Firmen-PKW zu den Fahrten zwischen Beschäftigungsort und Familienwohnung (bzw. weiter entfernt liegenden Wohnung) ein geldwerter Vorteil zu versteuern:
   — Die doppelte Haushaltsführung ist nicht beruflich veranlasst oder der Arbeitnehmer ist unverheiratet und führt in der weiter entfernt liegenden Wohnung keinen eigenen Hausstand;
   — der Arbeitnehmer führt zwar einen steuerlich anzuerkennenden doppelten Haushalt, er fährt aber mehr als einmal wöchentlich an den Familienwohnort.

   Der Vorteil ist in diesen Fällen mit 0,002 % des Fahrzeug-Listenpreises je Entfernungskilometer anzusetzen.

 Beispiel:
Dem Arbeitnehmer steht ein Firmenfahrzeug zur privaten Nutzung zur Verfügung. Er nutzt das Fahrzeug
— zu den Fahrten zwischen seiner Wohnung am Beschäftigungsort und der ersten Tätigkeitsstätte, einfache Entfernung 5 km,
— zu den Fahrten an den Wohnort seiner Familie (einfache Entfernung 100 km) sowie zusätzlich zu der wöchentlichen Familienheimfahrt nochmals gesondert für 2 Heimfahrten im Monat und
— zu sonstigen Privatfahrten.

Monatlich ist folgender Vorteil zu erfassen:

Listenpreis des Fahrzeugs	**40.000,– €**	
— Fahrten zwischen Wohnung am Beschäftigungsort und erster Tätigkeitsstätte 0,03 % von 40.000,– € x 5 km =		60,00 €
— Zwischenheimfahrten an den Familienwohnort 2 x 100 km = monatlich 200 km 0,002 % von 40.000,– € = 0,80 € x 200 km =		160,00 €
Zu erfassen sind nur die zusätzlichen Heimfahrten; eine Heimfahrt wöchentlich ist steuerfrei.		
— sonstige Privatfahrten 1 % von 40.000,– € =		400,00 €
geldwerter Vorteil insgesamt		620,00 €

BEISPIEL 7 *Kraftfahrzeugüberlassung*

Der Arbeitnehmer kann in seiner Einkommensteuererklärung für die Fahrten zwischen der Wohnung am Beschäftigungsort und zur ersten Tätigkeitsstätte für 5 Entfernungskilometer die Entfernungspauschale geltend machen. Diese beträgt 0,30 € je Entfernungskilometer (= angenommen 220 Arbeitstage x 5 km x 0,30 € = 330,- €).

Falls der Arbeitnehmer am Werbungskostenabzug nicht interessiert ist, könnte der Arbeitgeber den geldwerten Vorteil für die Fahrten am Beschäftigungsort in Höhe der Entfernungspauschale auch pauschal mit dem Steuersatz von 15 % versteuern (vgl. S. 121 und 126). Soweit der Vorteil auf die zusätzlichen Familienheimfahrten entfällt, ist die Pauschalierung nicht zulässig.

Mindern vom Arbeitnehmer selbstgetragene Aufwendungen den Nutzungswert?

Die **Übernahme** von Treibstoff- oder Garagenkosten usw. führte bislang zu keiner Kürzung des Vorteils. Dagegen minderte sich der Nutzungswert nur dann, wenn der Arbeitnehmer an den Arbeitgeber ein pauschales oder ein kilometerbezogenes **Nutzungsentgelt** für die Kraftfahrzeugüberlassung zahlte. Dabei kam es nicht darauf an, ob es sich um ein pauschales oder um ein kilometerbezogenes Nutzungsentgelt handelte. Nunmehr hat der Bundesfinanzhof jedoch mit seinen Urteilen vom 30.11.2016, BStBl 2017 II S. 1.011 und 1.014, entschieden, dass ein vom Arbeitnehmer an den Arbeitgeber gezahltes Nutzungsentgelt den vom Arbeitnehmer zu versteuernden Nutzungswert auf der Einnahmenseite (Arbeitslohn) immer mindert und ein den Nutzungswert übersteigender Betrag weder zu negativem Arbeitslohn noch zu Werbungskosten führt. Anders als früher ist der BFH nunmehr der Auffassung, dass im Rahmen der privaten Nutzung vom Arbeitnehmer selbst getragene (laufende) individuelle Kraftfahrzeugkosten (z. B. Treibstoffkosten) den Nutzungswert auf der Einnahmenseite mindern. Dies setzt voraus, dass der Arbeitnehmer den geltend gemachten Aufwand im Einzelnen umfassend darlegt und belastbar nachweist.

Die Finanzverwaltung wendet die geänderte Rechtsprechung gemäß den Rdnrn. 49–60 des BMF-Schreibens vom 4.4.2018, BStBl I S. 592, sowohl bei der pauschalen Nutzungswertmethode (1 %-Regelung, 0,03 %-Regelung, 0,002 %-Regelung) als auch bei der individuellen Nutzungswertmethode (Fahrtenbuchmethode) an. Muss der Arbeitnehmer an den Arbeitgeber oder auf dessen Veranlassung an einen Dritten zur Erfüllung einer Verpflichtung des Arbeitgebers (abgekürzter Zahlungsweg) für die außerdienstliche Nutzung des betrieblichen Kraftfahrzeugs ein Nutzungsentgelt zahlen (z. B. eine vereinbarte Monatspauschale, eine vereinbarte Kilometerpauschale oder ist arbeitsvertraglich bzw. arbeits- oder dienstrechtlich die Übernahme einzelner Kfz-Kosten durch den Arbeitnehmer vereinbart), ist das vom Arbeitnehmer gezahlte Nutzungsentgelt vom ermittelten geldwerten Vorteil abzuziehen und so der steuerpflichtige geldwerte Vorteil bis maximal auf 0,- € zu kürzen.

Der Arbeitgeber ist verpflichtet, die als Nutzungsentgelt vereinbarte Tragung einzelner Kfz-Kosten (wie z. B. Treibstoffkosten, Wartungs- und Reparaturkosten, Garagen- und Stellplatzmiete, Aufwendungen für Wagenpflege) durch den Arbeitnehmer bereits im Lohnsteuerabzugsverfahren zu berücksichtigen, es sei denn, dass sich aufgrund arbeitsvertraglicher Rechtsgrundlage etwas anderes ergibt. Der Arbeitnehmer hat gegenüber dem Arbeitgeber jährlich fahrzeugbezogen schriftlich die Höhe der individuell getragenen Kraftfahrzeugkosten zu erklären und im Einzelnen umfassend darzulegen und belastbar nachzuweisen. Der Arbeitgeber hat aufgrund dieser Erklärungen und Belege des Arbeitnehmers den Lohnsteuerabzug durchzuführen, sofern der Arbeitnehmer nicht erkennbar unrichtige Angaben macht. Ermittlungspflichten des Arbeitgebers ergeben sich hierdurch nicht. Die Erklärungen

BEISPIEL 7   *Kraftfahrzeugüberlassung*

und Belege des Arbeitnehmers hat der Arbeitgeber im Original zum Lohnkonto zu nehmen. Aus Vereinfachungsgründen kann der Arbeitgeber den Lohnsteuerabzug zunächst vorläufig aufgrund einer fahrzeugbezogenen Erklärung (aus dem Vorjahr) durchführen. Nach Ablauf des Kalenderjahres oder nach Beendigung des Dienstverhältnisses und vor der Erstellung und Übermittlung der Lohnsteuerbescheinigung sind dann der tatsächliche Nutzungswert und das tatsächliche Nutzungsentgelt zu ermitteln und eine etwaige Lohnsteuerdifferenz auszugleichen.

Bei der individuellen Nutzungswertermittlung (Fahrtenbuchmethode) wird es weiterhin nicht beanstandet, wenn vom Arbeitnehmer selbst getragene Kraftfahrzeugkosten gemäß R 8.1. Abs. 9 Nr. 2 Satz 8 zweiter Halbsatz LStR nicht in die Gesamtkosten miteinbezogen werden. Wird von dieser Vereinfachungsregelung Gebrauch gemacht, dürfen die vom Arbeitnehmer selbst getragenen Kraftfahrzeugkosten auch nicht den Nutzungswert mindern.

 Beispiel:
Der Nutzungswert wird nach dem Pauschalverfahren (1-%-Methode) ermittelt. Der Arbeitnehmer hat für die Privatfahrten monatlich pauschal 100,– € und für die Fahrten zwischen Wohnung und erster Tätigkeitsstätte monatlich für 15 Tage 0,20 € je Entfernungskilometer (angenommen 20 km) zu zahlen.

Listenpreis 30.000,– €		
monatlich 1% = Nutzungswert für die Privatfahrten		300,— €
Fahrten Wohnung – erste Tätigkeitsstätte:		
Listenpreis 30.000,– €		
monatlich 0,03% x 20 Entfernungskilometer = Nutzungswert		180,— €
insgesamt		480,— €
abzüglich Entgelt für Privatfahrten	100,— €	
und Fahrten zwischen Wohnung und erster Tätigkeitsstätte		
0,20 € x 15 Tage x 20 km =	60,— €	160,— €
als Nutzungswert werden individuell versteuert		320,— €

Der Arbeitnehmer kann bei seiner Einkommensteuererklärung für die Fahrten zwischen Wohnung und erster Tätigkeitsstätte die Entfernungspauschale von 0,30 € als Werbungskosten geltend machen.

 Rat für die Praxis:

Die Übernahme einzelner Kfz-Kosten durch den Arbeitnehmer führt nur dann zu einer Minderung des geldwerten Vorteils, wenn die Übernahme der Kosten als Nutzungsentgelt für die Überlassung des Kraftfahrzugs vereinbart ist. Da die Minderung des Nutzungsentgelts auf der Einnahmenseite bei der Ermittlung des steuer- und beitragspflichtigen Arbeitslohns und nicht auf der Werbungskostenseite des Arbeitnehmers zu erfolgen hat, ist die Anrechnung des zwischen Arbeitgeber und Arbeitnehmer für die Überlassung des Kraftfahrzugs vereinbarten Nutzungsentgelts bereits im Lohnsteuerabzugsverfahren vom Arbeitgeber zu berücksichtigen. Aus diesen Gründen ist es häufig zweckmäßiger und einfacher handhabbar, an Stelle der Übernahme einzelner Kfz-Kosten ein pauschales oder kilometerbezogenes Nutzungsentgelt zu vereinbaren.

BEISPIEL 7   Kraftfahrzeugüberlassung

Wie sind Zuschüsse des Arbeitnehmers zu den Anschaffungskosten des überlassenen PKW zu berücksichtigen?

Sie können nach Rdnr. 61 des BMF-Schreibens vom 4.4.2018, BStBl I S. 592, auch weiterhin im Zahlungsjahr auf den privaten Nutzungswert angerechnet werden.

 Beispiel:
Der PKW wird dem Arbeitnehmer ab 1. Juli überlassen.

Der steuerpflichtige Vorteil wird nach der
1%-Methode ermittelt. Danach sind entsprechend
dem Beispiel auf Seite 145
— dem Lohnsteuerabzug zu unterwerfen
    monatlich   390,— €
— pauschal zu versteuern monatlich   90,— €
Insgesamt steuerpflichtiger Vorteil   480,— €
Im laufenden Kalenderjahr ab 1. Juli sind
zu erfassen: 6 x 480,- € =   2.880,— €
Die Kosten für die Sonderausstattung hat der Arbeitnehmer
selbst getragen; sie sind im Zahlungsjahr gegenzurechnen   5.000,— €
somit verbleiben im laufenden Jahr zu versteuern   0,— €
Im nächsten Kalenderjahr sind im Mai 200,- € und ab Juni   480,— €
monatlich zu versteuern.

 Rat für die Praxis:

R 8.1 Abs. 9 Nr. 4 Satz 3 LStR stellt klar, dass Zuzahlungen des Arbeitnehmers zu den Anschaffungskosten, die nicht im Zahlungsjahr bei der Anrechnung auf den geldwerten Vorteil verbraucht sind, auch in dem darauf folgenden Kalenderjahr auf den geldwerten Vorteil angerechnet werden können.

Beispiel:
Erfassung des geldwerten Vorteils in der Lohnabrechnung

Daten aus dem Lohnkonto:
Steuerklasse III; kein Kinderfreibetrag, aber nicht kinderlos i. S. d. PV; gRV; gKV (kassenindividueller Zusatzbeitragssatz angenommen 1,1 %); Religionszugehörigkeit ev;

Lohnabrechnung für Januar:
1. Monatsgehalt   3.000,00
   Abzüge:
2. Steuerpflichtiger Arbeitslohn   3.390,00
   LSt   240,50
   SolZ   13,22
   KiSt 8% (angenommen)   19,24   272,96

BEISPIEL 7   Kraftfahrzeugüberlassung

3.	Beitragspflichtiges Entgelt		3.390,00			
	KV		7,3%	247,47		
	Zusatzbeitrag (ang. 1,1%)		0,55%	18,65		
	PV		1,525%	51,70		
	kein Beitragszuschlag		0,00%	0,00		
	RV		9,3%	315,27		
	ALV		1,2%	40,68	673,77	946,73
	Auszahlungsbetrag					**2.053,27**
	Arbeitgeberanteil	KV (7,3% + 0,55%)		266,12		
		PV (1,525%)		51,70		
		RV (9,3%)		315,27		
		ALV (1,2%)		40,68		
				673,77		

Zu 2

Ermittlung des steuerpflichtigen Arbeitslohns:
— Monatsgehalt   3.000,— €
— PKW-Nutzung:
Dem Arbeitnehmer steht zur privaten Nutzung ein Firmen-PKW zur Verfügung. Der Vorteil gehört zum Arbeitslohn; gemäß der Entscheidung des Arbeitnehmers wird er nach der 1-%-Regelung ermittelt.
Entsprechend dem Beispiel von S. 145 werden für die Privatfahrten und die Fahrten zwischen Wohnung und erster Tätigkeitsstätte monatlich dem Lohnsteuerabzug unterworfen   390,— €
Steuerpflichtiger Arbeitslohn insgesamt   **3.390,— €**

Der Arbeitnehmer ist in der gesetzlichen Rentenversicherung und in der gesetzlichen Krankenversicherung versichert. Da er in allen Zweigen der Sozialversicherung versichert ist, kommt die Allgemeine Lohnsteuertabelle zur Anwendung. Beim Lohnsteuerabzug für den Arbeitnehmer ist zwar für den 35-jährigen Sohn kein steuerlicher Kinderfreibetrag zu berücksichtigen; gleichwohl gilt er nicht als kinderlos im Sinne der Pflegeversicherung und hat daher auch keinen Zuschlag zur Pflegeversicherung zu leisten, was sich auch auf die Höhe des Steuerabzugs auswirkt.

Pauschale Lohnsteuer:
Außerdem ist vom Arbeitgeber entsprechend dem Beispiel auf S. 145 wegen der Nutzung des PKW zu Fahrten zwischen Wohnung und erster Tätigkeitsstätte folgende Pauschalsteuer an das Finanzamt abzuführen:

Pauschalierungsfähiger Vorteil aus der PKW-Nutzung
(Beispiel von S. 145) = 90,— € monatlich
    LSt 15% von 90,— € =   13,50 €
    SolZ 5,5% von 13,50 € =   —,74 €
    KiSt 7% (angenommen) von 13,50 € =
    (vgl. Anlage 1a, S. 405)   —,94 €

Zur Berechnung und Anmeldung der pauschalen Kirchensteuer vgl. Anlage 1a S. 405 und zum gesonderten Ausweis der pauschalen Lohnsteuer in der Lohnsteuer-Anmeldung vgl. S. 397.

Was gilt bei Gesellschafter-Geschäftsführern?

Bei Gesellschafter-Geschäftsführern stellt sich bei der Nutzung eines Firmenfahrzeugs häufig die Frage, ob die Nutzung zu Arbeitslohn oder zu einer verdeckten Gewinnausschüttung führt.

Ist die Nutzung eines betrieblichen Kfz durch einen Gesellschafter-Geschäftsführer durch eine fremdübliche Überlassungs- oder Nutzungsvereinbarung abgedeckt, führt eine unentgeltliche oder verbilligte Nutzung zu Arbeitslohn, der entsprechend den obigen Ausführungen zu bewerten ist. Die Überlassungs- oder Nutzungsvereinbarung kann auch durch eine – ggf. vom schriftlichen Arbeitsvertrag abweichende – mündliche oder konkludente Vereinbarung zwischen der Kapitalgesellschaft und dem Gesellschafter-Geschäftsführer erfolgen, wenn entsprechend dieser Vereinbarung auch für außen stehende Dritte zweifelsfrei erkennbar tatsächlich verfahren wird (insbesondere durch zeitnahe Verbuchung des Lohnaufwands und Abführung der Lohnsteuer).

Liegt keine fremdübliche Überlassungs- oder Nutzungsvereinbarung oder eine darüber hinausgehende oder einem ausdrücklichen Verbot widersprechende Nutzung vor, führt die Nutzung sowohl bei einem beherrschenden Gesellschafter-Geschäftsführer als auch bei einem nicht beherrschenden Gesellschafter-Geschäftsführer zu einer verdeckten Gewinnausschüttung.

Zur Abgrenzung im Einzelnen siehe auch BMF-Schreiben vom 3.4.2012, BStBl I S. 478.

Was gilt bei Elektrofahrzeugen?

Bei Fahrzeugen mit Antrieb ausschließlich durch Elektromotoren, die ganz oder überwiegend aus mechanischen oder elektrochemischen Energiespeichern oder aus emissionsfrei betriebenen Energiewandlern gespeist werden (Elektrofahrzeuge), oder von extern aufladbaren Hybridelektrofahrzeugen gilt unter Berücksichtigung des neuen Gesetzes zur weiteren steuerlichen Förderung der Elektromobilität und zur Änderung weiterer steuerlicher Vorschriften vom 12.12.2019 bei der Ermittlung des geldwerten Vorteils gemäß § 6 Abs. 1 Nr. 4 Satz 2 Nr. 1, 2 und 3 EStG sowie Satz 3 Nr. 1, 2 und 3 EStG für 2020 Folgendes:

1. Wird das Kfz **erstmals**[*] einem Arbeitnehmer nach dem 31.12.2018 überlassen (sog. Neuanschaffungen nach dem 31.12.2018), wird bei der sog. Listenpreismethode (1%-Regelung) der Bruttolistenpreis des Fahrzeugs angesetzt nur
   a) **zur Hälfte**,
   wenn das Kfz eine Kohlendioxidemission von höchstens 50 Gramm je gefahrenen Kilometer hat oder die Reichweite des Kfz unter ausschließlicher Nutzung der elektronischen Antriebsmaschine mindestens 40 Kilometer (nach dem 31.12.2021: 60 km) beträgt;
   b) **zu einem Viertel**,
   wenn das Kfz **keine** Kohlendioxidemission je gefahrenen Kilometer hat und der Bruttolistenpreis des Fahrzeugs nicht mehr als 40.000 € beträgt.

---

[*] Bei der Überlassung von betrieblichen Elektrofahrzeugen und extern aufladbaren Hybridelektrofahrzeugen an Arbeitnehmer ist auf den Zeitpunkt der erstmaligen Überlassung des jeweiligen Fahrzeugs abzustellen. Auf den Zeitpunkt, zu dem der Arbeitgeber dieses Fahrzeug angeschafft, hergestellt oder geleast hat, kommt es insoweit nicht an. Wurde das Fahrzeug vom Arbeitgeber vor dem jeweiligen Stichtag bereits einem Arbeitnehmer überlassen, ist bei einem Wechsel des Nutzungsberechtigten der ursprüngliche Stichtag weiter maßgeblich.

BEISPIEL 7 *Kraftfahrzeugüberlassung*

Bei der Berechnung des geldwerten Vorteils nach der Fahrtenbuch/Gesamtkostenmethode sind an Stelle des Listenpreises die Anschaffungskosten bzw. die der Anschaffung entsprechenden Leasingraten des Fahrzeugs maßgebend. Nur diese werden zur Hälfte oder einem Viertel angesetzt, während die anderen laufenden Kosten in voller Höhe in die Gesamtkosten miteinzubeziehen sind.

Beispiel 1
Der Arbeitgeber überlässt einem Arbeitnehmer im Juli 2020 erstmals ein Elektrofahrzeug, das eine Kohlendioxidemission von höchstens 50 Gramm je gefahrenen Kilometer hat, mit einem Bruttolistenpreis von 50.100,- €, das der Arbeitnehmer auch privat und für Fahrten zwischen Wohnung und erster Tätigkeitsstätte (einfache Entfernung 10 km) nutzt. Der monatliche geldwerte Vorteil errechnet sich, wie folgt:

Halbierung des Bruttolistenpreises (1/2 vom 50.100,- € =) 25.050,- € und Abrundung auf volle 100 Euro.

Privatfahren

1 % von 25.000,- € =   *250— €*

Wohnung–Arbeitsstätte

+ 0,03 % von 25.000,- € x 10 =   *7,50 €*

= geldwerter Vorteil   *257,— €*

Hätte das Elektrofahrzeug keine Kohlendioxidemission wäre der Listenpreis nur zu einem Viertel anzusetzen, wenn der Bruttolistenpreis des Fahrzeugs nicht mehr als 40.000 € beträgt.

Bei der Fahrtenbuch/Gesamtkostenmethode sind für die Ermittlung des geldwerten Vorteils bei der Feststellung der Gesamtkosten die entsprechenden Aufwendungen für die Abschreibung nur zur Hälfte (ggf. einem Viertel) anzusetzen und die übrigen laufenden Kosten in voller Höhe zu berücksichtigen.

2. Finden die vorstehenden Ausführungen **keine** Anwendung (z. B. Kfz wurde bereits vor dem 1.1.2019 erstmals einem Arbeitnehmer überlassen), wird der Bruttolistenpreis um die im Bruttolistenpreis enthaltenen Kosten des Batteriesystems abhängig vom Zeitpunkt der Erstzulassung des Fahrzeugs typisierend entsprechend § 6 Abs. 1 Nr. 4 Satz 2 Nr. 1 EStG bzw. die Gesamtkosten typisierend entsprechend § 6 Abs. 1 Nr. 4 Satz 3 Nr. 1 EStG um die auf das Batteriesystems entfallenden Mehraufwendungen abhängig vom Zeitpunkt der Erstzulassung des Fahrzeugs typisierend pauschal gekürzt (**sog. Nachteilsausgleich**).

Für bis zum **31.12.2013** erstmals überlassene Elektro- oder Hybridelektrofahrzeuge beträgt diese pauschale Minderung 500,- € pro kWh Batteriekapazität. Die Minderung beträgt pro Kfz höchstens 10.000,- €.

Für nach dem **31.12.2013** erstmals überlassene Elektro- oder Hybridelektrofahrzeuge wird die Förderung jahrgangsweise abgeschmolzen, so dass in den Folgejahren sich der pauschale Minderungswert um jährlich 50,- € pro kWh Batteriekapazität und der Höchstbetrag um jährlich 500,- € vermindert.

Jahr der erstmaligen Überlassung	Minderung in €/kWh der Batteriekapazität	Höchstbetrag in €
2013 und früher	500	10.000
2014	450	9.500
2015	400	9.000
2016	350	8.500
2017	300	8.000
2018	250	7.500
2019	200	7.000
2020	150	6.500

 Beispiel 2

Der Arbeitgeber überlässt einem Arbeitnehmer erstmals seit 2013 ein Elektrofahrzeug mit einem Bruttolistenpreis von 45.000,- €. Die Speicherkapazität der Batterie beträgt 16 kWh.

Bemessungsgrundlage für die Ermittlung des geldwerten Vorteils ist nicht der tatsächliche Bruttolistenpreis, sondern ein pauschal geminderter Listenpreis. Der geldwerte Vorteil für die private Nutzung beträgt somit auch in 2020 monatlich 370,- € [= 45.000,- € ./. 8.000,- € (16 kWh x 500,- €) = 37.000,- € x 1 %].

Bei der Einzelkostenmethode ist die Abschreibung aus den pauschal geminderten Anschaffungskosten zu berechnen.

 Beispiel 3

Der Arbeitgeber überlässt seinem Arbeitnehmer erstmals seit 2018 ein Elektrofahrzeug mit einem Bruttolistenpreis von 45.000,- €. Die Speicherkapazität der Batterie beträgt 16 kWh.

Bemessungsgrundlage für die Ermittlung des geldwerten Vorteils ist nicht der tatsächliche Bruttolistenpreis, sondern ein pauschal geminderter Listenpreis. Der geldwerte Vorteil für die private Nutzung beträgt somit auch in 2020 monatlich 410,- € [= 45.000,- € ./. 4.000,- € (16 kWh x 250,- €) = 41.000,- € x 1 %].

Bei der Einzelkostenmethode ist die Abschreibung aus den pauschal geminderten Anschaffungskosten zu berechnen.

Weitere Einzelheiten zum sog. Nachteilsausgleich enthält das BMF-Schreiben vom 5.6.2014, BStBl I S. 835.

Was gilt bei Gestellung eines Kraftfahrzeugs mit Fahrer?

Wenn ein Kfz mit Fahrer zu steuerpflichtigen Fahrten zur Verfügung gestellt wird, ist der geldwerte Vorteil aus der Fahrergestellung zusätzlich zum geldwerten Vorteil aus der Kfz-Gestellung zu erfassen. Dieser geldwerte Vorteil bemisst sich grundsätzlich nach dem Endpreis einer vergleichbaren von fremden Dritten erbrachten Leistung. Aus Vereinfachungsgründen kann der für die Fahrergestellung entfallende zusätzliche geldwerte Vorteil mit einem pauschalen Zuschlag zum geldwerten Vorteil aus der Kfz-Gestellung entsprechend R 8.1 Abs. 10 LStR und Rdnrn. 39–43 des BMF-Schreibens vom 4.4.2018, BStBl I S. 592, angesetzt werden.

BEISPIEL 7   *Kraftfahrzeugüberlassung*

Was gilt bei der Überlassung von (Elektro-)Fahrrädern?
Ist das Elektrofahrrad verkehrsrechtlich als Kraftfahrzeug einzuordnen (z. B. gelten Elektrofahrräder, deren Motor auch Geschwindigkeiten über 25 Kilometer pro Stunde unterstützt, als Kraftfahrzeuge), sind für die Bewertung des geldwerten Vorteils für Privatfahrten oder für Fahrten zwischen Wohnung und erster Tätigkeitsstätte die für Kraftfahrzeuge geltenden Regelungen entsprechend anzuwenden.

Für andere Elektrofahrräder (d. h. Fahrräder, die nicht als Kfz einzuordnen sind) und für Fahrräder, die keine Elektrofahrräder sind, bleibt der geldwerte Vorteil aus der **Nutzungsüberlassung** nach § 3 Nr. 37 EStG für die Jahre 2019 bis 2030 steuerfrei. Voraussetzung für die Steuerfreiheit ist jedoch, dass die Fahrradüberlassung **zusätzlich zum ohnehin geschuldeten Arbeitslohn** erfolgt. Der geldwerte Vorteil aus einer zusätzlich zum ohnehin geschuldeten Arbeitslohn unentgeltlichen oder verbilligten **Übereignung** eines Fahrrads, das kein Kraftfahrzeug ist, kann vom Arbeitgeber nunmehr mit dem Pauschsteuersatz von 25% gemäß § 40 Abs. 2 Satz 1 Nr. 7 EStG abgegolten werden.

Ansonsten gilt der nach dem bundeseinheitlichen Erlass vom 13.3.2019, BStBl I S. 216, auf Grundlage des § 8 Abs. 2 Satz 10 EStG festgesetzte monatliche Durchschnittswert, der die Privatfahrten, Fahrten zwischen Wohnung und erster Tätigkeitsstätte und Heimfahrten im Rahmen einer doppelten Haushaltsführung abgilt. Dieser Durchschnittswert beträgt für bereits vor dem 1.1.2019 überlassene Fahrräder 1% der auf volle 100,– € abgerundeten unverbindlichen Preisempfehlung des Herstellers, Importeurs oder Großhändlers im Zeitpunkt der Inbetriebnahme des Fahrrads einschließlich der Umsatzsteuer. Für nach dem 31.12.2018 erstmals überlassene Fahrräder gilt als Durchschnittswert 1% der auf volle 100 € abgerundeten halbierten unverbindlichen Preisempfehlung. Es kann davon ausgegangen werden, dass die Finanzverwaltung den Erlass vom 13.3.2019 insoweit anpassen wird, dass dann ab 2020 an Stelle der halbierten ein Viertel der unverbindlichen Preisempfehlung maßgeblich sein dürfte*. Die 44,-€-Monatsfreigrenze (vgl. S. 140) ist nicht anzuwenden. Aus Billigkeitsgründen rechnen vom Arbeitgeber gewährte Vorteile für das elektrische Aufladen von Elektrofahrräder, die verkehrsrechtlich keine Kraftfahrzeuge sind, im Betrieb des Arbeitgebers oder eines verbundenen Unternehmens nach dem BMF-Schreiben vom 26.10.2017, BStBl I S. 1.439, nicht zum Arbeitslohn.

Gehört die Nutzungsüberlassung von Fahrrädern zur Angebotspalette des Arbeitgebers an fremde Dritte (z. B. Fahrradverleihfirma), kommt in den Fällen, in denen die Steuerfreiheit nach § 3 Nr. 37 EStG nicht greift, für die Ermittlung des geldwerten Vorteils § 8 Abs. 3 EStG und der Rabattfreibetrag in Höhe von 1.080 € in Betracht (vgl. S. 169).

In der Praxis finden sich häufig auch Vertragsgestaltungen zum sog. (Elektro-)Fahrrad-Leasing, bei denen

— ein Rahmenvertrag zwischen dem Arbeitgeber und einem Anbieter, der die gesamte Abwicklung betreut,
— Einzelleasingverträge zwischen dem Arbeitgeber (Leasingnehmer) und einem Leasinggeber über die Fahrräder mit einer festen Laufzeit von zumeist 36 Monaten,

---

* Zum Zeitpunkt der Drucklegung steht noch nicht fest, ob ein neuer Fahrrad-Erlass mit der möglichen Anpassung ergehen wird.

BEISPIEL 7 *Kraftfahrzeugüberlassung*

— ein Nutzungsüberlassungsvertrag zwischen Arbeitgeber und dem Arbeitnehmer hinsichtlich des einzelnen Fahrrads für eben diese Dauer, der auch die private Nutzung des Fahrrads zulässt,
— sowie eine Änderung des Arbeitsvertrags, in dem das künftige Gehalt einvernehmlich auf die Dauer der Nutzungsüberlassung um einen festgelegten Betrag herabgesetzt wird,

geschlossen wird. Zudem sehen die Vertragsgestaltungen regelmäßig vor, dass ein Dritter (z. B. Dienstleister oder Verwertungsgesellschaft) dem Arbeitnehmer das von ihm genutzte Fahrrad bei Beendigung der Überlassung durch den Arbeitgeber zu einem Restwert von z. B. 10 % des ursprünglichen Kaufpreises zum Erwerb anbieten kann.

Für die steuerliche Beurteilung gilt nach dem BMF-Schreiben vom 17.11.2017, BStBl I S. 1.546) Folgendes:

Die Gehaltsumwandlung wird anerkannt, wenn der Arbeitgeber und nicht der Arbeitnehmer gegenüber dem Leasinggeber zivilrechtlicher Leasingnehmer ist. Es liegt damit eine Nutzungsüberlassung vor, die nach den vorstehenden Grundsätzen (z. B. dem Erlass vom 13.3.2019, BStBl I S. 216) zu bewerten ist. Erwirbt der Arbeitnehmer nach Beendigung der Vertragslaufzeit das von ihm bis dahin genutzte Fahrrad von dem Dritten zu einem geringeren Preis als dem üblichen Endpreis am Abgabeort für ein solches Fahrrad, ist der Unterschiedsbetrag als Arbeitslohn von dritter Seite zu versteuern. Wird der ortsübliche Endpreis im jeweiligen Einzelfall nicht nachgewiesen, kann dieser aus Vereinfachungsgründen mit 40 % der auf volle 100 Euro abgerundeten unverbindlichen Preisempfehlung des Herstellers, Importeurs oder Großhändlers im Zeitpunkt der Inbetriebnahme des Fahrrads einschließlich der Umsatzsteuer geschätzt werden. Erfolgt die Übereignung des Fahrrads an den Arbeitnehmer durch einen Dritten, kann der geldwerte Vorteil auch nach § 37b Abs. 1 EStG pauschal versteuert werden.

Was gilt für den Ladestrom?
1. **Steuerfreiheit nach § 3 Nr. 46 EStG:**
Vom Arbeitgeber gewährte Vorteile für das elektrische Auflagen eines Elektrofahrzeugs oder Hybridelektrofahrzeugs i. S. d. § 6 Abs. 1 Nr. 4 Satz 2 zweiter Halbsatz EStG an einer ortsfesten betrieblichen Einrichtung des Arbeitgebers oder eines verbundenen Unternehmens (§ 15 AktG) und für die zur privaten Nutzung überlassene betriebliche Ladevorrichtung sind gemäß § 3 Nr. 46 EStG steuer- und beitragsfrei. Begünstigt sind die Arbeitnehmer des Arbeitgebers, die Arbeitnehmer von mit dem Arbeitgeber verbundenen Unternehmen sowie Leiharbeitnehmer im Betrieb des Entleihers.
Steuerfrei ist das Auflagen (der Ladestrom) sowohl privater Elektrofahrzeuge wie auch von Dienstfahrzeugen, die der Arbeitgeber dem Arbeitnehmer auch zur privaten Nutzung überlässt. Steuerfrei ist das Auflagen an jeder ortsfesten betrieblichen Einrichtung des Arbeitgebers oder eines verbundenen Unternehmens i. S. d. § 15 AktG. **Nicht steuerfrei** sind hingegen das Auflagen bei einem Dritten oder an einer von einem fremden Dritten betriebenen Ladevorrichtung sowie das Auflagen beim Arbeitnehmer zu Hause; zum steuerfreien Auslagenersatz vgl. jedoch S. 106.
Die Steuerbefreiung umfasst auch geldwerte Vorteile für die zur privaten Nutzung **zeitweise überlassene betriebliche Ladevorrichtung**. Die Übereignung der Ladevorrichtung an den Arbeitnehmer ist hingegen nicht steuerfrei, aber nach Nr. 2 begünstigt.

BEISPIEL 7 — *Mahlzeiten*

Bei einer vom Arbeitgeber dem Arbeitnehmer zeitweise überlassenen betrieblichen Ladevorrichtung (z. B. zu Hause beim Arbeitnehmer) fällt der bezogene Ladestrom nicht unter die Steuerbefreiung. Dies gilt unabhängig davon, ob es sich um einen Stromanschluss des Arbeitgebers handelt, oder ob der Arbeitgeber die Stromkosten des Arbeitnehmers bezuschusst.

Beim Aufladen des privaten Elektrofahrzeugs zu Hause oder bei einem fremden Dritten stellt die Erstattung der vom Arbeitnehmer selbst getragenen Stromkosten Arbeitslohn dar. Bei Dienstfahrzeugen des Arbeitgebers, die dem Arbeitnehmer auch zur privaten Nutzung überlassen werden, gelten für die Erstattung der vom Arbeitnehmer selbst getragenen Stromkosten die Regelungen des steuerfreien Auslagenersatzes nach § 3 Nr. 50 EStG und dem BMF-Schreiben vom 26.10.2017, BStBl I S. 1.439 (vgl. S. 106).

2. **Pauschalbesteuerung bei Übereignung von Ladestromvorrichtungen und Zuschüssen zu diesen:**
Übereignet der Arbeitgeber dem Arbeitnehmer unentgeltlich oder verbilligt eine Ladevorrichtung für Elektrofahrzeuge, kann der Arbeitgeber diesen Vorteil nach § 40 Abs. 2 Satz 1 Nr. 6 EStG mit 25 % pauschal lohnversteuern. Hinzu kommen Solidaritätszuschlag und ggf. Kirchenlohnsteuer. Zur Ladevorrichtung gehört die gesamte Ladeinfrastruktur einschl. Zubehör sowie die in diesem Zusammenhang erbrachten Dienstleistungen; also der Aufbau, die Installation und die Inbetriebnahme der Ladestation, deren Wartung und Betrieb sowie die für die Inbetriebnahme notwendigen Vorarbeiten wie das Verlegen eines Starkstromkabels.

Die Pauschalbesteuerung gilt auch für die entsprechenden Zuschüsse des Arbeitgebers, wenn der Arbeitnehmer die Aufwendungen für den Erwerb und die Nutzung (z. B. für die Wartung und den Betrieb, die Miete für den Starkstromzähler, nicht jedoch für den Ladestrom) einer privaten Ladevorrichtung (z. B. zu Hause) trägt. Die Pauschalbesteuerung greift damit auch, wenn der Arbeitgeber die Ladevorrichtung übereignet und die Aufwendungen des Arbeitnehmers für die Nutzung der (nunmehr privaten) Ladevorrichtung bezuschusst.

Bei Nr. 1 und Nr. 2 ist zudem Voraussetzung für die Steuerfreiheit bzw. die Möglichkeit der Pauschalbesteuerung, dass die Vorteile zusätzlich **zum ohnehin geschuldeten Arbeitslohn** erbracht werden. Mit dem Gesetz zur weiteren Förderung der Elektromobilität ist der Anwendungszeitraum für die beiden Vergünstigungen auf die Zeit vom 1.1.2017 bis 31.12.2030 ausgedehnt worden. Weitere Erläuterungen enthält das BMF-Schreiben vom 14.12.2016, BStBl I S. 1.446.

Wichtig für die Praxis: Der Ladestrom ist nur dann begünstigt (steuerfrei), wenn das Aufladen an einer ortsfesten betrieblichen Einrichtung des Arbeitgebers oder eines verbundenen Unternehmens i. S. d. § 15 AktG stattfindet. Geldwerte Vorteile für andernorts bezogenen Ladestrom können auch nicht nach § 40 Abs. 2 Satz 1 Nr. 6 EStG pauschal besteuert werden.

Mahlzeiten

Die **arbeitstägliche Abgabe von Mahlzeiten,** sei es durch den Arbeitgeber selbst (z. B. in der Betriebskantine) oder durch einen Dritten (z. B. durch den Kantinenpächter, eine Gaststätte in der Umgebung oder eine sonstige Einrichtung) kann je nach Höhe der Aufzahlung, die der Arbeitnehmer für die Mahlzeit zu leisten hat, zu einem steuerpflichtigen Vorteil führen.

BEISPIEL 7 *Mahlzeiten*

Mit welchem Wert sind die arbeitstäglichen Mahlzeiten anzusetzen?

Maßgebend ist die Sozialversicherungsentgeltverordnung (SvEV). Die darin bestimmten Werte sind für alle Bundesländer gleich; sie betragen im Jahr 2020 für das

— Mittagessen/Abendessen (nunmehr) **3,40 €**
— Frühstück (nunmehr) **1,80 €**

Hinsichtlich des Ansatzes dieser Sachbezugswerte besteht **kein Wahlrecht**. Sie sind deshalb auch maßgebend, wenn Mahlzeiten von geringerem Wert abgegeben werden. Bei Abgabe von Lebensmitteln finden sie allerdings nur Anwendung, wenn diese zum unmittelbaren Verzehr geeignet oder zum Verbrauch während der Essenpausen bestimmt sind.

Wie wird die Aufzahlung der Arbeitnehmer ermittelt?

Erhalten Arbeitnehmer verbilligt unterschiedliche Mahlzeiten zu unterschiedlichen Preisen, kann die Aufzahlung des Arbeitnehmers mit dem Durchschnittswert angesetzt werden. Die Aufzahlung bei teuren Essen gleicht also den Vorteil bei billigen Essen aus. In die Durchschnittsrechnung sind aber nur solche Mahlzeiten einzubeziehen, die allen Arbeitnehmern angeboten werden (also nicht das Vorstandskasino). Erfolgt die Abgabe der Mahlzeiten von verschiedenen Einrichtungen, so ist die durchschnittliche Aufzahlung für jede Einrichtung zu ermitteln.

Die Durchschnittsrechnung muss nicht für jede Essensausgabe angestellt werden. Es reicht aus, wenn sie für den jeweiligen Lohnzahlungszeitraum (in der Regel ist das der Kalendermonat) durchgeführt wird.

Zu den Mahlzeiten gehören auch übliche **Getränke**. Die hierfür von den Arbeitnehmern entrichteten Entgelte können deshalb in die Durchschnittsberechnung einbezogen werden. Allerdings darf die Aufzahlung nur dann mit dem Durchschnittswert angesetzt werden, wenn der Arbeitgeber den eventuell sich ergebenden steuerpflichtigen Betrag pauschal versteuert.

Abgabe von Mahlzeiten in der betriebseigenen Kantine

 Beispiel:

Der Arbeitgeber bietet bestimmte Essen zu festen Preisen an. Nach Ablauf des Lohnzahlungszeitraums (z. B. am Schluss des Kalendermonats) stellt er folgende Essenabgaben fest:

Menü I zu	2,50 € x 400 =	1.000,— €
Menü II zu	2,60 € x 600 =	1.560,— €
Menü III zu	4,00 € x 300 =	1.200,— €
Salatteller	1,80 € x 200 =	360,— €
Zahl der verbilligten Mahlzeiten	**1.500**	
Von den Arbeitnehmern entrichtete Entgelte		4.120,— €
+ Getränkeeinnahmen während der Essenabgabe in der Kantine		1.000,— €
Gesamtaufzahlung der Arbeitnehmer		5.120,— €

BEISPIEL 7 — *Mahlzeiten*

Durchschnittliche Aufzahlung je Arbeitnehmer: 5.120,– € : 1.500 = 3,41 €; sie übersteigt den für 2020 maßgebenden Sachbezugswert von 3,40 €. Somit liegt kein steuerpflichtiger Vorteil vor.

Im Übrigen werden Leiharbeitnehmer, die wegen § 13b Arbeitnehmerüberlassungsgesetz die Gemeinschaftsverpflegung/Kantine des Entleihers in Anspruch nehmen dürfen, lohnsteuerlich so behandelt als hätte der Verleiher (Arbeitgeber) gegenüber seinen Arbeitnehmern (Leiharbeitnehmer) diese Leistungen unmittelbar erbracht.

Mahlzeitenabgabe durch Dritte gegen Einlösung vom Arbeitgeber ausgegebener Essenmarken (Restaurantscheck)

Soll mit der Essenmarkeneinlösung kein steuerpflichtiger Vorteil entstehen, muss der Arbeitgeber zunächst sicherstellen, dass die Aufzahlung der Arbeitnehmer mindestens den Sachbezugswert 2020 (für das Mittagessen 3,40 €) beträgt. Dies kann er durch eine entsprechende Vereinbarung mit der jeweiligen Gaststätte erreichen, die dann aber auch so durchgeführt werden muss, oder am zweckmäßigsten durch einen Verkauf der Essenmarken an die Arbeitnehmer zu einem Preis in Höhe des Sachbezugswerts.

Damit die Mahlzeit mit dem günstigen Sachbezugswert angesetzt werden kann und nicht der auf der Essenmarke ggf. angegebene höhere Verrechnungspreis steuerlich maßgebend ist, muss der Arbeitgeber allerdings noch einige zusätzliche Anforderungen erfüllen:

— Mit der Gaststätte oder sonstigen Einrichtung muss vereinbart sein, dass täglich nur eine Essenmarke in Zahlung genommen wird.
— Der Verrechnungswert der Essenmarke darf **6,50 €** nicht übersteigen.
— Die Essenmarken dürfen nicht an Arbeitnehmer ausgegeben werden, die eine Auswärtstätigkeit ausüben. Davon ausgenommen sind Arbeitnehmer, die eine längerfristige berufliche Auswärtstätigkeit an derselben Tätigkeitsstätte ausüben, nach Ablauf von drei Monaten.
— Grundsätzlich hat der Arbeitgeber für jeden Arbeitnehmer die Tage der Abwesenheit, z. B. anlässlich von Auswärtstätigkeiten, Urlaub oder Erkrankung, festzustellen und für diese Tage die Essenmarken zurückzufordern oder im Folgemonat für den Arbeitnehmer entsprechend weniger Essenmarken auszugeben.

Die aufwendige Feststellung der Abwesenheitstage kann sich der Arbeitgeber hinsichtlich der Arbeitnehmer ersparen, die im Jahresdurchschnitt an nicht mehr als drei Arbeitstagen im Kalendermonat Auswärtstätigkeiten ausüben. Voraussetzung ist jedoch, dass keiner dieser Arbeitnehmer mehr als 15 Essenmarken im Kalendermonat erhält.

Rat für die Praxis:

Die eingelösten Essenmarken brauchen vom Essenmarkenemittenten nicht zurückgegeben werden. Aufzubewahren sind lediglich die Abrechnungen mit den Annahmestellen, aus denen sich ergeben muss, wie viel Essenmarken mit welchem Verrechnungswert eingelöst worden sind.

Beispiel 1: Essenmarkenverkauf durch den Arbeitgeber
Der Arbeitgeber verkauft Essenmarken im Wert von 6,50 €, die in verschiedenen Gaststätten eingelöst werden können, zu einem Preis von 3,40 € an die Arbeitnehmer.

BEISPIEL 7   *Mahlzeiten*

Da der Verrechnungswert der Essenmarke 6,50 € nicht übersteigt, wird die Mahlzeit mit dem Sachbezugswert von 3,40 € bewertet. Der Arbeitgeberzuschuss in Höhe von 3,10 € bleibt steuerfrei, weil die Aufzahlung mindestens 3,40 € beträgt.

 Beispiel 2: Pauschale monatliche Essenmarkenausgabe
Der Arbeitgeber will zu den arbeitstäglichen Mahlzeiten einen Zuschuss in Höhe von 3,10 € gewähren. Da der Nachweis, dass von der Annahmestelle (Gaststätte oder sonstige Einrichtung) für jede Mahlzeit nur eine Essenmarke in Zahlung genommen wird, schwierig zu führen ist, gibt der Arbeitgeber für den Kalendermonat nur 15 Essenmarken an die Arbeitnehmer aus und bezieht nur solche Arbeitnehmer in dieses pauschale Ausgabeverfahren ein, die durchschnittlich nicht an mehr als drei Arbeitstagen im Kalendermonat Auswärtstätigkeiten ausüben. Auf den Essenmarken ist ein Verrechnungspreis von 6,50 € angegeben.

Im Rahmen der Lohnabrechnung behält er den Arbeitnehmern den maßgeblichen Sachbezugswert vom Nettolohn ein (3,40 € x 15 = 51,– €).

Der vom Arbeitgeber eingeräumte monatliche Vorteil in Höhe von 51,– € (= 3,10 € x 15) ist steuer- und beitragsfrei.

 Beispiel 3: Verzicht auf Barlohn gegen Essenmarken
Der Arbeitnehmer mit einem ursprünglich vereinbarten monatlichen Barlohn von 3.000,– € erhält vom Arbeitgeber monatlich 15 Essenmarken mit einem Wert von je 6,50 € (Verrechnungswert monatlich somit 97,50 €). Er verzichtet durch Änderung des Arbeitsvertrages auf einen Barlohn von 97,50 €.

Der Barlohnverzicht wird vom Finanzamt unter der Voraussetzung einer formalen Vertragsänderung anerkannt. Somit sind zu versteuern

der volle Barlohn	3.000,— €	
abz. Herabsetzung durch Vertragsänderung	97,50 €	2.902,50 €
+ Sachbezugswert für die Essenmarken 15 x 3,40 € =		51,— €
steuerpflichtig		2.953,50 €

Der Beitragspflicht unterliegen 3.000,- €, da in der SozV die Barlohnminderung nicht anerkannt wird, wenn der Arbeitnehmer ein Wahlrecht zwischen Barlohn und Sachbezug hat.

Wie sind die Vorteile aus der arbeitstäglichen Essensabgabe zu versteuern und beitragsrechtlich zu behandeln?

Falls die Aufzahlung des Arbeitnehmers für die arbeitstägliche Mahlzeit den Sachbezugswert (2020 **3,40 €**) unterschreitet oder die Voraussetzungen für die Bewertung der arbeitstäglichen Mahlzeit mit dem niedrigen Sachbezugswert nicht vorliegen, entsteht ein steuerpflichtiger Vorteil.

1. Die Versteuerung kann individuell durch Zurechnung des im Lohnzahlungszeitraum gewährten Vorteils beim einzelnen Arbeitnehmer im Wege des Lohnsteuerabzugs erfolgen.

   In diesem Fall sind jedoch aus dem errechneten Vorteil auch Beiträge zur Sozialversicherung zu entrichten.

BEISPIEL 7   *Mahlzeiten*

2. Die Versteuerung kann auch pauschal nach § 40 Abs. 2 Satz 1 Nr. 1 EStG mit dem **Pauschsteuersatz von 25%** vorgenommen werden. In diesem Fall unterliegt die Zuwendung **nicht** der Beitragspflicht in der Sozialversicherung. Voraussetzung für die Lohnsteuerpauschalierung ist, dass die unentgeltliche oder verbilligte Abgabe der Mahlzeiten nicht als Lohnbestandteil vereinbart ist, sondern zusätzlich gewährt wird. Barzuschüsse an den Arbeitnehmer dürfen nicht pauschal versteuert werden; sie sind nach den individuellen Besteuerungsmerkmalen dem Lohnsteuerabzug zu unterwerfen.

 Beispiel:
Der Arbeitgeber gibt Essenmarken mit einem Wert von 6,50 € unentgeltlich an die Arbeitnehmer ab.

Da der Verrechnungspreis für die Essenmarke den Grenzbetrag von 6,50 € (vgl. S. 165) nicht übersteigt, kann die unentgeltliche Mahlzeitenabgabe mit dem Sachbezugswert von 3,40 € angesetzt werden.

Steuerpflichtiger Vorteil je Essenmarke 3,40 €
angenommen 15 Essenmarken monatlich =   51,– €
angenommen 100 Arbeitnehmer =
steuerpflichtige Vorteile insgesamt   <u>5.100,— €</u>

Dieser Betrag kann mit dem Pauschsteuersatz
von 25% versteuert werden.
  = pauschale LSt   <u>1.275,— €</u>
  = SolZ 5,5% von   1.275,– €   <u>70,12 €</u>
  = pauschale KiSt von   1.275,– €
     angenommen 7%   89,25 €

Zur Berechnung und Anmeldung der pauschalen KiSt vgl. Anlage 1a, S. 405) und zum gesonderten Ausweis der pauschalen Lohnsteuer in der Lohnsteuer-Anmeldung vgl. S. 397.

Der pauschal versteuerte Arbeitslohn (5.100,– €) ist beitragsfrei.

Essenberechtigung für Arbeitnehmer fremder Arbeitgeber in der Betriebskantine

Häufig sind in der vom Arbeitgeber betriebenen Kantine auch die Arbeitnehmer anderer Arbeitgeber gegen Einlösung von Essenmarken essensberechtigt. Falls die Zahl der fremden Essensteilnehmer die der eigenen Arbeitnehmer übersteigt, findet für die Essensabgabe an die eigene Belegschaft die steuerliche Rabattregelung Anwendung (Rabatt-Freibetrag 1.080,– €).

 Beispiel:
Abgabe von Essen in der Betriebskantine

— an 600 eigene Arbeitnehmer   unentgeltlich
— an 700 andere Arbeitnehmer   zu einem Preis von 4,– €

Da die Mahlzeiten im Beispielsfall nicht überwiegend für die eigenen Arbeitnehmer hergestellt werden, findet die steuerliche Rabattregelung Anwendung (§ 8 Abs. 3 EStG). Die an die eigene Belegschaft abgegebenen Essen sind nicht mit dem Sachbezugswert zu bewerten, sondern mit dem für fremde Letztverbraucher maßgebenden Endpreis anzusetzen. Das ist im Beispielsfall der von den fremden Arbeitnehmern entrichtete Essenspreis von 4,– €. Danach ergibt sich folgende Vorteilsermittlung:

BEISPIEL 7 *Mahlzeiten*

230 Arbeitstage jährlich (angenommen) x 4,– € =	920,— €
abz. 4% Bewertungsabschlag	36,80 €
	883,20 €
Rabatt-Freibetrag	1.080,— €
zu versteuern	—,— €

Obwohl in der Betriebskantine die Mahlzeiten an die eigenen Arbeitnehmer unentgeltlich abgeben werden, entsteht im Beispielsfall kein steuerpflichtiger Vorteil.

Arbeitstägliche Zuschüsse zu Mahlzeiten ohne Verwendung von Essenmarken

Bestehen die Leistungen des Arbeitgebers in einem arbeitsvertraglich oder aufgrund einer anderen arbeitsrechtlichen Rechtsgrundlage vereinbarten Anspruch des Arbeitnehmers auf arbeitstägliche Zuschüsse zu Mahlzeiten, ist als Arbeitslohn nicht der Zuschuss, sondern die Mahlzeit des Arbeitnehmers mit dem amtlichen Sachbezugswert anzusetzen. Allerdings muss sichergestellt sein, dass damit tatsächlich eine Mahlzeit oder Lebensmittel zum unmittelbaren Verzehr erworben werden. Je Arbeitstag und je bezuschusster Mahlzeit (Frühstück, Mittag- oder Abendessen) kann nur ein Zuschuss mit dem amtlichen Sachbezugswert angesetzt werden. Erwirbt der Arbeitnehmer am selben Tag weitere Mahlzeiten für andere Tage auf Vorrat, sind hierfür gewährte Zuschüsse als Barlohn zu erfassen. Gleiches gilt für den Einzelkauf von Bestandteilen einer Mahlzeit auf Vorrat. Arbeitstägliche Zuschüsse zu Mahlzeiten sind bei Vorliegen der vorgenannten Voraussetzungen auch dann mit dem maßgebenden amtlichen Sachbezugswert anzusetzen, wenn sie an Arbeitnehmer geleistet werden, die ihre Tätigkeit in einem Home Office verrichten oder nicht mehr als sechs Stunden täglich arbeiten, auch wenn die betriebliche Arbeitszeitregelung keine entsprechenden Ruhepausen vorsieht. Auf die Einzelheiten des BMF-Schreibens vom 18.1.2019, BStBl I S. 66, wird hingewiesen.

Kombination arbeitstäglicher Zuschüsse zu Mahlzeiten und Essenmarken

Im Hinblick auf das beim vorstehenden Stichwort „Arbeitstägliche Zuschüsse zu Mahlzeiten ohne Verwendung von Essenmarken" erwähnte BMF-Schreiben vom 18.1.2019, BStBl I S. 66, ist gefragt worden, ob in Kombination mit einer Essenmarke, deren Verrechnungswert 6,50 € nicht übersteigt, auch ein höherer Vorteil als 3,10 € möglich wäre. Dies ist dann möglich und setzt voraus, dass:

1. Der Verrechnungswert der Essenmarke darf im Jahr 2020 6,50 € nicht übersteigen (denn nur dann darf die Bewertung der Mahlzeit mit dem günstigen Sachbezugswert von 3,40 € erfolgen),

2. Die z. B. in einer Gaststätte eingenommene Mahlzeit muss teurer sein als der Sachbezugswert von 3,40 € und auch teurer als der Verrechnungswert der Essenmarke.

und

3. Der Arbeitnehmer muss für die nämliche, in der Gaststätte eingenommene Mahlzeit einen Aufpreis entrichten, der dann als Entgelt den Sachbezugswert mindert.

Beispiel:

Ein Arbeitnehmer erhält eine Essenmarke mit einem Wert von 6,50 €. Die vom Arbeitnehmer in einer Gaststätte eingenommene Mahlzeit kostet 10,00 €, sodass der Arbeitnehmer in der Gaststätte einen Aufpreis von 3,50 € (= 10,00 € ./. 6,50 € Verrechnungswert der Essenmarke) zu zahlen hat.

BEISPIEL 7 Personalrabatte

Wert der Essenmarke	6,50 €
anzusetzender Sachbezugswert	3,40 €
./. Zahlung (Aufpreis) des Arbeitnehmers	3,50 €
geldwerter Vorteil:	0,00 €

Personalrabatte

Personal- oder Belegschaftsrabatte sind gemäß § 8 Abs. 3 EStG steuerpflichtig, soweit der **Rabatt-Freibetrag** überschritten wird. Dieser beträgt **1.080,– €**.

Wie wird der Rabatt-Freibetrag berücksichtigt?
Die dem Arbeitnehmer eingeräumten Vorteile sind steuerpflichtig, soweit der Unterschied zwischen den um 4% geminderten Endpreisen der Waren oder Dienstleistungen und den vom Arbeitnehmer gezahlten Entgelten den Freibetrag von 1.080,– € im Kalenderjahr insgesamt übersteigt. Endpreis i. S. d. § 8 Abs. 3 EStG ist der am Ende von Verkaufsverhandlungen als letztes Angebot stehende Preis und umfasst deshalb auch Rabatte (BFH-Urteil vom 26.7.2012, BStBl 2013 II S. 400).

 Beispiel:
Ein Küchenhersteller verkauft an einen Angestellten eine komplette Küche zu einem Preis von 15.000,– €. Da er selbst nicht an Letztverbraucher liefert, ermittelt er den maßgeblichen Letztverbraucher-Endpreis anhand der Preisauszeichnung seines nächstansässigen Abnehmers mit 18.000,– €.

Der steuer- und beitragspflichtige Vorteil ist wie folgt zu berechnen:

Endpreis	18.000,— €
— pauschaler Bewertungsabschlag 4%	720,— €
	17.280,— €
— Zahlung des Arbeitnehmers	15.000,— €
Vorteil	2.280,— €
— Rabatt-Freibetrag	1.080,— €
steuer- und beitragspflichtig	1.200,— €

Voraussetzung für die Anwendung des Freibetrags ist in jedem Fall, dass der Arbeitgeber die Vorteile nicht pauschal versteuert. In den Fällen, in denen die Voraussetzungen für eine Pauschalversteuerung vorliegen, kann der Arbeitgeber zwischen der Pauschalversteuerung und der Anwendung des Rabatt-Freibetrags wählen.

Welche Aufzeichnungspflichten sind im Zusammenhang mit Personalrabatten zu erfüllen?
Die Sachbezüge müssen grundsätzlich im **Lohnkonto** festgehalten werden. Auf Antrag des Arbeitgebers hat das Betriebsstätten-Finanzamt auf diese Aufzeichnung zu verzichten, wenn es im Hinblick auf die betrieblichen Verhältnisse nach der Lebenserfahrung so gut wie ausgeschlossen ist, dass der Freibetrag von 1.080,– € im Einzelfall überschritten wird. Zusätzliche Überwachungsmaßnahmen durch den Arbeitgeber sind in diesen Fällen nicht

BEISPIEL 7   *Personalrabatte*

erforderlich (R 41.1 Abs. 3 LStR). Falls der Arbeitgeber bereits aus internem Interesse den Umfang der Personalverkäufe arbeitnehmerbezogen festhält, kann auf die Aufzeichnung im Lohnkonto ohne weiteres verzichtet werden, weil sich aus diesen Nebenaufzeichnungen leicht feststellen lässt, ob der Freibetrag im Einzelfall überschritten ist.

Falls solche arbeitnehmerbezogenen Aufzeichnungen nicht vorhanden sind, muss auf andere Weise dargetan werden, dass Überschreitungen des Freibetrags so gut wie ausgeschlossen sind. Als Anhaltspunkte können dienen:

— Aufzeichnungen über die insgesamt eingeräumten Personalrabatte;
— die betriebliche Regelung über die Höhe des Rabatts;
— Zusammensetzung des vom Arbeitgeber angebotenen Warensortiments.

 Beispiel:
Personalrabatt 25 %:

Der Arbeitnehmer kauft im Kalenderjahr
Waren mit einem Endpreis von 5.100,– €;
der Rabatt hat somit betragen   1.275,— €
abzüglich pauschaler Bewertungsabschlag
4 % von 5.100,– € =   204,— €
Der Vorteil beträgt   1.071,— €
Freibetrag   1.080,— €

Bei Einkäufen bis 5.100,– € im Kalenderjahr entsteht somit kein steuerpflichtiger Vorteil. Dementsprechend beträgt der steuerlich noch nicht relevante Einkauf (Endpreis) jährlich
bei einem Personalrabatt von   20 %:   6.750,— €
                                                                           15 %:   9.800,— €
                                                                           10 %:   18.000,— €

Besteht in den Fällen des § 8 Abs. 3 EStG ein Wahlrecht zur Bewertung nach § 8 Abs. 2 EStG?

Liegen die Voraussetzungen des § 8 Abs. 3 EStG vor, kann der geldwerte Vorteil wahlweise nach § 8 Abs. 2 EStG ohne Bewertungsabschlag und ohne Rabattfreibetrag oder mit diesen Abschlägen auf der Grundlage des Endpreises des Arbeitgebers nach § 8 Abs. 3 EStG bewertet werden (BFH-Urteil vom 26.7.2012, BStBl 2013 II S. 400 und 402). Dieses Wahlrecht ist sowohl im Lohnsteuerabzugsverfahren als auch im Veranlagungsverfahren anwendbar. Der Arbeitgeber ist nach dem BMF-Schreiben vom 16.5.2013, BStBl I S. 729, nicht verpflichtet, den geldwerten Vorteil nach § 8 Abs. 2 Satz 1 EStG zu bewerten und den „günstigsten Preis am Markt" zu ermitteln.

Sind von Dritten eingeräumte Rabatte steuerpflichtig?

Die Lohnsteuerabzugspflicht im Fall der Rabattgewährung durch Dritte ist gesetzlich geregelt (§ 38 Abs. 1 EStG). Danach ist der Arbeitgeber zum Lohnsteuerabzug verpflichtet, wenn die Rabatte im Rahmen des Dienstverhältnisses gewährt werden und der Arbeitgeber weiß oder erkennen kann, dass solche Rabatte anfallen.

BEISPIEL 7   *Personalrabatte*

Wann liegen diese Voraussetzungen vor?
— Insbesondere dann, wenn Arbeitgeber und Dritter verbundene Unternehmen i.S. von § 15 Aktiengesetz (Konzernunternehmen) sind oder
— wenn der Arbeitgeber an der Verschaffung des Rabatts mitgewirkt hat, z. B. weil er oder der Verband, dem er angehört, mit dem Dritten die Vorteilsgewährung für die Belegschaft vereinbart hat, oder
— der Arbeitnehmer die im Rahmen des Dienstverhältnisses von einem Dritten geleisteten Bar- oder Sachbezüge anzeigt.

 Rat für die Praxis:

> *Gegenüber dem Dritten sollte nicht der Arbeitgeber als Partner und Vermittler auftreten, sondern allein der Betriebsrat, Personalrat oder eine unabhängige Selbsthilfeeinrichtung der Arbeitnehmer. Deren Handeln bei der Rabattverschaffung wird nach dem BMF-Schreiben vom 20.1.2015, BStBl I S. 143, weiterhin nicht dem Arbeitgeber zugerechnet. Somit fällt der Rabatt nicht im Rahmen des Dienstverhältnisses an, sodass kein steuerpflichtiger Arbeitslohn entsteht.*

Welche Anzeigepflichten bestehen bei Drittrabatten?
In § 38 Abs. 4 EStG ist für den Arbeitnehmer die Verpflichtung festgelegt, dem Arbeitgeber am Ende eines Monats die von einem Dritten im Rahmen des Dienstverhältnisses erhaltenen Bezüge (Bargeld, Rabatte oder sonstige Sachbezüge) anzugeben. Macht der Arbeitnehmer keine Angabe, hat der Arbeitgeber den Sachverhalt dem Betriebsstättenfinanzamt anzuzeigen, wenn er weiß oder erkennen kann, dass solche Bezüge geflossen sind. Das Gleiche gilt, wenn die Angaben des Arbeitnehmers erkennbar unrichtig sind.

Wie werden Drittrabatte besteuert?
Der Rabattfreibetrag von 1.080,- € darf nicht abgezogen werden.

Beispiel:
Das Reisebüro X vermittelt vom Reiseveranstalter Y angebotene Pauschalreisen. Der Veranstalter gewährt den Arbeitnehmern des Reisebüros auf deren Privatbuchungen einen Rabatt von 15 %. Der Arbeitnehmer Z bucht unter Einschaltung seines Arbeitgebers eine Reise zum Katalogpreis von 2.500,- € und bezahlt hierfür 2.125,- €. Das Reisebüro, also der Arbeitgeber, erhält vom Veranstalter auch für die Arbeitnehmer-Reise die Vermittlungsprovision, sodass der gesamte Preisnachlass vom Dritten getragen wird.

Daten aus dem Lohnkonto:
Steuerklasse I; gRV; gKV (kassenindividueller Zusatzbeitragssatz angenommen 1,1 %); kinderlos; Religionszugehörigkeit rk;

    Lohnabrechnung für Januar:
1.   Monatsgehalt   2.600,00
    Abzüge:
2.   Steuerpflichtiger Arbeitslohn   2.875,00
    LSt   374,16
    SolZ   20,57
    KiSt 8 % (angenommen)   29,93   424,66

BEISPIEL 7 *Personalrabatte*

3. Beitragspflichtiges Entgelt 2.875,00
   KV   7,3%   209,88
   Zusatzbeitrag (ang. 1,1%) 0,55%   15,81
   PV   1,525%   43,84
   Beitragszuschlag (kinderlos) 0,25%   7,19
   RV   9,3%   267,38
   ALV   1,2%   34,50   578,60   1.003,26
   Auszahlungsbetrag   1.596,74

4. Arbeitgeberanteil zur SozV   insgesamt   Davon entfallen auf den
                                               Rabatt von   **275,00**
   KV (7,3% + 0,55%)   225,69   7,85%   21,59
   PV (1,525%)   43,84   1,525%   4,19
   RV (9,3%)   267,38   9,3%   25,58
   ALV (1,2%)   34,50   1,2%   3,30
                                571,41   54,66

Zu 2 und 3

Der Reiseveranstalter als Dritter gewährt den Rabatt für die Vermittlungsleistungen, die der Reisebüro-Angestellte im Rahmen des Dienstverhältnisses zu seinem Arbeitgeber erbringt. Der Arbeitgeber weiß von dieser Rabattgewährung; es liegt deshalb steuerpflichtiger Arbeitslohn vor.

Berechnung des steuerpflichtigen Betrags:

Konkreter Endpreis   2.500,— €
Abschlag 4%   100,— €
                                                      2.400,— €
vom Arbeitnehmer entrichteter Betrag   2.125,— €
steuer- und beitragspflichtig   275,— €

Diesen Betrag muss das Reisebüro in der Lohnabrechnung des Arbeitnehmers erfassen und die Steuerabzugsbeträge und SozV-Beiträge einbehalten. Falls das Reisebüro die Höhe des Rabatts nicht aus eigenen Unterlagen ermitteln kann, muss der Arbeitnehmer den Rabatt schriftlich mitteilen.

Der steuer- und beitragspflichtige Arbeitslohn beträgt somit insgesamt 2.600,- € + 275,- € = 2.875,- €.

Der Arbeitnehmer ist in der gesetzlichen Rentenversicherung und in der gesetzlichen Krankenversicherung versichert. Da er in allen Zweigen der Sozialversicherung versichert ist, kommt die Allgemeine Lohnsteuertabelle zur Anwendung. Der Arbeitnehmer ist daneben kinderlos und hat daher einen Zuschlag zur Pflegeversicherung zu leisten, was hier bei maschineller Lohnsteuerberechnung berücksichtigt ist und sich auch auf die Höhe des Steuerabzugs auswirkt. Bei manueller Lohnabrechnung wäre diese Besonderheit nicht in den Lohnsteuertabellen berücksichtigt, sodass sich dann ein geringfügig abweichender Steuerabzug ergäbe.

Zu 4

Vom Gesamtarbeitgeberanteil entfallen 54,66 € auf den von einem Dritten eingeräumten Rabatt. Der Arbeitgeber schuldet der Einzugsstelle zwar auch diesen Anteil, ob er ihn aber auch im Innenverhältnis übernimmt, hängt von der Vereinbarung mit dem Arbeitnehmer ab. Muss der Arbeitnehmer im Innenverhältnis den Arbeitgeberanteil finanzieren, ist der zugeflossene steuer- und beitragspflichtige Rabatt entsprechend niedriger.

BEISPIEL 7 *Telearbeitsplatz*

Zusätzliche Erläuterungen zur steuerlichen Rabattregelung und zur beitragsrechtlichen Behandlung enthält das „Handbuch für Lohnsteuer und Sozialversicherung" in Tz. 4.2.

Telearbeitsplatz

Inzwischen entsprechen viele Arbeitgeber dem Wunsch von Arbeitnehmern, bestimmte Aufgaben nicht mehr im Betrieb, sondern unter Einsatz moderner Kommunikationsmittel nach Einrichtung eines Telearbeitsplatzes zu Hause zu erledigen. Für den Arbeitgeber stellt sich dabei die Frage, in welchem Umfang er dem Arbeitnehmer Aufwendungen steuerfrei ersetzen kann.

Kosten der Einrichtung und Ausstattung des Arbeitsplatzes

Hierbei handelt es sich vor allem um PC mit Zubehör (Drucker usw.). Trägt der Arbeitgeber die Kosten für die Beschaffung dieser Arbeitsmittel und bleiben diese im Eigentum des Arbeitgebers, führt die Gestellung für den Arbeitnehmer nicht zu einem steuerpflichtigen Vorteil. Auch der Vorteil aus der privaten Nutzung durch den Arbeitnehmer ist steuerfrei (§ 3 Nr. 45 EStG).

Stehen die Arbeitsmittel dagegen im Eigentum des Arbeitnehmers und zahlt der Arbeitgeber für die betriebliche Verwendung eine pauschale Vergütung, gehört diese zum steuer- und beitragspflichtigen Entgelt. Seine Aufwendungen für die Arbeitsmittel kann der Arbeitnehmer als Werbungskosten bei seiner Einkommensteuerveranlagung geltend machen.

Betriebskosten für die eingesetzten Arbeitsmittel

Hierbei handelt es sich vor allem um die Stromkosten für den Betrieb der Arbeitsmittel. Die tatsächlich anfallenden Kosten (z. B. durch Abrechnung mit einem gesonderten Stromzähler) kann der Arbeitgeber steuer- und beitragsfrei ersetzen.

Ein pauschaler Auslagenersatz, z. B. 100,– €, gehört grundsätzlich zum steuer- und beitragspflichtigen Arbeitslohn. Er kann aber steuer- und beitragsfrei erfolgen, wenn regelmäßig wiederkehrende Auslagen ersetzt werden und der Arbeitnehmer außerdem für einen repräsentativen Zeitraum von 3 Monaten die entstandenen Aufwendungen im Einzelnen nachgewiesen hat.

Verbindungsentgelte für Telefon und Internet

In der Regel wird es sich bei diesen Anschlüssen, die auch die Verbindung zum Datennetz des Unternehmens ermöglichen, um eine betriebliche Einrichtung handeln, für die die Kosten ohnehin beim Arbeitgeber anfallen. Die Mitbenutzung dieser Anschlüsse durch den Arbeitnehmer zu privaten Zwecken ist steuerfrei (§ 3 Nr. 45 EStG).

Handelt es sich ausnahmsweise um private Anschlüsse des Arbeitnehmers, gilt für den Ersatz der Telefonkosten die Auslagenersatz-Regelung (vgl. S. 175). Für Zuschüsse des Arbeitgebers zur Internetnutzung kann die Lohnsteuer mit dem Pauschsteuersatz von 25 % erhoben werden (vgl. S. 176).

Aufwendungen für das häusliche Arbeitszimmer

Erhält der Arbeitnehmer die Kosten für sein häusliches Arbeitszimmer vom Arbeitgeber ersetzt (z. B. für Heizung und Beleuchtung), so ist die Erstattung grundsätzlich als steuer- und beitragspflichtiger Arbeitslohn zu behandeln (= steuerpflichtiger Werbungskostenersatz und kein steuerfreier Auslagenersatz, vgl. BFH vom 8.3.2006, IX R 76/01). Der Arbeitnehmer könnte seine Aufwendungen nur unter den engen Voraussetzungen des § 4 Abs. 5 Satz 1 Nr. 6b EStG als Werbungskosten bei seiner persönlichen Einkommensteuererklärung gegenüber dem Finanzamt steuerlich geltend machen. Mietet hingegen der Arbeitgeber das häusliche Arbeitszimmer vom Arbeitnehmer an, so sind die Zahlungen dann nicht als Arbeitslohn, sondern als Einkünfte aus Vermietung und Verpachtung zu erfassen, wenn das Mietverhältnis im ganz überwiegend betrieblichen Interesse des Arbeitgebers erfolgt, weil im Unternehmen keine geeignete Arbeitszimmer mehr vorhanden sind und die Arbeit auf die Teleheimarbeiter ausgelagert wurde. Verfügt hingegen der Arbeitnehmer im Betrieb des Arbeitgebers über einen Arbeitsplatz und wird die Nutzung des häuslichen Arbeitszimmers vom Arbeitgeber lediglich gestattet oder geduldet, führen die Mietzahlungen des Arbeitgebers zu Arbeitslohn. Auf die BFH-Urteile vom 16.9.2004, BStBl 2005 II S. 10, vom 23.5.2006, BStBl II S. 600, und vom 17.4.2018, BStBl 2019 II S. 219, sowie das BMF-Schreiben vom 18.4.2019, BStBl I S. 461, wird ergänzend hingewiesen.

 Rat für die Praxis:

Arbeitgeber und Arbeitnehmer sollten bei ausgelagerter Teleheimarbeit klare Vereinbarungen über die Vermietung eines Arbeitszimmers an den Arbeitgeber treffen. Ein Homeoffice kann nicht als erste Tätigkeitsstätte festgelegt werden.

Telefon-, Internet- und Computernutzung

Welche Vorteile sind steuerfrei?

Nach § 3 Nr. 45 EStG bleiben steuerfrei die Vorteile aus der privaten Nutzung von betrieblichen Datenverarbeitungsgeräten und Telekommunikationsgeräten sowie deren Zubehör, aus der privaten Nutzung überlassenen System- und Anwendungsprogrammen, die der Arbeitgeber auch in seinem Betrieb einsetzt, und aus den im Zusammenhang mit diesen Zuwendungen erbrachten Dienstleistungen.

1. **Betriebliche Datenverarbeitungsgeräte und Telekommunikationsgeräte**
   Begünstigt sind u. a. Personalcomputer, Laptop, Handy, Smartphone, Tablet, Autotelefon. In der Regel nicht begünstigt sind Smart TV, Konsole, MP3-Player, Spielautomat, E-Book-Reader, Digitalkamera und digitaler Videocamcorder, weil es sich nicht um betriebliche Geräte des Arbeitgebers handelt. Auch ein vorinstalliertes Navigationsgerät im Firmenwagen fällt nicht unter die Steuerbefreiung.

2. **System- und Anwendungsprogramme**
   Begünstigt sind u. a. Betriebssystem, Browser, Virenscanner, Softwareprogramme (z. B. Home-Use-Programme, Volumenlizenzvereinbarungen). In der Regel nicht begünstigt sind mangels Einsatz im Betrieb des Arbeitgebers u. a. Computerspiele.

3. **Zubehör**
   Begünstigt sind u. a. Monitor, Drucker, Beamer, Scanner, Modem, Netzwerkswitch, Router, ISDN-Karte, Sim-Karte, UMTS-Karte, LTE-Karte.

4. Dienstleistung

Begünstigt ist insbesondere die Installation oder Inbetriebnahme der begünstigten Geräte und Programme i. S. d. § 3 Nr. 45 EStG durch einen IT-Service des Arbeitgebers.

Rechtsquelle: § 3 Nr. 45 EStG; R 3.45 LStR, H 3.45 LStH 2020

  Rat für die Praxis:

> *Für die Steuerbefreiung ist nur Voraussetzung, dass es sich um betriebliche, also dem Arbeitgeber zuzurechnende Geräte handelt. Die vom Arbeitgeber getragenen Verbindungsentgelte für die private Nutzung sind deshalb auch dann steuerfrei, wenn der Anschluss z. B. für ein Mobiltelefon auf den Arbeitnehmer lautet und die Telefonrechnung an ihn gerichtet ist, das Gerät aber dem Arbeitgeber gehört.*

Ist die Umwandlung von Barlohn in einen steuerfreien Nutzungsvorteil zulässig?

Unter der Voraussetzung, dass der Arbeitsvertrag entsprechend geändert wird, kann auch ohne zusätzlichen Aufwand des Arbeitgebers der Steuervorteil ausgeschöpft werden. Allerdings wird in der SozV die Barlohnminderung nicht anerkannt, wenn der Arbeitnehmer ein Wahlrecht zwischen Arbeitslohn und Sachbezug hat.

 Beispiel:

Der Arbeitnehmer hat Anspruch auf ein Monatsgehalt von 4.000,- €. Durch eine Änderung des Arbeitsvertrags wird bestimmt, dass der Barlohn künftig nur 3.800,- € beträgt und der Arbeitgeber dem Arbeitnehmer für zu Hause einen PC zur Verfügung stellt, einen Internetzugang verschafft, eine Telefonanlage einrichtet sowie ein betriebliches Handy überlässt. Außerdem übernimmt der Arbeitgeber sämtliche Verbindungsentgelte (auch für die private Nutzung).

Lohnsteuer:

Die Vorteile aus der privaten Nutzung der Geräte sowie der Vorteil aus der Übernahme der privaten Verbindungsentgelte sind nach § 3 Nr. 45 EStG steuerfrei. Dem Lohnsteuerabzug unterliegt somit nur der Barlohn von 3.800,- €.

Sozialversicherung:

Der Verzicht auf Barlohn zugunsten steuerfreier Sachbezüge wirkt sich hier nicht aus, weil der Arbeitnehmer Anspruch auf eine Vergütung von 4.000,- € hat, er mit der Änderung des Arbeitsvertrags nur zwischen Bar- und Sachlohn gewählt hat und die steuerfreien Sachbezüge deshalb nicht zusätzlich gewährt werden.

In welchem Umfang kann der Arbeitgeber Telefonkosten steuerfrei ersetzen, wenn die Telefonanlage dem Arbeitnehmer selbst gehört?

1. Der Arbeitgeber kann die beruflich veranlassten Verbindungsentgelte (Telefon und Internet) und außerdem – entsprechend dem Anteil der beruflichen an den gesamten Verbindungsentgelten – auch die Aufwendungen für das Nutzungsentgelt einer Telefonanlage und den Grundpreis der Anschlüsse steuerfrei ersetzen.

 Beispiel:

Laut Einzelverbindungsnachweis berufliche Verbindungsentgelte	120,- €
private Verbindungsentgelte	80,- €
insgesamt	200,- €

BEISPIEL 7 — *Telefon-, Internet- und Computernutzung*

Miete für die Anlage und Grundpreis   50,– €
Gesamtrechnung   250,– €

Von den gesamten Verbindungsentgelten (200,– €) entfallen 120,– € = 60 % auf berufliche Gespräche; somit können auch die Miete und der Grundpreis mit einem Anteil von 60 % = 30,– € steuerfrei ersetzt werden (insgesamt steuerfrei 150,– €).

2. Der berufliche Anteil muss nicht jeden Monat dargelegt werden. Es reicht aus, wenn der Arbeitnehmer die entstandenen Aufwendungen für einen repräsentativen Zeitraum von drei Monaten im Einzelnen nachweist. Der einmal auf diese Weise nachgewiesene steuerfreie Betrag kann solange beibehalten werden, bis sich die Verhältnisse – z. B. bei einer Änderung der Berufstätigkeit – wesentlich ändern.

3. Wird auf den Nachweis des beruflichen Anteils an den Verbindungsentgelten verzichtet, kann der Arbeitgeber 20 % des Rechnungsbetrags, höchstens 20,– € monatlich steuerfrei ersetzen. Auch hier kann der monatlich steuerfreie Durchschnittsbetrag für einen repräsentativen Zeitraum von drei Monaten ermittelt und dann fortgeführt werden.

Ist die PC-Übereignung an den Arbeitnehmer steuerpflichtig?

Die Steuerbefreiung nach § 3 Nr. 45 EStG greift nur für die Nutzung eines betrieblichen PC. Die Übereignung an den Arbeitnehmer ist dagegen steuerpflichtig. Damit durch die hohe individuelle Besteuerung der gute Wille des Arbeitgebers zur Verbreitung moderner Informationstechnologie bei seinen Arbeitnehmern nicht behindert wird, wurde eine Möglichkeit zur Lohnsteuerpauschalierung geschaffen (§ 40 Abs. 2 Satz 1 Nr. 5 EStG).

Der Wert des übereigneten PC einschließlich Zubehör sowie der Aufwand für die Einrichtung des Internetzugangs können danach mit einem Pauschsteuersatz von **25 %** besteuert werden; zur KiSt vgl. Anlage 1a, S. 405). Voraussetzung für die Lohnsteuerpauschalierung ist, dass die Zuwendung **zusätzlich** zum ohnehin geschuldeten Arbeitslohn erfolgt. Der pauschal versteuerte Betrag gehört in der SozV nicht zum Arbeitsentgelt; Beiträge fallen deshalb hierfür nicht an.

   Rat für die Praxis:

*Da die Nutzung eines **betrieblichen** PC nach § 3 Nr. 45 EStG steuerfrei ist, erscheint es wenig sinnvoll, dem Arbeitnehmer einen PC zu übereignen und für den Wert 25 % pauschale Lohnsteuer zu entrichten. Bleibt der PC im Eigentum des Arbeitgebers, entsteht durch die Nutzung kein steuerpflichtiger Vorteil, gleichgültig, wo der PC aufgestellt wird.*

Wie werden Zuschüsse zu privaten Internetaufwendungen behandelt?

Die Steuerbefreiung nach § 3 Nr. 45 EStG greift nur bei Nutzung betrieblicher Geräte. Verwendet der Arbeitnehmer für die Internetnutzung eigene Geräte, gehören die Zuschüsse des Arbeitgebers zu den anfallenden Aufwendungen grundsätzlich zum steuerpflichtigen Arbeitslohn. Die Lohnsteuer kann aber mit einem Pauschsteuersatz von 25 % erhoben werden, wenn die Zuschüsse zusätzlich zum ohnehin geschuldeten Arbeitslohn gewährt werden; Beiträge zur SozV fallen dann nicht an.

Zu den pauschal zu versteuernden Aufwendungen gehören
— die laufenden Kosten (Grundgebühr und die laufenden Gebühren für die Internetnutzung, Flatrate),
— Barzuschüsse zu den Einrichtungskosten für den Internetzugang (z. B. für den ISDN-Anschluss, ein Modem und auch zu den Anschaffungskosten des Personalcomputers).
Falls der Zuschuss 50,– € im Monat nicht übersteigt, sind die Anforderungen an den Nachweis der dem Arbeitnehmer entstehenden Aufwendungen gering. Es reicht aus, dass der Arbeitnehmer schriftlich erklärt, dass ihm für den Internetzugang im Kalenderjahr durchschnittlich mindestens Kosten in Höhe des Arbeitgeberzuschusses entstehen. Die Erklärung muss der Arbeitgeber als Beleg zum Lohnkonto aufbewahren.

Verpflegungsmehraufwand

Verpflegungsmehraufwendungen können vom Arbeitgeber steuerfrei ersetzt werden, wenn
— eine Auswärtstätigkeit (vgl. S. 183) oder
— eine doppelte Haushaltsführung (vgl. S. 208)
vorliegt.

VIP-Logen

Vergleiche Pauschalierung nach § 37b EStG auf Seite 230.

Weiterbildungsleistungen

Vergleiche Fort- und Weiterbildungsleistungen auf Seite 131.

Werkzeuggeld

Entschädigungen für die betriebliche Benutzung von Handwerkzeugen, die der Arbeitnehmer in den Betrieb mitbringt, sind steuerfrei, soweit sie die Aufwendungen des Arbeitnehmers für das Werkzeug nicht offensichtlich übersteigen. Ein PC o.ä. ist kein Werkzeug i.S. dieser Befreiung.

Wohnungsüberlassung

Der Vorteil aus der unentgeltlichen oder verbilligten Überlassung einer Wohnung gehört zum steuer- und beitragspflichtigen Arbeitslohn. Der Ermittlung des Vorteils ist die ortsübliche Miete (Vergleichsmiete) zugrunde zu legen. Ausführliche Erläuterungen hierzu sowie zur Berücksichtigung von mietpreisrechtlichen Beschränkungen und der Maßgeblichkeit der Sozialmiete enthält das **„Handbuch für Lohnsteuer und Sozialversicherung"** in Tz 4.2 – Stichwort „Wohnungsüberlassung".

Beispiel:

Der Arbeitgeber überlässt dem Hausmeister eine Werkswohnung gegen eine Miete von monatlich 300,– €. Die ortsübliche Miete für eine nach Baujahr, Lage, Art, Größe, Ausstattung und Be-

BEISPIEL 7   *Wohnungsüberlassung*

schaffenheit vergleichbare Wohnung beträgt 600,– €. Die Wohnung des Hausmeisters wird für ihn unentgeltlich beheizt. Der Stromverbrauch wird für die Wohnung gesondert ermittelt und vom Hausmeister bezahlt.

Daten aus dem Lohnkonto:
Steuerklasse III; kein Kinderfreibetrag, aber nicht kinderlos i. S. d. PV; gRV; gKV (kassenindividueller Zusatzbeitragssatz angenommen 1,1 %); Religionszugehörigkeit ev;

Lohnabrechnung für Januar:

1.	Monatslohn				2.600,00
	Abzüge:				
2.	Steuerpflichtiger Arbeitslohn	2.760,00			
	LSt		115,50		
	SolZ		0,00		
	KiSt 8 % (angenommen)		9,24	124,74	
3.	Beitragspflichtiges Entgelt	2.760,00			
	KV	7,3 %	201,48		
	Zusatzbeitrag (ang. 1,1 %)	0,55 %	15,18		
	PV	1,525 %	42,09		
	kein Beitragszuschlag	0,00 %	0,00		
	RV	9,3 %	256,68		
	ALV	1,2 %	33,12	548,55	
4.	Monatsmiete			300,00	973,29
	Auszahlungsbetrag				**1.626,71**
	Arbeitgeberanteil zur SozV	KV (7,3 % + 0,55 %)	216,66		
		PV (1,525 %)	42,09		
		RV (9,3 %)	256,68		
		ALV (1,2 %)	33,12		
			548,55		

Zu 2 und 3

Bei der Ermittlung des Vorteils aus der Wohnungsüberlassung ist von der ortsüblichen Vergleichsmiete auszugehen =   600,— €

Der Ansatz eines Sachbezugs für eine dem Arbeitnehmer vom Arbeitgeber zu eigenen Wohnzwecken überlassene Wohnung unterbleibt ab 2020 gemäß § 8 Abs. 2 Satz 12 EStG, soweit das vom Arbeitnehmer gezahlte Entgelt mindestens 2/3 des ortsüblichen Mietwerts und der ortsübliche Mietwert nicht mehr als 25 € je Quadratmeter (ohne umlagefähige Betriebskosten) beträgt. Da im Beispielsfall der ortsübliche Mietwert die 25 €-qm-Grenze nicht übersteigt, kann auf die ortsübliche Vergleichsmiete ein Bewertungsabschlag von 1/3 vorgenommen werden.

Abschlag 1/3 von 600,– € =		200,— €
		400,— €
Vom Arbeitnehmer zu entrichtende Miete		300,— €
steuerpflichtiger Mietvorteil		100,— €

Der Rabattfreibetrag für Personalrabatte kommt nicht zum Zuge, da im Beispielsfall der Arbeitgeber Werkswohnungen nicht in gleichem Umfang an fremde Dritte vermietet.

BEISPIEL 7

Als Vorteil aus der unentgeltlichen **Beheizung** *sind die üblichen Heizkosten anzusetzen. Falls die Ermittlung wegen des fehlenden Aufteilungsmaßstabs schwierig ist, kann auch der für staatliche Dienstwohnungen maßgebliche und beim Finanzamt zu erfragende Heizkostenbetrag zugrunde gelegt werden:*

bei Ölheizung 7,50 €/m² (angenommen)	
Wohnungsgröße 80 m² = jährlich	600,— €
+ Warmwasserversorgung,	
angenommen 22 % der Heizkosten =	120,— €
	720,— €
monatlich	60,— €
Vorteil aus der Wohnungsüberlassung insgesamt	160,— €
Barlohn	2.600,— €
Im Abrechnungsmonat sind unter Anwendung der Lohnsteuer-Monatstabelle zu versteuern und der Beitragsberechnung zugrunde zu legen	2.760,— €

Der Arbeitnehmer ist in der gesetzlichen Rentenversicherung und in der gesetzlichen Krankenversicherung versichert. Da er in allen Zweigen der Sozialversicherung versichert ist, kommt die Allgemeine Lohnsteuertabelle zur Anwendung. Beim Lohnsteuerabzug für den Arbeitnehmer ist zwar für den 35-jährigen Sohn kein steuerlicher Kinderfreibetrag zu berücksichtigen; gleichwohl gilt er nicht als kinderlos im Sinne der Pflegeversicherung und hat daher auch keinen Zuschlag zur Pflegeversicherung zu leisten, was sich auch auf die Höhe des Steuerabzugs auswirkt.

Im Beispielsfall fällt kein Solidaritätszuschlag Lohnsteuer an, weil die monatliche Lohnsteuer in Steuerklasse III nicht mehr als 162,– € beträgt.

 Rat für die Praxis:

Bei der Wohnungsüberlassung kann die Freigrenze für geringfügige Sachbezüge ausgenutzt werden (vgl. S. 140). Danach bleibt der Vorteil steuer- und beitragsfrei, wenn er insgesamt (Mietverbilligung und Heizkostenermäßigung) im Kalendermonat 44,- € nicht übersteigt. Allerdings ist darauf zu achten, dass bei dem Arbeitnehmer die Freigrenze von 44,- € nicht durch die Gewährung eines anderen Sachbezugs verbraucht ist.

Zinsersparnisse und Zinszuschüsse

Wann liegt ein Arbeitgeberdarlehen vor?

Ein Arbeitgeberdarlehen liegt vor, wenn durch den Arbeitgeber (oder aufgrund des Dienstverhältnisses durch einen Dritten) Geld an den Arbeitnehmer überlassen wird und diese Überlassung auf einem Darlehensvertrag beruht. Auch Gehaltsvorschüsse im öffentlichen Dienst, die nach den Vorschussrichtlinien des Bundes oder der entsprechenden Richtlinien der Länder gewährt werden, gelten in diesem Sinne als Arbeitgeberdarlehen. Die durch das Arbeitgeberdarlehen erhaltenen Zinsvorteile sind geldwerte Vorteile (Sachzuwendungen) und sowohl steuer- wie auch beitragspflichtig.

BEISPIEL 7 — *Zinsersparnisse und Zinszuschüsse*

Der zur Anwendung des Lohnsteuerabzugsverfahrens verpflichtete Arbeitgeber muss die Lohnsteuer einbehalten und abführen, sofern er sie nicht nach § 40 Abs. 1 EStG pauschal erhebt oder die Einkommensteuer nicht nach § 37b EStG pauschal erhoben wird.

Was ist bei der Ermittlung des Zinsvorteils zu beachten?

Wie bisher sind Zinsvorteile als Sachbezug nur dann zu versteuern, wenn die Summe der noch nicht getilgten Darlehen am Ende des Lohnzahlungszeitraums 2600,- € übersteigt.

Für die Ermittlung des Zinsvorteils ist zwischen einer **Bewertung nach § 8 Abs. 2 EStG** (z. B. der Arbeitnehmer eines Einzelhändlers erhält ein zinsverbilligtes Arbeitgeberdarlehen) und einer **Bewertung nach § 8 Abs. 3 Satz 1 EStG** (z. B. der Bankangestellte erhält von seinem Arbeitgeber ein zinsverbilligtes Arbeitgeberdarlehen mit Ansatz des Rabatt-Freibetrags) zu unterscheiden. Der Arbeitnehmer erlangt keinen steuerpflichtigen Zinsvorteil, wenn der Arbeitgeber ihm ein Darlehen zu einem marktüblichen Zinssatz (Maßstabszinssatz) gewährt (BFH vom 4.5.2006, BStBl II S. 781). Liegen die Voraussetzungen des § 8 Abs. 3 EStG vor, kann der geldwerte Vorteil wahlweise nach § 8 Abs. 2 EStG ohne Bewertungsabschlag und ohne Rabattfreibetrag oder mit diesen Abschlägen auf der Grundlage des Endpreises des Arbeitgebers nach § 8 Abs. 3 EStG bewertet werden.

Nach dem BMF-Schreiben vom 19.5.2015, BStBl I S. 484, gilt im Wesentlichen Folgendes:

1. **Bewertung nach § 8 Abs. 2 EStG**

    Sachbezüge sind mit den um **übliche Preisnachlässe** geminderten üblichen Endpreisen am Abgabeort anzusetzen (§ 8 Abs. 2 Satz 1 EStG). Von einem üblichen Endpreis ist bei einem Darlehen auszugehen, wenn sein Zinssatz mit dem Maßstabszinssatz vergleichbar ist; der pauschale Abschlag i. H. v. 4% nach R 8.1 Abs. 2 Satz 3 LStR ist vorzunehmen. Solch ein üblicher Endpreis kann sich aus dem Angebot eines Kreditinstituts am Abgabeort ergeben. Aus Vereinfachungsgründen können für die Feststellung des Maßstabszinssatzes wie bisher die bei Vertragsabschluss von der Deutschen Bundesbank zuletzt veröffentlichten Effektivzinssätze (die gewichteten Durchschnittszinssätze) herangezogen werden.

    Als üblicher Endpreis gilt auch der **günstigste Preis** für ein vergleichbares Darlehen mit nachgewiesener günstigster Marktkondition, zu der das Darlehen unter Einbeziehung allgemein zugänglicher Internetangebote (z. B. Internetangebote von Direktbanken) an Endverbraucher angeboten wird, ohne dass individuelle Preisverhandlungen im Zeitpunkt des Vertragsabschlusses berücksichtigt werden. Bei dieser Ermittlung kommt der pauschale Abschlag i. H. v. 4% nach R 8.1 Abs. 2 Satz 3 LStR nicht zur Anwendung. Dabei ist zwischen den einzelnen Arten von Krediten (z. B. Wohnungsbaukredit, Konsumentenkredit/Ratenkredit) zu unterscheiden.

    Im Lohnsteuerabzugsverfahren kann der Arbeitgeber den um übliche Preisnachlässe geminderten üblichen Endpreis am Abgabeort heranziehen; er ist nicht verpflichtet, den günstigsten Preis am Markt zu ermitteln.

    Der geldwerte Vorteil bemisst sich nach dem Unterschiedsbetrag zwischen dem Maßstabszinssatz für vergleichbare Darlehen am Abgabeort oder dem günstigsten Preis für ein vergleichbares Darlehen am Markt und dem Zinssatz, der im konkreten Einzelfall vereinbart ist. Vergleichbar in diesem Sinne ist ein Darlehen, das dem Arbeitgeberdar-

BEISPIEL 7 — *Zinsersparnisse und Zinszuschüsse*

lehen insbesondere hinsichtlich der Kreditart (z. B. Wohnungsbaukredit, Konsumentenkredit/Ratenkredit, Überziehungskredit), der Laufzeit des Darlehens, der Dauer der Zinsfestlegung, der zu beachtenden Beleihungsgrenze und des Zeitpunktes der Tilgungsverrechnung im Wesentlichen entspricht. Die Einordung des jeweiligen Darlehens (Kreditart) richtet sich allein nach dem tatsächlichen Verwendungszweck.

Beispiel:
Ein Arbeitnehmer erhält im März 2020 ein Arbeitgeberdarlehen von 30.000,- € zu einem Effektivzinssatz von 2% jährlich (Laufzeit 4 Jahre mit monatlicher Tilgungsverrechnung und monatlicher Fälligkeit der Zinsen). Der bei Vertragsabschluss im März 2020 von der Deutschen Bundesbank für Konsumentenkredite mit anfänglicher Zinsbindung von über einem Jahr bis zu fünf Jahren veröffentlichte Effektivzinssatz beträgt (angenommen) 4,71%.

Nach Abzug des pauschalen Abschlags von 4% ergibt sich ein Maßstabszinssatz von 4,52% (Ansatz von zwei Dezimalstellen – ohne Rundung). Die Zinsverbilligung beträgt somit 2,52% (4,52% abzüglich 2%). Danach ergibt sich im März 2020 ein Zinsvorteil von 63,- € (2,52% von 30.000,- € x 1/12). Dieser Vorteil ist – da die 44,- €-Freigrenze überschritten ist – lohnsteuerpflichtig. Der Zinsvorteil ist jeweils bei Tilgung des Arbeitgeberdarlehens für die Restschuld neu zu ermitteln.

2. **Bewertung nach § 8 Abs. 3 EStG**

Der Zinsvorteil aus der Überlassung eines zinslosen oder zinsverbilligten Darlehens kann nach § 8 Abs. 3 EStG ermittelt werden, wenn der Arbeitgeber Darlehen gleicher Art und – mit Ausnahme des Zinssatzes – zu gleichen Konditionen (insbesondere Laufzeit des Darlehens, Dauer der Zinsfestlegung, Zeitpunkt der Tilgungsverrechnung) überwiegend an betriebsfremde Dritte vergibt und der Zinsvorteil nicht nach § 40 EStG pauschal besteuert wird.

Endpreis i. S. d. § 8 Abs. 3 EStG für die von einem Kreditinstitut gegenüber seinen Mitarbeitern erbrachten Dienstleistungen ist grundsätzlich der Preis, der für diese Leistungen im Preisaushang des Kreditinstituts oder der kontoführenden Zweigstelle angegeben ist. Dieser Preisaushang ist für die steuerliche Bewertung auch der Dienstleistungen maßgebend, die vom Umfang her den Rahmen des standardisierten Privatkundengeschäfts übersteigen, es sei denn, dass für derartige Dienstleistungen in den Geschäftsräumen offen zugängliche besondere Preisverzeichnisse ausgelegt werden. Es ist zur Ermittlung des Zinsvorteils nach § 8 Abs. 3 EStG zulässig, von dem im Preisaushang dargestellten Preis abzuweichen. Der am Ende von Verkaufsverhandlungen durchschnittlich gewährte Preisnachlass gilt auch für die Ermittlung des Zinsvorteils nach § 8 Abs. 3 EStG für die von einem Kreditinstitut gegenüber seinen Mitarbeitern erbrachten Dienstleistungen. Der Abschlag von 4% nach § 8 Abs. 3 Satz 1 EStG ist stets vorzunehmen.

Beispiel:
Ein Kreditinstitut überlässt seinem Arbeitnehmer am 1. Januar 2020 ein Arbeitgeberdarlehen von 150.000,- € zum Effektivzinssatz von 2% jährlich (Laufzeit 4 Jahre mit jährlicher Tilgungsverrechnung und vierteljährlicher Fälligkeit der Zinsen). Darlehen gleicher Art bie-

BEISPIEL 7 *Zinsersparnisse und Zinszuschüsse*

tet das Kreditinstitut fremden Kunden im allgemeinen Geschäftsverkehr zu einem Effektivzinssatz von 4,5 % an. Der nachgewiesene günstigste Zinssatz für vergleichbare Darlehen am Markt wurde im Internet bei einer Direktbank mit 4 % ermittelt.

Das Kreditinstitut beantragt die Besteuerung nach § 40 Abs. 1 Satz 1 Nr. 1 EStG. Der Zinsvorteil ist insoweit nach § 8 Abs. 2 Satz 1 EStG zu ermitteln. Die ermittelte Zinsverbilligung beträgt 2 % (marktüblicher Zinssatz 4 %, abzüglich Zinslast des Arbeitnehmers von 2 %). Der pauschale Abschlag i. H. v. 4 % nach R 8.1 Abs. 2 Satz 3 LStR kommt nicht in Betracht.

Der Zinsvorteil im Kalenderjahr 2020 beträgt 3.000,- € (2 % von 150.000,- €). Mangels anderer pauschal besteuerter Leistungen kann der Zinsvorteil des Arbeitnehmers bis zum Höchstbetrag von 1.000,- € pauschal besteuert werden (Pauschalierungsgrenze). Ein Zinsvorteil von 1.000,- € ergibt sich unter Berücksichtigung der ermittelten Zinsverbilligung von 2 % für ein Darlehen von 50.000,- € (2 % von 50.000,- € = 1.000,- €). Mithin wird durch die Pauschalbesteuerung nur der Zinsvorteil aus einem Darlehensteilbetrag von 50.000,- € abgedeckt. Der Zinsvorteil aus dem restlichen Darlehensteilbetrag von 100.000,- € ist individuell zu versteuern.

Der zu versteuernde Betrag ist wie folgt zu ermitteln:

Nach Abzug eines Abschlags von 4 % (§ 8 Abs. 3 Satz 1 EStG) vom Angebotspreis des Arbeitgebers von 4,5 % ergibt sich ein Maßstabszinssatz von 4,32 %.

100.000,- € Darlehen x Maßstabszinssatz 4,32 %	4.320,- €
./. Zinslast des Arbeitnehmers 100.000,- € x 2 %	2.000,- €
Zinsvorteil	2.320,- €
./. Rabattfreibetrag (§ 8 Abs. 3 Satz 2 EStG)	1.080,- €
zu versteuernder Zinsvorteil (Jahresbetrag)	1.240,- €
vierteljährlich als sonstiger Bezug der Lohnsteuer zu unterwerfen	310,- €.

Der Zinsvorteil ist jeweils bei Tilgung des Arbeitgeberdarlehens für die Restschuld neu zu ermitteln.

BEISPIEL 8

Auswärtstätigkeit und doppelte Haushaltsführung

Mit dem Gesetz zur Änderung und Vereinfachung der Unternehmensbesteuerung und des steuerlichen Reisekostenrechts vom 20.2.2013, BGBl. I S. 285, wurden die bisherigen steuerlichen Bestimmungen zum steuerlichen Reisekostenrecht umgestaltet. Zentraler Punkt der ab dem 1.1.2014 in Kraft tretenden Regelungen ist die gesetzliche Definition der ersten Tätigkeitsstätte (tritt an die Stelle der regelmäßigen Arbeitsstätte), die entweder anhand der dienst- oder arbeitsrechtlichen Festlegungen durch den Arbeitgeber oder anhand qualitativer Kriterien bestimmt wird. Außerdem ergeben sich wesentliche Änderungen im Zusammenhang mit einer anlässlich einer beruflichen Auswärtstätigkeit vom Arbeitgeber oder auf dessen Veranlassung von einem Dritten zur Verfügung gestellten Mahlzeit, die im Regelfall nun nicht mehr als Arbeitslohn zu erfassen ist, sondern zu einer Kürzung der steuerlichen Verpflegungspauschale führt. Weitere Änderungen ergeben sich bei den Fahrtkostenpauschalen (z. B. Wegfall der Mitnahmeentschädigung), den Verpflegungspauschalen (z. B. nur noch zwei Sätze) oder der Begrenzung der Unterkunftskosten sowie bei der doppelten Haushaltsführung. Bei der Prüfung, inwieweit Auslösungen des Arbeitgebers steuer- und beitragsfrei sind, ist weiterhin zwischen der beruflich veranlassten „vorübergehenden Auswärtstätigkeit" und der „doppelten Haushaltsführung" zu unterscheiden.

Einzelheiten über die Reform des steuerlichen Reisekostenrechts sind von der Finanzverwaltung im BMF-Schreiben vom 24.10.2014, BStBl I S. 1.412, zusammengefasst, die nachfolgend erläutert werden.

Auswärtstätigkeit

Wann liegt eine Auswärtstätigkeit vor?

Eine Auswärtstätigkeit liegt vor, wenn der Arbeitnehmer außerhalb seiner Wohnung und ersten Tätigkeitsstätte beruflich tätig wird. Eine Auswärtstätigkeit ist auch gegeben, wenn der Arbeitnehmer keine erste Tätigkeitsstätte hat, sondern nur auswärts tätig ist.

Keine Auswärtstätigkeit in diesem Sinne liegt somit vor, soweit der Arbeitnehmer an seiner ersten Tätigkeitsstätte tätig wird. Daher sind auch die Aufwendungen bei Arbeitnehmern, die am Ort ihrer ersten Tätigkeitsstätte oder in dessen Einzugsgebiet aus beruflichen Gründen eine Zweitwohnung beziehen, weiterhin nicht nach den Grundsätzen der „Auswärtstätigkeit", sondern nach den Grundsätzen der „doppelten Haushaltsführung" zu beurteilen.

Wann liegt eine erste Tätigkeitsstätte vor?

Tätigkeitsstätte kann – wie bisher – zunächst nur eine ortsfeste betriebliche Einrichtung des Arbeitgebers sein. Neu ist, dass es sich nicht allein nur um eine ortsfeste betriebliche Einrichtung des lohnsteuerlichen Arbeitgebers handeln muss; vielmehr werden von der Neuregelung nunmehr auch Sachverhalte erfasst, in denen der Arbeitnehmer statt beim eigenen Arbeitgeber in einer ortsfesten betrieblichen Einrichtung eines verbunden Unternehmens i. S. d. § 15 AktG oder eines vom Arbeitgeber bestimmten Dritten (z. B. eines Kunden) dauerhaft tätig werden soll. **Keine Tätigkeitsstätten** sind Fahrzeuge, Flugzeuge, Schiffe, ein weiträumiges Tätigkeitsgebiet ohne ortsfeste betriebliche Einrichtungen oder das häusliche

BEISPIEL 8 — Auswärtstätigkeit

Arbeitszimmer des Arbeitnehmers. Dies gilt auch, wenn der Arbeitgeber vom Arbeitnehmer einen oder mehrere Arbeitsräume anmietet, die der Wohnung des Arbeitnehmers zuzurechnen sind (Homeoffice).

Eine **erste Tätigkeitsstätte** liegt jedoch (nur) vor, wenn der Arbeitnehmer an einer der vorgenannten Tätigkeitsstätten **dauerhaft tätig werden soll** (Prognose). Typische Fälle einer dauerhaften Zuordnung sind nach § 9 Abs. 4 Satz 3 EStG

— die **unbefristete** Zuordnung des Arbeitnehmers zu einer bestimmten ortsfesten Tätigkeitsstätte
— die Zuordnung über einen **Zeitraum von 48 Monaten hinaus** oder
— die Zuordnung für die **gesamte Dauer des** – befristeten (auch wenn weniger als 48 Monate) oder unbefristeten – **Dienstverhältnisses.**

Die Zuordnung **„bis auf Weiteres"** ist eine Zuordnung ohne Befristung und damit **dauerhaft.**

Der Arbeitnehmer kann **je Dienstverhältnis höchstens eine** erste Tätigkeitsstätte, in der er dauerhaft tätig werden soll, ggf. aber auch keine erste, sondern nur auswärtige Tätigkeitsstätten haben.

Hat der Arbeitnehmer hingegen **mehrere Dienstverhältnisse**, so kann er auch weiterhin **mehrere erste Tätigkeitsstätten** haben.

Wer entscheidet, ob eine erste Tätigkeitsstätte vorliegt?

 Rat für die Praxis:

Eine Zuordnungsentscheidung des Arbeitgebers mittels dienst- oder arbeitsrechtlicher Festlegung nach Maßgabe des § 9 Abs. 4 Satz 1 – 3 EStG ist in der Regel nur erforderlich, wenn der Arbeitgeber die erste Tätigkeitsstätte abweichend von den quantitativen Zuordnungskriterien des § 9 Abs. 4 Satz 4 EStG festlegen will. Erfolgt die Bestimmung einer ersten Tätigkeitsstätte mittels dienst- oder arbeitsrechtlicher Festlegung durch den Arbeitgeber, sollte diese eindeutig sein und dokumentiert werden.

A
Die dienst- oder arbeitsrechtliche Festlegung/Zuordnung nach § 9 Abs. 4 Satz 1-3 EStG:

Gibt es eine oder mehrere Tätigkeitsstätten, an denen der Arbeitnehmer dauerhaft tätig werden soll, kann der Arbeitgeber gemäß § 9 Abs. 4 Satz 1 bis 3 EStG den Arbeitnehmer einer Tätigkeitsstätte durch dienst- oder arbeitsrechtliche Festlegung sowie die diese ausfüllenden Absprachen und Weisungen zuordnen und so die erste Tätigkeitsstätte des Arbeitnehmers festlegen.

Der Arbeitgeber kann (ggf. auch ausdrücklich) darauf **verzichten**, eine erste Tätigkeitsstätte dienst- oder arbeitsrechtlich festzulegen, oder ausdrücklich erklären, dass organisatorische Zuordnungen keine erste Tätigkeitsstätte begründen sollen. In diesen Fällen erfolgt die Prüfung, ob eine erste Tätigkeitsstätte gegeben ist, anhand der quantitativen Zuordnungskriterien nach § 9 Abs. 4 Satz 4 EStG. Der Arbeitgeber kann auch festlegen, dass sich die Bestimmung der ersten Tätigkeitsstätte nach den quantitativen Zuordnungskriterien des § 9 Abs. 4 Satz 4 EStG richtet. Ausgeschlossen ist jedoch eine sog. „Negativfeststellung" durch den Arbeitgeber; der Arbeitgeber kann daher nicht einfach nur festlegen, dass der Arbeitnehmer keine erste Tätigkeitsstätte hat. Ordnet der Arbeitgeber nicht oder nicht eindeutig arbeitsrechtlich zu, gelten die quantitativen Kriterien nach § 9 Abs. 4 Satz 4 EStG.

Trifft der Arbeitgeber eine dienst- oder arbeitsrechtliche Zuordnung, an welcher Tätigkeitsstätte der Arbeitnehmer dauerhaft tätig werden soll, so geht diese Zuordnung als erste Tätigkeitsstätte immer vor; auf die zeitlichen Kriterien des § 9 Abs. 4 Satz 4 EStG kommt es dann nicht an. Dementsprechend ist auch eine Dokumentation der Zuordnung durch den Arbeitgeber sinnvoll (z. B. durch Arbeitsvertrag, Tarifvertrag, Reiserichtlinien, Einsatzpläne), aber nicht zwingend.

Für die Beurteilung, ob eine **dauerhafte Zuordnung** vorliegt, ist die auf die Zukunft gerichtete prognostische Betrachtung (Ex-ante-Betrachtung) maßgebend. Die Änderung einer Zuordnung durch den Arbeitgeber ist mit Wirkung für die Zukunft zu berücksichtigen. Weichen die tatsächlichen Verhältnisse durch unvorhersehbare Ereignisse, wie etwa Krankheit, politische Unruhen am Tätigkeitsort, Insolvenz des Kunden o.Ä. von der ursprünglichen Festlegung (Prognose) der dauerhaften Zuordnung ab, bleibt die zuvor getroffene Prognoseentscheidung für die Vergangenheit bezüglich des Vorliegens der ersten Tätigkeitsstätte maßgebend.

Beispiel 1:
Ein Arbeitnehmer ist bis auf Weiteres an vier Tagen in der Woche in einer Filiale seines Arbeitgebers in A und an einem Tagen in der Woche in einer Filiale seines Arbeitgebers in B tätig. Der Arbeitgeber hatte zunächst die Filiale in A als erste Tätigkeitsstätte festgelegt. Ab 1.7. 2020 legt er B als erste Tätigkeitsstätte fest.

Da der Arbeitnehmer in beiden Filialen bis auf Weiteres tätig werden soll, ist damit ein dauerhaftes Tätigwerden an beiden Tätigkeitsstätten gegeben. Aufgrund der arbeitsrechtlichen Zuordnung des Arbeitgebers hat der Arbeitnehmer seine erste Tätigkeitsstätte bis 30.6.2020 in A und ab dem 1.7.2020 in B, auch wenn er dort in geringerem Umfang tätig werden soll.

Beispiel 2:
Der Arbeitnehmer ist unbefristet beschäftigt. Für einen Zeitraum von 36 Monaten soll er überwiegend in der Filiale X arbeiten. In der Filiale Y soll er nur an Teambesprechungen, Mitarbeiterschulungen und sonstigen Firmenveranstaltungen teilnehmen. Diese finden voraussichtlich einmal pro Monat statt. Der Arbeitgeber hat den Arbeitnehmer der Filiale Y arbeitsrechtlich dauerhaft zugeordnet.

Erste Tätigkeitsstätte ist die Filiale Y, da der Arbeitnehmer dort arbeitsrechtlich dauerhaft zugeordnet ist.

Beispiel 3:
Der Arbeitnehmer ist von seinem Arbeitgeber unbefristet eingestellt worden, um dauerhaft in der Filiale Y zu arbeiten. In den ersten 36 Monaten seiner Beschäftigung soll der Arbeitnehmer aber zunächst ausschließlich die Filiale X führen. In der Filiale Y soll er während dieser Zeit nicht, auch nicht in ganz geringem Umfang tätig werden.

Die Filiale X ist keine erste Tätigkeitsstätte, da der Arbeitnehmer dort lediglich für 36 Monate und damit nicht dauerhaft tätig werden soll (unabhängig vom quantitativen Umfang der Tätigkeit). Die Filiale Y wird erst nach Ablauf von 36 Monaten erste Tätigkeitsstätte, wenn der Arbeitnehmer dort tätig werden soll.

BEISPIEL 8   *Auswärtstätigkeit*

Wird eine auf weniger als 48 Monate geplante Auswärtstätigkeit des Arbeitnehmers verlängert, kommt es darauf an, ob dieser vom Zeitpunkt der Verlängerungsentscheidung an noch mehr als 48 Monate an der Tätigkeitsstätte eingesetzt werden soll. Bei einer sog. **Kettenabordnung** ist keine dauerhafte Zuordnung zu einer Tätigkeitsstätte gegeben, wenn die einzelne Abordnung jeweils einen Zeitraum von weniger als 48 Monaten umfasst.

Eine dauerhafte Zuordnung ist gegeben, wenn das Dienstverhältnis auf einen anderen Arbeitgeber ausgelagert wird und der Arbeitnehmer für die gesamte Dauer des neuen Beschäftigungsverhältnisses oder länger als 48 Monate weiterhin an seiner früheren Tätigkeitsstätte des bisherigen Arbeitgebers tätig werden soll (sog. Outsourcing).

War der Arbeitnehmer im Rahmen eines befristeten Arbeits- oder Dienstverhältnisses bereits einer ersten Tätigkeitsstätte zugeordnet und wird er im weiteren Verlauf einer anderen Tätigkeitsstätte zugeordnet, erfolgt diese zweite Zuordnung nach dem BFH-Urteil vom 10.4.2019, BStBl II S. 540, nicht mehr gemäß § 9 Abs. 4 Satz 3 2. Alternative EStG für die Dauer des Dienstverhältnisses. Wird ein befristetes Beschäftigungsverhältnis vor Ablauf der Befristung schriftlich durch bloßes Hinausschieben des Beendigungszeitpunkts bei ansonsten unverändertem Vertragsinhalt verlängert, liegt ein einheitliches Dienstverhältnis vor. Für die Frage, ob eine Zuordnung für die Dauer des Dienstverhältnisses erfolgt, ist daher auf das einheitliche Beschäftigungsverhältnis und nicht lediglich auf den Zeitraum der Verlängerung abzustellen (vgl. BFH-Urteil).

 Beispiel 4a:
Ein Arbeitnehmer ist von einer Zeitarbeitsfirma Z als technischer Zeichner ausschließlich für die Überlassung an die Projektfirma A eingestellt worden. Das Arbeitsverhältnis endet vertragsgemäß nach Abschluss des aktuellen Projekts bei A.

Der Arbeitnehmer hat ab dem ersten Tag der Tätigkeit bei der Projektfirma A seine erste Tätigkeitsstätte, da er seine Tätigkeit bei A für die gesamte Dauer seines Dienstverhältnisses bei Z und damit dort dauerhaft ausüben soll.

 Beispiel 4b:
Ein Arbeitnehmer ist von einer Zeitarbeitsfirma Z unbefristet als technischer Zeichner eingestellt worden und wird bis auf Weiteres an die Projektfirma A überlassen.

Der Arbeitnehmer hat ab dem ersten Tag der Tätigkeit bei der Projektfirma A seine erste Tätigkeitsstätte, da er seine Tätigkeit bei A ohne Befristung und damit dort dauerhaft ausüben soll.

 Beispiel 4c:
Ein Arbeitnehmer ist von einer Zeitarbeitsfirma Z unbefristet als technischer Zeichner eingestellt worden und wird an die Projektfirma A befristet auf 36 Monate überlassen.

Der Arbeitnehmer hat bei der Projektfirma A keine erste Tätigkeitsstätte, da seine Tätigkeit bei A auf nicht mehr als 48 Monate befristet und damit nicht dauerhaft sein soll.

BEISPIEL 8 — *Auswärtstätigkeit*

B
Die quantitativen Zuordnungskriterien nach § 9 Abs. 4 Satz 4 EStG:

Fehlt es an einer dauerhaften Zuordnung des Arbeitnehmers zu einer betrieblichen Einrichtung durch dienst- oder arbeitsrechtliche Festlegung nach den vorstehenden Kriterien (z. B. weil der Arbeitgeber ausdrücklich auf eine Zuordnung verzichtet hat oder ausdrücklich erklärt, dass organisatorische Zuordnungen keine steuerliche Wirkung entfalten sollen) oder ist die getroffene Festlegung nicht eindeutig, so gilt nach § 9 Abs. 4 Satz 4 EStG Folgendes:

Soll der Arbeitnehmer an einer Tätigkeitsstätte (ortsfeste Einrichtung)

— je Arbeitswoche **zwei volle** Arbeitstage oder mindestens **ein Drittel** seiner vereinbarten regelmäßigen Arbeitszeit oder

— typischerweise **arbeitstäglich** und mindestens ein Drittel seiner vereinbarten regelmäßigen Arbeitszeit

dauerhaft tätig werden, dann sind die Voraussetzungen einer ersten Tätigkeitsstätte gegeben.

Soll der Arbeitnehmer an einer Tätigkeitsstätte (ortsfeste Einrichtung)

— typischerweise **arbeitstäglich**, aber weniger als ein Drittel der vereinbarten regelmäßigen Arbeitszeit dauerhaft tätig werden,

sind die Voraussetzungen einer ersten Tätigkeitsstätte dann gegeben, wenn der Arbeitnehmer dort seine eigentliche berufliche Tätigkeit ausüben soll. Allein ein regelmäßiges Aufsuchen der betrieblichen Einrichtung, z. B. für kurze Rüstzeiten, zur Berichtsfertigung, zur Vorbereitung der Zustellroute, zur Wartung und Pflege des Fahrzeugs, zur Abholung oder Abgabe von Kundendienstfahrzeugen, Material, Auftragsbestätigungen, Stundenzetteln, Krankmeldungen und Urlaubsanträgen führt anders als in den Fällen der dienst- und arbeitsrechtlichen Zuordnung nach § 9 Abs. 4 Satz 1-3 EStG in den Fällen des § 9 Abs. 4 Satz 4 EStG noch nicht zu einer Qualifizierung der betrieblichen Einrichtung als erste Tätigkeitsstätte.

Erfüllen **mehrere** Tätigkeitsstätten die quantitativen Voraussetzungen für eine erste Tätigkeitsstätte, kann der **Arbeitgeber bestimmen**, welche dieser Tätigkeitsstätten die erste Tätigkeitsstätte ist. Fehlt eine solche Bestimmung des Arbeitgebers, wird zugunsten des Arbeitnehmers die Tätigkeitsstätte als erste zugrunde gelegt, die der Wohnung des Arbeitnehmers am nächsten liegt.

Auch die aufgeführten zeitlichen (= quantitativen) Kriterien sind anhand einer in die Zukunft gerichteten Prognose zu beurteilen. Weichen die tatsächlichen Verhältnisse durch unvorhersehbare Ereignisse (wie z. B. Krankheit) hiervon ab, bleibt es bei der zuvor getroffenen Prognoseentscheidung bezüglich der ersten Tätigkeitsstätte. Die Prognoseentscheidung ist zu Beginn des Dienstverhältnisses zu treffen. Die auf Grundlage dieser Prognose getroffene Beurteilung bleibt solange bestehen, bis sich die Verhältnisse maßgeblich ändern. Davon ist insbesondere auszugehen, wenn sich das Berufsbild des Arbeitnehmers (Außendienstmitarbeiter wechselt z. B. in den Innendienst) oder die quantitativen Zuordnungskriterien (Arbeitnehmer soll z. B. statt zwei nun drei Filialen betreuen) dauerhaft ändern oder der Arbeitgeber erstmalig eine dienst- oder arbeitsrechtliche Zuordnungsentscheidung trifft.

Beispiel 5:
Ein Arbeitnehmer soll bis auf Weiteres an drei Tagen in der Woche in einer Filiale seines Arbeitgebers in A und an zwei Tagen in der Woche in einer Filiale seines Arbeitgebers in B tätig werden. Anders als im Beispiel 1 bestimmt der Arbeitgeber keine erste Tätigkeitsstätte mittels arbeitsrechtlicher Festlegung, sodass die quantitativen Kriterien des § 9 Abs. 4 Satz 4 EStG greifen.

Da der Arbeitnehmer in beiden Filialen bis auf Weiteres und je Arbeitswoche auch in beiden Filialen 2 volle Arbeitstage tätig werden soll, kann der Arbeitgeber nach § 9 Abs. 4 Satz 6 EStG die erste Tätigkeitsstätte bestimmen. Macht er von diesem Bestimmungsrecht keinen Gebrauch oder ist seine Bestimmung nicht eindeutig, ist gemäß § 9 Abs. 4 Satz 7 EStG die der Wohnung des Arbeitnehmers örtlich am nächsten liegende Tätigkeitsstätte seine erste Tätigkeitsstätte.

 Beispiel 6:
Ein Kundendienstmonteur, der von seinem Arbeitgeber keiner betrieblichen Einrichtung dauerhaft nach § 9 Abs. 4 Satz 1 – 3 EStG zugeordnet ist, sucht den Betrieb seines Arbeitgebers regelmäßig auf, um den Firmenwagen samt Material zu übernehmen, die Auftragsbestätigungen in Empfang zu nehmen und die Stundenzettel vom Vortag abzugeben. Der Arbeitgeber hat daher darauf verzichtet, den Betriebssitz arbeitsrechtlich als erste Tätigkeitsstätte festzulegen.

Der Kundendienstmonteur hat keine erste Tätigkeitsstätte. Der Betrieb seines Arbeitgebers wird auch durch das regelmäßige Aufsuchen nicht zur ersten Tätigkeitsstätte, da er seine eigentliche berufliche Tätigkeit an diesem Ort nicht ausübt.

 Beispiel 7:
Ein Der LKW-Fahrer soll typischerweise arbeitstäglich den Betriebssitz des Arbeitgebers aufsuchen, um dort das Fahrzeug abzuholen sowie dessen Wartung und Pflege durchzuführen. Der Arbeitgeber hat darauf verzichtet, den Betriebssitz arbeitsrechtlich als erste Tätigkeitsstätte zu bestimmen, und keine arbeitsrechtliche Zuordnung getroffen.

Allein das Abholen sowie die Wartung und Pflege des Fahrzeugs, als Hilfs- und Nebentätigkeiten, führen nicht zu einer ersten Tätigkeitsstätte am Betriebssitz des Arbeitgebers; allerdings handelt es sich in diesem Fall bei dem Betriebssitz um einen sog. Sammelpunkt. Etwas anderes gilt nur, wenn der Arbeitgeber den Arbeitnehmer dem Betriebssitz arbeitsrechtlich als erste Tätigkeitsstätte zuordnet.

 Beispiel 8:
Ein Arbeitnehmer soll seine berufliche Tätigkeit im häuslichen Arbeitszimmer ausüben und zusätzlich jeden Arbeitstag für eine Stunde in der betrieblichen Einrichtung seines Arbeitgebers in A tätig werden.

Das häusliche Arbeitszimmer ist nie erste Tätigkeitsstätte. Erste Tätigkeitsstätte ist hier vielmehr die betriebliche Einrichtung des Arbeitgebers in A, da der Arbeitnehmer dort typischerweise arbeitstäglich tätig werden soll. Es ist unerheblich, dass dort weniger als 1/3 der gesamten regelmäßigen Arbeitszeit erbracht werden soll.

Beispiel 9a:
Eine Pflegedienstkraft hat täglich fünf Personen zu betreuen. Alle fünf Pflegepersonen sollen von der Pflegekraft nach Absprache mit der Pflegedienststelle (Arbeitgeber) bis auf Weiteres arbeitstäglich regelmäßig betreut werden. Der Arbeitgeber hat keine dieser Pflegestellen als erste Tätigkeitsstätte bestimmt.

Erste Tätigkeitsstätte der Pflegedienstkraft ist die ihrer Wohnung am nächsten liegende Pflegestelle. Der Arbeitgeber hat keine arbeitsrechtliche Zuordnung nach § 9 Abs. 4 Satz 1 – 3 EStG vorgenommen. Es greifen damit die zeitlichen Kriterien nach § 9 Abs. 4 Satz 4 EStG. Da die Pflegedienstkraft auf Dauer typischerweise arbeitstäglich an jeder Pflegestelle tätig werden soll, sodass alle Pflegestellen die quantitativen Zuordnungskriterien erfüllen würden, der Arbeitgeber aber auch von seinem Bestimmungsrecht nach § 9 Abs. 4 Satz 6 EStG keinen Gebrauch macht, ist nach § 9 Abs. 4 Satz 7 EStG die der Wohnung am nächsten liegende Pflegestelle erste Tätigkeitsstätte.

 Beispiel 9b:
Wie Beispiel 9a. Die fünf Pflegepersonen sollen von der Pflegekraft nach Absprache mit der Pflegedienststelle (Arbeitgeber) zunächst für eine Dauer von zwei Jahren arbeitstäglich regelmäßig betreut werden.

Die Pflegedienstkraft hat keine erste Tätigkeitsstätte, da sie an keiner der Pflegestellen dauerhaft tätig werden soll.

c

Erste Tätigkeitsstätte bei Vollzeitstudium oder vollzeitigen Bildungsmaßnahmen:

Erste Tätigkeitsstätte ist auch eine Bildungseinrichtung, die außerhalb eines Dienstverhältnisses zum Zwecke eines Vollzeitstudiums oder einer vollzeitigen Bildungsmaßnahme aufgesucht wird (§ 9 Abs. 4 Satz 8 EStG).

Ein Studium oder eine Bildungsmaßnahme findet insbesondere dann außerhalb eines Dienstverhältnisses statt, wenn
— diese nicht Gegenstand des Dienstverhältnisses sind, auch wenn sie seitens des Arbeitgebers durch Hingabe von Mitteln, wie z. B. eines Stipendiums, gefördert werden oder
— diese ohne arbeitsvertragliche Verpflichtung absolviert werden und die Beschäftigung lediglich das Studium oder die Bildungsmaßnahme ermöglicht.

 Beispiel 10:
Ein Auszubildender mit erster Tätigkeitsstätte im Betrieb besucht im letzten Lehrjahr in Form des Blockunterrichts die Berufsschule in der Zeit vom 1.3.2020 bis 30.6.2020.

Die Berufsschule wird nicht zu einer ersten Tätigkeitsstätte. Vielmehr handelt es sich bei der Tätigkeit dort für die gesamte Dauer um eine beruflich veranlasste Auswärtstätigkeit. Dies bedeutet, dass die Fahrtkosten über den gesamten Viermonatszeitraum nach Reisekostengrundsätzen steuerfrei erstattet werden können. Die Berücksichtigung der Pauschbeträge für Verpflegungsmehraufwendungen ist hingegen auf die ersten drei Monate beschränkt.

BEISPIEL 8   *Auswärtstätigkeit*

In welcher Höhe können Fahrtkosten steuerfrei ersetzt werden?

Die tatsächlichen Aufwendungen

1. Die Fahrtkosten und die Reisenebenkosten (z. B. für Beförderung und Aufbewahrung von Gepäck, Telefon, Telegramme, Porto, Garage, Parkgebühren, Straßenbahn, Fahrtkosten, Taxikosten am auswärtigen Tätigkeitsort) sind in der tatsächlich angefallenen Höhe steuerfrei; die Unterlagen des Arbeitnehmers über seine Reisekosten sind vom Arbeitgeber als Beleg zum Lohnkonto zu nehmen.

2. bei Benutzung des eigenen Kraftfahrzeugs ein nach den Gesamtkosten ermittelter individueller Kilometersatz. Hierzu muss der Arbeitnehmer für das von ihm benutzte Kraftfahrzeug für einen Zeitraum von 12 Monaten die Gesamtkosten ermitteln und daraus den individuellen Kilometersatz errechnen. Dieser kann dann angesetzt werden, bis sich die Verhältnisse wesentlich ändern, z. B. bis zum Ablauf des Abschreibungszeitraums. Den Absetzungen für Abnutzung ist bei einem PKW oder Kombi grundsätzlich weiterhin eine Nutzungsdauer von 6 Jahren zugrunde zu legen; bei einer hohen Fahrleistung kann auch eine kürzere Nutzungsdauer anerkannt werden.

3. Nutzt der Arbeitnehmer sein privates Elektrofahrzeug oder Hybridelektrofahrzeug für Dienstfahrten und erhält er für dieses Fahrzeug vom Arbeitgeber nach § 3 Nr. 46 EStG steuerfreie oder nach § 40 Abs. 1 Satz 1 Nr. 6 EStG pauschal besteuerte Leistungen (vgl. S. 162), dann sind diese beim Ansatz der tatsächlichen Fahrtkosten nicht in die Gesamtaufwendungen des Arbeitnehmers einzubeziehen.

Die pauschalen Kilometersätze

An Stelle der tatsächlichen Aufwendungen gelten nach § 9 Abs. 1 Satz 3 Nr. 4a Satz 2 EStG pauschale Kilometersätze, die durch die Wegstreckenentschädigung des Bundesreisekostenrechts bestimmt werden. Bei Benutzung eines eigenen Fahrzeugs können dem Arbeitnehmer für jeden beruflich gefahrenen Kilometer die folgenden **pauschalen Kilometersätze** steuerfrei ersetzt werden, sofern er nicht höhere Aufwendungen nachweist:

beim Kraftwagen	0,30 €
Dieser Satz erhöht sich nicht für jede aus beruflichem Anlass mitgenommene Person, da das Bundesreisekostenrecht keine Mitnahmeentschädigung vorsieht; eventuelle zusätzliche Aufwendungen durch die Mitnahme von Gepäck sind mit dem Kilometersatz abgegolten.	
beim Motorrad und Motorroller	0,20 €
bei einem anderen motorbetriebenen Fahrzeug wie Moped/Mofa (ebenfalls)	0,20 €

Beim Fahrrad ist ein pauschaler Kilometersatz seit 2014 weggefallen. Nutzt der Arbeitnehmer sein privates Elektrofahrzeug oder Hybridelektrofahrzeug für Dienstfahrten, können aus Vereinfachungsgründen die pauschalen Kilometersätze auch dann angesetzt werden, wenn der Arbeitnehmer nach § 3 Nr. 46 EStG steuerfreie oder nach § 40 Abs. 2 Satz 1 Nr. 6 EStG pauschal besteuerte Leistungen und Zuschüsse vom Arbeitgeber für dieses Elektrofahrzeug oder Hybridelektrofahrzeug erhält (vgl. S. 162). Die pauschalen Kilometersätze gelten unvermindert auch dann, wenn der Arbeitnehmer keine eigene Fahrzeug-Vollversicherung, sondern der Arbeitgeber eine Dienstreise-Kaskoversicherung für ein Kraftfahrzeug des Arbeitnehmers abgeschlossen hat. Hat der Arbeitgeber eine Dienstreise-Kaskoversicherung für die seinen Arbeitnehmern gehörenden Fahrzeuge abgeschlossen, so führt die Prämienzahlung des Arbeitgebers jedoch auch weiterhin nicht zum Lohnzufluss bei den Arbeitnehmern (BMF-Schreiben vom 9.9.2015, BStBl I S. 734).

Die Kilometersätze gelten für jeden anlässlich der Auswärtstätigkeit beruflich gefahrenen Kilometer; also beispielsweise für

— die Fahrten zwischen der Wohnung und der auswärtigen Tätigkeitsstätte,
— die Fahrten zwischen der ersten Tätigkeitsstätte und der auswärtigen Tätigkeitsstätte,
— die Fahrten von der Unterkunft am Ort der auswärtigen Tätigkeitsstätte (oder Einzugsgebiet) zur auswärtigen Tätigkeitsstätte,
— Heimfahrten von der auswärtigen Tätigkeitsstätte zur Wohnung und zurück (wenn keine doppelte Haushaltsführung vorliegt. Besuchsfahrten des Ehegatten zur auswärtigen Tätigkeitsstätte des anderen Ehegatten können auch bei längerfristiger Auswärtstätigkeit des anderen Ehepartners grundsätzlich nicht steuerfrei erstattet werden.),
— Fahrten innerhalb eines weiträumigen Tätigkeitsgebiets.

Die Aufwendungen für die genannten Fahrten können zeitlich unbegrenzt und unabhängig von der Entfernung in tatsächlicher Höhe steuerlich berücksichtigt werden.

Hinweis:
Bei Fahrten von der Wohnung zur ersten Tätigkeitsstätte oder Fahrten von der ersten Tätigkeitsstätte zur Wohnung siehe Seite 121 und bei Familienheimfahrten im Rahmen der doppelten Haushaltsführung siehe Seite 208.

Sonderfall "Sammelpunkt":
Liegt keine erste Tätigkeitsstätte vor und bestimmt der Arbeitgeber durch dienst- oder arbeitsrechtliche Festlegung, dass der Arbeitnehmer sich dauerhaft typischerweise arbeitstäglich an einem festgelegten Ort, der die Kriterien für eine erste Tätigkeitsstätte nicht erfüllt, einfinden soll, um von dort seine unterschiedlichen eigentlichen Einsatzorte aufzusuchen oder von dort seine berufliche Tätigkeit aufzunehmen (z. B. Treffpunkt für einen betrieblichen Sammeltransport, das Busdepot, der Fährhafen), werden die Fahrten des Arbeitnehmers von der Wohnung zu diesem vom Arbeitgeber festgelegten Ort wie Fahrten zu einer ersten Tätigkeitsstätte behandelt; für diese Fahrten dürfen die Fahrtkosten nur im Rahmen des § 9 Abs. 1 Satz 3 Nr. 4 EStG (Entfernungspauschale) berücksichtigt werden; ein steuerfreier Arbeitgeberersatz scheidet somit aus.

Beispiel 11:
Bus- oder LKW-Fahrer haben keine erste Tätigkeitsstätte, wenn der Arbeitgeber den Arbeitnehmer keiner solchen durch seine dienst- oder arbeitsrechtliche Festlegung nach § 9 Abs. 4 Satz 1–3 EStG dauerhaft zuordnet. Lediglich, wenn dauerhaft und typischerweise arbeitstäglich ein vom Arbeitgeber festgelegter Ort aufgesucht werden soll, werden die Fahrten von der Wohnung zu diesem Ort/Sammelpunkt gleich behandelt mit den Fahrten von der Wohnung zu einer ersten Tätigkeitsstätte.

Beispiel 12:
Kundendienstmonteure haben ebenfalls in der Regel keine erste Tätigkeitsstätte. Nur dann, wenn dauerhaft und typischerweise arbeitstäglich ein vom Arbeitgeber festgelegter Ort aufgesucht werden soll, werden die Fahrten von der Wohnung zu diesem Ort/Sammelpunkt ebenso behandelt wie die Fahrten von der Wohnung zu einer ersten Tätigkeitsstätte.

BEISPIEL 8 — *Auswärtstätigkeit*

Treffen sich mehrere Arbeitnehmer typischerweise arbeitstäglich an einem bestimmten Ort, um von dort aus gemeinsam zu ihren Tätigkeitsstätten zu fahren (privat organisierte Fahrgemeinschaft), liegt kein „Sammelpunkt" vor. Es fehlt insoweit an einer dienst- oder arbeitsrechtlichen Festlegung des Arbeitgebers.

Auf den steuerfreien Arbeitgeberersatz von Verpflegungspauschalen oder Übernachtungskosten hat diese Festlegung hingegen keinen Einfluss, da der Arbeitnehmer weiterhin außerhalb einer ersten Tätigkeitsstätte und somit auswärts beruflich tätig wird. Es wird keine erste Tätigkeitsstätte fingiert, sondern nur die Anwendung der Entfernungspauschale für die Fahrtkosten von der Wohnung zu diesem Ort sowie die Besteuerung eines geldwerten Vorteils bei Dienstwagengestellung durch den Arbeitgeber nach § 8 Abs. 2 Satz 3 und 4 EStG festgelegt und der steuerfreie Arbeitgeberersatz für diese Fahrten ausgeschlossen.

Sonderfall „weiträumiges Tätigkeitsgebiet":

Soll der Arbeitnehmer auf Grund der Weisungen des Arbeitgebers seine berufliche Tätigkeit typischerweise arbeitstäglich in einem **weiträumigen** Tätigkeits**gebiet** ausüben, findet für die Fahrten von der Wohnung zu diesem Tätigkeitsgebiet ebenfalls die Entfernungspauschale Anwendung. In einem weiträumigen Tätigkeitsgebiet werden in der Regel z. B. Zusteller, Hafenarbeiter und Forstarbeiter tätig. Hingegen sind z. B. Bezirksleiter und Vertriebsmitarbeiter, die verschiedene Niederlassungen betreuen oder mobile Pflegekräfte, die verschiedene Personen in deren Wohnungen in einem festgelegten Gebiet betreuen, sowie Schornsteinfeger von dieser Regelung nicht betroffen.

Eine **(großräumige) erste** Tätigkeits**stätte** liegt nach dem BFH-Urteil vom 11.4.2019, BStBl II S. 546, auch vor, wenn eine Vielzahl solcher Mittel, die für sich betrachtet selbständige betriebliche Einrichtungen darstellen können, räumlich abgrenzbar in einem organisatorischen, technischen oder wirtschaftlichen Zusammenhang mit der betrieblichen Tätigkeit des Arbeitgebers, eines verbundenen Unternehmens oder eines vom Arbeitgeber bestimmten Dritten stehen. Dementsprechend kommt nach dem BFH-Urteil als eine (solche) **erste Tätigkeitsstätte** auch ein großflächiges und entsprechend infrastrukturell erschlossenes Gebiet (z. B. Werksanlage, Betriebsgelände, Bahnhof oder Flughafen) in Betracht.

Wird das **weiträumige** Tätigkeits**gebiet** immer von verschiedenen Zugängen aus betreten oder befahren, ist die Entfernungspauschale aus Vereinfachungsgründen bei diesen Fahrten nur für die kürzeste Entfernung von der Wohnung zum nächstgelegenen Zugang anzuwenden.

Für alle Fahrten innerhalb des weiträumigen Tätigkeitsgebietes sowie für die zusätzlichen Kilometer bei den Fahrten von der Wohnung zu einem weiter entfernten Zugang können weiterhin die tatsächlichen Aufwendungen oder der sich am Bundesreisekostengesetz orientierende maßgebliche pauschale Kilometersatz angesetzt werden.

Auf den steuerfreien Arbeitgeberersatz von Verpflegungspauschalen oder Übernachtungskosten hat diese Festlegung „tätig werden in einem weiträumigen Tätigkeitsgebiet" keinen Einfluss, da der Arbeitnehmer weiterhin außerhalb einer ersten Tätigkeitsstätte – und damit auswärts – beruflich tätig wird. Es wird nur die Anwendung der Entfernungspauschale für die Fahrtkosten von der Wohnung zum nächstgelegenen Zugang zu dem weiträumigen Tätigkeitsgebiet sowie die Besteuerung eines geldwerten Vorteils bei Dienstwagengestellung durch den Arbeitgeber nach § 8 Abs. 2 Satz 3 und 4 EStG festgelegt und der steuerfreie Arbeitgeberersatz für diese Fahrten ausgeschlossen.

BEISPIEL 8 *Auswärtstätigkeit*

In welcher Höhe ist der Ersatz von Verpflegungsmehraufwendungen steuerfrei?
Für jeden Kalendertag an dem eine Auswärtstätigkeit im **Inland** durchgeführt wird, gelten nach § 9 Abs. 4a EStG **ab 2020** die folgenden Verpflegungspauschalen:

— bei einer eintägigen Auswärtstätigkeit (ohne Übernachtung)
  mit einer Abwesenheitsdauer von **mehr** als 8 Stunden   14,- €
  (gilt auch bei einer Auswärtstätigkeit „über Nacht", wenn
  insgesamt mehr als 8 Std.)
— bei einer mehrtägigen Auswärtstätigkeit (mit Übernachtung)
  für den An- und Abreisetag (ohne eine Mindestabwesenheitsdauer)
  jeweils   14,- €
— bei einer Abwesenheitsdauer von mindestens 24 Stunden
  (= die Zwischentage oder „eingeschlossenen" Tage)   28,- €

Wird die Auswärtstätigkeit von der ersten Tätigkeitsstätte aus angetreten, berechnet sich die Abwesenheitsdauer ab Verlassen der ersten Tätigkeitsstätte bis zur Beendigung der Auswärtstätigkeit an der ersten Tätigkeitsstätte bzw. an der Wohnung, wenn die erste Tätigkeitsstätte nicht mehr aufgesucht wird. Für die Prüfung der für die Pauschbeträge maßgebenden Abwesenheitsdauer müssen die Abwesenheitszeiten mehrerer Auswärtstätigkeiten an einem Kalendertag zusammengerechnet werden.

 Beispiel 13:
Der Arbeitnehmer fährt um 8 Uhr von seiner Wohnung zu seiner auswärtigen Tätigkeitsstätte. Um 11 Uhr kehrt er in den Betrieb zurück. Um 13.30 Uhr fährt er vom Betrieb zu einer weiteren auswärtigen Tätigkeitsstätte. Von dort kehrt er um 21 Uhr in die Wohnung zurück.

Zwar dauert jede Auswärtstätigkeit für sich betrachtet nicht mehr als 8 Stunden. Werden die Abwesenheitsdauer von 3 Std. + 7,5 Std. zusammengerechnet, ergibt sich eine Abwesenheitsdauer von mehr als 8 Stunden. Als Pauschbetrag stehen ihm deshalb 14,- € zu.

Welche Pauschbeträge sind bei einer mehrtägigen Auswärtstätigkeit maßgebend?
Für den Tag der Hinreise und der Rückreise kommt unabhängig von der Abwesenheitsdauer an diesem Kalendertag ein Pauschbetrag von 12,- € zum Ansatz.

Beispiel 14:
Der Arbeitnehmer begann die Auswärtstätigkeit am Betrieb des Arbeitgebers am Montag um 17 Uhr. Er beendete sie am Mittwoch durch Rückkehr in seine Wohnung um 15 Uhr.

Der Arbeitgeber kann steuerfrei die folgenden Verpflegungspauschbeträge zahlen

für Montag:	Abwesenheitsdauer zwar weniger als 8 Stunden; gleichwohl für den Anreisetag ein Pauschbetrag von **14,- €**;
für Dienstag:	Abwesenheitsdauer 24 Stunden = Pauschbetrag **28,- €**;
für Mittwoch:	Abwesenheitsdauer am Abreisetag unbeachtlich = Pauschbetrag **14,- €**.

Die Pauschbeträge sind zu kürzen, wenn vom Arbeitgeber oder auf dessen Veranlassung von einem Dritten eine Mahlzeit gewährt wird (vgl. S. 195).

BEISPIEL 8 *Auswärtstätigkeit*

Schließt sich an den Tag der Rückreise von einer mehrtägigen Auswärtstätigkeit zur Wohnung oder ersten Tätigkeitsstätte eine weitere ein- oder mehrtägige Auswärtstätigkeit an, ist für diesen Tag nur die höhere Verpflegungspauschale zu berücksichtigen (vgl. Beispiel 22a).

Welcher Verpflegungspauschbetrag steht zu, wenn sich die Auswärtstätigkeit auf zwei Kalendertage erstreckt und keine Übernachtung stattfindet?
Beginnt die auswärtige berufliche Tätigkeit an einem Kalendertag und endet am nachfolgenden Kalendertag ohne Übernachtung, werden **14,- €** für den Kalendertag gewährt, an dem der Arbeitnehmer den überwiegenden Teil der insgesamt mehr als 8 Stunden von seiner Wohnung und ggf. der ersten Tätigkeitsstätte abwesend ist.

 Beispiel 15:
Beginn der Auswärtstätigkeit um 21 Uhr; keine Übernachtung; Rückkehr um 6 Uhr.

Die Abwesenheitsdauer beträgt insgesamt 9 Stunden. Dementsprechend steht dem Arbeitnehmer ein Pauschbetrag von 14,- € zu.

Ist ein Arbeitnehmer an einem Kalendertag mehrfach oder über Nacht (an zwei Kalendertagen ohne Übernachtung) auswärts tätig, **können** die Abwesenheitszeiten dieser Tätigkeiten zusammengerechnet werden und im Fall der Tätigkeit über Nacht für den Kalendertag berücksichtigt werden, an dem der Arbeitnehmer den überwiegenden Teil der insgesamt mehr als 8 Stunden tätig ist. **Alternativ** kann nach Tz. 46 des BMF-Schreibens vom 24.10.2014, BStBl I S. 1.412, insgesamt auch eine auf den einzelnen Kalendertag bezogene Betrachtung gewählt werden, wenn diese günstiger ist.

Können nachgewiesene höhere Verpflegungskosten steuerfrei ersetzt werden?
Die Pauschbeträge haben Abgeltungscharakter. Der Ersatz höherer tatsächlicher Kosten ist nicht steuerfrei.

Was gilt für den steuerfreien Verpflegungsersatz bei Auswärtstätigkeiten über drei Monate?
Bei einer längerfristigen vorübergehenden Auswärtstätigkeit ist der steuerfreie Ersatz von Verpflegungsmehraufwendungen nur für die ersten drei Monate der längerfristigen beruflichen Tätigkeit an derselben Tätigkeitsstätte zulässig (§ 9 Abs. 4a Satz 6 EStG). Eine Unterbrechung der beruflichen Tätigkeit an derselben Tätigkeitsstätte führt zu einem Neubeginn der Dreimonatsfrist, wenn sie mindestens vier Wochen dauert (§ 9 Abs. 4a Satz 7 EStG). Der Grund der Unterbrechung ist unerheblich; es zählt nur noch die Unterbrechungsdauer.

Die **Dreimonatsfrist gilt nicht** bei beruflichen Tätigkeiten auf mobilen, nicht ortsfesten betrieblichen Einrichtungen wie z. B. Fahrzeugen, Flugzeugen, Schiffen. Sie gilt auch nicht für eine Tätigkeit in einem weiträumigen Tätigkeitsgebiet.

Eine berufliche **Tätigkeit an derselben Tätigkeitsstätte** liegt nur vor, wenn der Arbeitnehmer an dieser **mindestens an drei Tagen wöchentlich** tätig wird. Die Dreimonatsfrist beginnt daher nicht, solange die auswärtige Tätigkeitsstätte an nicht mehr als zwei Tagen wöchentlich aufgesucht wird. Die Prüfung des Unterbrechungszeitraums und des Ablaufs der Dreimonatsfrist erfolgt stets im Nachhinein mit Blick auf die zurückliegende Zeit (Ex-post-Betrachtung).

Die Regelungen zu den Verpflegungspauschalen sowie die Dreimonatsfrist gelten auch im Rahmen einer doppelten Haushaltsführung (§ 9 Abs. 4a Satz 12 EStG).

BEISPIEL 8 *Auswärtstätigkeit*

 Beispiel 16:
Ein Arbeitnehmer mit erster Tätigkeitsstätte in München wird von seinem Arbeitgeber ab 1. März für sieben Monate bis 30. September im Zweigbetrieb des Arbeitgebers in Hamburg eingesetzt. Er nimmt vom 1. Juni bis 5. Juli Urlaub.

Da die Tätigkeit im Zweigbetrieb des Arbeitgebers in Hamburg auf sieben Monate von vornherein befristet ist, handelt es sich dort um eine auswärtige berufliche Tätigkeit außerhalb der ersten Tätigkeitsstätte in München. Wie bisher läuft für den steuerfreien Verpflegungsmehraufwand die Dreimonatsfrist am 31. Mai ab; sie beginnt jedoch nach der Rückkehr aus dem Urlaub am 5. Juli wieder von Neuem, da die Unterbrechung mindestens vier Wochen gedauert hat. Der Grund für die Unterbrechung spielt keine Rolle. Die Fahrtkosten zwischen München und Hamburg können im Übrigen unabhängig von der Dreimonatsfrist vom Arbeitgeber für die gesamte Einsatzdauer in tatsächlicher Höhe steuerfrei erstattet werden.

Bei einem Wechsel der auswärtigen Tätigkeitsstätte beginnt eine neue Dreimonatsfrist. Die Dreimonatsfrist findet keine Anwendung, solange die auswärtige Tätigkeitsstätte an nicht mehr als zwei Tagen wöchentlich aufgesucht wird.

 Beispiel 17:
Ein Arbeitnehmer hat seine erste Tätigkeitsstätte im Betrieb A. Einmal in der Woche wird der Arbeitnehmer in der Filiale B eingesetzt.

Die Filiale B ist keine erste Tätigkeitsstätte, da der Arbeitnehmer je Dienstverhältnis höchstens eine erste Tätigkeitsstätte hat. Der Arbeitgeber kann daher dem Arbeitnehmer seine tatsächlichen Fahrtkosten zur Filiale B und bei einer mindestens 8 stündigen Abwesenheit von der Wohnung auch die entsprechende Verpflegungspauschale für jeden Tag, an dem der Arbeitnehmer die Filiale aufsucht, steuerfrei zahlen.

Wann müssen die Verpflegungspauschalen gekürzt werden?

Eine wichtige Änderung beim steuerlichen Reisekostenrecht betrifft die Kürzung der Verpflegungspauschalen, wenn dem Arbeitnehmer anlässlich oder während einer beruflichen Auswärtstätigkeit vom Arbeitgeber oder auf dessen Veranlassung von einem Dritter eine Mahlzeit (z. B. Übernachtung mit Frühstück) zur Verfügung gestellt wird. Während vor der Reform des steuerlichen Reisekostenrechts die Bewirtung des Arbeitnehmers anlässlich einer Auswärtstätigkeit in der Regel mit dem jeweiligen Sachbezugswert als Arbeitslohn zu erfassen war und die Verpflegungspauschalen ungekürzt zur Anwendung kamen, entfällt in Folge des neuen steuerlichen Reisekostenrechts in aller Regel die Erfassung der Mahlzeit als Arbeitslohn (zu den Einzelheiten vgl. S. 118).

Aus steuerlicher Sicht werden als Mahlzeiten alle Speisen und Lebensmittel angesehen, die üblicherweise der Ernährung dienen und die zum Verzehr während der Arbeitszeit oder im unmittelbaren Anschluss daran geeignet sind, somit Vor- und Nachspeisen ebenso wie Imbisse und Snacks. Eine Kürzung der steuerlichen Verpflegungspauschale ist allerdings nur vorzunehmen, wenn es sich bei der vom Arbeitgeber oder auf dessen Veranlassung von einem Dritten zur Verfügung gestellten Mahlzeit tatsächlich um ein Frühstück, Mittag- oder Abendessen handelt. So handelt es sich beispielsweise bei Kuchen, der anlässlich eines Nachmittagskaffees gereicht wird, nach BMF vom 19.5.2015, Deutsches Steuerrecht S. 1.188, nicht um eine der im Gesetz genannten Mahlzeiten und es ist keine Kürzung der Verpflegungspauschale vorzunehmen.

BEISPIEL 8 *Auswärtstätigkeit*

Wie hoch ist die Kürzung?
Wird dem Arbeitnehmer anlässlich oder während einer Tätigkeit außerhalb seiner ersten Tätigkeitsstätte vom Arbeitgeber oder auf dessen Veranlassung von einem Dritten eine Mahlzeit zur Verfügung gestellt, sind die Verpflegungspauschalen nach Maßgabe des § 9 Abs. a Satz 8 ff. EStG zu kürzen. Bei einer Tätigkeit im Inland beträgt die Kürzung **ab 2020**

für Frühstück	5,60 €
für Mittagessen	11,20 €
für Abendessen	11,20 €.

Die Kürzung erfolgt tagesbezogen und darf die jeweilige Verpflegungspauschale nicht übersteigen.

 Beispiel 18:
Ein Arbeitnehmer ist auf einer dreitägigen Auswärtstätigkeit. Der Arbeitgeber hat für den Arbeitnehmer in einem Hotel zwei Übernachtungen jeweils mit Frühstück sowie am Zwischentag ein Mittag- und ein Abendessen gebucht und bezahlt. Der Arbeitnehmer soll vom Arbeitgeber zudem noch die steuerfreien Verpflegungspauschalen erhalten.

Der Arbeitgeber hat keinen geldwerten Vorteil für die Mahlzeiten zu versteuern. Der Arbeitnehmer kann für die Auswärtstätigkeit folgende Verpflegungspauschalen steuerfrei erhalten:

Anreisetag			14,00 €
Zwischentag:		28,00 €	
Kürzung:	Frühstück	- 5,60 €	
	Mittagessen	- 11,20 €	
	Abendessen	- 11,20 €	
verbleiben für Zwischentag			0,00 €
Abreisetag:		14,00 €	
Kürzung:	Frühstück	- 5,60 €	
verbleiben für den Abreisetag			8,40 €
Insgesamt steuerfreie Verpflegungspauschalen			22,40 €

Was gilt beim Einbehalt?
Die **Kürzung der Verpflegungspauschalen** ist nach § 9 Abs. 4a Satz 9 EStG auch dann vorzunehmen, wenn Reisekostenvergütungen wegen zur Verfügung gestellter Mahlzeiten einbehalten oder gekürzt oder pauschal versteuert (zur neuen Pauschalbesteuerungsmöglichkeit im Einzelnen vgl. S. 119) werden.

 Beispiel 19:
Ein Arbeitnehmer ist auf einer dreitägigen Auswärtstätigkeit. Der Arbeitgeber hat für den Arbeitnehmer in einem Hotel zwei Übernachtungen jeweils mit Frühstück sowie am Zwischentag ein Mittag- und ein Abendessen gebucht und bezahlt. Für die vom Arbeitgeber veranlassten und bezahlten Mahlzeiten wird jeweils ein Betrag in Höhe des geltenden Sachbezugswert (2020: Frühstück: 1,80 € und Mittag-/Abendessen 3,40 €) einbehalten. Der Arbeitgeber will zudem die steuerfreien Verpflegungspauschalen zahlen.

BEISPIEL 8 *Auswärtstätigkeit*

Der Arbeitgeber hat keinen geldwerten Vorteil für die Mahlzeiten zu versteuern. Der Arbeitnehmer kann für die Auswärtstätigkeit folgende Verpflegungspauschalen als steuerfrei erhalten:

Anreisetag:			14,00 €
Zwischentag:		28,00 €	
Kürzung:	Frühstück	- 5,60 €	
	Mittagessen	- 11,20 €	
	Abendessen	- 11,20 €	
verbleiben für Zwischentag			0,00 €
Abreisetag:		14,00 €	
Kürzung:	Frühstück	- 5,60 €	
verbleiben für den Abreisetag			8,40 €
Insgesamt steuerfreie Verpflegungspauschalen			22,40 €

Wann kann der Kürzungsbetrag gemindert werden?

Hat der Arbeitnehmer für die Mahlzeit ein Entgelt gezahlt, mindert dieser Betrag nach § 9 Abs. 4a Satz 10 EStG den Kürzungsbetrag (**Kürzung der Kürzung**). Zu beachten ist, dass nur ein für die Gestellung der Mahlzeiten vereinbartes und vom Arbeitnehmer tatsächlich gezahltes Entgelt den Kürzungsbetrag mindert. Aus Vereinfachungsgründen kann der Arbeitgeber das für die Mahlzeit vereinbarte Entgelt im Rahmen eines abgekürzten Zahlungsweges unmittelbar aus dem Nettolohn des Arbeitnehmers entnehmen. Gleiches gilt, wenn der Arbeitgeber das Entgelt im Wege der Verrechnung aus der dem Arbeitnehmer dienst- oder arbeitsrechtlich zustehenden Reisekostenerstattung entnimmt; die Verminderung der steuerfreien Reisekostenerstattung führt hingegen zu keiner Kürzung des Kürzungsbetrags.

Zuzahlungen des Arbeitnehmers sind jeweils vom Kürzungsbetrag derjenigen Mahlzeit abzuziehen, für die der Arbeitnehmer das Entgelt zahlt. Übersteigt das vom Arbeitnehmer für die Mahlzeit gezahlte Entgelt den Kürzungsbetrag, entfällt für diese Mahlzeit die Kürzung; eine Verrechnung etwaiger Überzahlungen mit Kürzungsbeträgen für andere Mahlzeiten ist nicht zulässig.

 Beispiel 20:
Ein Arbeitnehmer ist auf einer dreitägigen Auswärtstätigkeit. Der Arbeitgeber hat für den Arbeitnehmer in einem Hotel zwei Übernachtungen jeweils mit Frühstück sowie am Zwischentag ein Mittag- und ein Abendessen gebucht und bezahlt. Für die vom Arbeitgeber veranlassten und bezahlten Mahlzeiten hat der Arbeitnehmer für das Frühstück je 6,00 € und für das Mittag- und das Abendessen je 8,00 € zu zahlen.

Der Arbeitgeber hat keinen geldwerten Vorteil für die Mahlzeiten zu versteuern. Der Arbeitgeber kann für die Auswärtstätigkeit folgende Verpflegungspauschalen zusätzlich steuerfrei auszahlen:

BEISPIEL 8 — *Auswärtstätigkeit*

Anreisetag:			14,00 €
Zwischentag:		28,00 €	
Kürzung:	Frühstück	- 0,00 €	
	(5,60 €	- 6,00 €)	
Mittagessen		- 3,20 €	
	(11,20 €	- 8,00 €)	
	Abendessen	- 3,20 €	
	(11,20 €	- 8,00 €)	
verbleiben für Zwischentag			21,60 €
Abreisetag:		14,00 €	
Kürzung:	Frühstück	- 0,00 €	
	5,60 €	- 6,00 €)	
verbleiben für den Abreisetag			14,00 €
Insgesamt steuerfreie Verpflegungspauschalen			49,60 €

Die Nichteinnahme einer arbeitgeberveranlassten Mahlzeitgestellung führt ebenfalls zu einer Kürzung der Verpflegungspauschale, denn deren Kürzung ist unabhängig davon vorzunehmen, ob die vom Arbeitgeber zur Verfügung gestellte Mahlzeit vom Arbeitnehmer tatsächlich eingenommen wird. Gleichwohl kommt es in der Praxis häufiger vor, dass ein Arbeitnehmer die vom Arbeitgeber gestellte und bezahlte Mahlzeit nicht einnimmt, sondern stattdessen eine andere Mahlzeit auf eigene Rechnung einnimmt, die ebenfalls vom Arbeitgeber erstattet wird.

Hierzu vertritt die Finanzverwaltung die Auffassung, dass der Arbeitgeber dem Arbeitnehmer anstelle einer nicht eingenommenen, von ihm zur Verfügung gestellten Mahlzeit eine weitere gleichartige Mahlzeit im Rahmen der 60-Euro-Grenze des § 8 Abs. 2 Satz 8 EStG zur Verfügung stellen kann (arbeitsrechtliche Erstattung und Belegvorlage beim Arbeitgeber). Sofern der Arbeitnehmer für eine solche weitere vom Arbeitgeber gestellte Mahlzeit eine Zuzahlung zu leisten hat, kommt eine Kürzung der Kürzung nach den vorstehenden Ausführungen in Betracht.

 Beispiel 20a:
Der Arbeitnehmer A nimmt im Inland an einer von seinem Arbeitgeber gebuchten eintägigen auswärtigen Fortbildungsveranstaltung (Abwesenheitsdauer: mehr als 8 Stunden) teil. In der Tagungsgebühr ist ein Mittagessen zum Preis von 30,- € enthalten. A verzichtet auf die Einnahme dieses Essens und nimmt stattdessen in der Mittagspause in einem nahe gelegenen Restaurant eine Mahlzeit zum Preis von 25,- € ein, die ihm von seinem Arbeitgeber gegen Einreichung der Rechnung vollständig erstattet wird.

Verpflegungspauschale (eintägig, mehr als 8 Std.)	14,00 €
Kürzung für vom Arbeitgeber gestelltes Mittagessen, dessen Gesamtwert für beide Essen insgesamt 55,- € und damit nicht mehr als 60,- € beträgt	11,20 €
verbleibende steuerfreie Verpflegungspauschale	2,80 €

 Beispiel 20b:
Wie Beispiel 20a. Allerdings verlangt der Arbeitgeber für das zweite Mittagessen vom Arbeitnehmer ein Entgelt i. H. v. 12,- €. Der Arbeitgeber verrechnet die Kostenerstattung für das zweite Mittagessen mit dem geforderten Entgelt und erstatten den übersteigenden Betrag von 15,- €.

BEISPIEL 8 *Auswärtstätigkeit*

Verpflegungspauschale	14,00 €
Kürzung für vom Arbeitgeber gestelltes Mittagessen, dessen Gesamtwert für beide Essen insgesamt 55,– € und damit nicht mehr als 60,– € beträgt	11,20 €
abzügl. Zuzahlung des Arbeitnehmers ./. 12,00 €	0,00 €
verbleibende steuerfreie Verpflegungspauschale	14,00 €

Gibt es weitere Fälle, in denen evtl. Verpflegungspauschalen zu kürzen sind?

Die Kürzung der Verpflegungspauschalen gilt zudem auch
— für die Teilnahme des Arbeitnehmers an einer geschäftlich veranlassten Bewirtung im Sinne des § 4 Abs. 5 Satz 1 Nr. 2 EStG (Bewirtung von Geschäftsfreunden), auch wenn diese nicht zu Arbeitslohn führt (im Einzelnen vgl. S. 117),
— für die Teilnahme des Arbeitnehmers anlässlich und während eines außergewöhnlichen Arbeitseinsatzes (Arbeitsessen), das außerhalb der ersten Tätigkeitsstätte gewährt wird (im Einzelnen vgl. S. 117), wenn der Arbeitgeber oder auf dessen Veranlassung ein Dritter die Mahlzeit zu Verfügung stellt.

Die Kürzung der Verpflegungspauschalen gilt hingegen **nicht**
— bei einer vom Arbeitgeber zur Verfügung gestellten Mahlzeit, deren Preis 60,– € übersteigt (vgl. Belohnungsessen auf S. 117)
— bei Bewirtungen durch einen Dritten ohne Veranlassung durch den Arbeitgeber.

In welcher Höhe sind im Inland Übernachtungskosten steuerfrei?

Die steuerliche Berücksichtigung von beruflich veranlassten Übernachtungskosten an einer Tätigkeitsstätte, die nicht die erste Tätigkeitsstätte ist, ist in § 9 Abs. 1 Satz 3 Nr. 5a EStG gesetzlich geregelt. Dabei ist lediglich die berufliche Veranlassung zu prüfen, nicht aber die Angemessenheit der Unterkunft (bestimmte Hotelkategorie oder Größe der Unterkunft). Die Anerkennung von Unterkunftskosten im Rahmen einer auswärtigen beruflichen Tätigkeit erfordert, dass noch eine andere Wohnung besteht, an der der Arbeitnehmer seinen Lebensmittelpunkt hat, ohne dass dort jedoch ein eigener Hausstand vorliegen muss. Für die Berücksichtigung von Unterkunftskosten anlässlich einer Auswärtstätigkeit wird somit – anders als bei der doppelten Haushaltsführung – nicht vorausgesetzt, dass der Arbeitnehmer eine Wohnung aus eigenem Recht oder als Mieter innehat und eine finanzielle Beteiligung an den Kosten der Lebensführung leistet. Es genügt, wenn der Arbeitnehmer z. B. im Haushalt der Eltern ein Zimmer bewohnt. Ist die Unterkunft am auswärtigen Tätigkeitsort die einzige Wohnung/Unterkunft des Arbeitnehmers, liegt kein beruflich veranlasster Mehraufwand vor.

1. Bei **Einzelnachweis** ist der Ersatz der tatsächlichen Übernachtungskosten steuerfrei. Benutzt der Arbeitnehmer in einem Hotel z. B. gemeinsam mit seinem Ehegatten, der zum Arbeitgeber in keinem Dienstverhältnis steht, ein Doppelzimmer, werden nur die Aufwendungen anerkannt, die bei Inanspruchnahme eines Einzelzimmers entstanden wären.
Bei Nutzung **einer Wohnung** am auswärtigen Tätigkeitsort zur Übernachtung während einer beruflich veranlassten Auswärtstätigkeit kann im Inland aus Vereinfachungsgründen – entsprechend der Regelungen für Unterkunftskosten bei einer längerfristigen Auswärtstätigkeit von mehr als 48 Monaten – bei Aufwendungen bis zu einem Betrag

BEISPIEL 8 *Auswärtstätigkeit*

von 1.000,– € monatlich von einer ausschließlichen beruflichen Veranlassung ausgegangen werden. Betragen die Aufwendungen im Inland mehr als 1.000,– € monatlich oder handelt es sich um eine Wohnung im Ausland, können nur die Aufwendungen berücksichtigt werden, die durch die beruflich veranlasste, alleinige Nutzung des Arbeitnehmers verursacht werden; dazu kann die ortsübliche Miete für eine nach Lage und Ausstattung durchschnittliche Wohnung am Ort der auswärtigen Tätigkeitsstätte mit einer Wohnfläche bis zu 60 qm als Vergleichsmaßstab herangezogen werden.

Wichtig ist die steuerliche **Beschränkung** der tatsächlichen Aufwendungen gemäß § 9 Abs. 1 Satz 3 Nr. 5a Satz 4 EStG bei einer längerfristigen Auswärtstätigkeit **nach Ablauf von 48 Monaten** auf den Betrag wie bei der doppelten Haushaltsführung, wonach im Inland die Unterkunftskosten höchstens bis zur Höhe von 1.000,– € im Monat vom Arbeitgeber steuerfrei erstattet werden können. Dies gilt auch bei Hotelübernachtungen. Eine berufliche Tätigkeit an derselben Tätigkeitsstätte liegt nur vor, wenn der Arbeitnehmer an dieser mindestens an drei Tagen wöchentlich tätig wird. Die 48-Monatsfrist beginnt daher nicht, solange die auswärtige Tätigkeitsstätte nur an zwei Tagen wöchentlich aufgesucht wird. Eine Unterbrechung von mehr als **sechs** Monaten, z. B. wegen Urlaub, Krankheit, beruflicher Tätigkeit an einer anderen Tätigkeitsstätte, führt zu einem Neubeginn der 48-Monatsfrist. Für die Prüfung des Unterbrechungszeitraums und des Ablaufs der 48-Monatsfrist ist keine Prognose (Ex-ante-Betrachtung) maßgebend; diese Prüfung erfolgt stets im Nachhinein mit Blick auf den zurückliegenden tatsächlichen Zeitablauf (Ex-post-Betrachtung).

2. Falls die Übernachtungsrechnung die **Kosten für das Frühstück** einschließt, gilt bei Übernachtungen im Inland Folgendes:

   In den eher seltenen Fällen, in denen die Rechnung auf den **Arbeitnehmer** ausgestellt ist, ist der Gesamtpreis um **nunmehr 5,60 €** zu kürzen, wenn das Frühstück nicht gesondert, sondern in einem Sammelposten ausgewiesen ist. Der nach Kürzung um den Frühstücksanteil verbleibende Teil des Sammelpostens kann vom Arbeitgeber als Reisenebenkosten steuerfrei ersetzt werden, wenn die Bezeichnung des Sammelpostens für die Nebenleistungen keinen Anlass gibt für die Vermutung, darin seien steuerlich nicht anzuerkennende Nebenleistungen (z. B. private Telefonate, Massagen) enthalten.

   Beispiel 21a:
   Ein Arbeitnehmer war auf einer beruflichen Auswärtstätigkeit. Die vom Hotel auf den Namen des Arbeitnehmers ausgestellte Rechnung lautet:
   Übernachtung inkl. 7% Umsatzsteuer 100,— €
   „Business-Package" (Frühstück, Internet) inkl. 19 % Umsatzsteuer 25,— €
   Summe 125,— €

   Der Arbeitgeber kann dem Arbeitnehmer die Übernachtungskosten von 100,– € und die Kosten für das „Business-Package" – nach Abzug eines Frühstücksanteils von 5,60 € – in Höhe von 19,40 € als Reisenebenkosten und somit insgesamt 119,40 € steuerfrei erstatten. Zusätzlich erhält der Arbeitnehmer noch die in Betracht kommenden Pauschbeträge für Verpflegung.

BEISPIEL 8   *Auswärtstätigkeit*

 Beispiel 21b:
Wie Beispiel 21a; allerdings ist in der vom Hotel auf den Namen des Arbeitnehmers ausgestellten Rechnung das Frühstück eindeutig gesondert ausgewiesen.

Übernachtung inkl. 7% Umsatzsteuer	100,— €
Frühstück inkl. 19% Umsatzsteuer	15,— €
Internet, Fax	10,— €
Summe	125,— €

Der Arbeitgeber kann dem Arbeitnehmer nur die Übernachtungskosten i. H. v. 100,- €, die Kosten für Internet und Fax in Höhe von 10,- € sowie die in Betracht kommenden Pauschbeträge für Verpflegung steuerfrei erstatten.

Hinweis:
Bei einer vom Arbeitgeber veranlassten Übernachtung mit Frühstück (= Rechnung auf den Arbeitgeber) kommt der Ausweisung des Frühstücks in der Rechnung des Arbeitgebers insoweit keiner Bedeutung zu.

Ist die Rechnung auf den **Arbeitgeber** ausgestellt, gelten in Bezug auf das Frühstück die Grundsätze der Mahlzeitengestellung und der Kürzung der Verpflegungspauschale (vgl. oben „Wann müssen die Verpflegungspauschalen gekürzt werden?")

Wird durch Zahlungsbelege nur ein Gesamtpreis für Unterkunft und Verpflegung nachgewiesen und lässt sich der Preis für die Verpflegung nicht feststellen (z. B. Tagungspauschale), so ist dieser Gesamtpreis zur Ermittlung der Übernachtungskosten zu kürzen. Bei einer Tätigkeit im Inland beträgt die Kürzung nunmehr

— für Frühstück	5,60 €
— für Mittagessen	11,20 €
— für Abendessen	11,20 €.

3. Ohne Einzelnachweis der tatsächlichen Kosten darf der Arbeitgeber für jede Übernachtung auch weiterhin einen Pauschbetrag von **20,- €** steuerfrei zahlen. Dieser Pauschbetrag gilt für die gesamte Dauer der vorübergehenden Auswärtstätigkeit. Voraussetzung ist, dass der Arbeitnehmer nicht aus dienstlichen Gründen die Unterkunft unentgeltlich oder verbilligt erhalten hat.

Welche Reisenebenkosten können steuerfrei ersetzt werden?
Nur der Ersatz nachgewiesener Reisenebenkosten ist steuerfrei. In Betracht kommen z. B. Aufwendungen für

- Beförderung und Aufbewahrung von Gepäck,
- Reisegepäckversicherung, soweit der Versicherungsschutz auf die berufliche Reisetätigkeit beschränkt ist,
- Ferngespräche und Schriftverkehr beruflichen Inhalts mit dem Arbeitgeber oder Geschäftspartnern,
- private Telefongespräche mit der Familie, soweit sie anlässlich einer mehr als vierwöchigen Auswärtstätigkeit der beruflichen Sphäre zugeordnet werden können,
- Straßenbenutzungs- und Parkplatzgebühren,
- Schadenersatzleistungen infolge eines Verkehrsunfalls,
- Reiseunfallversicherungen.

BEISPIEL 8 — *Auswärtstätigkeit*

Keine Reisenebenkosten und damit nicht steuerfrei ersetzbar sind Kosten für die persönliche Lebensführung, wie Tageszeitungen, andere private Telefongespräche, Massagen, Minibar oder Pay-TV, Ordnungs-, Verwarnungs- und Bußgelder, auch wenn sie auf einer Auswärtstätigkeit verhängt werden, Anschaffungskosten für Bekleidung, Koffer oder andere Reiseausrüstungsgegenstände.

Welche Besonderheiten gelten bei Auslandsreisen?

1. Die für die einzelnen Länder maßgebenden Verpflegungspauschbeträge (Auslandstagegelder) und die Pauschbeträge für Übernachtung werden jeweils vom Bundesfinanzministerium im Bundessteuerblatt Teil I bekannt gemacht. Die maßgebenden neuen Länderwerte 2020 sind in der **Anlage 4** (S. 419) dieses Ratgebers aufgelistet.

2. Der Einzelnachweis der Verpflegungskosten wird steuerlich nicht berücksichtigt. Die festgesetzten Auslandstagegelder haben Abgeltungscharakter. Ersetzt der Arbeitgeber gleichwohl höhere einzeln nachgewiesene Verpflegungsaufwendungen, gehört der übersteigende Betrag zum steuer- und beitragspflichtigen Arbeitslohn. Zur Berücksichtigung in der Lohnabrechnung vgl. S. 338 und 360.

3. Für den Tag der Abreise und den Tag der Rückkehr gelten (bei einer mehrtägigen Auswärtstätigkeit unabhängig von der Abwesenheitsdauer) gekürzte Tagegeldsätze. Sie sind der Länderliste in Anlage 4 zu entnehmen.

4. Diese länderweise nach der Abwesenheitsdauer bestimmten Tagegeldsätze gelten auch im Falle einer eintägigen Auslandsreise bei einer Abwesenheitsdauer von mehr als 8 Stunden.

5. Bei **eintägigen** Reisen in das Ausland ist der entsprechende Pauschbetrag des letzten Tätigkeitsortes im Ausland maßgebend. Bei **mehrtägigen** Reisen in verschiedenen Staaten gilt für die Ermittlung der Verpflegungspauschalen am An- und Abreisetag sowie den Zwischentagen (Tagen mit 24 Stunden Abwesenheit) Folgendes:
   - Bei der Anreise vom Inland in das Ausland oder vom Ausland ins Inland, jeweils ohne Tätigwerden, ist der entsprechende Pauschbetrag des Ortes maßgebend, der vor 24 Uhr Ortszeit erreicht wird.
   - Bei der Abreise vom Ausland ins Inland oder vom Inland ins Ausland ist der entsprechende Pauschbetrag des letzten Tätigkeitsortes maßgebend.
   - Für die Zwischentage ist der entsprechende Pauschbetrag des Ortes maßgebend, den der Arbeitnehmer vor 24 Uhr Ortszeit erreicht.

Beispiel 22:
Der Arbeitnehmer fährt um **6 Uhr** von seiner Wohnung in München nach Stuttgart. Um **12 Uhr** kehrt er nach München in den Betrieb zurück. Um **13 Uhr** tritt er eine neue Reise nach Wien an. Von dort kehrt er um **22 Uhr** in seine Wohnung zurück.
Für die Ermittlung des Verpflegungspauschbetrags sind die Abwesenheitszeiten der beiden Reisen zusammenzurechnen:

Reise nach	Stuttgart	6 Stunden
	Wien	9 Stunden
zusammen		15 Stunden

Es ist der für Österreich geltende Pauschbetrag maßgebend
= Abwesenheitsdauer mehr als 8 Stunden =   27,– € (siehe Anlage 4)

BEISPIEL 8 *Auswärtstätigkeit*

Schließt sich an den Tag der Rückreise von einer mehrtägigen Auswärtstätigkeit zur Wohnung oder ersten Tätigkeitsstätte eine weitere ein- oder mehrtägige Auswärtstätigkeit an, ist für diesen Tag nur die höhere Verpflegungspauschale zu berücksichtigen.

Zur Kürzung der Verpflegungspauschale gilt Folgendes:
Bei der Gestellung von Mahlzeiten durch den Arbeitgeber oder auf dessen Veranlassung durch einen Dritten ist die Kürzung der Verpflegungspauschale i. S. d. § 9 Abs. 4a Satz 8 ff. EStG tagesbezogen vorzunehmen, d. h. von der für den jeweiligen Reisetag maßgebenden Verpflegungspauschale für eine 24-stündige Abwesenheit (§ 9 Abs. 4a Satz 5 EStG), unabhängig davon, in welchem Land die jeweilige Mahlzeit zur Verfügung gestellt wurde.

Beispiel 22a:
Der Arbeitnehmer A kehrt am Dienstag von einer mehrtägigen Auswärtstätigkeit in Straßburg zu seiner Wohnung zurück. Nachdem er Unterlagen und neue Kleidung eingepackt hat, reist er noch am selben Tag zu einer weiteren mehrtägigen Auswärtstätigkeit nach Kopenhagen weiter. A erreicht Kopenhagen um 23 Uhr. Die Übernachtungen – jeweils mit Frühstück – wurden vom Arbeitgeber im Voraus gebucht und bezahlt.

Für Dienstag ist nur die höhere Verpflegungspauschale von 39,- € (Rückreisetag von Straßburg: 34,- €, Anreisetag nach Kopenhagen: 39,- € – vgl. Anlage 4) anzusetzen. Aufgrund der Gestellung des Frühstücks im Rahmen der Übernachtung in Straßburg ist die Verpflegungspauschale um 11,60 € (= 20 % von 58,- €; Verpflegungspauschale Kopenhagen für einen vollen Kalendertag) auf 27,40 € zu kürzen.

6. Die **Übernachtungskosten** können nach Beleg ersetzt werden. Falls die Rechnung ohne gesonderten Ausweis die Kosten für das Frühstück einschließt, ist der Gesamtpreis um 20 % des pauschalen Auslandstagegeldes mit einer Abwesenheitsdauer von mindestens 24 Stunden (vgl. Anlage 4, S. 419) zu kürzen.

Beispiel 23:
Gesamtpreis für die Übernachtung in Mailand	200,— €
Auslandstagegeld (siehe Anlage 4, S. 419)	45,— €
zu kürzen um 20 % =	9,— €
steuerfrei zu erstatten	191,— €

Rat für die Praxis:

Bei Auslandsübernachtungen ist in den vom Hotel berechneten Übernachtungskosten üblicherweise das Frühstück nicht enthalten. Eine Bestätigung hierüber kann der Arbeitnehmer vom Hotel aber meist nicht erlangen. Die Finanzverwaltung sieht deshalb einen handschriftlichen Vermerk des Arbeitnehmers auf der Hotelrechnung, dass in den Übernachtungskosten kein Frühstück enthalten ist, für ausreichend an. Die im obigen Beispiel erläuterte Kürzung um 20 % kann dann unterbleiben.

7. Ohne Einzelnachweis der tatsächlichen Kosten kann der Arbeitgeber für die gesamte Dauer der Auswärtstätigkeit die in der Anlage 4 ausgewiesenen **Übernachtungspauschalen** steuerfrei ersetzen.

BEISPIEL 8 *Auswärtstätigkeit*

Was gilt für Flugreisen in das Ausland?
Bei Flugreisen ins Ausland kommt es nach R 9.6 Abs. 3 Satz 4 Nr. 1 LStR auf den Zeitpunkt der Landung an. Zwischenlandungen ohne Übernachtung bleiben unberücksichtigt.

 Beispiel 24:
Der Arbeitnehmer verlässt den Betrieb in München um **8 Uhr** für eine Flugreise zu einem Geschäftstermin nach Paris. Von dort fliegt er weiter nach London; dort kommt er um **23 Uhr** an.

Die Abwesenheitsdauer beträgt an diesem Reisetag
16 Stunden (8 bis 24 Uhr). Maßgebend ist der Pauschbetrag für London bei einer Abwesenheitsdauer von
mehr als 8 Stunden (siehe Anlage 4, S. 419) =   41,— €

Für den **Rückflugtag** richtet sich die Höhe des Auslandstagegeldes nach dem letzten Tätigkeitsort im Ausland. Das gleiche gilt für **eintägige Flugreisen**. Auch die Sonderregelung für Reisen ohne Übernachtung ist anzuwenden.

 Beispiel 25:
Der Arbeitnehmer verlässt um **19 Uhr** den Betrieb in München und fliegt zu einem Geschäftstermin nach Brüssel. Am nächsten Tag kehrt er, ohne übernachtet zu haben, um **7 Uhr** in seine Wohnung in München zurück. Noch am selben Tag tritt er um 10 Uhr von München eine Reise nach Nürnberg an, von der er um **15 Uhr** zurückkehrt.
Durch die Zusammenrechnung mit den Stunden des Vortages ergibt sich für diesen Kalendertag eine Abwesenheitsdauer von mehr als 8 Stunden, sodass ein Auslandstagegeld – Belgien (siehe Anlage 4, S. 419) von 28,– € zusteht.

Die **Einnahme einer Mahlzeit im Flugzeug** führt nach Rz. 65 des BMF-Schreibens vom 24.10.2014, BStBl I S. 1.412, dann zu einer Kürzung des steuerfreien Tagegeldes, wenn die Rechnung für das Beförderungsmittel auf den Arbeitgeber ausgestellt ist und von diesem dienst- oder arbeitsrechtlich erstattet wird **und** die im Flugzeug zur Verfügung gestellte Verpflegung an die Stelle eines Frühstücks, Mittag- oder Abendessens tritt, welches üblicherweise zu der entsprechenden Zeit eingenommen wird. Bei den auf innerdeutschen Flügen oder Kurzstrecken-Flügen gereichten kleinen Tüten mit Chips, Salzgebäck, Schokowaffeln, Müsliriegel oder vergleichbaren anderen Knabbereien kommt es nach dem BMF-Schreiben vom 19.5.2015, Deutsches Steuerrecht S. 1.188, weiterhin nicht zu einer Kürzung der Verpflegungsmehraufwandspauschale.

Was gilt für das Schiffspersonal?
Bei Auswärtstätigkeiten im Inland gelten in Abhängigkeit von der Dauer der Schiffsreise die allgemeinen Pauschbeträge für Verpflegung (14,– € oder 28,– €). Bei Auswärtstätigkeiten im Ausland die jeweiligen Pauschbeträge für die einzelnen Staaten.

Für das Personal auf deutschen Staatsschiffen sowie für das Personal auf Schiffen der Handelsmarine unter deutscher Flagge auf Hoher See gilt das Inlandstagegeld. Für die Tage der Einschiffung und Ausschiffung ist das für den Hafenort geltende Tagegeld maßgebend.

Bei einer Fahrtätigkeit gilt im Übrigen die Dreimonatsfrist für Verpflegungsmehraufwendungen nicht.

BEISPIEL 8 — *Auswärtstätigkeit*

Was ist bei Arbeitnehmern mit ständig wechselnden Tätigkeitsstätten zu beachten?

Bei Arbeitnehmern, die an ständig wechselnden Tätigkeitsstätten außerhalb des Betriebs ihres Arbeitgebers arbeiten, gelten die vorstehenden Grundsätze ebenfalls. Der Betrieb ist in aller Regel keine erste Tätigkeitsstätte, weil ein Arbeitgeber in solchen Fällen den Betrieb wohl kaum ausdrücklich anhand der arbeitsrechtlichen Festlegungen als erste Tätigkeitsstätte nach § 9 Abs. 4 Satz 1 – 3 EStG festlegt und der Betrieb in aller Regel auch nicht die quantitativen und qualitativen Kriterien des § 9 Abs. 4 Satz 4 EStG erfüllt. Das bloße Aufsuchen des Betriebs, um von dort auf die auswärtigen Tätigkeitsstätten zu gelangen, macht den Betrieb des Arbeitgebers nicht automatisch zur ersten Tätigkeitsstätte. In aller Regel haben diese Arbeitnehmer keine erste Tätigkeitsstätte.

Einsätze mit täglicher Rückkehr zur Wohnung:

 Beispiel 26:
Ein Bauarbeiter fährt täglich mit seinem PKW von der Wohnung zum Betrieb des Arbeitgebers, den der Arbeitgeber nach den arbeitsrechtlichen Weisungen als dauerhaften Treffpunkt bestimmt hat. Von dort wird der Bauarbeiter mit einem Kleinbus des Arbeitgebers zu den einzelnen Baustellen gebracht. Im Kalenderjahr soll der Bauarbeiter vom 1.1. bis 30.5. vier Monate an der Baustelle A und dann anschließend jeweils weniger als 3 Monate an den Baustellen B – X tätig werden.

Der Betrieb ist zwar keine erste Tätigkeitsstätte. Allerdings wird er vom Arbeitgeber als dauerhafter Treffpunkt bestimmt. Dementsprechend kann der Arbeitgeber folgende Aufwendungen steuerfrei erstatten:

<u>Tägliche Fahrten zum Betrieb:</u>
Wegen der arbeitsrechtlichen Festlegung, dass der Betrieb der dauerhafte Treffpunkt sein soll, werden die Fahrten von der Wohnung zum Betrieb und zurück wie Fahrten zwischen Wohnung und erster Tätigkeitsstätte behandelt, sodass diese Fahrtkosten nicht mehr steuerfrei erstattet werden dürfen (vgl. § 9 Abs. 1 Satz 3 Nr. 4a Satz 3 EStG).

<u>Fahrten zur Baustelle:</u>
Es gelten zwar ebenfalls die Regelungen der Auswärtstätigkeit. Der Arbeitnehmer hat aber keine Aufwendungen, sondern steuerfreie Sammelfahrten.

<u>Verpflegungskosten:</u>
Es gelten die Regeln der Auswärtstätigkeit. Die Auswärtstätigkeit beginnt bereits mit Verlassen der Wohnung und endet mit der Rückkehr dorthin. Ein steuerfreier Ersatz ist nur für die Arbeitstage zulässig, an denen die Abwesenheit mehr als 8 Stunden beträgt. Bei der Baustelle A ist zudem zu beachten, dass ein steuerfreier Ersatz auf dieser Baustelle auf die ersten drei Monate der Tätigkeit an dieser Baustelle beschränkt ist.

Einsätze mit auswärtiger Übernachtung:

Da Arbeitnehmer mit ständig wechselnden Einsatzstellen in der Regel nicht über einen Zeitraum von 48 Monaten hinaus dauerhaft an einer Tätigkeitsstätte tätig werden sollen und am auswärtigen Beschäftigungsort nur vorübergehend eine Unterkunft beziehen, liegt keine doppelte Haushaltsführung, sondern eine Auswärtstätigkeit vor. Daher gilt für diese Arbeitnehmer, unabhängig ob mit oder ohne eigenen Hausstand, Folgendes:

BEISPIEL 8 *Auswärtstätigkeit*

Fahrtkosten:
Für die Wege zwischen Wohnung und dem Tätigkeitsort und – unabhängig von der Entfernung – für die Wege zwischen auswärtiger Unterkunft und Tätigkeitsstätte kann der Arbeitgeber die Aufwendungen in tatsächlicher Höhe oder bei Benutzung des eigenen PKW auch mit dem für eine Auswärtstätigkeit maßgebenden Kilometersatz (vgl. S. 190) steuerfrei erstatten.

Verpflegungskosten:
— Bei der Ermittlung der Abwesenheitszeit ist auf die Abwesenheit von der Hauptwohnung abzustellen.
— Eine steuerfreie Erstattung ist auf die ersten drei Monate der Tätigkeit an derselben auswärtigen Tätigkeitsstätte beschränkt. Für den Neubeginn der Dreimonatsfrist gelten die Ausführungen zur Auswärtstätigkeit auf S. 194 entsprechend.

Übernachtungskosten:
— Der Arbeitgeber kann die tatsächlichen Übernachtungskosten dem Arbeitnehmer zeitlich unbeschränkt steuerfrei erstatten.
— Anstelle der tatsächlichen Übernachtungskosten darf der Arbeitgeber im Inland für jede Übernachtung den Pauschbetrag von 20,- € ansetzen. Dies gilt nicht, wenn der Arbeitnehmer die Unterkunft vom Arbeitgeber oder auf Grund seines Dienstverhältnisses von einem Dritten unentgeltlich oder teilentgeltlich erhält.

Beispiel 27:
Ein Arbeitnehmer mit ständig wechselnden Einsatzstellen wird für die Dauer von 4 Monaten bzw. 90 Arbeitstagen auf der inländischen Baustelle A tätig. Die Fahrten an 16 Wochenenden zur Wohnung sowie zur Baustelle A legt er mit seinem eigenen PKW zurück. Er verlässt seine Wohnung montags und kehrt freitags dorthin zurück. Seine Wohnung liegt 150 km vom Tätigkeitsort und seine auswärtige, vom Arbeitgeber gestellte Unterkunft, 10 km von der Baustelle entfernt. Der Arbeitgeber kann die folgenden Aufwendungen steuerfrei erstatten:

— Fahrten zum Heimatort:
16 x 150 km x 2 x 0,30 € = 1.440,- €
Die Erstattung der Fahrtkosten ist zeitlich unbeschränkt zulässig.

— Fahrten Unterkunft–Baustelle:
90 x 10 km x 2 x 0,30 €= 540,- €

— Unterkunftskosten:
Unterkunft wird vom Arbeitgeber gestellt. 0,- €

— Verpflegungsmehraufwand:
Verpflegungskosten können vom Arbeitgeber nur für die **ersten drei** Monate der Tätigkeit an derselben Einsatzstelle steuerfrei ersetzt werden. Dabei gilt die Abwesenheit vom Hauptwohnort.

— Montag (Anreisetag)
12 Tage x 14,- € = 168,- €

— Dienstag bis Donnerstag (je 24 Std. Abwesenheit)
48 Tage x 28,- € = 1.344,- €

— Freitag (Rückreisetag)
12 Tage x 14,- € = 168,- €

BEISPIEL 8 *Auswärtstätigkeit*

Was ist bei auf einem Fahrzeug eingesetzten Arbeitnehmern zu beachten?

Bei Arbeitnehmern, die ihre berufliche Tätigkeit hauptsächlich auf einem Fahrzeug ausüben, gelten die vorstehenden Grundsätze ebenfalls. Der Betrieb ist in aller Regel keine erste Tätigkeitsstätte, weil ein Arbeitgeber in solchen Fällen den Betrieb wohl kaum ausdrücklich anhand der arbeitsrechtlichen Festlegungen als erste Tätigkeitsstätte nach § 9 Abs. 4 Satz 1–3 EStG festlegt und der Betrieb in aller Regel auch nicht die quantitativen und qualitativen Kriterien des § 9 Abs. 4 Satz 4 EStG erfüllt. Das bloße Aufsuchen des Betriebs, um dort das Fahrzeug zu übernehmen, macht den Betrieb des Arbeitgebers nicht automatisch zur ersten Tätigkeitsstätte. In aller Regel haben diese Arbeitnehmer keine erste Tätigkeitsstätte.

Fahrtkostenersatz:

Ist die betriebliche Einrichtung zwar keine erste Tätigkeitsstätte, hat aber der Arbeitgeber diese nach arbeitsrechtlicher Weisung dauerhaft zur Aufnahme der beruflichen Tätigkeit bestimmt (vgl. vorstehendes Beispiel 11 auf S. 191), werden nach § 9 Abs. 1 Satz 3 Nr. 4a Satz 4 EStG die Fahrten von der Wohnung zur betrieblichen Einrichtung und zurück wie Fahrten zwischen Wohnung und erster Tätigkeitsstätte behandelt. Dementsprechend können bei dauerhafter Festlegung diese Fahrten nicht steuerfrei erstattet werden.

Verpflegungsmehraufwendungen:

Es gelten die Grundsätze der Auswärtstätigkeit; d. h. steuerfrei sind **ab 2020** je Kalendertag im Inland

    14,– €   bei einer Abwesenheit von mehr als 8 Stunden,

    28,– €   bei einer Abwesenheit von 24 Stunden

Die Abwesenheit rechnet sich von der Wohnung aus. Die Abwesenheitsdauer wird für jeden Kalendertag gesondert berechnet. Eine Ausnahme gilt, wenn die auswärtige berufliche Tätigkeit an einem Kalendertag beginnt und am nachfolgenden Kalendertag ohne Übernachtung endet. In einem solchen Fall wird für den Kalendertag, an dem der Arbeitnehmer den überwiegenden Teil der insgesamt mehr als 8 Stunden von der Wohnung abwesend ist, eine Verpflegungspauschale von 14,– € gewährt. Alternativ kann nach Tz. 46 des BMF-Schreibens vom 24.10.2014, BStBl I S. 1.412, insgesamt auch eine auf den einzelnen Kalendertag bezogene Betrachtung gewählt werden, wenn diese günstiger ist.

Im Übrigen gilt die Dreimonatsfrist für die steuerfreie Erstattung von Verpflegungsmehraufwendungen nicht bei einer Fahrtätigkeit.

Übernachtungskosten und Nebenkosten:

Sie können wie bei Auswärtstätigkeiten ersetzt werden. Der Pauschbetrag (20,– €) darf allerdings nicht angesetzt werden, wenn die Übernachtung im Fahrzeug stattfindet. Gleichwohl entstehen einem Kraftfahrer, der anlässlich seiner Fahrtätigkeit in der Schlafkabine seines LKW übernachtet, Aufwendungen, die bei anderen Arbeitnehmern typischerweise in den Übernachtungskosten enthalten sind. Derartige Aufwendungen (wie z. B. Gebühren für die Benutzung der sanitären Einrichtungen auf Raststätten, Park- oder Abstellgebühren auf Raststätten oder Autohöfen, Aufwendungen für die Reinigung der eigenen Schlafkabine) können als Reisenebenkosten geltend gemacht werden. Diese Nebenkosten können anstelle eines Einzelnachweises ab 2020 gemäß dem neuen § 9 Abs. 1 Satz 3 Nr. 5b EStG pauschal mit 8,– € steuerfrei abgegolten werden und zwar für jeden Kalendertag für den dem (Berufs-)Kraftfahrer wegen mehrtägiger Auswärtstätigkeit die gesetzliche Verpflegungspauschale wegen einer Abwesenheitsdauer von 24 Stunden sowie für den An- oder Abreisetag zusteht. Bei einer eintägigen Auswärtstätigkeit gilt der neue Pauschbetrag somit nicht.

Anstelle der vorgenannten neuen Pauschale können diese Aufwendungen auch weiterhin nach dem BMF-Schreiben vom 4.12.2012, BStBl I S. 1.249, berücksichtigt werden. Dazu muss der Arbeitnehmer die ihm tatsächlich entstandenen und regelmäßig wiederkehrenden Reisenebenkosten zumindest für einen repräsentativen Zeitraum von drei Monaten im Einzelnen durch entsprechende Aufzeichnungen darlegen. Dabei ist zu beachten, dass bei Benutzung der sanitären Einrichtungen auf Raststätten nur die tatsächlichen Benutzungsgebühren erfasst werden, nicht jedoch die als Wertbons ausgegebenen Beträge. Hat der Arbeitnehmer diesen Nachweis erbracht, kann der tägliche Durchschnittsbetrag, der sich aus den Rechnungsbeträgen für den repräsentativen Zeitraum ergibt, auch für die steuerfreie Erstattung durch den Arbeitgeber so lange angesetzt werden, bis sich die Verhältnisse wesentlich ändern. Die Entscheidung, den neuen Pauschbetrag oder den vereinfachten Nachweis gemäß BMF-Schreiben vom 4.12.2012 anzuwenden, kann für den einzelnen Arbeitnehmer nur einheitlich im Kalenderjahr getroffen werden (entweder Pauschbetrag oder vereinfachter Nachweis).

Essensgutscheine, z. B. in Form von Raststätten- oder Autohof-Wertbons, gehören nicht zu den Reisenebenkosten, da zur Abgeltung der tatsächlich entstandenen Mehraufwendung für Verpflegung eine Verpflegungspauschale angesetzt werden kann.

 Beispiel 28:

Ein LKW-Fahrer ist im Inland eintägig mehr als 8 Stunden beruflich auswärts tätig. Er nimmt ein Mittagessen im Wert von 8,50 € in einer Autobahnraststätte ein und bezahlt an der Kasse 6,- € in bar und den Rest in Wertbons, die er im Zusammenhang mit der vom Arbeitgeber erstatteten Parkplatzgebühr erhalten hat.

Dem LKW-Fahrer steht die ungekürzte Verpflegungspauschale von 14,- € zu.

Verwarnungsgelder:

Vom Arbeitgeber übernommene Verwarnungsgelder, die gegen bei ihm angestellte Fahrer wegen Verstoßes gegen die Lenk- und Ruhezeit verhängt worden sind, gehören zum steuer- und beitragspflichtigen Arbeitslohn (BFH-Urteil vom 14.11.2013, BStBl II S. 278). Nach diesem Urteil hält der Bundesfinanzhof an seiner Entscheidung vom 7.7.2004, BStBl 2005 II S. 35, nicht mehr fest, so dass es sich auch nicht um einen Fall des überwiegenden betrieblichen Interesses des Arbeitgebers handelt.

Doppelte Haushaltsführung

Arbeitnehmern, die aus beruflich veranlassten Gründen an einer ersten Tätigkeitsstätte außerhalb des Ortes beschäftigt sind, an dem sie einen eigenen Hausstand unterhalten, und die am Ort der ersten Tätigkeitsstätte (oder in der Nähe) übernachten, kann der Arbeitgeber Fahrt-, Verpflegungs- und Übernachtungskosten steuerfrei ersetzen. Das Vorliegen eines eigenen Hausstandes setzt neben dem Innehaben einer Wohnung aus eigenem Recht als Eigentümer oder Mieter bzw. aus gemeinsamem oder abgeleitetem Recht als Ehegatte, Lebenspartner oder Lebensgefährten sowie Mitbewohner gemäß § 9 Abs. 1 Satz 3 Nr. 3 Satz 3 EStG auch eine finanzielle Beteiligung an den Kosten der Lebensführung (laufende Kosten

BEISPIEL 8   *Doppelte Haushaltsführung*

der Haushaltsführung) voraus. Es genügt nicht, wenn der Arbeitnehmer z. B. im Haushalt der Eltern lediglich ein oder mehrere Zimmer unentgeltlich bewohnt oder wenn dem Arbeitnehmer eine Wohnung im Haus der Eltern unentgeltlich zur Nutzung überlassen wird. Betragen die Barleistungen des Arbeitnehmers mehr als 10 % der monatlich regelmäßig anfallenden laufenden Kosten der Haushaltsführung (z. B. Miete, Nebenkosten, Kosten für Lebensmittel), kann von einer finanziellen Beteiligung ausgegangen werden.

Ist für den Arbeitnehmer die Steuerklasse III, IV oder V maßgebend, kann der Arbeitgeber einen **eigenen Hausstand** des Arbeitnehmers unterstellen. In anderen Fällen darf der Arbeitgeber nur von einem eigenen Hausstand ausgehen, wenn der Arbeitnehmer schriftlich erklärt, dass er einen solchen noch neben der Zweitwohnung am Beschäftigungsort unterhält und seine finanzielle Beteiligung ausreichend ist. Diese Erklärung muss der Arbeitgeber zum Lohnkonto nehmen.

Wie lange wird die berufliche Veranlassung steuerlich anerkannt?

Zur Anerkennung einer steuerlich berücksichtigungsfähigen doppelten Haushaltsführung kommt es allein darauf an, dass sie aus beruflich veranlassten Gründen begründet worden ist. Hat der Arbeitgeber den beruflichen Anlass der doppelten Haushaltsführung festgestellt (z. B. im Fall der Versetzung), kann er zeitlich unbefristet steuerfreien Ersatz leisten. Für den Ersatz von Verpflegungsmehraufwendungen gilt allerdings die Dreimonatsfrist.

In welchem Umfang können Fahrtkosten steuerfrei ersetzt werden?

1. Für die Fahrten anlässlich der Wohnungswechsel zu Beginn und am Ende der doppelten Haushaltsführung ist der Aufwendungsersatz wie bei einer Auswärtstätigkeit (vgl. S. 190) steuerfrei.

2. Für jeweils eine tatsächlich durchgeführte Heimfahrt wöchentlich kann nur die **Entfernungspauschale** von 0,30 € je Entfernungskilometer steuerfrei gezahlt werden, und zwar grundsätzlich unabhängig davon, ob die Heimfahrt mit dem eigenen PKW oder mit öffentlichen Verkehrsmitteln unternommen wird. Der Höchstbetrag von 4.500,- € gilt bei diesen Fahrten nicht.

   Bei Benutzung eines Flugzeugs und für Strecken mit steuerfreier Sammelbeförderung darf die Entfernungspauschale allerdings nicht angesetzt werden; hier sind die tatsächlichen Kosten maßgebend.

In welcher Höhe ist der Ersatz von Verpflegungskosten steuerfrei?

Für die ersten drei Monate gelten die gleichen Pauschbeträge wie bei einer Auswärtstätigkeit, im Inland **ab 2020** somit

    28,- €   bei einer Abwesenheit von 24 Stunden
    14,- €   für Tage der An- und Abreise anlässlich von Heimfahrten

 Beispiel:
Der Arbeitnehmer verlässt jeweils am Montag in der Frühe seine Familienwohnung und fährt an den Beschäftigungsort. Am Freitag fährt er nach der Arbeit wieder an seinen Familienwohnsitz zurück.

Ihm stehen während der ersten drei Monate der beruflich veranlassten doppelten Haushaltsführung folgende Verpflegungspauschbeträge zu:

BEISPIEL 8 *Doppelte Haushaltsführung*

Montag
Anreisetag =   14,- €
Dienstag bis Donnerstag
Abwesenheit jeweils 24 Std. = 3 x 28,- € =   84,- €
Freitag
Abreisetag =   14,- €   112,- €

Wie wirkt sich eine vorangegangene Auswärtstätigkeit aus?

Eine der doppelten Haushaltsführung vorhergehende Auswärtstätigkeit wird für die Gewährung des Verpflegungskostenpauschbetrags auf den Dreimonatszeitraum angerechnet.

 Beispiel:
Der Arbeitnehmer soll im Rahmen einer Auswärtstätigkeit ab 1. Februar zunächst befristet auf nicht mehr als 48 Monate im Zweigbetrieb des Arbeitgebers tätig werden. Er übernachtet am Beschäftigungsort. Nach zwei Monaten steht fest, dass er dort auf Dauer tätig sein wird. Er wird deshalb ab 1. April an den Zweigbetrieb versetzt.

Bis 31. März steht ihm für jeden Kalendertag mit entsprechender Abwesenheit ein Verpflegungspauschbetrag nach den Grundsätzen der Auswärtstätigkeit zu.

Ab 1. April wird aus der Auswärtstätigkeit wegen der Versetzung eine doppelte Haushaltsführung. Damit beginnt jedoch kein neuer Dreimonatszeitraum; die zweimonatige Auswärtstätigkeit wird vielmehr angerechnet, sodass der Arbeitnehmer nur noch für einen Monat, also bis 30. April, den Verpflegungspauschbetrag erhält. Danach kommt für diesen Arbeitnehmer, der am Beschäftigungsort seine erste Tätigkeitsstätte hat, ein steuerfreier Ersatz von Verpflegungskosten nicht mehr in Betracht.

Wann beginnt ein neuer Dreimonatszeitraum?

Es gelten die gleichen Grundsätze wie bei Auswärtstätigkeit (vgl. S. 183).

In welcher Höhe sind Übernachtungskosten steuerfrei?

Der Arbeitgeber kann ersetzen

— **ohne Einzelnachweis** bei einem inländischen Beschäftigungsort
je Übernachtung
— für einen Zeitraum von drei Monaten einen Pauschbetrag von   **20,- €**
— für die Folgezeit einen Pauschbetrag von   **5,- €**.

Voraussetzung ist, dass dem Arbeitnehmer die Zweitwohnung nicht unentgeltlich oder verbilligt zur Verfügung gestellt wurde;

— **ohne Einzelnachweis** bei einem ausländischen Beschäftigungsort
je Übernachtung
— für einen Zeitraum von drei Monaten das pauschale Auslandsübernachtungsgeld laut Anlage 4 (S. 419) und
— für die Folgezeit weiterhin 40% dieses Pauschbetrags.

Anders als bei der Auswärtstätigkeit gelten bei der doppelten Haushaltsführung die höheren Übernachtungspauschalen nur für die ersten drei Monate.

— **bei Nachweis** die tatsächlichen Aufwendungen für die Zweitwohnung am Beschäftigungsort im Inland. Die frühere Regelung, wonach nachgewiesene Aufwendungen für die Zweitwohnung berücksichtigt werden können, die sich für eine Wohnung von 60 qm bei einem ortsüblichen Mietzins je qm für eine nach Lage und Ausstattung durchschnittliche Wohnung (Durchschnittsmietzins) ergeben würden, ist bei einer doppelten Haushaltsführung im Inland entfallen. Statt dessen können nunmehr sämtliche nachgewiesenen Aufwendungen (wie Miete oder anteilige Gebäude-AfA, Betriebskosten, Kosten der laufenden Reinigung und Pflege, Miet- oder Parkgebühren für Kfz-Stellplätze usw.) bis zu einem Höchstbetrag von insgesamt 1.000,- € im Monat berücksichtigt und vom Arbeitgeber steuerfrei ersetzt werden. Im Rahmen der doppelten Haushaltsführung notwendige Aufwendungen für Einrichtungsgegenstände und Hausrat am Beschäftigungsort können nach dem BFH-Urteil vom 4.4.2019, BStBl S. 449, ohne Anrechnung auf den 1.000,- €-Höchstbetrag berücksichtigt werden. Entsprechendes gilt für Arbeitsmittel.

Bei doppelter Haushaltsführung im Ausland gelten die bisherigen Grundsätze unverändert weiter. Danach sind die Aufwendungen in tatsächlicher Höhe notwendig, soweit sie die ortsübliche Miete für eine nach Lage und Ausstattung durchschnittliche Wohnung am Ort der ersten Tätigkeitsstätte mit einer Wohnfläche von bis zu 60 qm nicht überschreiten.

Was gilt für Arbeitnehmer ohne eigenen Hausstand?

Keinen eigenen Hausstand hat z. B. ein unverheirateter Arbeitnehmer, der in den Haushalt der Eltern eingegliedert ist oder in der Wohnung der Eltern lediglich ein Zimmer bewohnt. Nimmt ein solcher Arbeitnehmer am Beschäftigungsort eine Wohnung, kann der Arbeitgeber die Aufwendungen hierfür nicht steuerfrei ersetzen, auch wenn der Arbeitnehmer seine Wohnung bei den Eltern als Mittelpunkt seiner Lebensinteressen beibehält. Auch ein steuerfreier Ersatz von Verpflegungsmehraufwendungen und von Fahrtkosten kommt bei fehlendem eigenem Hausstand nicht in Betracht.

Besteuerung von Verpflegungskostenersatz

Wie werden die steuerpflichtigen Reisekostenspitzenbeträge ermittelt?

Die verschiedenen Kostenarten (Fahrt-, Verpflegungs- und Übernachtungskosten) können zusammengerechnet und den insgesamt steuerfreien Beträgen gegenüber gestellt werden.

 Beispiel:

Der Arbeitgeber ersetzt für eine mehrtägige Auswärtstätigkeit die folgenden Beträge:

- als Fahrtkosten

  den Aufwand für ein öffentliches
  Verkehrsmittel   45,— €

- als Verpflegungskosten

  Montag, Beginn der Auswärtstätigkeit
  um 9 Uhr   18,— €

  Dienstag   23,— €

  Mittwoch, Rückkehr an den
  Betrieb um 11 Uhr   <u>11,50 €</u>   52,50 €

- Übernachtungspauschale   <u>39,— €</u>   136,50 €

davon sind steuerfrei:

- Fahrtkosten

  (der Arbeitnehmer hat seinen privaten PKW
  benutzt) 300 km x 0,30 € =   90,— €

- Verpflegungskosten

  Montag,
  Anreisetag   14,— €

  Dienstag, Abwesenheit
  24 Stunden   28,— €

  Mittwoch,
  Abreisetag   <u>14,— €</u>   56,— €

— Übernachtungskosten lt. Hotelrechnung   <u>70,— €</u>   216,— €

Spitzenbetrag   —,— €

Obwohl der Arbeitgeber mehr Verpflegungskosten erstattet als steuerfrei wären, ergibt sich durch die Einbeziehung der Fahrt- und Übernachtungskosten kein steuerpflichtiger Spitzenbetrag. Im Beispielsfall kann der Arbeitnehmer bei seiner Einkommensteuerveranlagung den vom Arbeitgeber nicht ersetzten Teilbetrag von 79,50 € (216,- € abz. 136,50 €) als Werbungskosten geltend machen.

Hinweis:

Auch die Sozialversicherungsträger akzeptieren die im Steuerrecht zugelassene Zusammenrechnung der verschiedenen Reisekostenarten. Im vorigen Beispiel fällt somit weder ein steuerpflichtiger noch ein beitragspflichtiger Spitzenbetrag an.

BEISPIEL 8   Besteuerung von Verpflegungskostenersatz

Wie sind die Spitzenbeträge zu versteuern?

Soll der Arbeitnehmer die darauf entfallenden Steuerabzugsbeträge tragen, sind die Spitzenbeträge dem Arbeitslohn des jeweiligen Lohnzahlungszeitraums zuzurechnen. Es ist aber auch zulässig, die steuerpflichtigen Spitzenbeträge aus der Erstattung von Verpflegungskosten nach § 40 Abs. 2 Satz 1 Nr. 4 EStG pauschal mit dem **Pauschsteuersatz von 25 %** zu versteuern. Bei Inanspruchnahme der Pauschalierung gehören die pauschal versteuerten Beträge außerdem nicht zum Arbeitsentgelt in der Sozialversicherung. Der Arbeitgeber erspart sich somit bei Übernahme der pauschalen Lohnsteuer den Arbeitgeberanteil zur Sozialversicherung.

Allerdings ist die Lohnsteuerpauschalierung nicht unbegrenzt zulässig. Sie kommt nur bei einer Auswärtstätigkeit in Betracht. Bei doppelter Haushaltsführung darf sie weiterhin nicht angewendet werden. Außerdem dürfen nur Verpflegungskostenerstattungen einbezogen werden, die das Doppelte der jeweils maßgeblichen steuerfreien Pauschbeträge (ohne die evtl. Kürzung der Pauschbeträge wegen Mahlzeitengestellung) nicht übersteigen. Zum gesonderten Ausweis der pauschalen Lohnsteuer in der Lohnsteuer-Anmeldung vergleiche S. 397.

Zur Pauschalbesteuerungsmöglichkeit bei vom Arbeitgeber oder auf dessen Veranlassung von einem Dritten während einer Auswärtstätigkeit zur Verfügung gestellten üblichen Mahlzeiten nach § 40 Abs. 2 Satz 1 Nr. 1a EStG siehe S. 119.

BEISPIEL 9
Sonstige Bezüge und einmalig gezahltes Arbeitsentgelt

Welche Zuwendungen fallen darunter?

Insbesondere
— dreizehntes Gehalt
— einmalige Abfindungen und Entschädigungen
— Gratifikationen und Tantiemen
— Jubiläumszuwendungen
— Urlaubszuwendungen
— Vergütungen für Erfindungen
— Weihnachtszuwendungen
— Nachzahlungen und Vorauszahlungen von Arbeitslohn für mehrere Kalenderjahre

Wie werden sie besteuert?

Es ist der Jahresarbeitslohn ohne sonstigen Bezug und der Jahresarbeitslohn mit sonstigem Bezug zu ermitteln. Für beide Beträge ist die Jahreslohnsteuer zu berechnen. Die Differenz zwischen den Steuerbeträgen ist die auf den sonstigen Bezug entfallende Lohnsteuer.

Was ist Bemessungsgrundlage für die SozV-Beiträge?

Die beitragspflichtigen Einnahmen der Versicherungspflichtigen stellt das Arbeitsentgelt aus der jeweiligen Beschäftigung dar. Arbeitsentgelt sind alle laufenden oder einmaligen Einnahmen. Die Beiträge werden nach dem in der Sozialversicherung geltenden Entstehungsprinzip dann fällig, wenn der Anspruch des Arbeitnehmers auf das Arbeitsentgelt entstanden ist. Somit sind Beiträge auch auf Arbeitsentgelt zu entrichten, das zwar nicht gezahlt wurde, das aber z. B. nach einem Tarifvertrag geschuldet wird.

Insbesondere im Zusammenhang mit geringfügig entlohnten Beschäftigungen war diese Beitragspflicht von sog. „Phantomlöhnen" heftig in Kritik geraten. Mit der Änderung von § 22 Abs. 1 SGB IV durch das Zweite Gesetz für moderne Dienstleistungen am Arbeitsmarkt ist das Entstehungsprinzip zumindest für einmalig gezahlte Entgelte aufgegeben worden. Auf diese entsteht der Beitragsanspruch seitdem erst, sobald das Entgelt ausgezahlt worden ist. Wie im Steuerrecht seit jeher, gilt für diese Entgelte somit auch für den SozV-Beitrag das Zuflussprinzip.

Wie ist bei der Beitragsberechnung zu verfahren?

1. Es sind die gesamten während der Dauer des Beschäftigungsverhältnisses gezahlten beitragspflichtigen Entgelte des laufenden Kalenderjahres zu ermitteln.
2. Diesen ist die auf den gleichen Zeitraum entfallende anteilige Jahresbeitragsbemessungsgrenze (JBBG) gegenüberzustellen.
3. Soweit durch das vorher gezahlte Entgelt die JBBG nicht ausgeschöpft ist, unterliegt das einmalig gezahlte Arbeitsentgelt der Beitragspflicht.

Es kommt nur auf die Beschäftigungsdauer bei demselben Arbeitgeber an; Entgelte und Beschäftigungszeiten aus einem vorangegangenen Arbeitsverhältnis bei einem anderen Arbeitgeber bleiben unberücksichtigt.

Die anteilige JBBG umfasst somit alle im Laufe des Kalenderjahres **beitragspflichtigen** Zeiten des Beschäftigungsverhältnisses bei dem Arbeitgeber, der die Zuwendung zahlt; also z. B. auch die Zeiten des Bezugs von Kurzarbeiter- und Saisonkurzarbeitergeld.

BEISPIEL 9　　　　　　　　　Steuerabzug und Beiträge von einmalig gezahltem Arbeitsentgelt

Beitragsfreie Zeiten (z. B. wegen Bezugs von Krankengeld oder Mutterschaftsgeld) bleiben bei der Feststellung der JBBG dagegen außer Betracht.
Für einmalig gezahlte Arbeitsentgelte, die in den Monaten Januar bis März zufließen, gilt eine Sonderregelung, mit der verhindert werden soll, dass die stärkere Einbeziehung der einmaligen Arbeitsentgelte durch eine Vorverlegung des Zahlungszeitpunkts umgangen wird (vgl. S. 223).

Steuerabzug und Beiträge von einmalig gezahltem Arbeitsentgelt

Beispiel A
Eintritt in das Dienstverhältnis während des Jahres

Daten aus dem Lohnkonto:
Beginn des Dienstverhältnisses 1. Mai;
Steuerklasse IV, kinderlos; gRV; gKV (kassenindividueller Zusatzbeitragssatz angenommen 1,1 %); Religionszugehörigkeit rk;
Steuerfreibetrag 1.440,- € jährlich, 120,- € monatlich;
laut der vom Arbeitnehmer vorgelegten Lohnsteuerbescheinigung seines bisherigen Arbeitgebers von diesem bis 30.4. bezogener Arbeitslohn 8.000,- €;

Lohnabrechnung für Juli:
1.	Monatsgehalt				3.100,00
2.	Sonderzahlung				5.000,00
					8.100,00
	Abzüge:				
3.	Steuerpflichtiger laufender Arbeitslohn	3.100,00			
	LSt		400,16		
	SolZ		22,00		
	KiSt 8 % (angenommen)		32,01	454,17	
4.	Steuerpflichtiger sonstiger Bezug	5.000,00			
	LSt		1.220,00		
	SolZ		67,10		
	KiSt 8 % (angenommen)		97,60	1.384,70	
5.	Beitragspflichtiges Entgelt	7.862,50			
	KV	7,3 %	573,96		
	Zusatzbeitrag (ang. 1,1 %)	0,55 %	43,24		
	PV	1,525 %	119,90		
	Beitragszuschlag (kinderlos)	0,25 %	19,66		
	Beitragspflichtiges Entgelt	8.100,00			
	RV	9,3 %	753,30		
	ALV	1,2 %	97,20		
				1.607,26	3.446,13
	Auszahlungsbetrag				4.653,87

BEISPIEL 9   Steuerabzug und Beiträge von einmalig gezahltem Arbeitsentgelt

Arbeitgeberanteil
zur SozV   KV (7,3 % + 0,55 %)   617,20
                PV (1,525 %)   119,90
                RV (9,3 %)   753,50
                ALV (1,2 %)   97,20
                                        1.587,60

Zu 3

Laufender Arbeitslohn   3.100,— €
./. individueller Freibetrag   120,— €
Lohnsteuerberechnung lt. Monatstabelle   2.980,— €

Anmerkung:

Um die Berücksichtigung des Freibetrags zu verdeutlichen, wurde dieser direkt vom Arbeitslohn abgezogen und die Lohnsteuer vom gekürzten Monatslohn ermittelt. Diese Kürzung des Arbeitslohns führt jedoch auch zu einer Kürzung der Vorsorgepauschale. Sieht Ihr Lohnsteuerberechnungsprogramm die Möglichkeit vor, den Freibetrag gesondert zum ungekürzten Monatslohn einzugeben, ergäbe sich ein geringfügig anderer Lohnsteuerabzug, weil dann die zu berücksichtigende Vorsorgepauschale vom ungekürzten Monatslohn berechnet wird (vgl. die Erläuterungen auf S. 27).

Zu 4

Zur Besteuerung der Sonderzahlung (sonstiger Bezug) ist zunächst der voraussichtliche Jahresarbeitslohn festzustellen. Hierzu gehören
— der vom früheren Arbeitgeber auf der vom Arbeitnehmer
  vorgelegten Lohnsteuerbescheinigung bezogene
  Arbeitslohn   8.000,— €
— der seit Beginn des Dienstverhältnisses angefallene
  laufende Arbeitslohn Mai bis Juli = 3 x 3.100,- € =   9.300,— €
— der voraussichtlich noch zu zahlende laufende Arbeitslohn
  August bis Dezember = 5 x 3.100,- € =   15.500,— €
— Zu erwartende sonstige Bezüge (z. B. Weihnachtsgratifikation)
  werden bei der Ermittlung des voraussichtlichen Jahresarbeitslohns nicht berücksichtigt.   —,— €
= voraussichtlicher Arbeitslohn   32.800,— €
  hiervon ist der individuelle Jahresfreibetrag abzuziehen   ./.   1.440,— €
  maßgebender Jahresarbeitslohn I   31.360,— €
  der zu besteuernde sonstige Bezug wird hinzugerechnet   5.000,— €
  maßgebender Jahresarbeitslohn II   36.360,— €
— Jahreslohnsteuer   von 31.360,- €   = 3.733,— €
                                                von 36.360,- €   = 4.953,— €
LSt für den sonstigen Bezug   1.220,— €

BEISPIEL 9   Steuerabzug und Beiträge von einmalig gezahltem Arbeitsentgelt

Anmerkung:
Entsprechend der Anmerkung zu Nr. 3 wurde auch hier bei der Berechnung der Lohnsteuer für den sonstigen Bezug der Jahresfreibetrag direkt vom Jahresarbeitslohn I und II abgezogen.
Der SolZ beträgt bei Zahlung von
sonstigen Bezügen stets 5,5% der Lohnsteuer
= 5,5% von 1.220,- € =   67,10 €
Die auf den sonstigen Bezug entfallende Kirchensteuer wird immer durch Anwendung des maßgeblichen Kirchensteueransatzes errechnet (8% oder 9% der Lohnsteuer; vgl. Anlage 1, S. 404).
8% von 1.220,- € =   97,60 €

Hinweis:
Der frühere Arbeitgeber hat die Lohnsteuerbescheinigung dem Finanzamt elektronisch übermittelt (vgl. S. 381) und dem Arbeitnehmer einen Ausdruck ausgehändigt. Legt der Arbeitnehmer seinem neuen Arbeitgeber die ihm beim Ausscheiden aus dem Dienstverhältnis von seinem früheren Arbeitgeber ausgehändigte Lohnsteuerbescheinigung **nicht** vor, kann der nachfolgende Arbeitgeber bei der Steuerabrechnung für einen sonstigen Bezug den vom früheren Arbeitgeber gezahlten Arbeitslohn nicht einbeziehen. In diesem Fall ist der laufende Arbeitslohn für den Monat der Zahlung des sonstigen Bezugs auf die Beschäftigungsdauer beim früheren Arbeitgeber hochzurechnen. Im Beispielsfall wären somit für die Monate Januar bis April 3.100,- € x 4 = 12.400,- € in die Ermittlung des voraussichtlichen Jahresarbeitslohns einzubeziehen.

Wird diese Berechnungsart angewandt, muss der Arbeitgeber in der Lohnsteuerbescheinigung den Großbuchstaben „S" vermerken (vgl. S. 382).

Zu 5

Der Angestellte ist in der Kranken-, Pflege-, Renten- und Arbeitslosenversicherung pflichtversichert. Zur Beitragsberechnung aus der Sonderzahlung ist der auf die Beschäftigungsdauer entfallende Teil der Beitragsbemessungsgrenze zu beachten.

Die anteilige Jahresbeitragsbemessungsgrenze (JBBG) beträgt bei Beschäftigung in einem alten Bundesland

in der		KV/PV	RV/ALV
für Mai bis Juli	3 x 4.687,50 €	14.062,50 €	
	3 x 6.900,— €		20.700,— €

Der anteiligen JBBG sind die im gleichen Zeitraum gezahlten Entgelte gegenüberzustellen:

	3 x 3.100— €	9.300,— €	9.300,— €
Die Beitragsbemessungsgrenze ist noch nicht verbraucht in Höhe von		4.762,50 €	11.400,— €

Die Sonderzahlung von 5.000,- € unterliegt deshalb in der KV und PV in Höhe von 4.762,50 € und in der RV/ALV in voller Höhe der Beitragspflicht.

Die Beitragsberechnung erfolgt somit
in der KV und PV aus   3.100,- € + 4.762,50 € =   7.862,50 €
und in der RV und ALV aus   3.100,- € + 5.000,— € =   8.100,— €

Beispiel B
Zahlung einer Weihnachtsgratifikation
(= Fortführung des Beispiels A)

Daten aus dem Lohnkonto:
Beginn des Dienstverhältnisses 1. Mai;
Steuerklasse IV; **kein** Freibetrag; kinderlos; gRV; gKV (kassenindividueller Zusatzbeitragssatz angenommen 1,1%); Religionszugehörigkeit rk; vom bisherigen Arbeitgeber nach der vorgelegten Lohnsteuerbescheinigung bis 30.4. bezogener Arbeitslohn 8.000,- €;
beim neuen Arbeitgeber ab 1.5. Monatslohn 3.100,- €;
Sonderzahlung Juli 5.000,- €;
Gehaltserhöhung seit Oktober auf 3.200,- €;

Lohnabrechnung für November:

1.	Monatsgehalt				3.200,00
2.	Weihnachtsgratifikation				2.000,00
					5.200,00
	Abzüge:				
3.	Steuerpflichtiger laufender Arbeitslohn		3.200,00		
	LSt			456,00	
	SolZ			25,08	
	KiSt 8% (angenommen)			36,48	517,56
4.	Steuerpflichtige Weihnachtsgratifikation		2.000,00		
	LSt			519,00	
	SolZ			28,54	
	KiSt 8% (angenommen)			41,52	589,06
5.	Beitragspflichtiges Entgelt		5.200,00		
	KV		7,3%	379,60	
	Zusatzbeitrag (ang. 1,1%)		0,55%	28,60	
	PV		1,525%	79,30	
	Beitragszuschlag (kinderlos)		0,25%	13,00	
	RV		9,3%	483,60	
	ALV		1,2%	62,40	1.046,50	2.153,12
	Auszahlungsbetrag				3.046,88
	Arbeitgeberanteil zur SozV	KV (7,3% + 0,55%)		408,20	
		PV (1,525%)		79,30	
		RV (9,3%)		483,60	
		ALV (1,2%)		62,40	
				1.033,50	

Zu 3

Der Arbeitnehmer ist in der gesetzlichen Rentenversicherung und in der gesetzlichen Krankenversicherung. Da er in allen Zweigen der Sozialversicherung versichert ist, kommt die Allgemeine Lohnsteuertabelle zur Anwendung. Der Arbeitnehmer ist kinderlos und hat einen Zuschlag zur Pflegeversicherung zu leisten, was hier bei maschineller Lohnsteuerberechnung berücksichtigt

BEISPIEL 9   Steuerabzug und Beiträge von einmalig gezahltem Arbeitsentgelt

ist. Bei manueller Lohnabrechnung wäre diese Besonderheit nicht in den Lohnsteuertabellen berücksichtigt, sodass sich im Vergleich zur maschinellen Lohnabrechnung ein geringfügig abweichender Steuerabzug ergäbe.

Zu 4

Zur Besteuerung der Weihnachtsgratifikation ist zunächst der voraussichtliche Jahresarbeitslohn festzustellen.
Hierzu gehören
- der vom früheren Arbeitgeber auf der nach der vom Arbeitnehmer vorgelegten Lohnsteuerbescheinigung bezogene Arbeitslohn   8.000,— €
- der angefallene laufende Arbeitslohn
  Mai bis September = 5 x 3.100,- € =   15.500,— €
  Oktober u. November = 2 x 3.200,- € =   6.400,— €   21.900,— €
- der voraussichtliche Arbeitslohn für Dezember   3.200,— €
- der im Juli bereits gezahlte sonstige Bezug   5.000,— €
voraussichtlicher Jahresarbeitslohn =
maßgebender Jahresarbeitslohn I   38.100,— €
+ Weihnachtsgratifikation   2.000,— €
maßgebender Jahresarbeitslohn II   40.100,— €
Jahreslohnsteuer (Steuerklasse IV)
   von 38.100,- €   5.395,— €
   von 40.100,- €   5.914,— €
   LSt für den sonstigen Bezug   519,— €
   SolZ 5,5 % von 519,- € =   28,54 €
   Kirchensteuer 8 % (angenommen) von 519,- € =   41,52 €

Hinweis:
Der frühere Arbeitgeber hat die Lohnsteuerbescheinigung dem Finanzamt elektronisch übermittelt hat (vgl. S. 381) und dem Arbeitnehmer ausgehändigt. Legt der Arbeitnehmer seinem neuen Arbeitgeber die ihm beim Ausscheiden aus dem Dienstverhältnis von seinem früheren Arbeitgeber ausgehändigte Lohnsteuerbescheinigung nicht vor, kann der nachfolgende Arbeitgeber bei der Steuerabrechnung für einen sonstigen Bezug den vom früheren Arbeitgeber gezahlten Arbeitslohn nicht einbeziehen. In diesem Fall ist der laufende Arbeitslohn für den Monat der Zahlung des sonstigen Bezugs auf die Beschäftigungsdauer beim früheren Arbeitgeber hochzurechnen. Wird diese Berechnungsart angewandt, muss der Arbeitgeber in der Lohnsteuerbescheinigung den Großbuchstaben „S" vermerken (vgl. S. 382).

Zu 5

Der Angestellte ist in der Kranken-, Pflege-, Renten- und Arbeitslosenversicherung pflichtversichert. Zur Beitragsberechnung von der Weihnachtsgratifikation ist der auf die Beschäftigungsdauer entfallende Teil der Beitragsbemessungsgrenze zu beachten. Die Abgleichung ist für die Krankenversicherung und die Rentenversicherung getrennt vorzunehmen:

BEISPIEL 9   Steuerabzug und Beiträge von einmalig gezahltem Arbeitsentgelt

Krankenversicherung/Pflegeversicherung
anteilige JBBG für Mai bis November = 7 x 4.687,50 € =   32.812,50 €
gegenüberzustellen sind die im gleichen Zeitraum
gezahlten **beitragspflichtigen** Entgelte
- Mai bis September = 5 x 3.100,- € =   15.500,— €
- Oktober u. November = 2 x 3.200,- € =   6.400,— €
- Sonderzahlung Juli 5.000,- €,
  davon waren beitragspflichtig in der KV   <u>7.862,50 €</u>   <u>29.762,50 €</u>

Die Beitragsbemessungsgrenze ist somit noch
nicht verbraucht in Höhe von   <u>3.050,— €</u>
Die Weihnachtsgratifikation von 2.000,- € unterliegt damit in voller Höhe der Beitragspflicht.

Rentenversicherung/Arbeitslosenversicherung
anteilige JBBG für Mai bis November = 7 x 6.900,- € =   48.300,— €
gegenüberzustellen sind die im gleichen Zeitraum gezahlten
beitragspflichtigen Entgelte
- Mai bis September = 5 x 3.100,- € =   15.500,— €
- Oktober u. November = 2 x 3.200,- € =   6.400,— €
- Sonderzahlung Juli; sie war in der RV
  in voller Höhe beitragspflichtig   <u>5.000,— €</u>   <u>26.900,— €</u>

Die Beitragsbemessungsgrenze ist somit noch
nicht verbraucht in Höhe von   <u>21.400,— €</u>

Die Weihnachtsgratifikation von 2.000,- € unterliegt damit voll der Beitragspflicht in der RV und ALV.
Die Beitragsberechnung erfolgt somit aus 3.200,- € + 2.000,- € = <u>5.200,- €</u>.

Beispiel C
Zahlung einmaligen Arbeitsentgelts während einer beitragsfreien Zeit

Daten aus dem Lohnkonto:
Steuerklasse I; kinderlos; gRV; gKV (kassenindividueller Zusatzbeitragssatz angenommen 1,1 %);
Religionszugehörigkeit rk; vereinbartes Monatsgehalt 2.000,- €; Krankengeldbezug seit 8. März;
Auszahlung der Gewinnbeteiligung für das Vorjahr im Juli

Lohnabrechnung für Juli:
1. Monatsgehalt   0,00
2. Gewinnbeteiligung   <u>9.000,00</u>
     9.000,00

   Abzüge:
3. Steuerpflichtiger Arbeitslohn   9.000,00
   LSt   57,00
   SolZ   3,13
   KiSt 8 % (angenommen)   <u>4,56</u>   64,69

BEISPIEL 9   Steuerabzug und Beiträge von einmalig gezahltem Arbeitsentgelt

```
4.  Beitragspflichtiges Entgelt    6.007,75
    KV                             7,3 %           438,57
    Zusatzbeitrag (ang. 1,1 %)     0,55 %           33,04
    PV                             1,525 %          91,62
    Beitragszuschlag (kinderlos)   0,25 %           15,02
    Beitragspflichtiges Entgelt    9.000,00
    RV                             9,3 %           837,00
    ALV                            1,2 %           108,00      1.523,25       1.587,94
    Auszahlungsbetrag                                                         7.412,06
    Arbeitgeberanteil zur SozV   KV (7,3 % + 0,55 %)    471,61
                                 PV (1,525 %)            91,62
                                 RV (9,3 %)             837,00
                                 ALV (1,2 %)            108,00
                                                      1.508,23
```

Zu 3

Der Arbeitnehmer ist in der gesetzlichen Rentenversicherung und in der gesetzlichen Krankenversicherung. Da er in allen Zweigen der Sozialversicherung versichert ist, kommt die Allgemeine Lohnsteuertabelle zur Anwendung. Der Arbeitnehmer ist kinderlos und hat einen Zuschlag zur Pflegeversicherung zu leisten, was hier bei maschineller Lohnsteuerberechnung berücksichtigt ist. Bei manueller Lohnabrechnung wäre diese Besonderheit nicht in den Lohnsteuertabellen berücksichtigt, sodass sich im Vergleich zur maschinellen Lohnabrechnung ein geringfügig abweichender Steuerabzug ergäbe.

Die Gewinnbeteiligung ist ein sonstiger Bezug. Zur Besteuerung ist zunächst der voraussichtliche Jahresarbeitslohn festzustellen.

Hierzu gehören
— der bereits gezahlte laufende Arbeitslohn
   für Januar und Februar = 2 x 2.000,– € =   4.000,— €
— das Teilgehalt für März
   Wochenarbeitszeit 37,5 Stunden (täglich 7,5 Stunden)
   Gehaltsfortzahlung 1. bis 7. März =
   5 Arbeitstage = 37,5 Stunden;
   vereinbarter Teiler 163 (vgl. S. 64)

$$\frac{2.000,- \, € \times 37,5}{163} = \text{aufgerundet} \qquad\qquad 461,— \, €$$

— der voraussichtlich für die Restzeit des Kalenderjahres
   anfallende laufende Arbeitslohn. Im Beispielfall ist wegen
   der Krankheit des Arbeitnehmers nicht absehbar, ob
   und ggf. in welcher Höhe in diesem Kalenderjahr noch
   laufender Arbeitslohn anfallen wird.
   Ein Ansatz entfällt deshalb.   —,— €

maßgebender Jahresarbeitslohn I   4.461,— €
+ *Gewinnbeteiligung*   9.000,— €
maßgeblicher Jahresarbeitslohn II   13.461,— €

BEISPIEL 9 Steuerabzug und Beiträge von einmalig gezahltem Arbeitsentgelt

Jahreslohnsteuer (Steuerklasse I)
von 4.461,- € =   —,— €
von 13.461,- € =   57,— €
LSt für den sonstigen Bezug   57,— €
SolZ 5,5 % von 57,- € =   3,13 €
KiSt 8 % (angenommen) von 57,- € =   4,56 €

Zu 4

Bei dem zur Beitragsberechnung aus der Gewinnbeteiligung notwendigen Abgleich zwischen beitragspflichtigem Arbeitsentgelt und anteiliger JBBG bleiben die beitragsfreien Zeiten unberücksichtigt. Nicht einbezogen wird auch der Tag der Zahlung der Gewinnbeteiligung, weil er in die beitragsfreie Zeit fällt.

Krankenversicherung/Pflegeversicherung
anteilige JBBG für Januar und Februar
= 2 x 4.687,50 €   9.375,— €
+ den Teillohnzahlungszeitraum März
= 7 Tage (vgl. Tabelle S. 64)   1.093,75 €   10.468,75 €
Der anteiligen JBBG sind die im gleichen
Zeitraum gezahlten beitragspflichtigen
Entgelte gegenüberzustellen:
Januar und Februar = 2 x 2.000,- € =   4.000,— €
+ Teilgehalt März (vgl. zu 3). Dieses war in
voller Höhe beitragspflichtig, weil die Beitragsbemessungsgrenze für 7 Tage nicht überschrit-
ten war.   461,— €   4.461,— €
noch nicht verbrauchte Beitragsbemessungsgrenze   6.007,75 €

Rentenversicherung/Arbeitslosenversicherung
anteilige JBBG für Januar und Februar = 2 x 6.900,- €   13.800,— €
+ den Teillohnzahlungszeitraum März
= 7 Tage (vgl. Tabelle S. 64)   1.610,— €   15.410,— €
Der anteiligen JBBG sind die im gleichen Zeit-
raum gezahlten beitragspflichtigen Entgelte
gegenüberzustellen: Januar und Februar
= 2 x 2.000,- € =   4.000,— €
+ Teilgehalt März (vgl. zu 3)   461,— €   4.461,— €
noch nicht verbrauchte Beitragsbemessungsgrenze   10.949,— €

Die Beitragsberechnung erfolgt somit
in der KV und PV aus   6.007,75 €
und in der RV und ALV aus   9.000,— €

BEISPIEL 9 Einmalig gezahltes Arbeitsentgelt in den Monaten Januar bis März

**Einmalig gezahltes Arbeitsentgelt
in den Monaten Januar bis März**

In § 23a SGB IV ist hierfür eine Sonderregelung vorgesehen. Damit die Beitragspflicht nicht gänzlich durch eine Vorverlegung des Zahlungszeitpunkts umgangen werden kann, müssen einmalig gezahlte Arbeitsentgelte der Monate Januar bis März jeweils dem letzten Lohnabrechnungszeitraum des vorangegangenen Kalenderjahres zugerechnet werden. **Die Zurechnung zum Vorjahr unterbleibt jedoch, wenn das einmalig gezahlte Arbeitsentgelt schon im Zuflussmonat nach Abgleich mit der anteiligen JBBG des laufenden Kalenderjahres in voller Höhe zur Beitragsleistung herangezogen werden kann.** Bei krankenversicherungspflichtigen Arbeitnehmern ist dabei für alle Versicherungszweige auf die Beitragsbemessungsgrenze in der Krankenversicherung abzustellen. Nur bei einem nicht krankenversicherungspflichtigen Arbeitnehmer ist die Beitragsbemessungsgrenze der Rentenversicherung maßgebend. Die Zurechnung zum Vorjahr erfolgt selbst dann, wenn im Vorjahr die Beitragsbemessungsgrenze bereits ausgeschöpft ist.

 Beispiel A   Krankenversicherungspflicht
Der Arbeitnehmer erhält im März 2020 eine Tantieme in Höhe von 3.600,- €; sein Monatsgehalt beträgt 3.500,- €.

Folgende Berechnungen sind zur beitragsmäßigen Erfassung der Tantieme anzustellen:

Anteilige JBBG in der Krankenversicherung für Januar bis März 3 x 4.687,50 € =	14.062,50 €
beitragspflichtiges Arbeitsentgelt bis März (3 x 3.500,- €) =	10.500,— €
noch nicht verbrauchte Beitragsbemessungsgrenze	3.562,50 €

Die Tantieme von 3.600,- € kann somit im **März 2020** nicht in voller Höhe zur Beitragspflicht herangezogen werden. Sie ist deshalb in vollem Umfang dem Lohnabrechnungszeitraum Dezember 2019 zuzurechnen.

	In der KV	In der RV/ALV (West)
Die JBBG 2019 betrug	54.450,— €	80.400,— €
Das beitragspflichtige Arbeitsentgelt hat 2019 betragen (angenommen)	50.000,— €	50.000,— €
noch nicht verbrauchte Beitragsbemessungsgrenzen	4.450,— €	30.400,— €

Die Tantiemenzahlung im März 2020 in Höhe von 3.600,- € ist somit voll zur Krankenversicherung und zur Rentenversicherung heranzuziehen. Wegen der Zurechnung zu 2019 sind auch die Beitragsbemessungsgrenzen und der Krankenversicherungssatz dieses Jahres maßgebend.

Im Übrigen wäre das einmalig gezahlte Entgelt in diesem Fall auch dann dem Vorjahr zuzurechnen, wenn die Beitragsbemessungsgrenzen durch das Arbeitsentgelt dieses Jahres bereits verbraucht wären. Es bliebe dann allerdings beitragsfrei.

Beispiel B Keine Krankenversicherungspflicht
Unterliegt der Arbeitnehmer nicht der Krankenversicherungspflicht, ist für die Frage, ob eine Zurechnung zum Vorjahr in Betracht kommt, auf die Beitragsbemessungsgrenze in der RV/ALV abzustellen:

Anteilige JBBG Januar bis März in der RV/ALV (3 x 6.900,– €) =	20.700,— €
beitragspflichtiges Entgelt bis März (angenommen)	16.500,— €
noch nicht verbrauchte Beitragsbemessungsgrenze	4.200,— €

Die Tantieme in Höhe von 3.600,– € kann also in voller Höhe bereits bei der Lohnabrechnung März 2020 als beitragspflichtiges Entgelt erfasst werden. Eine Zurechnung zum Vorjahr scheidet in diesem Fall deshalb aus.

 Beispiel C Beitragsfreiheit bei Zahlung des einmaligen Arbeitsentgelts
Der Angestellte erhält im **März 2020** eine Tantieme von 3.000,– €. Er bezieht bereits seit 1. Januar und auch noch für den ganzen Monat März Krankengeld.

Somit hat bis einschließlich März Beitragsfreiheit bestanden; die anteilige JBBG ist also mit 0 € anzusetzen. Die im März gezahlte Tantieme übersteigt deshalb die anteilige JBBG, sodass die Tantieme in voller Höhe dem letzten Lohnabrechnungszeitraum des Jahres 2019 zugerechnet und der Abgleich mit dem beitragspflichtigen Entgelt und den Beitragsbemessungsgrenzen dieses Jahres vorgenommen werden muss.

Würde die Tantieme erst im **April 2020** gezahlt, käme keine Zurechnung zum Vorjahr in Betracht. Bestünde außerdem auch noch während dieses Monats Beitragsfreiheit, würde die anteilige JBBG 0 € betragen, sodass von der Tantieme keine Beiträge zu entrichten wären.

Wie sind dem letzten Abrechnungszeitraum des Vorjahres zuzurechnende Entgelte zu melden?

Die Frist für die Abgabe der Jahresmeldung (vgl. S. 388) läuft bis 15. Februar des folgenden Jahres. In den Monaten Januar bis März gezahlte Sonderzuwendungen, die wegen der Überschreitung der anteiligen Bemessungsgrenze aufgrund der Märzklausel dem letzten Abrechnungszeitraum des Vorjahres zuzurechnen sind, müssen mit dem „Abgabegrund 54" nach § 11 Abs. 2 Nr. 4 der Verordnung über die Erfassung und Übermittlung von Daten für die Träger der Sozialversicherung (DEÜV) immer gesondert gemeldet werden (Sondermeldung).

Mehrjährige Tätigkeit

Wie werden Vergütungen für eine mehrjährige Tätigkeit besteuert?

Dem voraussichtlichen Jahresarbeitslohn wird ein Fünftel der Vergütung hinzugerechnet und dann die Jahreslohnsteuer für den voraussichtlichen Jahresarbeitslohn ohne diese Teilvergütung und einschließlich dieser Teilvergütung ermittelt. Das Fünffache des Unterschiedsbetrags zwischen den ermittelten Steuerbeträgen ist die Lohnsteuer für die mehrjährige Vergütung (vgl. die Beispiele zu Jubiläumszuwendungen S. 225, und Lohnnachzahlungen S. 234).

BEISPIEL 9   *Jubiläumszuwendungen*

Der Arbeitgeber kann die Fünftel-Regelung nur anwenden, wenn sie zu einem geringeren Lohnsteuerabzug führt als die normale Besteuerung. Dies ist insbesondere bei niedrigen Löhnen nicht immer der Fall. In den maschinellen Lohnabrechnungsprogrammen ist deshalb in solchen Fällen eine sog. Günstigerprüfung vorgesehen.

Wann liegt eine Vergütung für eine mehrjährige Tätigkeit vor?

Die Lohnzahlung muss eine Vorauszahlung oder eine nachträgliche Vergütung für eine Tätigkeit darstellen, die sich auf mindestens **zwei Kalenderjahre** erstreckt und einen **Zeitraum von mehr als 12 Monaten** umfasst.

 Beispiele:
— Lohnnachzahlungen fallen nur unter die Fünftel-Regelung, wenn der Nachzahlungszeitraum zwei Kalenderjahre betrifft und mehr als 12 Monate umfasst; z. B. Nachzahlung mit den Juli-Bezügen für die Zeit Mai 2019 bis Juni 2020 (vgl. S. 235);
— Nachzahlungen oder Vorauszahlungen von Versicherungsprämien für mehrere Kalenderjahre;
— Jubiläumszuwendungen anlässlich von Arbeitnehmerjubiläen;
— Zuwendungen anlässlich eines Firmenjubiläums werden dagegen nicht für eine mehrjährige Tätigkeit gezahlt, wenn sie ohne Rücksicht auf die Dauer der Betriebszugehörigkeit gewährt werden.

Jubiläumszuwendungen

Wie werden Jubiläumszuwendungen besteuert?

Zuwendungen anlässlich eines Arbeitnehmerjubiläums sind Vergütungen für eine mehrjährige Tätigkeit und werden deshalb im Allgemeinen nach der Fünftel-Regelung besteuert. Die hierzu notwendige Zusammenballung von Arbeitslohnzufluss kann der Arbeitgeber unterstellen, wenn die Zuwendung an einen Arbeitnehmer bezahlt wird, der voraussichtlich bis zum Ende des Jahres nicht aus dem Dienstverhältnis ausscheidet.

 Beispiel:
Der Arbeitnehmer (Steuerklasse I, rk), der in der gesetzlichen Renten- und Krankenversicherung (kassenindividueller Zusatzbeitragssatz angenommen 1,1 %) sowie kinderlos ist, erhält aus Anlass seiner 40-jährigen Betriebszugehörigkeit eine **Jubiläumszuwendung** in Höhe von 5.000,– €.

Voraussichtlicher Jahresarbeitslohn (angenommen)	
= maßgebender Jahresarbeitslohn I	40.000,— €
die Jubiläumszuwendung	
wird mit **einem Fünftel** hinzugerechnet	1.000,— €
maßgebender Jahresarbeitslohn II	41.000,— €
Jahreslohnsteuer in Steuerklasse I	
von 40.000,– €	5.887,— €
von 41.000,– €	6.151,— €
Differenz	264,— €

BEISPIEL 9 — *Lohnsteuerpauschalierung für sonstige Bezüge*

Die LSt für den sonstigen Bezug beträgt
das Fünffache = 1.320,— €
SolZ 5,5 % von 1.320,- € = 72,60 €
KiSt 8 % (angenommen) von 1.320,- € = 105,60 €

Die Jubiläumszuwendung unterliegt als einmalig gezahltes Entgelt der Beitragspflicht in der Sozialversicherung.

Anmerkung:
Bei der Berechnung der Steuerabzüge wurde ein „Ablesen" aus der Lohnsteuertabelle fingiert, um die Anwendung der Fünftelregelung zu verdeutlichen. Sieht Ihr maschinelles Lohnabrechnungsprogramm die Möglichkeit vor, die Lohnnachzahlung in voller Höhe direkt einzugeben, weil die Fünftelung maschinell berechnet wird, ergäbe sich ein anderer Lohnsteuerabzug, weil dann die zu berücksichtigende Vorsorgepauschale sich anders auswirkt (vgl. die Erläuterungen auf S. 27).

Lohnsteuerpauschalierung für sonstige Bezüge

– § 40 Abs. 1 Satz 1 Nr. 1 EStG –

Welche Pauschalierungsvoraussetzungen sind zu beachten?

1. Es müssen sonstige Bezüge in einer größeren Zahl von Fällen (in der Regel 20 Arbeitnehmer, in Ausnahmefällen auch darunter) gewährt werden.
2. Die im Kalenderjahr pauschal versteuerten Bezüge dürfen für den Arbeitnehmer **1.000,- €** nicht übersteigen.
3. Die Genehmigung durch das Finanzamt muss vorliegen. Dem Antrag ist eine Berechnung des durchschnittlichen Steuersatzes beizufügen.
4. Der Arbeitgeber muss die pauschale Lohnsteuer übernehmen.
5. Der pauschal versteuerte Arbeitslohn und die pauschalen Steuerbeträge dürfen nicht in der Lohnsteuerbescheinigung erfasst werden.

Sind nach § 40 Abs. 1 Satz 1 Nr. 1 EStG pauschal versteuerte Bezüge beitragspflichtig?

Einmalig gezahlte Arbeitsentgelte sind auch dann beitragspflichtig, wenn die Lohnsteuer zulässigerweise pauschal berechnet wird. Die pauschale Lohnsteuer gehört dagegen nicht zum Arbeitsentgelt.

Die Beitragspflicht für pauschalversteuerte einmalig gezahlte Arbeitsentgelte hat immer wieder zu Problemen bei der Abgrenzung vom laufenden Arbeitslohn geführt. In § 23a Abs. 1 SGB IV ist klargestellt, dass bestimmte Arbeitgeberzuwendungen, auch wenn sie als einmalig gezahltes Arbeitsentgelt betrachtet werden könnten, nicht als solches gelten. Diese Zuwendungen sind deshalb auch nicht beitragspflichtig. Im Hinblick auf das Urteil des Bundessozialgerichts vom 31.10.2012, B 12 R 15/11 R, wurde durch Ergänzung des § 23a Abs. 1 Satz 2 Nr. 3 SGB IV durch das 5. SGB IV-Änderungsgesetz vom 15.4.2015, BGBl. I S. 583, die Beitragsfreiheit pauschal versteuerter Sachbezüge klargestellt. Einmalig gewährte sonstige Sachbezüge werden dementsprechend nicht mehr von § 23a Abs. 1 Satz 2 Nr. 3 SGB IV erfasst und sind somit unabhängig von einer Pauschalversteuerung nach § 40 Abs. 1 Satz 1

BEISPIEL 9 *Lohnsteuerpauschalierung für sonstige Bezüge*

Nr. 1 EStG als einmalig gezahltes beitragspflichtiges Arbeitsentgelt zu beurteilen. Laufende Vergütungen des Arbeitgebers, die als sonstige Sachbezüge gewährt und pauschal besteuert werden, sind weiterhin vom Arbeitsentgelt ausgenommen und damit nach Maßgabe des § 1 Abs. 1 Satz 1 Nr. 2 und Satz 2 SvEV beitragsfrei gestellt. Dabei handelt es sich um

— Arbeitgeberzuwendungen zur Abgeltung von Aufwendungen,
— um die Überlassung von Waren oder die Inanspruchnahme von Dienstleistungen des Arbeitgebers,
— um sonstige Sachzuwendungen (nicht aber Verpflegung, Unterkunft- und Wohnungsüberlassung),
— Zuwendung von vermögenswirksamen Leistungen.

Im Wesentlichen unterliegen somit vor allem in bar gewährte und pauschalversteuerte Sonderzahlungen der Beitragspflicht.

 Beispiel zur Pauschalierung nach § 40 Abs. 1 Satz 1 Nr. 1 EStG
Der Arbeitgeber beschäftigt 25 Arbeitnehmer. Wegen eines besonderen Geschäftserfolgs schüttet er im Juli 2020 an die Belegschaft eine Geldleistung von insgesamt 15.000,– € aus, für die er die anfallenden Steuern pauschal übernehmen will. Den Pauschsteuersatz hierfür kann er wie folgt berechnen:

Vom Gesamtbetrag erhalten			
15 Arbeitnehmer	300,— €	= 4.500,— €	
davon sind pauschalierungsfähig			4.500,— €
9 Arbeitnehmer	1.000,— €	= 9.000,— €	
Die Pauschalierungsgrenze ist damit bei diesen Arbeitnehmern ausgeschöpft			9.000,— €
1 Arbeitnehmer	1.500,— €		
davon sind pauschalierungsfähig			1.000,— €
insgesamt sind zu pauschalieren			14.500,— €

Die Sonderzuwendungen unterliegen außerdem als einmalig gezahlte Arbeitsentgelte der Beitragspflicht in der Sozialversicherung. Übernimmt der Arbeitgeber auch den **Arbeitnehmeranteil zur Sozialversicherung,** so liegt hierin ein geldwerter Vorteil, der wiederum lohnsteuerlich zu erfassen ist.

Der Arbeitgeber kann diesen geldwerten Vorteil in die Pauschalierung der Lohnsteuer einbeziehen; er muss dabei aber die **1.000-€-Grenze** beachten. Im Beispielsfall bedeutet dies, dass nur die Übernahme des Arbeitnehmeranteils von 15 Arbeitnehmern einbezogen werden kann. Bei den übrigen Arbeitnehmern ist die 1.000-€-Grenze bereits durch die Sonderzuwendungen selbst ausgeschöpft.

Aus Vereinfachungsgründen kann nach R 40.1 Abs. 3 Satz 2 LStR davon ausgegangen werden, dass die betroffenen Arbeitnehmer in der KV, PV, RV und ALV versicherungspflichtig sind und keinen Zuschlag für Kinderlose zu zahlen haben. Zudem darf der Arbeitgeber aus Vereinfachungsgründen zur Berechnung des Steuersatzes beim Teilbetrag der Vorsorgepauschale für die gesetzliche KV den durchschnittlichen Zusatzbeitragssatz nach § 242a SGB V (für das Jahr 2020 nunmehr 1,1 %) zugrunde legen. Damit ergibt sich, wenn die Beitragsbemessungsgrenzen nicht ausgeschöpft sind, folgende Berechnung ergibt:

BEISPIEL 9 — *Lohnsteuerpauschalierung für sonstige Bezüge*

Arbeitnehmeranteil:

KV	7,30 %
durchschnittlicher Zusatzbeitrag	0,55 %
PV	1,525 %
RV	9,30 %
ALV	1,20 %
	= 19,875 %

Die Übernahme dieses Arbeitnehmeranteils durch den Arbeitgeber stellt eine Nettozuwendung dar, die auf den Bruttobetrag hochgerechnet werden muss. Die Hochrechnung des Arbeitnehmeranteils von 19,875 % ergibt einen Beitragssatz

von 24,804 % (Berechnung: $\frac{100 \times 19{,}875}{100 - 19{,}875}$)

Als steuerpflichtiger geldwerter Vorteil sind somit in die
Pauschalierung einzubeziehen: 24,80 % von 4.500,- € =   **1.116,— €**
Die pauschal zu besteuernden Bezüge betragen folglich
insgesamt 14.500,- € + 1.116,- € =   **15.616,— €**

durchschnittlich $\frac{15.616{,}00\ €}{25}$ = 624,64 € je Arbeitnehmer.

In der Regel übernimmt der Arbeitgeber bei der Lohnsteuerpauschalierung auch die **Kirchensteuer**. Aus Vereinfachungsgründen verzichtet die Finanzverwaltung bei der Ermittlung des Lohnsteuerpauschsatzes auf die Erfassung des Vorteils aus der Kirchensteuerübernahme. Das gleiche gilt für den **Solidaritätszuschlag**. Insoweit kann also die komplizierte Zwischenrechnung, wie sie bei Übernahme des Arbeitnehmeranteils zur SozV notwendig ist, unterbleiben.

Zur Ermittlung des Pauschsteuersatzes können die betroffenen Arbeitnehmer je nach Steuerklasse in **drei Gruppen** eingeteilt werden, und zwar

a) Steuerklasse I, II und IV =   17 Arbeitnehmer (angenommen)
b) Steuerklasse III =   6 Arbeitnehmer (angenommen)
c) Steuerklasse V und VI =   2 Arbeitnehmer (angenommen)
                                                         25 Arbeitnehmer

Des Weiteren ist die **Summe der Jahresarbeitslöhne** festzustellen, die um die folgenden Beiträge zu kürzen ist:

— Altersentlastungs- und Versorgungsfreibeträge, soweit die betroffenen Arbeitnehmer hierfür die Voraussetzungen erfüllen;

— individuelle Jahresfreibeträge laut ELStAM/Bescheinigung für den Lohnsteuerabzug;

— Jahresfreibeträge laut ELStAM/Bescheinigung für den Lohnsteuerabzug;

— den Entlastungsbetrag für Alleinerziehende in den Fällen der Steuerklasse II in Höhe von 1.908,- €.

Bei der Feststellung der maßgebenden Jahresarbeitslöhne können auch die Verhältnisse des Vorjahres zugrunde gelegt werden.

BEISPIEL 9   *Lohnsteuerpauschalierung für sonstige Bezüge*

Aus Vereinfachungsgründen ist es auch zulässig, bei der Einteilung in Steuerklassen-Gruppen und bei der Ermittlung der Summe der Jahresarbeitslöhne von einer repräsentativen Auswahl der betroffenen Arbeitnehmer auszugehen.
Im Beispielsfall soll die Summe dieser Jahresarbeitslöhne **800.000,– €** betragen. Dies ergibt als durchschnittlichen Jahresarbeitslohn der betroffenen Arbeitnehmer

$$\frac{800.000,\text{–} \,€}{25} = 32.000,\text{–} \,€.$$

Als nächster Schritt ist für jede Steuerklassen-Gruppe die auf den sonstigen Bezug entfallende Lohnsteuer nach der Jahrestabelle zu ermitteln. Der sonstige Bezug von 624,64 € ist dazu auf den nächsten durch 216 teilbaren Betrag aufzurunden = 648,– €.

Lohnsteuer
a) Steuerklassen I, II und IV
    (maßgebend ist die Steuerklasse I)   32.000,— €   3.908,— €
    + aufgerundeter sonstiger Bezug   648,— €
                                                                        32.648,— €   4.064,— €
    Differenz   156,— €
b) Steuerklasse III   32.000,— €   1.168,— €
                                                                              648,— €
                                                                          32.648,— €   1.294,— €
    Differenz   126,— €
c) Steuerklassen V und VI
    (maßgebend ist die Steuerklasse V)   32.000,— €   7.368,— €
                                                                              648,— €
                                                                          32.648,— €   7.584,— €
    Differenz   216,— €

Aus den so festgestellten Steuerbeträgen wird die durchschnittliche Steuerbelastung aller betroffenen Arbeitnehmer errechnet.

a) Steuerklasse I, II und IV
    = 17 Arbeitnehmer x 156,– € =   2.652,— €
b) Steuerklasse III
    = 6 Arbeitnehmer x 126,– € =   756,— €
c) Steuerklassen V und VI
    = 2 Arbeitnehmer x 216,– € =   432,— €
zusammen   3.840,— €
Der gesamte aufgerundete sonstige Bezug
beträgt 25 x 648,– €   16.200,— €
der durchschnittliche Steuersatz
beträgt somit $\dfrac{3.840,\text{–} \,€ \times 100}{16.200,\text{–} \,€}$ =   23,7 %

Sowohl der Durchschnittsteuersatz als auch der Pauschsteuersatz sind nur mit einer Dezimalstelle anzusetzen, die weiteren Dezimalstellen entfallen zugunsten des Arbeitgebers.

Das Finanzamt setzt aufgrund dieser durchschnittlichen Steuerbelastung den Pauschsteuersatz **unter Berücksichtigung der Übernahme der Lohnsteuer durch den Arbeitgeber** fest.

BEISPIEL 9　　　　　　　　　　　　　　　　　　　　Pauschalierung nach § 37b EStG

Er beträgt $\dfrac{100 \times 23{,}7\%}{100 - 23{,}7\%} = \underline{31{,}0\%}$

Dieser Pauschsteuersatz von 31,0% ist auf die zu besteuernden sonstigen Bezüge in Höhe von 15.616,00 € anzuwenden, so dass sich eine Lohnsteuer in Höhe von 4.840,96 € ergibt. Die pauschale Lohnsteuer ist in der Lohnsteuer-Anmeldung (vgl. S. 397) gesondert auszuweisen.

Der SolZ beträgt 5,5% von 4.840,96 € = 266,25 €

Wie wird der Bezug, der die Pauschalierungsgrenze überschreitet, abgerechnet?

Im Beispielsfall konnten bei einem Arbeitnehmer ein Teil der Sonderzuwendung in Höhe von 500,– € sowie bei diesem und weiteren 9 Mitarbeitern der übernommene Arbeitnehmeranteil an den Sozialversicherungsbeiträgen wegen Überschreitung der 1.000-€-Grenze nicht in die Pauschalierung einbezogen werden. Diese Zuwendungen sind nach dem allgemeinen Verfahren als sonstige Bezüge zu versteuern und beitragsmäßig zu erfassen (vgl. S. 215).

In welcher Höhe fällt bei Pauschalierung der Lohnsteuer pauschale Kirchensteuer an?

Zu den in den Ländern maßgebenden ermäßigten Kirchensteuersätzen im Fall der Lohnsteuerpauschalierung vgl. die Zusammenstellung in der Anlage 1a, S. 405.

Wird die Lohnsteuer pauschal ermittelt, ist auch die Kirchensteuer pauschal zu berechnen. Hierzu kann sich der Arbeitgeber zwischen einem vereinfachten Verfahren und dem Nachweisverfahren entscheiden; vgl. **Anlage 1a (S. 405).**

Pauschalierung nach § 37b EStG

Für welche Fälle gilt diese Vorschrift?

Zur Vereinfachung des Besteuerungsverfahrens wurde mit § 37b EStG eine Pauschalierungsmöglichkeit eingeführt, die es dem zuwendenden Unternehmen ermöglicht, die Einkommensteuer auf Sachzuwendungen an Dritte (z. B. Geschäftsfreunde, deren Familienangehörige, Arbeitnehmer Dritter) nach § 37b Abs. 1 EStG und an eigene Arbeitnehmer nach § 37b Abs. 2 EStG pauschal zu erheben. Zuwendungen, die ein Arbeitnehmer von einem Dritten erhalten hat, können nicht vom Arbeitgeber, der zum Lohnsteuerabzug verpflichtet ist, nach § 37b EStG pauschal besteuert werden; denn die Pauschalierung nach § 37b EStG kann nur der Zuwendende selbst vornehmen. Im Einzelnen gilt unter Berücksichtigung der BFH-Urteile vom 16.10.2013, VI R 52/11 (BStBl 2015 II S. 455), VI R 57/11 (BStBl 2015 II S. 457), VI R 47/12 (BStBl 2015 II S. 490), und VI R 78/12 (BStBl 2015 II S. 495) nach den BMF-Schreiben vom 19.5.2015, BStBl I S. 468, und vom 28.6.2018, BStBl I S. 814, Folgendes:

Was fällt in den Anwendungsbereich des § 37b EStG?

Es werden nur solche Zuwendungen erfasst, die betrieblich veranlasst sind und die beim Empfänger dem Grunde nach zu steuerbaren und steuerpflichtigen Einkünften führen. § 37b EStG begründet keine eigenständige Einkunftsart und erweitert nicht den einkommensteuerrechtlichen Lohnbegriff. Auf die nachfolgenden Ausführungen „Was ist die Bemessungsgrundlage für die Pauschalierung?" wird ergänzend hingewiesen.

BEISPIEL 9　　　　　　　　　　　　　　　　　　Pauschalierung nach § 37b EStG

Welche Zuwendungen können pauschal besteuert werden?
Die Pauschalversteuerung gilt nur für **Sachzuwendungen**, nicht jedoch für Geldleistungen. Hinsichtlich der Pauschalverteuerung der Sachzuwendung an eigene Arbeitnehmer ist weitere Voraussetzung, dass die Zuwendungen zusätzlich zum ohnehin geschuldeten Arbeitslohn erbracht werden. Zudem darf es sich bei den Sachzuwendungen an eigene Arbeitnehmer nicht um Fälle des § 8 Abs. 2 Sätze 2 bis 10, Abs. 3 EStG, des § 3 Nr. 39 EStG (Vermögensbeteiligungen) sowie des § 40 Abs. 2 EStG handeln. Damit ist die **Pauschalierung ausgeschlossen**

— für die Kraftfahrzeugüberlassung (vgl. S. 144),
— für freie Verpflegung und Unterkunft (vgl. S. 132), für die die amtlichen Sachbezugswerte gelten,
— für Sachzuwendungen, für die die Durchschnittsbewertung gilt,
— für Sachzuwendungen, die nach der Rabattregelung des § 8 Abs. 3 EStG bewertet werden (vgl. S. 169),
— für die Überlassung von Vermögensbeteiligungen an Arbeitnehmer (vgl. z. B. S. 100),
— für Sachprämien im Rahmen von Kundenbindungsprogrammen nach § 37a EStG sowie
— für die Pauschalierung nach § 40 Abs. 2 EStG (z. B. Betriebsveranstaltungen vgl. S. 111 oder Fahrten zwischen Wohnung und erster Tätigkeitsstätte vgl. S. 121).

Sachbezüge bis zur Freigrenze von 44,- € (vgl. S. 140) monatlich gehören nicht zum steuerpflichtigen Arbeitslohn (§ 8 Abs. 2 Satz 11 EStG); sie werden daher auch nicht von der Pauschalierung nach § 37b EStG erfasst. Bei der Prüfung der Freigrenze bleiben die nach §§ 37b und 40 EStG pauschal besteuerten Vorteile, außer Ansatz.

Mahlzeitengestellung in Form von Belohnungsessen (= Wert der Mahlzeit über 60,- €) oder anlässlich eines außergewöhnlichen Arbeitseinsatzes, falls die 60-€-Freigrenze in R 19.6 Abs. 2 LStR überschritten wird (vgl. S. 116), können nach § 37b EStG pauschal besteuert werden, da in diesen Fällen nicht der amtliche Sachbezugswert, sondern der tatsächliche Wert der Mahlzeit der Besteuerung zugrunde zu legen ist. Dessen ungeachtet lässt § 37b EStG die bestehenden Vereinfachungsregelungen zu Bewirtungsaufwendungen und der Teilnahme des Arbeitnehmers an einer Bewirtung von Geschäftsfreunden des Arbeitgebers unberührt; derartige Zuwendungen werden somit auch weiterhin nicht besteuert (vgl. S. 116).

Zuwendungen des Arbeitgebers an seine Arbeitnehmer, die als bloße **Aufmerksamkeiten** (vgl. R 19.6 Abs. 1 LStR und S. 106) angesehen werden und deren Wert 60,- € nicht übersteigen, gehören nicht zum Arbeitslohn und sind daher ebenfalls nicht in die Pauschalierung nach § 37b EStG einzubeziehen. Bei Überschreitung des Betrags von 60,- € ist hingegen § 37b EStG möglich.

Sachbezüge, die im **ganz überwiegenden eigenbetrieblichen Interesse** des Arbeitgebers gewährt werden, sowie steuerfreie Sachbezüge, z. B. nach § 19 Abs. 1 Satz 1 Nr. 1a EStG für Betriebsveranstaltungen (vgl. S. 111), werden von § 37b Abs. 2 EStG nicht erfasst.

Als Sachzuwendungen i. S. d. § 37b EStG kommen daher neben den gewöhnlichen Sachzuwendungen (Sachgeschenke) auch die Zuwendung einer Incentive-Reise oder die Gewährung geldwerter Vorteile anlässlich des Besuchs von sportlichen, kulturellen oder musikalischen Veranstaltungen in Betracht.

Die Pauschalierung ist ausgeschlossen, soweit die Aufwendungen je Empfänger und Wirtschaftsjahr oder wenn die Aufwendungen für einzelne Sachzuwendungen den **Höchstbetrag** von 10.000,- € übersteigen.

Was ist die Bemessungsgrundlage für die Pauschalierung?

Als Bemessungsgrundlage für die Besteuerung der geldwerten Vorteile wird abweichend von § 8 Abs. 2 Satz 1 EStG auf die tatsächlichen Kosten des Zuwendenden einschließlich Umsatzsteuer abgestellt. Damit kann in Herstellungsfällen diese Bemessungsgrundlage erheblich von dem allgemeinen Bewertungsgrundsatz in § 8 Abs. 2 Satz 1 EStG (den um übliche Preisnachlässe geminderten üblichen Endpreis am Abgabeort) abweichen. Bei Zuwendungen an Arbeitnehmer verbundener Unternehmen wird zur Vermeidung der Benachteiligung der originär nach § 8 Abs. 3 EStG zu besteuernden Arbeitnehmer auch bei den nicht durch den Rabatt-Freibetrag begünstigten Konzernmitarbeitern als Bemessungsgrundlage mindestens der sich nach § 8 Abs. 3 Satz 1 EStG ergebende Wert angesetzt (§ 37b Abs. 1 Satz 2, 2. Halbsatz EStG). Hierdurch wird erreicht, dass Arbeitnehmer eines verbundenen Unternehmens nicht besser gestellt werden, als Arbeitnehmer des „Herstellerunternehmens", bei denen die Besteuerung nach § 8 Abs. 3 EStG durchgeführt wurde und die deshalb von der Pauschalierung nach § 37b EStG ausgeschlossen sind (§ 37b Abs. 2 Satz 2 EStG). Zur Ausübung des einheitlichen Wahlrechts zur Anwendung des § 37b EStG in diesen Fällen siehe unten.

Besteht die Zuwendung in der Hingabe eines Wirtschaftsgutes des Betriebsvermögens oder in der unentgeltlichen Nutzungsüberlassung und sind dem Zuwendenden keine oder nur unverhältnismäßig geringe Aufwendungen entstanden (z. B. zinslose Darlehensgewährung), ist als Bemessungsgrundlage für eine Besteuerung nach § 37b EStG der gemeine Wert anzusetzen.

Zuzahlungen des Zuwendungsempfängers mindern die Bemessungsgrundlage. Zuzahlungen Dritter (z. B. Beteiligung eines anderen Unternehmers an der Durchführung einer Incentive-Reise) mindern hingegen die Bemessungsgrundlage nicht.

Die bestehenden Vereinfachungsregelungen, die zur Aufteilung der Gesamtaufwendungen für VIP-Logen in Sportstätten und in ähnlichen Sachverhalten ergangen sind, gelten unverändert fort (vgl. RNr. 14 und 19, BMF-Schreiben vom 22.8.2005, BStBl I S. 845, und vom 11.7.2006, BStBl I S. 447).

In die Bemessungsgrundlage nach § 37b Abs. 1 und 2 EStG sind alle Zuwendungen einzubeziehen, die beim Empfänger dem Grunde nach zu steuerbaren und steuerpflichtigen Einkünften führen. Demzufolge sind Zuwendungen an beschränkt und unbeschränkt steuerpflichtige Empfänger auszuscheiden, die nach den Bestimmungen eines Doppelbesteuerungsabkommens oder des Auslandstätigkeitserlasses nicht der inländischen Besteuerung unterliegen oder die dem Empfänger nicht im Rahmen einer Einkunftsart zufließen. Für Zuwendungen, die nicht in die Bemessungsgrundlage des § 37b EStG einzubeziehen sind, hat der Zuwendende neben den für den Betriebsausgabenabzug bestehenden Aufzeichnungspflichten zusätzlich durch geeignete Aufzeichnungen darzulegen, dass diese Zuwendungen beim Empfänger nicht steuerbar und steuerpflichtig sind. Die Empfänger der Zuwendungen müssen auf Verlangen der Finanzbehörde genau benannt werden können. **Zur Vereinfachung** der Ermittlung der Bemessungsgrundlage für die Anwendung des **§ 37b Abs. 1 EStG** kann der Steuerpflichtige der Besteuerung nach § 37b EStG einen bestimmten Prozentsatz aller gewährten Zuwendungen an Dritte unterwerfen. Der Prozentsatz orientiert sich an den unternehmensspezifischen Gegebenheiten und ist vom Zuwendenden anhand geeigneter Unterlagen oder Aufzeichnungen glaubhaft zu machen. In diesem Fall kann er auf weitergehende Aufzeichnungen zur Steuerpflicht beim Empfänger verzichten. Für die Glaubhaftmachung kann auch auf die Aufzeichnungen, die über einen repräsentati-

BEISPIEL 9 *Pauschalierung nach § 37b EStG*

ven Zeitraum (mindestens drei Monate) geführt werden, zurückgegriffen und aus diesen der anzuwendende Prozentsatz ermittelt werden. Dieser kann so lange angewandt werden, wie sich die Verhältnisse nicht wesentlich ändern. Für die Ermittlung der Bemessungsgrundlage der Zuwendungen nach **§ 37b Abs. 2 EStG** wird ergänzend auf die Ausführungen auf unter „Welche Zuwendungen können pauschal besteuert werden? verwiesen.

Wie hoch ist der Pauschsteuersatz?

Der Pauschsteuersatzes beträgt **30%** und berücksichtigt, dass die übernommene Steuer einen weiteren Vorteil für den Empfänger der Sachzuwendungen darstellt, der ebenfalls als Einnahme zu erfassen wäre. Zur Pauschsteuer kommt noch der Solidaritätszuschlag und ggf. die Kirchensteuer (vgl. die Ländererlasse vom 8.8.2016, BStBl I S. 773) hinzu.

Was gilt hinsichtlich des Wahlrechts zur Anwendung des § 37b EStG?

Zur Vermeidung missbräuchlicher Gestaltungen darf das zuwendende Unternehmen sein **Wahlrecht** zur Pauschalierung für alle Zuwendungen eines Wirtschaftsjahres **nur einheitlich** ausüben. Dabei ist es zulässig, für Zuwendungen an Dritte (§ 37b Abs. 1 EStG) und an eigene Arbeitnehmer (§ 37b Abs. 2 EStG) § 37b EStG jeweils gesondert anzuwenden. Die Entscheidung für § 37b EStG kann nur durch Abgabe einer geänderten Lohnsteuer-Anmeldung widerrufen und zurückgenommen werden. Ein Widerruf ist jedoch nur dann wirksam, wenn der Zuwendende den Zuwendungsempfänger hiervon unterrichtet, denn der Widerruf stellt beim Zuwendungsempfänger ein rückwirkendes Ereignis dar und löst bei diesem Steuerpflicht aus.

Werden Zuwendungen an Arbeitnehmer verbundener Unternehmen vergeben, fallen diese Zuwendungen in den Anwendungsbereich des § 37b Abs. 1 EStG und sind nach § 37b Abs. 1 Satz 2 EStG mit dem sich aus § 8 Abs. 3 Satz 1 EStG ergebenden Wert zu bemessen (Rabattgewährung an Konzernmitarbeitern). Es soll von der Finanzverwaltung aber nicht beanstandet werden, wenn diese Zuwendungen an Arbeitnehmer verbundener Unternehmen individuell besteuert werden, auch wenn der Zuwendende für die übrigen Zuwendungen § 37b Abs. 1 EStG anwendet. Für die übrigen Zuwendungen ist das Wahlrecht einheitlich auszuüben.

Die Entscheidung zur Anwendung des § 37b EStG soll im laufenden Wirtschaftsjahr, spätestens in der letzten Lohnsteuer-Anmeldung des Wirtschaftsjahrs getroffen werden. Bei Sachzuwendungen an eigene Arbeitnehmer muss diese spätestens bis zu dem für die Übermittlung der elektronischen Lohnsteuerbescheinigung geltenden Termin (bis zum letzten Tag des Monats Februar des Folgejahres) getroffen sein. Eine im Zeitpunkt des Lohnzuflusses vorgenommene individuelle Besteuerung ist nach Maßgabe des § 41c EStG zu ändern. Ist dies nicht mehr möglich (z. B. weil der Arbeitnehmer bereits während des Kalenderjahres ausgeschieden ist), muss der Arbeitgeber dem Arbeitnehmer eine Bescheinigung über die Pauschalierung nach § 37b Abs. 2 EStG ausstellen, damit der Arbeitnehmer die Korrektur des bereits individuell besteuerten Arbeitslohns im Rahmen seiner Einkommensteuerveranlagung geltend machen kann.

Zum Zeitpunkt der Ausübung des Wahlrechts nach § 37b Abs. 2 EStG bereits nach § 40 Abs. 1 Satz 1 EStG durchgeführte Pauschalierungen (vgl. S. 226) müssen grundsätzlich nicht rückgängig gemacht werden. Allerdings ist eine Änderung zulässig und § 37b Abs. 2 EStG anwendbar. Im Falle einer Rückabwicklung eines nach § 40 Abs. 1 Satz 1 Nr. 1 EStG pauschalierten Zuwendungsfalles muss diese für alle Arbeitnehmer, die diese Zuwendung erhalten haben, einheitlich vorgenommen werden. Nach der Entscheidung zur Anwendung

BEISPIEL 9 — *Lohnnachzahlungen*

des § 37b EStG ist eine Pauschalierung nach § 40 Abs. 1 Satz 1 Nr. 1 EStG für alle Zuwendungen, auf die § 37b EStG anwendbar ist, nicht mehr möglich.

Was ist sonst noch zu beachten?

Der Zuwendende ist verpflichtet, den Empfänger über die Pauschalierung zu unterrichten, da die pauschal versteuerte Zuwendung bei dessen Einkommensteuerveranlagung außer Ansatz bleibt. Dementsprechend darf bei Arbeitnehmern der pauschal versteuerte Arbeitslohn und die pauschale Steuer nicht auf der Lohnsteuerbescheinigung eingetragen werden. Die pauschale Einkommensteuer gilt als Lohnsteuer und ist entsprechend den Vorschriften zur Lohnsteuer-Anmeldung mit der Lohnsteuer-Anmeldung an das Betriebsstättenfinanzamt anzumelden und abzuführen.

Bestehen besondere Aufzeichnungspflichten?

Besondere Aufzeichnungspflichten für die Ermittlung der Zuwendungen, für die § 37b EStG angewandt wird, bestehen nicht. Aus der Buchführung oder den Aufzeichnungen muss sich aber ablesen lassen, dass bei Wahlrechtsausübung alle Zuwendungen erfasst wurden und dass die Höchstbeträge nicht überschritten wurden. Nach § 37b EStG pauschal besteuerte Zuwendungen müssen nicht zusätzlich zum Lohnkonto genommen werden.

Was gilt in der Sozialversicherung?

Zuwendungen nach § 37b Abs. 1 EStG gehören gemäß § 1 Abs. 1 Nr. 14 SvEV nur dann nicht zum beitragspflichtigen Arbeitsentgelt, soweit die Zuwendungen an Arbeitnehmer eines Dritten erbracht werden und diese Arbeitnehmer nicht Arbeitnehmer eines mit dem Zuwendenden verbundenen Unternehmens sind. Dies bedeutet, dass nach § 37b EStG pauschal versteuerte **Zuwendungen an eigene Arbeitnehmer** und an Arbeitnehmer **verbundener Unternehmen** im Konzern weiterhin zum **beitragspflichtigen Arbeitsentgelt** gehören. Dabei liegt in den Fällen des § 37b Abs. 1 Satz 2 zweiter Halbsatz EStG (= Zuwendungen an Arbeitnehmer verbundener Unternehmen) eine Arbeitsentgeltzahlung durch Dritte vor. Bemessungsgrundlage für die Berechnung der Beiträge zur Sozialversicherung ist der für die Bemessung der Pauschsteuer maßgebende geldwerte Vorteil der Sachzuwendung. Die neue Beitragsfreiheit tritt nur bei Anwendung des § 37b EStG für Arbeitnehmer eines echten fremden Dritten ein.

Lohnnachzahlungen

Wie werden Lohnnachzahlungen abgerechnet?

Je nach dem Zeitraum, auf den sich die Nachzahlung erstreckt, ergeben sich verschiedene Möglichkeiten.

Beispiel A
Zurechnung zum abgelaufenen Kalenderjahr

Laufender Arbeitslohn für Lohnzahlungszeiträume des abgelaufenen Kalenderjahrs, der innerhalb der ersten drei Wochen des nächsten Jahres zufließt, gilt auch steuerlich noch als laufender Arbeitslohn des abgelaufenen Kalenderjahrs. Bis 21.1.2020 zur Auszahlung kommender Arbeitslohn z. B. für November 2019 ist somit noch als laufender Arbeitslohn des Jahres 2019 zu behandeln und durch Neuberechnung der Abzüge für November zu besteuern.

BEISPIEL 9 — Lohnnachzahlungen

Beispiel B
Spätere Nachzahlung für das abgelaufene Kalenderjahr
(z. B. Nachzahlung im Februar 2020 für Dezember 2019)

Es handelt sich begrifflich um einen sonstigen Bezug. Dieser muss durch Ermittlung des voraussichtlichen Jahresarbeitslohns und Anwendung der Jahrestabelle besteuert sowie zur Beitragsberechnung als einmalig gezahltes Arbeitsentgelt erfasst werden (vgl. S. 215). Die Anwendung der Fünftel-Regelung (vgl. Beispiel C) kommt nicht in Betracht, da sich die Nachzahlung nicht auf zwei Kalenderjahre erstreckt und auch keine mehr als 12 Kalendermonate umfasst.

Beispiel C
Der Nachzahlungszeitraum erstreckt sich auf mehr als 12 Monate

Zur Besteuerung von Vergütungen für eine mehrjährige Tätigkeit wird zu Abmilderung der Steuerprogression die sog. Fünftel-Regelung angewandt. Diese Vergünstigung kann nur dann angewandt werden, wenn die Nachzahlung sich auf mindestens 2 Kalenderjahre erstreckt und einen Zeitraum von mehr als 12 Monate umfasst.

Daten aus dem Lohnkonto:
Steuerklasse I; gRV; gKV (kassenindividueller Zusatzbeitragssatz angenommen 1,1 %);
kinderlos; Religionszugehörigkeit ev;
bisheriges Monatsgehalt 1.800,– €;
mit der Lohnzahlung Juli wird eine Nachzahlung für 14 Monate
(von Mai 2019 bis Juni 2020) in Höhe von 1.400,– € geleistet

Lohnabrechnung für Juli:

1.	Monatslohn				2.000,00
2.	Nachzahlung				1.400,00
					3.400,00
	Abzüge:				
3.	Steuerpflichtiger laufender Arbeitslohn		2.000,00		
	LSt			172,50	
	SolZ			9,48	
	KiSt 8 % (angenommen)			13,80	195,78
4.	Steuerpflichtiger Bezug für mehrere Jahre		1.400,00		
	LSt			295,00	
	SolZ			16,22	
	KiSt 8 % (angenommen)			23,60	334,82
5.	Beitragspflichtiges Entgelt		3.400,00		
	KV	7,3 %		248,20	
	Zusatzbeitrag (ang. 1,1 %)	0,55 %		18,70	
	PV	1,525 %		51,85	
	Beitragszuschlag (kinderlos)	0,25 %		8,50	
	RV	9,3 %		316,20	
	ALV	1,2 %		40,80	684,25	1.214,85
	Auszahlungsbetrag				**2.185,15**

BEISPIEL 9   *Lohnnachzahlungen*

Arbeitgeberanteil		
zur SozV	KV (7,3% + 0,55%)	266,90
	PV (1,525%)	51,85
	RV (9,3%)	316,20
	ALV (1,2%)	40,80
		675,75

Zu 3

Der Arbeitnehmer ist in der gesetzlichen Renten- und Krankenversicherung pflichtversichert. Dementsprechend kommt die Allgemeine Lohnsteuertabelle zur Anwendung. Der Arbeitnehmer ist kinderlos und hat einen Zuschlag zur Pflegeversicherung zu leisten, was hier bei maschineller Lohnsteuerberechnung berücksichtigt ist. Bei manueller Lohnabrechnung wäre diese Besonderheit nicht in den Lohnsteuertabellen berücksichtigt, sodass sich im Vergleich zur maschinellen Lohnabrechnung ein geringfügig abweichender Steuerabzug ergäbe.

Zu 4

Die Nachzahlung in Höhe von 1.400,- € erstreckt sich auf zwei Kalenderjahre; sie ist deshalb als Vergütung für eine mehrjährige Tätigkeit zu versteuern (Fünftel-Regelung).
Zunächst ist der voraussichtliche Jahresarbeitslohn festzustellen.
Hierzu gehören

– der laufende Arbeitslohn Januar bis Juni (6 x 1.800,- €)		10.800,— €
– der voraussichtliche laufende Arbeitslohn		
Juli bis Dezember = 6 x 2.000,- €		12.000,— €
voraussichtlicher Jahresarbeitslohn =		22.800,— €
maßgebender Jahresarbeitslohn I		
ein Fünftel der Nachzahlung von 1.400,- €		
wird hinzugerechnet		280,— €
maßgebender Jahresarbeitslohn II		23.080,— €
Jahreslohnsteuer		
von 22.800,- € =	1.814,— €	
von 23.080,- € =	1.873,— €	
Differenz	59,— €	
Die LSt für den sonstigen Bezug		
beträgt das Fünffache =	295,— €	
SolZ 5,5% von 295,- € =	16,22 €	
KiSt = 8% von 295,- € =	23,60 €	

Anmerkung:
Bei der Berechnung der Steuerabzüge wurde ein „Ablesen" aus der Lohnsteuertabelle fingiert, um die Anwendung der Fünftelregelung zu verdeutlichen. Sieht Ihr maschinelles Lohnabrechnungsprogramm die Möglichkeit vor, die Lohnnachzahlung in voller Höhe direkt einzugeben, weil die Fünftelung maschinell berechnet wird, ergäbe sich ein anderer Lohnsteuerabzug, weil dann die zu berücksichtigende Vorsorgepauschale sich anders auswirkt (vgl. die Erläuterungen auf S. 27).

BEISPIEL 9 *Lohnnachzahlungen*

Zu 5

Der Arbeitnehmer ist in der KV, PV, RV und ALV beitragspflichtig. Lohnnachzahlungen sind zur Beitragsberechnung zwar auf die Lohnabrechnungszeiträume zu verteilen, für die sie bestimmt sind. Aus Vereinfachungsgründen können Nachzahlungen auf Grund rückwirkender Lohn- und Gehaltserhöhung wie einmalig gezahltes Arbeitsentgelt behandelt werden. Dabei ist die anteilige Beitragsbemessungsgrenze des Nachzahlungszeitraums zugrunde zu legen. Von rückwirkenden Lohn- und Gehaltserhöhungen sind Nachzahlungen von geschuldeten Arbeitslohn (Nachzahlungen von laufendem Arbeitslohn, auf den der Arbeitnehmer bereits in der Vergangenheit einen **Anspruch** erlangt hat) zu unterscheiden. Hat der Arbeitgeber einen zu niedrigen Arbeitslohn gezahlt und nimmt er später die notwendige Berichtigung vor, ist er verpflichtet, die Beitragsberechnung neu aufzurollen. Die vorgenannte Vereinfachungsregel gilt in diesen Fällen in der SV nicht.

Im Beispielsfall überschreiten das laufende Arbeitsentgelt Juli von 2.000,– € und die Nachzahlung von 1.400,– € zusammen nicht die Beitragsbemessungsgrenze in der KV von 4.687,50 €. Die Beitragsberechnung erfolgt somit aus 3.400,– €.

Beispiel D
Die Nachzahlung bezieht sich nur auf das laufende Kalenderjahr
(z. B. Nachzahlung im Juli für die Monate März bis Mai)

Lohnsteuer:

Grundsätzlich ist eine solche Nachzahlung dem laufenden Arbeitslohn des Lohnzahlungszeitraums zuzurechnen, für den sie gezahlt wird, also auf die Monate März bis Mai zu verteilen. Da eine solche Aufrollung von Lohnabrechnungszeiträumen kompliziert ist, kann aus Vereinfachungsgründen wie bei einem sonstigen Bezug verfahren werden (vgl. S. 215). Der Arbeitnehmer kann allerdings vom Arbeitgeber verlangen, dass die Nachzahlung auf die einzelnen betroffenen Lohnzahlungszeiträume aufgeteilt wird, wenn dies für ihn günstiger ist.

Sozialversicherung:

Auch bei der Beitragsberechnung kann die Nachzahlung auf Grund **rückwirkender** Lohn- und Gehaltserhöhung aus Vereinfachungsgründen als einmalig gezahltes Arbeitsentgelt behandelt werden. Dabei ist die anteilige Jahresbeitragsbemessungsgrenze des Nachzahlungszeitraums zugrunde zu legen.

	KV/PV	RV/ALV
Laufendes monatliches Arbeitsentgelt vor der Lohnerhöhung		3.800,— €
Nachzahlung März bis Mai		3.000,— €
anteilige Beitragsbemessungsgrenze (altes Bundesland) März bis Mai in der		
3 x 4.687,50 €	14.062,50 €	
3 x 6.900,— €		20.700,— €
abzüglich das im Nachzahlungszeitraum bereits gezahlte beitragspflichtige Entgelt	11.400,— €	11.400,— €
noch nicht verbrauchte Beitragsbemessungsgrenze	2.662,50 €	9.300,— €

Die Nachzahlung von 3.000,– € unterliegt somit in Höhe von 2.662,50 € der Beitragspflicht in der KV/PV und in voller Höhe der Beitragspflicht in der RV/ALV.

BEISPIEL 9 *Lohnnachzahlungen*

Von rückwirkenden Lohn- und Gehaltserhöhungen sind jedoch Nachzahlungen von geschuldeten Arbeitslohn (Nachzahlungen von laufendem Arbeitslohn, auf den der Arbeitnehmer bereits in der Vergangenheit einen **Anspruch** erlangt hat) zu unterscheiden. Hat der Arbeitgeber einen zu niedrigen Arbeitslohn gezahlt und nimmt er später die notwendige Berichtigung vor, ist er verpflichtet, die Beitragsberechnung neu aufzurollen. Die vorgenannte Vereinfachungsregel gilt in diesen Fällen in der SV nicht.

BEISPIEL 10

Vereinbarung von Nettolohn

Mit einer Nettolohnvereinbarung übernimmt der Arbeitgeber durch Vertrag die vom Arbeitnehmer geschuldete Lohnsteuer, den Solidaritätszuschlag, die Kirchensteuer und den Arbeitnehmeranteil zur Sozialversicherung. Hierin liegt für den Arbeitnehmer ein Vorteil, der wiederum dem Steuerabzug und der Beitragspflicht in der Sozialversicherung unterliegt. Der Arbeitgeber muss deshalb vor der Lohnabrechnung erst das dem vereinbarten Nettolohn entsprechende Bruttoentgelt ermitteln.

Manuell ist diese Berechnung kompliziert, da anhand der Lohnsteuertabelle in einem aufwendigen Abtastverfahren die Abzüge solange dem Netto hinzugerechnet werden müssen, bis sich ein Bruttolohn ergibt, der dem vereinbarten Netto entspricht. In der Praxis hat jedoch die manuelle Berechnung des maßgebenden Bruttoarbeitslohns aus dem Netto keine Bedeutung mehr. Abgesehen davon, dass wegen der arbeitsrechtlichen Problematik kaum noch Nettolohnvereinbarungen getroffen werden, erfolgt die Lohnabrechnung ohnehin in den weitaus meisten Fällen im maschinellen Verfahren. Dabei muss nur der Nettolohn als solcher gekennzeichnet zusammen mit den Daten aus dem Lohnkonto eingegeben werden, den zugehörigen Bruttoarbeitslohn errechnet dann das jeweilige Programm. Auch für die ansonsten manuelle Lohnabrechnung werden im Fachhandel PC-Tabellenprogramme angeboten, die durchwegs mit einer Nettofunktion ausgestattet sind.

Beispiel:
Abrechnung von laufendem Nettolohn:

Daten aus dem Lohnkonto:
Steuerklasse I; kein Kinderfreibetrag, aber nicht kinderlos i. S. d. PV; gRV; gKV (kassenindividueller Zusatzbeitragssatz angenommen 1,1 %); Religionszugehörigkeit rk;

Vereinbarter Nettomonatslohn			**2.000,00**
Berechnung für Januar:			
*Abzüge **nach** dem Abtasten in*			
der Lohnsteuertabelle:			
LSt		436,33	
Solz		23,99	
KiSt 8 % (angenommen)		34,90	495,22
KV	7,3 %	227,33	
Zusatzbeitrag (ang. 1,1 %)	0,55 %	17,13	
PV	1,525 %	47,49	
kein Beitragszuschlag	0,00 %	–	
RV	9,3 %	289,62	
ALV	1,2 %	37,37	618,94
Steuer- und beitragspflichtiger			
Bruttoarbeitslohn			**3.114,15**

BEISPIEL 10   Vereinbarung von Nettolohn

Abrechnung der Nettozahlung eines sonstigen Bezugs

Steuerklasse III; kein Kinderfreibetrag aber nicht kinderlos i. S. d. PV; gRV; gKV (kassenindividueller Zusatzbeitragssatz angenommen 1,1 %); Bruttolohn monatlich 2.900,– €; für eine Sonderprämie von 1.000,– € übernimmt der Arbeitgeber die gesamten Lohnabzüge.

Berechnung der LSt, des SolZ, der KiSt und der SozV-Beiträge

Die auf den netto gewährten sonstigen Bezug entfallenden Steuerabzugsbeträge sind unter Einbeziehung der ebenfalls übernommenen Sozialversicherungsbeiträge zu ermitteln. Übernimmt der Arbeitgeber auch die SozV-Beiträge, ist die manuelle Ermittlung des Bruttobetrags jetzt kaum noch darstellbar. Da diese Übernahme im Falle einer Nettozuwendung jedoch üblich ist, bietet sich für die Berechnung des Bruttobetrags das nachstehende Verfahren an, das mit einem PC-Tabellenprogramm leicht angewendet werden kann:

Voraussichtlicher Bruttojahresarbeitslohn (12 x 2.900,– €)			34.800,00
Abzüge:			
Jahreslohnsteuer von	34.800,00	1.698,00	
SolZ		0,00	
KiSt 8 % (angenommen)		135,84	
Arbeitnehmeranteil SozV	19,875 %		
19,875 % von 34.800,00		6.916,50	8.750,34
voraussichtliches Jahresnetto			26.049,66
sonstiger Bezug netto			1.000,00
erhöhtes Jahresnetto			**27.049,66**

Ausgehend von diesem Jahresbetrag ist nach der Jahreslohnsteuertabelle abzutasten, bis sich der Bruttobetrag ergibt, der diesem Nettojahreslohn entspricht, bzw. im PC-Tabellenprogramm eine Nettoberechnung durchzuführen.

Jahresbruttolohn			36.532,96
Jahressteuer von	36.532,96	2.040,00	
SolZ		19,20	
KiSt 8 % (angenommen)		163,20	
Arbeitnehmeranteil SozV	19,875 %		
19,875 % von 36.532,96		7.260,93	9.483,33
			27.049,63

Auf den Nettobezug von 1.000,– € entfallen somit:

LSt			2.040,00	
		abzüglich	1.698,00	342,00
SolZ		5,5 % von	342,00	18,81
KiSt		8 % von	342,00	27,36
SozV			7.260,93	
		abzüglich	6.916,50	344,43
Abzüge insgesamt				732,60
Nettobezug				1.000,00
Bruttobetrag des sonstigen Bezugs				**1.732,60**

BEISPIEL 11

Rückzahlung von Arbeitslohn

Wann kommt eine Rückforderung von Arbeitslohn in Betracht?

Hat der Arbeitgeber irrtümlich zu hohen Arbeitslohn gezahlt, z. B. wegen einer falschen Lohnberechnung nach einer Tariferhöhung oder durch einen Eingabefehler bei der maschinellen Lohnabrechnung, ist der Arbeitnehmer nach den Vorschriften des BGB über die ungerechtfertigte Bereicherung zur Rückzahlung verpflichtet.

Eine Weihnachtszuwendung wird oft an die Bedingung geknüpft, dass das Arbeitsverhältnis im darauf folgenden Jahr noch eine bestimmte Zeit besteht. Wird es aus vom Arbeitnehmer zu vertretenden Gründen vorzeitig aufgelöst, ist die Zuwendung zurückzuzahlen. Solche Rückzahlungsklauseln sind zwar nicht unbegrenzt zulässig. Für eine Zuwendung in Höhe eines Monatsgehalts ist eine Befristung bis 31. März jedoch üblich.

Ist der Netto- oder der Bruttoarbeitslohn zurückzuzahlen?

Die Rückforderung bezieht sich stets auf den Bruttoarbeitslohn, denn der dem Arbeitgeber bei der Lohnzahlung entstandene Aufwand wird nur bei einer Rückzahlung des Bruttoarbeitslohns ausgeglichen.

In der praktischen Auswirkung ergibt sich eine Rückforderung des „Netto"-Betrags dann, wenn steuer- und beitragsfrei zugeflossener Arbeitslohn zurückzuzahlen ist, z. B. Rückforderung zu Unrecht gezahlter Reisekosten oder falsch berechneter steuerfreier Zuschläge. Die Rückzahlung solchen Arbeitslohns hat keine Auswirkung auf den Steuerabzug und die Beitragsberechnung.

Wie wird die Rückzahlung des Bruttoarbeitslohns steuerlich abgewickelt?

Die Rückzahlung ist stets in dem Lohnzahlungszeitraum zu berücksichtigen, in dem sie tatsächlich erfolgt. Es findet also keine Neuberechnung für den früheren Lohnzahlungszeitraum statt, in dem der zu Unrecht gezahlte Arbeitslohn zugeflossen ist. Vielmehr wird der zurückgezahlte Betrag im Rückzahlungsmonat als negative Einnahme behandelt, also der gezahlte steuerpflichtige Arbeitslohn entsprechend gemindert. Dementsprechend darf auch in der Lohnsteuerbescheinigung des Rückzahlungsjahres nur der geminderte Bruttoarbeitslohn erfasst werden.

Diese Abwicklung ist selbstverständlich nur möglich, wenn das Dienstverhältnis bei der Arbeitslohnrückzahlung noch besteht. Wird von einem bereits ausgeschiedenen Arbeitnehmer Arbeitslohn zurückgefordert, kann dieser die steuerliche Berücksichtigung nur im Wege der Einkommensteuerveranlagung bei seinem Finanzamt erreichen.

Wie wird die Arbeitslohnrückzahlung in der SozV berücksichtigt?

Anders als im Steuerrecht, in dem die Rückzahlung die Einnahmen im Rückzahlungszeitpunkt mindert, entsteht in der SozV ein Anspruch auf Erstattung der zu viel gezahlten Beiträge. Dieser Anspruch ist entweder bei der Krankenkasse geltend zu machen, an die die Beiträge entrichtet worden sind, oder durch **Verrechnung** mit abzuführenden Beiträgen seitens des Arbeitgebers zu verwirklichen.

BEISPIEL 11   *Rückzahlung von Arbeitslohn*

Diese ist zulässig
— bei Verrechnung von Beiträgen in voller Höhe,
wenn der Beginn des Zeitraums, für den Beiträge irrtümlich gezahlt wurden, nicht länger als 6 Monate zurückliegt und der Arbeitnehmer schriftlich erklärt, dass seit Beginn des Erstattungszeitraums keine Leistungen aus der SozV beantragt oder gewährt worden sind;
— bei Verrechnung von Beitragsteilen,
wenn der Zeitraum, für den die Beiträge verrechnet werden sollen, nicht mehr als 24 Kalendermonate zurückliegt und das evtl. zu hoch angesetzte Arbeitsentgelt nicht bereits Geldleistungen der SozV-Träger zugrunde gelegen hat.

In der Jahresmeldung (vgl. S. 388) darf nur das korrigierte Arbeitsentgelt erfasst werden. Erfolgt die Verrechnung erst nach der Jahresmeldung, ist eine Stornierungsmeldung zu erstatten (vgl. Anlage 2, S. 407).

Beispiel:
Beitragsverrechnung wegen Rückzahlung der Weihnachtszuwendung

Der Arbeitnehmer scheidet zum 28.2. aus dem Arbeitsverhältnis aus. Im November ist ihm eine Weihnachtsgratifikation in Höhe von 3.500,– € gewährt worden unter der Bedingung, dass das Arbeitsverhältnis nicht vor dem 31.3. des nächsten Jahres aufgelöst wird.

Der Monatslohn betrug im Vorjahr 4.600,– € und ab 2020 4.700,– €. Die Rückzahlung der Weihnachtsgratifikation erfolgt durch Verrechnung mit der Gehaltszahlung für den Monat Februar.

Daten aus dem Lohnkonto:
Steuerklasse I; gRV; pKV; kinderlos; Religionszugehörigkeit rk; Beitrag zur pKV mtl. 600,– €;

Lohnabrechnung für Februar:

1.	Monatslohn			4.700,00
2.	Rückzahlung der Weihnachtsgratifikation			3.500,00
				1.200,00
3.	Zuschuss für private KV			300,00
	Zuschuss für private PV			71,48
				1.571,48
Abzüge:				
4.	Steuerpflichtiger Arbeitslohn	1.200,00		
	LSt		0,00	
	SolZ		0,00	
	KiSt 8 % (angenommen)		0,00	0,00
5.	Beitragspflichtiges Entgelt	4.700,00		
	RV	9,3 %	437,10		
	Beitragsverrechnung		325,50	111,60	
	ALV	1,2 %	56,40		
	Beitragsverrechnung		43,75	12,65	124,25
Auszahlungsbetrag				**1.447,23**
	Arbeitgeberanteil RV		437,10		
	Beitragsverrechnung		325,50	111,60	
	Arbeitgeberanteil ALV		56,40		
	Beitragsverrechnung		43,75	12,65	

BEISPIEL 11　　　　　　　　　　　　　　　　　　　　Rückzahlung von Arbeitslohn

Zu 3

Der Arbeitnehmer ist wegen Überschreitung der JAEG (vgl. S. 48) in der KV und PV nicht versicherungspflichtig. Er ist gegen einen monatlichen Beitrag von 600,- € privat KV-versichert. Hiervon die Hälfte kann der Arbeitgeber steuerfrei übernehmen (vgl. S. 55). Der steuerfreie Zuschuss zur PV beträgt 1,525 % aus der BBG von 4.687,50 € = 71,48 €.

Zu 4

Die Rückzahlung von versteuertem Arbeitslohn führt zu negativen Einnahmen des Arbeitnehmers. Erfolgt die Rückzahlung wie im Beispielsfall noch während des Bestehens des Dienstverhältnisses, kann der Arbeitgeber den Ausgleich durch eine entsprechende Kürzung des im Zeitpunkt der Rückzahlung zustehenden steuerpflichtigen Arbeitslohns vornehmen.

Steuerpflichtiger laufender Arbeitslohn im Februar	4.700,— €
abzüglich Rückzahlung	3.500,— €
als Monatslohn zu versteuern	1.200,— €

Zu 5

Die Rückzahlung der Weihnachtszuwendung führt nicht wie bei der Berechnung der Lohnsteuer zu einer Minderung des Entgelts für den Monat Februar; für diesen Monat ist die Beitragsberechnung vielmehr von dem ungekürzten Arbeitsentgelt vorzunehmen.

Mit dem Beitrag für Februar werden jedoch die wegen der Rückzahlung im November des Vorjahres zu viel entrichteten Beiträge verrechnet:

Beitrag für die Weihnachtszuwendung im November

–	Beitragsbemessungsgrenze 2019 in der RV/ALV Januar bis November = 11 x 6.700,- € =	73.700,— €
–	Arbeitsentgelt Januar bis November = 11 x 4.600,- € =	50.600,— €
	Die Weihnachtszuwendung von 3.500,- € war somit in voller Höhe beitragspflichtig	23.100,— €

Zu verrechnen sind
RV-Beitrag	2019　9,3 % von 3.500,- € =	325,50 €
ALV-Beitrag	2019　1,25 % von 3.500,- € =	43,75 €

BEISPIEL 12

Urlaub

Wie hoch ist der gesetzliche Urlaubsanspruch?

Im **Normalfall** – mindestens 24 Werktage,
für einen **Jugendlichen**, wenn dieser zu Beginn des Kalenderjahres
— noch nicht 16 Jahre alt ist, mindestens 30 Werktage
— noch nicht 17 Jahre alt ist, mindestens 27 Werktage
— noch nicht 18 Jahre alt ist, mindestens 25 Werktage.

Für **Schwerbehinderte** – das sind Personen, deren Grad der Behinderung mindestens 50 % beträgt – zusätzlich 5 Arbeitstage bei 5-tägiger Arbeitswoche.

Wann besteht Anspruch auf Teilurlaub?

Der volle Urlaubsanspruch wird erst nach einer **Wartezeit** von 6 Monaten erworben. Anspruch auf **Teilurlaub** ($^1/_{12}$ des Jahresurlaubs für jeden vollen Monat des Bestehens des Arbeitsverhältnisses) hat der Arbeitnehmer

a) für Zeiten eines Kalenderjahres, für die er wegen Nichterfüllung der Wartezeit in diesem Kalenderjahr keinen vollen Urlaubsanspruch erwirbt;

b) wenn er vor erfüllter Wartezeit aus dem Arbeitsverhältnis ausscheidet;

c) wenn er nach erfüllter Wartezeit in der ersten Hälfte eines Kalenderjahres aus dem Arbeitsverhältnis ausscheidet.

Wie werden Doppelansprüche, die sich beim Wechsel des Arbeitsverhältnisses ergeben könnten, ausgeschlossen?

Der Arbeitnehmer muss sich den von einem früheren Arbeitgeber im laufenden Kalenderjahr gewährten Urlaub anrechnen lassen. Der Arbeitgeber ist zu diesem Zweck verpflichtet, bei Beendigung des Arbeitsverhältnisses eine Bescheinigung über den im laufenden Kalenderjahr gewährten oder abgegoltenen Urlaub auszuhändigen (vgl. S. 365, Ausfertigung der Arbeitspapiere).

 Beispiele zur Feststellung des Urlaubsanspruchs

Tariflicher Urlaubsanspruch 28 Arbeitstage (5-Tage-Woche)

1. Beginn des Dienstverhältnisses: 1. März

   Anspruch auf den vollen Jahresurlaub besteht bei diesem Arbeitgeber nach dem 31. August.

   Der Arbeitnehmer muss sich jedoch Urlaub, den der frühere Arbeitgeber gewährt oder abgegolten hat, anrechnen lassen.

2. Beginn des Dienstverhältnisses: 15. September

   Der Arbeitnehmer kann die 6-monatige Wartezeit in diesem Kalenderjahr nicht mehr erfüllen. Er hat Anspruch auf Teilurlaub für 3 volle Beschäftigungsmonate = 3/12 von 28 = 6,9 aufgerundet 7 Tage.

   Bruchteile von Urlaubstagen, die mindestens einen halben Tag ergeben, sind auf volle Urlaubstage aufzurunden.

BEISPIEL 12 Urlaub

Falls dem Arbeitnehmer vom früheren Arbeitgeber der volle Jahresurlaub bereits gewährt oder abgegolten wurde, ist dieser anzurechnen. Ansonsten ist der Teilurlaub auf Wunsch des Arbeitnehmers auf das nächste Kalenderjahr zu übertragen.

3. Beginn des Dienstverhältnisses: 1. Februar;
   Ende am 30. Juni desselben Jahres.
   Die Wartezeit ist nicht erfüllt. Der Arbeitnehmer hat Anspruch auf Teilurlaub in Höhe von $5/_{12}$ von 28 Tagen = 11,6 = 12 Tage.

4. Beginn des Dienstverhältnisses: 1. Januar;
   Ende: 30 Juni desselben Jahres
   Die Wartezeit ist zwar erfüllt. Wegen des Ausscheidens in der ersten Hälfte des Kalenderjahres steht aber nur ein Teilurlaub von $6/_{12}$ von 28 Tagen = 14 Tage zu.

5. Die Wartezeit ist erfüllt. Der Arbeitnehmer beansprucht deshalb im März seinen vollen Jahresurlaub von 28 Tagen; am 30. April scheidet er aus dem Dienstverhältnis aus. Obwohl er an sich nur einen Teilanspruch von $4/_{12}$ hätte, kann das zu viel gezahlte Urlaubsentgelt nicht zurückgefordert werden.

6. Der Arbeitnehmer wird zum **Grundwehrdienst*** einberufen oder leistet Zivildienst*. Der Arbeitgeber ist berechtigt, für jeden vollen Monat, den der Arbeitnehmer Grundwehrdienst oder Zivildienst leistet, den vollen Jahresurlaub um $1/_{12}$ zu kürzen.

7. Nimmt der Arbeitnehmer nach Ableistung des **Grundwehrdienstes/Zivildienstes*** das Arbeitsverhältnis wieder auf, kann ebenfalls der Jahresurlaub für jeden vollen Monat um $1/_{12}$ gekürzt werden.

8. Ist dem Arbeitnehmer der volle Jahresurlaub vor dem **Grundwehrdienst/Zivildienst*** bereits gewährt worden, kann der Urlaub nach Rückkehr in den Betrieb entsprechend gekürzt werden.

9. Wegen der Einberufung zu einer **Wehrübung** darf der Urlaub nicht gekürzt werden.

10. Erkrankt der Arbeitnehmer während des Urlaubs, so werden die durch ärztliches Zeugnis nachgewiesenen Zeiten der Arbeitsunfähigkeit nicht auf den Urlaub angerechnet. Das gilt nach neuerer Rechtsprechung selbst dann, wenn der Arbeitnehmer während des Urlaubsjahres nur eine geringe oder gar keine Arbeitsleistung erbracht hat.

11. Kuren und Schonungszeiten dürfen nicht auf den Urlaub angerechnet werden, soweit ein Anspruch auf Fortzahlung des Arbeitsentgelts nach den gesetzlichen Vorschriften über die Entgeltfortzahlung im Krankheitsfall besteht.

12. Der Urlaub muss im laufenden Kalenderjahr gewährt und genommen werden. Eine Übertragung auf das nächste Kalenderjahr ist nur bei dringenden betrieblichen oder persönlichen Gründen zulässig. Jedoch auch bei Vorliegen solcher Gründe muss der Urlaub bis zum **31. März des nächsten Jahres** genommen werden. Der gesetzliche Urlaubsanspruch erlischt aufgrund unionsrechtskonformer Auslegung des § 7 Abs. 3 BUrlG nicht, wenn der Arbeitnehmer bis zum Ende des Urlaubsjahres und/oder eines Übergangszeitraums von drei Monaten nach diesem Zeitpunkt krank und deshalb arbeitsunfähig ist. Der Anspruch geht jedoch bei fortbeste-

---

* Gesetzlicher Grundwehr- und Zivildienst sind derzeit ausgesetzt.

hender Arbeitsunfähigkeit nach Ablauf eines Übergangszeitraums von 15 Monaten nach dem Ende des Urlaubsjahres unter (vgl. z. B. BAG-Urteil vom 16.10.2012, 9 AZR 63/11). Durch Arbeitgeber verhinderter bezahlter Urlaub kann nach dem EuGH-Urteil vom 29.11.2017, C-214/16, unbegrenzt übertragen und angesammelt werden.

Gibt es Mitwirkungsobliegenheiten des Arbeitgebers bei der Verwirklichung des Urlaubsanspruchs?

Der Arbeitgeber muss nach den Urteilen des Bundesarbeitsgerichts vom 19.2.2019, 9 AZR 541/15, und vom 25.6.2019, 9 AZR 546/17, den Arbeitnehmer ggf. auffordern, den Urlaub zu nehmen, und auf den drohenden Urlaubsverfall hinweisen.

Wie wird das Urlaubsentgelt berechnet?

Der Arbeitnehmer hat nach dem BUrlG Anspruch auf ein Urlaubsentgelt. Es bemisst sich nach dem **durchschnittlichen Arbeitsverdienst**, den der Arbeitnehmer in den letzten 13 Wochen vor dem Beginn des Urlaubs erhalten hat.

Bei einem festen Gehalt oder Lohn entfällt in der Regel eine eigene Berechnung des Urlaubsentgelts, da das Gehalt bzw. der Lohn für die Urlaubstage unverändert bezahlt wird. Eine besondere Berechnung ist allerdings bei variablem Lohn erforderlich.

Was gehört zur Berechnungsgrundlage?

Arbeitsverdienst im Sinne des BUrlG sind z. B. Grundlohn, Erschwerniszulage, Provisionen, Sachbezüge, Zuschläge für Sonntags-, Feiertags- und Nachtarbeit, Ausbildungsvergütung. Nicht dazu gehören z. B. einmalige Zuwendungen (13. Gehalt, Weihnachtsgeld), Reisekostenersatz, Auslösungen u.ä.

Der für **Überstunden** zusätzlich gezahlte Arbeitsverdienst gehört – wenn das Urlaubsentgelt nach den gesetzlichen Regeln berechnet wird – nicht mehr zur Berechnungsgrundlage. Auszuscheiden ist somit sowohl der für Überstunden bezahlte Grundlohn als auch ein etwaiger Überstundenzuschlag.

 Beispiel:

Ein Zeitlohnempfänger erhält im September 15 Arbeitstage Urlaub, seine regelmäßige Arbeitszeit beträgt 5 Tage in der Woche.

Berechnungszeitraum für das Urlaubsentgelt wären an sich die 13 vorangegangenen Wochen. Aus Praktikabilitätsgründen ist in den Tarifverträgen jedoch meist als Berechnungszeitraum eine entsprechende Lohnabrechnungsperiode (3 Monate) vorgesehen. Im Beispielsfall ist danach der Arbeitsverdienst der Monate Juni bis August heranzuziehen.

	Juni	Juli	August
	€	€	€
Grundlohn	1.750,—	1.800,—	1.800,—
Erschwerniszulage	60,—	60,—	60,—
Überstundenbezahlung	—,—	—,—	—,—
Nachtarbeitszuschläge	60,—	85,—	80,—
	1.870,—	1.945,—	1.940,—
zusammen 5.755,– €			

BEISPIEL 12 *Urlaub*

Urlaubsentgelt $\quad \dfrac{5.755,- \,€ \times 15 \text{ Urlaubstage}}{5 \text{ Arbeitstage} \times 13} = \underline{\underline{1.328,07\,€}}$

Wie wirken sich Freischichten auf das Urlaubsentgelt aus?

Auch nach Herabsetzung der tariflichen Wochenarbeitszeit wird in manchen Betrieben aufgrund von Betriebsvereinbarungen weiterhin 40 Stunden in der Woche gearbeitet und die übersteigende Arbeitszeit durch nicht bezahlte freie Tage (Freischichten) ausgeglichen.

Ist im Tarifvertrag die Berechnung des Urlaubsentgelts nach der Dauer der ausgefallenen Arbeitszeit bestimmt, hat der Arbeitnehmer Anspruch auf Urlaubsentgelt, das nach dem tatsächlichen 8-stündigen Arbeitstag bemessen ist, obwohl die durchschnittliche tarifliche Arbeitszeit z. B. nur 7,7 Stunden je Arbeitstag beträgt.

Steuerliche und beitragsmäßige Behandlung des Urlaubsentgelts

Zur Berechnung der Steuerabzüge und der SozV-Beiträge ist das Urlaubsentgelt dem laufenden Arbeitslohn des Zeitraums, für den es gezahlt wird, zuzurechnen; im Beispielsfall somit dem Lohnzahlungszeitraum September. Das Urlaubsentgelt ist auch insoweit steuer- und beitragspflichtig, als zur Berechnung steuerfreie SFN-Zuschläge herangezogen wurden, da diese Zuschläge nicht für tatsächlich geleistete SFN-Arbeit gezahlt werden und § 3b EStG somit keine Anwendung findet (vgl. S. 91, SFN-Zuschläge).

Vom Urlaubsentgelt ist das **Urlaubsgeld** zu unterscheiden, das zusätzlich gewährt wird. Dieses ist als sonstiger Bezug zu versteuern und als einmalig gezahltes Arbeitsentgelt zur SozV heranzuziehen (vgl. S. 215).

Wie ist bei Verdiensterhöhungen im Berechnungszeitraum oder während des Urlaubs zu verfahren?

1. Ein Zeitlohnempfänger nimmt im September Urlaub;
   sein Stundenlohn betrug bisher $\quad\quad\quad$ 10,— €
   ab 1.8. tritt eine Tariferhöhung von 5% in Kraft =
   maßgeblicher Stundenlohn für das Urlaubsentgelt $\quad\quad\quad$ 10,50 €
2. Ein Zeitlohnempfänger nimmt Urlaub vom 20.6. – 10.7.;
   sein Stundenlohn betrug bis einschließlich Juni $\quad\quad\quad$ 9,— €
   ab 1.7. tritt eine tarifliche Erhöhung von 5% in Kraft,
   sodass der Stundenlohn nunmehr beträgt $\quad\quad\quad$ 9,45 €

   Durch die Gewährung von Urlaubsentgelt soll der Arbeitnehmer im Grundsatz nicht schlechter und nicht besser gestellt werden, als wenn er gearbeitet hätte. Im vorliegenden Fall bemisst sich das Urlaubsentgelt deshalb für den Urlaubsteil Juni nach einem Stundenlohn von 9,– € und für Juli nach einem Stundenlohn von 9,45 €.

Wie wirken sich Verdienstminderungen aus?

Es gilt der Grundsatz, dass vom Arbeitnehmer unverschuldete Verdienstkürzungen bei der Berechnung nicht berücksichtigt werden.

1. Ein Arbeiter mit einem festen Wochenlohn von 300,– € nimmt im September 16 Werktage Urlaub (Samstage eingeschlossen);
   Im Juli hatte ihm der Arbeitgeber 2 Wochen unbezahlten Urlaub bewilligt;

BEISPIEL 12 — *Urlaub*

Die Verdienstminderung bleibt jedoch unberücksichtigt, da es sich nicht um ein unentschuldigtes Arbeitsversäumnis handelt.

$$\text{Urlaubsentgelt} = \frac{13 \times 300{,}- \,€ \times 16}{6 \text{ Werktage} \times 13} = \underline{800{,}- \,€}$$

2. Der Arbeiter aus dem obigen Beispiel hat außerdem im August 1 Woche unentschuldigt gefehlt.
Die hierdurch eintretende Verdienstminderung ist zu berücksichtigen:
Verdienst der letzten 13 Wochen = 12 x 300,- €   3.600,— €

$$\text{Urlaubsentgelt} = \frac{3.600{,}- \,€ \times 16}{6 \text{ Werktage} \times 13} = \underline{738{,}46 \,€}$$

Wann ist das Urlaubsentgelt fällig?
Nach § 11 BUrlG ist das Urlaubsentgelt vor Antritt des Urlaubs zu zahlen. Zur Vermeidung einer zusätzlichen Verkomplizierung der Lohnabrechnung wird in der Praxis diesem Erfordernis meist durch eine vorschussweise Zahlung eines dem Netto-Urlaubsentgelt entsprechenden Betrages entsprochen.

Unter welchen Voraussetzungen ist Urlaub abzugelten?
Der Urlaub muss grundsätzlich im laufenden Kalenderjahr gewährt und genommen werden. Eine Übertragung auf das nächste Jahr ist nur aus dringenden betrieblichen oder in der Person des Arbeitnehmers liegenden Gründen zulässig. Im Fall der Übertragung muss der Urlaub in den ersten drei Monaten des nächsten Jahres eingebracht werden.

Kann der Urlaub als Freizeit wegen **Beendigung des Arbeitsverhältnisses** nicht mehr gewährt werden, so ist der Anspruch abzugelten. Die Abgeltung wird wie das Urlaubsentgelt berechnet. Bei Abgeltung eines Teilurlaubs (Nichterfüllung der sechsmonatigen Wartezeit) sind Bruchteile von Urlaubstagen, die mindestens einen halben Tag ergeben, auf volle Urlaubstage aufzurunden. Eine Abrundung darf hingegen nicht vorgenommen werden, wenn sich Bruchteile von weniger als einen halben Tag ergeben (6,5 = 7 Tage; 6,4 = 6,4 Tage). Die Tarifparteien können aber für tarifvertragliche Urlaubsansprüche Abrundungsregelungen für Bruchteile von Urlaubstagen treffen, soweit davon gesetzliche Urlaubsansprüche nicht berührt werden.

Wie wird die Urlaubsabgeltung steuerlich und beitragsmäßig behandelt?
Der Abgeltungsbetrag ist als sonstiger Bezug zu versteuern und als einmalig gezahltes Arbeitsentgelt zur SozV heranzuziehen (vgl. S. 215).

In welchem Umfang stehen Urlaub und Urlaubsentgelt bei Teilzeitbeschäftigung zu?
Stunden- oder tageweise Beschäftigte erwerben nach dem BUrlG einen Urlaubsanspruch, wenn das Arbeitsverhältnis von vornherein auf eine gewisse Dauer angelegt ist.
Der gesetzliche **Mindesturlaub** beträgt wie bei Vollbeschäftigten jährlich 24 Werktage. Die aufgrund der Teilzeitbeschäftigung arbeitsfreien Tage muss sich der Arbeitnehmer jedoch anrechnen lassen.

BEISPIEL 12   *Urlaub*

Auch für die Berechnung des **Urlaubsentgelts** ist nach den für eine Vollbeschäftigung geltenden Grundsätzen zu verfahren.

 Beispiel:
Eine Teilzeitarbeitskraft wird an 3 Tagen in der Woche beschäftigt. Die betriebliche Arbeitszeit beträgt 5 Tage in der Woche, der tarifliche Urlaubsanspruch bei Vollbeschäftigung 28 Arbeitstage.

Berechnung des Anspruchs an bezahlten Urlaubstagen:
Vollbeschäftigung – 5-Tage-Woche = 28 Arbeitstage; Teilzeitbeschäftigung – 3-Tage-Woche = 3/5 von 28 Tagen = 16,8 Tage, aufgerundet 17 Tage.

Davon werden für einen dreiwöchigen Urlaub im Juli **9 Tage** beansprucht.

Berechnung des Urlaubsentgelts:

Arbeitsverdienst	April	510,— €
	Mai	490,— €
	Juni	525,— €
zusammen		1.525,— €

$$\frac{1.525{,}- \text{€} \times 9 \text{ Urlaubstage}}{39 \text{ Arbeitstage } (= 13 \text{ Wochen} \times 3)} = 351{,}92 \text{ €}$$

Weitere Informationen zum Urlaub

Ausführlichere Informationen zum Thema „Urlaub" enthält der im Weiss-Verlag erscheinende Ratgeber ARBEITSRECHT.

BEISPIEL 13

Entgeltfortzahlung bei Krankheit

Welcher Personenkreis wird vom Entgeltfortzahlungsgesetz erfasst?
Anspruch auf Entgeltfortzahlung nach dem EFZG haben alle Arbeitnehmer, also Angestellte, Arbeiter und Auszubildende. Auf den Umfang der Beschäftigung kommt es nicht an. Deshalb haben auch geringfügig Beschäftigte oder kurzfristig beschäftigte Aushilfskräfte Anspruch auf Entgeltfortzahlung. Für Heimarbeiter enthält das EFZG Sonderregelungen (vgl. S. 97).

Welche Anzeige- und Nachweispflichten bestehen für den Arbeitnehmer?
— Die Arbeitsunfähigkeit und deren voraussichtliche Dauer sind dem Arbeitgeber unverzüglich anzuzeigen. Dies kann formlos, z. B. telefonisch oder durch Kollegen erfolgen.
— Dauert die Arbeitsunfähigkeit länger als **drei Kalendertage**, ist spätestens am darauf folgenden Arbeitstag eine ärztliche Bescheinigung vorzulegen, aus der die voraussichtliche Dauer der Erkrankung vom 1. Tag an angegeben ist.
— Dauert die Arbeitsunfähigkeit länger als in der Bescheinigung angegeben, muss der Arbeitnehmer dem Arbeitgeber eine neue ärztliche Bescheinigung vorlegen, aus der die weitere Dauer der Arbeitsunfähigkeit ersichtlich ist.
— Erkrankt der Arbeitnehmer im Ausland, ist er verpflichtet, den Arbeitgeber schnellstmöglich (E-Mail, SMS, Telefax, telefonisch) über die Arbeitsunfähigkeit, deren Dauer und seinen Aufenthaltsort zu informieren. Die Kosten hierfür hat der Arbeitgeber zu tragen. Auch die Rückkehr in das Inland hat der Arbeitnehmer dem Arbeitgeber unverzüglich anzuzeigen. Über die Erkrankung, ihre voraussichtliche Dauer und die Rückkehr in das Inland muss der Arbeitnehmer außerdem die Krankenkasse unterrichten.

Der Arbeitgeber ist berechtigt, die Entgeltfortzahlung zu verweigern, solange der Arbeitnehmer die ärztliche Bescheinigung nicht vorlegt und dieses Versäumnis selbst zu vertreten hat. Der Arbeitgeber muss jedoch das Entgelt nachzahlen, sobald der Arbeitnehmer seiner Pflicht nachkommt.

Welche Bedeutung kommt dem Grund der Arbeitsunfähigkeit zu?
— Den Arbeitnehmer darf an seiner Arbeitsunfähigkeit **kein Verschulden** treffen. Der Anspruch auf Entgeltfortzahlung wird jedoch nur durch Vorsatz oder ein grobes Verschulden des Arbeitnehmers ausgeschlossen, z. B. bei Trunkenheit am Steuer oder einem sonstigen grob fahrlässigen Verhalten im Straßenverkehr.
— Die Arbeitsverhinderung infolge einer nicht rechtswidrigen Sterilisation oder eines nicht rechtswidrigen **Schwangerschaftsabbruchs** ist einer unverschuldeten krankheitsbedingten Arbeitsunfähigkeit gleichgestellt.
— Anspruch auf Entgeltfortzahlung besteht auch bei **Kuren** (medizinische Maßnahmen zur Vorsorge und Rehabilitation). Voraussetzung ist, dass die Maßnahme von einem Sozialleistungsträger bewilligt worden ist (Krankenkasse, LVA, BfA, Berufsgenossenschaft). Ist der Arbeitnehmer nicht in einer gesetzlichen Krankenkasse oder nicht in der gesetzlichen Rentenversicherung versichert, genügt eine ärztliche Verordnung, wenn die Maßnahme stationär in einer entsprechenden Einrichtung durchgeführt wird. Neben den Anzeigen wie bei einer Erkrankung muss der Arbeitnehmer dem Arbeitgeber eine Bescheinigung über die Bewilligung der Kur bzw. die ärztliche Verordnung unverzüglich vorlegen.

Welche Auswirkungen hat die Wartefrist?

Der Anspruch auf Entgeltfortzahlung entsteht erst nach vierwöchiger ununterbrochener Dauer des Arbeitsverhältnisses. Während der Wartezeit erhält der erkrankte Arbeitnehmer von seiner Krankenkasse Krankengeld. Die Arbeitsunfähigkeit während der Wartefrist wird nicht auf den Sechs-Wochen-Zeitraum angerechnet.

Für wie lange besteht Anspruch auf Entgeltfortzahlung?

Das Entgelt ist in der Zeit der Arbeitsunfähigkeit, höchstens bis zur Dauer von 6 Wochen, weiterzuzahlen. Die Sechs-Wochen-Frist entspricht 42 Kalendertagen; es kommt bei der Berechnung nicht auf die Zahl der tatsächlichen Arbeitstage in der Woche an.

Ruht das Arbeitsverhältnis bei Beginn der Arbeitsunfähigkeit, so wird die Frist nicht in Lauf gesetzt. Das ist der Fall bei Ableistung des Wehr- oder Zivildienstes, von Wehr- oder Eignungsübungen, bei Bezug von Mutterschaftsgeld, Erziehungsgeld oder bei unbezahltem Urlaub.

 Beispiel:
Dem Arbeitnehmer wurde unbezahlter Urlaub vom 8.–19.7. bewilligt; am 12.7. wird er arbeitsunfähig;

die Sechs-Wochen-Frist beginnt am   20.7.
sie endet am   30.8.

Während des unbezahlten Urlaubs steht dem Arbeitnehmer kein Fortzahlungsanspruch zu.

Andere Ausfalltage, an denen der Arbeitnehmer, wäre er arbeitsfähig, auch keine Arbeitsleistung erbringen könnte, führen nicht zu einer Verlängerung der 6-Wochen-Frist (z. B. Schlechtwetterzeiten im Baugewerbe).

Wie wird die Sechs-Wochen-Frist bei mehreren unterschiedlichen Erkrankungen berechnet?

 Beispiel: Mehrere Erkrankungen innerhalb der Sechs-Wochen-Frist

Arbeitsunfähigkeit seit   2.8.
Ende der Sechs-Wochen-Frist   12.9.
Auftritt der weiteren Krankheit   10.9.

Die zusätzliche Erkrankung führt nicht zu einer Verlängerung der Sechs-Wochen-Frist.

 Beispiel: Erneute Arbeitsunfähigkeit nachdem die Sechs-Wochen-Frist für die erste Krankheit ausgeschöpft war

Wird der Arbeitnehmer des vorherigen Beispiels erst nach dem 12.9. wegen einer anderen Krankheit arbeitsunfähig, hat er wegen dieser Krankheit erneut einen Fortzahlungsanspruch für 6 Wochen.

Wie wird die Frist bei mehrmaliger Arbeitsunfähigkeit wegen derselben Krankheit berechnet?

Der Fortzahlungsanspruch für einen weiteren Zeitraum von 6 Wochen (42 Kalendertagen) entsteht,

BEISPIEL 13   *Entgeltfortzahlung bei Krankheit*

— wenn der Arbeitnehmer vor der erneuten Arbeitsunfähigkeit mindestens 6 Monate nicht infolge derselben Krankheit arbeitsunfähig war oder
— wenn seit Beginn der ersten Arbeitsunfähigkeit eine Frist von 12 Monaten verstrichen ist.

 Beispiel: Beachtung des Abstands von 6 Monaten
Der Arbeitnehmer war wegen derselben Krankheit in den folgenden Zeiträumen arbeitsunfähig:
vom 10.10.2019 bis 27.11.2019 = 49 Kalendertage.

Entgeltfortzahlung hat er hierfür bis 20.11.2019 erhalten = 42 Kalendertage.

Am 8.6.2020 wird er wegen derselben Krankheit erneut arbeitsunfähig.

Obwohl diese erneute Erkrankung innerhalb des Zwölfmonatszeitraums liegt, beginnt mit dieser Erkrankung ein neuer Entgeltfortzahlungsanspruch von 6 Wochen, da der Arbeitnehmer während der letzten 6 Monate wegen dieser Krankheit nicht arbeitsunfähig war (Rückrechnung vom 7.6.2020 bis 8.12.2019).

Der Sechsmonatszeitraum würde im Übrigen wegen Arbeitsunfähigkeit aufgrund einer **anderen** Krankheit nicht unterbrochen.

Beispiel: Berechnung des Zwölfmonatszeitraums
Der Arbeitnehmer war wegen derselben Krankheit in den folgenden Zeiträumen arbeitsunfähig:
a)   vom 7.2. bis 27.2.2019   21 Tage
       Entgeltfortzahlung bis 27.2.2019 =   21 Tage
b)   vom 6.6. bis 10.7.2019   35 Tage
       Entgeltfortzahlung bis 26.6.2019 =   <u>21 Tage</u>
                                                                   42 Tage
c)   ab 15.3.2020
Der Zwölfmonatszeitraum beginnt am 7.2.2019 und reicht bis 6.2.2020.
Bei der Erkrankung b) bestand für die Zeit vom 27.6.2019 bis 10.7.2019 kein Fortzahlungsanspruch, da im Zwölfmonatszeitraum bereits 42 Kalendertage Fortzahlung erreicht waren.

Dagegen beginnt mit der Erkrankung c) ab 15.3.2020 ein neuer Fortzahlungsanspruch für 6 Wochen und damit auch ein neuer Zwölfmonatszeitraum.

Was gilt bei einem Arbeitgeberwechsel?
Die Fortzahlungsfrist von 6 Wochen und damit auch der Zwölfmonatszeitraum beginnen neu zu laufen. Krankheitszeiten bei einem früheren Arbeitgeber werden nicht angerechnet.

Besteht ein Anspruch auf Fortzahlung auch noch nach Beendigung des Arbeitsverhältnisses?
Im Allgemeinen endet die Lohn- und Gehaltsfortzahlung mit Beendigung des Arbeitsverhältnisses. Das gilt nur dann nicht, wenn

— der Arbeitgeber das Arbeitsverhältnis aus Anlass der Arbeitsunfähigkeit kündigt oder

BEISPIEL 13   *Entgeltfortzahlung bei Krankheit*

— der Arbeitnehmer das Arbeitsverhältnis aus einem vom Arbeitgeber zu vertretenden Grund kündigt, der ihn zur Kündigung ohne Einhaltung einer Kündigungsfrist berechtigt.

Der Fortzahlungsanspruch besteht in diesen Fällen bis zur Ausschöpfung der 6-Wochen-Frist weiter.

Wie hoch ist der Anspruch auf Entgeltfortzahlung?

Dem Arbeitnehmer ist das Entgelt fortzuzahlen, das ihm bei der für ihn maßgebenden regelmäßigen Arbeitszeit zusteht.

Zur Ermittlung des maßgebenden Arbeitsentgelts sind zunächst die Grundbezüge (z. B. Monatsgehalt, Stundenlohn oder Akkordlohn) heranzuziehen. Daneben ist Folgendes zu beachten:

1. **Überstundenbezahlung**
   Sowohl die Grundvergütung für Überstunden, als auch die Überstundenzuschläge müssen nicht in die Bemessungsgrundlage für die Entgeltfortzahlung einbezogen werden, es sei denn, die Einbeziehung ist im Tarif- oder Arbeitsvertrag ausdrücklich vorgesehen.

2. **Provisionen**
   Für die Ausfallzeit sind die Provisionen zu zahlen, die ohne Erkrankung erzielt worden wären.

3. **Aufwandspauschalen (z. B. Reisekosten)**
   Der Ersatz von Aufwendungen ist zwar grundsätzlich nicht in die Entgeltfortzahlung einzubeziehen. Werden hierfür jedoch monatliche Pauschalen ohne Rücksicht auf die tatsächliche Höhe der Aufwendungen gewährt, so sind diese auch für die Ausfallzeit weiterzuzahlen.

4. **Zuschläge**
   Wurde in der Vergangenheit regelmäßig Sonntags-, Feiertags- oder Nachtarbeit geleistet und wäre eine solche auch während der Zeit der Arbeitsunfähigkeit zu erbringen gewesen, so sind auch die SFN-Zuschläge in die Entgeltfortzahlung einzubeziehen.

5. **Arbeiter mit Akkordlohn**
   Anspruch besteht auf den in der für ihn maßgebenden regelmäßigen Arbeitszeit erzielbaren Durchschnittsverdienst. Dabei kann auf den Lohn der letzten drei Monate abgestellt werden, soweit dieser Verdienst auch für die Zeit der Erkrankung repräsentativ ist.

6. **Lohnerhöhung**
   Wird sie während der Arbeitsunfähigkeit wirksam, muss sie auch bei der Berechnung der Entgeltfortzahlung berücksichtigt werden.

7. **Kurzarbeit**
   Ist im Betrieb Kurzarbeit eingeführt oder wird damit während der Arbeitsunfähigkeit begonnen, so wirkt sich diese Arbeitszeitverkürzung entsprechend auf den Fortzahlungsanspruch des Arbeitnehmers aus.
   Tritt die Arbeitsunfähigkeit während des Bezugs von Kurzarbeitergeld ein, wird das Kurzarbeitergeld weitergewährt, solange der Anspruch auf Fortzahlung des Arbeitsentgelts wegen Krankheit besteht.

BEISPIEL 13 — Entgeltfortzahlung bei Krankheit

8. Freischichten
Beträgt die Wochenarbeitszeit nur 38,5 Stunden (bei 5 Arbeitstagen also 7,7 Stunden täglich), werden im Betrieb aber 8 Stunden täglich gearbeitet und die Verkürzung der Wochenarbeitszeit auf 38,5 Stunden durch **Freischichten** ausgeglichen, hat der Arbeitnehmer im Krankheitsfall Anspruch auf Fortzahlung des Arbeitslohns für 8 Stunden, da tatsächlich 8 Stunden ausgefallen sind.

9. Feiertag
Ist der Arbeitnehmer arbeitsunfähig erkrankt und fällt in den Entgeltfortzahlungszeitraum ein gesetzlicher Feiertag, besteht Anspruch auf Entgeltfortzahlung in Höhe der Feiertagsvergütung. Somit sind für den Feiertag 100% des Arbeitsentgelts fortzuzahlen.

Führen Krankheitstage zur Kürzung von Sonderzahlungen?
Die Kürzung von Sonderzahlungen (Gratifikationen, 13. Gehalt usw.) ist zulässig, soweit nicht der maßgebende Tarifvertrag, eine Betriebsvereinbarung oder eine arbeitsvertragliche Bestimmung entgegensteht. Damit nicht bereits geringe Fehlzeiten zu einer unangemessenen Kürzung oder gar zum Wegfall der Sondervergütung führen, besteht für die Kürzung eine Höchstgrenze.

Der Arbeitgeber darf die Sondervergütung für jeden Tag der krankheitsbedingten Arbeitsunfähigkeit höchstens um ein Viertel des Arbeitsentgelts, das im Jahresdurchschnitt auf einen Arbeitstag entfällt, kürzen.

Beispiel:
Sondervergütung 5.000,− €;
Monatsgehalt 3.000,− €; das laufende Jahresgehalt beträgt somit 36.000,− €;
angenommene Arbeitstage im Kalenderjahr 220;
im Jahresdurchschnitt entfallen somit auf einen Arbeitstag 163,63 €;
25% hiervon bilden die Höchstgrenze = 40,90 €;
x angenommen 8 Krankheitstage im laufenden Kalenderjahr =   327,20 €
Die Sondervergütung von 5.000,− € darf somit höchstens um diesen Betrag gekürzt werden.
Zur steuer- und beitragsrechtlichen Behandlung von Sonderzahlungen vgl. S. 215.

Ist der fortgezahlte Arbeitslohn steuer- und beitragspflichtig?
Von dem fortgezahlten Arbeitslohn sind nach den für laufenden Arbeitslohn geltenden Grundsätzen der Steuerabzug vorzunehmen und die Beiträge zur Sozialversicherung zu berechnen. Soweit bei der Berechnung des Fortzahlungsanspruchs **Zuschläge für Sonntags-, Feiertags- und Nachtarbeit** berücksichtigt sind, ist zu beachten, dass diese Zuschläge für die Zeit der Arbeitsunfähigkeit nicht steuer- und beitragsfrei bleiben können, da sie nicht für tatsächlich geleistete Sonntags-, Feiertags- oder Nachtarbeit gezahlt werden.

Welche Arbeitgeber sind in die Lohnfortzahlungsversicherung einbezogen?
Nach dem Gesetz über den Ausgleich der Arbeitgeberaufwendungen für Entgeltfortzahlung (Aufwendungsausgleichsgesetz - AAG -) sind nach § 1 Abs. 1 AAG diejenigen Arbeitgeber in das Ausgleichsverfahren einbezogen, die nicht mehr als 30 Arbeitnehmer (Arbeiter

BEISPIEL 13   *Entgeltfortzahlung bei Krankheit*

und Angestellte) beschäftigen. Hat der Arbeitgeber mehrere Betriebe, ist die Frage, ob er am Ausgleich der Arbeitgeberaufwendungen teilnimmt, einheitlich für alle Betriebe zu beurteilen. Dabei haben die Krankenkassen keinen Spielraum, über die Satzung eine abweichende Regelung über die Zahl der Beschäftigten zu treffen, weil mit Ausnahme der landwirtschaftlichen Krankenkasse alle gesetzlichen Krankenkassen (u. a. auch die Ersatz- und Betriebskrankenkassen) einbezogen sind. Wie bisher nehmen die in § 11 AAG genannten (öffentlich-rechtlichen) Arbeitgeber und Institutionen nicht am Verfahren teil, selbst wenn sie nicht mehr als 30 Arbeitnehmer beschäftigen.

Bei der Ermittlung der Betriebsgröße werden nicht mitgezählt:
— Auszubildende, Volontäre und Praktikanten,
— Wehr- oder Zivildienstleistende (derzeit ausgesetzt),
— Schwerbehinderte,
— Bezieher von Vorruhestandsgeld,
— Beschäftigte in der Freistellungsphase der Altersteilzeit,
— Personen in Elternzeit,
— Heimarbeiter,
— Vorstandsvorsitzende, Vorstandsmitglieder und GmbH-Geschäftsführer,
— Teilzeitbeschäftigte werden nach ihrem Beschäftigungsumfang berücksichtigt, und zwar wie folgt:
    — bei einer regelmäßigen wöchentlichen Arbeitszeit von nicht mehr als 10 Stunden mit dem Faktor 0,25,
    — bei einer regelmäßigen wöchentlichen Arbeitszeit von nicht mehr als 20 Stunden mit dem Faktor 0,5 und
    — bei einer regelmäßigen wöchentlichen Arbeitszeit von nicht mehr als 30 Stunden mit dem Faktor 0,75.

Die Teilnahme am Ausgleichsverfahren wird jeweils zu Beginn eines Kalenderjahres für das gesamte Kalenderjahr festgestellt.

Wie hoch ist der Erstattungsanspruch?

Er beträgt nach § 1 Abs. 1 AAG grundsätzlich 80 %
— des an Arbeitnehmer (Arbeiter, Angestellte und Auszubildende) fortgezahlten Arbeitsentgelts,
— sowie der darauf entfallenden, vom Arbeitgeber zu tragenden Beiträge zur SozV.
In der Satzung der Krankenkasse können abweichend von § 1 Abs. 1 AAG ein niedrigerer Erstattungsanspruch bestimmt sein.

Die Erstattung erfolgt durch die gesetzliche Krankenkasse, bei der die Arbeitnehmer versichert sind oder versichert wären, wenn sie versicherungspflichtig wären. Bei geringfügig Beschäftigten erfolgt die Erstattung durch die Deutsche Rentenversicherung Knappschaft-Bahn-See (so genannte Minijobzentrale). Die Krankenkasse kann durch Satzungsregelung die Durchführung des Verfahrens auf eine andere Krankenkasse oder einen Landes- oder Bundesverband übertragen.

Wie wird die Umlage nach dem Lohnfortzahlungsgesetz ermittelt?

Arbeitgeber, deren Teilnahme am Ausgleichsverfahren festgestellt ist, haben an die Krankenkasse eine Umlage abzuführen, deren Höhe in der Satzung der Krankenkasse bestimmt ist **(U 1)**. Von der für die geringfügig Beschäftigten zuständigen Deutschen Rentenversiche-

BEISPIEL 13   *Entgeltfortzahlung bei Krankheit*

rung Knappschaft-Bahn-See (so genannte Minijobzentrale) wird eine Umlage von weiterhin 0,9 % erhoben (vgl. S. 283).

Maßgebend für die Berechnung der Umlage sind die in der Rentenversicherung tatsächlich beitragspflichtigen Arbeitsentgelte bzw. die Entgelte, die im Falle der Versicherungspflicht beitragspflichtig wären, der Arbeitnehmer (= Arbeiter, Angestellte und Auszubildende). Umlage ist auch zu berechnen vom Arbeitsentgelt der Arbeitnehmer, deren Beschäftigungsverhältnis von vornherein auf länger als 4 Wochen befristet oder unbefristet angelegt ist, deren Beschäftigungsverhältnis – aus welchen Gründen ist dabei unerheblich – aber vor Ablauf von 4 Wochen nach Beschäftigungsaufnahme endet. Zudem ist Umlage aus dem Arbeitsentgelt der kurzfristig beschäftigten Arbeitnehmer zu erheben, wenn sie mehr als 4 Wochen beschäftigt sind, unabhängig davon, ob Versicherungspflicht oder Versicherungsfreiheit vorliegt.

Nicht einzubeziehen sind Entgelte von Mitarbeitern, deren Beschäftigungsverhältnis bei einem Arbeitgeber nicht länger als vier Wochen besteht und bei denen wegen der Art des Beschäftigungsverhältnisses auf Grund des § 3 Abs. 3 EFZG kein Anspruch auf Entgeltfortzahlung im Krankheitsfall entstehen kann, sowie einmalig gezahlte Arbeitsentgelte nach § 23a SGB IV; diese Entgelte sind bei der Berechnung der Umlage nicht zu berücksichtigen.

Die **Abführung der Umlage** erfolgt mit der monatlichen Beitragsnachweisung an die zuständige gesetzliche Krankenkasse. Die Erstattung der Aufwendungen aus der Lohnfortzahlung ist dagegen mit einem besonderen Vordruck bei der Krankenkasse zu beantragen. Entsprechende Formulare sind bei der Krankenkasse erhältlich. Bei geringfügig Beschäftigten ist für den Einzug der Umlage und für die Erstattung der Aufwendungen die Deutschen Rentenversicherung Knappschaft-Bahn-See (so genannte Minijobzentrale) zuständig. Die Krankenkasse kann durch Satzungsregelung die Durchführung des Verfahrens auf eine andere Krankenkasse oder einen Landes- oder Bundesverband übertragen. Die Verfahrensbeteiligten können vereinbaren, dass die für das Erstattungsverfahren maßgeblichen Unterlagen durch Datenübertragung ausgetauscht werden.

Weitergehende Erläuterungen zum Aufwendungsausgleichsgesetz enthält das vom GKV-Spitzenverband aktualisierte Rundschreiben „Grundsätzliche Hinweise zum Ausgleichsverfahren der Arbeitgeberaufwendungen bei Arbeitsunfähigkeit (U1-Verfahren) und für Mutterschaftsleistungen (U2-Verfahren) vom 7.11.2017. Mit Wirkung vom 1.1.2011 wurde auch der **Datenaustausch** zum Erstattungsverfahren für die Arbeitgeber **verpflichtend**. Der GKV-Spitzenverband hat die Grundsätze und die Verfahrensbeschreibung für das maschinelle Antragsverfahren auf Erstattung nach dem AAG in der vom 1.1.2020 an geltenden Fassung jeweils mit Schreiben vom 18.6.2019 neu bekannt gemacht.

BEISPIEL 14

Feiertagslohn

Wer hat Anspruch auf Entgeltzahlung an Feiertagen?
Grundsätzlich alle Arbeitnehmer; auch Teilzeitkräfte und Aushilfen.
Arbeitnehmer, die am letzten Arbeitstag vor oder am ersten Arbeitstag nach Feiertagen unentschuldigt der Arbeit fernbleiben, haben keinen Anspruch auf Bezahlung dieser Feiertage. Besteht zwischen Weihnachten und Neujahr Betriebsruhe, entfällt der Anspruch auf Feiertagsbezahlung, wenn der Arbeitnehmer am letzten Tag vor oder am ersten Tag nach der Betriebsruhe unentschuldigt fehlt.

An welchen Tagen besteht Anspruch?
Nur an gesetzlichen Feiertagen; dies sind:

1. Januar	1. Mai	3. Oktober
Karfreitag	Christi Himmelfahrt	1. Weihnachtsfeiertag
Ostermontag	Pfingstmontag	2. Weihnachtsfeiertag

Darüber hinaus können in Landesgesetzen weitere gesetzliche Feiertage festgelegt sein.
Fällt ein gesetzlicher Feiertag auf einen Sonntag, besteht der Arbeitslohnanspruch nur, wenn tatsächlich wegen des Feiertags Arbeitslohn ausgefallen ist, der Arbeitnehmer also an diesem Sonntag sonst gearbeitet hätte.

Was gilt, wenn Entgeltfortzahlung auch aus einem anderen Grund zustehen würde?

1. Fällt der Feiertag in eine Zeit der **Arbeitsunfähigkeit**, so ist der Feiertag nur zu bezahlen, wenn auch ein Anspruch auf Lohnfortzahlung wegen Krankheit besteht.

   Beispiel:
   Die Entgeltfortzahlung wegen Krankheit endete am Pfingstsonntag. Für den Arbeitsausfall am Pfingstmontag, kann kein Feiertagslohn beansprucht werden.

2. Fällt der Feiertag in den **Urlaub,** darf dieser Tag nicht auf den Urlaubsanspruch angerechnet werden (§ 3 Abs. 2 BUrlG).

3. Ist im Betrieb Kurzarbeit eingeführt, für die Kurzarbeitergeld zusteht, und fällt die Arbeit gleichzeitig wegen eines Feiertags aus, so gilt die Arbeitszeit als infolge des gesetzlichen Feiertags ausgefallen. Der Arbeitnehmer kann allerdings für diesen Tag nur das Entgelt beanspruchen, das er bei geleisteter Kurzarbeit erzielt hätte.

4. Fällt der Feiertag auf einen Wochentag, der für den Arbeitnehmer nach Dienstplan **regelmäßig** arbeitsfrei ist, besteht kein Anspruch auf Bezahlung des Feiertags.

Wie wird der Feiertagslohn berechnet?
Es gilt das Lohnausfallprinzip, d. h., dem Arbeitnehmer steht das Entgelt zu, das er ohne den Feiertag erhalten hätte.
Bei Beschäftigten mit einem festen Monatsgehalt oder Wochenlohn führt der Arbeitsausfall an einem Feiertag nicht zu einem Verdienstausfall. Die Bezahlung von Feiertagslohn erübrigt sich somit.

BEISPIEL 14 — *Feiertagslohn*

Andere Arbeitnehmer (Zeitlohnempfänger) haben Anspruch auf das Arbeitsentgelt, das ohne den Arbeitsausfall wegen des Feiertages zu zahlen gewesen wäre. Zu berücksichtigen sind somit z. B. ausgefallene Überstunden
— der durchschnittliche Akkordverdienst
— durchschnittliche Provisionen
— Zulagen
— Zuschläge für Sonntags- und Nachtarbeit
— Beträgt die Wochenarbeitszeit nur 38,5 Stunden (bei 5 Arbeitstagen also 7,7 Stunden täglich), werden im Betrieb aber 8 Stunden täglich gearbeitet und die Verkürzung der Wochenarbeitszeit auf 38,5 Stunden durch Freischichten ausgeglichen, hat der Arbeitnehmer, wenn die Arbeit durch einen Feiertag ausfällt, Anspruch auf Feiertagslohn für 8 Stunden.

Welcher Anspruch besteht bei Krankheit am Feiertag?

Ist der Arbeitnehmer arbeitsunfähig erkrankt und fällt in den Entgeltfortzahlungszeitraum ein gesetzlicher Feiertag, besteht Anspruch auf Entgeltfortzahlung in Höhe der Feiertagsvergütung.

Ist der Feiertagslohn steuer- und beitragspflichtig?

Es handelt sich um laufenden, steuer- und beitragspflichtigen Arbeitslohn. Soweit bei der Berechnung Sonntags- oder Nachtarbeitszuschläge berücksichtigt sind, können diese nicht steuer- und beitragsfrei bleiben, da sie nicht für tatsächlich geleistete Sonntags- oder Nachtarbeit gezahlt werden.

Welcher Feiertag entfällt wegen der Pflegeversicherung?

Das Pflegeversicherungsgesetz sieht als Grundsatz vor, dass der Arbeitnehmer und der Arbeitgeber den Beitrag je zur Hälfte tragen. Zum Ausgleich der Arbeitgeberaufwendungen sind die Länder aber gehalten, einen landesweit geltenden Feiertag aufzuheben. Unterbleibt dies, muss der Pflegeversicherungsbeitrag **in diesem Land** vom Arbeitnehmer allein getragen werden.

In nahezu allen Ländern wurde der **Buß- und Bettag** als bezahlter Feiertag aufgehoben.

Folgende Ausnahmen sind jedoch zu beachten:

Bayern und Baden-Württemberg	Der Buß- und Bettag wird als sog. geschützter Feiertag fortgeführt. D.h., der Arbeitnehmer kann arbeitsfrei nehmen, muss sich die ausgefallene Arbeitszeit aber auf den Jahresurlaub anrechnen lassen oder sie an anderen Arbeitstagen einbringen.
Sachsen	Dieses Land hat auf die Abschaffung eines Feiertags verzichtet. Deshalb ergibt sich dort für den Beitragssatz von 3,05 % eine andere Aufteilung. Der Arbeitgeberanteil beträgt danach 1,025 % und der Arbeitnehmeranteil 2,025 %. Für Kinderlose erhöht sich der Arbeitnehmeranteil um 0,25 %. Infolge dieser länderspezifischen Besonderheit und des höheren Arbeitnehmeranteils zur Pflegeversicherung ergibt sich für diese Arbeitnehmer ein geringfügig geringerer Steuerabzug.

BEISPIEL 15
Mutterschutz, Elternzeit, Pflegezeit, Familienpflegezeit

Mutterschutz

Was gilt zur Neuregelung des Mutterschaftsrechts?
Mit der Neuregelung des Mutterschaftsrechts vom 23.5.2017, BGBl. I S. 1.228, ist berufsgruppenunabhängig ein für alle Frauen einheitliches Gesundheitsschutzniveau in der Schwangerschaft, nach der Entbindung und während der Stillzeit sichergestellt, der Personenkreis ausgedehnt und u. a. auch die §§-Folge des MuSchG neu geordnet werden. Auch die Arbeitgeber sind vom mutterschaftsrechtlichen Arbeitsschutz betroffen. Für die Systematik der Lohnabrechnung ergeben sich jedoch keine grundlegenden und fundamentalen Änderungen. Weiterführende Hinweise sind in dem vom Verlag herausgegebenen Ratgeber „ARBEITSRECHT in der betrieblichen Praxis" zu finden.

Welche Pflichten sind in den Mutterschutz-Vorschriften dem Arbeitgeber auferlegt?
— Beachtung von Beschäftigungsbeschränkungen außerhalb der Schutzfrist; ggf. Zahlung von Mutterschutzlohn
— Beschäftigungsverbot während der Schutzfrist
— Zahlung eines Zuschusses zum Mutterschaftsgeld
— Beachtung des Anspruchs auf Elternzeit
— Unverzügliche Unterrichtung der Aufsichtsbehörde (in der Regel das Gewerbeaufsichtsamt) über die Schwangerschaft. Die werdende Mutter soll dem Arbeitgeber den mutmaßlichen Tag der Entbindung mitteilen, sobald ihr Zustand bekannt ist.
— Beachtung des Kündigungsverbots (§ 17 MuSchG)

Welche Beschäftigungsverbote bestehen außerhalb der Schutzfrist?
— Gefährdung von Leben oder Gesundheit von Mutter oder Kind entsprechend ärztlichem Zeugnis (§ 16 Abs. 1 MuSchG)
— Verbot von schwerer körperlicher Arbeit und Umgang mit gesundheitsgefährdenden Stoffen (§ 11 MuSchG), ebenso für stillende Mütter (§ 12 Abs. 3 MuSchG)
— eingeschränkte Leistungsfähigkeit entsprechend ärztlichem Zeugnis nach der Entbindung und nach der Schutzfrist (§ 16 Abs. 2 MuSchG)
— Verbot von Mehrarbeit, Nacht- und Sonntagsarbeit sowohl für werdende als auch für stillende Mütter (§ 5 und § 6 MuSchG).

Wie wird der Mutterschutzlohn berechnet?
Soweit die obigen Beschäftigungsverbote einer Fortsetzung der üblichen Arbeit oder der Beschäftigung in bisherigem Umfang entgegenstehen, kann die Arbeitnehmerin mit anderen zumutbaren Arbeiten beschäftigt werden. Dies darf jedoch nicht zu einer Verdienstminderung führen. Der Arbeitgeber hat deshalb mindestens den gemäß § 21 Abs. 1 und Abs. 2 MuSchG zu ermittelnden **Durchschnittsverdienst** der letzten 13 Wochen oder der letzten 3 Monate vor Beginn des Monats, in dem die Schwangerschaft eingetreten ist, weiter zu gewähren.

BEISPIEL 15 *Mutterschutz*

1. In den Durchschnittsverdienst sind alle laufenden Arbeitsentgelte einzubeziehen. Außer Betracht bleiben jedoch einmalige Zuwendungen.
2. Verdiensterhöhungen nicht nur vorübergehender Art, die während oder nach dem Berechnungszeitraum eintreten, sind zu berücksichtigen.
3. Verdienstkürzungen, die im Berechnungszeitraum infolge von Kurzarbeit, Arbeitsausfällen oder unverschuldeter Arbeitsversäumnis eintreten, bleiben für die Berechnung des Durchschnittsverdienstes außer Betracht. Dagegen sind dauerhafte Verdienstkürzungen zu berücksichtigen, wenn sie nicht auf einem Beschäftigungsverbot beruhen.
4. Wird das Arbeitsverhältnis erst nach Eintritt der Schwangerschaft begonnen, so ist der Durchschnittsverdienst aus dem Arbeitsentgelt der ersten 13 Wochen oder 3 Monate der Beschäftigung zu berechnen (§ 21 Abs. 1 Satz 2 MuSchG).
5. Hat das Arbeitsverhältnis nicht 13 Wochen oder 3 Monate bestanden, ist der kürzere Zeitraum zugrunde zu legen.

Der Mutterschutzlohn ist als laufendes Arbeitsentgelt ohne Besonderheit **steuer- und beitragspflichtig.**

Welchen Zeitraum umfasst die Mutterschutzfrist?

Werdende Mütter dürfen in den letzten **6 Wochen vor der Entbindung** nicht mehr beschäftigt werden, es sei denn, dass sie sich zur Arbeitsleistung ausdrücklich bereit erklären. Für die Berechnung der Frist sind die Angaben des Arztes oder der Hebamme maßgebend.

Bis zum Ablauf von **8 Wochen nach der Entbindung** (bei Früh- bzw. Mehrlingsgeburten 12 Wochen; die Verlängerung auf 12 Wochen gilt auf Antrag auch für Frauen, die ein behindertes Kind zur Welt bringen) dürfen Wöchnerinnen nicht beschäftigt werden. Bei **Frühgeburten** und sonstigen vorzeitigen Entbindungen verlängert sich die 12-Wochen-Frist um den Teil der Schutzfrist, der vor der Entbindung nicht in Anspruch genommen werden konnte.

Nach der Entbindung darf die Arbeitnehmerin während der Schutzfrist auch nicht mit ihrer Einwilligung beschäftigt werden.

Wer erhält Mutterschaftsgeld?

Frauen, die bei **Beginn der Schutzfrist** in einem Arbeitsverhältnis stehen oder in Heimarbeit beschäftigt sind oder deren Arbeitsverhältnis während ihrer Schwangerschaft vom Arbeitgeber zulässig aufgelöst worden ist, erhalten **von der Krankenkasse bzw. Bundesamt für Soziale Sicherung** (vormals: Bundesversicherungsamt).

Für welchen Zeitraum wird Mutterschaftsgeld gezahlt?

Das Mutterschaftsgeld wird während der Schutzfrist gezahlt, also 6 Wochen vor und 8 Wochen (bzw. 12 Wochen) nach der Entbindung sowie für den Entbindungstag.

Wie hoch ist das Mutterschaftsgeld?

Bei den in der gesetzlichen Krankenversicherung freiwillig oder pflichtversicherten Arbeitnehmerinnen bestimmt sich das Mutterschaftsgeld nach dem um die gesetzlichen Abzüge verminderten durchschnittlichen kalendertäglichen Arbeitsentgelt der letzten 3 abgerechneten Kalendermonate oder 13 abgerechneten Wochen vor der Schutzfrist. Höchstens werden gezahlt:

BEISPIEL 15   *Mutterschutz*

13,- € pro Kalendertag für die Zeit der Schutzfrist (6 Wochen vor und 8 Wochen nach der Entbindung bzw. 12 Wochen bei Früh- oder Mehrlingsgeburten).

Bei nicht in der gesetzlichen Krankenversicherung versicherten Arbeitnehmerinnen zahlt das Bundesamt für Soziale Sicherung (vormals: Bundesversicherungsamt) das Mutterschaftsgeld. Es beträgt in diesen Fällen jedoch höchstens insgesamt 210,- € (vgl. § 19 Abs. 2 MuSchG).

Wie wird der Zuschuss des Arbeitgebers zum Mutterschaftsgeld berechnet?

Der Arbeitgeber ist zu einem Zuschuss verpflichtet, wenn das Nettoarbeitsentgelt den Höchstbetrag des Mutterschaftsgeldes (13,- € kalendertäglich) übersteigt. Der Zuschuss ist während der Schutzfrist in Höhe des Unterschieds zwischen dem Mutterschaftsgeld von 13,- € und des auf den Kalendertag entfallenden **Nettoarbeitsentgelts** zu zahlen. Das gilt für in der gesetzlichen Krankenversicherung und privat Versicherte in gleicher Weise.

Beispiel:

Daten aus dem Lohnkonto:
Steuerklasse IV; kinderlos; gRV, gKV (kassenindividueller Zusatzbeitragssatz angenommen 1,1 %); Religionszugehörigkeit rk; Monatsgehalt einschl. vermögenswirksamer Leistung 2.040,- €

Lohnabrechnung für August:

1.	Teilgehalt			1.125,90
	Abzüge:			
2.	Steuerpflichtiger Arbeitslohn	<u>1.125,90</u>		
	LSt		5,25	
	SolZ		0,00	
	KiSt 8 % (angenommen)		<u>0,42</u>	5,67
3.	Beitragspflichtiges Entgelt	<u>1.125,90</u>		
	KV	7,3 %	82,19	
	Zusatzbeitrag (ang. 1,1 %)	0,55 %	6,19	
	PV	1,525 %	17,17	
	Beitragszuschlag (kinderlos)	0,25 %	2,81	
	RV	9,3 %	104,71	
	ALV	1,2 %	<u>13,51</u>	226,58
4.	Vermögenswirksame Anlage			40,00 <u>272,25</u>
	Netto für die Arbeitszeit			853,65
5.	Zuschuss zum Mutterschaftsgeld			<u>480,00</u>
	Auszahlungsbetrag			<u>1.333,65</u>
	Arbeitgeberanteil			
	zur SozV	KV (7,3 % + 0,55 %)	88,38	
		PV (1,525 %)	17,17	
		RV (9,3 %)	104,71	
		ALV (1,2 %)	<u>13,51</u>	
			<u>223,77</u>	

Zu 1

Monatliches Gehalt einschließlich vermögenswirksamer Leistung 2.040,- €; auf die Zeit bis zum Beginn der Schutzfrist am 17.8. (voraussichtliches Entbindungsdatum lt. ärztlichem Zeugnis 28. September) entfallen:
Wochenarbeitszeit 37,5 Stunden
2.040,- € : 163 (vgl. S. 63) = 12,51 € Stundenentgelt
x 7,5 Stunden täglich x 12 bezahlte Tage im August =   1.125,90 €

Zu 4

Die vermögenswirksame Anlage nach dem VermBG kann auch aus dem Zuschuss zum Mutterschaftsgeld erfolgen.

Zu 5

Zur Berechnung des vom Arbeitgeber zu leistenden Zuschusses zum Mutterschaftsgeld ist das Nettoarbeitsentgelt der letzten drei abgerechneten Kalendermonate (die letzten 13 Wochen bei wöchentlicher Abrechnung) vor der Schutzfrist zu ermitteln. Erhöhungen des Arbeitsentgelts, die sich während der Schutzfrist ergeben, sind in die Berechnung einzubeziehen.

Beginn der Schutzfrist 17.8.

Im Beispielsfall gezahltes laufendes Bruttogehalt
(einmalige Entgelte bleiben außer Betracht)
der Monate Mai, Juni und Juli zusammen   6.120,— €
gesetzliche Abzüge:
Lohnsteuer, SolZ, Kirchensteuer, SozV = (angenommen)   2.070,— €
Netto (angenommen)   4.050,— €

Der im Bezugszeitraum (3 Monate oder 13 Wochen) verdiente Nettobetrag wird durch die Zahl der **(je nach Art der Lohnbemessung)** Monate, Tage oder Stunden, die die Beschäftigte im Bezugszeitraum tätig war, geteilt. **z. B.** 4.050,- € : 90 =
kalendertägliches Netto   45,— €

        Mutterschaftsgeld von der Krankenkasse   13,— €
        vom Arbeitgeber kalendertäglich zu leistender
        Zuschuss   32,— €
Im Abrechnungsmonat August ist der Zuschuss für die Zeit
vom 17.–31.8. = 15 Kalendertage zu leisten =   480,— €
Der Zuschuss ist **steuer- und beitragsfrei.**

Für die restliche Zeit der Schutzfrist ergibt sich Folgendes:

September:

Zuschuss zum Mutterschaftsgeld:
kalendertäglich 32,- € x 30   960,— €
./. vermögenswirksame Anlage   40,— €
auszuzahlen   920,— €

BEISPIEL 15 *Mutterschutz*

Oktober:
Der auszuzahlende Betrag erhöht sich gegenüber September um 32,— € (Zuschuss für 31 Kalendertage).

November:
Maßgebend für die Berechnung der 8-wöchigen Schutzfrist (12 Wochen bei Früh- oder Mehrlingsgeburten) nach der Entbindung ist das tatsächliche Entbindungsdatum. Erfolgt die Entbindung später als angenommen (z. B. statt am 28.9. erst am 5.10.), geht dies nicht zu Lasten der Arbeitnehmerin.

Die Schutzfrist endet somit erst 8 Wochen nach dem 5.10. = am **30.11**.

Für November kommen deshalb nochmals 920,— € zur Auszahlung. Die Zuschusspflicht des Arbeitgebers endet mit der Schutzfrist.

Wie wird die 8- bzw. 12-wöchige Schutzfrist bei vorzeitiger Geburt berechnet?

Maßgebend für die Berechnung der 8-wöchigen Schutzfrist (12 Wochen bei Früh- oder Mehrlingsgeburten) nach der Entbindung ist nicht das tatsächliche Entbindungsdatum, sondern das Datum das der Berechnung der vorherigen 6-wöchigen Schutzfrist zugrunde gelegen hat (im Beispiel der 28. September). Die Verkürzung der vorherigen Schutzfrist durch eine frühere Entbindung wird also bei der Berechnung der Schutzfrist nach der Entbindung ausgeglichen.

Steht einer privat krankenversicherten Arbeitnehmerin während der Schutzfrist der Arbeitgeberzuschuss zum Krankenversicherungsbeitrag zu?

Der Arbeitgeber ist gesetzlich nur für die Zeiten verpflichtet einen Zuschuss zum Krankenversicherungsbeitrag zu leisten, in denen er auch Entgelt zahlt. Während der Schutzfrist ist dies im Allgemeinen nicht der Fall, sodass in dieser Zeit auch der Zuschuss zur Krankenversicherung der Arbeitnehmerin entfällt.

Zahlt er trotzdem den Zuschuss weiter, handelt es sich um eine freiwillige Leistung. Insoweit ist der Zuschuss steuerpflichtig; nach Maßgabe des § 23c SGB IV jedoch nicht beitragspflichtig.

Welche Arbeitgeber können die Erstattung von Aufwendungen für den Mutterschutz verlangen?

Nach dem Gesetz über den Ausgleich der Arbeitgeberaufwendungen für Entgeltfortzahlung (Aufwendungsausgleichsgesetz - AAG -) sind hinsichtlich der Arbeitgeberaufwendungen bei Mutterschaft nach § 1 Abs. 2 AAG alle Arbeitgeber – unabhängig von der Zahl der Beschäftigten – in das Ausgleichsverfahren einbezogen.

Die Arbeitgeberaufwendungen für den Mutterschutz werden von den Krankenkassen in voller Höhe aus der Lohnfortzahlungsversicherung **(U 2)** erstattet.

Welche Aufwendungen des Arbeitgebers sind in das Ausgleichsverfahren einbezogen?

— Der Zuschuss zum Mutterschaftsgeld für die Zeit der Schutzfrist vor und nach der Entbindung und

— der Mutterschutzlohn

— sowie der darauf entfallende Arbeitgeberanteil zur SozV.

Wie wird die Umlage für das gesonderte Ausgleichsverfahren ermittelt?

Bemessungsgrundlage für die Umlage (**U 2**) ist das in der gesetzlichen Rentenversicherung beitragspflichtige Arbeitsentgelt für Angestellte, Arbeiter und Auszubildende sowie das an geringfügig beschäftigte Personen gezahlte Entgelt, das im Falle der Versicherungspflicht beitragspflichtig in der Rentenversicherung wäre. Bei geringfügig Beschäftigten ist für den Einzug der Umlage und die Erstattung der Aufwendungen die Deutsche Rentenversicherung Knappschaft-Bahn-See (so genannte Minijobzentrale) zuständig; sie erhebt für diese Versicherung einen Beitrag (vgl. S. 284).

Weitergehende Erläuterungen zum Aufwendungsausgleichsgesetz enthält das vom GKV-Spitzenverband aktualisierte Rundschreiben „Grundsätzliche Hinweise zum Ausgleichsverfahren der Arbeitgeberaufwendungen bei Arbeitsunfähigkeit (U1-Verfahren) und für Mutterschaftsleistungen (U2-Verfahren) vom 7.11.2017. Mit Wirkung vom 1.1.2011 wurde auch der **Datenaustausch** zum Erstattungsverfahren für die Arbeitgeber **verpflichtend**. Der GKV-Spitzenverband hat die Grundsätze und die Verfahrensbeschreibung für das maschinelle Antragsverfahren auf Erstattung nach dem AAG in der vom 1.1.2020 an geltenden Fassung jeweils mit Schreiben vom 18.6.2019 neu bekannt gemacht.

Elternzeit

Die Vorschriften zur Elternzeit ergeben sich aus dem Bundeselterngeld- und Elternzeitgesetz (BEEG) und regeln den gegen den Arbeitgeber gerichteten Anspruch auf Freistellung von der Arbeit.

Wer kann Elternzeit beanspruchen?

Einen Anspruch haben vor allem Eltern (in Sonderfällen auch die Großeltern), die ein Kind selbst betreuen und erziehen. Der Anspruch auf Freistellung ist nicht davon abhängig, dass Erziehungsgeld zusteht, auch wenn die Voraussetzungen im Wesentlichen denen für das Erziehungsgeld entsprechen. Im Einzelnen sind die Anspruchsvoraussetzungen im Ratgeber **Arbeitsrecht** des Weiss-Verlags ausführlich beschrieben und erläutert.

Für wie lange besteht der Freistellungsanspruch?

Die Elternzeit reicht bis zur Vollendung des 3. Lebensjahres des Kindes. Sie beträgt also bis zu 36 Monate, wobei die 8- oder 12-wöchige Schutzfrist nach der Geburt (vgl. S. 259) angerechnet wird. Der Arbeitgeber kann zustimmen, dass ein Teil von bis zu 12 Monaten auf die Zeit bis zur Vollendung des 8. Lebensjahres übertragen wird.

Für ab dem 1.7.2015 geborene Kinder haben Eltern auch einen gesetzlichen Anspruch, zwischen dem 3. und 8. Geburtstag ihres Kindes 24 Monate statt wie bisher 12 Monate eine Auszeit zu nehmen. Neu ist, dass es einer Zustimmung des Arbeitgebers zu den nunmehr drei Pausierungen grundsätzlich nicht mehr bedarf. Die Anmeldefrist für die geplante Elternzeit vom 3. bis einschl. 8. Lebensjahr wird von 7 auf 13 Wochen erhöht; die Inanspruchnahme eines dritten Abschnitts der Elternzeit kann der Arbeitgeber innerhalb von 8 Wochen nach Zugang des Antrags aus dringenden betrieblichen Gründen jedoch ablehnen, wenn dieser Abschnitt im Zeitraum zwischen dem 3. Geburtstag und dem vollendeten 8. Lebensjahr des Kindes liegen soll.

Wie kann sich der Arbeitgeber über den Anspruch vergewissern?

Er kann im Zweifelsfall eine Stellungnahme der Elterngeldstelle beantragen. Diese befindet nach Zustimmung des Arbeitnehmers über das Vorliegen der Anspruchsvoraussetzungen. Bei einem Arbeitgeberwechsel ist bei der Anmeldung der Elternzeit auf Verlangen des neuen Arbeitgebers eine Bescheinigung des früheren Arbeitgebers über bereits genommene Elternzeit durch die Arbeitnehmerin oder den Arbeitnehmer vorzulegen.

Welche Fristen müssen die Eltern beim Antrag auf Freistellung beachten?

Die Elternzeit muss schriftlich sieben Wochen (bei geplanter Elternzeit vom 3. bis einschl. 8. Lebensjahr: 13 Wochen) vor ihrem Beginn beantragt werden. Die Anspruchsberechtigten müssen gleichzeitig erklären, für welche Zeiten sie Elternzeit nehmen.

Wie wirkt sich die Elternzeit auf den Erholungsurlaub aus?

Der Arbeitgeber ist berechtigt, den gesetzlichen, tariflichen oder arbeitsvertraglichen Anspruch auf Erholungsurlaub für jeden vollen Kalendermonat der Elternzeit um 1/12 zu kürzen (§ 17 BEEG). Das gilt aber nicht, wenn der Arbeitnehmer bei seinem Arbeitgeber Teilzeitarbeit leistet.

Bereits zuviel gewährten Erholungsurlaub darf der Arbeitgeber von dem nach dem Ende der Elternzeit zustehenden Erholungsurlaub noch kürzen. Scheidet der Arbeitnehmer nach dem Ende der Elternzeit aus dem Arbeitsverhältnis aus, kann ein eventuell zuviel gezahltes Urlaubsentgelt allerdings nicht zurückgefordert werden.

Vor der Elternzeit noch nicht genommenen Urlaub muss der Arbeitgeber nach der Elternzeit im laufenden oder nächsten Jahr gewähren. Ist dies nicht möglich, weil das Arbeitsverhältnis während oder nach der Elternzeit endet, ist der nicht gewährte Urlaub abzugelten.

Was ist bei der Kündigung zu beachten?

Der **Arbeitnehmer** kann zum Ende der Elternzeit nur unter Einhaltung einer Frist von drei Monaten kündigen. Während der Elternzeit sind die gesetzlichen oder vertraglichen Fristen maßgebend.

Der **Arbeitgeber** darf ab dem Zeitpunkt, von dem an Elternzeit verlangt worden ist nicht kündigen. Der Kündigungsschutz beginnt frühestens 8 Wochen vor Beginn einer Elternzeit bis zum vollendeten dritten Lebensjahr des Kindes und frühestens 14 Wochen vor Beginn der Elternzeit zwischen dem 3. Geburtstag und dem vollendeten 8. Lebensjahr des Kindes. Während der Elternzeit darf der Arbeitgeber das Arbeitsverhältnis nicht kündigen. Das gilt auch, wenn der Arbeitnehmer während der Elternzeit bei seinem Arbeitgeber Teilzeitarbeit leistet.

Kann während der Elternzeit eine Teilzeitarbeit ausgeübt werden?

Eine Erwerbstätigkeit während der Elternzeit ist zulässig, wenn die vereinbarte wöchentliche Arbeitszeit für jeden Elternteil, der eine Elternzeit nimmt, 30 Stunden nicht übersteigt. Die Teilzeitarbeit bei einem anderen Arbeitgeber oder als Selbstständiger ist zulässig, wenn der Arbeitgeber, bei dem die Elternzeit verlangt wurde, zustimmt. Dieser kann seine Zustimmung nur aus dringenden betrieblichen Gründen verweigern.

Besteht während der Elternzeit Sozialversicherungspflicht?

In der KV und PV bleibt die Mitgliedschaft erhalten solange Elternzeit in Anspruch genommen wird. Falls kein Arbeitsentgelt gezahlt wird, ist die Versicherung in der KV und PV beitragsfrei. Wegen des fehlenden Arbeitsentgelts sind auch in der RV und ALV keine Beiträge zu entrichten.

Welche Meldungen sind notwendig?

Elternzeit ohne Fortzahlung von Arbeitsentgelt erfordert eine Unterbrechungsmeldung für die SozV. Sie ist innerhalb von 2 Wochen nach Ablauf des ersten Monats der Elternzeit abzugeben (Schlüsselzahl 52) und zu dem der Unterbrechung vorhergehenden Tag zu erstatten.

 Beispiel:
Beginn der Elternzeit 15.6.
Unterbrechungsmeldung für das Arbeitsentgelt vom 1.1. bis 14.6.

Wird das Arbeitsverhältnis nach Ende der Elternzeit fortgesetzt, ist keine Anmeldung erforderlich.

Wie wird das für eine Tätigkeit während der Elternzeit verdiente Entgelt behandelt?

Handelt es sich nicht um eine geringfügig entlohnte Beschäftigung (450,-€-Job), ist das erzielte Arbeitsentgelt nach den individuellen Besteuerungsmerkmalen des Arbeitnehmers zu versteuern. Falls eine kurzfristige Beschäftigung vorliegt, kann auch die Lohnsteuerpauschalierung mit 25% in Betracht kommen (vgl. S. 301). Zur Sozialversicherung sind die Beiträge nach allgemeinen Grundsätzen abzuführen (KV, PV, RV und ALV).

Handelt es sich um eine geringfügig entlohnte Beschäftigung (vgl. S. 280), besteht Versicherungsfreiheit (ggf. RV-Pflicht), und zwar unabhängig davon, ob der Minijob beim bisherigen oder bei einem anderen Arbeitgeber ausgeübt wird. Der Arbeitgeber hat jedoch die Pauschalabgaben abzuführen. Für den Arbeitnehmer kann auf Grund der Neuregelung der geringfügigen Beschäftigung (vgl. im Einzelnen S. 280) ggf. ein RV-Beitrag i. H. v. weiterhin 3,6% anfallen. Dagegen führt eine kurzfristige, auf längstens 3 Monate begrenzte Beschäftigung zur Sozialversicherungspflicht, weil die Teilzeitbeschäftigung während der Elternzeit als berufsmäßig ausgeübt angesehen wird.

Wie sind während der Elternzeit vom Arbeitgeber gezahlte einmalige Entgelte zu versteuern und zu versichern?

Während der Elternzeit ist der Arbeitnehmer zwar beitragsfrei versichert. Unabhängig davon unterliegt in dieser Zeit vom bisherigen Arbeitgeber gezahltes einmaliges Arbeitsentgelt (z. B. Weihnachtsgeld, Tantieme u.ä.) der Beitragspflicht. Dabei sind Tage der Elternzeit, auch wenn kein Erziehungsgeld gezahlt wird, bei der Ermittlung der anteiligen Jahresbeitragsbemessungsgrenze nicht als Sozialversicherungstage zu werten. Die Besteuerung der Zuwendung erfolgt als sonstiger Bezug (vgl. S. 220).

Elterngeld

Das Elterngeld ist im Abschnitt I des Bundeselterngeld- und Elternzeitgesetz (BEEG) geregelt. Mit dem Gesetz zur Einführung des Elterngeld Plus mit Partnerschaftsbonus und einer flexibleren Elternzeit im Bundeselterngeld- und Elternzeitgesetz vom 18.12.2014, BGBl. I S. 2.325, kommt es für ab dem 1.7.2015 geborene Kinder zu größeren Änderungen in der Flexibilität. Die Änderungen sind kompliziert. Eine Kombination von Elterngeld, Elterngeld Plus und Partnerschaftsbonusmonaten ist möglich, sodass sich Eltern bei der Elterngeld zahlenden Stelle informieren und beraten lassen sollten.

Wer kann Elterngeld beanspruchen?

Das klassische Elterngeld können diejenigen Elternteile erhalten, die sich in den ersten 14 Lebensmonaten ihres Kindes selbst der Betreuung des Kindes widmen und deshalb nicht voll erwerbstätig sind. Nicht voll erwerbstätig bedeutet, dass eine Teilzeitarbeit bis zu 30 Stunden in der Woche zulässig ist. Zuständig sind die von den jeweiligen Landesregierungen bestimmten Stellen.

Das klassische Elterngeld wird für mindestens 12 Lebensmonate des Kindes gewährt; es wird für weitere 2 Monate gewährt, wenn der andere Elternteil seine Erwerbstätigkeit reduziert (Partnermonate als Bonus). Die Partner können die Monatsbeträge bis auf die zwei Partnermonate frei untereinander aufteilen.

Mit dem Elterngeld Plus wird es möglich sein, in Teilzeit zu arbeiten, ohne – wie bisher – Einbußen beim Elterngeld hinnehmen zu müssen. Das Elternpaar kann es doppelt so lange wie das klassische Elterngeld (= 14 Monate) beziehen, wobei die monatlich ausgezahlte Summe halbiert wird. Arbeiten Mutter und Vater beide gleichzeitig jeweils zwischen 25 und 30 Stunden Wochenstunden im Durchschnitt des Monats, gibt es einen Partnerschaftsbonus von vier zusätzlichen Monaten Elterngeld Plus je Elternzeit.

Das Elterngeld ist steuerfrei unterliegt jedoch wie beispielsweise das Arbeitslosengeld dem Progressionsvorbehalt.

Wie hoch ist das Elterngeld?

Das klassische Elterngeld beträgt grundsätzlich mindestens 67% des entfallenden Nettoeinkommens, absolut mindestens 300,- € und höchstens 1.800,- € (= 65% von maximal 2.769,23 €) je Monat. Liegt das zu berücksichtigende Einkommen vor der Geburt höher als 1.200,- € sinkt der Prozentsatz von 67% um 0,1-Prozentpunkte für je 2,- €, um die das maßgebliche Einkommen den Betrag von 1.200,- € übersteigt, auf bis zu 65%. Das Elterngeld Plus beträgt monatlich höchstens die Hälfte des klassischen Elterngeldes, das der berechtigten Person zustünde, wenn sie während des Elterngeldbezugs keine Einnahmen hätte oder hat. Zu den Einzelheiten bei der Berechnung des „entfallenden Nettoeinkommens" wird insbesondere auf §§ 2c bis 2e und § 4 BEEG hingewiesen.

Welche Zahlungen fallen durch das Elterngeld weg bzw. werden angerechnet?

Das Erziehungsgeld wird es abgesehen von den Eltern, die bereits einen Anspruch auf Erziehungsgeld haben, nicht mehr geben; das Elterngeld tritt an seine Stelle. Das Mutterschaftsgeld und der Arbeitgeberzuschuss dienen dem gleichen Zweck wie das Elterngeld und können daher nicht nebeneinander gewährt werden. Daher werden der Anspruch auf

Mutterschaftsgeld und Arbeitgeberzuschuss taggenau auf den mit der Geburt des Kindes entstehenden Anspruch auf Elterngeld angerechnet, soweit sich die Anspruchszeiträume überschneiden. Dies gilt nicht für das für die Mutterschutzfristen vor und nach der Geburt auf insgesamt maximal 210,- € begrenzte Mutterschaftsgeld nach § 19 Abs. 2 MuSchG des Bundesamts für Soziale Sicherung (vormals: Bundesversicherungsamt).

Welche Aufgaben hat der Arbeitgeber?

Der Arbeitgeber ist in das Verfahren zur Gewährung des Elterngeldes nicht eingebunden. Lediglich soweit es zum Nachweis des Einkommens aus Erwerbstätigkeit oder der wöchentlichen Arbeitszeit erforderlich ist, hat der Arbeitgeber gemäß § 9 BEEG der für die Gewährung des Elterngeldes zuständigen Stelle das Arbeitsentgelt, die abgezogene Lohnsteuer und den Arbeitnehmeranteil der Sozialversicherungsbeiträge sowie die Arbeitszeit auf Verlangen zu bescheinigen. Dies gilt auf für ehemalige Arbeitgeber. Für die in Heimarbeit Beschäftigten und die ihnen Gleichgestellten ist an Stelle des Arbeitgebers der Auftraggeber oder Zwischenmeister zuständig.

In der Sozialversicherung ist die Abgabe einer Unterbrechungsmeldung erforderlich, wenn das Beschäftigungsverhältnis auf Grund des Bezugs von Elterngeld für mindestens einen vollen Monat unterbrochen wird (vgl. Elternzeit „Welche Meldungen sind notwendig?")

Pflegezeit

Es gibt **zwei Formen der Pflegezeit**: Die kurzzeitige Arbeitsverhinderung (§ 2 Pflegezeitgesetz – PflegeZG) und die Langpflegezeit (Pflegezeit und sonstige Freistellungen; vgl. § 3 PflegeZG). Die Regelungen können hier nur im Überblick dargestellt werden. Zum Familienpflegezeitgesetz siehe das nächste Kapitel.

Was gilt bei der kurzzeitigen Arbeitsverhinderung?

— Beschäftigte haben nach § 2 PflegeZG das Recht, bis zu **10 Arbeitstagen** von der Arbeit freigestellt zu werden, um für einen nahen Angehörigen (z. B. Ehegatte, Lebenspartner, Kinder, Eltern, Großeltern) in einer akut auftretenden Pflegesituation eine Pflege zu organisieren.
— Der Beschäftigte ist verpflichtet, dem Arbeitnehmer seine Verhinderung an der Arbeitsleistung und deren Dauer unverzüglich mitzuteilen und dem Arbeitgeber auf Verlangen eine ärztliche Bescheinigung über die Pflegebedürftigkeit vorzulegen.
— Der Arbeitgeber ist während der kurzzeitigen Arbeitsverhinderung des Beschäftigten nur dann zur Fortzahlung der Vergütung verpflichtet, wenn sich eine solche Verpflichtung aus anderen arbeitsrechtlichen Vorschriften oder aufgrund individualvertraglicher Absprachen, Betriebsvereinbarungen oder Tarifverträgen ergibt.
— Bei der kurzfristigen Arbeitsverhinderung gilt das versicherungspflichtige Beschäftigungsverhältnis – auch in Fällen ohne Anspruch auf Arbeitsentgelt – in allen Zweigen der gesetzlichen Sozialversicherung fortbestehend; sodass sich eine besondere Meldepflicht für den Arbeitgeber nicht und auch keine Auswirkungen auf die Beurteilung der Jahresarbeitsentgeltgrenze ergeben. Beschäftigte i.S. des § 7 Abs. 1 PflegeZG, die für diesen Zeitraum der kurzzeitigen Arbeitsverhinderung keine Entgeltfortzahlung von ihrem Arbeitgeber und auch kein Kranken- oder Verletztengeld bei Erkrankung oder Unfall eines Kindes nach § 45 SGB V oder nach § 45 Abs. 4 SGB VII beanspruchen kön-

BEISPIEL 15 *Pflegezeit*

nen, haben gegen die Pflegekasse oder das Versicherungsunternehmen des Pflegebedürftigen einen Anspruch auf einen Ausgleich für entgangenes Arbeitsentgelt, das sog. **Pflegeunterstützungsgeld** nach § 44a Abs. 3 SGB XI, für bis zu 10 Arbeitstage, wenn deshalb die Beschäftigung wegen Bezugs von Pflegeunterstützungsgeld weniger als einen Monat unterbrochen ist. Das Pflegeunterstützungsgeld muss vom Arbeitnehmer unverzüglich unter Vorlage der ärztlichen Bescheinigung beantragt werden. Mit der Leistungsbewilligung erhält der Arbeitnehmer eine Bescheinigung der Pflegekasse bzw. des Versicherungsunternehmens nach § 44a Abs. 5 SGB XI, die unverzüglich dem Arbeitgeber vorzulegen und von diesem zu den Entgeltunterlagen zu nehmen ist (vgl. S.391).

Was gilt bei der Pflegezeit und sonstigen Freistellungen?
— In Unternehmen mit mehr als **15** Beschäftigten hat der Arbeitnehmer nach § 3 PflegeZG einen Rechtsanspruch gegenüber seinem Arbeitgeber vollständig oder teilweise von der Arbeitsleistung freigestellt zu werden, wenn er einen pflegebedürftigen nahen Angehörigen in häuslicher Umgebung pflegt. Durch das Gesetz zur besseren Vereinbarkeit von Familie, Pflege und Beruf vom 23.12.2015, BGBl. I S. 2.462, wurde das PflegeZG um zwei neue Freistellungstatbestände – das Recht auf Minderjährigenbetreuung (§ 3 Abs. 5 PflegeZG) und das Recht auf Sterbebegleitung von nahen Angehörigen (§ 3 Abs. 6 PflegeZG) ergänzt.
— Die Pflegezeit beträgt für jeden pflegebedürftigen nahen Angehörigen längstens 6 Monate.
— Der Arbeitnehmer muss die Pflegebedürftigkeit durch eine amtliche Bescheinigung nachweisen. Er muss dem Arbeitgeber spätestens 10 Arbeitstage vor Beginn schriftlich ankündigen und gleichzeitig erklären, für welchen Zeitraum und in welchem Umfang die Freistellung von der Arbeitsleistung in Anspruch genommen wird.
— Bei nur teilweiser Freistellung müssen Arbeitgeber und Arbeitnehmer eine schriftliche Vereinbarung über die Verringerung und die Verteilung der Arbeitszeit treffen
— Bei **vollständiger** Freistellung gilt:
Die Versicherungspflicht von Arbeitnehmern, deren Beschäftigung durch die Inanspruchnahme von Pflegezeit nach § 3 PflegeZG unterbrochen wird, endet unmittelbar mit Beginn der Pflegezeit und besteht daher auch nicht noch für einen Monat fort. Der Arbeitgeber hat eine Abmeldung zum letzten Tag des Entgeltbezugs einzureichen (Abgabegrund „30", vgl. S. 410) und nach Beendigung der Pflegezeit eine Anmeldung wegen Beginn einer Beschäftigung zu übermitteln (Abgabegrund „10", vgl. S. 410).
Nachdem die Pflegezeit selbst keine Versicherungspflicht in der Kranken- und Pflegeversicherung auslöst und durch die Inanspruchnahme der Pflegezeit keinen kostenlosen Fortbestand der Mitgliedschaft begründet, können Arbeitnehmer, die von der Arbeitsleistung ganz freigestellt werden, zur sozialen Absicherung auf Antrag von der Pflegekasse einen Zuschuss zur Kranken- und Pflegversicherung nach § 44a Abs. 1 SGB XI erhalten.
— Bei **teilweiser** Freistellung gilt:
Arbeitnehmer, die hingegen sich nur teilweise von der Arbeitsleistung befreien lassen, unterliegen weiterhin der Versicherungspflicht als Arbeitnehmer, es sei denn aufgrund der Reduzierung der Arbeitszeit werden die Voraussetzungen einer geringfügig entlohnten Beschäftigung (vgl. Minijob, S. 280) erfüllt. Die teilweise Freistellung von der

Arbeit kann auch dazu führen, dass nur noch ein Arbeitsentgelt innerhalb der sog. Gleitzone (vgl. S. 39) vorliegt, so dass in diesen Fällen die Regelungen zur Gleitzone zu beachten sind.

Wegen Überschreiten der Jahresarbeitsentgeltgrenze bisher kranken- und pflegeversicherungsfreie Arbeitnehmer haben – sofern das reduzierte Arbeitsentgelt die JAE-Grenze nicht mehr übersteigt – eine Befreiungsmöglichkeit. Der Antrag ist bei der gesetzlichen Krankenkasse innerhalb von drei Monaten zu stellen. Die Befreiung gilt nur für die Dauer der Pflegezeit.

Arbeitnehmer, die aufgrund der teilweisen Freistellung ein Arbeitsentgelt erzielen, das die Geringfügigkeitsgrenze von 450,- € nicht übersteigt, können auf Antrag von der Pflegekasse nach § 44a Abs. 1 SGB XI einen Zuschuss zur Kranken- und Pflegeversicherung erhalten.

Welche Regeln gelten für Pflegende?
Mit dem Zweiten Pflegestärkungsgesetz vom 21.12.2015, BGBl I S. 2.424, wurde zum 1.1.2017 ein neuer Pflegebedürftigkeitsbegriff sowie ein neues Begutachtungsverfahren eingeführt und auch die Regelungen zur Renten- und Arbeitslosenversicherung der **nicht erwerbsmäßig tätigen Pflegepersonen (§ 19 SGB XI)** geändert. Die Regelungen zur Renten- und Arbeitslosenversicherung der nicht erwerbsmäßig tätigen Pflegepersonen haben die Spitzenorganisationen der Pflege-, Renten- und Arbeitslosenversicherung mit Rundschreiben vom 1.8.2016 neu zusammengefasst. Nachfolgend kann nur ein kurzer Einblick gegeben werden:

— In der **Arbeitslosenversicherung:**
Nach § 26 Abs. 2b SGB III sind versicherungspflichtig Personen in der Zeit, in der sie als Pflegeperson einen Pflegebedürftigen mit mindestens Pflegegrad 2 im Sinne des SGB XI, der Leistungen aus der Pflegeversicherung nach dem SGB XI oder Hilfe zur Pflege nach dem SGB XII oder gleichartige Leistungen nach anderen Vorschriften bezieht, nicht erwerbsmäßig wenigstens zehn Stunden wöchentlich, verteilt auf regelmäßig mindestens zwei Tage in der Woche, in seiner häuslichen Umgebung pflegen, wenn sie unmittelbar vor Beginn der Pflegetätigkeit versicherungspflichtig waren oder Anspruch auf eine laufende Entgeltersatzleistung nach dem SGB III hatten. Versicherungspflicht besteht auch, wenn die Voraussetzungen durch die Pflege mehrerer Pflegebedürftiger erfüllt werden.. Die ALV-Beiträge für nach § 26 Abs. 2b SGB III versicherungspflichtige Pflegepersonen sind von der Pflegekasse zu zahlen (§ 349 Abs. 4a SGB III); der Arbeitgeber ist insoweit nicht betroffen.

— In der **Rentenversicherung:**
Nach § 3 Satz 1 Nr. 1a SGB VI sind versicherungspflichtig Personen in der Zeit, in der sie eine oder mehrere pflegebedürftige Personen mit mindestens Pflegegrad 2 wenigstens zehn Stunden wöchentlich, verteilt auf regelmäßig mindestens zwei Tage in der Woche, in ihrer häuslichen Umgebung nicht erwerbsmäßig pflegen (nicht erwerbsmäßig tätige Pflegepersonen), wenn der Pflegebedürftige Anspruch auf Leistungen aus der sozialen Pflegeversicherung oder einer privaten Pflege-Pflichtversicherung hat. In diesen Fällen entrichtet die Pflegekasse die Beiträge zur Rentenversicherung (§ 170 Abs. 1 Nr. 6 SGB VI).

Familienpflegezeit

Zusätzlich zu dem Pflegezeitgesetz (vgl. vorstehende Ausführungen) gibt es noch das Familienpflegezeitgesetz – FPfZG – vom 6.12.2011, BGBl. I S. 2.564, das wie das Pflegezeitgesetz ebenfalls durch das Gesetz zur besseren Vereinbarkeit von Familie, Pflege und Beruf vom 23.12.2014, BGBl. I S. 2.462, größere Änderungen erfahren hat und auf das hier nur im Überblick eingegangen werden kann. Neu ist, dass der Arbeitnehmer nunmehr einen Rechtsanspruch auf Gewährung von Familienpflegezeit gegenüber seinem Arbeitgeber hat, wenn dieser mehr als **25** Beschäftigte (ohne zur Berufsausbildung Beschäftigte) hat.

Im Rahmen der **Familienpflegezeit** sind Beschäftigte von der Arbeitsleistung für längstens 24 Monate (Höchstdauer) teilweise freizustellen, wenn sie einen pflegebedürftigen nahen Angehörigen (z. B. Ehegatten, Lebenspartner, Kinder, Großeltern, Eltern, Schwiegereltern, Stiefeltern, Schwager, Schwägerin) in häuslicher Umgebung pflegen. Während der Familienpflegezeit muss die verringerte Arbeitszeit wöchentlich mindestens 15 Stunden betragen. Bei unterschiedlichen wöchentlichen Arbeitszeiten oder einer unterschiedlichen Verteilung der wöchentlichen Arbeitszeit darf die wöchentliche Arbeitszeit im Durchschnitt eines Zeitraums von bis zu einem Jahr 15 Stunden nicht überschreiten (Mindestarbeitszeit). Pflegezeit und Familienpflegezeit dürfen gemeinsam 24 Monate je pflegebedürftigem nahen Angehörigen nicht überschreiten (Gesamtdauer).

Wer eine Familienpflegezeit in Anspruch nehmen will, muss dies dem Arbeitgeber ankündigen und gleichzeitig mitteilen, für welchen Zeitraum und in welchem Umfang die teilweise Freistellung von der Arbeitsleistung erfolgen soll. Die Ankündigung der Familienpflegezeit muss der Arbeitnehmer spätestens 8 Wochen vor dem gewünschten Beginn machen (§ 2a Abs. 1 FPfZG). Soll die Familienpflegezeit im Anschluss an eine Pflegezeit nach § 3 Abs. 1 PflegeZG oder im Anschluss an eine Freistellung nach § 3 Abs. 5 PflegeZG genommen werden, gilt eine verlängerte Ankündigungsfrist von 3 Monaten. Arbeitgeber und Beschäftigte müssen über die Verringerung und Verteilung der Arbeitszeit eine schriftliche Vereinbarung treffen.

Das Förderverfahren wurde umgestellt. Die Freistellung ist auf Antrag durch die Gewährung eines **zinslosen Darlehens an den Beschäftigten förderfähig**, das das Bundesamt für Familie und zivilgesellschaftliche Aufgaben in monatlichen Raten dem Beschäftigten zahlt und nach einem pauschalierten Nettoentgelt vor der Freistellung berechnet wird. Der Arbeitgeber hat nach § 4 FPfZG dem Bundesamt für Familie und zivilgesellschaftliche Aufgaben den Arbeitsumfang sowie das Arbeitsentgelt vor der Freistellung zu bescheinigen, soweit dies erforderlich ist. Trotz dieser neuen Förderstruktur (Umstellung der Aufstockung des Bruttoarbeitsentgelts durch den Arbeitgeber auf nettolohnbezogene Bundesdarlehen an die Beschäftigten) können Arbeitgeber und Beschäftigte auch in Zukunft eine Aufstockung des Arbeitsentgelts über Wertguthaben vereinbaren.

Durch die Inanspruchnahme der Familienpflegezeit besteht die Erwerbstätigkeit und das Beschäftigungsverhältnis mit dem erzielten (reduzierten) steuer- und beitragspflichtigem Arbeitsentgelt fort, sodass insoweit die allgemeinen steuer- und sozialversicherungsrechtlichen Regelungen gelten. Wegen Überschreitung der Jahresarbeitsentgeltgrenze bisher kranken- und pflegeversicherungsfreie Arbeitnehmer haben, sofern das reduzierte Arbeitsentgelt für die Dauer der Pflegezeit die JAE-Grenze nicht mehr übersteigt, nach § 8 Abs. 1 Nr. 2a SGB V die Möglichkeit, sich von der Versicherungspflicht in der GKV befreien zu lassen, um ihre bisher bestehende private Absicherung fortzuführen.

BEISPIEL 16

Arbeitsverhinderung

Ist bei einer Arbeitsverhinderung aus persönlichen Gründen Lohn zu zahlen?

Der Arbeitnehmer hat einen gesetzlichen Anspruch auf Fortzahlung des Arbeitslohns, wenn er ohne Verschulden aus persönlichen Gründen an der Arbeitsleistung für eine verhältnismäßig nicht erhebliche Zeit gehindert ist (§ 616 Abs. 1 Satz 1 BGB).

Es ist die Vergütung zu zahlen, die im Falle der Arbeitsleistung erzielt worden wäre; sie ist als laufendes Arbeitsentgelt steuer- und beitragspflichtig.

In den Tarifverträgen der verschiedenen Wirtschaftszweige ist im Allgemeinen detailliert geregelt, bei welchen Verhinderungsgründen und wie lange die Fortzahlung des Arbeitsentgelts zusteht. Ist das Arbeitsverhältnis nicht tarifgebunden, empfiehlt sich die Anlehnung an eine tarifliche Regelung. Der Tarifvertrag für den öffentlichen Dienst sieht hierzu z. B. vor:

— bei Umzug aus dienstlichem oder betrieblichem Grund	1 Arbeitstag
— bei 25- und 40-jährigem Arbeitsjubiläum	1 Arbeitstag
— bei der Niederkunft der Ehefrau	1 Arbeitstag
— beim Tod des Ehegatten, eines Kindes oder eines Elternteils	2 Arbeitstage
— bei schwerer Erkrankung eines Angehörigen der in demselben Haushalt lebt	1 Arbeitstag im Kalenderjahr
— bei schwerer Erkrankung eines Kindes, das das 12. Lebensjahr noch nicht vollendet hat	bis zu 4 Arbeitstage im Kalenderjahr
— bei schwerer Erkrankung einer Betreuungsperson, wenn der Arbeitnehmer die Betreuung seines Kindes, das das 8. Lebensjahr noch nicht vollendet hat oder wegen Behinderung dauernd pflegebedürftig ist, übernehmen muss	bis zu 4 Arbeitstage im Kalenderjahr
— bei ärztlicher Behandlung, wenn diese während der Arbeitszeit erfolgen muss	erforderliche nachgewiesene Fehlzeiten einschließlich Wegezeiten

BEISPIEL 17

Kurzarbeit

Unter welchen Voraussetzungen wird Kurzarbeitergeld (§§ 95-108 SGB III) gewährt?

1. Insbesondere muss ein erheblicher Arbeitsausfall mit Entgeltausfall vorliegen. Das ist gegeben,
   - wenn er auf wirtschaftlichen Gründen (betriebliche Strukturveränderungen) oder einem unabwendbaren Ereignis beruht,
   - wenn er vorübergehend ist,
   - wenn er nicht vermeidbar ist (Verwendung von Erholungsurlaub oder Arbeitszeitguthaben in bestimmten Grenzen möglich),
   - wenn im jeweiligen Kalendermonat mindestens ein Drittel der in dem Betrieb beschäftigten Arbeitnehmer von einem Entgeltausfall von jeweils mehr als 10% ihres monatlichen Bruttoentgelts betroffen ist; der Entgeltausfall kann auch jeweils 100% des monatlichen Bruttoentgelts betragen.

2. Der Arbeitsausfall muss der Agentur für Arbeit, in deren Bezirk der Betrieb liegt, schriftlich angezeigt werden. Diese erteilt einen schriftlichen Bescheid darüber, ob Kurzarbeitergeld gewährt wird. Es wird frühestens von dem Kalendermonat an geleistet, in dem die Anzeige eingegangen ist.

3. Zum so genannten Saison-Kurzarbeitergeld bei Betrieben des Baugewerbes wird auf das Handbuch „Baulohn" verwiesen.

Wonach bemisst sich das Kurzarbeitergeld?

Das Kurzarbeitergeld ergibt sich aus der **Nettoentgeltdifferenz**. Das ist der Unterschiedsbetrag zwischen dem pauschalierten Nettoentgelt aus dem Sollentgelt und dem pauschalierten Nettoentgelt aus dem Istentgelt.

Das Sollentgelt und das Istentgelt sind vom Arbeitgeber zu ermitteln und auf den nächsten durch 20 teilbaren Euro-Betrag zu runden; die sich hierfür ergebenden pauschalierten Nettoentgelte sind den vom Bundesarbeitsministerium jeweils für ein Kalenderjahr durch Rechtsverordnung bekannt gegeben und bei der Agentur für Arbeit erhältlichen Tabellen zu entnehmen. Darin sind die Arbeitnehmer entsprechend ihrer Lohnsteuerklasse eingeteilt.

— Arbeitnehmer mit Lohnsteuerklasse I und IV
— Arbeitnehmer mit Lohnsteuerklasse II
— Arbeitnehmer mit Lohnsteuerklasse III
— Arbeitnehmer mit Lohnsteuerklasse V
— Arbeitnehmer mit Lohnsteuerklasse VI

Was gehört zum Sollentgelt?

Sollentgelt ist das beitragspflichtige Bruttoentgelt, das der Arbeitnehmer ohne den Arbeitsausfall im Anspruchszeitraum erzielt hätte; vermögenswirksame Leistungen, beitragspflichtige Zulagen und Zuschläge sind einzubeziehen.

Nicht dazu gehören dagegen einmalig gezahlte Arbeitsentgelte, steuerfreie Reisekostenvergütungen und Auslösungen wegen auswärtiger Beschäftigung, Fahrtkostenersatz u.ä., steuerfreie Zuschläge für Sonntags-, Feiertags- und Nachtarbeit und die Vergütungen für Mehrarbeit.

Wie wird das Istentgelt berechnet?

Istentgelt ist das beitragspflichtige Bruttoarbeitsentgelt, das der Arbeitnehmer im Abrechnungszeitraum tatsächlich erzielt hat (ohne einmalig gezahlte Entgelte, aber einschließlich Mehrarbeitsvergütungen). Das Istentgelt ist zu erhöhen, wenn der Arbeitnehmer aus anderen Gründen (z. B. wegen unbezahlten Urlaubs) kein Arbeitsentgelt erhalten hat. Gewährt der Arbeitgeber einen Zuschuss zum Kurzarbeitergeld, bleibt dieser bei der Berechnung des Istentgelts außer Betracht.

Wie hoch ist das Kurzarbeitergeld?

Es beträgt

67% für Arbeitnehmer, die mindestens 1 Kind im Sinne des Einkommensteuerrechts haben,

60% für die übrigen Arbeitnehmer

der Nettoentgeltdifferenz im Anspruchszeitraum.

Wie lange ist die Bezugsdauer?

Nach § 104 Abs. 1 SGB III beträgt die Bezugsdauer längstens 12 Monate. Das Bundesministerium für Arbeit und Soziales kann die Bezugsdauer per Rechtsverordnung über die gesetzliche Bezugsdauer hinaus bis zur Dauer von 24 Monaten verlängern. Dementsprechend gilt für 2020 Folgendes: Kurzarbeitergeld kann für bis zu 12 Monate gezahlt werden.

Wer trägt während der Kurzarbeit die SV-Beiträge?

Soweit in Zeiten der Kurzarbeit Entgelt für tatsächlich geleistete Arbeit gezahlt wird, tragen Arbeitgeber und Arbeitnehmer die Beiträge zur Sozialversicherung nach den allgemeinen Grundsätzen. Soweit Kurzarbeitergeld gezahlt wird, hat der Arbeitgeber die Beiträge zur KV, PV und RV allein zu tragen (§ 249 Abs. 2 Nr. 3 SGB V; § 58 Abs. 5 SGB XI; § 168 Abs. 1 Nr. 1a SGB VI). Bemessungsgrundlage für die Höhe der Beiträge sind 80% des Unterschiedsbetrags zwischen dem Sollentgelt und dem Istentgelt. Beiträge zur ALV sind bei Bezug von Kurzarbeitergeld nicht zu entrichten.

In welchen Fällen gibt es Erstattungen zum vom Arbeitgeber alleine zu tragenden SV-Beitrag?

Ab 2012 werden nur noch die vom Arbeitgeber alleine zu tragenden SV-Beiträge für Bezieher von **Saison-Kurzarbeitergeld** (vgl. § 101 SGB III; Schlechtwetterzeit im Baugewerbe in der Zeit vom 1.12. bis 31.3.) auf Antrag von der Agentur für Arbeit erstattet (§ 102 Abs. 4 SGB III). Der Antrag auf Erstattung der genannten SV-Beiträge wird nach § 323 Abs. 2 SGB III gemeinsam mit dem Antrag auf Erstattung des Saison-Kurzarbeitergelds gestellt.

BEISPIEL 17 Kurzarbeit

Beispiel:

Ein Betrieb ist aus wirtschaftlichen Gründen gezwungen, für die Dauer von 6 Wochen ab 1. September Kurzarbeit einzuführen. Die Ausfallzeit beträgt täglich 3 Stunden. Die regelmäßige betriebsübliche Arbeitszeit beträgt 38,5 Stunden wöchentlich.

Daten aus dem Lohnkonto:
Steuerklasse III; Religionszugehörigkeit rk; gRV; gKV (kassenindividueller Zusatzbeitragssatz angenommen 1,1 %); ein Kind; voller Monatslohn 1.500,– €; vermögenswirksame Leistung 40,– €

Lohnabrechnung für Mai:
1. Anteiliger Monatslohn   930,82
2. Kurzarbeitergeld   321,60
                                                                     1.252,42

3. Steuerpflichtiger Arbeitslohn   930,82
   LSt   0,00
   SolZ   0,00
   KiSt 8 % (angenommen)   0,00
4. Beitragspflichtiges Entgelt für
   den Arbeitnehmeranteil   930,82
   KV   7,3 %   67,95
   Zusatzbeitrag (ang. 1,1 %) 0,55 %   5,12
   PV   1,525 %   14,20
   Beitragszuschlag   0,00 %   0,00
   RV   9,3 %   86,57
   ALV   1,2 %   11,17   185,01
5. Vermögenswirksame Anlage   40,00   225,01
   Auszahlungsbetrag   1.027,41
6. Beitragspflichtiges Entgelt
   in der KV, PV und RV   1.418,16
7. Arbeitgeberanteil zur SozV   367,03

Zu 1

Im Tarifvertrag ist im Allgemeinen geregelt, wie bei Bezug eines festen Monatslohns oder Monatsgehalts das Arbeitsentgelt für einen Teillohnzahlungszeitraum zu berechnen ist. Nach der für den Beispielsfall angenommenen tariflichen Regelung wird wie folgt aufgeteilt:

$\frac{38,5\ Stunden \times 13}{3}$ = 166,8 Stunden im Monat

$\frac{Monatsbezug\ 1.540,-\ €}{166,8}$ = 9,23 € Stundenlohn

Durch Kurzarbeit fallen im Monat September 66 Stunden aus (22 Arbeitstage x Stunden).

Das tatsächliche Arbeitsentgelt beträgt somit   1.540,— €
abzüglich 9,23 € x 66 =   609,18 €
Anteiliger Monatslohn   930,82 €

BEISPIEL 17 — *Kurzarbeit*

Zu 2

Berechnung des Kurzarbeitergeldes:
maßgebliches Sollentgelt 1.540,— €
gerundet auf den nächsten durch
20 teilbaren Betrag 1.540,— €
nach der Leistungstabelle in
Lohnsteuerklasse III hierauf entfallendes
pauschaliertes Nettoentgelt (vgl. Verordnung
für 2020 vom 16.12.2019, BGBl. I S. 2.820) 1.232,— €
maßgebliches Istentgelt 930,82 €
gerundet auf den nächsten durch
20 teilbaren Betrag 940,— €
nach der Leistungstabelle in
Lohnsteuerklasse III hierauf entfallendes
pauschaliertes Nettoentgelt (vgl. VO vom 16.12.2019) 752,— €
480,— €
Kurzarbeitergeld hiervon 67 % = 321,60 €

Das Kurzarbeitergeld ist vom Arbeitgeber zu berechnen und auszuzahlen. Auf Antrag wird es von der Agentur für Arbeit erstattet.

Zu 3

Dem Steuerabzug unterliegt das tatsächliche Arbeitsentgelt von 930,82 €.
Bei diesem Betrag ist in der LSt-Monatstabelle abzulesen.
Das Kurzarbeitergeld ist gem. § 3 Nr. 2 EStG steuerfrei. Es muss jedoch im Lohnkonto und in der Lohnsteuerbescheinigung erfasst werden, da es vom Finanzamt bei der Einkommensteuerveranlagung zur Berechnung des Steuersatzes herangezogen wird (Progressionsvorbehalt).

Zu 4

Der Arbeitnehmeranteil zum SozV-Beitrag wird nur aus dem tatsächlichen Arbeitsentgelt von 930,82 € berechnet. Die Gleitzonenregelung kommt im Beispielsfall nicht zur Anwendung.

Zu 6 und 7

Zur Berechnung der Beiträge in der Kranken-, Pflege- und Rentenversicherung (nicht bei der Arbeitslosenversicherung) ist bei Bezug von Kurzarbeitergeld ein fiktives Arbeitsentgelt anzusetzen. Dieses beträgt 80 % des Unterschiedsbetrags zwischen Sollentgelt und Istentgelt.

Sollentgelt (ohne Rundung auf durch 20 teilbaren Betrag) 1.540,— €
Istentgelt 930,82 €
Unterschiedsbetrag 609,18 €
fiktives Arbeitsentgelt = 80 % 487,34 €

Den hierauf entfallenden Beitrag zur Kranken-, Pflege- und Rentenversicherung hat der Arbeitgeber allein zu tragen.

BEISPIEL 17   *Kurzarbeit*

Das beitragspflichtige Entgelt insgesamt beträgt
tatsächliches Arbeitsentgelt   930,82 €
fiktives Arbeitsentgelt   _487,34 €_
                                                               1.418,16 €

Berechnung des Arbeitgeberanteils zu den SozV-Beiträgen:

	Vom tatsächlichen Arbeitsentgelt		Vom fiktiven Arbeitsentgelt	
		_930,82_		_487,34_
KV	7,3 %	67,95	14,6 %	71,15
Zusatzbeitrag (ang. 1,1 %)	0,55 %	5,12	1,1 %	5,36
PV	1,525 %	14,20	3,05 %	14,86
Beitragszuschlag		—	0,00 %	—
RV	9,3 %	86,57	18,6 %	90,65
ALV	1,2 %	_11,17_	0,00 %	_—,—_
		185,01		182,02
Arbeitgeberanteil insgesamt			**367,03**	

Zur Berechnung der Insolvenzgeldumlage bei Kurzarbeit siehe S. 42.

Wie wird die Beitragsbemessungsgrenze bei Bezug von Kurzarbeitergeld berücksichtigt?

Übersteigt das tatsächliche Arbeitsentgelt zusammen mit dem fiktiven Entgelt die BBG sind die Beiträge zunächst vom tatsächlichen Arbeitsentgelt zu berechnen.

✎ Beispiel: altes Bundesland

		KV/PV	RV	ALV
Sollentgelt	4.000,— €			
Istentgelt	_3.000,— €_	3.000,— €	3.000,— €	3.000,— €
Differenz	1.000,— €			
fiktives Arbeitsentgelt hiervon 80 %	800,— €	_600,— €_	_800,— €_	_—,— €_
Beitragspflichtig (höchstens BBG)		**3.600,— €**	**3.800,— €**	**3.000,— €**

Der Arbeitgeber hat in der KV/PV aus 600,- € und in der RV aus 800,- € den Beitrag allein zu tragen.

Wie sind die Beiträge aus einmalig gezahltem Arbeitsentgelt bei Bezug von Kurzarbeitergeld zu berechnen?

Für die Prüfung, ob durch das einmalig gezahlte Entgelt die anteilige BBG überschritten wird, sind bei Bezug von Kurzarbeitergeld das tatsächliche und das fiktive Arbeitsentgelt heranzuziehen. Das gilt auch für die Arbeitslosenversicherung, obwohl dort bei Bezug von Kurzarbeitergeld nur das tatsächliche Arbeitsentgelt beitragspflichtig ist.

Beispiel: altes Bundesland

Brutto-(Soll-)Entgelt monatlich 3.000,- €;
Kurzarbeit im Mai – Istentgelt 1.800,- €;
fiktives Entgelt 80% des Differenzbetrages von 1.200,- € = 960,- €;
Urlaubsgeld im Juli in Höhe von 1.500,- €

Beitragspflichtiges Entgelt im Juli

		KV/PV		RV/ALV	
BBG Januar bis Juli:					
7 x	4.687,50 €	32.812,50 €			
7 x	6.900,— €			48.300,— €	
Beitragspflichtige					
lfd. Entgelte:					
Januar bis April		12.000,— €		12.000,— €	
SV-Entgelt für Mai:					
Istentgelt	1.800,— €				
fiktives Entgelt	960,— €	2.760,— €		2.760,— €	
lfd. Entgelt Juni + Juli		6.000,— €	20.760,— €	6.000,— €	20.760,— €
noch nicht ver-					
brauchte BBG			**12.052,50 €**		**27.540,— €**

Das im Juli gezahlte Urlaubsgeld von 1.500,- € unterliegt somit sowohl in der KV/PV als auch in der RV/ALV in voller Höhe der Beitragspflicht.

Ist vom Arbeitgeber bei Bezug von Kurzarbeitergeld ein Zuschuss zur Kranken- und Pflegeversicherung zu leisten?

Der Arbeitgeber hat bei Bezug von Kurzarbeitergeld den freiwillig in der gesetzlichen Krankenversicherung und den privat Versicherten für das fiktive Arbeitsentgelt den vollen Beitrag zur Kranken- und Pflegeversicherung als Zuschuss zu zahlen.

BEISPIEL 17 Kurzarbeit

Beispiel: altes Bundesland

Private Krankenversicherung;
Brutto-(Soll-)Entgelt 4.000,- €;
Istentgelt im Abrechnungszeitraum nach Arbeitsausfall 1.500,- €

	Zuschuss pflichtig	maßgeblicher Beitragssatz für den Höchstzuschuss zur KV	Beitragszuschuss
Istentgelt	1.500,— €	7,3 % + 0,55 %	117,75 €
Sollentgelt (höchstens Beitragsbemessungsgrenze)	4.687,50 €		
Istentgelt	1.500,— €		
Differenz	3.187,50 €		
Fiktives Entgelt 80 %	2.550,— €	14,6 %	372,30 €
Zusätzlicher Betrag für fiktives Entgelt		1,1 %	28,05 €
KV-Zuschuss			**518,10 €**
Pflegeversicherung	1.500,— €	1,525 %	22,88 €
	2.550,— €	3,05 %	77,78 €
			100,66 €

Wie wird ein freiwilliger Zuschuss des Arbeitgebers zum Kurzarbeitergeld behandelt?

Um für die Arbeitnehmer die finanziellen Auswirkungen der Kurzarbeit abzumildern, gewähren manche Arbeitgeber einen freiwilligen Zuschuss zum Kurzarbeitergeld. Dieser Zuschuss ist wie der Lohn für das laufende tatsächliche Arbeitsentgelt steuerpflichtig. Zur Beitragsberechnung gilt eine Sonderregelung. Die Zuschüsse gehören nicht zum Arbeitsentgelt, soweit sie zusammen mit dem Kurzarbeitergeld 80 % des Unterschiedsbetrags zwischen Sollentgelt und Istentgelt nicht übersteigen.

BEISPIEL 18

Geringfügige Beschäftigung

Für die sozialversicherungsrechtliche und steuerliche Einordnung von Aushilfs- und Teilzeitkräften ist die Unterscheidung nach der Art der geringfügigen Beschäftigung wichtig. **Geringfügig entlohnte Beschäftigungen** im Sinne des § 8 Abs. 1 Nr. 1 SGB IV sind die sog. 400,–€/450,–€-Jobs oder Minijobs, für die der Arbeitgeber Sozialversicherungsbeiträge abführen muss und die Steuern pauschal abgelten kann. Versicherungsfrei sind **kurzfristige Beschäftigungen** im Sinne des § 8 Abs. 1 Nr. 2 SGB IV; für diese fallen keine pauschalen Sozialversicherungsbeiträge an, sie unterliegen jedoch nach den allgemeinen Vorschriften der Besteuerung. Es handelt sich um Beschäftigungen, die im Laufe eines Kalenderjahres auf nicht mehr als drei Monate oder 70 Arbeitstage begrenzt sind (vgl. S. 301). Bei **kurzzeitigen Beschäftigungen** handelt es sich um eine Besonderheit der Arbeitslosenversicherung; es fallen keine Beiträge zur Arbeitslosenversicherung an (vgl. S. 310).

Geringfügig entlohnte Beschäftigung

(Minijob)

Mit dem Gesetz zu Änderungen im Bereich der geringfügigen Beschäftigung vom 5.12.2012, BGBl. I S. 2.474, wurde ab dem 1.1.2013 die Geringfügigkeitsgrenze um 50,– € von 400,– € auf 450,– € angehoben und die Rentenversicherungspflicht eingeführt, die jedoch abgewählt werden kann. Unter Berücksichtigung weiterer Gesetzesänderungen haben die Spitzenorganisationen der Sozialversicherung die Behandlung geringfügiger Beschäftigungen in den Geringfügigkeits-Richtlinien vom 21.11.2018 zusammengefasst. Dabei wird u. a. in Bezug auf die Rentenversicherung zwischen geringfügig entlohnten Beschäftigungen unterschieden, je nachdem, ob diese vor dem 1.1.2013 oder nach dem 31.12.2012 aufgenommen worden sind.

1. **Minijobs, die nach dem 31.12.2012 begründet werden**

   Während nach der 400,–€-Minijob-Regelung Versicherungsfreiheit in der KV, PV, ALV und grundsätzlich auch in der RV bestand, gilt für **ab dem 1.1.2013 neu aufgenommene** geringfügige Beschäftigungsverhältnisse mit einem regelmäßigen Entgelt von höchstens 450,– € **Versicherungsfreiheit nur noch in der KV, PV und ALV**. Damit hat der Arbeitgeber in der KV einen Pauschalbeitrag i. H. v. 13 % (bzw. 5 % bei einem Minijob in einem Privathaushalt, vgl. S. 298) zu tragen; in der PV und ALV sind weiterhin keine Beiträge zu entrichten.

   In der **Rentenversicherung** besteht hingegen volle **Rentenversicherungspflicht**. Der Arbeitgeber hat den Pauschalbeitrag i. H. v. 15 % (bzw. 5 % bei einem Minijob in einem Privathaushalt, vgl. S. 298) zu tragen. Der geringfügig entlohnte Beschäftigte (Minijobber) trägt in 2020 weiterhin 3,6 % (= Regelbeitragssatz von 18,6 % abzügl. 15 % Pauschalbeitrag des Arbeitgebers bzw. bei einem Minijob in einem Privathaushalt 13,6 %, vgl. S. 298). Der Minijobber hat aber die Möglichkeit, sich durch einen Antrag bei seinem Arbeitgeber von der RV-Pflicht befreien zu lassen (sog. **Opt-Out**); in diesem Fall hat dies der Arbeitgeber innerhalb von 6 Wochen nach Eingang des Befreiungsan-

BEISPIEL 18   *Geringfügig entlohnte Beschäftigung*

trags der Minijobzentrale mittels einer besonderen Meldung zu melden (Dies erfolgt in der Meldung zur SozV mit der Beitragsgruppe „5" an zweiter Stelle – RV – im Feld „Beitragsgruppen".); die Minijobzentrale kann innerhalb eines Monats nach Eingang der Meldung dem Befreiungsantrag widersprechen (z. B. weil ihr noch weitere geringfügige Beschäftigungen des Arbeitnehmers gemeldet sind, die zusammengerechnet zur Beschäftigung oberhalb der Geringfügigkeitsgrenze führen).

2. **Minijobs, die vor dem 1.1.2013 begründet wurden**

   a) **Vor dem 1.1.2013 begründeter Minijob mit einem Arbeitsentgelt bis 400,- €:**
   Für geringfügige Beschäftigungsverhältnisse, die bereits vor dem 1.1.2013 begonnen haben, gelten in der RV die alten Minijob-Regelungen fort, solange das Arbeitsentgelt 400,- € pro Monat nicht übersteigt. Der RV-Status bleibt somit unverändert. Solange das Arbeitsentgelt aus der geringfügigen Beschäftigung 400,- € nicht übersteigt, besteht weiterhin Versicherungsfreiheit in der RV, ein Befreiungsantrag ist nicht erforderlich. Allerdings kann der Minijobber auch die Versicherungspflicht wählen. Hatte der Minijobber bereits nach altem Recht auf die Versicherungsfreiheit in der RV verzichtet (sog. Opt in), bleibt er weiterhin voll RV-pflichtig und kann nicht zur RV-Freiheit optieren. Im Einzelnen zum Verzicht auf die Versicherungsfreiheit und zur Abwahl der Versicherungspflicht in der RV vgl. S. 285.
   In der KV hat der Arbeitgeber einen Pauschalbeitrag i. H. v. 13% (bzw. 5% bei einem Minijob in einem Privathaushalt, vgl. S. 298) zu tragen; in der PV und ALV sind keine Beiträge zu entrichten.

   b) **Was ist bei Erhöhung des Arbeitsentgelts zu beachten?**
   Wenn bei einem vor dem 1.1.2013 begonnenen 400,-€-Minijob das Arbeitsentgelt nach dem 31.12.2012 von einem Betrag von weniger als 400,01 € auf einen Betrag von mehr als 400,- € und weniger als 450,01 € angehoben wird, ist Folgendes zu beachten:

   Beispiel:
   Eine privat krankenversicherte Aushilfskraft arbeitet seit dem 1.6.2012 gegen ein monatliches Arbeitsentgelt von 380,- € (= vor dem 1.1.2013 bestehendes geringfügiges Beschäftigungsverhältnis alten Rechts). Zum 1.4.2020 wird das Arbeitsentgelt auf 410,- € angehoben.
   Die Aushilfskraft ist geringfügig beschäftigt, da das Arbeitsentgelt 450,- € nicht übersteigt. Es besteht Versicherungsfreiheit in der KV, PV und ALV. Bis zum 31.3.2020 ist die Aushilfskraft auch in der RV versicherungsfrei, weil das Arbeitsentgelt 400,- € nicht übersteigt. Ab dem 1.4.2020 tritt grundsätzlich RV-Pflicht ein, da wegen Überschreitens der 400,- €-Grenze die Bestandsschutzregel nicht mehr greift. Die Aushilfskraft kann sich jedoch ab dem 1.4.2020 von der RV-Pflicht befreien lassen; der Antrag wird im Zeitpunkt der Entgelterhöhung wirksam gestellt.
   Der Arbeitgeber meldet der Minijob-Zentrale den Eingang des Befreiungsantrags und damit das Ende der bisherigen Rentenversicherungsfreiheit sowie den Beginn der Befreiung von der Rentenversicherungspflicht durch eine Ab- und Anmeldung aus sonstigen Gründen (Meldegründe: 33 und 13). Der Beitragsgruppenschlüssel bleibt unverändert. Der Arbeitgeber hat durchgehend seit dem 1.6.2012 Pauschalbeiträge zur RV zu zahlen.

Für die Abmeldung zum 31.3.2020 gilt:
Personengruppenschlüssel: 109
Beitragsgruppenschlüssel: 0 5 0 0
Grund der Abgabe: 33

Für die Anmeldung zum 1.4.2020 gilt:
Personengruppenschlüssel: 109
Beitragsgruppenschlüssel: 0 5 0 0
Grund der Abgabe: 13

Reicht der Arbeitnehmer den Befreiungsantrag erst nach Ablauf des Kalendermonats der Entgelterhöhung – also verspätet – beim Arbeitgeber ein, besteht vorübergehend eine rentenversicherungspflichtige geringfügig entlohnte Beschäftigung, die mit der Beitragsgruppe "1" zu melden ist.

c) **Was gilt, wenn zu einem vor dem 1.1.2013 bestehenden Minijob nach dem 31.12.2012 ein weiterer Minijob hinzukommt?**

Solange insgesamt bei der Zusammenrechnung die Entgeltgrenze von 450,- € nicht überschritten wird, handelt es sich bei einer Aushilfskraft, die keine sozialversicherungspflichtige Hauptbeschäftigung ausübt, nach wie vor um geringfügig entlohne Beschäftigungen, die in der ALV, KV und PV versicherungsfrei sind.

Ab dem Tag des Überschreitens der Entgeltgrenze von 400,- € tritt jedoch RV-Pflicht in allen Minijobs ein. Der Beschäftigte hat das Recht sich von der RV-Pflicht befreien zu lassen (im Einzelnen vgl. Fall 12b).

Wann liegt eine geringfügig entlohnte Beschäftigung (Minijob) vor?

Voraussetzung ist, dass das Arbeitsentgelt aus dieser Beschäftigung regelmäßig im Monat 450,- € nicht übersteigt. Zur Prüfung der 450,-€-Grenze werden die Arbeitsentgelte aus mehreren solchen Minijobs zusammengerechnet. Eine Zusammenrechnung erfolgt auch mit nicht geringfügigen Beschäftigungen; lediglich **ein** Minijob kann sozialversicherungsrechtlich begünstigt neben einer Hauptbeschäftigung ausgeübt werden (vgl. S. 292).

Für welchen Personenkreis gelten die Minijob-Regelungen nicht?

Auch wenn das monatliche Arbeitsentgelt 450,- € nicht übersteigt, gelten für folgende Personengruppen die Regelungen für die geringfügige Beschäftigung nicht:

— bei der betrieblichen Berufsausbildung (z. B. Auszubildende und Praktikanten),
— bei konjunktureller oder saisoneller Kurzarbeit,
— bei stufenweiser Wiedereingliederung in das Erwerbsleben nach § 74 SGB V bzw. § 28 SGB IX,
— bei behinderten Menschen in geschützten Einrichtungen.

Für beschäftigte Saisonarbeitskräfte aus einem EU-Mitgliedstaat (sowie Norwegen und der Schweiz) gelten die Vorschriften der Verordnung (EG) Nr. 883/2004. Diese sehen im Regelfall vor, dass ein Arbeitnehmer in dem System nur eines Staates versichert ist. Sind daher die Aushilfskräfte in ihrem Wohnsitzstaat weiterhin beschäftigt oder selbständig tätig, sind sie auch weiterhin dort versichert. Der Nachweis dieser Versicherung wird durch die Vorlage der Bescheinigung A 1 erbracht, die Arbeitgeber mittels eines zertifizierten Lohnabrechnungsprogramms elektronisch beantragen können. Auch die Rückmeldung erfolgt digital. Die Gemeinsamen Grundsätze und die Verfahrensbeschreibung für das elektronische Antrags- und Bescheinigungsverfahren in der vom 1.7.2019 an geltenden Fassung haben die

BEISPIEL 18   *Geringfügig entlohnte Beschäftigung*

Spitzenverbände in ihrem Schreiben vom 28.6.2018 zusammengefasst. Eine Prüfung der Geringfügigkeit nach deutschem Recht hat in diesen Fällen nicht zu erfolgen.

In der Praxis tritt häufig die Frage auf, wie eine Person sozialversicherungsrechtlich zu beurteilen ist, die beim selben Vertragspartner aufgrund unterschiedlicher Vertragsverhältnisse arbeitet bzw. tätig wird. Dies hat vor allem Bedeutung im Zusammenhang mit der Ausübung einer geringfügigen Beschäftigung neben einer Hauptbeschäftigung; denn eine geringfügige Beschäftigung liegt dann regelmäßig nicht vor, weil von einem **einheitlichen Beschäftigungsverhältnis** auszugehen ist. Die Geringfügigkeits-Richtlinien vom 21.11.2018 enthalten diesbezüglich für die Praxis wichtige Klarstellungen, die der Ratgeber „Handbuch für Lohnsteuer und Sozialversicherung" ausführlich erläutert.

Welche pauschalen Abgaben sind bei einem versicherungsfreien Minijob vom Arbeitgeber zu leisten?

Im Allgemeinen besteht Versicherungsfreiheit in der Kranken-, Pflege- und Arbeitslosenversicherung. In der RV besteht Versicherungsfreiheit bei einem vor dem 1.1.2013 aufgenommenen 400,-€-Job; ansonsten RV-pflichtig, es sei denn der 450,-€-Arbeitnehmer hat sich von der RV-Pflicht befreien lassen (vgl. S. 285). In einigen speziellen Beschäftigungsverhältnissen gelten diese Minijob-Regelungen jedoch nicht. Die wichtigste dieser Ausnahmen betrifft die Beschäftigung im Rahmen betrieblicher Berufsbildung, also Auszubildende und Praktikanten. Sie sind in allen Bereichen der SozV versicherungspflichtig, auch wenn das Arbeitsentgelt 450,- € nicht übersteigt.

Ist die Beschäftigung wegen der geringfügigen Entlohnung sv-begünstigt, hat der **Arbeitgeber** die folgenden pauschalen Abgaben zu leisten:

Krankenversicherung	**13 %**
(Der pauschale KV-Beitrag entfällt, wenn die geringfügig beschäftigte Person in der gesetzlichen Krankenkasse weder selbst noch als Familienmitglied pflichtversichert oder freiwillig versichert ist. Für **Asylbewerber**, die nicht über einen Stammversicherten familienversichert sind, sind keine Pauschalbeiträge zur Krankenversicherung zu entrichten, es fehlt nämlich an der Versicherung in einer gesetzlichen Krankenkasse. Asylbewerber erhalten notwendige Leistungen der Krankenbehandlung im Rahmen des Asylbewerberleistungsgesetzes.)	
Rentenversicherung	**15 %**
Steuerpauschale	
(enthält den Solidaritätszuschlag und die Kirchensteuer)	<u>2 %</u>
zusammen	**30 %**
Hinzu kommen die Umlagen und zwar die	
Insolvenzgeldumlage von weiterhin	**0,06 %**
(Zur Insolvenzgeldumlage im Einzelnen vgl. S. 42)	
Umlage U 1 von weiterhin	**0,9 %**
(Lohnfortzahlung bei Krankheit, wenn maximal 30 Mitarbeiter beschäftigt werden)	
Umlage U 2 von (seit 1.6.2019)	**0,19 %**
(Ausgleich der Mutterschutzaufwendungen, die von allen Arbeitgebern zu zahlen ist)	

BEISPIEL 18 *Geringfügig entlohnte Beschäftigung*

In der Rentenversicherung beträgt der Beitragsanteil des **Arbeitnehmers**, wenn er entweder bei einem vor dem 1.1.2013 begonnenen 400,-€-Job auf die RV-Freiheit verzichtet hat oder bei einem 450,-€-Job sich nicht von der RV-Pflicht hat befreien lassen, die Differenz zwischen dem pauschalen Arbeitgeberbeitrag von 15% und dem allgemeinen Beitragssatz von weiterhin 18,6%, also für das Jahr 2020 3,6%. Der volle Pflichtbeitrag ist von mindestens 175,- € zu berechnen (vgl. zum RV-Beitragsanteil des Arbeitnehmers im Einzelnen S. 285).

Zur Einbeziehung in die Lohnfortzahlungsversicherung und zur Berechnung der Umlagen vgl. S. 255 und 264.

Zu den Besonderheiten der geringfügig entlohnten Beschäftigung in **Privathaushalten** vgl. S. 298.

Welche Einzugsstelle ist für die Pauschalabgaben zuständig?

Für die bei geringfügiger Beschäftigung vom Arbeitgeber zu leistenden pauschalen Abgaben sowie die Umlagen zur Lohnfortzahlungsversicherung ist zentral für das gesamte Bundesgebiet die **Deutsche Rentenversicherung Knappschaft-Bahn-See (sog. Minijobzentrale)** zur Einzugsstelle bestimmt. An diese sind die Meldungen zu erstatten und sowohl die Beiträge und Umlagen als auch die Pauschsteuer unter Verwendung des von dort als Beitragsnachweis zur Verfügung gestellten Vordrucks abzuführen; im Beitragsnachweis muss der Arbeitgeber seine Steuernummer angeben. Die gesonderte Lohnsteuer-Anmeldung und -Abführung an das Finanzamt entfällt.

Die Minijobzentrale ist auch dann zuständig, wenn der geringfügig Beschäftigte auf die Rentenversicherungsfreiheit verzichtet hat (vgl. S. 285) bzw. wenn Rentenversicherungspflicht besteht.

Wann entfällt die 2%ige Pauschsteuer?

Die Lohnsteuerpauschalierung für geringfügige Beschäftigungen, in denen der Arbeitgeber den Beitrag zur Rentenversicherung von 15% (bzw. weiterhin 5% bei Privathaushalten) zu leisten hat, ist als Kann-Vorschrift ausgestaltet (§ 40a Abs. 2 EStG). Somit kann der Arbeitgeber den Steuerabzug nach den individuellen Lohnsteuerabzugsmerkmalen des Beschäftigten (ELStAM, in Ausnahmefällen Bescheinigung für den Lohnsteuerabzug) vornehmen und nach den allgemeinen lohnsteuerlichen Vorschriften verfahren.

Was ist beim Steuerabzug nach den individuellen Besteuerungsmerkmalen zu beachten?

In den Steuerklassen I, II, III oder IV fällt bei einem monatlichen Arbeitslohn von z. B. 450,- € kein Steuerabzug an. Bei Abruf der ELStAM bzw. in Ausnahmefällen bei Vorlage einer Bescheinigung für den Lohnsteuerabzug mit den vorgenannten Steuerklassen erübrigt sich deshalb für den Arbeitgeber die Übernahme der Steuerpauschale von 2%. In Steuerklasse V und VI fällt hingegen ein Steuerabzug an. Sofern der Arbeitnehmer für dieses Beschäftigungsverhältnis keinen eigenen Beitrag zur Rentenversicherung zahlt und auch den pauschalen Arbeitgeberbeitrag nicht mit eigenen Beiträgen aufstockt (vgl. nachfolgend), wird die Teilvorsorgepauschale Rentenversicherung nicht gewährt, sodass dies bei maschineller Lohnabrechnung entsprechend einzugeben bzw. bei manueller Lohnabrechnung die Besondere Lohnsteuertabelle zu verwenden ist. Der Ansatz der Mindestvorsorgepauschale kommt automatisch zur Anwendung.

BEISPIEL 18   *Geringfügig entlohnte Beschäftigung*

Kann der geringfügig Beschäftigte auf die Versicherungsfreiheit in der gesetzlichen Rentenversicherung verzichten oder die RV-Pflicht abwählen?

Der Verzicht auf die Versicherungsfreiheit in der gesetzlichen Rentenversicherung greift nur bei einem vor dem 1.1.2013 begonnen Minijob, solange das Entgelt die alte 400,-€-Grenze nicht übersteigt; er kann auch noch nach dem 31.12.2012 gestellt werden. Für nach dem 31.12.2012 begonnene geringfügige Beschäftigungsverhältnisse und einem Entgelt bis zu 450,- € besteht hingegen grundsätzlich Rentenversicherungspflicht mit der Möglichkeit bei seinem Arbeitgeber einen Antrag auf Befreiung von der RV-Pflicht zu stellen. Die Minijobzentrale hält auf ihrer Homepage sowohl einen Vordruck "Erklärung des Verzichts auf die Rentenversicherungsfreiheit nach § 230 Abs. 8 Satz 2 SGB VI" als auch einen Vordruck "Antrag auf Befreiung von der Rentenversicherungspflicht bei einer geringfügig entlohnten Beschäftigung nach § 6 Abs. 1b SGB VI" und entsprechende Merkblätter zur Aufklärung über die Vorteile eines Verzichts auf die Rentenversicherungsfreiheit bzw. über die Folgen einer Befreiung von der Rentenversicherungspflicht bereit. Arbeitnehmer, die auf die Versicherungsfreiheit in der gesetzlichen Rentenversicherung verzichten bzw. keinen Antrag auf Befreiung von der Rentenversicherungspflicht stellen, können dadurch volle Leistungsansprüche in der Rentenversicherung erwerben.

— Die Verzichtserklärung bzw. der Befreiungsantrag muss schriftlich beim Arbeitgeber erfolgen.
— Auf dem Antrag muss vom Arbeitgeber der Tag des Antragseingangs vermerkt werden.
— Der Arbeitgeber muss der Minijobzentrale den Antragseingang melden.
— Eine Verzichtserklärung bzw. ein Befreiungsantrag gilt jeweils für alle zeitgleich ausgeübten Minijobs und ist für die Dauer der Beschäftigungen bindend (kann also nicht zurück genommen werden).
— Der Arbeitgeber muss den Antrag bzw. die Erklärung zu den Lohnunterlagen nehmen.
— Die Befreiung gilt als erteilt, wenn die Minijobzentrale dem Antrag nicht innerhalb eines Monats nach Eingang der Meldung widerspricht; ein schriftlicher Bewilligungsbescheid oder eine Rückmeldung der Minijobzentrale an den Arbeitgeber erfolgt nicht. Die Befreiung wirkt rückwirkend ab Beginn des Monats, in dem der Beschäftigte den Antrag beim Arbeitgeber abgegeben hat, wenn der Arbeitgeber die Antragstellung mit der ersten folgenden Entgeltabrechnung, spätestens innerhalb von 6 Wochen, der Minijobzentrale meldet. Erfolgt die Meldung durch den Arbeitgeber erst später, wirkt die Befreiung erst ab dem Ablauf der Widerspruchsfrist der Minijobzentrale folgenden Monat.

Verzichtet der Arbeitnehmer in einem vor dem 1.1.2013 begonnen Minijob auf die Versicherungsfreiheit oder wählt er die Versicherungspflicht nicht ab, muss der Arbeitgeber 3,6% als RV-Beitrag vom Lohn einbehalten und zusammen mit dem pauschalen, von ihm selbst zu tragenden RV-Beitrag von 15%, also insgesamt den RV-Beitrag von 18,6% abführen. Einzugsstelle ist auch in diesem Fall die Bundesknappschaft.

Bei Verzicht auf die RV-Freiheit bzw. bei RV-Pflicht sind als beitragspflichtiges Entgelt mindestens 175,- € anzusetzen. Sofern neben der geringfügig entlohnten Beschäftigung eine rentenversicherungspflichtige (Haupt-)Beschäftigung besteht, ist die Mindestbeitragsbemessungsgrundlage nicht zu prüfen. In diesem Fall wird unterstellt, dass die beitragspflichtigen Einnahmen in der Rentenversicherung mindestens 175,- € im Monat betragen. Gleiches gilt, wenn der geringfügig entlohnte Beschäftigte bereits aufgrund anderer Tatbestände nach den §§ 1 bis 4 SGB VI der Rentenversicherungspflicht unterliegt. Damit wird in diesen Fällen der RV-Beitrag für den Minijob vom tatsächlichen Entgelt berechnet.

BEISPIEL 18 *Geringfügig entlohnte Beschäftigung*

Fall 1a – Verzicht auf die Versicherungsfreiheit in der RV

Arbeitsentgelt für die als Angestellte bereits seit 2012 geführte Beschäftigte	400,00 €
von der Beschäftigten zu tragender RV-Beitrag 3,6% (18,6% abz. 15%)	14,40 €
Auszahlung	385,60 €

Vom Arbeitgeber sind im Beitragsnachweis anzugeben
und an die Bundesknappschaft abzuführen:

– KV-Beitrag	(13,00%) =	52,00 €
– voller RV-Beitrag	(18,6%) =	74,40 €
– Insolvenzgeldumlage	(0,06%) =	0,24 €
– U 1 Lohnfortzahlungsversicherung (Krankheit)	(0,9%) =	3,60 €
– U 2 Lohnfortzahlungsversicherung (Mutterschutz)	(0,19%) =	0,76 €
(Zur Einbeziehung in die Lohnfortzahlungsversicherung vgl. S. 254)		
– St (einheitliche Pauschsteuer)	2% =	8,00 €
Gesamtsumme		**139,00 €**

Fall 1b – Antrag auf Befreiung von der Versicherungspflicht in der RV

Arbeitsentgelt für die als Angestellte ab dem 1.1.2013 geführte Beschäftigte 450,00 €
Die Angestellte hat beim Arbeitgeber die Befreiung von der RV-Pflicht beantragt, so dass kein Arbeitnehmeranteil zur RV anfällt.

Auszahlung	450,00 €

Vom Arbeitgeber sind im Beitragsnachweis anzugeben
und an die Bundesknappschaft abzuführen:

– KV-Beitrag	(13,00%) =	58,50 €
– RV-Beitrag	(15,00%) =	67,50 €
– Insolvenzgeldumlage	(0,06%) =	0,27 €
– U 1 Lohnfortzahlungsversicherung (Krankheit)	(0,9%) =	4,05 €
– U 2 Lohnfortzahlungsversicherung (Mutterschutz)	(0,19%) =	0,86 €
(Zur Einbeziehung in die Lohnfortzahlungsversicherung vgl. S. 254)		

Bezieher einer Altersvollrente, die einen 450,–€-Minijob ausübten, waren grundsätzlich rentenversicherungsfrei. Nach dem Flexi-Rentengesetz sind Altersvollrentner, die einer Beschäftigung nachgehen, erst nach Erreichen der Regelaltersgrenze rentenversicherungsfrei. Bezieher einer Altersvollrente (vor oder nach Erreichen der Regelaltersgrenze, die über den 31.12.2016 hinaus ihren 450,–€-Minijob ausüben, bleiben in dieser Beschäftigung rentenversicherungsfrei; der Arbeitgeber zahlt weiterhin den pauschalen RV-Beitrag. Wird der 450,–€-Minijob erst danach aufgenommen, ist der Altersvollrentner bis zum Erreichen der Regelaltersgrenze RV-pflichtig; wie jeder andere Minijobber kann er sich aber von der RV-Pflicht befreien lassen. Die Befreiung muss er schriftlich beim Arbeitgeber beantragen, sie wirkt ab Beginn des Kalendermonats, in dem der Befreiungstrag beim Arbeitgeber eingeht. Die Befreiung ist der Minijobzentrale innerhalb von 6 Wochen nach ihrem Eingang mit der Meldung zur Sozialversicherung anzuzeigen (Beitragsgruppe RV „5"). 450,–€-Minijobber, die nach Erreichen der Regelaltersgrenze eine Altersvollrente beziehen, sind nach Erreichen der Regelaltersgrenze RV-frei und eine evtl. RV-Pflicht des Minijobs endet kraft Gesetzes. Der Minijobber kann aber auch hier gegenüber dem Arbeitgeber den Verzicht auf die Rentenversicherungsfreiheit erklären und den pauschalen RV-Beitrag des Arbeitgebers i. H. v. 15% mit 3,6% aufstocken.

BEISPIEL 18   *Geringfügig entlohnte Beschäftigung*

Wann entfällt bei einem KV-versicherungsfreien Minijob der pauschale Beitrag zur Krankenversicherung?

Der pauschale Beitrag von 13% zur KV ist nur zu entrichten, wenn die beschäftigte Person in der gesetzlichen Krankenversicherung versichert ist. Es spielt keine Rolle, ob es sich um eine Pflichtversicherung, um die Mitversicherung als Familienmitglied oder um eine freiwillige Versicherung in einer gesetzlichen Krankenkasse, z. B. wegen Überschreitung der Jahresarbeitsentgeltgrenze, handelt. Für **Asylbewerber**, die nicht über einen Stammversicherten familienversichert sind, sind keine Pauschalbeiträge zur Krankenversicherung zu entrichten, es fehlt nämlich an der Versicherung in einer gesetzlichen Krankenkasse. Asylbewerber erhalten notwendige Leistungen der Krankenbehandlung im Rahmen des Asylbewerberleistungsgesetzes.

Für geringfügig Beschäftigte, die in einer **Privatkrankenkasse** versichert sind, fällt dagegen kein pauschaler Beitrag zur KV an.

Fall 2 – Familienversicherung in der gesetzlichen Krankenversicherung

Die für ein monatliches Arbeitsentgelt von 450,– € seit dem 1.2.2014 beschäftigte Aushilfe ist verheiratet und durch ihren Ehegatten in der gesetzlichen Krankenkasse mitversichert. Vom Arbeitgeber des 450,-€-Jobs sind an die Bundesknappschaft zu entrichten:

         KV   13%
         RV   15%
         Pauschsteuer   2%

In der Rentenversicherung beträgt der Beitragsanteil der **Arbeitnehmerin**, wenn sie sich nicht von der RV-Pflicht hat befreien lassen, die Differenz zwischen dem pauschalen Arbeitgeberbeitrag von 15% und dem allgemeinen Beitragssatz von weiterhin 18,6%, also für das Jahr 2020 3,6%.

Fall 3 – Freiwillige Versicherung in der gesetzlichen Krankenversicherung

Der Verkaufsleiter eines Unternehmens ist in seiner Hauptbeschäftigung seit vielen Jahren wegen Überschreitung der JAEG (vgl. S. 48) zwar krankenversicherungsfrei, aber freiwillig in der gesetzlichen Krankenversicherung versichert. Bei einem rechtlich selbstständigen Tochterunternehmen seines Arbeitgebers übt er daneben einen Minijob aus.

*Eine Zusammenrechnung der Arbeitsentgelte aus der Hauptbeschäftigung und der bei einem anderen Arbeitgeber bestehenden einzigen Nebenbeschäftigung zur Prüfung der Versicherungsfreigrenze findet nicht statt (vgl. S. 292). In der Nebenbeschäftigung besteht deshalb Versicherungsfreiheit in der KV, PV und ALV. In der RV besteht Versicherungsfreiheit bei einem vor dem 1.1.2013 aufgenommenen 400,-€-Job; ansonsten RV-pflichtig, es sei denn der Minijobber hat sich von der RV-Pflicht befreien lassen Vom **Arbeitgeber** des Minijobs sind als pauschale Arbeitgeberbeiträge zur SozV an die Bundesknappschaft zu entrichten:*

         KV   13%
         RV   15%
         Pauschsteuer   2%

Im Falle der Rentenversicherungspflicht beträgt der Beitragsanteil des **Arbeitnehmers** 3,6%

BEISPIEL 18   *Geringfügig entlohnte Beschäftigung*

Fall 4 – Private Krankenversicherung

Der gegen ein monatliches Entgelt von 450,– € ab dem 1.2.2020 Beschäftigte ist im Hauptberuf Beamter und als solcher bei einer Privatkrankenkasse versichert.

Da die Arbeitsentgelte aus der Hauptbeschäftigung und aus dem einen Nebenjob zur Prüfung der Minijob-Regelungen nicht zusammengerechnet werden (vgl. S. 292), besteht in der Nebenbeschäftigung Versicherungsfreiheit in der KV, PV und ALV. Der Beamte hat beim Arbeitgeber der geringfügigen Beschäftigung die Befreiung von der RV-Pflicht beantragt. Vom Arbeitgeber des 450,-€-Jobs sind als pauschale Arbeitgeberbeiträge zur SozV an die Bundesknappschaft zu entrichten:

        RV   15 %
        Pauschsteuer   2 %

Der pauschale KV-Beitrag entfällt, da der geringfügig Beschäftigte nicht in der gesetzlichen Krankenversicherung versichert ist.

Welches Arbeitsentgelt ist für die Prüfung der 450,-€-Grenze maßgebend?

Es kommt auf das regelmäßige Arbeitsentgelt unter Beachtung des Mindestlohngesetzes (vgl. S. 14) an. Dabei ist mindestens das Arbeitsentgelt heranzuziehen, auf das der Arbeitnehmer z. B. nach dem Tarifvertrag, einer Betriebsvereinbarung oder nach dem Arbeitsvertrag Anspruch hat. Wird tatsächlich ein geringeres Entgelt gezahlt, ist dies unbeachtlich. Ein Verzicht auf einen Teil des Entgelts wäre nur zu berücksichtigen, wenn er arbeitsrechtlich zulässig ist und außerdem nur künftige entstehende Ansprüche betreffen würde.

Fall 5 – Lohnanspruch

Der tarifliche Stundenlohn beträgt 14,– €, als Arbeitszeit sind 30 Stunden im Monat vereinbart; das monatliche Arbeitsentgelt beträgt somit 420,– €. Ab 1. Juli wird der Stundenlohn durch Tarifvertrag auf 15,10 € erhöht. Danach beträgt das Arbeitsentgelt monatlich 453,– €.

Ab 1. Juli ist der Arbeitnehmer somit wegen Überschreitung der 450,-€-Grenze nicht mehr geringfügig beschäftigt; er ist zu diesem Datum bei der Deutschen Rentenversicherung Knappschaft-Bahn-See abzumelden und bei der für ihn zuständigen Krankenkasse als versicherungspflichtig anzumelden. Gleichzeitig entfällt die Möglichkeit der Lohnsteuerpauschalierung. Der Arbeitgeber hat den Lohnsteuerabzug nach den individuellen Besteuerungsmerkmalen des Arbeitnehmers vorzunehmen.

Da auf den Tarifstundenlohn von 15,10 € ein Anspruch besteht, kann ab 1. Juli die Einhaltung der Geringfügigkeitsgrenze von 450,– € nur durch eine Herabsetzung der Arbeitszeit, z. B. auf 29 Stunden (29 x 15,10 € = 437,90 €) erreicht werden.

Wie werden einmalige Einnahmen berücksichtigt?

Einmalig gezahlte Entgelte sind einzubeziehen, wenn mit ihrer jährlichen Zahlung, z. B. aufgrund des Tarifvertrags oder betrieblicher Übung, mit hinreichender Sicherheit gerechnet werden kann.

Fall 6 – Regelmäßige jährliche Einnahme

Das Arbeitsentgelt beträgt monatlich 410,– € x 12 =	4.920,00 €
Außerdem steht tarifvertraglich im Dezember ein 13. Gehalt zu =	410,00 €
	5.330,00 €
: 12 =	444,17 €

BEISPIEL 18   *Geringfügig entlohnte Beschäftigung*

Das regelmäßige monatliche Entgelt überschreitet nicht 450,- €; somit gelten die Minijob-Regelungen. Die pauschalen Beiträge des Arbeitgebers zur SozV und ggf. der Arbeitnehmerbeitrag zur RV, wenn er keinen Antrag auf Befreiung von der RV-Pflicht gestellt hat, sind in den Monaten Januar bis November aus 410,- € und im Dezember aus 820,- € zu berechnen.

Kann der Arbeitnehmer mit Wirkung auf die 450,-€-Grenze auf eine einmalige Einnahme verzichten?

Anders als bei laufendem Arbeitsentgelt ist dies möglich. Es kommt also bei einmaligen Einnahmen nicht darauf an, ob der Verzicht arbeitsrechtlich zulässig ist. Voraussetzung ist allerdings, dass der Verzicht im Voraus erfolgt und vom Arbeitnehmer schriftlich erklärt wird.

Was gilt, wenn die Beschäftigung keinen vollen Monat besteht?

Beginnt die geringfügig entlohnte (Dauer) Beschäftigung während des Monats oder endet sie vor Ablauf des Monats, gilt nach den Geringfügigkeits-Richtlinien vom 21.11.2018 auch für diesen Kalendermonat die 450,-€-Grenze. Eine anteilige Berechnung für einen Teilzeitraum ist nicht erforderlich.

Fall 7 – Teilmonat

Mit einer Teilzeitkraft wird ein monatliches Entgelt von 450,- € vereinbart. Das (Dauer-)Beschäftigungsverhältnis beginnt am 15.9.2020. Der Septemberlohn in Höhe von 450,- € überschreitet nicht die Geringfügigkeitsgrenze von 450,- €, da keine anteilige Berechnung für den Teilmonat erfolgt.

Was gilt bei schwankendem Arbeitslohn?

Zur Feststellung des regelmäßigen monatlichen Arbeitsentgelts kommt es auf den Durchschnittsbetrag an.

Fall 8a – Schwankender Arbeitslohn (vorhersehbar)

Mit einer Aushilfskraft ist von vornherein für Mai bis Oktober ein monatliches Entgelt von 600,- € und für November bis April von 300,- € vereinbart.

Mai bis Oktober =	6 x 600,- € =	3.600,- €
November bis April =	6 x 350,- € =	2.100,- €
durchschnittlicher Monatsbetrag		475,- €

Das regelmäßige Entgelt überschreitet somit die Grenze von 450,- €. Deshalb besteht auch in den Monaten November bis April, in denen nur monatlich 350,- € gezahlt werden, Versicherungspflicht. Die Lohnsteuerpauschalierung kommt nicht in Betracht; der Arbeitgeber muss den Lohnsteuerabzug nach den individuellen Besteuerungsmerkmalen des Arbeitnehmers vornehmen.

Bei **unvorhersehbar** schwankender Höhe des Arbeitsentgelts und in den Fällen, in denen im Rahmen einer Dauerbeschäftigung saisonbedingt **vorhersehbar** unterschiedliche Arbeitsentgelte erzielt werden, ist der regelmäßige Betrag durch Schätzung bzw. **durch eine Durchschnittsberechnung** zu ermitteln. Bei neu eingestellten Arbeitnehmern kann dabei von der Vergütung eines vergleichbaren Arbeitnehmers ausgegangen werden. Im Rahmen der **Schätzung ist es auch zulässig,** wenn Arbeitgeber bei ihrer Jahresprognose (= Zeitraum von 12 Monaten) allein die Einhaltung der jährlichen Geringfügigkeitsgrenze von 5.400,- € unterstellen, ohne die Arbeitseinsätze und damit die zu erwartenden Arbeitsentgelte für die einzelnen Monate im Vorfeld festzulegen. Die Tatsache, dass aufgrund des unvorhersehbaren Jahresverlaufs in einzelnen Monaten auch Arbeitsentgelte oberhalb von 450,- € erzielt werden, ist unschädlich für das Vorliegen einer geringfügig entlohnten Beschäftigung, solange die jährliche Entgeltgrenze von 5.400,- € nicht überschritten wird.

Fall 8b – Schwankender Arbeitslohn (unvorhersehbar)

Eine Raumpflegerin arbeitet zu einem Stundenlohn von 10,- €. Sie soll zwischen 8 und 12 Stunden in der Woche eingesetzt werden. Die genaue Anzahl und der konkrete Umfang der regelmäßigen Arbeitszeit stehen nicht fest.

Der Arbeitgeber geht in seiner Jahresprognose davon aus, dass das Arbeitsentgelt im Jahr 5.400,- € nicht übersteigt, so dass sie geringfügig entlohn beschäftigt beurteilt werden kann.

Ist ein gelegentliches Überschreiten der Minijob-Grenze unschädlich?

Das nur gelegentliche und nicht vorhersehbare Überschreiten der Grenze führt nicht zur Versicherungspflicht. Als gelegentlich ist dabei ein Zeitraum bis zu **drei** Monaten (Als Folge des Qualifizierungschancengesetzes bleibt es auch nach dem 31.12.2018 bei den drei Monaten.) innerhalb eines Zeitjahres anzusehen. Der Jahreszeitraum ist in der Weise zu ermitteln, dass vom letzten Tag des zu beurteilenden Beschäftigungsmonats ein Jahr zurückgerechnet wird. Als Monat gilt der Entgeltabrechnungszeitraum (Kalendermonat). Nicht vorhersehbar bedeutet, dass der Überschreitensfall nicht von vornherein geplant und vereinbart wird, wie dies bei Urlaubsvertretungen meist der Fall ist. Der typische Fall des gelegentlichen Überschreitens ist deshalb die Übernahme einer Vertretung im Krankheitsfall oder der Anfall von Überstunden aus nicht vorhersehbarem Anlass.

Fall 9a – Gelegentliches Überschreiten

Das monatliche Arbeitsentgelt beträgt 450,- €. Wegen der Erkrankung eines Mitarbeiters fallen im Juni zusätzliche Arbeitsstunden an. Das Entgelt beträgt in diesem Monat deshalb 800,- €.

Die 450,-€-Grenze wird nur gelegentlich überschritten. Deshalb besteht auch im Monat Juni Versicherungsfreiheit in der KV, PV und ALV. In der RV besteht für einen nach dem 31.12.2012 aufgenommenen Minijob Versicherungspflicht, es sei denn der Arbeitnehmer hat bei seinem Minijob-Arbeitgeber einen Antrag auf Befreiung von der RV-Pflicht gestellt. Die pauschalen Beiträge des Arbeitgebers zur SozV und ggf. der Beitragsanteil des Arbeitnehmers zur RV sind in diesem Monat aus 800,- € zu berechnen.

Fall 9b – Gelegentliches Überschreiten

Eine Raumpflegerin arbeitet seit 2014 gegen ein monatliches Arbeitsentgelt von 380,- €. Ende Oktober 2019 war sie von ihrem Arbeitgeber gebeten worden, wider Erwarten vom 1.11. bis zum 31.12.2019 zusätzlich die Krankheitsvertretung zu übernehmen, wodurch sich das Arbeitsentgelt in den Monaten November und Dezember 2019 auf monatlich 2.000,- € erhöht hatte. Ende Juni 2020 bittet sie der Arbeitgeber erneut wider Erwarten vom 1.7. bis zum 31.7.2020 zusätzlich die Krankheitsvertretung zu übernehmen. Ab. 1.8.2020 beträgt das Arbeitsentgelt – wie seit 2014 vereinbart – monatlich wieder 380,- €.

Aufgrund der Krankheitsvertretung übersteigt das regelmäßige monatliche Arbeitsentgelt im Durchschnitt der Jahresbetrachtung (1.1.2020 bis 31.12.2019) die 450,- €-Monatsgrenze. Gleichwohl liegt auch 2020 ein geringfügiges Beschäftigungsverhältnis vor, weil es sich innerhalb des maßgebenden Zeitraums (1.8.2019 bis 31.7.2020) nur um ein gelegentliches (ab 1.1.2015 dreimaliges) und nicht vorhersehbares Überschreiten der Arbeitsentgeltgrenze handelt.

BEISPIEL 18 Geringfügig entlohnte Beschäftigung

Welche Auswirkung haben steuerfreie Lohnteile auf die 450,-€-Grenze?
Soweit die steuerfreien bzw. pauschalversteuerten Bezüge nicht zum Arbeitsentgelt in der Sozialversicherung rechnen – was in der Regel der Fall ist –, bleiben sie auch für die Feststellung der 450,-€-Grenze außer Betracht. In der Praxis sind im Rahmen von Minijobs vor allem die folgenden Bezüge relevant:

— Steuerfreie Zuschläge für Sonntags-, Feiertags- und Nachtarbeit (vgl. S. 91);
— steuerfreie Maßnahmen der betrieblichen Gesundheitsförderung nach § 3 Nr. 34 EStG (vgl. S. 109);
— steuerfreie Zuschüsse zur Unterbringung und Betreuung von nicht schulpflichtigen Kindern in Kindergärten oder vergleichbaren Einrichtungen (§ 3 Nr. 33 EStG; vgl. S. 143);
— steuerfreie Betreuungsleistungen (§ 3 Nr. 34a EStG; vgl. S. 108);
— nach § 3 Nr. 26 EStG steuerfreie Einnahmen für bestimmte nebenberufliche Tätigkeiten bis zu 2.400,- € im Jahr; entsprechendes gilt für den 720,- € Freibetrag nach § 3 Nr. 26a EStG; zur Feststellung der 450-€-Grenze erfolgt die Berücksichtigung unabhängig davon, ob die genannten Steuerfreibeträge pro rata oder en bloc ausgeschöpft werden; soweit der Arbeitnehmer diese Freibeträge bereits anderweitig in Anspruch nimmt, muss er dies dem Arbeitgeber anzeigen;
— nach § 3 Nr. 15 EStG steuerfreie ÖPNV-Zuschüsse oder andere mit 15% oder 25% pauschal versteuerte Zuschüsse für Fahrten zwischen Wohnung und erster Tätigkeitsstätte (vgl. S. 121);
— pauschal versteuerter Beitrag zu einer Direktversicherung bis zu 146,- € monatlich (vgl. S. 81);
— nach § 3 Nr. 63 EStG steuerfreie Beiträge an eine kapitalgedeckte Pensionskasse, einen Pensionsfonds oder für eine Direktversicherung (vgl. S. 77);
— nach § 3 Nr. 56 EStG steuerfreie Beiträge an eine umlagefinanzierte Pensionskasse (vgl. S. 77).

Durch die Inanspruchnahme solcher steuerfreier bzw. pauschalversteuerter Leistungen kann somit unter Einhaltung der Versicherungsfreigrenze der Nettobezug bei einem Minijob beträchtlich erhöht werden.

Fall 10 – Steuerfreie Einnahmen bei nebenberuflicher Tätigkeit

Ein Sportverein beschäftigt gegen ein monatliches Entgelt von 620,- € einen Übungsleiter, der diese Tätigkeit nebenberuflich ausübt.

Die Übungsleitervergütung von 620,- € monatlich ist in Höhe von 200,- € steuerfrei (§ 3 Nr. 26 EStG, R 3.26 LStR) und gehört in dieser Höhe auch nicht zum sozialversicherungsrechtlichen Arbeitsentgelt. Voraussetzung ist allerdings eine schriftliche Erklärung des Übungsleiters, dass die Steuerbefreiung nicht bereits anderweitig berücksichtigt wird. Der Verein muss diese Erklärung als Beleg zu den Lohnunterlagen nehmen.

Das Arbeitsentgelt übersteigt somit nicht die Minijob-Grenze (620,- € abz. 200,- €). Die pauschalen Abgaben für geringfügig Beschäftigte sind vom Verein aus 420,- € zu berechnen und an die Minijobzentrale abzuführen.

Entsprechendes gilt für in gemeinnützigen Vereinen und Organisationen nebenberuflich ehrenamtlich Tätige, die keine Übungsleitertätigkeit ausüben und deren Vergütung nach Vorlage einer entsprechenden Erklärung über die Anwendung des § 3 Nr. 26a EStG bis zur Höhe von insgesamt 720,- € im Kalenderjahr steuerfrei und nach § 1 Abs. 1 Nr. 16 Sozialversicherungsentgeltverordnung beitragsfrei bleiben.

Was gilt für Abfindungszahlungen bei geringfügig Beschäftigten?

Abfindungszahlungen, die für die Auflösung des Dienstverhältnisses gezahlt werden, sind kein Arbeitsentgelt in der Sozialversicherung (vgl. S. 366). Allerdings sind Abfindungszahlungen nach dem Auslaufen der Steuerbefreiung nicht steuerfrei. Bemessungsgrundlage für die einheitliche Pauschsteuer von 2% oder den Pauschsteuersatz von 20% ist jedoch das sozialversicherungsrechtliche Arbeitsentgelt, unabhängig davon, ob es steuerpflichtiger oder steuerfreier Arbeitslohn ist. Daher ist für Lohnbestandteile, die nicht zum sozialversicherungsrechtlichen Arbeitsentgelt gehören, die genannte Lohnsteuerpauschalierung nicht zulässig. Abfindungen unterliegen damit auch bei geringfügig Beschäftigten dem Lohnsteuerabzug nach den individuellen Besteuerungsmerkmalen des Arbeitnehmers. Dabei darf beim maschinellen Steuerabzug nur die Mindestvorsorgepauschale gewährt werden, da eine wegen Verlustes des Arbeitsplatzes gezahlte Abfindung nicht der Sozialversicherung unterliegt; beim manuellen Lohnsteuerabzug ist die Besondere Lohnsteuertabelle anzuwenden.

Kann ein SV-begünstigter Minijob neben einer Hauptbeschäftigung ausgeübt werden?

Mit Ausnahme **einer** geringfügig entlohnten Beschäftigung erfolgt die Zusammenrechnung mit der versicherungspflichtigen Hauptbeschäftigung, d. h., neben der Hauptbeschäftigung bleibt nur **ein** Minijob in der KV, PV und ALV versicherungsfrei; in der RV besteht für einen nach dem 31.12.2012 aufgenommenen Minijob Versicherungspflicht, es sei denn der Arbeitnehmer hat bei seinem Minijob-Arbeitgeber einen Antrag auf Befreiung von der RV-Pflicht gestellt. Werden neben der Hauptbeschäftigung mehrere Minijobs ausgeübt, bleibt die Versicherungsfreiheit bei dem zeitlich zuerst aufgenommenen erhalten. Die anderen Minijobs werden mit der Hauptbeschäftigung zusammengerechnet und sind wie diese in der KV, PV und RV versicherungspflichtig. In der **ALV** erfolgt dagegen keine Zusammenrechnung der geringfügigen Beschäftigung mit der Hauptbeschäftigung. Deshalb sind dort auch weitere Minijobs versicherungsfrei.

Fall 11 – Hauptbeschäftigung und mehrere Mini-Jobs

Eine Buchhalterin ist im Kaufhaus A halbtags gegen ein Entgelt von monatlich 1.500,- € angestellt; in dieser Beschäftigung besteht Versicherungspflicht. Daneben übt sie geringfügig entlohnte Beschäftigungen aus, und zwar seit Juni 2012 beim Arbeitgeber B gegen ein monatliches Entgelt von 400,- € und beim Arbeitgeber C ab Februar 2020 gegen ein Entgelt von 350,- €.

Die Beschäftigung bei B bleibt wegen der geringfügigen Entlohnung versicherungsfrei. Dies gilt auch in der RV, da die geringfügige Beschäftigung vor dem 1.1.2013 begonnen hat, das Entgelt weiterhin 400,- € nicht übersteigt und die Arbeitnehmerin weiterhin auch keinen Antrag auf Befreiung von der RV-Pflicht gestellt hat. Es handelt sich zeitlich um das erste geringfügige Beschäftigungsverhältnis. Der Arbeitgeber hat die pauschalen Abgaben aus dem Entgelt von 400,- € zu entrichten.

In der Beschäftigung beim Arbeitgeber C besteht Versicherungspflicht in der KV, PV und RV wegen der Zusammenrechnung mit der versicherungspflichtigen Hauptbeschäftigung beim Arbeitgeber A. Der Arbeitgeber C hat von dem Entgelt von 350,- € die allgemeinen SozV-Beiträge einzubehalten und zusammen mit dem Arbeitgeberanteil abzuführen. In der Arbeitslosenversicherung besteht Versicherungsfreiheit, weil das Arbeitsentgelt 450,- € nicht übersteigt und in der ALV keine Zusammenrechnung des Entgelts mit der Hauptbeschäftigung erfolgt. Die Lohnsteuer kann der Arbeitgeber C pauschal erheben, da es sich um eine geringfügige, wenn auch versicherungspflichtige, Beschäftigung handelt. Der Pauschsteuersatz beträgt 20% (§ 40a Abs. 2a EStG).

BEISPIEL 18 Geringfügig entlohnte Beschäftigung

Beim Arbeitgeber C ergibt sich somit folgende Lohnabrechnung:
Entgelt 350,00 €
Abzüge

	KV	7,3 %	25,55	
	Zusatzbeitrag (ang. 1,1 %)	0,55 %	1,93	
	PV	1,525 %	5,34	
	Beitragszuschlag	0,25 %	0,88	
	RV	9,3 %	32,55	66,25 €

Auszahlung an die Arbeitnehmerin 283,75 €
An die Krankenkasse als Einzugsstelle
sind vom Arbeitgeber abzuführen:
Arbeitnehmeranteil 66,25
Arbeitgeberanteil KV (7,3 % + 0,55 %) 27,48
 PV (1,525 %) 5,34
 RV (9,3 %) 32,55 131,62 €
An das Finanzamt sind vom
Arbeitgeber abzuführen:

	Pauschale Lohnsteuer	20 % von	350,00	70,00	
	SolZ	5,50 % von	70,00	3,85	
	KiSt (angenommen)	7,00 % von	70,00	4,90	78,75 €

Aufwand für Arbeitgeber C **494,12 €**
(dazu kommen noch die Umlagen)
Zur Berechnung und Anmeldung der pauschalen Kirchensteuer vergleiche Anlage 1a (S. 405)
und zur gesonderten Eintragung der pauschalen Lohnsteuer in der Lohnsteuer-Anmeldung
vgl. S. 397.

Welche Auswirkungen ergeben sich, wenn mehrere Minijobs nebeneinander bestehen, aber keine versicherungspflichtige Hauptbeschäftigung ausgeübt wird?
Die Arbeitsentgelte werden zusammengerechnet. Übersteigen sie zusammen 450,- € monatlich, besteht in jedem Beschäftigungsverhältnis Versicherungspflicht in der KV, PV, RV und auch in der ALV. Die Zusammenrechnung der Arbeitsentgelte aus mehreren Minijobs hat auch steuerliche Konsequenzen. Da keine pauschalen Arbeitgeberbeiträge zur Rentenversicherung zu entrichten sind, entfällt die Steuerpauschalierung mit dem Satz von 2 %. Zur Versteuerung bestehen dann zwei Möglichkeiten.

1. Entweder der Arbeitgeber nimmt den Lohnsteuerabzug nach den individuellen Besteuerungsmerkmalen des Arbeitnehmers bzw. Steuerklasse VI vor oder
2. er berechnet die Lohnsteuer pauschal mit 20 % des Arbeitsentgelts. Voraussetzung für die Lohnsteuerpauschalierung ist, dass es sich um eine geringfügige Beschäftigung handelt, das Arbeitsentgelt in der einzelnen Beschäftigung also regelmäßig im Monat **450,- €** nicht übersteigt (§ 40a Abs. 2a EStG). Die bei anderen Lohnsteuerpauschalierungen maßgebende Stundenlohngrenze von nunmehr 15,- € (vormals 12,- €) ist hier nicht anzuwenden.

Zur pauschalen Lohnsteuer, in der Lohnsteuer-Anmeldung gesondert einzutragen ist (vgl. S. 397), kommen noch der Solidaritätszuschlag in Höhe von 5,5 % der Lohnsteuer und ggf. die Kirchensteuer (vgl. S. 405) hinzu.

BEISPIEL 18   *Geringfügig entlohnte Beschäftigung*

Das pauschal versteuerte Arbeitsentgelt und die pauschalen Steuerbeträge bleiben bei einer Einkommensteuerveranlagung des Arbeitnehmers außer Betracht; sie dürfen deshalb nicht in einer Lohnsteuerbescheinigung erfasst werden.

Fall 12a – mehrere Minijobs

Eine verheiratete, kinderlose Aushilfskraft, die keine versicherungspflichtige Hauptbeschäftigung ausübt, ist bei den Arbeitgebern A, B und C jeweils gegen ein Arbeitsentgelt von monatlich 450,– € tätig.

Aufgrund der Zusammenrechnung besteht in allen drei Beschäftigungsverhältnissen Versicherungspflicht. Bei der Berechnung des Arbeitnehmeranteils greift die Gleitzonen-Regelung nicht, da diese bei dem zusammengerechneten Entgelt von 1.350,– € keine Minderung des Arbeitnehmeranteils mehr vorsieht (vgl. S. 39). Die Besteuerung kann jeder Arbeitgeber entweder pauschal oder nach den individuellen Besteuerungsmerkmalen des Arbeitnehmers vornehmen.

			individuelle Besteuerungsmerkmale z. B.		Pauschalierung Steuersatz 20%
			Arbeitgeber A Steuerkl. V	Arbeitgeber B Steuerkl. VI	Arbeitgeber C
Arbeitsentgelt:			450,00	450,00	450,00
abzüglich Arbeitnehmeranteil SozV:					
KV	7,3%	32,85			
Zusatzbeitrag (ang. 1,1%)	0,55%	2,48			
PV	1,525%	6,86			
Beitragszuschlag	0,25%	1,13			
RV	9,3%	41,85			
ALV	1,2%	5,40	90,57	90,57	90,57
					359,43
Lohnsteuer			38,58	50,75	
SolZ			0,00	0,00	
KiSt 8%			3,08 41,66	4,06 54,81	0
Auszahlung an die Arbeitnehmerin			317,77	304,62	359,43

BEISPIEL 18 Geringfügig entlohnte Beschäftigung

Aufwand des Arbeitgebers:

Arbeitsentgelt	450,00	450,00	450,00
zuzüglich Arbeitgeberanteil zur SozV			
KV 7,3%+0,55%	35,33	35,33	35,33
PV 1,525%	6,86	6,86	6,86
RV 9,3%	41,85	41,85	41,85
ALV 1,2%	5,40	5,40	5,40
zuzüglich pauschale Steuerbeträge:			
LSt von 450,- € 20,00%	0,00	0,00	90,00
SolZ aus der LSt 5,50%			4,95
KiSt aus der LSt z. B. 7,00%			6,30
Gesamtaufwand (ohne evtl. Umlagen)	**539,44**	**539,44**	**640,69**

Zur Berechnung und Anmeldung der pauschalen Kirchensteuer vergleiche Anlage 1a (S. 405) und zur gesonderten Ausweisung der pauschalen Lohnsteuer in der Lohnsteuer-Anmeldung vgl. S. 397.

Fall 12b – mehrere Minijobs (Alt- und Neufall)

Eine verheiratete Aushilfskraft, die keine versicherungspflichtige Hauptbeschäftigung ausübt, ist seit dem 1.7.2012 beim Arbeitgeber A gegen ein monatliches Arbeitsentgelt von 200,- € beschäftigt. Sie nimmt ab dem 1.2.2020 beim Arbeitgeber B eine zweite Beschäftigung mit einem Arbeitsentgelt von 250,- € auf.

Die Aushilfskraft ist geringfügig entlohnt beschäftigt, weil ihr Arbeitsentgelt aus beiden Beschäftigungsverhältnissen insgesamt 450,- € nicht übersteigt. Sie ist damit in der KV, PV und ALV versicherungsfrei. In der bestandsgeschützten Beschäftigung beim Arbeitgeber A besteht bis zum 31.1.2020 Rentenversicherungsfreiheit. Ab dem 1.2.2020 wirkt diese Bestandsschutzregelung für das Beschäftigungsverhältnis A nicht mehr, weil aufgrund des Hinzutritts der Beschäftigung beim Arbeitgeber B, das insgesamt erzielte Arbeitsentgelt 400,- € übersteigt. Für beide Beschäftigungsverhältnisse ergibt sich ab dem 1.2.2020 grundsätzlich RV-Pflicht, von der sich die Aushilfskraft jedoch befreien lassen kann.

Die beim Arbeitgeber B mit Aufnahme des Beschäftigungsverhältnisses beantragte Befreiung von der RV-Pflicht wirkt ab 1.2.2020 auch auf die Beschäftigung beim Arbeitgeber A, ohne dass beim Arbeitgeber A ein gesonderter Befreiungsantrag zu stellen und der Minijob-Zentrale zu melden ist.

Welche Auswirkungen ergeben sich bei Beamten aus der Zusammenrechnung von Minijobs?

Da im Beamtenverhältnis in allen Zweigen der Sozialversicherung Versicherungsfreiheit besteht, werden daneben ausgeübte Tätigkeiten von vornherein nicht mit der Beamtenbeschäftigung zusammengerechnet. Mehrere Minijobs müssen jedoch zur Prüfung der Entgeltgrenze von 450,- € addiert werden.

BEISPIEL 18　　　　　　　　　　　　　　　　　　　Geringfügig entlohnte Beschäftigung

Fall 13 – Beamter mit Nebenbeschäftigungen

Der Beamte hat Nebenbeschäftigungen übernommen, und zwar bei Arbeitgeber B gegen ein Entgelt von monatlich 200,- € und beim Arbeitgeber C gegen ein Entgelt von 270,- €.

Wegen der Versicherungsfreiheit der Hauptbeschäftigung als Beamter erfolgt keine Zusammenrechnung mit den geringfügigen Beschäftigungen. Zur Prüfung der Entgeltgrenze von 450,- € sind jedoch die Nebenbeschäftigungen zusammenzurechnen. Das Gesamtentgelt hieraus beträgt 470,- € und überschreitet damit die Versicherungsfreigrenze, sodass von den Arbeitgebern B und C keine Pauschalbeiträge an die Minijobzentrale zu entrichten sind.

Wegen der Krankenversicherungsfreiheit als Beamter fallen auch in den Beschäftigungen beim Arbeitgeber B und C keine KV-Beiträge (und damit auch keine Beiträge zur Pflegeversicherung) an.

In der Rentenversicherung und Arbeitslosenversicherung besteht beim Arbeitgeber B und C Versicherungspflicht, da durch die Zusammenrechnung die 450,-€-Grenze überschritten ist. Für die jeweiligen Entgelte ist der normale Beitrag (RV weiterhin 18,6 %; ALV nunmehr 2,4 %) zu entrichten.

Da kein Pauschalbeitrag zur RV zu entrichten ist, entfällt auch die Steuerpauschale von 2 %. Sofern von den Arbeitgebern B und C der Lohnsteuerabzug nicht nach den individuellen Besteuerungsmerkmalen des Beamten (mit Steuerklasse VI für ein weiteres Dienstverhältnis) vorgenommen werden soll, kann die Lohnsteuer aus dem Entgelt von 200,- € bzw. 270,- € pauschal mit 20 % erhoben werden (§ 40a Abs. 2a EStG). Daneben fällt der Solidaritätszuschlag an (5,5 % aus der Lohnsteuer) und ggf. die Kirchensteuer (vgl. S. 405).

Kann ein 450,-€-Job versicherungsfrei neben einer kurzfristigen Beschäftigung ausgeübt werden?

Zur Prüfung der Versicherungsfreigrenze wird ein 450,-€-Job mit einer versicherungsfreien kurzfristigen Beschäftigung (vgl. S. 301) nicht zusammengerechnet.

Fall 14 – 450,-€-Job neben kurzfristiger Tätigkeit

Die verheiratete, kinderlose Arbeitnehmerin, die im Rahmen der Familienversicherung ihres in der gesetzlichen Krankenversicherung versicherten Ehegatten versichert ist, ist seit dem 1.1.2020 beim Arbeitgeber A gegen ein regelmäßiges monatliches Arbeitsentgelt von 450,- € beschäftigt und hat beim Arbeitgeber die Befreiung von der RV-Pflicht beantragt. Beim Arbeitgeber B hilft sie daneben in der Zeit vom 1.7. bis 31.8. als Urlaubsvertretung gegen ein Entgelt von monatlich 1.500,- € aus. Weitere Beschäftigungen bestehen nicht.

Die Beschäftigung beim Arbeitgeber A ist wegen geringfügiger Entlohnung (450,-€-Job) versicherungsfrei. An die Minijobzentrale sind vom Arbeitgeber folgende Pauschalabgaben (und ggf. noch die Umlagen) zu leisten:

KV	*13 % =*	*58,50 €*
RV	*15 % =*	*67,50 €*
Pauschsteuer	*2 % =*	*9,00 €*

Im Beschäftigungsverhältnis zum Arbeitgeber B besteht Versicherungsfreiheit, weil 3 Monate nicht überschritten werden und deshalb eine kurzfristige Beschäftigung vorliegt; auf die Höhe des Arbeitslohns kommt es nicht an. Für Zwecke des Lohnsteuerabzugs muss die Arbeitnehmerin ihre ELStAM abrufen lassen bzw. eine Bescheinigung für den Lohnsteuerabzug vorlegen. Entsprechend der danach maßgebenden Steuerklasse sind vom Arbeitgeber die Steuerabzugsbeträge einzubehalten. Da das kurzfristige Beschäftigungsverhältnis versicherungsfrei ist, kommt bei maschineller Lohnabrechnung keine Teilvorsorgepauschale für die gesetzliche Renten- und

BEISPIEL 18   *Geringfügig entlohnte Beschäftigung*

Krankenversicherung, sondern nur die Mindestvorsorgepauschale bzw. bei manueller Lohnabrechnung die Besondere Lohnsteuertabelle zur Anwendung (vgl. S. 24):

Steuerklasse V		
Arbeitslohn		1.500,00 €
Lohnsteuer	272,83 €	
SolZ	15,00 €	
KiSt (8 % angenommen)	21,82 €	309,65 €
Auszahlung		1.190,35 €

Wie erfährt der Arbeitgeber von der Versicherungspflicht in einem Minijob?

Der Arbeitnehmer ist verpflichtet, dem Arbeitgeber alle Angaben zu machen, die zur Beurteilung der Versicherungspflicht erforderlich sind (§ 28o SGB IV). Dies schließt die Auskunft über weitere Beschäftigungsverhältnisse ein. Nach diesen Angaben muss der Arbeitgeber entscheiden, ob eine Meldung als versicherungsfreie geringfügig entlohnte Beschäftigung bei der Minijobzentrale zu erstatten ist oder ob der Arbeitnehmer als versicherungspflichtig bei der zuständigen Krankenkasse anzumelden ist.

Ergibt die anschließende Prüfung durch den Sozialversicherungsträger, dass die Voraussetzungen für die Versicherungsfreiheit nicht mehr vorliegen, z. B. weil der Arbeitnehmer eine weitere Beschäftigung aufgenommen hat, tritt die Versicherungspflicht **erst mit der Bekanntgabe** durch die Einzugsstelle bzw. den Rentenversicherungsträger ein (vgl. § 8 Abs. 2 Satz 3 SGB IV). Dies gilt nur dann nicht, wenn der Arbeitgeber vorsätzlich oder grob fahrlässig versäumt hat, den Sachverhalt für die versicherungsrechtliche Beurteilung der Beschäftigung aufzuklären. Mit diesem Bescheid wird der Arbeitgeber verpflichtet, die notwendige Ab- und Anmeldung vorzunehmen.

 Rat für die Praxis

Der Arbeitgeber sollte unbedingt vor Beschäftigungsbeginn beim Minijobber schriftlich abfragen, ob er noch weitere Beschäftigungen ausübt.

Welche Besonderheiten bestehen für Minijobs im Meldeverfahren?
Jede versicherungsfreie geringfügig entlohnte Beschäftigung ist der Minijobzentrale per Datenübertragung mittels zugelassener systemgeprüfter Programme oder maschinell erstellter Ausfüllhilfen zu melden. Die Sofortmeldung in bestimmten Wirtschaftszweigen (vgl. S. 47) gilt auch für 450,-€-Jobs. Zum Meldeverfahren bei Beschäftigungen in Privathaushalten vgl. S. 298.

Welcher Personengruppenschlüssel ist maßgebend?
Bei den geringfügig entlohnten Beschäftigungen ist der Personengruppenschlüssel **„109"** einzutragen sowie die Beitragsgruppe zur Krankenversicherung mit „6". Hinsichtlich der Beitragsgruppe zur Rentenversicherung ist wegen der Neuregelung der geringfügigen Beschäftigung Folgendes zu beachten: Die Beitragsgruppe zur Rentenversicherung darf nur dann mit „5" verschlüsselt werden, wenn Versicherungsfreiheit oder Befreiung von der Versicherungspflicht besteht. Bei Rentenversicherungspflicht und vollem Beitrag zur RV ist hingegen die Beitragsgruppe zur Rentenversicherung mit „1" zu verschlüsseln; gleichwohl ist jedoch der Personengruppenschlüssel „109", zu verwenden. Die Beitragsgruppen zur Arbeitslosen- und Pflegeversicherung sind mit „0" zu verschlüsseln.

Welche Meldungen sind bei einem Wechsel in der Versicherungspflicht erforderlich?
Fällt die Versicherungsfreiheit weg (z. B. wegen der nachhaltigen Überschreitung der 450,-€-Grenze oder der Zusammenrechnung mit einer anderen Beschäftigung), wird eine andere Einzugsstelle zuständig. Deshalb ist bei der Minijobzentrale eine Abmeldung mit dem Meldegrund **31** und bei der nun zuständigen Krankenkasse der beschäftigten Person eine Anmeldung mit dem Meldegrund **11** zu erstatten. Beim Wegfall der Versicherungspflicht gilt dies umgekehrt.

Was gilt zum gesetzlichen Mindestlohn?
Auch bei geringfügig Beschäftigten i.S. d § 8 Abs. 1 SGB IV sind die Bestimmungen des Mindestlohns zu beachten (vgl. S. 14). Nach § 17 MiLoG ist der Arbeitgeber verpflichtet, Beginn, Ende und Dauer der täglichen Arbeitszeit spätestens bis zum Ablauf des 7. auf den Tag der Arbeitsleistung folgenden Kalendertages aufzuzeichnen und diese Aufzeichnungen mindestens 2 Jahre aufzubewahren.

Fall 15 – Auswirkungen des gesetzlichen Mindestlohns
Eine Aushilfskraft hat bei Beachtung der Bestimmungen des Mindestlohngesetzes Anspruch auf einen Mindestlohn von nunmehr 9,35 € je Stunde. Der Arbeitgeber zahlt tatsächlich nur einen Stundenlohn von 9,- €. Es werden 50 Arbeitsstunden im Monat erbracht. Aus sozialversicherungsrechtlicher Sicht liegt wegen des Mindestlohns ein Arbeitsentgelt von 467,50 € (= 9,35 € x 50 Stunden) vor.

Damit ist die Grenze für ein geringfügiges Beschäftigungsverhältnis i. H. v. 450,- € überschritten, sodass eine LSt-Pauschalierung nach § 40a Abs. 2 oder § 40a Abs. 2a EStG (mit 2% oder 20%) nicht möglich ist. Die Versteuerung hat deshalb nach den individuellen Lohnsteuerabzugsmerkmalen des Arbeitnehmers (ggf. Steuerklasse VI) zu erfolgen; allerdings auf der Grundlage des lohnsteuerpflichtigen Arbeitslohns i. H. v. 450,- € (= tatsächlich gezahlter Arbeitslohn von 9,- € x 50 Stunden).

Minijob im Privathaushalt

Für geringfügig entlohnte Beschäftigungen, die ausschließlich in einem Privathaushalt ausgeübt werden, hat der Gesetzgeber eine Sonderregelung getroffen. Für sie sind niedrigere pauschale Beiträge zur KV und RV sowie ein vereinfachtes Melde- und Erhebungsverfahren maßgebend. Das Gesetz zu Änderungen im Bereich der geringfügigen Beschäftigung vom 5.12.2012, BGBl. I S. 2.474 greift auch auf die geringfügig entlohnte Beschäftigung im Privathaushalt (§ 8a SGB IV) durch. Damit gilt ab dem Jahr 2013 auch hier die Anhebung der Geringfügigkeitsgrenze von 400,- € auf 450,- € sowie die auf Seite 280 beschriebenen Regelungen zur Rentenversicherungspflicht. Dementsprechend ist zu unterscheiden, ob es sich um ein RV-freies vor dem 1.1.2013 eingegangenes 400,-€-geringfügig entlohntes Beschäftigungsverhältnis oder ein RV-pflichtiges geringfügig entlohntes Beschäftigungsverhältnis handelt. Dementsprechend gibt es auch zwei unterschiedliche Haushaltsscheckformulare. Die Besonderheiten zu den geringfügig Beschäftigten in Privathaushalten sind in der gemeinsamen Verlautbarung der Spitzenorganisationen vom 4.12.2017 zusammengefasst. Ansonsten gelten zur Feststellung der Versicherungsfreiheit die allgemeinen Grundsätze. Die für das automatisierte Verfahren nach § 28b Abs. 2 SGB IV geltenden Grundsätze für die Gestaltung des Haushaltsschecks und für das der Einzugsstelle in diesem Verfahren zu erteilende Lastschriftmandat ergeben sich aus dem SV-Schreiben vom 14.6.2018.

BEISPIEL 18 *Minijob im Privathaushalt*

Wann liegt eine Beschäftigung im Privathaushalt vor?
Die Beschäftigung muss durch einen Privathaushalt begründet sein. Somit kommen als Arbeitgeber nur natürliche Personen in Betracht. Die Sonderregelung gilt also nicht für Beschäftigungen durch Dienstleistungsagenturen oder z. B. ein Reinigungsunternehmen. Weitere Voraussetzung ist, dass die Tätigkeit sonst gewöhnlich durch Mitglieder des privaten Haushalts erledigt wird. Allerdings wird im Sozialversicherungsrecht in der Regel unter Ehegatten ein Beschäftigungsverhältnis im Privathaushalt nicht anerkannt; das Gleiche gilt für die Tätigkeit von Kindern im Haushalt.

Wichtig ist, dass die Beschäftigung ausschließlich im Privathaushalt erfolgt. Das heißt, die beschäftigte Person darf für denselben Arbeitgeber keine weiteren Leistungen erbringen, wie z. B. die Reinigung von Geschäftsräumen oder die Erledigung von Büroarbeiten. Wird dies nicht beachtet, geht das Sozialversicherungsrecht von einem einheitlichen Beschäftigungsverhältnis aus, mit der Folge, dass das übliche Meldeverfahren für geringfügig Beschäftigte anzuwenden ist und die höheren Pauschalbeiträge zur KV und RV maßgebend sind.

Welche Abgaben fallen bei einem 450,-€-Job im Privathaushalt an?

Als Pauschalbeiträge des **Arbeitgebers:**

Krankenversicherung	**5%**
(Der pauschale KV-Beitrag entfällt, wenn die geringfügig beschäftigte Person in der gesetzlichen Krankenkasse weder selbst noch als Familienmitglied pflichtversichert noch freiwillig versichert ist.)	
Rentenversicherung	**5%**
Steuerpauschale (enthält den Solidaritätszuschlag und die Kirchensteuer)	**2%**
Einbeziehung der Unfallversicherung in das Haushaltsscheckverfahren:	
Unfallversicherung	**1,6%**
Umlage U 1 von weiterhin	**0,9%**
(Lohnfortzahlung bei Krankheit)	
Umlage U 2 von (seit 1.6.2019)	**0,19%**
(Ausgleich der Mutterschutzaufwendungen)	

Die **Insolvenzgeldumlage** (vgl. S. 42) wird bei Beschäftigungen im Privathaushalt **nicht** erhoben.

Zusammen	**14,69%**

Als Beitrag des **Arbeitnehmers:**
In der Rentenversicherung beträgt der Beitragsanteil des Arbeitnehmers, wenn er entweder bei einem vor dem 1.1.2013 begonnenen 400,-€-Job auf die RV-Freiheit verzichtet hat oder bei einem 450,-€-Job sich nicht von der RV-Pflicht hat befreien lassen, die Differenz zwischen dem pauschalen Arbeitgeberbeitrag von 5% und dem allgemeinen Beitragssatz von weiterhin 18,6%, also für das Jahr 2020 13,6%. Zum Verzicht auf die RV-Freiheit bzw. Abwahl der RV-Pflicht siehe im Einzelnen S. 285.

BEISPIEL 18 — *Minijob im Privathaushalt*

Welche Einzugsstelle ist für die Pauschalabgaben zuständig?

Wie bei den anderen geringfügig Beschäftigten, ist auch für die Beschäftigungen in Privathaushalten für die Erhebung der Abgaben, die hier im Haushaltsscheckverfahren erfolgt, bundesweit die Minijobzentrale zuständig.

Wie funktioniert das Haushaltsscheckverfahren?
— Die Verwendung des Haushaltsschecks ist für geringfügige Beschäftigungen im Privathaushalt zwingend vorgeschrieben. Die Vordrucke stehen im Internet unter www.minijob-zentrale.de zur Verfügung. Auf Anforderung werden sie auch von der Minijobzentrale zugesandt. Für den Arbeitgeber besteht nach § 28a Abs. 7 Satz 2 SGB IV auch die Möglichkeit der elektronischen Datenübertragung.
— Der Haushaltsscheck ist der Minijobzentrale bei jedem Meldeanlass unverzüglich einzureichen (Beginn der Beschäftigung, Änderung des Arbeitsentgelts, Verzicht auf die RV-Freiheit, Beendigung der Beschäftigung).
— Die Minijobzentrale berechnet aus dem angegebenen Arbeitsentgelt die pauschalen Abgaben und zieht sie beim Arbeitgeber ein. Die Erteilung der Einzugsermächtigung ist mit dem Haushaltsscheckverfahren zwingend verbunden. Dabei erfolgt die Belastung für die Monate Januar bis Juni zum 15. Juli und für die Monate Juli bis Dezember zum 15. Januar des nächsten Jahres.

Welche Besonderheit gilt im Haushaltsscheckverfahren hinsichtlich der 450,-€-Grenze?
— Maßgeblich ist der an den Arbeitnehmer ausgezahlte Geldbetrag zuzüglich der individuell nach Steuerklasse V oder VI einbehaltenen Steuern. Da aber so gut wie immer die Steuerpauschale von 2% zur Anwendung kommt und kein Lohnsteuerabzug nach den individuellen Besteuerungsmerkmalen des Arbeitnehmers vorgenommen wird, entfällt in der Regel eine Hinzurechnung.
— Hat der Arbeitnehmer auf die Versicherungsfreiheit in der RV verzichtet bzw. die RV-Pflicht nicht abgewählt (vgl. S. 286), ist das Arbeitsentgelt vor Abzug des vom Arbeitnehmer zu tragenden Eigenanteils maßgebend.
— Herangezogen wird aufgrund ausdrücklicher gesetzlicher Regelung (§ 14 Abs. 3 SGB IV) nur der Barlohn; vom Arbeitgeber gewährte Sachbezüge (z. B. freie Verpflegung und Unterkunft) bleiben außer Betracht. Sie können deshalb im Rahmen des Haushaltsscheckverfahrens beitrags- und steuerfrei zusätzlich gewährt werden.

Welche Folgen haben weitere Beschäftigungen?
— Eine geringfügig entlohnte Beschäftigung im Privathaushalt ist mit weiteren geringfügig entlohnten Beschäftigungen zusammenzurechnen, und zwar unabhängig davon, ob es sich dabei um die Beschäftigung in einem anderen Privathaushalt oder um einen anderweitigen Minijob handelt.
— Wird neben einer Hauptbeschäftigung nur eine geringfügig entlohnte Beschäftigung im Privathaushalt ausgeübt, erfolgt keine Zusammenrechnung.
— Ergibt sich durch die Zusammenrechnung mit weiteren Beschäftigungen die Versicherungspflicht (Überschreitung der 450,-€-Grenze), kann das Haushaltsscheckverfahren nicht angewendet werden. Für den Arbeitgeber gilt dann das übliche Melde- und Beitragsverfahren. Einzugsstelle ist dann nicht die Minijobzentrale, sondern die für den Arbeitnehmer zuständige gesetzliche Krankenkasse. Haushaltshilfen, für die das Haushaltsscheckverfahren nicht angewendet werden kann, müssen daher auch wie bisher direkt beim zuständigen Unfallversicherungsträger gemeldet werden.

BEISPIEL 18 *Kurzfristige Beschäftigung*

Welche Steuervergünstigungen stehen dem Privathaushalt als Arbeitgeber zu?

Kurzüberblick

Kinderbetreuungskosten können nach Maßgabe des § 10 Abs. 1 Nr. 5 EStG als Sonderausgaben bis zu bestimmten Höchstbeträgen berücksichtigt werden.

Die tarifliche Einkommensteuer des Arbeitgebers ermäßigt sich für sonstige haushaltsnahe Beschäftigungsverhältnisse und Dienstleistungen auf Antrag nach Maßgabe des § 35a EStG:

Für haushaltsnahe Beschäftigungsverhältnisse

— um 20% der Aufwendungen, höchstens 510,– €, bei geringfügiger Beschäftigung im Privathaushalt,

— um 20% der Aufwendungen, höchstens 4.000,– €, bei anderen, nicht geringfügigen haushaltsnahen Beschäftigungen, in denen Pflichtbeiträge zur gesetzlichen Sozialversicherung entrichtet werden. Die Steuerermäßigung kann auch in Anspruch genommen werden für die Inanspruchnahme von Pflege- und Betreuungsleistungen.

Die Aufwendungen für haushaltsnahe Beschäftigungsverhältnisse werden nach § 35a EStG nur berücksichtigt, wenn sie nach den vorstehenden Ausführungen nicht Betriebsausgaben, Werbungskosten oder Sonderausgaben darstellen und soweit sie nicht als außergewöhnliche Belastungen berücksichtigt worden sind.

Für Handwerkerleistungen (Renovierungs-, Erhaltungs- und Modernisierungsmaßnahmen) um 20% der Aufwendungen, höchstens 1.200,– €. Der Abzug gilt nur für Arbeitskosten (nicht Material- oder Warenkosten), die in der Rechnung grundsätzlich gesondert ausgewiesen sein müssen.

Kurzfristige Beschäftigung

Mit dem Gesetz zu Änderungen im Bereich der geringfügigen Beschäftigung vom 5.12.2012, BGBl. I S. 2.474, wurde ab dem 1.1.2013 auch für die kurzfristige Beschäftigung die Geringfügigkeitsgrenze um 50,– € von 400,– € auf 450,– € angehoben. Die Versicherungsfreiheit in der KV, PV, ALV und weiterhin auch in der RV bleibt hingegen unverändert bestehen. Als Folge der Einführung des Mindestlohns, wurde die für die Versicherungsfreiheit kurzfristiger Beschäftigung ursprünglich maßgebende Zeitgrenze von 2 Monaten bzw. 50 Arbeitstagen innerhalb eines Kalenderjahres zunächst befristet für eine Übergangszeit vom 1.1.2015 bis zum 31.12.2018 auf **3 Monate** bzw. **70 Arbeitstage** erhöht. Durch das Qualifizierungschancengesetz vom 18.12.2018, BGBl. S. 2.651, wurde die Befristung aufgehoben, sodass die 3-Monats- bzw. 70-Arbeitstage-Regelung gilt. Die Geringfügigkeits-Richtlinien vom 21.11.2018 haben dies berücksichtigt.

Unter welchen Voraussetzungen ist die kurzfristige Beschäftigung versicherungsfrei?

Versicherungsfreiheit in der KV, PV, RV und ALV besteht, wenn die Beschäftigung innerhalb eines Kalenderjahres auf längstens drei Monate oder 70 Arbeitstage nach ihrer Eigenart begrenzt ist oder im Voraus vertraglich auf diese Zeitdauer begrenzt ist. Auch bei Einhaltung der Zeitdauer besteht aber Versicherungspflicht, wenn

— die Beschäftigung berufsmäßig ausgeübt wird und ihr Entgelt 450,– € im Monat übersteigt (vgl. S. 306) oder

— es sich um eine Beschäftigung im Rahmen betrieblicher Berufsausbildung (Auszubildende, Praktikanten) handelt.

BEISPIEL 18 Kurzfristige Beschäftigung

Auch bei Asylbewerbern wird bei einer kurzfristigen Beschäftigung keine Versicherungsfreiheit bestehen, da dieser Personenkreis die Beschäftigung immer berufsmäßig ausübt.

Eine kurzfristige Beschäftigung liegt nicht vor, wenn zwar die Zeitgrenze von 3 Monaten oder 70 Arbeitstagen im Laufe eines Kalenderjahres nicht überschritten wird, es sich aber um eine Dauerbeschäftigung oder ein regelmäßig wiederkehrendes Arbeitsverhältnis handelt (vgl. Fall 5).

Wird der Arbeitslohn eines versicherungsfreien kurzfristigen Beschäftigungsverhältnisses nach den individuellen Besteuerungsmerkmalen des Arbeitnehmers versteuert, ist darauf zu achten, dass bei maschineller Lohnabrechnung keine Teilvorsorgepauschale für die gesetzliche Renten- und Krankenversicherung, *sondern nur die Mindestvorsorgepauschale zur Anwendung kommt (= Eingabewerte beim Programmablaufplan für die maschinelle Berechnung der vom Arbeitslohn einzubezahlenden Lohnsteuer unter dem Eingangsparameter „KRV" der Wert „2" für nicht gesetzlich rentenversicherte Arbeitnehmer und unter dem Eingangsparameter „PKV" der Wert „1").* Für die manuelle Lohnabrechnung ist die Besondere Lohnsteuertabelle anzuwenden.

Beispiel:
Eine kinderlose Arbeitnehmerin, die über die Familienversicherung ihres in der gesetzlichen Krankenversicherung versicherten Ehemannes versichert ist, arbeitet als Aushilfe lediglich 3 Monate im Sommer in einem Ausflugslokal für 1.600,- € im Monat. *Da das kurzfristige Beschäftigungsverhältnis versicherungsfrei ist, kommt bei maschineller Lohnabrechnung keine Teilvorsorgepauschale für die gesetzliche Renten- und Krankenversicherung, sondern und nur die Mindestvorsorgepauschale bzw. bei manueller Lohnabrechnung die Besondere Lohnsteuertabelle zur Anwendung. Vom Arbeitgeber sind einzubehalten:*

Arbeitslohn (Steuerklasse IV)	1.600,00 €
Lohnsteuer	116,16 €
SolZ	6,38 €
KiSt (8% angenommen)	9,29 €
Auszahlung	1.468,17 €

Was hat Vorrang, die kurzfristige Beschäftigung oder die geringfügig entlohnte Dauerbeschäftigung (Minijob)?
Wenn beide Voraussetzungen vorliegen, besteht wegen Kurzfristigkeit der Beschäftigung Versicherungsfreiheit. Somit fallen die sonst bei einem Minijob zu entrichtenden pauschalen SozV-Beiträge nicht an.

Unter welchen Voraussetzungen kann die Lohnsteuer pauschal berechnet werden?
Eine kurzfristige Beschäftigung liegt vor, wenn
— der Arbeitnehmer bei dem Arbeitgeber gelegentlich, nicht regelmäßig wiederkehrend tätig wird,
— die Dauer der Beschäftigung 18 zusammenhängende Arbeitstage nicht überschreitet
  und
— der Arbeitslohn während der Beschäftigungsdauer nunmehr 120,- € (vormals 72,- €) durchschnittlich je Arbeitstag nicht übersteigt
  oder

BEISPIEL 18   *Kurzfristige Beschäftigung*

— die Beschäftigung zu einem unvorhersehbaren Zeitpunkt sofort erforderlich wird.

In jedem Fall ist zusätzlich Voraussetzung, dass der Arbeitslohn während der Beschäftigungsdauer durchschnittlich nunmehr 15,– € (vormals 12,– €) je Arbeitsstunde nicht übersteigt.

Wie hoch ist die pauschale Lohnsteuer?

Der Pauschsteuersatz beträgt **25 %**.

Wie wird bei Prüfung der Kurzfristigkeit die Zeitgrenze von drei Monaten bzw. 70 Arbeitstagen ermittelt?

Bei Prüfung, ob die Zeiträume überschritten werden, sind die Zeiten mehrerer aufeinander folgender kurzfristiger Beschäftigungen im Laufe eines Kalenderjahres zusammenzurechnen, und zwar auch dann, wenn sie bei verschiedenen Arbeitgebern ausgeübt werden. Dabei ist der Dreimonatszeitraum maßgebend, wenn die Beschäftigung an mindestens 5 Tagen in der Woche ausgeübt wird. Bei Beschäftigung von regelmäßig weniger als 5 Tagen in der Woche ist auf den Zeitraum von 70 Arbeitstagen abzustellen. Sind bei einer Zusammenrechnung Zeiten, in denen die Beschäftigung regelmäßig an mindestens 5 Tagen in der Woche ausgeübt wurde, und Beschäftigungszeiten mit einer Arbeitszeit regelmäßig an weniger als 5 Tagen in der Woche zu berücksichtigen, dann ist einheitlich von dem Zeitraum von 70 Arbeitstagen auszugehen. In einem Dauerarbeitsverhältnis besteht Versicherungspflicht, auch wenn die Grenze von 70 Arbeitstagen nicht überschritten wird.

Fall 1 – *Zusammenrechnung kurzfristiger Beschäftigungen*

Eine Aushilfskraft wird befristet 5 Tage in der Woche in der Zeit vom 12.10.2020 bis 31.10.2020. (= 20 Kalendertage) beschäftigt. Das Arbeitsentgelt beträgt für diese Zeit 1000,– € und die Arbeitszeit täglich 6 Stunden.

In der Zeit vom 10.3.2020 bis 5.6.2020 (= 87 Kalendertage) war sie bereits kurzfristig beschäftigt (5 Tage in der Woche). Das Arbeitsentgelt war wegen dieser Kurzfristigkeit versicherungsfrei.

Sozialversicherung:

Für die Prüfung der Versicherungspflicht sind die kurzfristigen Beschäftigungen innerhalb des laufenden Kalenderjahres zusammenzurechnen. Geringfügig entlohnte Beschäftigungen (Arbeitsentgelt nicht mehr als 450,– €) sind in diese Zusammenrechnung nicht einzubeziehen.

Die Zusammenrechnung ergibt im Laufe des Kalenderjahrs eine Beschäftigung von 107 Kalendertagen (87 + 20). Der Dreimonatszeitraum (90 Kalendertage) ist also überschritten. Die Beschäftigung vom 12.10.2020 bis 31.10.2020 ist von Anfang an versicherungspflichtig, weil von vornherein feststeht, dass die Dreimonatsfrist mit diesem Beschäftigungsverhältnis überschritten werden wird.

Stellt sich die Überschreitung der Dreimonatsfrist erst im Laufe der Beschäftigung heraus, weil das Arbeitsverhältnis entgegen der ursprünglichen Absicht verlängert worden ist, so beginnt die Versicherungspflicht mit dem Tag, an dem die Überschreitung erkennbar wird.

Lohnsteuer:

Für die Frage, ob lohnsteuerlich eine kurzfristige Beschäftigung vorliegt, also 18 zusammenhängende Arbeitstage nicht überschritten werden, sind frühere Beschäftigungen nicht einzubeziehen. In die Beschäftigungszeit 12.10.2020 bis 31.10.2020 fallen 14 Arbeitstage. Das Entgelt übersteigt nicht 120,– € je Arbeitstag (1.000,– € : 14 = 71,43 €). Auch die Stundenlohngrenze von durchschnittlich 15,– € während der Beschäftigungsdauer ist nicht überschritten (6 Stunden x 14

Arbeitstage = 84 Std.; 1.000,- € : 84 = 11,90 €). Die Pauschalierung ist somit zulässig; der Pauschsteuersatz beträgt 25 %.

Fall 2 – Kurzfristige und geringfügig entlohnte Beschäftigung

Eine familienversicherte Verkäuferin war vom 1. bis 30.6. aushilfsweise gegen ein Entgelt von 350,- € beschäftigt.

Am 1.9. nimmt sie für 3 Monate, also befristet bis 30.11., erneut eine Beschäftigung auf. Das Entgelt beträgt 400,- € monatlich.

Bei der ersten Beschäftigung handelte es sich um eine versicherungsfreie kurzfristige Beschäftigung. Die Lohnsteuer war nach den individuellen Besteuerungsmerkmalen der Verkäuferin einzubehalten.

Bei Aufnahme der zweiten Beschäftigung am 1.9. für drei Monate steht von Anfang an fest, dass zusammen mit der Beschäftigung im Juni die Dreimonatsfrist überschritten wird. Die zweite Beschäftigung ist deshalb von Anfang an keine kurzfristige Beschäftigung. Da das Arbeitsentgelt aber 450,- € nicht übersteigt, liegt eine geringfügig entlohnte Beschäftigung vor (Minijob). Der Arbeitgeber hat die pauschalen Abgaben von 30 % und die Verkäuferin ihren Beitrag zur RV (sofern sie keinen Antrag auf Befreiung von der RV-Pflicht gestellt hat) zu leisten (vgl. S. 283).

Fall 3 – Beachtung der 70-Tage-Grenze

Eine Aushilfskraft wird an 3 Arbeitstagen wöchentlich beschäftigt, und zwar in der Zeit vom 1.7. bis 28.10. = 61 Arbeitstage.

Sozialversicherung:

Die Dreimonatsfrist ist zur Bestimmung der Kurzfristigkeit nur maßgebend, wenn die Beschäftigung in der Woche an mindestens 5 Arbeitstagen ausgeübt wird. Andernfalls ist auf die Grenze von 70 Arbeitstagen jährlich abzustellen. Im Beispielsfall übersteigt die Beschäftigungsdauer zwar die Dreimonatsfrist, gleichwohl besteht wegen Kurzfristigkeit Versicherungsfreiheit, weil 70 Arbeitstage nicht überschritten werden.

Lohnsteuer:

Die Lohnsteuerpauschalierung ist nicht zulässig. Steuerlich liegt keine kurzfristige Beschäftigung vor, weil die Beschäftigungsdauer 18 zusammenhängende Arbeitstage überschreitet. Auch eine Pauschalierung als geringfügig entlohnte Tätigkeit mit 20 % kommt nicht in Betracht, da sozialversicherungsrechtlich eine kurzfristige Beschäftigung vorliegt. Der Lohnsteuerabzug ist nach den individuellen Besteuerungsmerkmalen (ggf. nach Steuerklasse VI) vorzunehmen.

Was ist bei kurzfristigen Tätigkeiten über den Jahreswechsel zu beachten?

Fall 4

Eine Aushilfskraft nimmt eine befristete Tätigkeit (5-Tage-Woche) auf, und zwar vom 1.11.2019 bis 28.2.2020.

Obwohl weder im Jahr 2019 noch im Jahr 2020 die Dreimonatsfrist überschritten ist, liegt keine versicherungsfreie kurzfristige Beschäftigung vor, da die Beschäftigung von vornherein auf vier Monate – wenn auch Kalenderjahr überschreitend – befristet ist.

Fall 5 – weniger als 70 Arbeitstage, aber Dauerarbeitsverhältnis

Eine Verkäuferin ist in einem Kaufhaus unbefristet angestellt. Sie arbeitet jeweils an den letzten 4 Werktagen im Monat, und zwar gegen ein monatliches Entgelt von 500,- €.

BEISPIEL 18 *Kurzfristige Beschäftigung*

Sozialversicherung:

Die Beschäftigungszeit überschreitet im Laufe des Kalenderjahrs zwar nicht die 70 Tage-Grenze; trotzdem liegt keine versicherungsfreie kurzfristige Beschäftigung, sondern ein Dauerarbeitsverhältnis vor. Da das Arbeitsentgelt die Versicherungsgrenze von 450,- € übersteigt, sind auch die Voraussetzungen für eine versicherungsfreie geringfügig entlohnte Beschäftigung nicht gegeben. Somit besteht Versicherungspflicht in allen Sozialversicherungszweigen (KV, PV, RV und ALV).

Lohnsteuer:

Steuerlich liegt ebenfalls keine kurzfristige Beschäftigung vor, weil die Beschäftigung nicht gelegentlich, sondern regelmäßig wiederkehrend erfolgt. Der Lohnsteuerabzug ist nach den individuellen Besteuerungsmerkmalen der Verkäuferin (ggf. nach Steuerklasse VI) vorzunehmen.

Was gilt bei einem Rahmenarbeitsvertrag?

Eine kurzfristige Beschäftigung liegt nur dann vor, wenn sie nicht regelmäßig, sondern gelegentlich ausgeübt wird. Hierzu gehören auch Beschäftigungen, die z. B. durch eine längstens für ein Jahr befristete Rahmenvereinbarung mit Arbeitseinsätzen von maximal 70 Arbeitstagen befristet sind. Bei Rahmenvereinbarungen mit sich wiederholenden Arbeitseinsätzen über mehrere Jahre liegt eine gelegentliche kurzfristige Beschäftigung vor, wenn die einzelnen Arbeitseinsätze ohne Bestehen einer Abrufbereitschaft unvorhersehbar zu unterschiedlichen Anlässen ohne erkennbaren Rhythmus an maximal 70 Arbeitstagen im Kalenderjahr erfolgen und der Betrieb des Arbeitgebers nicht strukturell auf den Einsatz solcher Arbeitskräfte ausgerichtet ist. In diesen Fällen sind die Arbeitseinsätze von vornherein nicht vorhersehbar und folgen keinem bestimmten Muster oder Rhythmus; das heißt, die Arbeitseinsätze erfolgen in unterschiedlichen Monaten, zu unterschiedlichen Anlässen sowie von der Anzahl der jeweiligen Arbeitstage her ohne erkennbares Schema und der Arbeitgeber muss zur Sicherstellung des Betriebsablaufs nicht regelmäßig auf Aushilfskräfte zurückgreifen.

Fall 6

Der Arbeitgeber schließt mit einer Bürokraft für 1 Jahr einen Arbeitsvertrag für die Zeit vom 1. März bis 28. Februar nächsten Jahres ab. Die Beschäftigung erfolgt – mit Ausnahme des Monats August – jeweils einen Tag in der Woche.

Sozialversicherung:

Die Tätigkeit ist aufgrund des Rahmenarbeitsvertrags von vornherein befristet; es liegt kein Dauerarbeitsverhältnis vor, weil der Rahmenvertrag nicht über 12 Monate hinausgeht. Die Beschäftigung überschreitet nicht 70 Arbeitstage. Somit liegt eine versicherungsfreie kurzfristige Tätigkeit vor, wenn die Bürokraft nicht noch eine weitere kurzfristige Tätigkeit ausübt. Die Höhe des Entgelts spielt keine Rolle. Pauschale Beiträge sind wegen der Kurzfristigkeit der Beschäftigung vom Arbeitgeber nicht zu entrichten.

Lohnsteuer:

Der Arbeitgeber muss den Lohnsteuerabzug nach den individuellen Besteuerungsmerkmalen der Bürokraft vorzunehmen. Die Lohnsteuerpauschalierung ist nicht zulässig, da es sich nicht um eine gelegentliche Tätigkeit handelt.

BEISPIEL 18 *Kurzfristige Beschäftigung*

Fall 7 – Verlängerung des Rahmenarbeitsvertrags
Wird der Rahmenarbeitsvertrag verlängert, entfällt ab der Vertragsänderung die Versicherungsfreiheit. Nur wenn zwischen dem Ablauf des Rahmenvertrags und dem Beginn des neuen, wiederum für höchstens 1 Jahr geschlossenen Vertrags ein Zeitraum von mindestens zwei Monaten liegt, kann mit dem neuen Vertrag eine versicherungsfreie kurzfristige Beschäftigung begründet werden.

<u>Beispiel 1:</u>
Der für die Zeit vom 1.3.2020 bis 28.2.2021 geschlossene Arbeitsvertrag wird bereits am 1.12.2020 bis zum 30.6.2021 verlängert.
Die Versicherungsfreiheit wegen der kurzfristigen Beschäftigung endet am 30.11.2020.

<u>Beispiel 2:</u>
Der für die Zeit vom 1.3.2019 bis 29.2.2020 geschlossene Arbeitsvertrag wird am 1.3.2020 um einen Monat verlängert.
Die Versicherungsfreiheit wegen der kurzfristigen Beschäftigung endet am 29.2.2020; das Arbeitsentgelt für den Verlängerungsmonat unterliegt der Versicherungspflicht, wenn die Tätigkeit für diesen Monat nicht als 450,-€-Job behandelt und pauschale Sozialversicherungsbeiträge entrichtet werden können.

<u>Beispiel 3:</u>
Nach Ablauf des für die Zeit vom 1.3.2019 bis 28.2.2020 geschlossenen Arbeitsvertrags wird nach einer Pause von drei Monaten zum 1.6.2020 ein neuer Rahmenarbeitsvertrag mit einer Laufzeit bis 30.5.2021 geschlossen.
Da der Abstand zwischen den Verträgen mindestens drei Monate beträgt, kann auch für die Tätigkeit nach dem neuen Rahmenarbeitsvertrag von einer versicherungsfreien kurzfristigen Beschäftigung ausgegangen werden.

Wann wird eine Beschäftigung berufsmäßig ausgeübt?
Eine kurzfristige Tätigkeit ist nicht versicherungsfrei, wenn sie berufsmäßig ausgeübt wird (Ausnahme: das Arbeitsentgelt überschreitet monatlich nicht 450,– €. Diese Entgeltgrenze ist nach dem BSG-Urteil vom 5.12.2017, B 12 R 10/15 R ein Monatswert, der auch dann gilt, wenn die Beschäftigung nicht während des gesamten Kalendermonats besteht.). Als berufsmäßig Beschäftigte gelten Personen, die Leistungen nach dem SGB III (z. B. Arbeitslosengeld) beziehen oder die als Arbeitsuchende gemeldet sind. Auch bei Asylbewerbern wird bei einer kurzfristigen Beschäftigung keine Versicherungsfreiheit bestehen, da dieser Personenkreis die Beschäftigung immer berufsmäßig ausübt. Ebenso gelten Beschäftigungen während der Elternzeit oder während eines unbezahlten Urlaubs als berufsmäßig ausgeübt. In diesen Fällen besteht deshalb auch in einer kurzfristigen Beschäftigung Versicherungspflicht. Kurzfristige Beschäftigungen, die neben einer versicherungspflichtigen (Haupt-)Beschäftigung, neben einem freiwilligen sozialen oder ökologischen Jahr, neben dem Bundesfreiwilligendienst, neben einem freiwilligen sozialen Jahr oder ökologischen Jahr vergleichbaren Freiwilligendienst, neben dem freiwilligen Wehrdienst oder neben dem Bezug von Vorruhestandsgeld ausgeübt werden, sind grundsätzlich nicht berufsmäßig.

BEISPIEL 18　　　　　　　　　　　　　　　　　　　　　　　　　Kurzfristige Beschäftigung

Fall 8 – Keine Berufsmäßigkeit bei Aufgabe der Haupttätigkeit
Eine Verkäuferin hatte die hauptberufliche, versicherungspflichtige Beschäftigung zum 31.3. aufgegeben. Von diesem Zeitpunkt an war sie nicht mehr berufstätig. Im Juli nimmt sie eine Beschäftigung als Aushilfsverkäuferin auf, die von vornherein vom 6. bis 31.7. befristet ist. Die Arbeitszeit beträgt täglich 6 Stunden (5-Tage-Woche); als Vergütung werden 1.300,- € bezahlt.

Sozialversicherung:
Im Beispielsfall hatte die Verkäuferin ihre hauptberufliche Tätigkeit aufgegeben. In der nun aufgenommenen kurzfristigen Beschäftigung ist sie deshalb versicherungsfrei.

Lohnsteuer:
Der Beschäftigungszeitraum umfasst nicht mehr als 18 Arbeitstage, da arbeitsfreie Samstage, Sonn- und Feiertage nicht mitgezählt werden. Der durchschnittliche Arbeitslohn übersteigt nicht 120,- € je Arbeitstag (1.300,- € : 18 Arbeitstage = 72,22 €). Da auch der Stundenlohn 15,- € nicht übersteigt (72,22 € : 6 = 12,04 €), ist die Pauschalierung zulässig. Der Pauschsteuersatz beträgt 25 %.

Neben den zu beachtenden Zeit- und Arbeitslohngrenzen ist allerdings Voraussetzung für die Pauschalierung, dass die Aushilfskraft nur gelegentlich beschäftigt wird. Dies ist nicht der Fall, wenn es sich um eine regelmäßig wiederkehrende Tätigkeit handelt, die Wiederaufnahme der Beschäftigung also von vornherein Absicht der Beteiligten ist.

Fall 9 – Zusammenrechnung von Beschäftigung zur Prüfung der Berufsmäßigkeit
Eine Hausfrau war vom 1.3. bis 30.6. aushilfsweise als Bürokraft beschäftigt (Entgelt monatlich 700,- €). Wegen Überschreitens der Kurzfristigkeitsgrenze von drei Monaten bestand in dieser Beschäftigung Versicherungspflicht.
Am 1.8. nimmt sie befristet bis 31.8. erneut eine Aushilfstätigkeit auf (Entgelt 600,- €). Zur Prüfung der Dreimonats- bzw. 70-Arbeitstage-Grenze werden die beiden Beschäftigungen nicht zusammengerechnet, da die erste Beschäftigung versicherungspflichtig war. Für die Prüfung der Berufsmäßigkeit wird jedoch eine Gesamtbetrachtung für das Kalenderjahr angestellt. Da die Beschäftigungszeiten im laufenden Kalenderjahr mehr als drei Monate betragen, liegt Berufsmäßigkeit vor. Somit besteht auch in der zweiten Beschäftigung Versicherungspflicht.

Welche Pauschalierungsmöglichkeit besteht bei einem unvorhersehbaren Arbeitskräftebedarf?
Der Pauschsteuersatz beträgt 25 %. Voraussetzung ist, dass der Stundenlohn von nunmehr 15,- € und die Beschäftigungsdauer 18 zusammenhängende Arbeitstage nicht übersteigt. Außerdem muss die Beschäftigung dem Ersatz einer ausgefallenen oder dem akuten Bedarf an einer zusätzlichen Arbeitskraft dienen. Die Beschäftigung einer Urlaubsvertretung fällt nicht darunter (sie ist nicht unvorhersehbar).

Fall 10 – Beschäftigung zu einem unvorhersehbaren Zeitpunkt
Ein Bezieher von Arbeitslosengeld vereinbart eine auf zwei Tage (Samstag und Sonntag) befristete Beschäftigung zu je 8 Stunden; das Arbeitsentgelt beträgt pro Tag 100,- €. Die Beschäftigung wurde zum Entladen von Waren aus einem Sondertransport notwendig.

BEISPIEL 18   *Geringfügige Beschäftigung*

Sozialversicherung:

Früher war der Arbeitnehmer als Bezieher von Arbeitslosengeld als berufsmäßig Beschäftigter anzusehen und es wurde Versicherungspflicht angenommen, weil das Arbeitsentgelt die kalendertägliche Grenze von 15,– € (450,– € : 30) überstiegen hätte. Demgegenüber hat das Bundessozialgericht im Urteil vom 5.12.2017, B 12 R 10/15 R, entschieden, dass auch bei der Prüfung der Berufsmäßigkeit das Monatsprinzip gilt und keine Umrechnung der 450-€-Grenze auf die Arbeitstage erfolgt. Der Arbeitnehmer ist daher versicherungsfrei.

Lohnsteuer:

Es handelt sich um eine Beschäftigung, die zu einem unvorhersehbaren Zeitpunkt erforderlich wurde. Der Stundenlohn übersteigt nicht 15,– € (100,– € : 8) und die Beschäftigungsdauer nicht 18 Arbeitstage. Die Pauschalierung ist somit zulässig; auf den Verdienst je Arbeitstag kommt es bei einer sofort erforderlichen Beschäftigung zu einem unvorhersehbaren Zeitpunkt nicht an. Der Pauschsteuersatz beträgt 25 %.

Kann die pauschale Lohnsteuer auf den Arbeitnehmer abgewälzt werden?

Steuerrechtlich ist der Arbeitgeber Schuldner der pauschalen Lohnsteuer. Ob er sie im Innenverhältnis auf den Arbeitnehmer abwälzen kann, richtet sich danach, ob dies im Arbeitsvertrag vereinbart wurde bzw. ob eine Abwälzung nach dem evtl. einschlägigen Tarifvertrag zulässig ist (vgl. BAG-Urteil vom 1.2.2006, 5 AZR 628/04). Steuerlich gilt die auf den Arbeitnehmer abgewälzte Lohnsteuer als zugeflossener Arbeitslohn und mindert nicht die Bemessungsgrundlage für die pauschale Steuer.

Fall 11 – *Lohnsteuerpauschalierung unter Abwälzung der pauschalen Steuerbeträge*

Der Arbeitgeber benötigt für drei Wochen (15 Arbeitstage) eine Aushilfskraft. Im Rahmen des in seinem Betrieb maßgeblichen Tarifvertrags zahlt er brutto einen Stundenlohn von 14,– € (tägliche Arbeitszeit 6 Stunden). Die Aushilfskraft ist damit einverstanden, dass der Arbeitgeber die Lohnsteuer pauschal berechnet und sie mit den pauschalen Steuerbeträgen belastet.

Sozialversicherung:

Falls innerhalb der Jahresfrist keine weiteren kurzfristigen Tätigkeiten ausgeübt wurden, ist die Aushilfskraft wegen der Befristung der Beschäftigung (nicht länger als 3 Monate) sozialversicherungsfrei. Die Höhe des Entgelts ist dabei nicht von Bedeutung.

Lohnsteuer:

Die Lohnsteuerpauschalierung ist zulässig, weil

— die Beschäftigungsdauer 18 zusammenhängende Arbeitstage nicht übersteigt,
— keine regelmäßige Beschäftigung vorliegt,
— der pauschal zu versteuernde Arbeitslohn 120,– € arbeitstäglich nicht übersteigt (Stundenlohn 14,– € x 6 Stunden täglich) und
— der Stundenlohn durchschnittlich 15,– € nicht übersteigt.

Da sich durch die Abwälzung die Bemessungsgrundlage für die pauschale Steuer nicht mindern darf, muss der Arbeitgeber den Pauschsteuersatz auf den Bruttovergütungsanspruch anwenden.

BEISPIEL 18   *Geringfügige Beschäftigung*

Stundenlohn 14,– € x 6 Stunden täglich x 15 Arbeitstage

= Bruttovergütung			1.260,— €
LSt 25 % =		315,— €	
SolZ 5,5 %	von 315,– € =	17,32 €	
KiSt 7 % (vgl. S. 405)	von 315,– € =	22,05 €	354,37 €
Auszahlung an den Arbeitnehmer			905,63 €

Der Arbeitgeber hat die pauschale LSt und KiSt in die Lohnsteuer-Anmeldung gesondert aufzunehmen und an das Finanzamt abzuführen (vgl. S. 397).

Welche Besonderheiten gelten für die Lohnsteuerpauschalierung in der Land- und Forstwirtschaft?

Die Pauschalierung ist unter folgenden Voraussetzungen zulässig:

1. Aushilfskräfte sind Personen, die für die Dauer von Arbeiten beschäftigt werden, die nicht ganzjährig anfallen (z. B. Erntearbeiten).
2. Eine Beschäftigung mit anderen land- und forstwirtschaftlichen Arbeiten ist unschädlich, wenn deren Dauer 25 % der Gesamtbeschäftigungsdauer nicht überschreitet.
3. Eine Behandlung als Aushilfskraft kommt nicht in Betracht, wenn die Beschäftigung beim gleichen Arbeitgeber mehr als 180 Tage im Kalenderjahr beträgt.
4. Land- und forstwirtschaftliche Fachkräfte sind keine Aushilfskräfte. Für sie ist deshalb die Lohnsteuerpauschalierung nicht zulässig.
5. Der durchschnittliche Stundenlohn während der Beschäftigungsdauer nunmehr 15,– € (vormals 12,– €) nicht übersteigen.

Fall 12 – Aushilfe in der Land- und Forstwirtschaft

In einem Weinbaubetrieb wird im Frühjahr und im Herbst die gleiche Aushilfskraft für jeweils 4 Wochen beschäftigt. Als Arbeitslohn ist der jeweils höchste pauschalierungsfähige Stundenlohnsatz vereinbart. Der Wochenlohn beträgt somit 15,– € x 40 Stunden Wochenarbeitszeit = 600,– €.

Sozialversicherung:
Falls die Aushilfskraft keine weiteren kurzfristigen Beschäftigungen innerhalb eines Jahres ausübt, besteht Versicherungsfreiheit.

Lohnsteuer:
Da es sich nicht um eine land- und forstwirtschaftliche Fachkraft handelt, die Gesamtbeschäftigungsdauer im Kalenderjahr nicht mehr als 180 Tage beträgt und auch die Stundenlohngrenze nicht überschritten ist, kann die Lohnsteuer pauschal erhoben werden:

LSt	5 %	von 600,– € =	30,— €
SolZ	5,5 %	von 30,– € =	1,65 €
KiSt	7 % (Anlage 1 u. 1a, S. 404 u. 405)	von 30,– € =	2,10 €

Sind versicherungsfreie kurzfristige Beschäftigungen in der SozV zu melden?

Auch die versicherungsfreien kurzfristigen Beschäftigungen sind der Minijobzentrale zu melden. Es sind grundsätzlich die gleichen Meldungen wie für versicherungspflichtig Beschäftigte abzugeben (z. B. auch die Sofortmeldung). Der Personengruppenschlüssel für die kurzfristige Beschäftigung lautet **„110"**. Hierbei ist zu beachten, dass sämtliche Beitrags-

BEISPIEL 18　　　　　　　　　　　　　　　　　　　　　　Kurzzeitige Beschäftigung

gruppen bei kurzfristig Beschäftigten mit „0" zu verschlüsseln sind; das beitragspflichtige Bruttoarbeitsentgelt ist mit 0 € anzugeben. Im Übrigen ist gemäß § 28a Abs. 9 Satz 2 SGB IV für kurzfristige Beschäftigte keine Jahresmeldung zu übermitteln (vgl. S. 389). Allerdings ist für jeden in der Unfallversicherung versicherten Beschäftigten eine besondere Jahresmeldung zur Unfallversicherung abzugeben.

Kurzzeitige Beschäftigung

Um welche Beschäftigungen handelt es sich?

Betroffen sind Bezieher von Arbeitslosengeld, die daneben eine Beschäftigung von weniger als 15 Stunden wöchentlich ausüben. Auswirkungen ergeben sich nur im Recht der Arbeitsförderung, denn bei einer solchen Beschäftigung fällt kein Beitrag zur Arbeitslosenversicherung an (§ 27 Abs. 5 SGB III i. V. m. § 138 Abs. 3 SGB III). Auf die Höhe des Entgelts kommt es dabei nicht an. Die Regelung ist deshalb nur für Beschäftigungsverhältnisse von Belang, in denen das Entgelt die allgemeine Geringfügigkeitsgrenze (450,- €) übersteigt.

Voraussetzung für die Beitragsfreiheit ist, dass die Beschäftigung entweder nach der Natur der Sache oder im Voraus durch einen Arbeitsvertrag auf weniger als 15 Stunden in der Woche beschränkt ist. Gelegentliche Abweichungen von geringer Dauer sind unschädlich. Die Tätigkeiten bei mehreren Arbeitgebern werden zur Bestimmung der 15-Stunden-Voraussetzung nicht zusammengerechnet. Die Beitragsfreiheit gilt nicht für die Bezieher von Teilarbeitslosengeld.

Beispiel:

Eine Verkäuferin bezieht Arbeitslosengeld. Sie hilft in einem Lebensmittelgeschäft aus und arbeitet dort vereinbarungsgemäß am Montag 4 Stunden und am Mittwoch und Donnerstag je 5 Stunden gegen einen Monatslohn von 600,- €.

Sozialversicherung:

Versicherungsfreiheit wegen geringfügiger Beschäftigung ist nicht gegeben, weil das Arbeitsentgelt monatlich 450,- € übersteigt. Eine versicherungsfreie kurzfristige Beschäftigung liegt ebenfalls nicht vor, weil Empfänger von Arbeitslosengeld als berufsmäßig Beschäftigte gelten. Somit besteht Versicherungspflicht in der Kranken-, Pflege- und Rentenversicherung. In der Arbeitslosenversicherung besteht dagegen wegen der kurzzeitigen Beschäftigung (in der Woche weniger als 15 Stunden) Beitragsfreiheit. Die kurzzeitig Beschäftigten haben grundsätzlich keinen Anspruch auf Krankengeld aus ihrem Beschäftigungsverhältnis heraus. Für sie ist deshalb der ermäßigte Beitragssatz von 14,0% in der KV maßgebend. Zur Option auf den allgemeinen Beitragssatz vgl. S. 33.

Lohnsteuer:

Wird die Grenze von 18 zusammenhängenden Arbeitstagen überschritten, scheidet die Lohnsteuerpauschalierung mit 25% aus. Die Besteuerung muss in diesem Fall nach den individuellen Lohnsteuerabzugsmerkmalen erfolgen.

BEISPIEL 18 *Unständige Beschäftigung*

Unständige Beschäftigung

Unständig Beschäftigte üben eine Beschäftigung aus, die auf weniger als eine Woche (nicht Kalenderwoche, sondern Zeitraum von sieben aufeinanderfolgende Kalendertage, beginnend mit dem ersten Tag der Beschäftigung, wobei beschäftigungsfreie Samstage, Sonn- und Feiertage mitzuzählen sind) entweder nach der Natur der Sache befristet zu sein pflegt oder im Voraus durch den Arbeitsvertrag befristet sind. Solange die Voraussetzungen für eine sozialversicherungsfreie kurzfristige Beschäftigung vorliegen (vgl. S. 301), finden die nachfolgenden besonderen Regelungen für unständig Beschäftigte keine Anwendung; das heißt: kurzfristige Beschäftigung hat Vorrang vor der unständigen Beschäftigung.

Sozialversicherung:

In der Kranken- und Pflege- und Arbeitslosenversicherung gelten für unständig Beschäftigte Besonderheiten, wenn die unständige Beschäftigung **berufsmäßig** ausgeübt wird (§ 27 Abs. 3 Nr. 1 SGB III, §§ 186 Abs. 2, 190 Abs. 4 und 232 SGB V). In der Arbeitslosenversicherung sind berufsmäßig unständig Beschäftigte nach § 27 Abs. 3 Nr. 1 SGB III versicherungsfrei. In der Krankenversicherung können berufsmäßig unständig Beschäftigte nach § 44 Abs. 2 Satz 1 Nr. 3 SGB V zum allgemeinen Beitragssatz mit Anspruch auf Krankengeld optieren. Wenn keine versicherungsfreie geringfügige Beschäftigung vorliegt, gilt in der Rentenversicherung die Versicherungspflicht auch dann, wenn die versicherungspflichtige unständige Beschäftigung nicht berufsmäßig ausgeübt wird. Von den Arbeitsentgelten der unständig Beschäftigten sind Umlagen zum U2-Verfahren (Ausgleich der Arbeitgeberaufwendungen bei Mutterschaft), nicht jedoch Umlagen zum U1-Verfahren (Ausgleich der Arbeitgeberaufwendungen bei Entgeltfortzahlung im Krankheitsfall) zu zahlen. Die Spitzenverbände der Sozialversicherung haben die versicherungs-, beitrags- und melderechtlichen Regelungen ausführlich im Rundschreiben vom 21.11.2018 zusammengefasst.

Steuerrecht:

Wird die Grenze von 18 zusammenhängenden Arbeitstagen (§ 40a Abs. 1 EStG) überschritten, scheidet eine Lohnsteuerpauschalierung mit 25% aus. Die Besteuerung hat nach den individuellen Lohnsteuerabzugsmerkmalen des Arbeitnehmers zu erfolgen.

BEISPIEL 19

Beschäftigung von Rentnern

Bei Rentenbeziehern führt Arbeitsverdienst je nach Art der Rente bei Überschreiten bestimmter Grenzen zu einer Schmälerung der Rente bzw. zum Anspruchsverlust. Durch verschiedene gesetzliche Regelungen (z. B. Gesetz zur Reform der Renten wegen Erwerbsminderung, Altersvermögensergänzungsgesetz, Gesetz zur Verbesserung des Hinterbliebenenrentenrechts, RV-Altersgrenzenanpassungsgesetz und neues Flexi-Rentengesetz mit neuen Zuverdienstregeln ab 1.7.2017) ist die Ermittlung des rentenunschädlichen Hinzuverdiensts differenziert. Eine einfache und gleichzeitig die zuverlässige Beratung im Lohnbüro ermöglichende Darstellung ist nicht möglich. Ein Rentner, der vor Erreichen der Regelaltersgrenze Arbeitsentgelt aus einer Beschäftigung bezieht, sollte die Rentenberatung in Anspruch nehmen.

Bei der Weiterbeschäftigung von Rentnern greifen die Regelungen nach dem RV-Altersgrenzenanpassungsgesetz vom 20.4.2007, BGBl. I S. 554, mit der stufenweisen Anhebung der Regelaltersgrenze von 65 auf 67 Jahre auch auf die Lohnabrechnung durch. Besonders langjährig Versicherte mit 45 Jahren Pflichtbeiträgen konnten mit Vollendung des 65. Lebensjahres ohne Beachtung der stufenweisen Anhebung abschlagsfrei in Altersrente gehen (§ 38 SGB VI). Nunmehr können seit dem 1.7.2014 nach dem RV-Leistungsverbesserungsgesetz vom 23.6.2014, BGBl. I S. 787 (abschlagsfreie „Rente mit 63"), besonders langjährig Versicherte (erfüllte Wartezeit von 45 Beitragsjahren) jedoch bereits mit dem **vollendeten 63. Lebensjahr** die Altersrente aus der gesetzlichen Rentenversicherung beziehen. Anspruchsberechtigt sind erstmals Versicherte mit dem Geburtsjahrgang 1951, wenn zum 1.7.2014 das 63. Lebensjahr vollendet wurde und noch keine Rente bezogen wird. Ab dem Geburtsjahrgang 1953 und bis zum Geburtsjahrgang 1963 gilt nach § 236b SGB VI eine schrittweise Anhebung um jeweils zwei Jahre hin zur Regelung mit Vollendung des 65. Lebensjahres.

Ansonsten gilt für alle anderen nach dem 31.12.1946 geborenen Arbeitnehmer folgende schrittweise, nach Geburtsjahrgängen gestaffelte Anhebung der Regelaltersgrenze:

Jahrgang	Anhebung um Monate	auf Alter Jahr	Monat
1947	1	65	1
1948	2	65	2
1949	3	65	3
1950	4	65	4
1951	5	65	5
...	...	...	...
1958	12	66	0
1959	14	66	2
1960	16	66	4
...	...	...	...
1964	24	67	0

BEISPIEL 19   *Beschäftigung von Rentnern*

Was gilt nach dem Flexi-Rentengesetz seit 2017?

Das Gesetz zur Flexibilisierung des Übergangs vom Erwerbsleben in den Ruhestand und zur Stärkung von Prävention und Rehabilitation im Erwerbsleben (Flexi-Rentengesetz) vom 8.12.2016, BGBl. I S. 2.638, brachte im Wesentlichen folgende Änderungen:

— **Flexibilisierung der Teilrenten und des Hinzuverdienstrechts**
Die Möglichkeit, vor Erreichen der Regelaltersgrenze eine Teilzeitarbeit durch eine Teilrente zu ergänzen, wird verbessert. Teilrente und Hinzuverdienstrecht werden flexibel und individuell miteinander kombinierbar. Hinzuverdienst wird im Rahmen einer Jahresbetrachtung stufenlos bei der Rente oder der Rente wegen verminderter Erwerbsfähigkeit berücksichtigt. Versicherte können zusätzliche Beiträge in die gRV einzahlen, um Rentenabschläge auszugleichen, die mit einer geplanten vorzeitigen Inanspruchnahme der Altersrente einhergehen würden.

— **Rentenversicherungspflicht vor und nach Erreichen der Regelaltersgrenze**
Bislang waren Altersvollrentenbezieher in einer neben der Rente mehr als geringfügig ausgeübten Beschäftigung unabhängig vom Erreichen der Regelaltersgrenze nach § 5 Abs. 4 Nr. 1 SGB VI in der Rentenversicherung versicherungsfrei. Lediglich der Arbeitgeberanteil ist gemäß § 172 Abs. 1 Satz 1 Nr. 1 SGB VI zu zahlen, was sich jedoch nicht rentensteigernd auswirkt. **Ab 1.1.2017** besteht Rentenversicherungsfreiheit für beschäftigte Altersvollrentner erst nach Ablauf des Monats, in dem die Regelaltersgrenze erreicht wird.

Versicherungspflicht in der Rentenversicherung bis zur Regelaltersgrenze:
In einer Beschäftigung, die ab dem 1.1.2017 neben dem Bezug einer vorgezogenen Altersvollrente aufgenommen wird, besteht bis zum Ablauf des Monats, in dem die Regelaltersgrenze erreicht wird, Rentenversicherungspflicht; Arbeitgeber und Arbeitnehmer haben ihren Beitrag zu entrichten. Arbeitnehmer, die **am 31.12.2016** wegen des Bezugs einer Altersvollrente **vor** Erreichen der Regelaltersgrenze rentenversicherungsfrei beschäftigt waren, bleiben in dieser Beschäftigung im Rahmen einer **Bestandsschutzregelung** (§ 230 Abs. 9 Satz 1 SGB VI) weiterhin rentenversicherungsfrei (der Arbeitgeber hat weiterhin den seinen RV-Anteil zu entrichten; weiterhin Personengruppenschlüssel 119 vgl. Anlage b auf S. 413). Allerdings können diese Beschäftigten gegenüber dem Arbeitgeber nach § 230 Abs. 9 Satz 2 und 3 SGB VI auf die **Versicherungsfreiheit verzichten**. Der Verzicht kann nur für die Zukunft erklärt werden und ist für die gesamte Dauer der Beschäftigung bindend. Diese Verzichtserklärung verliert auch mit Ablauf des Monats, in dem der Bezieher einer Altersvollrente die Regelaltersgrenze erreicht, nicht ihre Wirkung. Durch die Verzichtserklärung ist in der RV der Arbeitgeber - und der Arbeitnehmeranteil abzuführen und in der Meldung der Personengruppenschlüssel 120 (vgl. Anlage 2b auf S. 413) anzugeben.

Verzicht auf Rentenversicherungsfreiheit nach Erreichen der Regelaltersgrenze:
Nach Ablauf des Monats, in dem die Regelaltersgrenze erreicht wird, besteht Rentenversicherungsfreiheit. Lediglich der Arbeitgeber hat seinen RV-Anteil zu zahlen. Nach dem neuen § 5 Abs. 4 Satz 2 und 3 SGB VI kann nunmehr der Beschäftigte in dieser Beschäftigung durch schriftliche Erklärung gegenüber dem Arbeitgeber auf die Versicherungsfreiheit verzichten, um seine Rente aufzubessern. Der Verzicht kann nur mit Wirkung für die Zukunft erklärt werden und ist für die Dauer der Beschäftigung bindend. Die Verzichtserklärung ist zu den Entgeltunterlagen bzw. zum Lohnkonto zu nehmen. Durch

die Verzichtserklärung ist der volle Rentenversicherungsbeitrag (Arbeitgeber- und Arbeitnehmeranteil) abzuführen und der Personengruppenschlüssel 120 (vgl. S. 413) zu verwenden.

— **Befristeter Wegfall des Arbeitgeberbeitrags zur Arbeitslosenversicherung**
Mit Ablauf des Monats, in dem der Beschäftigte die Altersgrenze für die Regelaltersrente aus der gesetzlichen Rentenversicherung erreicht hat, tritt in der Arbeitslosenversicherung Versicherungsfreiheit ein. **Bislang** war allerdings der Arbeitgeber verpflichtet, die Hälfte des Betrags zu entrichten, der zu entrichten wäre, wenn der Beschäftigte nicht versicherungsfrei wäre. Nach dem neuen § 346 Abs. 3 Satz 3 SGB III wurde bestimmt, dass dieser **Arbeitgeberbeitrag** zur Arbeitslosenversicherung für die Zeit vom 1.1.2017 bis 31.12.2021 **entfällt**.

In welchem Umfang besteht bei Rentenbeziehern in einem Arbeitsverhältnis Versicherungspflicht?

Bei geringfügigen Beschäftigungen besteht in **allen** SozV-Zweigen Versicherungsfreiheit; ggf. ist der pauschale Arbeitgeberbeitrag von 15 % zur RV und 13 % zur KV zu entrichten (vgl. S. 283 und 301). In der gesetzlichen Rentenversicherung kann der geringfügig Beschäftigte auf die Versicherungsfreiheit verzichten oder die RV-Pflicht abwählen (vgl. S. 280).

In der Arbeitslosenversicherung besteht nach Ablauf des Monats, in dem der Arbeitnehmer das Lebensjahr für den Anspruch auf Regelaltersrente vollendet, für den Beschäftigten Beitragsfreiheit. In der Zeit vom 1.1.2017 bis 31.12.2021 entfällt auch der Arbeitgeberbeitrag.

Im Übrigen hängt die Versicherungspflicht in den einzelnen Versicherungszweigen in folgender Weise von der Art der Rente ab:

1. Beschäftigte, die eine **Berufsunfähigkeitsrente** beziehen:
   Es besteht nach allgemeinen Grundsätzen Versicherungspflicht in der KV, PV, RV und ALV.

2. Beschäftigte, die eine **Erwerbsunfähigkeitsrente** beziehen:
   Es besteht nach allgemeinen Grundsätzen Versicherungspflicht in der KV, PV und RV. In der ALV besteht Versicherungsfreiheit unabhängig vom Lebensalter.

3. Beschäftigte, die eine **Vollrente wegen Alters** beziehen:
   Es besteht Versicherungspflicht in der KV und PV. In der KV kommt nur der ermäßigte Beitrag zur Anwendung, da kein Anspruch auf Krankengeld besteht.
   In der RV sind Bezieher einer Vollrente nach Ablauf des Monats, in dem die Regelaltersgrenze erreicht wird, grundsätzlich versicherungsfrei; der Arbeitgeber hat jedoch für solche Beschäftigte zur RV seinen Beitragsanteil weiterhin zu entrichten. Nach dem neuen § 5 Abs. 4 Satz 2 und 3 SGB VI kann der Beschäftigte durch schriftliche Erklärung gegenüber dem Arbeitgeber auf die Versicherungsfreiheit verzichten, so dass dann neben dem Arbeitgeberbeitrag auch der Arbeitnehmerbeitrag abzuführen ist.
   In der ALV tritt Versicherungsfreiheit mit Ablauf des Monats ein, in dem das Alter für den Bezug der Regelaltersrente vollendet wird. Für den Beschäftigten tritt dann Beitragsfreiheit ein. In der Zeit vom 1.1.2017 bis 31.12.2021 entfällt auch der Arbeitgeberbeitrag.

BEISPIEL 19 Beschäftigung von Rentnern

4. **Beschäftigte, die eine Teilrente wegen Alters beziehen:**
Es besteht Versicherungspflicht in der KV und PV sowie bis zur Vollendung des Lebensjahres für den Anspruch auf Regelaltersrente in der ALV.

In der RV besteht Versicherungspflicht; das gilt auch dann, wenn der Beschäftigte das Lebensjahr für den Anspruch auf Regelaltersrente vollendet hat und weiterhin nur eine Teilrente bezieht.

Beispiel:

Daten aus dem Lohnkonto:
Steuerklasse IV; kinderlos; Religionszugehörigkeit rk; gKV (Zusatzbeitragssatz angenommen 1,1%)
geb. 10. Februar 1939

Lohnabrechnung für Juli:
1. Monatslohn   1.400,00
   Abzüge:
3. Steuerpflichtiger Arbeitslohn   1.400,00
   LSt   36,75
   SolZ   0,00
   KiSt   2,94   39,69
4. Beitragspflichtiges Entgelt   1.400,00
   KV   7,0%   98,00
   Zusatzbeitrag (ang. 1,1%) 0,55%   7,70
   PV   1,525%   21,35
   zusätzl. Beitrag   0,00   127,05   166,74
Auszahlungsbetrag   1.233,26
5. Arbeitgeberanteil am Gesamtsozialversicherungsbeitrag:
   KV   7,0% + 0,55%   105,70
   PV   1,525%   21,35
   RV   9,3%   130,20
   ALV   0,0%   0,0
                                                  257,25

Zu 3

Steuerpflichtiger Arbeitslohn   1.400,— €
./. **Altersentlastungsbetrag**

Gemäß § 24a EStG wird einem Arbeitnehmer, der vor dem Beginn des Kalenderjahres das 64. Lebensjahr vollendet hat, ein Altersentlastungsbetrag gewährt.

Dieser Altersentlastungsbetrag wird ab dem Kalenderjahr 2005 nach den Bestimmungen des Alterseinkünftegesetzes sowohl hinsichtlich des Vomhundertsatzes als auch des Jahreshöchstbetrags jahrgangsweise abgeschmolzen. Daher beträgt der Altersentlastungsbetrag für diejenigen Arbeitnehmer, die bereits vor dem 2.1.1941 geboren sind, also bereits vor Beginn des Kalenderjahres 2005 ihr 64. Lebensjahr vollendet hatten, auch im Kalenderjahr 2020 weiterhin 40% des Arbeitslohns, höchstens jedoch insgesamt 1.900,- € im Kalenderjahr. Für Arbeitnehmer, die ihr 64. Lebensjahr erst vor Beginn eines späteren Kalenderjahres vollendet haben, wird der Alter-

BEISPIEL 19　　　　　　　　　　　　　　　　　　　　　Beschäftigung von Rentnern

sentlastungsbetrag stufenweise abgeschmolzen (siehe nachfolgende Tabelle). Das heißt z. B.:
Für Arbeitnehmer, die erst im Kalenderjahr 2005 ihr 64. Lebensjahr vollendet haben, beträgt der
Satz 38,4% des Arbeitslohns, höchstens 1.824,– €.

Vollendung des 64. Lebensjahres im Kalenderjahr (Geburtsdatum)	Altersentlastungsbetrag	
	in % des Arbeitslohns	Höchstbetrag in €
(Geburtsdatum: vor dem 1.1.1941)	40%	1.900
2005 (2.1.1941 – 1.1.1942)	38,4	1.824
2006 (2.1.1942 – 1.1.1943)	36,8	1.748
2007 (2.1.1943 – 1.1.1944)	35,2	1.672
2008 (2.1.1944 – 1.1.1945)	33,6	1.596
2009 (2.1.1945 – 1.1.1946)	32,0	1.520
2010 (2.1.1946 - 1.1.1947)	30,4	1.444
2011 (2.1.1947 – 1.1.1948)	28,8	1.368
2012 (2.1.1.1948 – 1.1.1949)	27,2	1.292
2013 (2.1.1949 – 1.1.1950)	25,6	1.216
2014 (2.1.1950 – 1.1.1951)	24,0	1.140
2015 (2.1.1951 – 1.1.1952)	22,4	1.064
2016 (2.1.1952 – 1.1.1953)	20,8	988
2017 (2.1.1953 – 1.1.1954)	19,2	912
2018 (2.1.1954 – 1.1.1955)	17,6	836
2019 (2.1.1955 – 1.1.1956)	16,0	760
2020 (2.1.1956 – 1.1.1957)	15,2	722
2021 (2.1.1957 – 1.1.1958)	14,4	684
---	---	---

BEISPIEL 19 — *Beschäftigung von Rentnern*

Bei Vorliegen der Altersvoraussetzung hat der Arbeitgeber den entsprechenden Entlastungsbetrag zu errechnen und bei der Berechnung der LSt zu berücksichtigen. Dies gilt im Übrigen auch, wenn bei einem Arbeitnehmer die Steuerklasse VI anzuwenden ist. Zur Berücksichtigung bei der Besteuerung von laufendem Arbeitslohn ist höchstens der auf den Lohnzahlungszeitraum entfallende Anteil anzusetzen.

Im Beispielsfall (geb. 10.2.1939)
40 % von 1.400,- € = 560,- €
zu berücksichtigen sind im Monat höchstens   *159,— €*
Abzulesen in der **besonderen** *Lohnsteuertabelle bei*   *1.241,— €*

Sieht das maschinelle Lohnabrechnungsprogramm die Eingabe des Geburtsdatums vor, wird der Altersentlastungsbetrag in der Regel auch automatisch berücksichtigt, sodass eine Kürzung des Arbeitslohns dann nicht nochmals erfolgen darf. Der Beschäftigte bezieht aus der gesetzlichen Rentenversicherung eine Vollrente; er hat deshalb keine eigenen Beiträge zur RV zu leisten. Dementsprechend darf beim maschinellen Lohnsteuerabzug keine Teilvorsorgepauschale Rentenversicherung zum Abzug kommen. Beim manuellen Lohnsteuerabzug kann die besondere Lohnsteuertabelle angewendet werden (vgl. S. 30), wobei für die KV und PV die Mindestvorsorgepauschale zum Ansatz kommt.

Bei der Bescheinigung des Bruttoarbeitslohns darf der Altersentlastungsbetrag nicht gekürzt werden. Deshalb sind 1.400,- € als Arbeitslohn zu erfassen.

Zu 4

Der Arbeitnehmer bezieht eine Vollrente wegen Alters und hat das maßgebende Alter für den Bezug der Regelaltersrente bereits vollendet. Deshalb besteht nur in der **Kranken- und Pflegeversicherung** *Beitragspflicht.*

In der KV kommt der **ermäßigte** *Beitragssatz zur Anwendung, da wegen des Bezugs von Vollrente kein Anspruch auf Krankengeld besteht. Der ermäßigte Beitragssatz beträgt 14,0 %, den Arbeitnehmer und Arbeitgeber zusammen mit dem kassenindividuellen Zusatzbeitragssatz (im Beispielsfall 1,1 %) jeweils zur Hälfte zu tragen haben.*

Der Beitragszuschlag zur PV von 0,25 % entfällt, da der Arbeitnehmer vor dem 1.1.1940 geboren wurde.

Zu 5

Der Arbeitnehmer ist als Bezieher einer Vollrente und wegen Vollendung des maßgebenden Alters für den Bezug der Regelaltersrente in der Rentenversicherung und in der Arbeitslosenversicherung beitragsfrei. Ungeachtet dessen hat der Arbeitgeber jedoch den Arbeitgeberanteil zur RV zu entrichten. Der Arbeitgeberanteil zur ALV entfällt für die Zeit vom 1.1.2017 bis 31.12.2021.

Wenn nur der Arbeitgeberbeitrag zur gesetzlichen RV für den weiterbeschäftigten Altersrentner zu entrichten ist, darf dieser unter Nr. 22 der Lohnsteuerbescheinigung (vgl. S. 384) nicht eingetragen werden.

Was ist bei der Beschäftigung von Pensionsempfängern hinsichtlich der Versicherungspflicht zu beachten?

Krankenversicherung

Weiterbeschäftigte pensionierte Beamte sind versicherungsfrei, wenn sie Anspruch auf Beihilfe im Krankheitsfall nach beamtenrechtlichen Grundsätzen haben.

Die versicherungsfreien Pensionäre haben keinen Anspruch auf einen Beitragszuschuss zu ihrer Krankenversicherung gegen den Arbeitgeber.

Pflegeversicherung

Aufgrund der Befreiung in der KV kommt auch keine Versicherungspflicht in der sozialen Pflegeversicherung zustande. Pensionsempfänger sind jedoch privat krankenversichert. Danach richtet sich auch die Pflegeversicherung.

Rentenversicherung

In der Rentenversicherung sind pensionierte Beamte versicherungsfrei, wenn sie nach beamtenrechtlichen Vorschriften eine Versorgung **nach Erreichen einer Altersgrenze** beziehen (§ 5 Abs. 4 Nr. 2 SGB VI).

Auch wenn der pensionierte Beamte rentenversicherungsfrei ist, hat der Arbeitgeber den Beitragsanteil zur Rentenversicherung zu leisten, der ihn bei dem gezahlten Arbeitsentgelt im Falle der Versicherungspflicht treffen würde. Dies entspricht der Sachbehandlung beim Empfänger einer Altersrente.

Arbeitslosenversicherung

Pensionsempfänger sind in der Arbeitslosenversicherung beitragspflichtig, unabhängig davon, ob sie sich von der Krankenversicherungspflicht befreien haben lassen. Erst mit Ablauf des Monats, in dem der Pensionsempfänger das Lebensjahr für den Anspruch auf Regelaltersrente vollendet, besteht Beitragsfreiheit und auch der Arbeitgeber hat dann für die Zeit vom 1.1.2017 bis 31.12.2021 keinen Beitrag mehr zur ALV zu entrichten.

BEISPIEL 20

Auszubildende, Schüler, Praktikanten und Werkstudenten

Auszubildende

Was ist bei Beschäftigung von Auszubildenden zu beachten?

Mit dem Auszubildenden ist schriftlich ein Berufsausbildungsvertrag abzuschließen (§§ 3 und 4 BBiG), dessen Mindestinhalt vorgeschrieben ist. Bei den Industrie- und Handelskammern oder den Handwerkskammern sind entsprechende Musterverträge erhältlich. Verbote und Gebote hinsichtlich der Gestaltung der Arbeitsbedingungen und der Arbeitszeit enthält das Jugendarbeitsschutzgesetz. Die Rechtsverhältnisse zwischen Auszubildenden und Ausbildungsbetrieb regelt das BBiG.

Wie hoch ist die Ausbildungsvergütung?

Nach dem BBiG ist eine angemessene Vergütung zu zahlen. Die Festlegung der Ausbildungsvergütung ist tarif- oder einzelvertraglichen Regelungen vorbehalten. Sie muss sich nach dem Lebensalter richten und mit fortschreitender Ausbildung mindestens jährlich ansteigen. Sie ist bei unverschuldeter Krankheit bis zu 6 Wochen weiterzuzahlen und darf für Zeiten des Berufsschulbesuchs nicht gekürzt werden.

Wie wird die Ausbildungsvergütung steuerlich behandelt?

Die Vergütung ist wie laufender Arbeitslohn anderer Arbeitnehmer zu besteuern.

In welcher Höhe ist der Kostenersatz bei Blockunterricht bzw. bei einem Wechsel der Ausbildungsstätten steuerfrei?

Bei einem vorübergehenden Aufenthalt an einer anderen außerbetrieblichen Ausbildungsstätte kommen die Grundsätze der vorübergehenden Auswärtstätigkeit und nicht die Grundsätze der doppelten Haushaltsführung zur Anwendung.

Beispiel A

Der Auszubildende absolviert im Rahmen seines Ausbildungsdienstverhältnisses einen 4-monatigen Lehrgang in einer auswärtigen Bildungseinrichtung. Er übernachtet am Lehrgangsort.

Der Arbeitgeber kann die Übernachtungs- und die Fahrtkosten für die gesamte Dauer und den Verpflegungsmehraufwand für die ersten drei Monate nach den Grundsätzen der Auswärtstätigkeit (vgl. S. 183) ersetzen:

— Fahrtkosten in tatsächlicher Höhe (bei PKW-Benutzung pauschal 0,30 € je gefahrenen Kilometer),

— Tagegeld wie bei einer Auswärtstätigkeit je nach Abwesenheit 28,- € oder 14,- € (vgl. S. 183),

— Übernachtungskosten pauschal 20,- € oder die tatsächlichen Kosten.

BEISPIEL 20   Auszubildende

 Beispiel B
Der Auszubildende besucht im Rahmen seines Dienstverhältnisses an einem Tag in der Woche eine außerbetriebliche Bildungseinrichtung. Er ist an diesem Tag 9 Stunden von seiner Wohnung abwesend.

Bei dem Besuch der auswärtigen Bildungseinrichtung handelt es sich jeweils um eine eigenständige Auswärtstätigkeit, da die Ausbildungsstätte an nicht mehr als zwei Tagen in der Woche aufgesucht wird. Es liegt deshalb jeweils eine neue Auswärtstätigkeit vor, sodass der steuerfreie Ersatz von Verpflegungskosten nicht auf einen Zeitraum von drei Monaten beschränkt ist. Steuerfrei können gezahlt werden:

— 14,- € je Abwesenheitstag zur Abgeltung der Verpflegungsmehraufwendungen und

— die Fahrtkosten in tatsächlicher Höhe (bei PKW-Benutzung 0,30 € pro gefahrenen Kilometer).

Sind Auszubildende sozialversicherungspflichtig?

Die Bestimmungen über die Versicherungsfreiheit von **geringfügigen Beschäftigungen** (vgl. S. 280, 301) gelten hier **nicht**. Die Auszubildenden sind vielmehr unabhängig von der Höhe der Vergütung in der Kranken-, Pflege-, Renten- und Arbeitslosenversicherung versicherungspflichtig.

Wer trägt bei geringer Ausbildungsvergütung die SozV-Beiträge?

Bis zur sog. **Geringverdienergrenze** muss der Arbeitgeber den Gesamtbeitrag übernehmen. Diese beträgt weiterhin **monatlich 325,- €**. Zum Personengruppenschlüssel 121 siehe Anlage 2b (vgl. S. 413). Diese Regelung wird an Bedeutung verlieren, da nach dem Gesetz zur Modernisierung und Stärkung der beruflichen Bildung vom 12.12.2019 ab 2020 eine Mindestvergütung für Auszubildende unmittelbar im Berufsbildungsgesetz (BBiG) festgeschrieben wurde. Nach Tarifvertrag vereinbarte Ausbildungsvergütungen haben jedoch Vorrang vor der Mindestvergütung (vgl. § 17 BBiG). Auch wer die Ausbildung bereits vor dem 1.1.2020 begonnen hat, fällt nicht unter die neue Mindestvergütung.

 Beispiel:
Ein in einem Handwerksberuf Auszubildender mit der Steuerklasse I erhält nach dem Tarifvertrag eine monatliche Vergütung von 310,- €.

Es handelt sich um ein geringes Arbeitsentgelt. Da somit kein Arbeitnehmeranteil zur Sozialversicherung einzubehalten ist und bei diesem Betrag in der Steuerklasse I auch keine Steuerabzugsbeträge anfallen, kann die Vergütung in Höhe von 310,- € netto gezahlt werden. Der Arbeitgeber hat die SozV-Beiträge abzuführen; sie betragen für 2020:

KV 14,6 % + Zusatzbeitrag zur KV 1,1 %
    (= durchschnittlicher Zusatzbeitragssatz) +
PV 3,05 % + Beitragszuschlag zur PV 0,25 % +
RV 18,6 % + ALV 2,4 % = 40,0 % von 310,- € =   124,00 €

Hinweis:
Der Beitragszuschlag zur PV fällt nur an, wenn der Auszubildende das **23. Lebensjahr** vollendet hat.

BEISPIEL 20 *Schüler*

Hätte der Auszubildende die Steuerklasse V oder VI wäre beim Lohnsteuerabzug darauf zu achten, dass in diesem Fall, in dem der Arbeitgeber kraft Gesetzes nach § 20 Abs. 3 Satz 1 SGB IV die Beiträge zur gRV und gKV/PV alleine zu tragen hat, nur die Mindestvorsorgepauschale greift, so dass sich in Steuerklasse V ein Steuerabzug i. H. v. 28,16 € (= LSt: 26,08 € + ggf. KiSt: 2,08 €) und in Steuerklasse VI i. H. v. 41,21 € (= LSt: 38,16 € + ggf. KiSt: 3,05 €) ergeben würde.

Wie wirken sich einmalige Entgelte auf die Geringverdienergrenze aus?

Wird die Geringverdienergrenze durch Zahlung einmaligen Entgelts überschritten, sind die SozV-Beiträge insoweit vom Arbeitgeber und vom Auszubildenden anteilig zu tragen.

Beispiel:
Beitragsberechnung für Januar:

Monatliche Vergütung	300,– €
Weihnachtsgeld	300,– €
Gesamtbezug	600,– €

		Arbeitgeberanteil	Arbeitnehmeranteil		
Aus	**325,00**				
KV	14,6 %	47,45			
Zusatzbeitrag	1,1 %	3,58			
PV	3,05 %	9,91			
Beitragszuschlag	0,25 %	0,81			
RV	18,6 %	60,45			
ALV	2,4 %	7,80	130,00		0,00
Aus	**275,00**				
KV	7,3 %	20,08		20,08	
Zusatzbeitrag	0,55 %	1,51		1,51	
PV	1,525 %	4,19		4,19	
Beitragszuschlag	0,25 %	0,00		0,69	
RV	9,3 %	25,58		25,58	
ALV	1,2 %	3,30	54,66	3,30	55,35
insgesamt			184,66		55,35

Hinweis:
Der Beitragszuschlag zur Pflegeversicherung fällt nur an, wenn der Arbeitnehmer *das 23. Lebensjahr vollendet hat.*

Schüler

Sind Schüler in einem Beschäftigungsverhältnis versicherungspflichtig?

In der KV, PV und RV besteht Versicherungsfreiheit nur bei geringfügigen Beschäftigungen entsprechend den dortigen Ausführungen (vgl. hierzu S. 280, 301).

In der ALV sind Schüler, die eine Volksschule, Realschule oder ein Gymnasium besuchen, versicherungsfrei.

Fachoberschüler unterliegen in ihrer fachpraktischen Ausbildung nicht der SozV-Pflicht. Auch **Fachschüler,** die während des Schulbesuchs eine praktische Ausbildung absolvieren, sind sozialversicherungsfrei. Wird das Praktikum aber vor oder nach dem Schulbesuch und im Rahmen eines Beschäftigungsverhältnisses geleistet, besteht nach allgemeinen Grundsätzen SozV-Pflicht.

Eine **Überbrückungsbeschäftigung** zwischen Abitur und Studium ist versicherungsfrei, wenn sie 3 Monate bzw. 70 Arbeitstage nicht überschreitet.

Schulentlassene, die eine Dauerbeschäftigung oder ein Ausbildungsverhältnis anstreben, sind auch in einer Übergangsbeschäftigung berufsmäßig tätig und deshalb versicherungspflichtig, auch wenn die Beschäftigung nur kurzfristig ausgeübt wird.

Wie wird der Arbeitslohn versteuert?

Der Arbeitslohn unterliegt wie in jedem anderen Beschäftigungsverhältnis dem Lohnsteuerabzug. Handelt es sich um das erste Dienstverhältnis fällt in der Steuerklasse I in der Regel weder Lohnsteuer noch Solidaritätszuschlag noch Kirchensteuer an. Verzichtet der Arbeitgeber auf die individuellen Lohnsteuerabzugsmerkmale des Schülers und handelt es sich um eine geringfügig entlohnte oder eine kurzfristige Beschäftigung, kann er die Lohnsteuer pauschal erheben; zu den Voraussetzungen der Lohnsteuerpauschalierung vgl. S. 280 und 301.

Praktikanten

Wie erfolgt die Besteuerung?

In steuerlicher Hinsicht bestehen für diese Beschäftigungsverhältnisse keine Besonderheiten. Der Arbeitgeber hat wie bei anderen Arbeitsverhältnissen die Lohn- und Kirchensteuer nach den individuellen Lohnsteuerabzugsmerkmalen des Praktikanten einzubehalten. Da die Beschäftigung in der Regel nur für einen Teil des Jahres besteht, führt die vom Beschäftigten beim Finanzamt zu beantragende Veranlagung je nach Höhe des Arbeitslohns zu einer vollen oder teilweisen Erstattung der einbehaltenen Steuerabzugsbeträge.

Besteht Versicherungspflicht?

In der Sozialversicherung wird unter einem Praktikum die Beschäftigung im Rahmen betrieblicher Berufsbildung bzw. betrieblicher Berufsausbildung verstanden. Je nach Fachrichtung wird es während des Studiums (Zwischenpraktikum) oder vor bzw. nach dem eigentlichen Studium absolviert. Hinsichtlich der SozV-Pflicht einer gegen Arbeitsentgelt ausgeübten Praktikantentätigkeit ist vor allem zu unterscheiden, ob das Praktikum in einer Ausbildungs-, Studien- oder Prüfungsordnung vorgeschrieben ist oder nicht. Die Spitzenorganisationen der Sozialversicherung haben die versicherungsrechtliche Behandlung von beschäftigten Studenten und Praktikanten im Rundschreiben vom 23.11.2016 aktualisiert.

1. **Vorgeschriebenes Praktikum**

   Zwischenpraktikum

   An einer Hochschule oder Fachhochschule immatrikulierte Studenten, die ein vorgeschriebenes Praktikum in einem Beschäftigungsverhältnis ausüben, sind in der KV, PV, RV und ALV **versicherungsfrei.** Die Dauer des Praktikums, die wöchentliche Arbeitszeit sowie die Höhe des dabei erzielten Arbeitsentgelts spielen keine Rolle. Auch die sonst bei geringfügig entlohnter Beschäftigung zu entrichtenden pauschalen Abgaben (vgl. S. 280) fallen nicht an. Auch wenn keine Versicherungspflicht in der RV, AV, KV und PV besteht, ist der Beschäftigte in der Regel in der Unfallversicherung versichert, sodass auch für Studenten in einem vorgeschriebenen Zwischenpraktikum eine Meldung mit dem Personengruppenschlüssel „190" und dem Beitragsgruppenschlüssel „0000" abzugeben ist. Sofern der Beschäftigte noch nie Mitglied einer gesetzlichen Krankenversicherung war, wählt der Arbeitgeber die Einzugsstelle aus.

Vor- bzw. Nachpraktikum

In einem vorgeschriebenen Praktikum, das vor Aufnahme des Studiums bzw. vor Beginn des Fachschulbesuchs oder nach Abschluss des Studiums bzw. der beruflichen Schulausbildung abgeleistet wird, besteht **Versicherungspflicht** in der KV, PV, RV und ALV.

Da es sich bei einem vorgeschriebenen Praktikum um eine Beschäftigung im Rahmen betrieblicher Berufsbildung bzw. Berufsausbildung handelt, gelten die Regeln für geringfügige Beschäftigungen nicht. Versicherungspflicht besteht deshalb auch dann, wenn das Arbeitsentgelt 450,- € nicht übersteigt oder das Praktikum nicht länger als drei Monate dauert.

2. **Nicht vorgeschriebenes Praktikum**

Zwischenpraktikum

— In der KV, PV und ALV besteht Versicherungsfreiheit, wenn die Zeit und Arbeitskraft des Studierenden überwiegend durch das Studium in Anspruch genommen werden, nach dem Erscheinungsbild also keine übliche Arbeitnehmertätigkeit gegeben ist. Zur Abgrenzung gelten die für Werkstudenten (vgl. S. 324) geltenden Regeln.

— In der RV besteht Versicherungsfreiheit in dem während des Studiums ausgeübten Praktikum nur dann, wenn die Voraussetzungen einer kurzfristigen Beschäftigung (vgl. S. 301) oder die entsprechenden Regelungen der geringfügig entlohnten Beschäftigung (vgl. S. 280) vorliegen. Die Bestimmungen zur geringfügigen Beschäftigung finden deshalb Anwendung, weil ein nicht vorgeschriebenes Praktikum nicht zu den Beschäftigungen im Rahmen betrieblicher Berufsbildung gehört.

Da ein Zwischenpraktikum während des Studiums ausgeübt wird, sind die sonst bei geringfügig entlohnter Beschäftigung anfallenden Pauschalbeiträge (vgl. S. 280) aufgrund ausdrücklicher gesetzlicher Regelung (§ 172 Abs. 3 SGB VI) nicht zu entrichten.

Vor- bzw. Nachpraktikum

Da diese nicht während des Studiums ausgeübt werden, besteht grundsätzlich Versicherungspflicht in der KV, PV, RV und ALV. Versicherungsfreiheit besteht, wenn die entsprechenden Regelungen einer geringfügigen Beschäftigung vorliegen. Allerdings sind im Fall der geringfügig entlohnten Beschäftigung (450,-€-Job) vom Arbeitgeber die Pauschalabgaben zu leisten. Für den Arbeitnehmer kann bei der geringfügigen Beschäftigung (vgl. im Einzelnen S. 280) ggf. ein RV-Beitrag i. H. v. weiterhin 3,6% anfallen.

3. **Teilnahme an dualen Studiengängen**

    Teilnehmer an dualen Studiengängen sind gemäß § 25 Abs. 1 Satz 2 SGB III, § 5 Abs. 4a Satz 2 SGB V und § 1 Satz 5 SGB VI in **sämtlichen Formen von dualen Studiengängen** während der gesamten Dauer des Studiengangs (d. h. sowohl während der Praxisphasen als auch während der Studienphasen) in der ALV, KV, PV und RV als Beschäftigte versicherungspflichtig (vgl. auch Abschnitt A.2 des aktualisierten Rundschreibens der Spitzenorganisationen der Sozialversicherung vom 23.11.2016 zur versicherungsrechtlichen Beurteilung von beschäftigten Studenten und Praktikanten). Sie werden den zur Berufsausbildung Beschäftigten gleichgestellt und müssen bei der Krankenkasse angemeldet werden.

4. **Praktika zur Erlangung des berufspraktischen Teils der Fachhochschulreife**

    In einzelnen Bundesländern besteht die Möglichkeit, nach Verlassen der gymnasialen Oberstufe unter Zuerkennung des schulischen Teils der Fachhochschulreife durch Absolvierung eines einjährigen (gelenkten) Praktikums den berufspraktischen Teil der Fachhochschulreife zu erlangen. Da bei Aufnahme des erforderlichen Praktikums die Schulausbildung bereits abgeschlossen ist, kommt eine Gleichstellung mit Fachoberschülern, die während der Dauer des Schulbesuchs ein Fachpraktikum ableisten (vgl. S. 322) nicht in Betracht. Sofern das Praktikum zur Erlangung des berufspraktischen Teils der Fachhochschulreife im Rahmen eines Beschäftigungsverhältnisses ausgeübt wird, unterliegen die Praktikanten als zu ihrer Berufsausbildung Beschäftigte den allgemeinen Regeln der SV-Pflicht (vgl. S. 320).

5. **Praktika von Rechtsreferendaren im juristischen Vorbereitungsdienst**

    Die Juristenausbildung ist zweistufig und gliedert sich in das mit dem ersten Staatsexamen abgeschlossene Jurastudium und den sich anschließenden juristischen Vorbereitungsdienst (Referendariat), in dem die Rechtsreferendare in Pflicht- und Wahlstationen praktisch ausgebildet werden. Der rund zwei Jahre dauernde Vorbereitungsdienst stellt sich als vorgeschriebenes Nachpraktikum (vgl. S. 323) dar. In aller Regel wird der Vorbereitungsdienst im Rahmen eines öffentlich-rechtlichen Ausbildungsdienstverhältnisses durchgeführt (Ausnahmefälle: im Beamtenverhältnis auf Widerruf, was in allen SV-Zweigen dann versicherungsfrei wäre), sodass in der KV, PV und ALV Versicherungspflicht besteht. In der RV besteht hingegen Versicherungsfreiheit, wenn den Rechtsreferendaren nach Entscheidung (sog. Gewährleistungsentscheidung) der obersten Verwaltungsbehörde des ausbildenden Bundeslandes entsprechend beamtenrechtlichen Vorschriften oder Grundsätzen Anwartschaft auf Versorgung gewährleistet wird. Des Weiteren vergleiche auch Abschnitt A 3.10 des aktualisierten Rundschreibens der Spitzenorganisationen der Sozialversicherung vom 23.11.2016 zur versicherungsrechtlichen Beurteilung von beschäftigten Studenten und Praktikanten.

Werkstudenten

Hierunter werden Studierende verstanden, die neben dem Studium an einer Hochschule bzw. Fachhochschule oder einer der fachlichen Ausbildung dienenden Schule (Fachschule) gegen Entgelt eine Beschäftigung ausüben. Für sie gilt die sog. Werkstudenten-Regelung. Danach besteht zwar in der RV grundsätzlich Versicherungspflicht, in der KV, PV und ALV

BEISPIEL 20 *Werkstudenten*

ist die neben dem Studium ausgeübte Beschäftigung unter bestimmten Voraussetzungen jedoch versicherungsfrei. Die Spitzenorganisationen der Sozialversicherung haben die versicherungsrechtliche Behandlung von beschäftigten Studenten und Praktikanten im Rundschreiben vom 23.11.2016 aktualisiert.

Rentenversicherung

Es besteht Versicherungspflicht, auch wenn die Beschäftigung neben dem Studium ausgeübt wird.

Versicherungsfreiheit besteht nur, wenn eine kurzfristige Beschäftigung (vgl. S. 301) oder eine geringfügige Beschäftigung gegeben ist (vgl. S. 280). Bei einem 450,-€-Job muss der Arbeitgeber allerdings den pauschalen KV-Beitrag (13%) und RV-Beitrag (15%) entrichten. Für den Arbeitnehmer bei der geringfügigen Beschäftigung (vgl. im Einzelnen S. 280) ggf. ein RV-Beitrag von weiterhin 3,6% anfallen.

Kranken-, Pflege- und Arbeitslosenversicherung

In diesen Versicherungszweigen ist die Werkstudententätigkeit versicherungsfrei. Voraussetzung ist, dass die Beschäftigung während der Dauer des Studiums ausgeübt wird, aber Zeit und Arbeitskraft des Studierenden überwiegend vom Studium beansprucht werden. Dies ist der Fall, wenn der Studierende **nicht mehr als 20 Stunden in der Woche** für die Beschäftigung aufwendet.

 Beispiele:

1. **20 Stunden-Grenze**

   Ein Student übt neben dem Studium eine unbefristete Beschäftigung aus. Die wöchentliche Arbeitszeit beträgt 18 Stunden und das Entgelt 1.200,- € monatlich.

   Es besteht Versicherungsfreiheit in der Kranken-, Pflege- und Arbeitslosenversicherung. Die Höhe des Arbeitsentgelts ist dabei nicht von Bedeutung. In der gesetzlichen Rentenversicherung besteht dagegen Versicherungspflicht.

2. **Überschreitung der 20 Stunden-Grenze**

   Sie führt noch nicht zur Versicherungspflicht, wenn die Tätigkeit vorwiegend in den Abendstunden oder am Wochenende erfolgt, also das Studium noch im Vordergrund steht:

Montag bis Freitag je 3 Stunden abends =	15 Stunden
Samstag und Sonntag je 5 Stunden =	10 Stunden
zusammen wöchentlich =	25 Stunden

   Obwohl die 20-Stunden-Grenze überschritten ist, besteht Versicherungsfreiheit in der KV, PV und ALV; Versicherungspflicht aber in der RV.

3. **Beschäftigung während der Semesterferien**

   Die wöchentliche Arbeitszeit für die Werkstudententätigkeit beträgt 18 Stunden und während der Semesterferien 40 Stunden wöchentlich.

   Es besteht für die gesamte Beschäftigung Versicherungsfreiheit in der KV, PV und ALV, da die Ausweitung der wöchentlichen Arbeitszeit auf mehr als 20 Wochenstunden sich auf die Semesterferien beschränkt. Die Höhe des Arbeitsentgelts ist nicht von Bedeutung; Versicherungspflicht aber in der RV.

4. **Befristete Tätigkeit außerhalb der Semesterferien mit mehr als 20 Wochenstunden**

   Versicherungsfreiheit besteht, wenn die Beschäftigung auf nicht mehr als zwei Monate befristet ist:
   Ein Student ist befristet vom 1.4. bis 31.5. (außerhalb der Semesterferien) als Taxifahrer tätig. Die wöchentliche Arbeitszeit beträgt 25 Stunden (5-Tage-Woche).

   Es besteht Versicherungsfreiheit, da die Beschäftigung auf nicht mehr als zwei Monate befristet ist und somit eine kurzfristige Beschäftigung vorliegt (Versicherungsfreiheit auch in der RV). Die Arbeitszeit und die Höhe des Entgelts sind dabei nicht von Bedeutung.

5. **Mehrmalige befristete Beschäftigungen**

   Versicherungspflicht kann aber eintreten, wenn befristete Beschäftigungen öfter aufgenommen werden. Wird der Student **innerhalb eines Jahres** (nicht Kalenderjahres) **mehr als 26 Wochen** mit einer wöchentlichen Arbeitszeit von über 20 Stunden tätig, besteht Versicherungspflicht. Zur Festlegung der Jahresfrist wird vom voraussichtlichen Ende der gegenwärtigen Beschäftigung ein Jahr zurückgerechnet.

6. **Werkstudententätigkeit als Minijob**

   Liegen in einer solchen Beschäftigung die Voraussetzungen für eine geringfügig entlohnte Beschäftigung vor, besteht zwar Versicherungsfreiheit; vom Arbeitgeber ist aber der pauschale Beitrag zu RV (15%) und, falls der Student gesetzlich krankenversichert ist, auch der pauschale KV-Beitrag (13%) zu entrichten sowie die Steuerpauschale von 2%. Für den Arbeitnehmer kann bei der geringfügigen Beschäftigung (vgl. im Einzelnen S. 280) ggf. ein RV-Beitrag i. H. v. 3,6% anfallen.

   Bei Überschreiten der Versicherungsfreigrenze tritt in der RV Versicherungspflicht ein; es ist der normale RV-Beitrag zu leisten. In der KV besteht dann nach der Werkstudentenregelung Versicherungsfreiheit; damit entfällt auch der pauschale Beitrag von 13%.

Beispiel:
(Lohnabrechnung für einen teilzeitbeschäftigten Studenten)

Der Student (25 Jahre und kinderlos) ist neben seinem Studium in einem Dauerarbeitsverhältnis wöchentlich 20 Stunden beschäftigt. Sein Stundenlohn beträgt 14,– €.
Daten aus dem Lohnkonto:
Steuerklasse I; Religionszugehörigkeit ev

Lohnabrechnung für Januar:

1.	Monatsgehalt			1.392,00
	Abzüge:			
2.	Steuerpflichtiger Arbeitslohn	1.392,00		
	LSt		44,16	
	SolZ		0,00	
	KiSt 8% (angenommen)		3,53	47,69
3.	Beitragspflichtiges Entgelt	1.392,00		
	RV	9,3%		129,46	177,15
	Auszahlungsbetrag			1.214,85
	Arbeitgeberanteil zur RV			**129,46**

BEISPIEL 20 — *Werkstudenten*

Zu 1

Der Student war im Abrechnungsmonat 87 Stunden beschäftigt. Bei einem Stundenlohn von 16,– € beträgt sein Monatsgehalt somit 1.392,– €.

Zu 2

Eine Lohnsteuerpauschalierung wegen geringfügig entlohnter Beschäftigung scheidet aus, da das monatliche Entgelt die Geringfügigkeitsgrenze von 450,– € überschreitet. Da es sich außerdem um ein Dauerarbeitsverhältnis handelt, kommt auch eine Pauschalierung wegen Kurzfristigkeit der Beschäftigung nicht in Betracht. Der Steuerabzug ist deshalb nach den individuellen Lohnsteuerabzugsmerkmalen vorzunehmen. Bei maschineller Lohnabrechnung ist im Hinblick auf die maßgeblichen Vorsorgepauschalen bei der Eingabe darauf zu achten, ob für den Studenten in dieser Beschäftigung ein Arbeitnehmeranteil zur gesetzlichen Rentenversicherung (im Beispielsfall ja; vgl. zu Nr. 3) bzw. ein Arbeitnehmeranteil zur gesetzlichen Krankenversicherung (im Beispielsfall nein; vgl. zu Nr. 3) anfällt.

Da die Lohnsteuer im Beispielsfall 81,– € nicht übersteigt, fällt kein Solidaritätszuschlag an. (vgl. S. 31).

Zu 3

Die Beschäftigungsdauer überschreitet nicht 20 Stunden wöchentlich (= 87 Stunden monatlich). Der Student ist deshalb in dieser Beschäftigung in der KV, PV und ALV nicht versicherungspflichtig. Ein pauschaler Beitrag zur KV fällt nicht an, weil kein geringfügiges Beschäftigungsverhältnis vorliegt.

Dagegen besteht Versicherungspflicht in der gesetzlichen Rentenversicherung. Der Beitrag ist vom Arbeitnehmer und Arbeitgeber je zur Hälfte zu tragen.

Beispiel:
(Abrechnung für einen Studenten mit geringfügiger Dauerbeschäftigung)

Der Student ist 8 Stunden in der Woche gegen ein monatliches Entgelt von 450,– € tätig; er übt kein weiteres Beschäftigungsverhältnis aus und hat deshalb Steuerklasse I.

Abrechnung für April:
1. Entgelt 450,00
2. Steuerpflichtiger Arbeitslohn 450,00
   LSt, SolZ, KiSt 0,00
3. Auszahlungsbetrag 450,00
4. Pauschaler Arbeitgeberbeitrag
   RV 15 % von 450,– € 67,50
   KV 13 % von 450,– € 58,50
   zusammen 126,—

BEISPIEL 20 — *Werkstudenten*

Zu 2

Der Arbeitslohn von 450,- € könnte auch pauschal mit dem Steuersatz von 2 % versteuert werden. Da aber die die individuellen Besteuerungsmerkmale bekannt sind, ist es günstiger nach dem individuellen Steuerabzugsverfahren vorzugehen. Den gezahlten Arbeitslohn muss der Arbeitgeber nach Ablauf des Kalenderjahres bzw. vorher bei Beendigung des Arbeitsverhältnisses in der Lohnsteuerbescheinigung erfassen.

Bei Anwendung der Steuerklasse I fallen bei einem Arbeitslohn von 450,- € keine Steuerabzugsbeträge an.

Zu 3 und 4

Der Student hat auf die Rentenversicherungspflicht verzichtet, sodass kein Arbeitnehmeranteil zur Rentenversicherung anfällt. Nur der Arbeitgeber hat weiterhin seine Pauschalbeiträge zur RV und KV zu entrichten.

Besteht bei Beschäftigung von Studenten Meldepflicht in der Sozialversicherung?

Für Studenten gelten die allgemeinen Meldepflichten, gleichgültig, ob die Beschäftigung geringfügig ist oder versicherungspflichtig ausgeübt wird.

Was gilt für Arbeitnehmer, die aus dem Beschäftigungsverhältnis heraus ein Studium aufnehmen?

Die Werkstudenten-Regelung gilt auch für solche Studenten, die eine schon vor dem Studium begonnene Beschäftigung fortsetzen. Somit kommt auch hier Versicherungsfreiheit in der Kranken-, Pflege- und Arbeitslosenversicherung in Betracht. In der Rentenversicherung besteht wie bei anderen Werkstudenten Versicherungspflicht.

Was gilt bei ausländischen Studenten?

Die steuerliche Behandlung richtet sich ausschließlich nach dem Doppelbesteuerungsabkommen, das ggf. mit dem Heimatstaat des Studenten besteht. Aus Haftungsgründen sollte der Arbeitgeber für den Studenten beim Betriebsstättenfinanzamt eine Freistellungsbescheinigung beantragen und vom Steuerabzug erst absehen, wenn diese vorliegt.

In der Sozialversicherung gelten für die Tätigkeit von Studenten einer ausländischen Hochschule die für inländische Studenten getroffenen Regelungen entsprechend.

BEISPIEL 21
Beschäftigung von Familienangehörigen

Lohnsteuerliche und sozialversicherungsrechtliche Bedeutung erlangt die Mitarbeit von Familienangehörigen erst, wenn sie nicht aufgrund familiärer Beziehungen, sondern im Rahmen eines Arbeitsverhältnisses erfolgt.

Rechtsquellen: R 4.8 EStR und H 4.8 EStH
Rundschreiben der Spitzenorganisationen der Sozialversicherung vom 21.3.2019 mit Anlage 4 i.d.F. vom 8.11.2017

Was ist bei Arbeitsverhältnissen zwischen Familienangehörigen, z. B. bei Ehegattenarbeitsverhältnissen, zu beachten?

— Haben die Ehegatten Gütergemeinschaft vereinbart und gehört der Betrieb zum Gesamtgut, sind beide Ehegatten Mitunternehmer. Ein Dienstverhältnis wird dann nicht anerkannt.

— Voraussetzung für die steuerliche Anerkennung ist, dass die Ernsthaftigkeit nachgewiesen wird. Hierzu ist der Abschluss eines schriftlichen Arbeitsvertrages zweckmäßig.

— Der Arbeitslohn des Ehegatten sollte, um Klarheit zu schaffen, auf dessen eigenes Bankkonto überwiesen werden; wenn auch die Überweisung auf ein gemeinsames Konto (sog. „Oder-Konto") für sich allein nicht gegen die Ernsthaftigkeit spricht.

— Die dem Familienangehörigen gezahlte Vergütung ist nur insoweit als Arbeitslohn zu behandeln, als sie angemessen ist und nicht den Betrag übersteigt, den ein fremder Arbeitnehmer für eine gleichartige Tätigkeit erhalten würde. Ein unüblich niedriger Arbeitslohn spricht jedoch nicht gegen die Ernsthaftigkeit des Arbeitsverhältnisses.

Mustervertrag

Zwischen der Firma _____ – Arbeitgeber –
und _____ – Arbeitnehmerin – (Ehefrau des Betriebsinhabers)
wird folgender Arbeitsvertrag geschlossen:

1. Das Arbeitsverhältnis beginnt am _____
2. Die Beschäftigung erfolgt als _____
3. Die Arbeitszeit beträgt wöchentlich _____ Stunden.
4. Das Gehalt beträgt monatlich _____ Euro. Es wird zum betriebsüblichen Lohnzahlungstermin auf das eigene Konto der Ehefrau bei der _____ Bank, Nr. _____ überwiesen.
5. Zuzüglich zu dem vereinbarten Gehalt übernimmt der Arbeitgeber die Prämie von monatlich _____ für eine zugunsten der Arbeitnehmerin abgeschlossene Direktversicherung. Neben der Prämie trägt der Arbeitgeber auch die dafür anfallende pauschale Lohn- und Kirchensteuer.
6. Der Urlaubsanspruch beträgt 28 Arbeitstage.
7. Die Kündigung des Arbeitsverhältnisses richtet sich nach den gesetzlichen Vorschriften.

Unterschrift   Unterschrift

BEISPIEL 21 *Beschäftigung von Familienangehörigen*

Wie wird der dem Familienangehörigen gezahlte Arbeitslohn versteuert?
Es gelten die allgemeinen Vorschriften über den Lohnsteuerabzug. Wie bei anderen Arbeitnehmern ist der Lohnsteuerabzug daher nach den individuellen Lohnsteuerabzugsmerkmalen vorzunehmen.

Besteht Versicherungspflicht?
Bei einem steuerlich anzuerkennenden Arbeitsverhältnis kann von der Versicherungspflicht nach den allgemeinen Grundsätzen in der KV, PV, RV und ALV ausgegangen werden. Bei Beschäftigungsverhältnissen mit dem Ehegatten oder dem Lebenspartner, die nach dem 31.12.2004 begonnen haben, wird aufgrund der nach § 28a Abs. 3 Satz 2 Nr. 1 Buchstabe d SGB IV an die Einzugsstelle abzugebenden Meldung und Kennzeichnung, ob zum Arbeitgeber die Beziehung als Ehegatte oder Lebenspartner besteht, nach § 7a Abs. 1 Satz 2 SGB IV automatisch eine Statusfeststellung eingeleitet. Entsprechendes gilt auch für die Statusfeststellung von beschäftigten Kindern, wenn sich aus der nach § 28a Abs. 3 Satz 2 Nr. 1 Buchstabe d SGB IV abzugebenden Anmeldung des Arbeitgebers die Bezeichnung „Abkömmling" ergibt. Die Deutsche Rentenversicherung Bund verschickt daraufhin einen Feststellungsbogen und trifft dann nach Rückgabe des Fragebogens die Entscheidung, ob ein Beschäftigungsverhältnis vorliegt und in welchen Versicherungszweigen ggf. Versicherungspflicht besteht.

Für Personen, die bereits vor dem 1.1.1967 bzw. 1.1.1971 beim Ehegatten beschäftigt waren, konnten von den Sozialversicherungsträgern Befreiungen ausgesprochen werden. Diese gelten für die gesamte Dauer des Beschäftigungsverhältnisses weiter.

Kann zur Altersversorgung des im Betrieb mitarbeitenden Ehegatten mit steuerlicher Wirkung eine Direktversicherung abgeschlossen werden?
Die Verwaltung hat die Voraussetzungen zur Anerkennung von Direktversicherungsbeiträgen im Rahmen eines Ehegatten-Arbeitsverhältnisses in den BMF-Schreiben vom 4.9.1984 und vom 9.1.1986 (BStBl I S. 7) zusammengefasst. Danach gilt im Wesentlichen Folgendes:

— Voraussetzung für den Betriebsausgabenabzug ist, dass für familienfremde Arbeitnehmer, die eine gleiche, ähnliche oder geringerwertige Tätigkeit wie der Ehegatte ausüben und hinsichtlich der Betriebszugehörigkeit dem Ehegatten vergleichbar sind, eine Direktversicherung abgeschlossen oder zumindest ernsthaft angeboten wurde. Für diesen Vergleich dürfen keine Arbeitnehmer herangezogen werden, bei denen die Versicherungsbeiträge aus einem Barlohnverzicht bestritten werden.
— Die Direktversicherungsbeiträge dürfen außerdem nicht zu einer Überversorgung des Arbeitnehmer-Ehegatten führen, d. h. das Entgelt muss nicht nur insgesamt angemessen sein, sondern Barlohn und Versorgungsleistung müssen außerdem in einem angemessenen Verhältnis zueinander stehen. Das ist der Fall, wenn die zu erwartenden Leistungen aus der betrieblichen Altersversorgung zusammen mit der Rente aus der gesetzlichen Rentenversicherung nicht höher sind als 75% des letzten steuerlich anzuerkennenden Arbeitslohns des Arbeitnehmer-Ehegatten. Diese Angemessenheitsprüfung ist auch dann anzustellen, wenn die Direktversicherungsbeiträge durch eine Entgeltumwandlung aufgebracht werden.

Liegen die Voraussetzungen für den Betriebsausgabenabzug vor, sind die Direktversicherungsbeiträge lohnsteuerlich dem Arbeitnehmer-Ehegatten zuzurechnen. Sie sind bei diesem entweder im Rahmen von § 3 Nr. 63 EStG steuerfrei (vgl. S. 77) oder können mit dem Steuersatz von 20% pauschal versteuert werden (vgl. S. 81).

BEISPIEL 21   *Beschäftigung von Familienangehörigen*

Beispiel:

Die Ehefrau des Unternehmers ist im Betrieb als Buchhalterin beschäftigt. Aufgrund des schriftlich abgeschlossenen Arbeitsvertrags erhält sie ein monatliches Gehalt von 2.400,– €. Außerdem war bereits vor 2005 schriftlich vereinbart, dass der Arbeitgeber-Ehegatte die Beiträge für eine Direktversicherung (Kapitallebensversicherung) in Höhe von monatlich 146,– € und die darauf entfallenden Steuerabzugsbeträge übernimmt.

Daten aus dem Lohnkonto:
Steuerklasse III; Kinderfreibeträge 2; gRV; gKV (kassenindividueller Zusatzbeitragssatz angenommen 1,1 %); Religionszugehörigkeit ev;

Lohnabrechnung für Januar:
1. Monatsgehalt   2.400,00
   Abzüge:
2. Steuerpflichtiger Arbeitslohn   2.400,00
   LSt   50,16
   SolZ   0,00
   KiSt 8% (angenommen)   _0,00_   50,16
3. Beitragspflichtiges Entgelt   2.400,00
   KV   7,3 %   175,20
   Zusatzbeitrag (ang. 1,1%)   0,55 %   13,20
   PV   1,525 %   36,60
   RV   9,3 %   223,20
   ALV   1,2 %   _28,80_   477,00   _527,16_
   Auszahlungsbetrag   1.872,84
   Arbeitgeberanteil zur SozV
   KV (7,3% + 0,55%)   188,40
   PV (1,525%)   36,60
   RV (9,3%)   223,20
   ALV (1,2%)   _28,80_
                                                                                477,00

Zu 2

Der SolZ und die Kirchensteuer können nicht nach Prozentsätzen aus der Lohnsteuer von 50,16 € berechnet werden, da Kinderfreibeträge zu berücksichtigen sind. Bei einem Arbeitslohn von 2.400,– €, Steuerklasse III und 2 Kinderfreibeträgen fallen kein SolZ und keine Kirchensteuer an.

Neben dieser Lohnabrechnung hat der Arbeitgeber die **Pauschalversteuerung der Zukunftssicherungsleistung** vorzunehmen:
Direktversicherungsprämie   146,— €
Pauschsteuersatz 20% = LSt   29,20 €
SolZ 5,5% von 29,20 € =   _1,60 €_
KiSt 7% (angenommen) von 29,90 € =   _2,04 €_

Zur Berechnung und Anmeldung der pauschalen Kirchensteuer vergleiche Anlage 1a (S. 405) und zur gesonderten Eintragung der pauschalen Lohnsteuer in die Lohnsteuer-Anmeldung vergleiche S. 397.

Eine Verzichtserklärung zur Steuerbefreiung nach § 3 Nr. 63 EStG ist nicht erforderlich, da die Beiträge für eine Kapitallebensversicherung aufgebracht werden (vgl. S. 81).

BEISPIEL 21   *Beschäftigung von Familienangehörigen*

Zu 3

Die Ehefrau ist in der Kranken-, Pflege-, Renten- und Arbeitslosenversicherung versicherungspflichtig. Der Beitragszuschlag zur PV von 0,25 % fällt nicht an, da ein Kind zu berücksichtigen ist, was sich auf die Höhe des Steuerabzugs auswirkt.

Die Beitragsberechnung erfolgt aus dem Entgelt von 2.400,– €.

Die pauschalbesteuerten Zukunftssicherungsleistungen gehören nicht zum beitragspflichtigen Arbeitsentgelt im Sinne der Sozialversicherung, da sie entsprechend dem Arbeitsvertrag zusätzlich zu dem ohnehin geschuldeten Gehalt erbracht werden.

Wie wird die geringfügige Beschäftigung der Ehefrau behandelt?

Die Beschäftigung ist versicherungsfrei, wenn das Arbeitsentgelt regelmäßig im Monat 450,– € nicht übersteigt.

Der Arbeitgeber-Ehegatte muss die bei geringfügiger Beschäftigung anfallenden pauschalen Abgaben in Höhe von 30 % an die Minijobzentrale abführen (vgl. S. 284). Der darin enthaltene pauschale KV-Beitrag von 13 % fällt allerdings nur an, wenn die Ehefrau in der gesetzlichen Krankenkasse mitversichert ist. Für die Ehefrau kann bei der geringfügigen Beschäftigung (vgl. S. 280) ggf. ein RV-Beitrag i. H. v. weiterhin 3,6 % anfallen (siehe nachfolgendes Bespiel).

Beispiel:

Nach dem zwischen den Ehegatten geschlossenen schriftlichen Arbeitsvertrag ist die Ehefrau im Betrieb des Ehemanns als Buchhalterin tätig. Die Arbeitszeit beträgt wöchentlich 6 Stunden und das Arbeitsentgelt monatlich 450,– €. Die Ehefrau ist nicht in einer gesetzlichen Krankenkasse, sondern privat krankenversichert. Sie hat nicht zur Rentenversicherungsfreiheit optiert.

    Lohnabrechnung
1.   Monatsgehalt   450,00 €
    Abzüge:
2.   Aufstockung bis zum vollen RV-Beitrag (18,6 %)
     = 3,6 % von 450,– €   <u>16,20 €</u>
    Auszahlung   <u>433,80 €</u>
3.   Arbeitgeber-Pauschale
     RV 15 % von = 450,– € =   67,50 €
     Steuer 2 % von 450,– € =   <u>9,00 €</u>
     zusammen   <u>76,50 €</u>

Zu 2

Wegen Geringfügigkeit könnte in dieser Beschäftigung auch Versicherungsfreiheit erreicht werden (vgl. S. 285). Um einen Rentenversicherungsanspruch zu schaffen oder zu ergänzen hat die Arbeitnehmerin keinen Antrag auf Befreiung von der RV-Pflicht gestellt. Sie hat deshalb als Arbeitnehmeranteil den Beitrag des Arbeitgebers zur Rentenversicherung von 15 % bis zum Gesamtbeitrag von weiterhin 18,6 %, also um 3,6 % aufzustocken.

BEISPIEL 21   Beschäftigung von Familienangehörigen

Zu 3

Der Arbeitgeber hat im Fall einer geringfügigen Beschäftigung einen Beitrag von 15% zu leisten. Der Grundsatz, dass Arbeitgeber und Arbeitnehmer den Beitrag zur Hälfte tragen, gilt also bei geringfügigen Beschäftigungen nicht.
Ein pauschaler Arbeitgeberbeitrag zur Krankenversicherung fällt nicht an, weil die Arbeitnehmerin privat krankenversichert ist.
Die Steuer-Pauschale (LSt, SolZ und KiSt) beträgt bei Mini-Jobs 2%. Die Steuer-Pauschale entfällt, wenn die individuellen Besteuerungsmerkmale mit der Steuerklasse III oder IV zugrunde gelegt werden. Bei einem Arbeitslohn von 450,- € beträgt die Lohnsteuer in diesen Steuerklassen 0,- €.

BEISPIEL 22

Gesellschafter-Geschäftsführer

Liegt ein Arbeitsverhältnis vor?
Arbeitsrechtlich ist der Geschäftsführer einer GmbH, unabhängig davon, ob er zugleich ihr Gesellschafter ist, kein Arbeitnehmer. Die arbeitsrechtlichen Vorschriften, z. B. über die Lohn- und Gehaltsfortzahlung, den Urlaub, die Kündigung, finden deshalb keine Anwendung. Vermögenswirksame Leistungen nach dem VermBG kann die GmbH für ihren Geschäftsführer nicht erbringen.

Lohnsteuerlich ist der Geschäftsführer einer GmbH Arbeitnehmer. Das gilt bei entsprechend klaren Vereinbarungen auch dann, wenn der Geschäftsführer zugleich Gesellschafter der GmbH ist. Selbst wenn der Geschäftsführer alleiniger Gesellschafter ist, wird steuerlich ein Arbeitsverhältnis anerkannt. Eine Anwendung der Pauschalversteuerung für geringfügige Beschäftigungsverhältnisse nach § 40a Abs. 2 und Abs. 2a EStG (vgl. S. 280) kommt bei beherrschenden Gesellschafter-Geschäftsführern jedoch nicht in Betracht, da diese maßgeblichen Einfluss auf das Unternehmen haben und deshalb keine Beschäftigung i. S. d. § 7 Abs. 1 SGB IV ausüben, sodass auch kein abhängiges Beschäftigungsverhältnis i. S. d. Sozialversicherung vorliegt. Vereinbarungen über die Einrichtung von Zeitwertkonten (sog. Lebensarbeitszeit- bzw. Arbeitszeitwertkonten zur vollständigen oder teilweisen Freistellung von Arbeitsleistung im Sinne von § 7b Nr. 2 SGB VI) erkennt die Finanzverwaltung bei **beherrschenden** Gesellschafter-Geschäftsführern hinsichtlich einer Verschiebung des lohnsteuerlichen Zuflusses von Arbeitslohn gemäß BMF-Schreiben vom 17.6.2009, BStBl I S. 1.286, ergänzt durch BMF-Schreiben vom 8.8.2019, BStBl I S. 874, nicht an. Im Fall eines **beherrschenden** Gesellschafter-Geschäftsführers sieht der BFH im Urteil vom 11.11.2015, I R 26/15, BStBl 2016 II S. 489, die Gutschrift auf einem Arbeitszeitkonto als verdeckte Gewinnausschüttung an. Bei einem **Fremd-Geschäftsführer**, der weder selbst Gesellschafter ist, noch einem Gesellschafter nahe steht, nimmt der BFH im Urteil vom 22.2.2018, BStBl 2019 II S. 496, hingegen zwar Arbeitslohn an, der dem Arbeitnehmer jedoch nicht bereits im Zeitpunkt der Gutschrift, sondern erst bei tatsächlicher Auszahlung zufließt, sodass im BMF-Schreiben vom 8.8.2019 nunmehr auch die Bildung von Zeitwertkonten lohnsteuerlich zugelassen wird. Bei **nicht beherrschenden** Gesellschafter-Geschäftsführern ist nach den allgemeinen Grundsätzen zu prüfen, ob eine verdeckte Gewinnausschüttung vorliegt. Liegt danach keine verdeckte Gewinnausschüttung vor, werden Vereinbarungen über die Einrichtung von Zeitwertkonten lohnsteuerlich grundsätzlich nunmehr auch anerkannt.

Sozialversicherungsrechtlich ist eine differenziertere Betrachtung notwendig. Ein Geschäftsführer, der nicht Gesellschafter ist, ist ungeachtet seiner Arbeitgeberfunktion Arbeitnehmer und als solcher nach den allgemeinen Grundsätzen sozialversicherungspflichtig. Keine Arbeitnehmertätigkeit liegt allerdings vor, wenn der Geschäftsführer, auch ohne Gesellschafter zu sein, aufgrund besonders gelagerter Verhältnisse die Entscheidungen der GmbH weitgehend beeinflussen und über seine eigene Arbeitskraft frei verfügen kann, also persönlich nicht abhängig ist. Falls der Geschäftsführer gleichzeitig Gesellschafter ist, richtet sich die sozialversicherungsrechtliche Einordnung nach dem Einfluss, den ihm seine Beteiligung in der Gesellschaft gewährt. Bei einer Beteiligung unter 50 % kann der Gesellschafter-Geschäftsführer, wenn nicht besondere Verhältnisse vorliegen, keinen beherrschenden

Einfluss ausüben. Seine Geschäftsführertätigkeit ist deshalb im Allgemeinen sozialversicherungspflichtig. Durch eine Beteiligung von 50% und mehr kann dagegen maßgeblicher Einfluss auf die Entscheidungen der GmbH ausgeübt werden. In solchen Fällen steht der Gesellschafter-Geschäftsführer regelmäßig nicht in einem persönlichen Abhängigkeitsverhältnis zur GmbH, wie dies für eine Arbeitnehmertätigkeit im Sinne des Sozialversicherungsrechts Voraussetzung wäre.

Zur sozialversicherungsrechtlichen Einordnung von Gesellschafter-Geschäftsführern mit einem Stimmanteil von weniger als 50% sollte in Zweifelsfällen eine Entscheidung der Einzugsstelle über die Sozialversicherungspflicht herbeigeführt werden.

Bei einem Beschäftigungsverhältnis eines GmbH-Gesellschafter-Geschäftsführers, das nach dem 31.12.2004 begonnen hat, wird aufgrund der nach § 28a Abs. 3 Satz 2 Nr. 1 Buchstabe e SGB IV an die Einzugsstelle abzugebenden Meldung und Kennzeichnung, ob es sich um die Tätigkeit als geschäftsführender Gesellschafter einer GmbH handelt, nach § 7a Abs. 1 Satz 2 SGB IV automatisch eine Statusfeststellung eingeleitet. Die Deutsche Rentenversicherung Bund verschickt daraufhin einen Feststellungsbogen und trifft dann nach Rückgabe des Fragebogens die Entscheidung, ob ein Beschäftigungsverhältnis vorliegt und in welchen Versicherungszweigen ggf. Versicherungspflicht besteht (vgl. Rundschreiben der Spitzenorganisationen der Sozialversicherung vom 21.3.2019 mit Anlage 3 i.d.F. vom 8.11.2017, die die BSG-Urteile vom 29.8.2012, B 12 KR 25/10 R und B 12 R 14/10 R, berücksichtigt).

Zur Frage einer möglichen **Rentenversicherungspflicht** eines **selbständig tätigen** GmbH-Gesellschafter-Geschäftsführers siehe § 2 Abs. 1 Nr. 9 SGB VI. Danach kommt es für die Feststellung der Rentenversicherungspflicht von selbständig tätigen Gesellschaftern, die maßgeblichen Einfluss auf die Gesellschaft haben, nun darauf an, ob die Gesellschaft selbst auf Dauer und im Wesentlichen nur für einen Auftraggeber tätig ist bzw. ob die Gesellschaft selbst sozialversicherungspflichtige Arbeitnehmer beschäftigt.

Was gehört zum Arbeitslohn des Gesellschafter-Geschäftsführers?

Die steuerliche Anerkennung der Tätigkeitsvergütung als Arbeitslohn und damit als bei der GmbH abzugsfähige Betriebsausgabe setzt von Anfang an klare und eindeutige Vereinbarungen zwischen Geschäftsführer und Gesellschaft voraus. Die Gegenleistungen für die Geschäftsführertätigkeit müssen von vornherein festgelegt werden. Als Betriebsausgabe und damit als Arbeitslohn werden die Geschäftsführerbezüge nur anerkannt, soweit sie insgesamt nicht unangemessen sind. In die Angemessenheitsprüfung sind sämtliche Vergütungen, also Barbezüge und andere Vorteile, einzubeziehen. Eine Vereinbarung über die Vergütung von **Überstunden** ist nach der Rechtsprechung des BFH unvereinbar mit dem Aufgabenbild eines Gesellschafter-Geschäftsführers. Die Überstundenvergütungen sind deshalb bei der GmbH nicht als Betriebsausgaben abzugsfähig; sie sind verdeckte Gewinnausschüttungen und gehören als solche beim Gesellschafter-Geschäftsführer nicht zum Arbeitslohn. Das Gleiche gilt für eventuell vereinbarte Zuschläge für Sonntags-, Feiertags- oder Nachtarbeit. Nach dem BFH-Urteil vom 14.7.2004, BStBl 2005 II S. 307, ist allenfalls dann eine Ausnahme von diesen Grundsätzen denkbar, wenn dieselben Zuschläge nicht nur dem Gesellschafter-Geschäftsführer, sondern auch den gesellschaftsfremden Arbeitnehmern gezahlt werden, die mit diesem in der Leitungsfunktion und in der Vergütung absolut vergleichbar sind.

Beispiel:
Abrechnung der Geschäftsführerbezüge

Der Geschäftsführer ist mit mehr als 50 % an der Gesellschaft beteiligt. Er übt auf die Gesellschaft beherrschenden Einfluss aus und ist deshalb nicht Arbeitnehmer im Sinne des Sozialversicherungsrechts. Über die Geschäftsführertätigkeit und die von der GmbH hierfür zu erbringenden Gegenleistungen bestehen von vornherein getroffene Vereinbarungen. Die Vergütungen sind im Beispielsfall vom Finanzamt insgesamt als angemessen anerkannt. Der Geschäftsführer erhält vertragsgemäß

a) ein monatliches Gehalt von 6.000,- €,
b) eine im Monat Juli zu zahlende gewinnabhängige Tantieme,
c) einen Zuschuss zur Krankenversicherung und zur Pflegeversicherung in Höhe des im Falle der freiwilligen Versicherung in der gesetzlichen Krankenkasse zu leistenden Zuschusses,
d) Kostenerstattung für die nachgewiesenen vom Privatanschluss geführten betrieblichen Telefongespräche,
e) die Erstattung von Reisekosten in Höhe der nachgewiesenen Aufwendungen, wobei steuerpflichtige Spitzenbeträge, soweit gesetzlich zulässig, pauschal versteuert und die Steuer von der Gesellschaft getragen wird,
f) unentgeltlich einen Firmen-Pkw zur privaten Benutzung,
g) ein über die gesamte Laufzeit zinsloses Hypothekendarlehen in Höhe von 80.000,- € (angenommener marktüblicher Zinssatz bei Darlehensbeginn 1,5 %),
h) den Direktversicherungsbeitrag für eine Lebensversicherung (Altzusage). Die Gesellschaft trägt die Hälfte des jeweils am 1. Januar maßgebenden Höchstbetrags in der gesetzlichen Rentenversicherung und die pauschale Lohn- und Kirchensteuer unter Ausschöpfung der Pauschalierungsgrenze von 1.752,- €.

Abrechnung der Geschäftsführerbezüge

Daten aus dem Lohnkonto:
Steuerklasse III; pKV mit laut Beitragsbescheinigung der Krankenversicherung nachgewiesenen Basiskranken- und Pflegepflichtversicherungsbeiträgen von mtl. 800,- €; Religionszugehörigkeit ev;

Bezügeabrechnung Juli

1.	Gehalt		6.000,00
2.	Tantieme		8.000,00
3.	Zuschuss zur Kranken- und Pflegeversicherung		439,45
4.	Erstattung der Telefonkosten		270,00
5.	Reisekostenabrechnung		2.820,00
			17.529,45

Abzüge:

6.	Steuerpflichtiger laufender Arbeitslohn	7.957,65		
	LSt		1.551,50	
	SolZ		85,33	
	KiSt 8 % (angenommen)		124,12	
7.	Steuerpflichtiger sonstiger Bezug	8.000,00		
	LSt		2.922,00	
	SolZ		160,71	
	KiSt 8 % (angenommen)		233,76	5.077,42
Gutschrift für den Geschäftsführer				**12.452,03**

BEISPIEL 22   *Gesellschafter-Geschäftsführer*

Zu 2

Die Tantieme für den Gesellschafter-Geschäftsführer wird nur dann als Arbeitslohn anerkannt, wenn der Anspruch und die Berechnung von vornherein vertraglich so klar bestimmt sind, dass bei Fälligkeit keine Ermessensentscheidungen der Gesellschaft mehr notwendig werden. Bei in Prozentsätzen (vom Gewinn oder Umsatz) ausgedrückten Tantiemen ist dies der Fall. Unter der Voraussetzung der Angemessenheit der Gesamtausstattung des Gesellschafter-Geschäftsführers werden sie deshalb als Arbeitslohn behandelt.

Zu 3

Der Gesellschafter-Geschäftsführer ist nicht Beschäftigter im Sinne der Sozialversicherung. Der Zuschuss zu einer privaten Kranken- und Pflegeversicherung wird ihm im Beispielsfall somit nur in Anlehnung an die sozialversicherungsrechtlichen Bestimmungen (§ 257 SGB V und § 61 SGB XI) gewährt. Er gehört deshalb zum steuerpflichtigen Arbeitslohn. Da der nicht sozialversicherungspflichtige beherrschende Gesellschafter-Geschäftsführer anders als andere privat krankenversicherte Arbeitnehmer keinen steuerfreien Arbeitgeberzuschuss zu seinen Basiskrankenversicherungsbeiträgen, die er dem Arbeitgeber mit der Beitragsmitteilung seiner Krankenversicherung nachweist, erhält, wirkt sich dies durch die Eingabe „pKV **ohne** steuerfreien Arbeitgeberzuschuss" auch steuermindernd auf die Höhe des Steuerabzugs aus. Weist der Arbeitnehmer seine Basiskrankenversicherungsbeiträge dem Arbeitgeber nicht nach, kommt im Steuerabzugsverfahren nur die Mindestvorsorgepauschale zum Ansatz.

Vereinbarte Zuschussberechnung für Juli:

Arbeitgeberzuschuss bei einem pflichtversicherten Arbeitnehmer
= 7,3 % + 0,55 %   (Beitragssatz zur gesetzlichen
                             Krankenversicherung mit Zusatzbeitrag)   367,97 €
     1,525 %   (Pflichtzuschuss zur Pflegeversicherung bei
                             einem pflichtversicherten Arbeitnehmer)
                             jeweils von 4.687,50 € (= Beitragsbemessungsgrenze   71,48 €
                             in der KV und PV) =   **439,45 €**

Zu 4

Die GmbH ersetzt die Telefonkosten für die betrieblich veranlassten Gespräche, die der Gesellschafter von seinem privaten Anschluss führt. Dabei werden die Gesamtkosten anhand des Einzelverbindungsnachweises der Telefongesellschaft aufgeteilt. Der Ersatz des betrieblichen Teils ist steuer- und beitragsfrei (vgl. S. 175).

Angenommener steuerfreier Ersatz   270,– €

BEISPIEL 22   *Gesellschafter-Geschäftsführer*

 Rat für die Praxis:

Die private Nutzung eines betrieblichen Telefonanschlusses ist nach § 3 Nr. 45 EStG steuerfrei (vgl. S. 174). Die GmbH kann deshalb zur einfacheren Abwicklung der Telefonkostenerstattung dem Geschäftsführer einen betrieblichen Telefonanschluss einrichten oder ein betriebliches Handy zur Verfügung stellen. Hierfür fallen dann die gesamten Kosten in der GmbH an, ohne dass für die private Nutzung beim Geschäftsführer ein Vorteil dem Lohnsteuerabzug unterworfen werden muss. Um sicher zu gehen, dass das Finanzamt beim Gesellschafter-Geschäftsführer hinsichtlich des Privatanteils keine verdeckte Gewinnausschüttung annimmt und damit der GmbH den Betriebsausgabenabzug versagt, sollte dieser Weg nur gewählt werden, wenn bei einem anderen Arbeitnehmer der GmbH ebenfalls ein betrieblicher Telefonanschluss eingerichtet ist.

Zu 5

Für eine zehntägige berufliche Reise nach Paris rechnet der Geschäftsführer **nach Belegen** wie folgt ab:

Restaurant-Rechnungen für 10 Tage	750,— €
Hotelrechnung für 9 Übernachtungen einschließlich Frühstück	1.150,— €
nachgewiesene übrige Kosten (Flug, Taxi usw.)	920,— €
Gesamterstattung	2.820,— €

Die Verpflegungskosten sind nur bis zu dem für Paris geltenden Pauschbetrag in Höhe von 58,- € für jeden vollen Abwesenheitstag steuerfrei (vgl. die Liste der Auslandstagegelder in Anlage 4, S. 419).

Hinreise: Abfahrt vom Betrieb um 18 Uhr		
= Pauschbetrag für den Anreisetag	39,— €	
8 Tage Aufenthalt in Paris		
= Pauschbetrag 8 x 58,- € =	464,— €	
Rückreise: Ankunft in der Wohnung um 21 Uhr		
= Pauschbetrag für den Rückreisetag	39,— €	542,— €
nachgewiesene und von der GmbH erstattete Verpflegungskosten		750,— €
steuerpflichtiger Verpflegungskostenersatz		208,— €

In der Hotelrechnung ist im Preis für 9 Übernachtungen das Frühstück enthalten. Dieses zählt zu den Verpflegungskosten und ist deshalb für steuerliche Zwecke aus dem Übernachtungspreis herauszurechnen (vgl. S. 203):

Auslandstagegeld für Paris 58,- €	
davon beträgt der Frühstücksanteil 20 % = 11,60 €	
als steuerpflichtig sind somit zu erfassen 9 x 11,60 € =	104,40 €
von den erstatteten Verpflegungsaufwendungen sind somit insgesamt steuerpflichtig	312,40 €

Entsprechend der vertraglichen Vereinbarung wird die Möglichkeit zur Lohnsteuerpauschalierung (vgl. S. 212) in Anspruch genommen. Als Pauschalierungsgrenze gelten 100 % der steuerfreien Verpflegungspauschbeträge; das sind im Beispielsfall 542,- €. Der steuerpflichtige Teil der

BEISPIEL 22 Gesellschafter-Geschäftsführer

erstatteten Verpflegungsaufwendungen übersteigt nicht diese Pauschalierungsgrenze. Er kann deshalb insgesamt pauschal versteuert werden. Vom Arbeitgeber sind zu übernehmen:

Steuerpflichtig =	312,40 €
LSt 25 % =	78,10 €
SolZ 5,5 % von 78,10 € =	4,29 €
KiSt (angenommen) 7 % von 78,10 € =	5,46 €

Zu 6

Zum steuerpflichtigen Arbeitslohn gehören die folgenden Bezüge:

a)	das Monatsgehalt	6.000,— €
b)	die Tantieme	8.000,— €
c)	der Zuschuss zur Kranken- und Pflegeversicherung (vgl. zu 3)	439,45 €
d)	der berufliche Telefonkostenanteil ist steuerfreier Auslagenersatz (vgl. zu 4)	
e)	der steuerpflichtige Teil der Reisekostenerstattung wird zu Lasten der Gesellschaft pauschal versteuert. Die Erfassung in der Gehaltsabrechnung des Geschäftsführers entfällt deshalb.	
f)	der geldwerte Vorteil aus der unentgeltlichen Überlassung des Firmen-PKW zu privaten Zwecken. Wegen fehlender Aufzeichnungen über die Nutzung wird der Vorteil pauschal ermittelt (vgl. S. 144):	

Listenpreis des PKW bei Erstzulassung einschließlich USt	40.000,— €
Sonderausstattung einschließlich USt	5.000,— €
maßgeblicher Fahrzeugpreis	45.000,— €
monatlich 1 % =	450,— €

Diesem Betrag ist der Vorteil aus der Überlassung des Fahrzeugs zu den Fahrten zwischen Wohnung und erster Tätigkeitsstätte hinzuzurechnen.
Die Entfernung beträgt im Beispielsfall 35 km.
Maßgeblicher Fahrzeugpreis 45.000,— €
davon monatlich 0,03 % =
13,50 € x 35 km = 472,50 €
steuerpflichtiger Vorteil insgesamt 922,50 €

 Rat für die Praxis:

Zur Besteuerung des Vorteils aus der Kfz-Überlassung könnte zwar ab dem ersten Entfernungskilometer die Lohnsteuerpauschalierung gewählt werden. Bei der Einkommensteuer-Veranlagung dürfen dann aber insoweit keine Aufwendungen für Fahrten zwischen Wohnung und erster Tätigkeitsstätte geltend gemacht werden.
Da bei einem Gesellschafter-Geschäftsführer durch die Lohnsteuerpauschalierung keine Sozialversicherungsbeiträge gespart werden können, ist es somit in der Regel insgesamt günstiger, wenn die Lohnsteuerpauschalierung unterbleibt und der Vorteil individuell versteuert wird. Bei der Einkommensteuer-Veranlagung wird dann zur Abgeltung der

BEISPIEL 22   *Gesellschafter-Geschäftsführer*

Aufwendungen für Fahrten zwischen Wohnung und erster Tätigkeitsstätte die gesetzliche Entfernungspauschale berücksichtigt und die individuelle Besteuerung damit im Ergebnis soweit als möglich wieder ausgeglichen. Der Arbeitgeber (die Gesellschaft) spart dadurch die Pauschalsteuer.

Diese Rechnung geht nur dann nicht auf, wenn der Gesellschafter-Geschäftsführer bei der Veranlagung keine weiteren Werbungskosten geltend zu machen hat, weil sich bei ihm dann durch Anrechnung des Arbeitnehmer-Pauschbetrags die Entfernungspauschale nicht voll auswirkt.

Zur privaten Kfz-Nutzung durch den Gesellschafter-Geschäftsführer einer Kapitalgesellschaft und zur Abgrenzung zwischen Arbeitslohn und verdeckter Gewinnausschüttung siehe auch S. 158.

---

g) Zur Erfassung der Zinsvergünstigung gilt die Regelung für Arbeitgeberdarlehen (vgl. S. 179). Danach liegt eine steuerlich relevante Zinsersparnis vor, soweit der Zinssatz den marktüblichen Zinssatz (angenommen) von 1,5 % unterschreitet.

Unverzinsliches Darlehen 80.000,– €

Zinsersparnis 1,5 % =   1.200,— €

monatlich steuerpflichtig   100,– €

h) der Direktversicherungsbeitrag (Altzusage)
Der Beitrag beläuft sich laut Geschäftsführervertrag auf 9,3 % von 6.900,– € (Beitragsbemessungsgrenze in der gesetzlichen Rentenversicherung) =   641,70 €

hiervon werden nach § 40b EStG
pauschal versteuert   146,— €

vom Geschäftsführer sind zu versteuern   495,70 €

Die Pauschalsteuer ist vom Arbeitgeber zu übernehmen.

LSt 20 % von 146,– € =   29,20 €

SolZ 5,5 % von 29,20 € =   1,60 €

KiSt 7 % von 29,20 € (angenommen) =   2,04 €

Zur Berechnung und Anmeldung der pauschalen KiSt vgl. Anlage 1a (S. 405) und zum gesonderten Ausweis der pauschalen LSt in der Lohnsteuer-Anmeldung vgl. S. 397.

Steuerbrutto insgesamt   **15.957,65 €**

Zu den laufenden Bezügen rechnen alle Gehaltsteile mit Ausnahme der Tantieme; diese stellt einen sonstigen Bezug dar.

Steuerbrutto insgesamt   15.957,65 €

./. Tantieme   8.000,— €

zu versteuern   7.957,65 €

Weil der Gesellschafter-Geschäftsführer nicht rentenversicherungspflichtig ist, kommt bei maschineller Lohnabrechnung keine Teilvorsorgepauschale für die Rentenversicherung zum Ansatz und bei manueller Lohnabrechnung die Lohnsteuertabelle B zur Anwendung.

BEISPIEL 22 Gesellschafter-Geschäftsführer

Zu 7

Zur Besteuerung sonstiger Bezüge vgl. auch S. 215.
Zunächst ist der voraussichtliche Jahresarbeitslohn festzustellen:
— Arbeitslohn Januar bis Juni (angenommen) 47.400,— €
— laufender Arbeitslohn Juli 7.957,65 €
— voraussichtlich noch zu zahlender laufender Arbeitslohn August
  bis Dezember (geschätzt anhand des bisherigen Arbeitslohns) 39.500,— €
Jahresarbeitslohn I 94.857,65 €
+ sonstiger Bezug 8.000,— €
Jahresarbeitslohn II 102.857,65 €
Jahreslohnsteuer
  von 94.857,65 € 18.390,— €
  von 102.857,65 € 21.312,— €
LSt für den sonstigen Bezug 2.922,— €
SolZ 5,5 % von 2.922,- € = 160,71 €
KiSt (im Beispiel 8 %) von 2.922,- € = 233,76 €

BEISPIEL 23

Flexible Arbeitszeit, Altersteilzeit und Vorruhestand

Flexible Arbeitszeit

Was gilt nach dem sog. Flexi-II-Gesetz?

Die wesentlichen Änderungen durch das Gesetz zur Verbesserung der Rahmenbedingungen für die Absicherung flexibler Arbeitszeitregelungen und zur Änderung anderer Gesetze vom 21.12.2008, BGBl. S. 2.940, (sog. Flexi-II-Gesetz) sind ab 2009 die:

— Abgrenzung von Wertguthabenvereinbarungen und sonstigen Arbeitszeitvereinbarungen
— Einführung eines Anspruchs auf Wertguthabenverwendung bei gesetzlicher Freistellung
— Konkretisierung von Pflichten bei der Führung von Wertguthaben
— Verbesserung des Insolvenzschutzes von Wertguthaben
— Einführung einer beschränkten Portabilität von Wertguthaben

Mit Ergänzung des § 7 Abs. 1a SGB IV durch das Vierte SGB-IV-Änderungsgesetz wurden ab 2012 Zeiten von bis zu drei Monaten, in denen Arbeitsentgelt aus einer Vereinbarung zur flexiblen Gestaltung der werktäglichen oder wöchentlichen Arbeitszeit oder dem Ausgleich betrieblicher Produktions- und Arbeitszeitzyklen weitergezahlt werden, Zeiten der Entnahme von Arbeitsentgelt aus einer Wertguthabenvereinbarung gemäß § 7b SGB IV gleichgestellt. Damit gilt für diese Beschäftigten bei einer Freistellung der Fortbestand des sozialversicherungsrechtlichen Beschäftigungsverhältnisses und der volle Sozialversicherungsschutz nun fort.

Auch die Änderung des Teilzeit- und Befristungsgesetzes durch das Gesetz zur Weiterentwicklung des Teilzeitrechts – Einführung einer Brückenteilzeit – vom 11.12.2018, BGBl. I S. 2.384, trägt zur weiteren Flexibilisierung der Arbeitszeit bei. Bezüglich weiterer Informationen hinsichtlich der arbeitsrechtlichen Aspekte wird auf den Ratgeber „ARBEITSRECHT in der betrieblichen Praxis" Kapitel 6 (Arbeitszeit) und Kapitel 7 Teilzeitarbeit, flexible Arbeit) verwiesen.

Wie grenzen sich die Formen der Arbeitszeitflexibilisierung voneinander ab?

Bisher galten alle Vereinbarungen, die die Verwendung von Arbeitszeiten oder Arbeitsentgelt für Arbeitsfreistellungen ermöglichten, als flexible Arbeitszeitregelung. Künftig ist nun bei Arbeitszeitkonten zu unterscheiden zwischen **Wertguthabenvereinbarungen** und **sonstigen Arbeitszeitvereinbarungen**.

Was zählt zu den sonstigen Arbeitszeitvereinbarungen?

Als sonstige Arbeitszeitvereinbarungen werden solche Flexibilisierungsvereinbarungen bezeichnet, die die flexible Gestaltung der werktäglichen oder wöchentlichen Arbeitszeit sowie den Ausgleich betrieblicher Produktions- und Arbeitszeitzyklen ermöglichen (sog. **Gleitzeitkonten** und **Flexikonten**). Diese Arbeitszeitvereinbarungen genießen nicht die gesetzlichen Verbesserungen des Flexi-II-Gesetzes. Um jedoch die Funktionsfähigkeit dieser

BEISPIEL 23   *Flexible Arbeitszeit*

Zeitkonten weiterhin zu gewährleisten, wird für Beschäftigte mit einer von der tatsächlichen Arbeitsleistung abhängigen Vergütung (etwa auf Stundenlohnbasis) in § 22 Abs. 1 Satz 2 SGB IV klargestellt, dass – wie im Steuerrecht – auch die Beiträge zur Sozialversicherung erst im tatsächlichen Auszahlungszeitpunkt des Guthabens fällig werden.

Wann handelt es sich um Wertguthabenvereinbarungen?

Mit der neuen Definition werden Langzeitkonten (Wertguthaben) klarer als bisher von anderen Regelungen zur Flexibilisierung der Arbeitszeit (z. B. Gleitzeitkonten) abgegrenzt.

Eine Wertguthabenvereinbarung liegt gemäß § 7b SGB IV immer dann vor, wenn in einem **schriftlichen** Vertrag vereinbart ist, dass Arbeitsentgelt in Wertguthaben eingebracht wird, um es für Zeiten der Freistellung von der Arbeitsleistung oder einer Verringerung der vertraglich vereinbarten Arbeitszeit wieder abzubauen. Dabei muss das aus dem Wertguthaben fällige Arbeitsentgelt mit einer vor oder nach der Freistellung erbrachten Arbeitsleistung erzielt werden und darüber hinaus grundsätzlich den Betrag von 450,- € monatlich übersteigen. Die 450,-€-Grenze gilt nicht, wenn die Beschäftigung vor der Freistellung als geringfügige Beschäftigung ausgeübt wurde, wobei auch bei geringfügigen Beschäftigungsverhältnissen die Bildung von Wertguthaben möglich ist.

Das monatliche Arbeitsentgelt darf in der Freistellungsphase nicht unangemessen von dem Arbeitsentgelt der der Freistellungsphase vorangegangenen 12 Kalendermonate, in denen Arbeitsentgelt bezogen worden ist, abweichen. Das Entgelt während der Freistellungsphase gilt dann noch als angemessen, wenn es im Monat mindestens 70 % und maximal 130 % des durchschnittlich gezahlten Arbeitsentgelts der unmittelbar vorangegangenen 12 Monate der Arbeitsphase beträgt.

Für welche Zwecke können Wertguthaben gebildet werden?

§ 7c SGB IV selbst sieht vor, dass das Wertguthaben verwendet werden kann für die gesetzlich geregelte vollständige oder teilweise Arbeitsfreistellung zur

— Pflege naher Angehöriger gemäß § 3 des Pflegezeitgesetzes (vgl. S. 259) oder nach § 2 des Familienpflegezeitgesetzes
— Betreuung von Kindern nach § 15 des Elterngeld- und Elternzeitgesetzes (vgl. S. 264)
— Zeitlich nicht begrenzte bzw. zeitlich begrenzte Verringerung der Arbeitszeit nach § 8 bzw. § 9a des Teilzeit- und Befristungsgesetzes

oder für die vertraglich vereinbarte vollständige oder teilweise Arbeitsfreistellung oder für vertraglich vereinbarte Arbeitszeitverringerung wie

— Vorruhestandsregelungen und Altersteilzeitregelungen vor dem Bezug der Altersrente
— Maßnahmen der beruflichen Qualifikation und Weiterbildung.

Die Vertragsparteien können die Zwecke, für die das Wertguthaben in Anspruch genommen werden kann, in ihrer Vereinbarung nach § 7b SGB IV aber auch abweichend auf bestimmte Zwecke beschränken.

Was gilt hinsichtlich der Führung und Verwaltung von Wertguthaben?

Ab 2009 dürfen die Wertguthaben gemäß § 7d SGB IV grundsätzlich nur noch **in Entgelt** geführt werden. Allerdings lässt § 116 SGB IV für bereits bestehende Wertguthaben die Führung als Zeitguthaben weiterhin zu. Dies gilt auch für neu vereinbarte Wertguthabenvereinbarungen, wenn eine bereits bestehende Betriebsvereinbarung oder ein Tarifvertrag die Führung in Zeit vorsieht. Der Arbeitgeberanteil am Gesamtsozialversicherungsbeitrag ist Teil des Wertguthabens.

Der Arbeitgeber muss den Arbeitnehmer mindestens einmal jährlich über die Höhe seines im Wertguthaben enthaltenen Arbeitsentgeltguthabens unterrichten.

Zudem ist die Anlagemöglichkeit für Wertguthaben eingeschränkt. Eine Anlage in Aktien oder Aktienfonds ist nur bis zu 20% zulässig und auch nur dann, wenn der Arbeitgeber für das angelegte Wertguthaben mindestens in Höhe des angelegten Betrags den Werterhalt garantiert. Ein höherer Aktien- oder Aktienfondsanteil kann in einem Tarifvertrag oder aufgrund eines Tarifvertrags in einer Betriebsvereinbarung vereinbart werden oder ist bei einer ausschließlichen Wertguthabenverwendung für Zeiten vor einem Altersrentenbeginn der gesetzlichen Rentenversicherung möglich.

Was ist beim Insolvenzschutz der Wertguthaben zu beachten?

Zur Sicherstellung der Wertguthaben schreibt § 7e SGB IV Maßnahmen gegen das Risiko der Insolvenz des Arbeitgebers verpflichtend vor. Hierzu müssen Arbeitgeber Wertguthaben grundsätzlich auf Dritte übertragen; eine Rückführung auf den Arbeitgeber muss insoweit ausgeschlossen sein. In Betracht kommt insbesondere die Führung von Wertguthaben in einem Treuhandverhältnis, das die unmittelbare Übertragung des Wertguthabens in das Vermögen des Dritten und die Anlage des Wertguthabens auf einem offenen Treuhandkonto oder in anderer geeigneter Weise sicherstellt. Der Arbeitnehmer ist unverzüglich über die Vorkehrungen zum Insolvenzschutz zu informieren. Die Rentenversicherungsträger haben im Rahmen ihrer Betriebsprüfung den ausreichenden Insolvenzschutz zu prüfen. Führt ein unzureichender Insolvenzschutz zu einem Verlust von Wertguthaben, haftet der Arbeitgeber für den entstandenen Schaden, wenn er diesen zu vertreten hat. Der Nachweis über die getroffenen Vorkehrungen zum Insolvenzschutz ist zu den Entgeltunterlagen zu nehmen.

Welche Möglichkeiten der Portabilität gibt es beim Wertguthaben?

Nach § 7f SGB IV kann der Beschäftigte bei Beendigung der Beschäftigung das Wertguthaben auf den neuen Arbeitgeber übertragen lassen, wenn alle Beteiligten dem zustimmen. Zudem ist dem Beschäftigten ab dem 1.7.2009 die Möglichkeit eröffnet, bei Beendigung des Arbeitsverhältnisses Wertguthaben (einschließlich des Gesamtsozialversicherungsbeitrags) auf die Deutsche Rentenversicherung Bund zu übertragen. Damit kann das Wertguthaben erhalten bleiben und muss nicht als Störfall aufgelöst werden, wenn der neue Arbeitgeber einer Übertragung auf ihn nicht zustimmt. Die Übertragung auf die Deutsche Rentenversicherung Bund ist unumkehrbar und erst dann möglich, wenn das Wertguthaben einen Betrag in Höhe des 6-fachen der jeweils maßgebenden monatlichen Bezugsgröße bereits überstiegen hat.

Die Arbeitgeberpflichten zur Zahlung des Gesamtsozialversicherungsbeitrags, zur Abgabe der Meldungen und zur Erstellung des Beitragsnachweises sowie der Anspruch auf den vom Arbeitnehmer zu tragenden Anteil am Gesamtsozialversicherungsbeitrag gehen mit der Wertguthabenübertragung auf die Deutsche Rentenversicherung Bund über. Die Übertragung des Wertguthabens ist nach § 3 Nr. 53 EStG steuerfrei; bei Inanspruchnahme des Wertguthabens hat die Deutsche Rentenversicherung Bund nach § 38 Abs. 3 EStG die Verpflichtung, den Lohnsteuerabzug vorzunehmen.

BEISPIEL 23 *Flexible Arbeitszeit*

Wie wirkt sich die Flexibilisierung steuerlich aus?

Steuerlich gilt das Zuflussprinzip, d. h. der Lohnsteuerabzug ist dann vorzunehmen, wenn das Entgelt dem Arbeitnehmer wirtschaftlich zur Verfügung steht. Dieser Zeitpunkt kann durch die oben beschriebenen Flexibilisierungsmaßnahmen hinausgeschoben werden, wenn vereinbart wird, künftig fällig werdenden Arbeitslohn ganz oder teilweise betragsmäßig auf einem Arbeitszeitkonto gutzuschreiben, damit er in Zeiten der Arbeitsfreistellung zur Auszahlung zur Verfügung steht. Der Steuerabzug ist vielmehr erst dann vorzunehmen, wenn die gutgeschriebenen Beträge tatsächlich ausgezahlt werden. Werden die Gutschriften laufend durch Inanspruchnahme von Freizeit verbraucht, sind die Zahlungen als laufender Arbeitslohn nach den im Zahlungszeitpunkt für den Arbeitnehmer geltenden Besteuerungsmerkmalen zu versteuern. Werden die Gutschriften in einem Störfall ausgezahlt, ohne dass es zu einer Inanspruchnahme von Freizeit kommt (z. B. bei vorzeitiger Beendigung des Arbeitsverhältnisses) liegt ein sonstiger Bezug vor (vgl. S. 215).

Im Übrigen hat die Finanzverwaltung die lohnsteuerliche Behandlung sowie die Voraussetzungen für die steuerliche Anerkennung von **Zeitwertkonten** in den BMF-Schreiben vom 17.6.2009, BStBl I S. 1.286, und vom 8.8.2019, BStBl I S. 874, zusammengefasst. Beispielsweise können danach in ein Zeitwertkonto, das die Anforderungen des § 7 Abs. 1a Satz 1 Nr. 2 SGB IV hinsichtlich der Angemessenheit der Höhe des während der Freistellung fälligen Arbeitsentgeltes nicht berücksichtigt, keine weiteren Guthaben mehr unversteuert eingestellt werden, sobald feststeht, dass die dem Konto zugeführten Beträge nicht mehr durch die Freistellung vollständig aufgebracht werden. Zudem sind bei befristeten Dienstverhältnissen und bei Arbeitnehmern, die gleichzeitig Organ einer Körperschaft sind, Einschränkungen zu beachten. Weiterführende Erläuterungen enthält das **„Handbuch für Lohnsteuer und Sozialversicherung"** in Tz. 4.2 unter dem Stichwort „Arbeitszeitkonten".

Im Übrigen verändert sich durch die Gutschrift nicht die Einordnung des Arbeitslohns als steuerpflichtig oder steuerfrei. Werden z. B. im Rahmen der Flexibilisierungsregelung tatsächlich erdiente steuerfreie Zuschläge für Sonntags-, Feiertags oder Nachtarbeit nicht ausgezahlt, sondern zunächst gutgeschrieben, bleibt die Steuerfreiheit für die spätere Auszahlung erhalten. Voraussetzung ist allerdings, dass die steuerfrei erdienten Bezügeteile im Gutschriftskonto gesondert nachgewiesen werden.

Kann das Wertguthaben zur betrieblichen Altersversorgung verwendet werden?

Sah die Vereinbarung die Möglichkeit vor, das Wertguthaben vor Fälligkeit, also noch vor der planmäßigen Auszahlung in der Freistellungsphase ganz oder teilweise für die betriebliche Altersversorgung zu verwenden, konnte das Wertguthaben beitragsfrei in eine betriebliche Altersversorgung übertragen werden. Diese Möglichkeit gilt nur noch für bestehende Vereinbarungen und ist mit dem Flexi-II-Gesetz für alle nach dem 13.11.2008 getroffenen Vereinbarungen ausgeschlossen worden. Im Steuerrecht gilt diese Einschränkung nicht, die steuerliche Behandlung der ausgebuchten Beträge richtet sich nach dem für die betriebliche Altersversorgung gewählten Durchführungsweg (vgl. S. 67).

Von welchem Entgelt werden die SozV-Beiträge berechnet?

Für die Beitragsberechnung in der Arbeitsphase ist das erzielte Entgelt abzüglich des als Wertguthaben verwendeten Teils maßgebend. Von dem während der Arbeitsphase gebildeten Wertguthaben werden die Beiträge erst in der Freistellungsphase fällig, also wenn das Wertguthaben zur Auszahlung kommt.

Wird im Rahmen von Wertguthabenvereinbarungen (§ 7b SGB IV) Arbeitsentgelt in das Wertguthaben eingebracht, um es für Zeiten der Freistellung von der Arbeitsleistung oder der Verringerung der vertraglich vereinbarten Arbeitszeit zu entnehmen (z. B. bei Altersteilzeitarbeit im Blockmodell nach dem Altersteilzeitgesetz oder bei der Inanspruchnahme einer Familienpflegezeit nach dem Familienpflegezeitgesetz), führt ein in der Ansparphase und/oder Entsparphase fälliges Arbeitsentgelt von 450,01 € bis 1.300,- € zur Anwendung der Regelungen des Übergangsbereichs (vgl. S. S. 39), auch wenn das regelmäßige Arbeitsentgelt vor Beginn der Beschäftigung im Rahmen der Wertguthabenvereinbarung außerhalb des Übergangsbereichs lag (vgl. Urteil des BSG vom 15.8.2018 – B 12 R 4/18 R –, sowie das Rundschreiben vom 21.3.2019).

Zur Berechnung der Insolvenzgeldumlage siehe S. 43.

Welche Entgelte fließen in das Wertguthaben?

Zu erfassen sind alle Guthaben in Geld oder Zeit. Das können z. B. sein

— ein fester Betrag oder ein prozentualer Anteil aus dem laufenden Lohn,
— der Lohn für eine bestimmte Zahl von Arbeitsstunden,
— die Mehrarbeitsvergütungen,
— Sonderzahlungen,
— nicht in Anspruch genommener Urlaub.

In das Wertguthaben fließt auch der Teil des Arbeitsentgelts, der die Beitragsbemessungsgrenze in der SozV übersteigt. Auch die Erträge aus der Verzinsung des Guthabens gehören zum Wertguthaben; sie können deshalb ebenfalls zur Finanzierung der Freistellungsphase eingesetzt werden.

Wie sind die Wertguthaben in der Lohnabrechnung darzustellen?

Aus dem Guthabenkonto müssen ersichtlich sein:

— Der Abrechnungsmonat der ersten Gutschrift,
— der Abrechnungsmonat jeder Änderung mit der Entwicklung des Wertguthabens
— die nicht verbrauchte Beitragsbemessungsgrenze – getrennt nach Versicherungszweigen – im laufenden Jahr (sog. SV-Luft).

 Beispiel:
Die Vereinbarung über die flexible Arbeitszeit sieht vor, dass von 170 Stunden der monatlichen regelmäßigen Arbeitszeit 30 Stunden in das Wertguthaben als Arbeitsentgelt fließen sollen. Die Bewertung erfolgt mit dem bei Erzielung des Arbeitsentgelts maßgebenden Stundenlohn; Beginn des Wertguthabens Juli 2020.

Gesamtstunden	170
davon werden für das Wertguthaben verwendet	30
maßgebliche Stunden für das Entgelt der Arbeitsphase	140
Stundenlohnsatz 15,- €	
steuer- und beitragspflichtiges Arbeitsentgelt (15 x 140 Stunden) =	2.100,- €

Im Beispiel werden gleichbleibende Stunden- und Entgeltverhältnisse in den Monaten Juli bis Dezember 2020 unterstellt. Somit ergibt sich zum 31.12.2020 folgende Darstellung des Wertguthabens:

30 Guthabenstunden x 6 Monate = 180 Stunden
x 15,- € Stundenlohn = Wertguthaben zum 31.12.2020   2.700,- €

BEISPIEL 23   *Flexible Arbeitszeit*

Außerdem ist die SV-Luft zu ermitteln und im Guthabenkonto darzustellen:
Beitragsbemessungsgrenze in der KV/PV vom 1.7. bis 31.12.2020
= 4.687,50 € x 6 Monate =   28.125,- €
abzüglich beitragspflichtiges Arbeitsentgelt vom 1.7. bis 31.12.2020
= 2.100,- € x 6 Monate =   12.600,- €
SV-Luft   15.525,- €
Beitragsbemessungsgrenze in der RV/ALV vom 1.7. bis 31.12.2020
= 6.900,- € x 6 Monate =   41.400,- €
abzüglich beitragspflichtiges Arbeitsentgelt vom 1.7. bis 31.12.2020
= 2.100,- € x 6 Monate =   12.600,- €
SV-Luft   28.800,- €

Der Arbeitgeber kann den im Störfall beitragspflichtigen Teil des Wertguthabens anhand des Summenfeldermodells (wie im obigen Beispiel) oder nunmehr anhand des Alternativ-/Optionsmodells bestimmen. Beim Alternativ-/Optionsmodell sind in der Entgeltabrechnung darzustellen:
— das Wertguthaben,
— der im Wertguthaben enthaltene Arbeitgeberanteil am Gesamtsozialversicherungsbeitrag,
— die SV-Luft für jeden Versicherungszweig und
— der aus dem Vergleich der SV-Luft für jeden Versicherungszweig und des Entgeltguthabens resultierende Betrag des im Störfall beitragspflichtigen Teils des Wertguthabens (abgegrenzte SV-Luft).

Weitere Einzelheiten zur Führung und Verwaltung des Wertguthabens enthält die Verlautbarung der Spitzenverbände der Sozialversicherungsträger vom 31.3.2009.

Wie sind die Beiträge im Störfall zu berechnen?

Kann das Wertguthaben nicht wie vereinbart für die Freistellung von der Arbeit verwendet werden, stellt das gesamte angesammelte Wertguthaben beitragspflichtiges Arbeitsentgelt dar. Höchstens wird jedoch zur Beitragsberechnung die Differenz der seit Bildung des Wertguthabens für die Zeit der Arbeitsleistung maßgebenden Beitragsbemessungsgrenzen und dem in dieser Zeit beitragspflichtigen Arbeitsentgelt herangezogen.

 Beispiel:

Zum obigen Beispiel wird angenommen, dass zum 31.12.2020 wegen Beendigung des Dienstverhältnisses der Störfall eintritt.

Da das aufgelaufene Wertguthaben nicht mehr für eine Freistellungsphase verwendet werden kann, ist es zur Beitragsberechnung heranzuziehen. Im Beispielsfall ist das gesamte Wertguthaben von 2.700,- € in der KV, PV, RV und ALV beitragspflichtig, weil in keinem Versicherungszweig die SV-Luft überschritten wird.

Die Beiträge für das Wertguthaben werden nach den Regelungen zur Fälligkeit und zur Feststellung der voraussichtlichen Höhe der Beitragsschuld (vgl. S. 399) grundsätzlich in dem Monat und am drittletzten Bankarbeitstag dieses Monats fällig, in dem das Wertguthaben ausgezahlt werden soll.

Beispiel:
Eintritt des Störfalls am 10.8.2020;
Die Beiträge sind fällig am 29.8.2020 zusammen mit der voraussichtlichen Beitragsschuld des Monats August und dem verbleibenden Restbetrag bzw. Guthaben des Monats Juli.

Für welche Wertguthaben bestehen Aufzeichnungserleichterungen?

Der Arbeitgeber hat nach § 8 Abs. 2 Nr. 7 BVV in den Entgeltunterlagen das **Wertguthaben** aus flexibler Arbeitszeit zu dokumentieren. Die Ausnahmeregelung für Arbeitszeitregelungen, die von vornherein nur eine Arbeitsfreistellung für längstens 250 Stunden ermöglichten und wonach die Ermittlung der SV-Luft unterbleiben konnte, weil im Störfall das Guthaben aus Vereinfachungsgründen als einmalig gezahltes Entgelt (vgl. S. 214) zur Beitragsberechnung herangezogen wurde, ist nunmehr gegenstandslos.

Welche Meldungen sind erforderlich?

Der Wechsel von der Arbeitsphase in die Freistellungsphase muss nicht gemeldet werden. Lediglich im **Störfall** ist eine besondere Meldung erforderlich (Abgabegrund 55). Dabei sind neben dem beitragspflichtigen Entgelt aus der Auflösung des Wertguthabens die Personengruppen und der Beitragsgruppenschlüssel anzugeben, die im Zeitpunkt des Störfalls maßgebend sind.

Altersteilzeit

Durch die Altersteilzeitarbeit soll älteren Arbeitnehmern ein gleitender Übergang vom Erwerbsleben in die Altersrente ermöglicht werden. Auch bisher bereits Teilzeitbeschäftigte werden von der Förderung nach dem Altersteilzeitgesetz erfasst. Die gesetzliche Regelung ist bis 31.12.2009 befristet. Für die Zeit ab 1.1.2010 sind Förderungsleistungen nur vorgesehen, wenn die Altersteilzeit vor diesem Zeitpunkt begonnen hat. Mit § 1 Abs. 3 AltTZG hat der Gesetzgeber aber klargestellt, dass es für die Anwendung der Steuerfreiheit nach § 3 Nr. 28 EStG nicht darauf ankommt, dass die Altersteilzeit vor dem 1.1.2010 begonnen wurde und durch die Bundesagentur gefördert wird.

Mit dem Dritten Gesetz für moderne Dienstleistungen am Arbeitsmarkt wurde das Altersteilzeitgesetz mit Wirkung für Altersteilzeitarbeit, die ab 1. Juli 2004 begonnen hat, geändert.

Die Spitzenorganisationen der Sozialversicherung haben in ihrem Rundschreiben vom 2.11.2010 die sozialversicherungsrechtlichen Regelungen für ab dem 1.7.2004 begonnene Altersteilzeit zusammengefasst.

Welche Voraussetzungen sind an die Förderung geknüpft?

1. Der Arbeitnehmer muss das 55. Lebensjahr vollendet haben.
2. Die Arbeitszeit muss nach einer arbeitsvertraglichen Vereinbarung oder aufgrund eines Tarifvertrags bzw. Betriebsvereinbarung auf die Hälfte der unmittelbar vor der Altersteilzeit mit dem Arbeitnehmer vereinbarten Arbeitszeit vermindert werden. Als bisherige Arbeitszeit ist aber höchstens die im Durchschnitt der letzten 24 Monate vereinbarte Arbeitszeit zugrunde zu legen. Das Arbeitsentgelt muss auch nach der Reduzierung die Geringfügigkeitsgrenze von 450,–€ monatlich (vgl. S. 280) überschreiten.

BEISPIEL 23   *Altersteilzeit*

3. Die Vereinbarung muss gewährleisten, dass sich die Altersteilzeit zumindest bis zu dem Zeitpunkt erstreckt, ab dem der Arbeitnehmer eine Rente wegen Alters beanspruchen kann.
4. Der Arbeitnehmer muss innerhalb der letzten 5 Jahre vor Beginn der Altersteilzeitarbeit mindestens 1.080 Kalendertage in der Arbeitslosenversicherung versicherungspflichtig gewesen sein oder im europäischen Ausland in einer versicherungspflichtigen Beschäftigung gestanden haben.
5. Der Arbeitgeber muss das Entgelt für die Altersteilzeitarbeit um mindestens 20% aufstocken. Durch die Aufstockung müssen mindestens 70% eines pauschalierten Nettoarbeitsentgelts für die bisherige Arbeit erreicht werden. Die pauschalierten Abzüge sind in einer eigenen Rechtsverordnung geregelt.

   Bei Aufnahme der Altersteilzeitarbeit ab 1. Juli 2004 ist allein der Satz von 20% für die Mindestaufstockung durch den Arbeitgeber maßgebend; die Beachtung des Mindestnettoentgelts von 70% ist für die Neufälle weggefallen. Allerdings wird die Mindestaufstockung nicht mehr mit 20% aus dem verminderten Arbeitsentgelt, sondern aus dem Regelarbeitsentgelt berechnet. Einmalig gezahlte Entgelte können jedoch weiterhin in die Bemessung des Aufstockungsbetrags einbezogen werden.
6. Der Arbeitgeber hat für den Arbeitnehmer Rentenversicherungsbeiträge zu entrichten, die auf den Unterschied zwischen 90% des bisherigen Arbeitsentgelts und des bei Altersteilzeitarbeit gezahlten tatsächlichen Entgelts entfallen.

   Wurde die Altersteilzeitarbeit ab 1. Juli 2004 aufgenommen, hat der Arbeitgeber Beiträge zur gesetzlichen Rentenversicherung aus 80% des Regelarbeitsentgelts zu leisten. Die sonst maßgebende Berechnung des Erhöhungsbetrags (90%-Regel) greift weiterhin als Höchstbetrag, wenn das unverminderte Arbeitsentgelt die Beitragsbemessungsgrenze überschreitet.
7. Der Arbeitgeber muss aus Anlass des Übergangs eines älteren Arbeitnehmers in die Altersteilzeitarbeit einen arbeitslos gemeldeten Arbeitnehmer oder einen Arbeitnehmer nach Abschluss der Berufsausbildung in ein beitragspflichtiges Beschäftigungsverhältnis übernehmen.
8. Bei Beginn der Altersteilzeit ab dem 1. Juli 2004 ist der Arbeitgeber verpflichtet, das für den Arbeitnehmer entstehende Wertguthaben gegen Insolvenz abzusichern. Die Insolvenzsicherung, die auch den Arbeitgeberanteil zur SozV umfassen muss, ist vorgeschrieben, wenn die Vereinbarung über die Altersteilzeit zum Aufbau eines Wertguthabens führt, das das Dreifache des Regelarbeitsentgelts zuzüglich Arbeitgeberanteil zur SozV übersteigt. Die Verpflichtung zur Insolvenzsicherung besteht mit der ersten Gutschrift. Die Sicherung ist dem Arbeitnehmer alle 6 Monate nachzuweisen.

Welche Förderleistungen werden gewährt?

Die Bundesagentur für Arbeit leistet nach schriftlichem Antrag für längstens 6 Jahre

1. den Mindestaufstockungsbetrag,
2. den Beitrag zur vorgesehenen Mindesthöherversicherung in der gesetzlichen Rentenversicherung.

Der Anspruch erlischt mit Ablauf des Kalendermonats, in dem der Arbeitnehmer die Altersteilzeit aufgibt oder das 65. Lebensjahr vollendet. Die Förderung endet außerdem mit Beginn des Monats, in dem der Arbeitnehmer ungekürzte Altersrente beanspruchen kann

BEISPIEL 23 — *Altersteilzeit*

oder Altersrente bezieht. Unter bestimmten Voraussetzungen ruht der Anspruch auf die Förderleistung (Unterbrechung der Wiederbeschäftigung oder Nebentätigkeit des in Altersteilzeitarbeit stehenden Arbeitnehmers).

Welche Leistungen des Arbeitgebers sind steuer- und beitragsfrei?

Steuer- und beitragsfrei sind die Aufstockungsbeträge zum Altersteilzeitentgelt und die zusätzlichen Beiträge zur gesetzlichen Rentenversicherung, auch soweit sie über die im Altersteilzeitgesetz genannten Mindestbeträge hinausgehen. Allerdings gilt dies nur, soweit die Aufstockungsbeträge zusammen mit dem während der Altersteilzeit bezogenen Nettoarbeitslohn monatlich 100 % des üblicherweise ohne Altersteilzeit gezahlten Nettoarbeitslohns nicht übersteigen. Die Steuer- und Beitragsfreiheit bleibt auch bestehen, soweit der Förderanspruch des Arbeitgebers erlischt, nicht besteht oder ruht, z. B. weil der frei gewordene Voll- oder Teilzeitarbeitsplatz nicht wieder besetzt wird. Mit dem Jahressteuergesetz 2008 und der Ergänzung des § 1 Abs. 3 AltTZG hat der Gesetzgeber klargestellt, dass es für die Anwendung der Steuerfreiheit nach § 3 Nr. 28 EStG nicht darauf ankommt, dass die Altersteilzeit vor dem 1.1.2010 begonnen wurde und durch die Bundesagentur gefördert wird.

Welche Voraussetzungen müssen für die Steuer- und Beitragsfreiheit gegeben sein?

— Der Arbeitnehmer muss zum begünstigten Personenkreis nach dem Altersteilzeitgesetz gehören (Vollendung des 55. Lebensjahres, Verringerung der bisherigen Arbeitszeit auf die Hälfte).

— Die Vereinbarung über die Arbeitszeitverminderung muss sich zumindest auf die Zeit erstrecken, bis der betreffende Arbeitnehmer eine Rente wegen Alters beanspruchen kann. Der frühestmögliche Zeitpunkt ist somit die Vollendung des 60. Lebensjahrs. Dass Anspruch auf eine ungeminderte Rente besteht, ist nicht Voraussetzung.

— Die Leistungen des Arbeitgebers sind nicht mehr steuer- und beitragsfrei mit Ablauf des Kalendermonats, in dem der Arbeitnehmer die Altersteilzeitarbeit beendet oder das 65. Lebensjahr vollendet hat.

Was gehört zum Regelarbeitsentgelt?

Wurde die Altersteilzeitarbeit ab 1. Juli 2004 aufgenommen, ist das Regelarbeitsentgelt Grundlage für die Berechnung der vom Arbeitgeber zu erbringenden Aufstockungsleistungen.

Regelarbeitsentgelt in diesem Sinne ist das auf einen Monat entfallende vom Arbeitgeber regelmäßig zu zahlende sozialversicherungspflichtige Arbeitsentgelt, soweit es die Beitragsbemessungsgrenze in der ALV nicht überschreitet. Arbeitsentgelte, die einmalig oder nicht regelmäßig gezahlt werden, bleiben unberücksichtigt. Einzubeziehen sind aber zum laufenden Arbeitslohn gehörende variable Lohnbestandteile (z. B. vermögenswirksame Leistungen, Zulagen und Zuschläge, Vorteile aus der Kraftfahrzeugüberlassung und andere laufend gewährte Sachbezüge).

BEISPIEL 23 *Altersteilzeit*

Beispiel:
(Lohnabrechnung mit Aufstockungsbetrag und Höherversicherung)
– neues Bundesland –

Daten aus dem Lohnkonto:
Steuerklasse I; gRV; gKV (kassenindividueller Zusatzbeitragssatz angenommen 1,1 %); kinderlos; Religionszugehörigkeit rk;

Lohnabrechnung für Juli:
1. Entgelt für die Altersteilzeitarbeit 3.250,00
   Abzüge:
2. Steuerpflichtiger Arbeitslohn 3.250,00
   LSt 468,91
   SolZ 25,79
   KiSt 8% (angenommen) 37,51 532,21
3. Beitragspflichtiges Entgelt aus
   der Altersteilzeitarbeit 3.250,00
   KV 7,3% 237,25
   Zusatzbeitrag (ang. 1,1 %) 0,55% 17,88
   PV 1,525% 49,56
   Beitragszuschlag (kinderlos) 0,25% 8,13
   RV 9,3% 302,25
   ALV 1,2% 39,00 654,07 1.186,28
   Nettoentgelt 2.063,72
4. Aufstockungsbetrag 650,00
   Auszahlungsbetrag 2.713,72
5. Arbeitgeberanteil am Gesamt-
   sozialversicherungsbeitrag 1.121,17
6. Beitragspflichtiges Entgelt
   in der Rentenversicherung
   insgesamt 5.805,00

Zu 1

Mit dem Arbeitnehmer wurde zur Inanspruchnahme der Altersteilzeitregelung die Herabsetzung der Arbeitszeit um die Hälfte vereinbart. Als Vollzeitarbeitsentgelt hätte der Arbeitnehmer 6.500,– € erhalten; das Altersteilzeitentgelt beträgt somit 3.250,– €.

Zu 2

Dem Steuerabzug unterliegt das Altersteilzeitentgelt von 3.250,– €. Der Arbeitnehmer ist in der gesetzlichen Rentenversicherung (BBG Ost) und in der gesetzlichen Krankenversicherung versichert. Da er in allen Zweigen der Sozialversicherung versichert ist, kommt die Allgemeine Lohnsteuertabelle zur Anwendung. Der Arbeitnehmer ist daneben kinderlos und hat daher einen Zuschlag zur Pflegeversicherung zu leisten, was hier bei maschineller Lohnsteuerberechnung berücksichtigt ist und sich auf die Höhe des Steuerabzugs auswirkt. Der Arbeitnehmer kommt nicht aus Sachsen, sodass im Beispielsfall die länderspezifische Besonderheit von Sachsen bei

BEISPIEL 23 *Altersteilzeit*

der Pflegeversicherung nicht zum Tragen kommt. Bei manueller Lohnabrechnung wären diese Besonderheiten nicht in den Lohnsteuertabellen berücksichtigt, sodass sich dann ein geringfügig abweichender Steuerabzug ergäbe. Der Aufstockungsbetrag ist steuerfrei. Er muss jedoch im Lohnkonto und in der Lohnsteuerbescheinigung erfasst werden, da er vom Finanzamt bei der Einkommensteuerveranlagung zur Berechnung des Steuersatzes herangezogen wird (Progressionsvorbehalt).

Zu 3

Der Arbeitnehmeranteil zu den SozV-Beiträgen wird aus dem Altersteilzeitentgelt (3.250,- €) berechnet.

Zu 4

Als Aufstockungsbetrag muss der Arbeitgeber mindestens 20% des Regelarbeitsentgelts für die Altersteilzeitarbeit leisten, das sind im Beispielsfall 20% von 3.250,- € = <u>650,–€.</u>

Zu 5

Als Arbeitgeberanteil zur Sozialversicherung fallen an
- für das Altersteilzeitentgelt

KV (7,3% + 0,55%)*	255,13	
PV (1,525%)	49,56 €	
RV (9,3%)	302,25€	
ALV (1,2%)	<u>39,00 €</u>	645,94 €

- für die Versicherung des Unterschiedsbetrages nach dem Altersteilzeitgesetz:
Arbeitsentgelt bei unveränderter Beschäftigung 6.500,- €
anzusetzen ist höchstens die Beitragsbemessungsgrenze (im Beispielsfall für neue Bundesländer) = nunmehr 6.450,- €

hiervon 90% =	5.805,— €	
abzüglich Regelarbeitsentgelt	<u>3.250,— €</u>	
aus dem Unterschiedsbetrag von	2.555,— €	
hat der Arbeitgeber den Rentenversicherungsbeitrag allein zu tragen 18,6% =		<u>475,23 €</u>
Arbeitgeberanteil insgesamt		<u>1.121,17 €</u>

Die Berechnung des Aufstockungsbeitrags aus 80% des Regelarbeitsentgelts für die Altersteilzeitarbeit führt zu einem höheren Beitrag als 475,23 € und kommt deshalb nicht zur Anwendung (80% von 3.250,- € = 2.600,- €, davon 18,6% RV-Beitrag = 483,60 €).

* Während der vollständigen Freistellungsphase in der Altersteilzeit (Blockmodell) wäre der ermäßigte Beitragssatz (hälftiger Anteil: 7%) zur Krankenversicherung maßgebend, da insofern auch der Anspruch auf Krankengeld ruht (vgl. BSG-Urteil vom 25.08.2004, B 12 KR 22/02 R). Im Übrigen hat der GKV-Spitzenverband klargestellt, dass zumindest ab dem 1.10.2015 in anderen Fällen als dem vorgenannten, in denen der Arbeitnehmer

BEISPIEL 23 — *Vorruhestand*

nach der bezahlten Freistellung nicht aus dem Erwerbsleben ausscheidet, während der Freistellungsphase der allgemeine Beitragssatz anzuwenden ist.

Bei einer Altersteilzeitbeschäftigung im Übergangsbereich von 450,01 € bis 1.300,- € (vgl. S. 39) bleibt (sowohl im Blockmodell als auch im kontinuierlichen Verteilmodell) der Aufstockungsbetrag nach § 3 Abs. 1 Nr. 1 Buchst. a AltTZG bei der Ermittlung des beitragspflichtigen Arbeitsentgelts unberücksichtigt. Zudem wirkt sich die Reduzierung des beitragspflichtigen Arbeitsentgelts nicht auf das der Berechnung dieser Aufstockungsbeträge und der zusätzlichen Rentenversicherungsbeiträge nach § 3 Abs. 1 Nr. 1 Buchstabe b AltTZG zu Grunde zu legende Regelarbeitsentgelt aus.

Zur Berechnung der Insolvenzgeldumlage siehe S. 43.

Zu 6

Als beitragspflichtiges Bruttoarbeitsentgelt sind in der Jahresmeldung zu erfassen:

Entgelt für die Altersteilzeitarbeit	3.250,— €
Entgelt für die Höherversicherung	2.555,— €
zusammen	5.805,— €

Wie werden Einmalzahlungen bei Altersteilzeit zur Rentenversicherung herangezogen?

Bei Beginn der Altersteilzeit ab 1. Juli 2004 ist einmalig gezahltes Arbeitsentgelt bei der Berechnung der Aufstockung der RV-Beiträge nicht zu berücksichtigen.

Vorruhestand

Der Vorruhestand ist ein verbreitetes Instrument zum Personalabbau. Dabei werden ältere Arbeitnehmer bereits vor Erreichen der Altersgrenze, ab der ein Anspruch auf Altersrente bestünde, zur Auflösung des Dienstverhältnisses veranlasst. Je nach betrieblichen Gegebenheiten wird dazu dem Arbeitnehmer im Rahmen eines Sozialplans oder auch nach einzelvertraglicher Vereinbarung vom Arbeitgeber ein bestimmtes Nettoeinkommen im Vorruhestand (z. B. 90 % der Nettobezüge bei aktiver Beschäftigung) garantiert.

Wie wird das laufende Vorruhestandsgeld besteuert?

Die Vorruhestandsleistungen des Arbeitgebers stellen begrifflich Abfindungen dar, die wegen einer vom Arbeitgeber veranlassten Auflösung des Dienstverhältnisses gewährt werden. Nach Wegfall des Freibetrags für Abfindungen muss vom gesamten Vorruhestandsgeld wie von anderem laufendem Arbeitslohn der Steuerabzug entsprechend der bescheinigten Steuerklasse einbehalten werden. Dabei ist die **allgemeine Lohnsteuertabelle** anzuwenden.

Besteht Beitragspflicht in der Sozialversicherung?

Das laufend gezahlte Vorruhestandsgeld ist beitragspflichtig in der Kranken-, Pflege- und Rentenversicherung. Beiträge zur Arbeitslosenversicherung fallen dagegen nicht an. In der KV besteht Versicherungspflicht allerdings nur, wenn das Vorruhestandsgeld mindestens 65 % des Bruttoarbeitsentgelts im Sinne des früheren Vorruhestandsgesetzes (§ 3 Abs. 2) beträgt.

BEISPIEL 23   *Vorruhestand*

Bei Arbeitnehmern, die vor Eintritt in den Vorruhestand in der gesetzlichen KV, PV und RV nicht pflichtversichert waren, unterliegt auch das Vorruhestandsgeld nicht der Beitragspflicht. Der Arbeitgeber ist aber verpflichtet, den **Beitragszuschuss** zur freiwilligen Krankenversicherung weiterzuzahlen, und zwar in dem Umfang, wie er bei einem Arbeitsentgelt in Höhe des Vorruhestandsgeldes anfallen würde.

Anmerkung:
Empfänger von Vorruhestandsgeld haben keinen Anspruch auf Krankengeld. Für sie gilt deshalb ein ermäßigter Beitragssatz in der Krankenversicherung in Höhe von 14,0%.

Beispiel
(laufende Vorruhestandsleistungen)

Das Dienstverhältnis wurde mit Wirkung ab 1. Dezember 2019 aufgelöst. Der Arbeitgeber zahlt ein Vorruhestandsgeld von 1.400,- € monatlich.

Daten aus dem Lohnkonto:
Steuerklasse I; gRV; gKV (kassenindividueller Zusatzbeitragssatz angenommen 1,1%); kinderlos; Religionszugehörigkeit ev;

Lohnabrechnung für Juli:

1.	Vorruhestandsleistung			1.400,00
	Abzüge:			
2.	Steuerpflichtiger Arbeitslohn	1.400,00		
	LSt		45,66	
	SolZ		0,00	
	KiSt 8% (angenommen)		3,65	49,31
3.	Beitragspflichtiges Entgelt	1.400,00		
	KV	7,0%	98,00	
	Zusatzbeitrag (ang. 1,1%)	0,55%	7,70	
	PV	1,525%	21,35	
	Beitragszuschlag (kinderlos)	0,25%	3,50	
	RV	9,3%	130,20	260,75	310,06
	Auszahlungsbetrag			**1.089,94**
	Arbeitgeberanteil zur SozV			
	KV (7,0% + 0,55%)		105,70	
	PV (1,525%)		21,35	
	RV (9,3%)		130,20	
			257,25	

Zu 2

Der Arbeitnehmer ist in der gesetzlichen Rentenversicherung und in der gesetzlichen Krankenversicherung versichert. Da er in allen Zweigen der Sozialversicherung versichert ist, kommt die Allgemeine Lohnsteuertabelle zur Anwendung. Der Arbeitnehmer ist daneben kinderlos und hat daher einen Zuschlag zur Pflegeversicherung zu leisten, was hier bei maschineller Lohnsteuerberechnung berücksichtigt ist und sich auf die Höhe des Steuerabzugs auswirkt. Bei manueller Lohnabrechnung wäre diese Besonderheit nicht in den Lohnsteuertabellen berücksichtigt, sodass sich dann ein geringfügig abweichender Steuerabzug ergäbe.

Da die Lohnsteuer im Beispielsfall 81,- € nicht übersteigt, fällt kein Solidaritätszuschlag an. (vgl. S. 31).

BEISPIEL 23 *Vorruhestand*

Zu 3

Versicherungspflicht besteht nur in der KV, PV und RV. In der KV kommt der ermäßigte Beitragssatz zur Anwendung, der 14,0 % beträgt. Im Beispielsfall beträgt das Vorruhestandsgeld 1.400,- €. Falls das Vorruhestandsgeld in den Übergangsbereich von 450,01 € bis 1.300,- € fallen würde, kommt nach dem Urteil des BSG vom 15.8.2018 – B 12 R 4/18 R – und dem Rundschreiben vom 21.3.2019 zur Berechnung der SV-Beiträge die Niedriglohn-Gleitgrenze (vgl. S. 39) zur Anwendung.

BEISPIEL 24

Steuerfreie Auslandstätigkeit

Wann tritt Steuerbefreiung nach einem Doppelbesteuerungsabkommen (DBA) ein?

Die mit den meisten Ländern bestehenden Abkommen regeln das Besteuerungsrecht folgendermaßen:
— Grundsatz: Besteuerung in dem Staat, in dem die Tätigkeit ausgeübt wird,
— aber Besteuerung im Wohnsitzstaat, wenn die Tätigkeit im Ausland 183 Tage nicht überschreitet; dabei kommt es auf die Anwesenheitstage im Ausland an. Im Allgemeinen ist für die Anwendung der 183-Tage-Regel das Kalenderjahr maßgebend. In einigen wenigen DBA ist jedoch das Steuerjahr zu beachten (z. B. Großbritannien: 6.4. – 5.4.);
— aber unabhängig von der Dauer des Auslandsaufenthalts Besteuerung im Tätigkeitsstaat, wenn der Arbeitslohn von einer Betriebsstätte oder festen Einrichtung, die der Arbeitgeber im ausländischen Tätigkeitsstaat hat, getragen wird.
— Weitere Einzelheiten zur steuerlichen Behandlung des Arbeitslohns nach den DBA enthalten die BMF-Schreiben vom 3.5.2018, BStBl I S. 643, und vom 14.3.2017, BStBl I S. 473.

 Beispiel:

1. Von einem inländischen Unternehmen wird ein Monteur für 5 Monate nach Frankreich entsandt. Der auf die Auslandstätigkeit entfallende Arbeitslohn ist lohnsteuerpflichtig, da das DBA-Frankreich in diesem Fall das Besteuerungsrecht der Bundesrepublik Deutschland zuweist.
2. Dauert die Entsendung länger als 183 Tage, ist der Auslandslohn von Anfang an steuerfrei; das Besteuerungsrecht steht Frankreich zu.
3. Wird der Arbeitnehmer an eine Betriebsstätte (z. B. Zweigniederlassung) des Arbeitgebers entsandt und wird der auf diese Tätigkeit in Frankreich entfallende Lohn von dieser Betriebsstätte getragen, so besteht ohne Rücksicht auf den Entsendungszeitraum Steuerfreiheit im Inland.

 Rat für die Praxis:

In verschiedenen DBA ist vorgesehen, dass die Steuerfreistellung nur auf Antrag zulässig ist. In diesen Fällen darf der Arbeitgeber nur vom Lohnsteuerabzug absehen, wenn das Finanzamt die Steuerfreiheit bestätigt hat (z. B. DBA mit Albanien, Algerien, Aserbaidschan, Australien, Belarus, Bulgarien, China, Costa Rica, Frankreich, Georgien, Ghana, Großbritannien, Irland, Italien, Japan, Kroatien, Liechtenstein, Luxemburg, Mauritius, Mazedonien, Österreich, Polen, Schweden, Singapur, Slowenien, Syrien, Türkei, Ungarn, USA, Usbekistan, VAE, Zypern). In anderen Fällen kann unter den Voraussetzungen des jeweiligen DBA der Lohnsteuerabzug zwar auch ohne eine solche Bescheinigung unterbleiben. Zur Vermeidung von Haftungsrisiken empfiehlt es sich aber, in jedem Fall eine Freistellungsbescheinigung des Betriebsstätten-Finanzamts zu beantragen.

BEISPIEL 24 — *Steuerfreie Auslandstätigkeit*

Doppelbesteuerungsabkommen bestehen derzeit mit folgenden Staaten:

Ägypten,
Albanien,
Algerien,
Argentinien,
Armenien
Aserbaidschan,
Australien,
Bangladesch,
Belarus (Weißrussland),
Belgien,
Bolivien,
Bosnien und Herzegowina
 (vgl. Jugoslawien)
Brasilien*,
Bulgarien,
China DBA gilt nicht
 für Hongkong und
 Macau,
Costa Rica,
Côte d'Ivoire,
Dänemark,
Ecuador,
Estland,
Finnland,
Frankreich,
Georgien,
Ghana,
Griechenland,
Großbritannien,
Indien,
Indonesien,
Iran,
Irland,
Island,
Israel,
Italien,
Jamaika,
Japan,
Jugoslawien
 Fortgeltung hinsichtlich
 der Nachfolgestaaten
 Bosnien u. Herzegowina,

Kosovo, Mazedonien,
Montenegro und
Serbien
Kanada,
Kasachstan,
Kenia,
Kirgisistan,
Korea (Republik),
Kosovo
 (vgl. Jugoslawien),
Kroatien,
Kuwait,
Lettland,
Liberia,
Liechtenstein
Litauen,
Luxemburg,
Malaysia,
Malta,
Marokko,
Mauritius,
Mazedonien
 (vgl. Jugoslawien),
Mexiko,
Moldau (vgl. UdSSR),
Montenegro
 (vgl. Jugoslawien),
Mongolei,
Namibia,
Neuseeland,
Niederlande,
Norwegen,
Österreich,
Pakistan,
Philippinen,
Polen,
Portugal,
Rumänien,
Russische Föderation,
Sambia,
Schweden,
Schweiz,

Serbien
 (vgl. Jugoslawien),
Simbabwe,
Singapur,
Slowakei
 (vgl. Tschechien),
Slowenien,
Spanien,
Sri Lanka,
Südafrika,
Syrien,
Tadschikistan
Taipeh
Thailand,
Trinidad und Tobago,
Tschechien
 (Abkommen mit der
 Tschechoslowakei gilt
 für Tschechien und
 Slowakei fort)
Türkei,
Tunesien,
Turkmenistan,
UdSSR
 (Abkommen gilt für
 Moldau),
 Turkmenistan)
Ukraine,
Ungarn,
Uruguay,
USA,
Usbekistan,
Venezuela,
Vereinigte Arabische
 Emirate,
Vietnam,
Zypern.

* Mit diesem Land besteht derzeit ein abkommensloser Zustand.

BEISPIEL 24 Steuerfreie Auslandstätigkeit

Lohnabrechnungsbeispiel
mit einem nach DBA steuerfreien Arbeitslohn

Der in München ansässige Arbeitgeber unterhält in Atlanta (USA) eine Betriebsstätte. Ein am Unternehmenssitz in München beschäftigter Arbeitnehmer wird mit Wirkung ab 6.10.2020 bis Ende des Jahres an die Betriebsstätte entsandt. Er tritt die Reise abends am 5.10. an. Der Arbeitslohn wird diesem Arbeitnehmer für die Zeit der Auslandstätigkeit zwar weiterhin vom Unternehmen in München bezahlt, von diesem aber der ausländischen Betriebsstätte belastet.

Daten aus dem Lohnkonto:
Steuerklasse I; kinderlos; gRV; gKV (kassenindividueller Zusatzbeitragssatz angenommen 1,1 %); Religionszugehörigkeit rk;
vermögenswirksame Anlage 40,- €

Lohnabrechnung für Oktober:

1.	Gehalt				4.500,00
2.	vermögenswirksame Leistung				40,00
3.	Jahressonderzahlung				2.000,00
4.	Überstundenvergütung				60,00
5.	Reisekostenpauschale				6.500,00
					13.100,00
Abzüge:					
6.	Steuerpflichtiger lfd. Arbeitslohn		454,00		
	LSt			0,00	
	SolZ			0,00	
	KiSt 8 % (angenommen)			0,00	
7.	Steuerpfl. Jahressonderzahlung		1.441,00		
	LSt			365,00	
	SolZ			20,07	
	KiSt 8 % (angenommen)			29,20	414,27
8.	Nach DBA steuerfreier Arbeitslohn		4.827,00		
9.	Beitragspflichtiges Entgelt		6.015,00		
	KV	7,3 %		439,10	
	Zusatzbeitrag (ang. 1,1 %)	0,55 %		33,08	
	PV	1,525 %		91,73	
	Beitragszuschlag (kinderlos)	0,25 %		15,04	
10.	Beitragspflichtiges Entgelt		6.722,00		
	RV	9,3 %		625,15	
	ALV	1,2 %		80,66	1.284,76
11.	Vermögenswirksame Anlage			40,00	1.739,03
Auszahlungsbetrag					**11.360,97**
	Arbeitgeberanteil zur SozV				
	KV (7,3 % + 0,55 %)			472,18	
	PV (1,525 %)			91,73	
	RV (9,3 %)			625,15	
	ALV (1,2 %)			80,66	
				1.269,72	

BEISPIEL 24   *Steuerfreie Auslandstätigkeit*

Zu 6

Der Auslandsaufenthalt übersteigt zwar nicht 183 Tage im Kalenderjahr, der Arbeitslohn wird jedoch von der ausländischen Betriebsstätte getragen. Deshalb ist der auf die Auslandstätigkeit entfallende Arbeitslohn im Inland steuerfrei. Zur Steuerberechnung ist der Arbeitslohn im Verhältnis der tatsächlichen Arbeitstage aufzuteilen. Auch die Arbeitszeit für den Reisetag ist aufzuteilen. Im Beispielsfall unterbleibt dies jedoch, da die Reise erst abends angetreten wurde. Von den laufenden Bezügen Oktober entfallen somit $^{18}/_{20}$ auf die Auslandstätigkeit. In die Aufteilung werden allerdings Lohnteile, die unmittelbar bei der Auslandstätigkeit angefallen sind – wie im Beispielsfall die Überstundenvergütung und die Reisekostenpauschale –, nicht einbezogen.

Aufzuteilen sind danach:
Gehalt	4.500,— €
vL	40,— €
	4.540,— €
davon sind steuerfrei $^{18}/_{20}$	4.086,— €
steuerpflichtig	454,— €

Auf diesen Betrag ist die Lohnsteuer-Monatstabelle anzuwenden, da durch die Auslandsbeschäftigung steuerlich kein Teillohnzahlungszeitraum entsteht. Bezüglich der zum Ansatz kommenden Vorsorgepauschale kommt damit zutreffend der steuerpflichtige und nicht der sozialversicherungspflichtige Arbeitslohn zum Tragen.

Zu 7

Die Jahressonderzahlung ist zur Steuerberechnung entsprechend dem BMF-Schreiben vom 14.3.2017, BStBl I S. 473, im Verhältnis der voraussichtlichen **tatsächlichen** Arbeitstage im Kalenderjahr aufzuteilen:

Die tatsächlichen Arbeitstage sind alle Tage innerhalb eines Kalenderjahres, an denen der Arbeitnehmer seine Tätigkeit tatsächlich ausübt und für die er Arbeitslohn bezieht. Krankheitstage mit oder ohne Lohnfortzahlung, Urlaubstage und Tage des ganztägigen Arbeitszeitausgleichs sind folglich keine Arbeitstage. Dagegen können auch Wochenend- oder Feiertage grundsätzlich als tatsächliche Arbeitstage zu zählen sein, wenn der Arbeitnehmer an diesen Tagen seine Tätigkeit tatsächlich ausübt und diese durch den Arbeitgeber vergütet wird. Eine solche Vergütung liegt auch vor, wenn dem Arbeitnehmer ein entsprechender Arbeitszeitausgleich gewährt wird. Es kommt weder auf die Zahl der Kalendertage (365) noch auf die Anzahl der vertraglich vereinbarten Arbeitstage an. Das aufzuteilende Arbeitsentgelt ist in Bezug zu den tatsächlichen Arbeitstagen zu setzen. Daraus ergibt sich ein Arbeitsentgelt pro tatsächlichen Arbeitstag. Das aufzuteilende Arbeitsentgelt pro tatsächlichen Arbeitstag ist mit den tatsächlichen Arbeitstagen zu multiplizieren, an denen der Arbeitnehmer seine Tätigkeit im anderen Staat ausgeübt hat.

Tatsächliche Arbeitstage im Kalenderjahr	**222**
tatsächliche Arbeitstage im Ausland vom 6.10. – 31.12.	**62**
Somit sind $^{62}/_{222}$ des Arbeitslohns steuerfrei.	
Jahressonderzahlung	2.000,— €
davon steuerfrei $^{62}/_{222}$	559,— €
steuerpflichtig	1.441,— €

Dieser steuerpflichtige Teil der Jahressonderzahlung ist als sonstiger Bezug zu versteuern. Dabei ist der steuerpflichtige Teil des voraussichtlichen Jahresarbeitslohns im Verhältnis der tatsächlichen Arbeitstage zu ermitteln.

BEISPIEL 24   *Steuerfreie Auslandstätigkeit*

4.540,– € Monatsbezug (angenommen) x 12 =		54.480,— €
davon sind $^{62}/_{222}$ steuerfrei		15.215,— €
Jahresarbeitslohn I		39.265,— €
+ Jahressonderzahlung	2.000,— €	
davon sind $^{62}/_{222}$ steuerfrei	559,— €	1.441,— €
Jahresarbeitslohn II		40.706,— €
LSt von 39.265,– €	5.708,— €	
von 40.706,– €	6.073,— €	
LSt für die Jahressonderzahlung	365,— €	
SolZ 5,5 % von 365,– €	20,07 €	
KiSt 8 % (angenommen) von 365,– €	29,20 €	

Zu 8

Der auf die Auslandstätigkeit entfallende Arbeitslohn ist zwar steuerfrei, er unterliegt aber dem Progressionsvorbehalt, den das Finanzamt bei der Einkommensteuerveranlagung errechnet. Der Arbeitgeber ist deshalb verpflichtet, den nach DBA steuerfreien Arbeitslohn in der Lohnsteuerbescheinigung (vgl. S. 381) gesondert anzugeben.

Auf die Auslandstätigkeit entfallen:

– von den aufgeteilten laufenden Bezügen (vgl. zu 6)		4.086,— €
– von der aufgeteilten Sonderzahlung (vgl. zu 7)		559,— €
– die im Ausland angefallene Überstundenvergütung		60,— €
– die pauschale Entschädigung von 250,– € täglich zur Abgeltung der Verpflegungs- und Übernachtungskosten (6.–31.10. = 26 Tage)		6.500,— €
		11.205,— €

Von dieser Summe ist der Betrag abzuziehen, der nicht nach DBA steuerfrei ist, sondern auch nach inländischem Steuerrecht steuerfrei gezahlt werden könnte. Im Beispielsfall könnte der Arbeitgeber wegen der Auslandsdienstreise nach Atlanta (USA) folgende Pauschalen steuerfrei ersetzen (vgl. S. 202):

– pauschales Auslandstagegeld Atlanta (USA) 26 volle Kalendertage 62,– € x 26 =	1.612,— €	
+ Anreisetag	41,— €	
– Übernachtungskostenpauschale 175,– € x 27 =	4.725,— €	6.378,— €
Aus der Lohnabrechnung Oktober sind in der Lohnsteuerbescheinigung somit als nach DBA steuerfreier Arbeitslohn zu erfassen		4.827,— €

Zu 9 und 10

Sozialversicherungspflichtig sind grundsätzlich nur Arbeitnehmer, die im Inland beschäftigt sind. Ausnahmen von diesem Grundsatz ergeben sich bei vorübergehender Tätigkeit im Ausland jedoch aus dem Prinzip der Ausstrahlung, aus zwischenstaatlichen Abkommen über die soziale Sicherung und aus EU-Recht (vorübergehende Tätigkeit im Sinne des EU-Rechts; nicht länger als

BEISPIEL 24 *Steuerfreie Auslandstätigkeit*

24 Monate gemäß der seit dem 1.5.2010 geltenden EG-Verordnung). Der Arbeitnehmer bleibt deshalb im Inland versicherungspflichtig. Werden Arbeitnehmer aus Deutschland in die EU, den EWR oder die Schweiz entsandt, sollte der Arbeitgeber daher die Entsendebescheinigung (A1-Bescheinigung) rechtzeitig beantragen. Diese dient als Nachweis, dass ausnahmsweise nicht das Beschäftigungsstaatsprinzip gilt, sondern z. B. weiterhin das deutsche Sozialversicherungsrecht gilt. Das beitragspflichtige Arbeitsentgelt ist wie bei einer Beschäftigung im Inland zu ermitteln. Zum Arbeitsentgelt rechnet allerdings auch der Teil der Bezüge, der nach DBA steuerfrei ist:

Gehalt			4.500,— €
vermögenswirksame Leistung			40,— €
Überstundenvergütung			60,— €
pauschale Reisekostenvergütung, soweit sie nicht nach den steuerlichen Reisekostenvorschriften ohnehin steuerfrei wäre:			
Vergütung		6.500,— €	
als Reisekosten steuerfrei (vgl. zu 8)		6.378,— €	122,— €
laufendes Arbeitsentgelt Oktober			4.722,— €

Es unterliegt in der KV/PV nur in Höhe der Beitragsbemessungsgrenze von 4.687,50 € und in der RV/ALV (Beitragsbemessungsgrenze 6.900,- €) in voller Höhe der Beitragspflicht.

Bei der Beitragsberechnung für die Jahressonderzahlung ist die anteilige Jahresbeitragsbemessungsgrenze zu beachten:

	KV/PV		RV/ALV	
Beitragsbemessungsgrenze Januar bis Oktober				
10 x 4.687,50 €		46.875,— €		
10 x 6.900,- €				69.000,— €
gegenüberzustellen sind die im gleichen Zeitraum gezahlten beitragspflichtigen Entgelte:				
Januar bis September				
9 x 4.540,- €		40.860,— €	40.860,— €	
Entgelt Oktober	4.687,50 €	45.547,50 €	4.722,— €	45.582,— €
noch nicht verbrauchte Beitragsbemessungsgrenze		1.327,50 €		23.418,— €

Die Jahressonderzahlung von 2.000,- € unterliegt deshalb in der **KV/PV** und in der **RV/ALV** wie folgt der Beitragspflicht.

	KV/PV	RV/ALV
laufender Bezug Oktober	4.687,50 €	4.722,— €
Jahressonderzahlung	1.327,50 €	2.000,— €
insgesamt beitragspflichtig	6.015,— €	6.722,— €

Anmerkung für die Lohnsteuerbescheinigung:

Der Arbeitgeber hat in der Lohnsteuerbescheinigung die Beiträge zur Sozialversicherung einzutragen (vgl. S. 381). Beiträge, die auf den nach DBA steuerfreien Arbeitslohn entfallen, dürfen dabei allerdings grundsätzlich nicht erfasst werden. Bei steuerfreien und steuerpflichtigen Arbeitslohnteilen im Lohnzahlungszeitraum ist grundsätzlich nur der Anteil der Sozialversicherungsbeiträge zu bescheinigen, der sich nach dem Verhältnis des steuerpflichtigen Arbeitslohns zum gesamten Arbeitslohn des Lohnzahlungszeitraums ergibt. Dabei ist nach dem BMF-Schreiben vom 9.9.2019, BStBl I S. 911, diese Verhältnisrechnung ab 2020 auch dann maßgeblich, wenn der steuerpflichtige Arbeitslohn im Bescheinigungszeitraum die für die Beitragsberechnung geltende Beitragsbemessungsgrenze übersteigt (d. h. die Verhältnisrechnung gilt nunmehr unabhängig von der Beitragsbemessungsgrenze). Steuerpflichtige Arbeitslohnteile, die unabhängig von der Beitragsbemessungsgrenze nicht der Sozialversicherungspflicht unterliegen (z. B. Entlassungsabfindungen), sind weiterhin jedoch nicht in die Verhältnisrechnung einzubeziehen.

KV/PV *(siehe Abrechnung)*
Aufteilungsverhältnis: steuerpflichtiger Arbeitslohn: 1.895,— €
Beitragspflichtiger Arbeitslohn: 6.015,— €
Arbeitnehmeranteil KV gesamt: 472,18 €, zu bescheinigen: 148,76 €
Arbeitnehmeranteil PV gesamt:106,77 €, zu bescheinigen: 33,64 €

Der Arbeitgeberanteil zur KV und PV ist im Beispielsfall nicht zu bescheinigen (zu den Einzelheiten vgl. S. 384).

RV/ALV *(siehe Abrechnung)*
Aufteilungsverhältnis: Steuerpflichtiger Arbeitslohn: 1.895,— €
Beitragspflichtiger Arbeitslohn: 6.722,— €
Arbeitnehmeranteil RV gesamt: 625,15 €; zu bescheinigen: 176,24 €
Arbeitgeberanteil RV gesamt: 625,15 €; zu bescheinigen: 176,24 €
Arbeitnehmeranteil ALV gesamt: 80,66 €; zu bescheinigen: 22,74 €
Arbeitgeberanteil zur ALV ist nicht zu bescheinigen.

Hinweis:

Bei in Deutschland wohnenden Arbeitnehmern, die den nach DBA steuerfreien Arbeitslohn aus einer Tätigkeit in einem Mitgliedstaat der Europäischen Union oder einem EWR-Vertragsstaat (Norwegen, Island und Liechtenstein) erzielen, können nach dem EuGH-Urteil C-20/16 „Bechtel und Bechtel" und dem BMF-Schreiben vom 11.12.2017, BStBl I S. 1.624, bei der Einkommensteuerveranlagung des Arbeitnehmers Besonderheiten gelten, die im Lohnsteuerabzugsverfahren **nicht** zu beachten sind. Daher dürfen Sozialversicherungsbeiträge, die mit nach DBA steuerfreien Arbeitslohn im Zusammenhang stehen, weiterhin nicht auf der Lohnsteuerbescheinigung bescheinigt werden.

Wann besteht Steuerfreiheit nach dem Auslandstätigkeitserlass?

Der Auslandstätigkeitserlass (BStBl 1983 Teil I S. 470) kommt nur zur Anwendung, wenn der Arbeitnehmer in ein Land entsandt wird, mit dem kein DBA besteht, in diesem Land bestimmte Projekte ausgeführt werden und die Auslandstätigkeit mindestens drei Monate dauert. Die Anwendungsvoraussetzungen sind im „Handbuch für Lohnsteuer und Sozialversicherung" in Tz 4.2 unter „Auslandsbeschäftigung" erläutert.

BEISPIEL 25

Beendigung des Arbeitsverhältnisses

Kündigung

Wie ist zu kündigen?
Die Kündigung bedarf zu ihrer Wirksamkeit der Schriftform. Das gilt sowohl für die ordentliche (fristgemäße) als auch für die außerordentliche (fristlose) Kündigung.

Wo sind die Kündigungsfristen geregelt?
§ 622 BGB; für Arbeiter und Angestellte gelten einheitliche Kündigungsfristen.

Welche Frist gilt für eine Kündigung durch den Arbeitnehmer?
4 Wochen zum 15. oder zum Ende eines Kalendermonats.

Welche Fristen sind bei Kündigung durch den Arbeitgeber maßgebend?

Dauer des Arbeitsverhältnisses		Kündigungsfrist
unter zwei Jahre	=	4 Wochen zum 15. eines Monats oder zum Ende eines Kalendermonats
zwei Jahre	=	einen Monat
fünf Jahre	=	zwei Monate
acht Jahre	=	drei Monate
zehn Jahre	=	vier Monate
zwölf Jahre	=	fünf Monate
fünfzehn Jahre	=	sechs Monate
zwanzig Jahre	=	sieben Monate
		jeweils zum Ende eines Kalendermonats

Was gilt bei Ableistung einer Probezeit?
Während einer vereinbarten Probezeit, längstens für die Dauer von 6 Monaten, kann das Arbeitsverhältnis mit einer Frist von zwei Wochen gekündigt werden.

Gehen tarifliche Regelungen vor?
Weichen die im Tarifvertrag festgelegten Kündigungsfristen von der gesetzlichen Regelung ab, sind die Tarifbestimmungen maßgebend und zwar unabhängig davon, ob diese für den Arbeitnehmer günstiger oder ungünstiger sind.

Darf im Arbeitsvertrag eine kürzere Frist vereinbart werden?
Die Monatsfristen ab einer Beschäftigungsdauer von 2 Jahren dürfen durch den Arbeitsvertrag nicht verkürzt werden. Lediglich in den ersten zwei Jahren des Arbeitsverhältnisses kann die Frist verändert werden. Allerdings ist auch dies nur in zwei Fällen zulässig:

1. wenn der Arbeitnehmer zur vorübergehenden Aushilfe eingestellt ist. Wird das Arbeitsverhältnis über eine Zeit von drei Monaten hinaus fortgesetzt, gelten die gesetzlichen Fristen;
2. wenn der Arbeitgeber in der Regel nicht mehr als 20 Arbeitnehmer beschäftigt (Auszubildende zählen nicht mit) und die Kündigungsfrist 4 Wochen nicht unterschreitet.

Für eine Kündigung durch den Arbeitnehmer darf keine längere Frist vereinbart werden als für die Kündigung durch den Arbeitgeber.

Welche Kündigungsfrist gilt bei geringfügig Beschäftigten?

Auch bei versicherungsfreien Beschäftigungen (vgl. S. 280 und 301), die nicht von einem Tarifvertrag erfasst werden, gelten grundsätzlich die vorgenannten gesetzlichen Fristen, also mindestens 4 Wochen zum 15. oder zum Ende des Monats.

Soll eine kürzere Frist gelten, z. B. mit Ablauf des nächsten Arbeitstags, muss dies ausdrücklich vereinbart werden. Wird die geringfügige Beschäftigung allerdings über 3 Monate hinaus fortgesetzt, sind wieder die gesetzlichen Kündigungsfristen maßgebend.

Kündigungsschutz in Sonderfällen

1. Nach § 15 KSchG besteht ein besonderer Kündigungsschutz im Rahmen der **Betriebsverfassung und Personalvertretung.** Eine ordentliche Kündigung eines Mitglieds eines Betriebsrats, einer Personalvertretung, einer Jugendvertretung, eines Wahlvorstandes oder eines Wahlbewerbers ist danach unzulässig.

2. Die Kündigung eines **Schwerbehinderten** durch den Arbeitgeber bedarf der vorherigen Zustimmung der Hauptfürsorgestelle. Eine ohne diese Zustimmung ausgesprochene Kündigung ist rechtsunwirksam (§ 15 SchwbG).

3. Nach § 17 Abs. 1 MuSchG ist die Kündigung gegenüber einer Frau **während der Schwangerschaft, bis zum Ablauf von 4 Monaten nach einer Fehlgeburt, nach der 12. Schwangerschaftswoche und bis zum Ablauf von 4 Monaten nach der Entbindung** unzulässig, wenn dem Arbeitgeber zur Zeit der Kündigung die Schwangerschaft oder Entbindung bekannt war oder innerhalb von 2 Wochen nach Zugang der Kündigung mitgeteilt wird. Der Kündigungsschutz besteht auch dann, wenn die 2-Wochen-Frist unverschuldet verstreicht, die Arbeitnehmerin aber unverzüglich nach Kenntnis ihrer Schwangerschaft die Mitteilung nachholt.

   In besonderen Fällen kann die zuständige Behörde – in der Regel ist dies das Gewerbeaufsichtsamt – die Kündigung auf Antrag für zulässig erklären. Des Weiteren darf der Arbeitgeber das Arbeitsverhältnis während des Erziehungsurlaubs nicht kündigen. Das gilt auch, wenn der Arbeitnehmer während des Erziehungsurlaubs beim Arbeitgeber Teilzeitarbeit leistet. Nur in besonderen Fällen kann die Kündigung durch die Arbeitsschutzbehörde für zulässig erklärt werden.

4. Der Arbeitgeber darf einem Arbeitnehmer vom Zeitpunkt der **Zustellung des Einberufungsbescheides bis zur Beendigung des Grundwehrdienstes** sowie während einer Wehrübung nicht kündigen (§ 2 Abs. 1 Arbeitsplatzschutzgesetz). Das Recht zur fristlosen Kündigung aus wichtigem Grund bleibt unberührt. Die Ableistung des Wehrdienstes ist kein wichtiger Grund in diesem Sinne. Der Kündigungsschutz gilt gemäß § 16 a Abs. 1 Arbeitsplatzschutzgesetz auch bei Ableistung des Wehrdienstes als Soldat auf Zeit, wenn die Dienstzeit sich auf 2 Jahre beschränkt.

BEISPIEL 25 — *Ausfertigung der Arbeitspapiere*

5. Die **Beendigung von Ausbildungsverhältnissen** ist in den §§ 14 bis 16 BBiG geregelt. Die Kündigung bedarf danach stets der **Schriftform**. Für den Arbeitgeber ist nach Ablauf der Probezeit eine ordentliche Kündigung ausgeschlossen. Im Falle einer außerordentlichen (fristlosen) Kündigung sind die Kündigungsgründe in der schriftlichen Kündigung zu benennen. Während der Probezeit kann das Ausbildungsverhältnis dagegen ohne Einhaltung einer Frist gekündigt werden.

Ausfertigung der Arbeitspapiere

Welche?

1. Der Arbeitgeber hat dem im Jahr 2020 ausscheidenden Arbeitnehmer einen nach amtlich vorgeschriebenem Muster gefertigten Ausdruck der elektronischen Lohnsteuerbescheinigung auszuhändigen oder bereitzustellen.

2. Nach § 6 Abs. 2 BUrlG hat der Arbeitgeber dem ausscheidenden Arbeitnehmer eine **Bescheinigung** über den gewährten bzw. abgegoltenen Urlaub zu erteilen.

Muster	
Herr/Frau	geb. am ....
Beschäftigungsdauer vom	bis ....
Urlaubsanspruch im Kalenderjahr gesetzlich/nach Tarifvertrag/ nach Arbeitsvertrag)	Tage ....
Gewährter Urlaub im Jahr	Tage ....
Abgegoltener Urlaub im Jahr	Tage ....
Ort, Datum	Unterschrift des Arbeitgebers

3. Der Arbeitnehmer kann beim Ausscheiden ein schriftliches **Arbeitszeugnis** über das Dienstverhältnis und dessen Dauer (sog. einfaches Zeugnis), aber auch ein sog. qualifiziertes Zeugnis, das sich auf Aussagen über Führung und Leistung erstreckt, verlangen. Ein Zeugnis über das Berufsausbildungsverhältnis muss nach § 8 Abs. 2 BBiG Angaben über Art, Dauer und Ziel der Berufsausbildung sowie über die erworbenen Fertigkeiten und Kenntnisse des Auszubildenden enthalten.

4. Der Arbeitgeber ist nicht verpflichtet, dem Arbeitnehmer nach Beendigung des Arbeitsverhältnisses eine sog. **Arbeitsbescheinigung** auszustellen. Die Arbeitsbescheinigung ist durch den Arbeitgeber nur auf Verlangen des Arbeitnehmers oder auf Verlangen der Bundesagentur für Arbeit auszustellen und an den Arbeitnehmer auszuhändigen. Hierzu ist der von den Agenturen für Arbeit bereitgehaltene Vordruck zu verwenden. Im Übrigen besteht ab dem 1.1.2014 die Möglichkeit, nicht aber die Verpflichtung, alternativ zur Ausstellung in Papierform die Arbeitsbescheinigung auch elektronisch an die Bundesagentur für Arbeit im neuen „BEA-Verfahren" zu übermitteln; in einem solchen Fall erhält der Arbeitnehmer nach Dateneingang von der Bundesagentur einen Ausdruck der Arbeitsbescheinigung und nicht vom Arbeitgeber.

Abfindung

Sind Abfindungen noch steuerfrei?
Die gezahlten Abfindungsleistungen sind in voller Höhe steuerpflichtig.

Wie wird eine Abfindung besteuert?
Die bei einer Abfindungszahlung durch die Zusammenballung der Einkünfte verstärkt wirkende Steuerprogression wird durch die Anwendung der sog. Fünftel-Regelung (Ermittlung der Steuer für ein Fünftel des steuerpflichtigen Teils der Entschädigung und Erhebung des fünffachen Steuerbetrags) abgemildert. Die begünstigte Besteuerung setzt voraus, dass die Entschädigungsleistungen zusammengeballt in **einem** Kalenderjahr zufließen; der Zufluss mehrerer Teilbeträge in unterschiedlichen Kalenderjahren ist für die Frage der Zusammenballung damit grundsätzlich schädlich. Fließt eine im Verhältnis zur Hauptleistung stehende geringe Zahlung (maximal 10% der Hauptleistung) in einem anderen Kalenderjahr zu, wird dies jedoch noch als unschädlich angesehen (BFH vom 25.8.2009, BStBl 2011 II S. 27). Ergänzende Zusatzleistungen, die Teil der einheitlichen Entschädigung sind und in späteren Jahren aus Gründen der sozialen Fürsorge für eine gewisse Übergangszeit gewährt werden, sind für die Beurteilung der Hauptleistung als einer zusammengeballten Entschädigung unschädlich. Zur Entscheidung der Frage, ob die Entschädigung zu einer Zusammenballung von Einkünften führt, sind die BMF-Schreiben vom 1.11.2013, BStBl I S. 1.326, und vom 4.3.2016, BStBl I S. 277, zu beachten.

Sind Abfindungen beitragspflichtig?
Nach der Rechtsprechung des Bundesarbeitsgerichts und des Bundessozialgerichts sind Abfindungen kein Arbeitsentgelt i.S. der Sozialversicherung, soweit sie für Zeiten nach dem Ende des Beschäftigungsverhältnisses gezahlt werden. Das gilt auch für den Teil, der den steuerfreien Höchstbetrag überschreitet.

Beispiel:
Lohnabrechnung bei Beendigung
des Dienstverhältnisses gegen Zahlung einer Abfindung

Der Arbeitgeber muss einem Arbeitnehmer wegen schlechter Auftragslage im Herbst 2020 kündigen. Im gegenseitigen Einvernehmen erfolgt die Auflösung des Arbeitsverhältnisses zum 31.10.2020.

Der Arbeitgeber erbringt in diesem Zusammenhang folgende Leistungen:
a) anteilig das auch für den Fall des vorzeitigen Ausscheidens
zugesicherte 13. Gehalt $^{10}/_{12}$ von 4.600,- € =   *3.833,— €*
b) die Urlaubsabgeltung bis 31.10.   *4.833,— €*
c) als Einmalbetrag die Weiterzahlung des Gehalts von monat-
lich 4.600,- € bis zum Ende der Kündigungsfrist am
31. März nächsten Jahres   5 x 4.600,- € =   *23.000,— €*
d) zusätzliche Entschädigung wegen Auflösung
des Arbeitsverhältnisses   *30.000,— €*

BEISPIEL 25   Abfindung

Daten aus dem Lohnkonto:
Steuerklasse III; kinderlos; gRV, pKV aber ohne Beitragsmitteilung der Krankenversicherung über die Basiskranken- und Pflegepflichtversicherungsbeiträge; Religionszugehörigkeit rk;

Lohnabrechnung für Oktober:
1. Monatsgehalt   4.600,00
2. Anteiliges 13. Gehalt   3.833,00
3. Urlaubsabgeltung   4.833,00
4. Abfindung
       Weiterzahlung des Gehalts   23.000,00
       Zusätzliche Entschädigung   30.000,00   53.000,00
               66.316,00
5. Zuschuss zur KV und PV   439,45
               66.755,45

Abzüge:
6. Steuerpfl. lfd. Arbeitslohn   4.600,00
       LSt   550,00
       SolZ   30,25
       KiSt 8 % (angenommen)   44,00   624,25
7. Steuerpfl. sonstige Bezüge   8.716,00
       LSt   2.312,00
       SolZ   127,16
       KiSt 8 % (angenommen)   184,96   2.624,12
8. Ermäßigt besteuerter
       Abfindungsteil   53.000,00
       LSt   14.980,00
       SolZ   823,90
       KiSt 8 % (angenommen)   1.198,40   17.002,30
9. Beitragspflichtiges Entgelt   13.316,00
       RV   9,3 %   1.238,39
       AV   1,2 %   159,79   1.398,18   21.648,85

Auszahlungsbetrag   45.106,60
Arbeitgeberanteil zur SozV   **1.398,18**

Zu 3

Der Urlaub kann wegen Beendigung des Arbeitsverhältnisses nicht mehr in Freizeit gewährt werden. Der Anspruch ist deshalb abzugelten; er wird wie das Urlaubsentgelt berechnet.

Jahresurlaub 28 Arbeitstage (angenommen).
Anspruch bei Ausscheiden am 31.10. = $^{10}/_{12}$ von 28 Arbeitstagen = 23,3 = 23 Urlaubstage.

(Aufzurunden sind nur Bruchteile von Urlaubstagen, die mindestens einen halben Tag ergeben; vgl. § 5 Abs. 2 BurlG.)

$$\frac{\text{Monatsgehalt } 4.600,- \text{€} \times 3 \times 23 \text{ Urlaubstage}}{65 \text{ Arbeitstage}} = \text{Abgeltungsbetrag } 4.883,- \text{€}$$

BEISPIEL 25　　　　　　　　　　　　　　　　　　　　　　　　　　　　　Abfindung

Zu 5

Der Angestellte ist privat krankenversichert. Der Höchstbetrag des Arbeitgeberzuschusses beträgt (vgl. S. 55):

KV	7,3 % + 0,55 % von 4.687,50 € =	367,97 €
PV	1,525 % von 4.687,50 € =	71,48 €
		439,45 €

Zu 6

Der Arbeitnehmer ist privat krankenversichert, hat aber seinem Arbeitgeber **keine** Beitragsbescheinigung seines Krankenversicherungsunternehmens über die tatsächlichen Basiskranken- und Pflegepflichtversicherungsbeiträge vorgelegt. Dementsprechend kann im Lohnsteuerabzugsverfahren neben der Teilvorsorgepauschale Rentenversicherung in Bezug auf die Teilvorsorgepauschale Kranken- und Pflegepflichtversicherung nur die Mindestvorsorgepauschale von 3.000,– € in Steuerklasse III berücksichtigt. Die zutreffende Berücksichtigung der Vorsorgepauschale wird mit der zutreffenden Eingabe des Versicherungsstatus in das maschinelle Lohnabrechnungsprogramm sichergestellt.

Zu 7

Zunächst ist der voraussichtliche Jahresarbeitslohn festzustellen. Hierzu gehören

- der bis 31.10. gezahlte laufende Arbeitslohn = 10 x 4.600,– € = 　　　　46.000,— €
- der nach dem Ausscheiden aus dem Dienstverhältnis für dieses Kalenderjahr noch anfallende Arbeitslohn muss geschätzt werden. Falls der Arbeitnehmer wieder in ein Dienstverhältnis eintritt und keine abweichenden Angaben macht, kann davon ausgegangen werden, dass er laufenden Arbeitslohn in bisheriger Höhe beziehen wird = 2 x 4.600,– € = 　　　　　　　　　9.200,— €
- der ermäßigt besteuerte Teil der Gesamtabfindung (vgl. zu 8) und die steuerpflichtige Abfindung gehören nicht zum voraussichtlichen Jahresarbeitslohn 　　　　　　　　　　　　　　　　　　—,— €
　　　　　　　　　　　　　　　　　　　　　　　　　　　　　　　　55.200,— €

maßgebender Jahresarbeitslohn I
+ als sonstige Bezüge zu besteuern:
　　　　anteiliges 13. Gehalt　　　　　3.833,— €
　　　　Urlaubsabgeltung　　　　　　4.833,— €　　8.716,— €
maßgebender Jahresarbeitslohn II　　　　　　　　　　　63.916,— €

Jahreslohnsteuer
　von 55.200,– € =　　　　　　　　　　　　　　　　6.600,— €
　von 63.916,– € =　　　　　　　　　　　　　　　　8.912,— €
LSt für die sonstigen Bezüge =　　　　　　　　　　　2.312,— €
SolZ 5,5 % von 2.312,– € =　　　　　　　　　　　　　127,16 €
KiSt für die sonstigen Bezüge
8 % von 2.312,– € =　　　　　　　　　　　　　　　　184,96 €

Die KiSt für einen sonstigen Bezug wird immer durch Anwendung des maßgeblichen Steuersatzes (8 % oder 9 % der Lohnsteuer) errechnet (vgl. Anlage 1, S. 404). Das Gleiche gilt für den SolZ.

BEISPIEL 25   *Abfindung*

Zu 8

Die Auflösung des Arbeitsverhältnisses ist zwar vom Arbeitgeber veranlasst, aber in voller Höhe steuerpflichtig. Zur Prüfung der Frage, welche Leistungen des Arbeitgebers als Abfindung anzusehen sind, ist auf die tatsächliche Beendigung des Arbeitsverhältnisses am 31.10. abzustellen. Danach rechnet das **anteilige 13. Gehalt** nicht zur Abfindung, da der Arbeitnehmer seinen Anspruch hierauf bereits bis zur Auflösung des Arbeitsverhältnisses erlangt hat. Das Gleiche gilt für die **Urlaubsabgeltung**.

Als Abfindung ist dagegen die Abgeltung der Gehaltsansprüche
bis zum Ende der Kündigungsfrist zu behandeln =   23.000,— €
sowie die zusätzliche Entschädigung in Höhe von   30.000,— €
Gesamtbetrag der Abfindung   53.000,— €
dem Lohnsteuerabzug unterliegen somit   53.000,— €

Die Zahlung der Abfindung anlässlich der Beendigung des Arbeitsverhältnisses führt zu einer Zusammenballung von Einkünften, weil der Arbeitnehmer wegen dieser Entschädigung in diesem Jahr mehr Einnahmen erzielt, als wenn er das Arbeitsverhältnis fortgesetzt hätte (Rz 8 des BMF-Schreibens vom 1.11.2013, BStBl I S. 1.326, ergänzt durch BMF-Schreiben vom 4.3.2016, BStBl I S. 277). Zur Abmilderung der dadurch auftretenden erhöhten Steuerprogression wird die sog. **Fünftel-Regelung** angewandt.

Zunächst ist der voraussichtliche Jahresarbeitslohn festzustellen. Hierzu gehören

- der bis zum 31.10. gezahlte laufende Arbeitslohn
  = 10 x 4.600,- € =   46.000,— €
- geschätzter laufender Arbeitslohn für den Rest des
  Kalenderjahres (vgl. zu 7)   9.200,— €
- das anteilige 13. Gehalt   3.833,— €
- die Urlaubsabgeltung   4.883,— €
maßgebender Jahresarbeitslohn I   63.916,— €
+ $^1/_5$ des steuerpflichtigen Teils der
Gesamtabfindung von 53.000,- € =   10.600,— €
maßgebender Jahresarbeitslohn II   74.516,— €
Jahreslohnsteuer
   von   63.916,- € =   8.912,— €
   von   74.516,- € =   11.908,— €
Differenz   2.996,— €
Die Lohnsteuer beträgt hiervon
das Fünffache =   14.980,— €
SolZ 5,5 %   von 14.980,- € =   823,90 €
KiSt 8 %   von 14.980,- € =   1.198,40 €

Hinweis:
Zur besseren Darstellung der Fünftelregelung wurde ein „Ablesen" der Steuerabzüge nach den Lohnsteuertabellen fingiert. Sieht Ihr maschinelles Lohnabrechnungsprogramm dagegen die Direkteingabe des Abfindungsbetrags ohne die Fünftelung vor, ergeben sich bei der maschinellen Lohnabrechnung abweichende Steuerabzüge. Dies liegt daran, dass für die Abfindung keine Sozialabgaben anfallen und deshalb der Abfindungsbetrag bei der Berechnung der Vorsorge-

BEISPIEL 25   *Direktversicherung bei Beendigung des Dienstverhältnisses*

pauschale außer Ansatz bleiben muss. Bei manueller Abrechnung kann hingegen nur auf den steuerpflichtigen Arbeitslohn zurückgegriffen werden und damit die Kürzung bei der Vorsorgepauschale nicht bewerkstelligt werden.

Zu 9

Beitragspflicht besteht in der Renten- und Arbeitslosenversicherung.
Beitragspflichtig sind die folgenden einmaligen Entgelte:

anteiliges 13. Gehalt	3.833,— €
Urlaubsabgeltung	4.833,— €
	8.716,— €

Der Gesamtbetrag der Abfindung gehört nicht zum beitragspflichtigen Arbeitsentgelt. Zur Beitragsberechnung ist der auf die Beschäftigungsdauer entfallende Teil der Beitragsbemessungsgrenze in der Rentenversicherung zu beachten.

Er beträgt von Januar bis Oktober 10 x 6.900,- € =	69.000,— €
Der anteiligen Jahresbeitragsbemessungsgrenze sind die im gleichen Zeitraum gezahlten beitragspflichtigen Entgelte gegenüberzustellen = 10 x das Monatsgehalt von 4.600,- € =	46.000,— €
Die Beitragsbemessungsgrenze ist somit noch nicht verbraucht in Höhe von	23.000,— €

Die einmalig gezahlten Entgelte in Höhe von 8.716,- € sind deshalb in voller Höhe beitragspflichtig und zusammen mit dem laufenden Entgelt von 4.600,- € zur Beitragsberechnung heranzuziehen = 13.316,- €.

Direktversicherung bei Beendigung des Dienstverhältnisses

Die Beiträge zur Direktversicherung (Altzusage) können pauschal versteuert werden, wenn entweder der Arbeitnehmer den Verzicht auf die Anwendung der Steuerbefreiung nach § 3 Nr. 63 EStG erklärt hat oder wenn die Steuerbefreiung wegen der vereinbarten Kapitalauszahlung bei Eintritt des Versorgungsfalls von vornherein nicht greift (vgl. S. 81).

Welche Pauschalierungsgrenze ist maßgebend?

Während des Bestehens des Dienstverhältnisses beträgt die Pauschalierungsgrenze 1.752,- € (vgl. S. 81). Leistet der Arbeitgeber anlässlich der Beendigung des Dienstverhältnisses zugunsten des Arbeitnehmers Direktversicherungsbeiträge, so ist zur Feststellung der Pauschalierungsgrenze der Betrag von 1.752,- € mit der Anzahl der Kalenderjahre, in denen das Dienstverhältnis bestanden hat, zu vervielfältigen. Der so errechnete Betrag ist um die im Jahr des Ausscheidens und in den sechs vorangegangenen Jahren für den Arbeitnehmer pauschal besteuerten Beiträge zu vermindern. Für die Anwendung der Vervielfältigungsregelung kommt es nicht darauf an, aus welchem Grund das Dienstverhältnis endet. Wichtig ist aber, dass ein Zusammenhang mit der Beendigung des Dienstverhältnisses besteht. Ein solcher wird ohne weiteres anerkannt, wenn der Beitrag bis zu drei Monate vor dem Auflösungszeitpunkt gezahlt wird. Aber auch bei einer längeren Zeitspanne kann durchaus noch der notwendige Zusammenhang gegeben sein, z. B. wenn der Auflösungsvertrag bereits zu einem früheren Zeitpunkt geschlossen wurde.

BEISPIEL 25 — *Lohnzahlung an ausgeschiedene Arbeitnehmer*

 Beispiel:
Das Dienstverhältnis hat 16 Jahre bestanden; es endet am 31.7.2020. Von Beginn an zahlte der Arbeitgeber aufgrund einer Versorgungszusage umgerechnet eine monatliche Prämie von 100,– € für eine Direktversicherung. Anlässlich des Ausscheidens des Arbeitnehmers ändert er die Versorgungszusage und leistet zur Erhöhung der Versicherungssumme eine Einmalprämie von 25.000,– €.

Die Lohnsteuerpauschalierung mit Vervielfältigung der Pauschalierungsgrenze ist zulässig, weil keine Neuzusage vorliegt. § 40b EStG kann somit in der vor 2005 geltenden Fassung angewandt werden:

Vervielfältigte Pauschalierungsgrenze:
Das Dienstverhältnis hat vom 1.8.2004
bis 31.7.2020, also in 17 Kalenderjahren,
bestanden = 17 x 1.752,– € =   29.784,— €
zu vermindern um
a) Pauschalbesteuerung 2020
    100,– € x 6 Monate =   600,— €
b) Pauschalbesteuerung der vorangegangenen 6 Kalenderjahre (2014–2019)
    100,– € x 12 Monate x 6 Jahre =   7.200,— €   7.800,— €
verbleibende Pauschalierungsgrenze   21.984,— €
Pauschale Lohnsteuer 20 % von 21.984,– €   =   4.396,80 €
SolZ 5,5 % von 4.396,80 € =   241,82 €
KiSt 8 % von 4.396,80 € =   351,74 €
Versicherungsbeitrag   25.000,— €
davon werden pauschal versteuert   21.984,— €
Der übersteigende Betrag von   3.016,— €

ist beim Arbeitnehmer als steuerpflichtiger sonstiger Bezug zu erfassen und als einmalig gezahltes Arbeitsentgelt zur Sozialversicherung heranzuziehen. Der pauschal besteuerte Betrag von 21.984,– € ist beitragsfrei.

Kann die Vervielfältigungsregelung auch zur Entgeltumwandlung genutzt werden?

Grundvoraussetzung für die Anwendung der Vervielfältigungsregelung ist, dass ein Zusammenhang mit der Beendigung des Dienstverhältnisses besteht. Ist dies der Fall, kann zur Ausschöpfung der nach der Vervielfältigungsregelung maßgeblichen Pauschalierungsgrenze auch künftiges Entgelt umgewandelt werden. Voraussetzung ist, dass die Umwandlung bis zum Zeitpunkt der Auflösung des Dienstverhältnisses vereinbart wird.

Lohnzahlung an ausgeschiedene Arbeitnehmer

Wie ist die Lohnzahlung zu versteuern?

Die Berechnung der Lohnsteuer hängt davon ab, ob der Arbeitnehmer noch seine ELStAM (vgl. S. 15) aus dem ersten Dienstverhältnis mit z. B. Steuerklasse III vom Arbeitgeber abrufen lassen kann, weil er keinen neuen Arbeitgeber hat, oder ob der Lohnsteuerabzug nach Steuerklasse VI vorzunehmen ist, weil der Arbeitnehmer bereits von einem anderen Arbeitgeber Arbeitslohn bezieht.

Beispiel:
An einen bereits ausgeschiedenen kinderlosen Arbeitnehmer, der in der gRV und gKV (kassenindividueller Zusatzbeitragssatz angenommen 1,1%) versichert ist, sind am 30. September 1.500,- € auszuzahlen.

Lohnsteuerabzug nach Steuerklasse VI

Die Zahlung von 1.500,- € ist als sonstiger Bezug zu versteuern. Dabei ist der sonstige Bezug als Jahresarbeitslohn anzusetzen.

Jahreslohnsteuer in Steuerklasse VI	169,— €
SolZ	—,— €
KiSt 8% (angenommen)	13,52 €

Die Vorsorgepauschale kommt auch in der Steuerklasse VI zur Geltung, was mit einer zutreffenden Eingabe des Versicherungsstatus in das maschinelle Lohnabrechnungsprogramm gewährleistet wird.

 Beispiel:
Sachverhalt wie oben, aber **mit Steuerklasse III** (kinderlos; gRV; gKV mit kassenindividuellem Zusatzbeitragssatz von angenommen 1,1%) und der Arbeitnehmer hat erst ab 1.10. einen neuen Arbeitgeber mit gleichem Monatslohn.

Vom ersten Arbeitgeber waren für das Jahr 2020 bereits die folgenden Arbeitslöhne besteuert worden:

 1.1. bis 30.4. 13.000,- €
 1.5. bis 31.7.   8.000,- €

Zur Besteuerung des sonstigen Bezugs von 1.500,- € ist der voraussichtliche Jahresarbeitslohn auf Grundlage der Angaben des Arbeitnehmers entsprechend R 39b.6 Abs. 3 LStR festzustellen:

Arbeitslohn Januar bis September 13.000,- € + 8.000,- € = 21.000,— €

Ermittlung des voraussichtlichen Jahresarbeitslohnes

durch Umrechnung auf das Kalenderjahr $\dfrac{21.000 \times 12}{9}$ =   28.000,— €

maßgebender Jahresarbeitslohn I	28.000,— €
+ sonstiger Bezug	1.500,— €
maßgebender Jahresarbeitslohn II	29.500,— €
LSt von 28.000,- € =	474,— €
von 29.500,- € =	718,— €
LSt für den sonstigen Bezug	244,— €
SolZ 5,5% von 244,- € =	13,42 €
KiSt für den sonstigen Bezug	
8% (angenommen) von 244,- € =	19,52 €

Hinweis für das ELStAM-Verfahren:

Zahlt der Arbeitgeber nach Beendigung des Dienstverhältnisses laufenden Arbeitslohn, sind der Besteuerung die ELStAM zum Ende des Lohnzahlungszeitraums zugrunde zu legen, für den die Nachzahlung erfolgt. Eine erneute Anmeldung des Arbeitnehmers bei der Finanzverwaltung ist insoweit nicht erforderlich.

BEISPIEL 25   *Lohnzahlung an ausgeschiedene Arbeitnehmer*

Handelt es sich dagegen, wie im Beispielsfall um einen sonstigen Bezug, sind für die Besteuerung die ELStAM zum Ende des Lohnzahlungszeitraums des Zuflusses des sonstigen Bezugs maßgebend. Der Arbeitgeber muss daher den Arbeitnehmer erneut bei der Finanzverwaltung anmelden. Unterlässt der Arbeitgeber in diesem Fall die Anmeldung, obwohl ihm die hierzu erforderlichen Angaben des Arbeitnehmers vorliegen und der Anmeldung keine technischen Hinderungsgründe gemäß § 39c Abs. 1 Satz 2 EStG entgegenstehen, ist der Steuerabzug nach der Steuerklasse VI vorzunehmen.

Welchem Beitragsmonat ist an einen bereits ausgeschiedenen Arbeitnehmer gezahltes einmaliges Arbeitsentgelt zuzuordnen?

Es gehört gem. § 23a Abs. 2 SGB IV zum letzten Lohnabrechnungszeitraum im laufenden Kalenderjahr.

Das gilt selbst dann, wenn dieser Zeitraum nicht mit Arbeitsentgelt belegt ist.

 Beispiel:
Der Arbeitnehmer scheidet zum 29.2.2020 aus dem Arbeitsverhältnis aus. Die Jahresabschlussvergütung für das Vorjahr wird aufgrund einer Betriebsvereinbarung jeweils im April fällig. Dem ausgeschiedenen Arbeitnehmer wird deshalb die Jahresabschlussvergütung 2019 im April 2020 gezahlt.

Die Zuwendung ist für Zwecke der Beitragsberechnung dem Monat Februar 2020 zuzurechnen. Die bisherige Beitragsermittlung ist zu berichtigen.

Hat der Arbeitgeber in dem Kalenderjahr, in dem das einmalige Arbeitsentgelt zufließt, keinen laufenden Arbeitslohn gezahlt, fallen von einem **nach dem Monat März** zur Auszahlung kommenden einmaligen Arbeitsentgelt keine SozV-Beiträge an.

 Beispiel:
Der Arbeitnehmer ist zum 31.12.2019 aus dem Arbeitsverhältnis ausgeschieden. Die Jahresabschlussvergütung 2020 wird im April 2020 gezahlt.

Eine Zuordnung des einmalig gezahlten Arbeitsentgelts zum letzten Lohnabrechnungszeitraum im laufenden Jahr ist hier nicht möglich, da der Arbeitnehmer bereits im Vorjahr ausgeschieden ist. Eine Zurechnung zum letzten Lohnabrechnungszeitraum des Vorjahres kommt ebenfalls nicht in Betracht, weil die Zahlung nicht in den Monaten Januar bis März erfolgte. Im Beispielsfall können somit keine SozV-Beiträge erhoben werden.

 Beispiel:
Der Arbeitnehmer hat bis zu seinem Ausscheiden am 31. März im Kalenderjahr 2020 keinen laufenden Arbeitslohn, sondern nur Krankengeld bezogen. Die Jahresabschlussvergütung 2019 wird im April 2020 gezahlt.

Das einmalige Arbeitsentgelt ist dem Monat März zuzurechnen. Da im Jahr 2020 aber kein laufender Arbeitslohn gezahlt wurde, ist die anteilige Jahresbeitragsbemessungsgrenze mit 0 anzusetzen, sodass von der Jahresabschlussvergütung keine Beiträge zu erheben sind.

Nachzahlungen an einen ausgeschiedenen Arbeitnehmer, z. B. aufgrund einer rückwirkenden Tarifvertragsänderung, können aus Vereinfachungsgründen wie einmalig gezahltes

BEISPIEL 25   *Lohnzahlung an Hinterbliebene*

Arbeitsentgelt behandelt werden. Sie sind dann dem letzten Lohnabrechnungszeitraum im laufenden Kalenderjahr zuzuordnen.

 Beispiel:
Beendigung des Arbeitsverhältnisses am 30.4.;
Tarifvertragsabschluss am 10.6.;
rückwirkende Gehaltserhöhung ab 1.3.
Die Nachzahlung kann aus Vereinfachungsgründen dem Monat April zugerechnet werden. Zum Abgleich mit der anteiligen Jahresbeitragsbemessungsgrenze ist der Nachzahlungszeitraum (also die Monate März und April) heranzuziehen (vgl. S. 237). Die bisherige Beitragsermittlung ist zu berichtigen.

Lohnzahlung an Hinterbliebene

Wie sind Lohnzahlungen an Hinterbliebene eines verstorbenen Arbeitnehmers abzurechnen?

Steuerlich wird der Hinterbliebene, der die Lohnzahlung als Rechtsnachfolger bezieht, als Arbeitnehmer behandelt; d. h. der Arbeitgeber muss auch von diesen Bezügen den Lohnsteuerabzug vornehmen. Nach R 19.9 Abs. 1 Satz 2 LStR darf der Arbeitgeber aus Vereinfachungsgründen den **laufenden Arbeitslohn für den Sterbemonat** noch nach den Besteuerungsmerkmalen des Verstorbenen vornehmen. Die Lohnsteuerbescheinigung ist jedoch auch in diesem Fall für den Hinterbliebenen auszustellen und an die Finanzverwaltung zu übermitteln. Im ELStAM-Verfahren wird nach dem Tod eines Arbeitnehmers ein Abruf seiner ELStAM automatisch allgemein gesperrt. Versucht der Arbeitgeber ELStAM abzurufen, erhält er lediglich die Rückmeldung, dass ein Abruf nicht möglich ist; ein Rückschluss auf den Grund (Tod des Arbeitnehmers) ist nicht möglich. Bei Lohnzahlungen an Erben oder Hinterbliebene des verstorbenen Arbeitnehmers sind diese durch den Arbeitgeber als Arbeitnehmer anzumelden, damit die Finanzverwaltung ELStAM bilden und zum Abruf bereitstellen kann.

Bei der Berechnung der Sozialversicherungsbeiträge ist zu beachten, dass nur das Arbeitsentgelt bis zum Sterbetag der Beitragspflicht unterliegt. Darüber hinausgehende Zahlungen (Entgelt bis zum Ende des Sterbemonats, Sterbegeld) werden nicht mehr für die Beschäftigung gezahlt und bleiben deshalb außer Betracht.

Beispiel:
Der Arbeitnehmer ist am 15. August verstorben. Sein Monatsgehalt betrug 3.000,– €. Tarifliche oder arbeitsvertragliche Regelungen über die Arbeitslohnbemessung im Sterbemonat bestehen nicht.

Als Sterbegeld zahlt der Arbeitgeber freiwillig das restliche Gehalt für den Sterbemonat und weitere zwei Monatsgehälter.

Der Lohn für die Beschäftigung im Sterbemonat und das Sterbegeld werden zusammen am 3. September an die Witwe ausgezahlt.

Die Witwe stand bisher nicht in einem Arbeitsverhältnis. Deshalb Steuerklasse V; ab 1. September Steuerklasse III/kinderlos, gKV mit Zusatzbeitragssatz von angenommen 1,1 %, Religionszugehörigkeit ev

BEISPIEL 25 Lohnzahlung an Hinterbliebene

Abrechnung für die Beschäftigungszeit vom 1. bis 15. August:
1. Anteiliges Gehalt   1.500,00
   Abzüge:
2. Steuerpflichtiger Arbeitslohn   1.500,00
   LSt   0,00
   SolZ   0,00
   KiSt   0,00   0,00
3. Beitragspflichtiges Entgelt   1.500,00
   KV   7,3 %   109,50
   Zusatzbeitrag (ang. 1,1 %)   0,55 %   8,25
   PV   1,525 %   22,88
   Beitragszuschlag   0,25 %   3,75
   RV   9,3 %   139,50
   ALV   1,2 %   18,00   301,88   301,88
   Auszahlungsbetrag   1.198,12
   Arbeitgeberanteil zur SozV   KV (7,3 % + 0,55 %)   117,75
                                PV (1,525 %)   22,88
                                RV (9,3 %)   139,50
                                ALV (1,2 %)   18,00
                                               298,13

| Zu 2 |

Die Lohnzahlung fließt der Witwe als Rechtsnachfolgerin zu. Sie war bisher nicht berufstätig, sodass ihr für den Sterbemonat die Steuerklasse V zusteht, da für den Verstorbenen noch die Steuerklasse III gilt. Erst mit Wirkung zu Beginn des nächsten Monats kann für die Witwe die günstigere Steuerklasse III gelten.

Die Besteuerung der laufenden Bezüge für den Sterbemonat erfolgt aus Vereinfachungsgründen noch **nach den Besteuerungsmerkmalen des Verstorbenen (Steuerklasse III).** Der Arbeitslohn (1.500,– €) und die eventuell einbehaltenen Steuerabzugsbeträge müssen aber für die Witwe bescheinigt und übermittelt werden. Der Lohnsteuerberechnung kann die Monatstabelle zugrunde gelegt werden, da dem Arbeitgeber die Steuerabzugsmerkmale für den gesamten Lohnzahlungszeitraum August vorliegen.

Steuerpflichtiger Arbeitslohn   1.500,— €

Die Freibeträge für Versorgungsbezüge dürfen von den Bezügen, die auf die Beschäftigungszeit des Verstorbenen entfallen, nicht abgezogen werden.

Da der Verstorbene in der gesetzlichen Rentenversicherung und Krankenversicherung war (vgl. Nr. 3), wird dies bei der Lohnabrechnung entsprechend berücksichtigt.

BEISPIEL 25 Lohnzahlung an Hinterbliebene

Zu 3

Der verstorbene Arbeitnehmer war versicherungspflichtig in der KV, PV, RV und ALV. Sozialversicherungsbeiträge fallen nur für das Arbeitsentgelt an, das auf seine Beschäftigungszeit entfällt. Es ist seinem Beschäftigungsverhältnis zuzurechnen und somit auch unter seinen Daten in der Abmeldung zu erfassen.

Abrechnung der Bezüge für den Sterbemonat
1. Restgehalt für den Sterbemonat als Sterbegeld 1.500,— €
   zwei weitere Monatsgehälter als Sterbegeld   6.000,— €   7.500,— €
2. LSt   —
   SolZ   —
   KiSt   —
3. SozV   —   —
   Netto   7.500,— €

Zu 2

Das Sterbegeld stellt einen sonstigen Bezug dar. Dieser fließt erst mit der Zahlung am 3. September zu und ist deshalb nach den an diesem Tag geltenden Lohnsteuerabzugsmerkmalen der Witwe – im Beispielsfall nach Steuerklasse III vorzunehmen.

Die Besteuerung erfolgt nach der Jahrestabelle. Hierzu ist zunächst der voraussichtliche Jahresarbeitslohn wie folgt zu ermitteln:
- Arbeitslohnbescheinigungen anderer Arbeitgeber   —,— €
- laufender Arbeitslohn im Monat August (vom 1. bis 15.8.)   1.500,— €
- mit dem Zufließen von weiterem Arbeitslohn ist in diesem
  Kalenderjahr bei der Witwe aus Altersgründen nicht zu rechnen   —,— €
maßgebender Jahresarbeitslohn I   1.500,— €
+ Sterbegeld (1.500,- € + 6.000,- €)   7.500,— €

Das Sterbegeld stellt einen Versorgungsbezug dar. Deshalb sind der Versorgungsfreibetrag und der Zuschlag zum Versorgungsfreibetrag gemäß § 19 Abs. 2 EStG abzuziehen. Nach dem Alterseinkünftegesetz werden der Versorgungsfreibetrag und der Zuschlag zum Versorgungsfreibetrag jährlich abgeschmolzen. Bei Erstbezug im Jahr 2005 betragen der Versorgungsfreibetrag noch 40 % des Versorgungsbezugs, höchstens 3.000,- € + der Zuschlag zum Versorgungsfreibetrag noch 900,- €.

Im Beispielsfall ist der Erstbezug im Jahr 2020. Daher beträgt der Versorgungsfreibetrag nur mehr 16,0 % des Versorgungsbezugs, höchstens 1.200,- € und der Zuschlag nur mehr 360,- €. In Steuerklasse VI darf der Zuschlag nicht angesetzt werden.

Im Beispielsfall beträgt der Versorgungsfreibetrag:
16,0 % von 7.500,— € =   1.200,— €
   + Zuschlag zum
   Versorgungsfreibetrag   360,— €   =   1.560,— €   5.940,— €

(Beim Sterbegeld findet anders als bei anderen Hinterbliebenenbezügen keine Zwölftelung der Freibeträge statt)

BEISPIEL 25 — *Lohnzahlung an Hinterbliebene*

maßgebender Jahresarbeitslohn II		7.440,— €
Jahreslohnsteuer		
bei Steuerklasse III	aus 1.500,— € =	0,— €
Jahreslohnsteuer	aus 7.440,— € =	0,— €
Lohnsteuer für das Sterbegeld =		0,— €
SolZ für das Sterbegeld =		0,— €
KiSt für das Sterbegeld =		0,— €

In der Lohnsteuerbescheinigung hat der Arbeitgeber bei der Bescheinigung der Versorgungsbezüge das Sterbegeld entsprechend dem BMF-Schreiben vom 9.9.2019, BStBl I S. 911, zusätzlich gesondert in Zeile 32 der Lohnsteuerbescheinigung 2020 (vgl. BMF-Schreiben vom 9.9.2019, BStBl I S. 919) auszuweisen.

Ausführliche Erläuterungen zur Berechnung der Freibeträge für Versorgungsbezüge und zur Ermittlung der Bemessungsgrundlage erhält das *„Handbuch für Lohnsteuer und Sozialversicherung"* in Tz. 5.6.

Da für das Sterbegeld keine Sozialversicherungsbeiträge anfallen (vgl. Nr. 3), wird dies bei der Lohnabrechnung entsprechend berücksichtigt. Dementsprechend kommt keine Teilvorsorgepauschale Rentenversicherung und die Mindestvorsorgepauschale zum Tragen.

Zu 3

Sozialversicherungsbeiträge werden nur von dem für die Beschäftigungszeit gezahlten Arbeitsentgelt erhoben. Das Sterbegeld einschließlich des Restgehalts für den Sterbemonat unterliegt deshalb nicht der Beitragspflicht.

BEISPIEL 26

Lohnsteuer-Jahresausgleich durch den Arbeitgeber

Welchem Zweck dient der Lohnsteuer-Jahresausgleich (LJA)?

Bei den Lohnzahlungen im Laufe des Kalenderjahres kann die Lohnsteuer im Abzugsverfahren nur nach den Verhältnissen im jeweiligen Lohnzahlungszeitraum erhoben werden. Aus verschiedenen Gründen (z. B. schwankender Arbeitslohn, Steuerklassenänderungen) können sich dabei Abweichungen gegenüber der letztlich maßgebenden Jahreslohnsteuer ergeben. Solche Abweichungen werden mit dem LJA, bei dem die auf den Jahresarbeitslohn entfallende Jahreslohnsteuer ermittelt wird, bereinigt.

Besteht eine Verpflichtung zum LJA?

Arbeitgeber, die am 31. Dezember des Ausgleichsjahres mindestens 10 Arbeitnehmer beschäftigen, müssen den LJA durchführen; andere Arbeitgeber sind dazu berechtigt (§ 42b EStG).

Für welche Arbeitnehmer kommt ein LJA in Betracht?

Der LJA darf vom Arbeitgeber nicht nur für unbeschränkt einkommensteuerpflichtige Arbeitnehmer (Wohnsitz oder gewöhnlicher Aufenthalt im Inland), sondern nun auch für beschränkt einkommensteuerpflichtige Arbeitnehmer durchgeführt werden. Voraussetzung ist jedoch in beiden Fällen, dass die Arbeitnehmer während des Ausgleichsjahres ständig in einem zum selben Arbeitgeber bestehenden Dienstverhältnis gestanden haben und am 31. Dezember bei ihm beschäftigt waren oder Versorgungsbezüge erhalten haben. Hat der Arbeitgeber im Laufe des Kalenderjahres seinen Arbeitgeber gewechselt, ist der Arbeitgeber-Lohnsteuer-Jahresausgleich selbst dann ausgeschlossen, wenn dem neuen Arbeitgeber die Lohnsteuerbescheinigungen des alten Arbeitgebers vorliegen.

Der Arbeitgeber darf den LJA jedoch weiterhin **nicht durchführen**, wenn

1. der Arbeitnehmer dies beantragt oder
2. der Arbeitnehmer für das Ausgleichsjahr oder für einen Teil des Ausgleichsjahres nach den Steuerklassen V oder VI zu besteuern war oder
3. der Arbeitnehmer für einen Teil des Ausgleichsjahres nach den Steuerklassen II, III oder IV zu besteuern war;
4. bei der Lohnsteuerberechnung ein Freibetrag oder ein Hinzurechnungsbetrag zu berücksichtigen war;
5. der Arbeitnehmer im Ausgleichsjahr Kurzarbeiter- oder Saisonkurzarbeitergeld, einen Zuschuss zum Mutterschaftsgeld oder eine Entschädigung für Verdienstausfall nach dem Infektionsschutzgesetz bezogen hat;
6. die Entgeltzahlung unterbrochen und deshalb im Lohnkonto der Großbuchstabe „U" einzutragen war oder ein „U" bereits auf der Lohnsteuerbescheinigung eines früheren Arbeitgebers eingetragen worden ist;
7. für den Arbeitnehmer im Ausgleichsjahr im Rahmen der Vorsorgepauschale jeweils nur zeitweise ein Teilbetrag für die gesetzliche Rentenversicherung oder gesetzliche Kranken- und Pflegeversicherung oder ein Beitragszuschlag für Kinderlose zu berücksichtigen war. Daher ist der Lohnsteuer-Jahresausgleich z. B. ausgeschlossen wenn der Arbeitnehmer im Ausgleichsjahr zum Teil nach der allgemeinen Lohnsteuertabelle

BEISPIEL 26 *Lohnsteuer-Jahresausgleich durch den Arbeitgeber*

(ungekürzte Vorsorgepauschale) und zum Teil nach der besonderen Lohnsteuertabelle (gekürzte Vorsorgepauschale) zu besteuern war. Des Weiteren ist der Ausgleich ausgeschlossen, wenn der Arbeitnehmer in der gesetzlichen Rentenversicherung den Rechtskreis (BBG Ost bzw. West) gewechselt oder wenn sich im Laufe des Ausgleichsjahrs der Beitragssatz zur gesetzlichen Renten-, Kranken- oder Pflegeversicherung oder der kassenindividuelle Zusatzbeitragssatz geändert hat;

8. der Arbeitnehmer begünstigten Arbeitslohn nach dem Auslandstätigkeitserlass oder steuerfreien Arbeitslohn nach einem Doppelbesteuerungsabkommen bezogen hat;
9. beim Lohnsteuerabzug das Faktorverfahren (vgl. S. 28) angewandt wurde.

Wann hat der Arbeitgeber den LJA vorzunehmen?

Frühestens bei der Abrechnung für den letzten im Ausgleichsjahr endenden Lohnzahlungszeitraum, z. B. Anfang Januar zusammen mit der Lohnabrechnung für Dezember.

Spätestens bei der Abrechnung für den letzten Lohnzahlungszeitraum im **Februar** (früher März) des dem Ausgleichsjahr folgenden Jahres. Er kann jedoch nicht mehr durchgeführt werden, wenn der Arbeitgeber bis dahin die Lohnsteuerbescheinigung für das maßgebende Kalenderjahr bereits erteilt hat.

Was gehört zum Jahresarbeitslohn?

– Die steuerpflichtigen laufenden Bruttoarbeitslöhne der im Ausgleichsjahr endenden Lohnzahlungszeiträume,
– im Ausgleichsjahr zugeflossene sonstige Bezüge.
– Bezüge, die Entlohnung für eine mehrjährige Tätigkeit darstellen, ermäßigt besteuerte Erfindervergütungen und ermäßigt besteuerte Entschädigungen werden nur einbezogen, wenn der Arbeitnehmer dies beantragt.

Abzuziehen sind davon der Versorgungsfreibetrag und der Zuschlag zum Versorgungsfreibetrag (bei Firmenpensionen) sowie der Altersentlastungsbeitrag (ggf. bei weiterbeschäftigten Rentnern).

Wie wird der Ausgleichsbetrag ermittelt?

Durch Gegenüberstellung der auf den Jahresarbeitslohn entfallenden Jahreslohnsteuer und der bisher tatsächlich einbehaltenen Lohnsteuer. Die zu viel einbehaltene Lohnsteuer ist dem Arbeitnehmer zu erstatten, in der Regel durch Verrechnung mit der nächsten einzubehaltenden Lohnsteuer.

Ergibt sich, dass im Laufe des Ausgleichsjahrs zu wenig Lohnsteuer einbehalten wurde, soll der Arbeitgeber die einzelnen Lohnabrechnungen nachprüfen. Beruht die Differenz auf einem Fehler in der Abrechnung, kann der Arbeitgeber die zu wenig einbehaltene Steuer dem Arbeitnehmer nachträglich abziehen oder dem Finanzamt den unrichtigen Lohnsteuerabzug anzeigen. Der Fehlbetrag wird dann durch dieses vom Arbeitnehmer nachgefordert.

Der Jahresausgleich umfasst auch die **Kirchensteuer.** Aus den im Fachhandel erhältlichen Jahreslohnsteuertabellen kann auch die Jahreskirchensteuer abgelesen werden. Die demgegenüber während des Ausgleichsjahres zu viel einbehaltene Kirchensteuer ist dem Arbeitnehmer wie die Lohnsteuer zu erstatten.

Welche Berechnungsmethoden sind zulässig?

Der Arbeitgeber kann den LJA entweder im Rahmen des Lohnsteuerabzugs für den Monat Dezember vornehmen oder erst nach der Lohnzahlung für Dezember in einem gesonderten

BEISPIEL 26 Lohnsteuer-Jahresausgleich durch den Arbeitgeber

Rechengang (spätestens bei der Lohnabrechnung für März des folgenden Jahres) durchführen. Der gesonderte LJA hat in der Praxis kaum noch Bedeutung. In der Regel erfolgt der LJA mit der Dezemberabrechnung.

 **Beispiel Jahresausgleich für das Ausgleichsjahr 2020
mit der Abrechnung des Gehalts für Dezember 2020**
Der kinderlose Arbeitnehmer war 2020 ununterbrochen beim Arbeitgeber beschäftigt (Steuerklasse I, rk). Der Arbeitnehmer ist in der gesetzlichen Renten- und Krankenversicherung mit einem kassenindividuellen Zusatzbeitragssatz von angenommen 1,1 %.
Sein Monatsgehalt betrug für Januar bis September 3.000,- € und seit Oktober 4.000,- €; außerdem erhält er mit dem Dezembergehalt eine Sonderzahlung in Höhe von 2.000,- €.

Maßgebender Jahresarbeitslohn
Januar bis September   = 9 x 3.000,- € =   27.000,— €
Oktober bis Dezember   = 3 x 4.000,- € =   12.000,— €
Sonderzahlung im Dezember   2.000,— €
Maßgebender Jahresarbeitslohn   41.000,— €
Ermittlung der Lohnsteuer für Dezember:

	Lohnsteuer	SolZ	Kirchensteuer
Jahreslohnsteuer für den maßgebenden Jahresarbeitslohn	6.151,— €	338,30 €	492,08 €
abzüglich einbehaltene LSt für die Monate Januar bis November	4.992,76 €	274,56 €	399,39 €
LSt, SolZ und KiSt für den Lohnabrechnungszeitraum Dezember (lfd. Gehalt + Sonderzahlung)	1.158,24 €	63,74 €	92,69 €

Was geschieht mit dem Solidaritätszuschlag?
Führt der Arbeitgeber den Lohnsteuer-Jahresausgleich durch, muss er den SolZ einbeziehen und insoweit erstatten, als er, bezogen auf die Jahreslohnsteuer, zu viel Zuschlag erhoben hat.
Sollte sich beim Jahresausgleich ergeben, dass er zu wenig SolZ einbehalten hat, darf er die Differenz vom Arbeitnehmer nur nachfordern, wenn ihm im Laufe des Jahres beim Abzug ein Fehler unterlaufen ist.
Bei der Berechnung des SolZ im Jahresausgleich ist wichtig, dass er nicht generell mit 5,5 % aus der Lohnsteuer berechnet werden kann, sondern wegen des Null- und Überleitungsbereichs der Zuschlagstabelle entnommen werden muss, die in den im Fachhandel erhältlichen Tabellen und Tabellenprogrammen in die Lohnsteuer-Jahrestabelle integriert ist.
Für die Berechnung des SolZ und der Kirchensteuer im Jahresausgleich ist außerdem die für den Arbeitnehmer bescheinigte Zahl der Kinderfreibeträge wichtig. Die damit zu bewirkende Minderung der Bemessungsgrundlage ist in den Tabellen und Tabellenprogrammen berücksichtigt.

BEISPIEL 27

Bescheinigungen

Lohnsteuerbescheinigung

In welcher Form ist die Lohnsteuerbescheinigung dem Finanzamt zu übermitteln?
Auf Grund der Aufzeichnungen im Lohnkonto (vgl. S. 391) hat der Arbeitgeber nach Abschluss des Lohnkontos für jeden Arbeitnehmer der Finanzverwaltung spätestens bis zum letzten Tag des Monats Februar des folgenden Jahres nach Maßgabe des § 93c der Abgabenordnung eine elektronische Lohnsteuerbescheinigung zu übermitteln. Für das Kalenderjahr 2020 ist das elektronische Lohnsteuerbescheinigungsverfahren grundsätzlich für alle Arbeitgeber verbindlich.

Zur Datenübermittlung muss der Arbeitgeber die Steueridentifikationsnummer (IdNr.) des Arbeitnehmers verwenden, die dieser dem Arbeitgeber bei Eintritt in das Dienstverhältnis zum Zweck des Abrufs der elektronischen Lohnsteuerabzugsmerkmale ELStAM mitgeteilt hat. Ist dem Arbeitgeber die IdNr. des Arbeitnehmers nicht bekannt, hat der Arbeitgeber für die Datenübermittlung aus dem Namen, Vornamen und Geburtsdatum des Arbeitnehmers ein Ordnungsmerkmal nach amtlich festgelegter Regel zu bilden und das Ordnungsmerkmal zu verwenden. Eine Verwendung des aus Namen, Vornamen und Geburtsdatum des Arbeitnehmers vom Arbeitgeber selbst gebildeten Ordnungsmerkmals, die eTIN (= elektronische Transfer-Identifikations-Nummer), ist nur in Sonderfällen und bei beschränkt steuerpflichtigen Arbeitnehmern zulässig, die derzeit noch keine IdNr. haben. Weitere Einzelheiten des elektronischen Verfahrens können im Internet unter www.elsteronline.de abgerufen werden.

 Rat für die Praxis:

Die Datenübermittlung ist nach amtlich vorgeschriebenem Datensatz authentifiziert vorzunehmen. Das für die Authentifizierung erforderliche Zertifikat muss vom Datenübermittler einmalig – möglichst frühzeitig – im ELSTER-Online-Portal (www.elster.de) über das Internet beantragt werden. Ohne Authentifizierung ist eine elektronische Übermittlung der Lohnsteuerbescheinigung nicht möglich.

Welchen Beleg erhält der Arbeitnehmer?
Der Arbeitgeber hat dem Arbeitnehmer die elektronische Lohnsteuerbescheinigung nach amtlich vorgeschriebenem Muster binnen angemessener Frist als Ausdruck auszuhändigen oder elektronisch bereitzustellen. Das Muster für den Ausdruck der elektronischen Lohnsteuerbescheinigung für das Kalenderjahr 2020 ist mit BMF-Schreiben vom 9.9.2019, BStBl I S. 919, bekannt gemacht.

Sind Ausnahmen von der elektronischen Übermittlung zulässig?
Lediglich diejenigen Arbeitgeber ohne maschinelle Lohnabrechnung, die ausschließlich Arbeitnehmer im Rahmen einer geringfügigen Beschäftigung in ihrem Privathaushalt beschäf-

BEISPIEL 27 *Lohnsteuerbescheinigung*

tigen und nach den individuellen Lohnsteuerabzugsmerkmalen abrechnen, können an Stelle der elektronischen Lohnsteuerbescheinigung eine entsprechende manuelle Besondere Lohnsteuerbescheinigung erteilen. Das Muster der Besonderen Lohnsteuerbescheinigung entspricht inhaltlich dem Ausdruck der elektronischen Lohnsteuerbescheinigung.

Ansonsten ist für den Arbeitgeber das elektronische Verfahren nach § 41b Abs. 1 Satz 2 EStG verbindlich vorgeschrieben. Eine Ausnahme ist allenfalls auf ganz begründeten Antrag hin unter Berücksichtigung der besonderen Verhältnisse des jeweiligen Einzelfalles durch das örtliche Betriebsstätten-Finanzamt möglich.

Was ist bei der Lohnsteuerbescheinigung zu beachten?

Die Einzelheiten für die Ausstellung der elektronischen Lohnsteuerbescheinigung für das Kalenderjahr 2020 ergeben sich aus dem BMF-Schreiben vom 9.9.2019, BStBl I S. 911. Bei der Lohnsteuerbescheinigung ist insbesondere auf Folgendes zu achten:

Zu Zeile 1:

Es ist die Dauer des Dienstverhältnisses während des Kalenderjahres zu bescheinigen oder bei sonstigen Bezügen, die nach Beendigung des Dienstverhältnisses gezahlt werden, der Monat der Auszahlung.

Zu Zeile 2:

Hier ist die Anzahl der im Lohnkonto vermerkten Großbuchstaben „U" einzutragen (vgl. S. 392) Auch die übrigen „Großbuchstaben"-Vermerke sind hier anzubringen und zwar

S wenn bei der Besteuerung eines sonstigen Bezugs der Arbeitslohn eines früheren Arbeitgebers nicht einbezogen werden konnte (vgl. S. 217),

U wenn Unterbrechungszeiträume vorliegen, in denen an mindestens 5 aufeinanderfolgenden Arbeitstagen der Arbeitslohn im Wesentlichen weggefallen ist (z. B. wegen Krankheit). Zu bescheinigen ist die Anzahl der Unterbrechungszeiträume. Nicht zu bescheinigen sind jedoch Zeiträume, in denen der Arbeitnehmer Lohnersatzleistungen i. S. d. § 41b Abs. 1 Satz 4 EStG erhalten hat (z. B. Kurzarbeitergeld, Schlechtwettergeld).

F wenn nach § 3 Nr. 32 EStG steuerfreie Leistungen zur Sammelbeförderung eines Arbeitnehmers für Fahrten zwischen Wohnung und erster Tätigkeitsstätte sowie in den Fällen nach § 9 Abs. 1 Satz 3 Nr. 4a Satz 3 EStG erbracht wurden.

M ist grundsätzlich einzutragen, wenn dem Arbeitnehmer anlässlich oder während einer beruflichen Auswärtstätigkeit oder im Rahmen einer beruflichen doppelten Haushaltsführung vom Arbeitgeber oder auf dessen Veranlassung von einem Dritten eine nach § 8 Abs. 2 Satz 8 EStG mit dem amtlichen Sachbezugswert zu bewertende Mahlzeit zur Verfügung gestellt wurde. Die Eintragung hat unabhängig davon zu erfolgen, ob die Besteuerung der Mahlzeit nach § 8 Abs. 2 Satz 9 EStG unterbleibt, der Arbeitgeber die Mahlzeit individuell oder nach § 40 Abs. 2 Satz 1 Nr. 1a EStG pauschal besteuert hat. Zu den Einzelheiten der Pauschalbesteuerungsmöglichkeit vergleiche S. 119). Auch in den Fällen, in denen das Betriebsstättenfinanzamt für die steuerfrei gezahlten Verpflegungsaufwendungen nach § 4 Abs. 3 LStDV eine Aufzeichnung außerhalb des Lohnkontos gestattet hat, ist nunmehr der Buchstabe M einzutragen.

FR ist nach dem BMF-Schreiben vom 30.3.2017, BStBl I S. 753, bei französischen Grenzgängern, die innerhalb der Grenzzone in Deutschland arbeiten, aber in Frankreich wohnen

BEISPIEL 27 *Lohnsteuerbescheinigung*

und bei denen aufgrund einer DBA-Freistellungsbescheinigung vom Lohnsteuerabzug abzusehen ist, zu bescheinigen und um das Bundesland zu ergänzen, in dem der Grenzgänger im Bescheinigungszeitraum zuletzt tätig war. Für Baden-Württemberg ist der Großbuchstabe „FR" ohne Leerzeichen um die Ziffer 1 („FR1"), für Rheinland-Pfalz um die Ziffer 2 („FR2") und für das Saarland um die Ziffer 3 („FR3") zu ergänzen [vgl. Art. 2 Abs. 6 des Gesetzes vom 20.11.2015 (BGBl. II S. 1.332) zu dem Zusatzabkommen vom 31.3.2015 zum DBA mit Frankreich vom 21.7.1959].

Zu Zeile 3:

Es ist der im Beschäftigungszeitraum bezogene Bruttoarbeitslohn einzutragen. Zum Bruttoarbeitslohn rechnen auch die laufend und einmalig gezahlten Versorgungsbezüge einschließlich Sterbegeld und Abfindungen/Kapitalzahlungen solcher Ansprüche, soweit es sich nicht um Bezüge für mehrere Jahre handelt. Steuerbegünstigte Versorgungsbezüge für mehrere Jahre, die ermäßigt besteuert werden, sind ausschließlich in Zeile 9 zu bescheinigen. Die Freibeträge für Versorgungsbezüge, der Altersentlastungsbetrag sowie ein etwa eingetragener Freibetrag dürfen nicht abgezogen und ein eingetragener Hinzurechnungsbetrag nicht hinzugerechnet werden. Steuerfreie Bezüge gehören nicht zum Bruttoarbeitslohn in diesem Sinne. Sie sind deshalb ebenso wenig zu erfassen wie pauschal besteuerte Bezüge (§§ 40, 40a und 40b EStG). Hat der Arbeitgeber steuerpflichtigen Arbeitslohn zurückgefordert, ist unter Nr. 3 bei fortbestehendem Dienstverhältnis nur der gekürzte steuerpflichtige Bruttoarbeitslohn zu bescheinigen.

Zu Zeile 4:

Hat der Arbeitgeber beim Lohnsteuer-Jahresausgleich (vgl. S. 378) dem Arbeitnehmer Lohnsteuer erstattet, mindert diese Erstattung den hier für das Ausgleichsjahr einzutragenden Steuerbetrag.

Pauschale Lohnsteuer (§§ 40, 40a und 40b EStG) ist nicht zu erfassen.

Zu Zeile 7:

In Ländern, in denen keine Halbteilung der KiSt stattfindet (Bayern, Bremen, Niedersachsen), entfällt die Angabe eines KiSt-Betrags für den Ehegatten.

Zu Zeile 15:

Einzutragen sind die vom Arbeitgeber steuerfrei gezahlten Lohnersatzleistungen.

Zu Zeile 16:

Der Arbeitgeber muss gesondert die Bezüge angeben, die aufgrund eines Doppelbesteuerungsabkommens oder aufgrund des Auslandstätigkeitserlasses steuerfrei belassen wurden (vgl. S. 361).

Zu Zeile 17:

Einzutragen sind die auf die Entfernungspauschale anzurechnenden steuerfreien Arbeitgeberleistungen für Wege zwischen Wohnung und erster Tätigkeitsstätte. Das sind auch die steuerfreien Zuschüsse zu den Aufwendungen des Arbeitnehmers für Fahrten mit öffentlichen Verkehrsmitteln im Linienverkehr (vgl. S. 121), soweit sie im Falle von Job-Tickets (vgl. 122) oder für Arbeitnehmer von Verkehrsträgern als Personalrabatt steuerfrei gewährt wurden. Nach § 3 Nr. 37 EStG steuerfreie Vorteile aus der Überlassung eines betrieblichen

Fahrrads (vgl. S. 161), das kein Kraftfahrzeug ist, sind hingegen nicht zu bescheinigen, da diese nicht auf die Entfernungspauschale anzurechnen sind.

Zu Zeile 18:

Einzutragen sind die mit **15%** pauschalversteuerten Zuschüsse des Arbeitgebers zu den Aufwendungen für Wege zwischen Wohnung und erster Tätigkeitsstätte und ggf. der bei der Kraftfahrzeugüberlassung für solche Fahrten pauschalversteuerte Betrag. Nicht hingegen sind diejenigen Arbeitgeberleistungen für Fahrten mit öffentlichen Verkehrsmitteln im Linienverkehr, die der Arbeitgeber bei Verzicht auf die Steuerbefreiung nach § 3 Nr. 15 EStG oder aufgrund einer Gehaltsumwandlung gewährt und gemäß § 40 Abs. 2 Satz 2 Nr. 2 EStG mit 25% pauschalversteuert hat (vgl. S. 125).

Zu Zeile 19:

Hier kann der Arbeitgeber steuerpflichtige Entschädigungen und für mehrere Jahre gezahlten Arbeitslohn eintragen, die er nicht ermäßigt besteuert hat (keine Fünftel-Regelung). Es handelt sich dabei um eine nachrichtliche Eintragung; der voll versteuerte Arbeitslohn muss im Bruttolohn der Zeile 3 enthalten sein.

Ist der Arbeitslohn ermäßigt besteuert worden (Fünftel-Regelung), muss er gesondert in Zeile 10 und der zugehörige Steuerabzugsbetrag in den Zeilen 11 bis 13 eingetragen werden.

Zu Zeile 20 und 21:

Hier sind steuerfreie Verpflegungszuschüsse bei Auswärtstätigkeit bzw. steuerfreie Leistungen bei doppelter Haushaltsführung einzutragen. Eine Verpflichtung zur Eintragung besteht aber nur, wenn diese Leistungen auch im Lohnkonto aufgezeichnet sind. Falls das Finanzamt zum Nachweis dieser Leistungen eine Aufzeichnungserleichterung gewährt oder den anderweitigen Nachweis außerhalb des Lohnkontos nicht beanstandet hat, ist der Arbeitgeber zur Erfassung in der Lohnsteuerbescheinigung nicht verpflichtet.

Zu Zeile 22 bis 27:

In Zeile 22 ist der **Arbeitgeber**anteil zur **gesetzlichen Rentenversicherung** und an berufsständische Versorgungseinrichtungen, die der gesetzlichen Rentenversicherung vergleichbare Leistungen erbringen, getrennt in 22a und 22b einzutragen. Nicht zu bescheinigen sind steuerfreie Beiträge zur gesetzlichen Rentenversicherung i.S.d. § 3 Nr. 28 EStG (z. B. bei Altersteilzeit). Ebenfalls nicht zu bescheinigen sind bei einem weiterbeschäftigten Rentner die nach § 172 Abs. 1 Nr. 3 SGB VI anfallenden Arbeitgeberbeiträge zur gesetzlichen Rentenversicherung, die ohne Arbeitnehmeranteil nur vom Arbeitgeber zu zahlen sind. Rentenversicherungsbeiträge des Arbeitgebers, die im Zusammenhang mit nach § 3 Nr. 2 EStG steuerfreiem Kurzarbeitergeld stehen, sind ebenfalls nicht zu bescheinigen. Bei **geringfügig Beschäftigten**, bei denen die Lohnsteuer nicht pauschal, sondern nach den Lohnsteuerabzugsmerkmalen des Arbeitnehmers erhoben wird, ist der jeweilige Arbeitgeberanteil zur gesetzlichen Rentenversicherung in Zeile 23a **nur dann** zu bescheinigen, wenn auch der Arbeitnehmer einen eigenen Anteil zur gesetzlichen Rentenversicherung entrichtet (Bescheinigung hierzu in Zeile 23a).

In Zeile 23 ist der **Arbeitnehmer**anteil zur **gesetzlichen Rentenversicherung** und an berufsständische Versorgungseinrichtungen getrennt in 23a und 23b einzutragen.

Beiträge zur Alterssicherung an ausländische Versicherungsunternehmen sind nicht zu bescheinigen.

BEISPIEL 27 — Lohnsteuerbescheinigung

In Zeile 24 sind bei 24a die steuerfreien **Zuschüsse des Arbeitgebers** zur gesetzlichen Krankenversicherung bei **freiwillig in der gesetzlichen Krankenversicherung** versicherten Arbeitnehmern zu bescheinigen, soweit der Arbeitgeber zur Zuschussleistung gesetzlich verpflichtet ist. Bei 24b sind die entsprechenden Zuschüsse des Arbeitgebers zur **privaten** Krankenversicherung zu bescheinigen. Unter 24c sind die steuerfreien Zuschüsse des Arbeitgebers zur sozialen Pflegeversicherung und privaten Pflegepflichtversicherung einzutragen. Bei Beziehern von Kurzarbeitergeld ist der gesamte vom Arbeitgeber gewährte Zuschuss zu bescheinigen. Zu bescheinigen sind auch Zuschüsse des Arbeitgebers an ausländische Versicherungsunternehmen und an ausländische Sozialversicherungsträger, die den inländischen Sozialversicherungsträgern vergleichbar sind. **Nicht** einzutragen ist der Arbeitgeberanteil zur gesetzlichen Kranken- und Pflegeversicherung bei **pflichtversicherten** Arbeitnehmern.

In Zeile 25 ist der **Arbeitnehmeranteil** zur inländischen **gesetzlichen** Krankenversicherung bei **pflichtversicherten** Arbeitnehmern (einschl. des Zusatzbeitrags) einzutragen. Bei **freiwillig** in der inländischen gesetzlichen Krankenversicherung versicherten Arbeitnehmern ist der **gesamte** Beitrag (einschl. des Zusatzbeitrags) zu bescheinigen, wenn der Arbeitgeber die Beiträge an die Krankenkasse abführt (sog. **Firmenzahler**); Arbeitgeberzuschüsse sind in diesen Fällen nicht von den Arbeitnehmerbeiträgen abzuziehen, sondern gesondert in Zeile 24 zu bescheinigen. In Fällen, in denen der freiwillig versicherte Arbeitnehmer und nicht der Arbeitgeber die Beiträge an die Krankenkasse abführt (sog. **Selbstzahler**), sind in Zeile 25 **keine** Eintragungen vorzunehmen; Arbeitgeberzuschüsse sind unabhängig davon in Zeile 24 zu bescheinigen. Die vom Arbeitnehmer allein zu tragenden Beiträge aus **Versorgungsbezügen** an die gesetzliche Kranken- und soziale Pflegeversicherung sind ebenfalls in Zeile 25 und 26 zu bescheinigen. Dies gilt für pflichtversicherte und für freiwillig in der gesetzlichen Krankenversicherung versicherte Arbeitnehmer, wenn der Arbeitgeber die Beiträge an die Krankenkasse abführt (sog. **Firmenzahler**). Beiträge sind stets in voller Höhe, d. h. gegebenenfalls mit den Beitragsanteilen für Krankengeld zu bescheinigen. Die Beiträge an ausländische Sozialversicherungsbeiträge sind nicht in Zeile 25 zu bescheinigen.

In Zeile 26 ist der **Arbeitnehmer**anteil zur inländischen sozialen Pflegeversicherung zu bescheinigen. Beiträge an ausländische Sozialversicherungsbeiträge sind nicht in Zeile 26 zu bescheinigen. Für freiwillig versicherte Arbeitnehmer gelten die Ausführungen zu Zeile 25 sinngemäß.

In Zeile 27 ist der **Arbeitnehmer**anteil zur Arbeitslosenversicherung zu bescheinigen; dies gilt auch bei Beitragszahlungen an ausländische Sozialversicherungsträger.

In Zeilen 22 bis 27 dürfen bei **pflichtversicherten** Arbeitnehmern **keine Beiträge** enthalten sein, die auf Arbeitslohn entfallen, der nach einem DBA oder dem Auslandstätigkeitserlass steuerfrei ist. Dies gilt nach dem BMF-Schreiben vom 31.8.2018, BStBl I S. 1.009, auch für solche Beiträge, die in unmittelbarem wirtschaftlichen Zusammenhang mit nach DBA steuerfreien Arbeitslohn für eine Tätigkeit in einem EU-Staat oder EWR-Staat (Norwegen, Island und Liechtenstein) stehen und für die unter bestimmten Voraussetzungen ein Sonderausgabenabzug gemäß dem BMF-Schreiben vom 11.12.2017, BStBl I S. 1.624, in Betracht kommt. Nicht zu bescheinigen sind auch Rentenversicherungsbeiträge des Arbeitgebers, die im Zusammenhang mit nach § 3 Nr. 2 EStG steuerfreiem Kurzarbeitergeld stehen. Die auf steuerfreien Arbeitslohn entfallenden Zuschüsse und Beiträge für freiwillig in der gesetzlichen Kranken-/sozialen Pflegeversicherung Versicherten und privat Kranken-/Pflegeversicherten sind hingegen in Zeile 24 bis 26 in voller Höhe zu bescheinigen.

BEISPIEL 27   *Lohnsteuerbescheinigung*

Werden bei einem sozialversicherungspflichtigen Arbeitnehmer Beiträge von pauschal besteuertem Arbeitslohn (z. B. nach § 37b Abs. 2 EStG, vgl. S. 230, § 40b EStG, vgl. S. 81) erhoben, sind diese in den Zeilen 22 bis 27 zu bescheinigen.

Bei steuerfreien und steuerpflichtigen Arbeitslohnteilen im Bescheinigungszeitraum ist nur der Anteil der Sozialversicherungsbeiträge zu bescheinigen, der sich nach dem Verhältnis des steuerpflichtigen Arbeitslohns zum gesamten Arbeitslohn des Bescheinigungszeitraums ergibt. Hierbei sind Arbeitslohnanteile, die unabhängig von der Beitragsbemessungsgrenze nicht der Sozialversicherungspflicht unterliegen (z. B. steuerpflichtige Entlassungsabfindungen), nicht in die Verhältnisrechnung einzubeziehen. Ansonsten gilt die Verhältnisrechnung auch dann, wenn der steuerpflichtige Arbeitslohn im Bescheinigungszeitraum die für die Beitragsberechnung maßgebende Beitragsbemessungsgrenze übersteigt.

Zu Zeile 28:

In Zeile 28 ist der tatsächlich im Lohnsteuerabzugsverfahren berücksichtigte Teilbetrag der Vorsorgepauschale für Beiträge zur privaten Basiskrankenversicherung und privaten Pflegepflichtversicherung zu bescheinigen (z. B. mittels gesonderter Beitragsbescheinigung nachgewiesener Monatsbeitrag 500,- €; Beschäftigungsdauer 3 Monate, Bescheinigung 1.500,- €). Wurde beim Lohnsteuerabzug die Mindestvorsorgepauschale berücksichtigt (ggf. auch nur in einzelnen Lohnabrechnungszeiträumen), ist auch diese zu bescheinigen (z. B. Ansatz der Mindestvorsorgepauschale für 2 Monate, Bescheinigung von 2/12 der Mindestvorsorgepauschale). Beiträge an ausländische Versicherungsunternehmen sind nicht zu bescheinigen.

Bei geringfügig Beschäftigten, bei denen die Lohnsteuer nicht pauschal, sondern nach den Lohnsteuerabzugsmerkmalen des Arbeitnehmers erhoben wird, ist, weil diese Arbeitnehmer keinen Beitrag zur gKV entrichten, an Stelle des Teilbetrags für die gesetzliche Krankenversicherung die Mindestvorsorgepauschale anzusetzen (vgl. S. 24) und in Zeile 28 des Ausdrucks zu bescheinigen. Entsprechendes gilt für andere Arbeitnehmer (z. B. Praktikanten, Schüler, Studenten), wenn kein Arbeitnehmeranteil zu entrichten ist.

Zu Zeile 29 bis 32:

Diese Zeilen dienen dazu, dass auch im Rahmen der Einkommensteuerveranlagung des Arbeitnehmers die zutreffende Berücksichtigung der Freibeträge für Versorgungsbezüge gewährleistet ist. Dabei sind insbesondere die Bemessungsgrundlage für den Versorgungsfreibetrag, das maßgebende Kalenderjahr des Versorgungsbeginns sowie bei unterjährigem Versorgungsbezug der erste und der letzte Kalendermonat einzutragen. Sterbegelder, Kapitalauszahlungen/Abfindungen von Versorgungsbezügen sowie die als sonstige Bezüge zu behandelnden Nachzahlungen von Versorgungsbezügen sind gesondert auszuweisen, da hierfür die Zwölftelung der Freibeträge für Versorgungsbezüge nicht gilt. Soweit es sich um ermäßigt zu besteuernde Versorgungsbezüge für mehrere Jahre handelt, ist auch dies für die entsprechenden Eintragungsfelder zu berücksichtigen.

Zu Zeile 34:

Diese Zeile ist nur einschlägig, wenn der Arbeitgeber eine Betriebsrente an in der Türkei ansässige ehemalige Arbeitnehmer auszahlt. Dann ist hier der beim Lohnsteuerabzug verbrauchte Betrag nach Artikel 18 Abs. 2 DBA-Türkei zu bescheinigen (vgl. im Einzelnen zur Besteuerung das BMF-Schreiben vom 11.12.2014, BStBl 2015 I S. 92).

BEISPIEL 27 *Lohnsteuerbescheinigung*

Welche Angaben zum Arbeitgeber sind zusätzlich vorgeschrieben?

Es ist die Anschrift der lohnsteuerlichen Betriebsstätte des Arbeitgebers (vgl. S. 399) anzugeben. Außerdem ist das Finanzamt einzutragen, an das die Lohnsteuer abgeführt worden ist, sowie dessen vierstellige Finanzamtsnummer anzugeben.

Wie ist in den Fällen der Nichtteilnahme am ELStAM-Verfahren oder Sperrung der ELStAM-Daten zu verfahren?

Hat das Betriebsstättenfinanzamt zugelassen, dass der Arbeitgeber nicht am elektronischen Lohnsteuerabzugsverfahren ELStAM teilnimmt (§ 39e Abs. 7 EStG) oder hat der Arbeitnehmer den Abruf seiner ELStAM-Daten gegenüber seinem Arbeitgeber sperren lassen, hat der Arbeitgeber gleichwohl der Finanzverwaltung die Lohnsteuerbescheinigung elektronisch zu übermitteln. Dies gilt jedoch nicht für geringfügig Beschäftigte, deren Bezüge unter Verzicht auf den Lohnsteuerabzug nach den individuellen Lohnsteuerabzugsmerkmalen nach § 40a EStG pauschal besteuert werden (vgl. S. 280 und 301).

Was gilt bei beschränkt steuerpflichtigen Arbeitnehmern?

Es handelt sich dabei um Arbeitnehmer, die im Inland weder einen Wohnsitz noch ihren gewöhnlichen Aufenthalt haben. Bei diesen Personen ist der Lohnsteuerabzug nunmehr in einer ersten Gruppe nach den ELStAM-Daten und andernfalls weiterhin nach den Angaben der vom Betriebsstätten-Finanzamt erteilten kalenderjahrbezogenen Papierbescheinigung vorzunehmen (vgl. S. 19). Der Arbeitgeber hat die Lohnsteuerbescheinigung auch für die beschränkt steuerpflichtigen Arbeitnehmer elektronisch zu übermitteln, und diesen Arbeitnehmern bei Beendigung des Dienstverhältnisses oder am Ende des Kalenderjahres einen Ausdruck der elektronischen Lohnsteuerbescheinigung bereitzustellen. Damit die Finanzverwaltung auch in den Fällen, in denen Arbeitnehmer keine Steueridentifikationsnummer haben, die vom Arbeitgeber übermittelte Lohnsteuerbescheinigung maschinell zuordnen kann, ist als lohnsteuerliches Ordnungsmerkmal die eTIN (elektronische Transfer-Identifikations-Nummer) zu verwenden.

Was gilt bei Korrektur oder Stornierung der elektronischen Lohnsteuerbescheinigung?

Für jede elektronische Lohnsteuerbescheinigung ist eine eindeutige, durch den Datenlieferanten zu vergebende ID (KmId) zu erstellen, deren Zusammensetzung in der technischen Schnittstellenbeschreibung zur elektronischen Lohnsteuerbescheinigung dokumentiert ist Einzelheiten zum amtlich vorgeschriebenen Datensatz sind unter www.elster.de abrufbar.

Hat der Arbeitgeber die Lohnsteuerbescheinigung übermittelt oder ausgestellt, ist eine Änderung des Lohnsteuerabzugs grundsätzlich nicht mehr möglich. Eine **Korrektur** ist hingegen zulässig, wenn es sich um eine bloße Berichtigung eines zunächst unrichtig übermittelten Datensatzes handelt (vgl. R 41c.1 Abs. 7 LStR). Der Arbeitgeber hat zudem eine berichtigte (elektronische) Lohnsteuerbescheinigung zu übermitteln, wenn er die Lohnsteuer-Anmeldung nach Übermittlung der Lohnsteuerbescheinigung aufgrund des § 41c Abs. 3 Satz 4 bis 6 EStG (Arbeitnehmer hat sich ohne vertraglichen Anspruch und gegen den Willen des Arbeitnehmers Beträge verschafft, für die Lohnsteuer einbehalten wurde.) zu seinen Gunsten ändert. Berichtigte Lohnsteuerbescheinigungen sind mit dem Merker „Korrektur" zu versehen.

Eine **Korrektur** einer bereits übermittelten oder ausgestellten Lohnsteuer-bescheinigung kann auch bei Lohn-/Gehaltsnachzahlungen angezeigt sein. Stellen Nachzahlungen laufenden Arbeitslohn dar, sind diese für die Berechnung der Lohnsteuer den Lohnzahlungszeiträumen zuzurechnen, für die sie geleistet werden (R 39b.5 Abs. 4 Satz 1 LStR). Wird eine solche Nachzahlung nach Beendigung des Dienstverhältnisses im selben Kalenderjahr für Lohnzahlungszeiträume bis zur Beendigung des Dienstverhältnisses geleistet, ist die bereits erteilte und übermittelte Lohnsteuerbescheinigung zu korrigieren. Die berichtigte Lohnsteuerbescheinigung ist mit dem Merker „Korrektur" zu versehen. Auf die Erläuterungen im BMF-Schreiben vom 9.9.2019, BStBl I S. 911, wird ergänzend hingewiesen.

Eine **Stornierung** von bereits übermittelten Lohnsteuerbescheinigungen kommt insbesondere in Betracht, wenn

— ein falsches Kalenderjahr angegeben wurde,
— kennzeichnende Daten zu einer Person (IdNr., eTIN, Name, Vorname und Geburtsdatum) falsch übermittelt wurden oder
— mehrerer Einzel-Bescheinigungen zu einem Arbeitsverhältnis durch ein zusammenfassende Bescheinigung ersetzt werden.

Eine Stornierungsmitteilung storniert über die eindeutige verfahrensweite Kennzeichnung genau eine Lohnsteuerbescheinigung.

Eine detaillierte Beschreibung der technischen Umsetzung des Korrektur- und Stornierungsverfahrens ist in der technischen Schnittstellenbeschreibung zur elektronischen Lohnsteuerbescheinigung dokumentiert.

Jahresmeldung für die SozV

Wann und wie ist die Jahresmeldung zu erstatten?

Grundsätzlich ist für jeden Arbeitnehmer, dessen Beschäftigungsverhältnis über den Jahreswechsel hinaus andauert, der Krankenkasse zum 31. Dezember eine Jahresmeldung einzureichen. Die Jahresmeldung ist nach der Datenerfassungs- und -übermittlungsverordnung (DEÜV) mit der ersten folgenden Lohn- und Gehaltsabrechnung, nach § 10 DEÜV **spätestens bis zum 15. Februar** des folgenden Jahres zu erstatten. Die Meldung ist per Datenfernübertragung mittels zugelassener systemgeprüfter Programme oder maschinell erstellter Ausfüllhilfen an die zuständige Annahmestelle für die Meldungen zu erstatten (vgl. Anlage 2, S. 407).

Welche Angaben sind zu machen?

Als Abgabegrund ist die Schlüsselzahl 50 einzutragen. Anzugeben ist ferner die Beschäftigungszeit und das hierfür erzielte Arbeitsentgelt. Wichtig ist, dass Beschäftigungszeiten und Arbeitsentgelte, die z. B. wegen einer Unterbrechung bereits früher gemeldet wurden, nicht noch einmal erfasst werden.

 Beispiel 1:
Der Arbeitnehmer wurde am 10. Mai eingestellt und wird über den 31. Dezember hinaus beschäftigt.
Jahresmeldung: Abgabegrund 50; Beschäftigungszeit 10.5. bis 31.12.

Beispiel 2:
Der Arbeitnehmer ist seit 1.1. beschäftigt; vom 15.6. bis 20.10. hat er Krankengeld bezogen.
Am 14.6. endete die Entgeltfortzahlung durch den Arbeitgeber. Somit war innerhalb von 2 Wochen nach dem 1.8. eine Unterbrechungsmeldung für den Entgeltzeitraum 1.1. bis 14.6. zu erstatten. Die Jahresmeldung (Abgabegrund 50) darf deshalb nur noch das Entgelt und die Beschäftigungszeit vom 21.10. bis 31.12. erfassen.

In welchen Fällen unterbleibt die Jahresmeldung?

Sie darf nicht erfolgen, wenn wegen der Unterbrechung einer Beschäftigung eine Unterbrechungsmeldung erfolgt ist und der 31.12. in die Unterbrechungszeit fällt. Sie unterbleibt außerdem, wenn wegen einer Änderung im Beschäftigungs- oder Versicherungsverhältnis zum 31.12. eine Abmeldung erforderlich ist.

 Beispiel 1:
Der Arbeitnehmer bezieht seit 15.11. Krankengeld; seine Arbeitsunfähigkeit dauert über den 31.12. hinaus an.

Die Jahresmeldung zum 31.12. entfällt, da zum 14.12. eine Unterbrechungsmeldung zu erstatten war und bis 31.12. kein beitragspflichtiges Arbeitsentgelt mehr angefallen ist.

 Beispiel 2:
Der Arbeitnehmer ist ab dem nächsten Jahr wegen Überschreitung der JAG nicht mehr krankenversicherungspflichtig. Die Versicherungspflicht in der RV und ALV bleibt jedoch bestehen.

Die Jahresmeldung entfällt. Vielmehr ist wegen der Beitragsgruppen-Änderung zum 31.12. eine Abmeldung (Abgabegrund 32) und zum 1.1. des nächsten Jahres eine Anmeldung (Abgabegrund 12) zu erstatten.

Ist eine Jahresmeldung auch bei geringfügiger Beschäftigung abzugeben?

Auch die geringfügigen Beschäftigungsverhältnisse sind in das allgemeine Meldeverfahren einbezogen. Eine Jahresmeldung ist jedoch nur für geringfügig entlohnte Beschäftigungen (sog. Minijobs) einzureichen. Die kurzfristigen Beschäftigungen sind davon nach § 28a Abs. 9 Satz 2 SGB IV ausgenommen. Allerdings ist für jeden in der Unfallversicherung versicherten kurzfristigen Beschäftigten eine besondere Jahresmeldung zur Unfallversicherung abzugeben; das sozialversicherungspflichtige Arbeitsentgelt ist mit „0" anzugeben.

Wie wird der Arbeitnehmer unterrichtet?

Auch beim automatisierten Meldeverfahren ist der Arbeitgeber weiterhin verpflichtet, dem Arbeitnehmer mindestens einmal jährlich, spätestens zum 30. April, für alle im Vorjahr durch Datenübertragung erstatten Meldungen eine maschinell erstellte Bescheinigung zu erteilen. Bei Beendigung des Arbeitsverhältnisses ist diese Bescheinigung unverzüglich nach der letzten Meldung auszustellen.

BEISPIEL 27 Entgeltbescheinigung

Entgeltbescheinigung

Nach § 108 Abs. 1 der Gewerbeordnung hat jeder Arbeitgeber seinen Beschäftigten eine Entgeltabrechnung in Textform zu erteilen. Diese Entgeltbescheinigung dient nicht allein der Information des Beschäftigten, sondern wird vielfach zum Nachweis des Arbeitsentgelts gegenüber öffentlichen Stellen und anderen Dritten verwendet. Bislang war der Inhalt der Entgeltbescheinigung lediglich als Empfehlung vorgegeben, sodass die Entgeltbescheinigungen sehr unterschiedlich waren. Das Bundesministerium für Arbeit und Soziales gibt mit der Entgeltbescheinigungsverordnung (EBV) vom 19.12.2012, BGBl. I S. 2.712, verbindliche Vorgaben des Inhalts und des Verfahrens vor.

BEISPIEL 28

Aufzeichnungspflichten

Nach steuerlichen Vorschriften ist für jeden Arbeitnehmer und jedes Jahr ein Lohnkonto zu führen; den Umfang der Aufzeichnungen bestimmt § 4 LStDV. Ergänzende und besondere Aufzeichnungs- und Mitteilungspflichten im Rahmen der betrieblichen Altersversorgung ergeben sich aus § 5 LStDV. Für den Bereich der Beitragsabrechnung regelt die Beitragsverfahrensverordnung – BVV – die Führung der Entgeltunterlagen durch den Arbeitgeber.

Ab wann gilt die Digitale LohnSchnittstelle (DLS)?

Für die ab dem 1.1.2018 aufzuzeichnenden steuerlichen Daten ist die verbindliche Anwendung eines einheitlichen Standarddatensatzes als Schnittstelle zum elektronischen Lohnkonto (Digitale LohnSchnittstelle – DLS) vorgeschrieben. Nach § 41 Abs. 1 Satz 7 EStG i.V. m § 4 Abs. 2a LStDV haben Arbeitgeber die aufzuzeichnenden lohnsteuerrelevanten Daten der Finanzbehörde nach einer amtlich vorgeschriebenen digitalen Schnittstelle elektronisch bereitzustellen. Dies gilt unabhängig von dem vom Arbeitgeber eingesetzten Lohnabrechnungsprogramm. Die jeweils aktuelle Version der DLS mit weitergehenden Informationen steht auf den Internetseiten des BZSt (www.bzst.bund.de) zum Download bereit. Zur Vermeidung unbilliger Härten können in begründeten Fällen die lohnsteuerlichen Daten auch in einer anderen Form bereitgestellt werden.

Welche Stammdaten sind im Lohnkonto festzuhalten?

— Der Familien- und Vorname und ggf. das betriebliche Ordnungsmerkmal;
— das Geburtsdatum;
— die Anschrift;
— die Steuerklasse und bei Steuerklasse IV ggf. auch den Faktor;
— die Zahl der Kinderfreibeträge;
— das Religionsbekenntnis;
— den zu berücksichtigenden individuellen Freibetrag oder Hinzurechnungsbetrag des Arbeitnehmers und den Zeitraum in dem diese Beträge gelten;
— das Vorliegen und die Geltungsdauer einer Bescheinigung über die Steuerbefreiung nach einem DBA oder dem Auslandstätigkeitserlass;
— im Rahmen der kapitalgedeckten betrieblichen Altersversorgung (vgl. S. 67) die Steuerbefreiung nach § 3 Nr. 63 EStG und die Pauschalversteuerung nach § 40b EStG, sowie beim Durchführungsweg der Direktversicherung oder der Pensionskasse im Fall einer Altzusage ggf. die Tatsache, dass vor dem 1.1.2018 mindestens ein Beitrag nach § 40b Abs. 1 und 2 EStG a.F. (2004) pauschal besteuert wurde;
— den Beginn und das Ende der Beschäftigung;
— Beginn und Ende der Altersteilzeit;
— die Beschäftigungsart;
— die für die Versicherungsfreiheit oder die Befreiung von der Versicherungspflicht maßgebenden Angaben;
— die Einzugsstelle für den Gesamtsozialversicherungsbeitrag;
— bei Entsendung Eigenart und zeitliche Begrenzung der Beschäftigung;

- bei ausländischen Arbeitnehmern die Staatsangehörigkeit und den Aufenthaltstitel bzw. ggf. die Arbeitserlaubnis-EU (vgl. S. 43);
- den Nachweis der Elterneigenschaft bezüglich des Zuschlags Kinderloser zur Pflegeversicherung;
- die Erklärung über den Auszahlungsverzicht von zustehenden Entgeltansprüchen;
- die Entscheidung der Finanzbehörden, dass die vom Arbeitgeber getragenen oder übernommenen Studiengebühren für ein Studium des Beschäftigten steuerrechtlich kein Arbeitslohn ist; die Aufzeichnungen nach § 19 Abs. 1 des Arbeitnehmer-Entsendegesetzes und nach § 17 Abs. 1 des Mindestlohngesetzes;
- die Bescheinigung nach § 44a Abs. 5 SGB XI, wenn die Beschäftigung wegen Bezugs von Pflegeunterstützungsgeld (vgl. S. 269) unterbrochen wird;
- die Erklärung des Beschäftigten zur Inanspruchnahme einer Pflegezeit i. S. d. § 3 des Pflegezeitgesetzes (vgl. S. 269);
- die Veranlagungs- Änderungs- und Nachtragsbescheide der Träger der gesetzlichen Unfallversicherung;
- die Daten der übermittelten Bescheinigungen nach § 106 SGB IV [vorübergehend in einem anderen EU-Mitgliedstaat sowie Norwegen und der Schweiz tätiger Beschäftigter, bei dem die Vorschriften der Verordnung (EG) Nr. 883/2004 über die Fortgeltung der deutschen Rechtsvorschriften gelten (A 1 Bescheinigung. Die Gemeinsamen Grundsätze und die Verfahrensbeschreibung für das elektronische Antrags- und Bescheinigungsverfahren A1 in der vom 1.7.2019 an geltenden Fassung haben die Spitzenverbände in ihren Schreiben vom 28.6.2018 zusammengefasst.)];
- die schriftliche Erklärung des Verzichts auf die Rentenversicherungsfreiheit nach Erreichen der Regelaltersgrenze gemäß § 5 Abs. 4 Satz 2 SGB VI (vgl. S. 312).

Welche Angaben sind bei der Lohnzahlung zu erfassen?
- Der Tag der Lohnzahlung und der Lohnzahlungszeitraum;
- bei jeder Unterbrechung des Anspruchs auf Arbeitslohn ist der Großbuchstabe „U" einzutragen, und zwar je Unterbrechung einmal. Die Unterbrechung muss mindestens fünf Tage dauern (z. B. Krankheit nach Ablauf der Lohnfortzahlung, unbezahlter Urlaub) und der Lohnanspruch im Wesentlichen weggefallen sein. Das ist z. B. gegeben, wenn lediglich die vermögenswirksamen Leistungen oder Krankengeldzuschüsse gezahlt werden. Dagegen darf die Eintragung nicht erfolgen, wenn der Arbeitgeber eine Lohnersatzleistung (z. B. Kurzarbeiter- oder Winterausfallgeld) erbringt;
- der Arbeitslohn, getrennt nach Barlohn und Sachbezügen ohne Kürzung um den Versorgungsfreibetrag und den Freibetrag für Belegschaftsrabatte;
- der hochgerechnete Bruttolohn im Falle der Nettolohnvereinbarung;
- ist bei der Besteuerung eines sonstigen Bezugs der von einem vorangegangenen Arbeitgeber gezahlte Arbeitslohn nicht bekannt, ist der Großbuchstabe „S" zu vermerken;
- die einbehaltene Lohn- und Kirchensteuer sowie den Solidaritätszuschlag;
- sämtliche steuerfreien Bezüge (zur Aufzeichnung von Personalrabatten vgl. S 169); steuerfreie Sachbezüge aus der Nutzung betrieblicher Telefone und PCs mussen nicht aufgezeichnet werden (vgl. S. 174); auch die Aufzeichnung der steuerfreien freiwilligen Trinkgelder ist entbehrlich;
- zum steuerfreien Reisekostenersatz kann das Betriebsstättenfinanzamt Aufzeichnungserleichterungen gewähren und den Nachweis außerhalb des Lohnkontos in dafür

geeigneten Aufzeichnungen zulassen. Meist erfolgt die Aufzeichnungserleichterung stillschweigend, in dem der Nachweis außerhalb des Lohnkontos vom Finanzamt bei Lohnsteuer-Außenprüfungen nicht beanstandet wird. Die Gewährung der Aufzeichnungserleichterung ist nicht davon abhängig, dass steuerfreie Verpflegungszuschüsse und steuerfreie Leistungen bei doppelter Haushaltsführung in der Lohnsteuerbescheinigung erfasst werden (vgl. S. 381).

— das gezahlte Kurzarbeiter- und Winterausfallgeld; es ist im Lohnkonto des Kalenderjahres einzutragen, in dem der Lohnzahlungszeitraum endet, für den es gezahlt wurde. Dagegen ist bei Rückzahlungen durch den Arbeitnehmer der Eintrag im Lohnkonto des Kalenderjahres vorzunehmen, in dem die Rückzahlung erfolgt;
— der Zuschuss zum Mutterschaftsgeld (vgl. S. 261);
— Entschädigungen für den Verdienstausfall nach dem Infektionsschutzgesetz;
— sonstige Bezüge für Zeiträume, die zu mehreren Kalenderjahren gehören, und die davon einbehaltene Lohn- und Kirchensteuer;
— Bezüge, die pauschal besteuert werden, und die darauf entfallende Lohn- und Kirchensteuer; kann der auf den einzelnen Arbeitnehmer entfallende Betrag nicht ohne weiteres ermittelt werden, muss die Aufzeichnung in einem Sammelkonto erfolgen;
— das sozialversicherungsrechtliche Arbeitsentgelt, seine Zusammensetzung und zeitliche Zuordnung;
— das beitragspflichtige Arbeitsentgelt bis zur Beitragsbemessungsgrenze der Rentenversicherung, seine Zusammensetzung und zeitliche Zuordnung;
— die Entwicklung des Wertguthabens und der zugehörigen SV-Luft bei flexibler Arbeitszeit sowie der Nachweis über die getroffenen Vorkehrungen zum Insolvenzschutz (vgl. S. 346);
— den Beitragsgruppenschlüssel;
— den vom Beschäftigten zu tragenden Anteil am Gesamtsozialversicherungsbeitrag, nach Beitragsgruppen getrennt;
— die für die Erstattung von Meldungen erforderlichen Daten, soweit sie in den Stammdaten nicht ohnehin enthalten sind;
— das gezahlte Kurzarbeitergeld und die hierauf entfallenden beitragspflichtigen Einnahmen;
— das in der gesetzlichen Unfallversicherung beitragspflichtige Arbeitsentgelt, die anzuwendende Gefahrtarifstelle und die jeweilige zeitliche Zuordnung;
— Wertguthaben aus flexibler Arbeitszeit bis zum 31.12.2009, für die noch Beiträge zur gesetzlichen Unfallversicherung zu entrichten sind.

Welche Angaben muss das Sammelkonto enthalten?
— Tag der Zahlung;
— Zahl der bedachten Arbeitnehmer;
— Summe der insgesamt gezahlten Bezüge;
— Höhe der Lohn- und Kirchensteuer und des Solidaritätszuschlags;
— Hinweise auf die als Beleg zum Sammelkonto aufzubewahrenden Unterlagen (z. B. Zahlungsnachweise, Bestätigung des Finanzamts über die Zulassung der Pauschalierung);
— zusätzliche Angaben im Fall der Überlassung von Vermögensbeteiligungen.

Welche Aufzeichnungen sind bei pauschal versteuerten Aushilfslöhnen notwendig?
— Name und Anschrift;
— Tag der Lohnzahlung und Höhe des Arbeitslohnes;
— Dauer der Beschäftigung;
— die Art der Beschäftigung bei Aushilfen in der Land- und Forstwirtschaft.

Die Erfüllung der Aufzeichnungspflichten dient dem Nachweis der Voraussetzungen für die Lohnsteuerpauschalierung nach § 40a EStG (vgl. S. 280 und 310). Zu den Nachweisen bei der Kirchensteuererhebung in diesen Fällen vgl. Anlage 1a, S. 405.

Welche Angaben sind im Beitragsverzeichnis festzuhalten?
Gemäß § 9 der Beitragsverfahrensverordnung hat der Arbeitgeber für jeden Abrechnungszeitraum ein Verzeichnis aller Beschäftigten in der Sortierfolge der Entgeltunterlagen mit den folgenden Angaben und **getrennt nach Einzugsstellen** zu erfassen:
— der Familien- und Vorname und ggf. das betriebliche Ordnungsmerkmal;
— das beitragspflichtige Arbeitsentgelt bis zur Beitragsbemessungsgrenze der Rentenversicherung;
— das in der gesetzlichen Unfallversicherung beitragspflichtige Arbeitsentgelt;
— den Unterschiedsbetrag zwischen dem Entgelt für die Altersteilzeitarbeit und dem für die RV maßgeblichen Entgelt;
— der Beitragsgruppenschlüssel;
— die Sozialversicherungstage;
— der Gesamtsozialversicherungsbeitrag, nach Beitragsgruppen getrennt, ohne den vom Arbeitgeber allein zu tragenden Gesamtsozialversicherungsbeitrag;
— den vom Arbeitgeber alleine zu tragenden Gesamtsozialversicherungsbeitrag, nach Beitragsgruppen getrennt;
— das gezahlte Kurzarbeitergeld und die hierauf entfallenden beitragspflichtigen Einnahmen sowie die hierauf entfallenden Beiträge zur KV, PV und RV;
— die beitragspflichtigen Sonn-, Feiertags- und Nachtzuschläge;
— die Umlagesätze nach dem Aufwendungsausgleichsgesetz und das umlagepflichtige Arbeitsentgelt (vgl. S. 255 und S. 264);
— die Parameter zur Berechnung der voraussichtlichen Höhe der Beitragsschuld (vgl. S. 399).

Eine besondere Beitragsabrechnung ist zu erstellen, wenn in der Zeit vom 1. Januar bis 31. März einmalig gezahltes Arbeitsentgelt dem letzten Entgeltabrechnungszeitraum des vergangenen Kalenderjahres zugeordnet wird. Diese besondere Beitragsabrechnung kann unterbleiben, wenn bereits in der üblichen Beitragsabrechnung diese Beiträge nach Kalenderjahren gesondert gekennzeichnet und summiert werden.

In der Beitragsabrechnung sind auch solche Beschäftigte zu erfassen, für die keine Beiträge oder Beiträge nach der Gleitzonenregelung gezahlt werden. In das Verzeichnis sind der Familien- und Vorname und das Arbeitsentgelt anzugeben.

Welche Lohnunterlagen müssen bei geringfügiger Beschäftigung geführt werden?
Im Prinzip gelten die gleichen Aufzeichnungspflichten wie bei versicherungspflichtig Beschäftigten. Die Lohnunterlagen müssen die Angaben und Nachweise enthalten, aus denen die Voraussetzungen für die Versicherungsfreiheit ersichtlich sind. Hierzu gehören insbesondere Angaben und Unterlagen über

BEISPIEL 28   *Aufzeichnungspflichten*

- das monatliche Arbeitsentgelt,
- die Beschäftigungsdauer,
- die regelmäßige wöchentliche Arbeitszeit und die tatsächlich geleisteten Arbeitsstunden,
- Erklärungen des kurzfristig geringfügig Beschäftigten über weitere kurzfristige Beschäftigungen im Kalenderjahr oder die Erklärung des geringfügig entlohnten Beschäftigten über weitere Beschäftigungen sowie in beiden Fällen die Bestätigung, dass die Aufnahme weiterer Beschäftigungen dem Arbeitgeber anzuzeigen sind,
- die Feststellung der Einzugsstelle über das Vorliegen der Sozialversicherungspflicht,
- die Erklärung des Beschäftigten über die Befreiung von der Versicherungspflicht in der Kranken- oder Rentenversicherung.

Wie lange sind die Aufzeichnungen aufzubewahren?

Die Lohnkonten sind bis zum Ablauf des sechsten Kalenderjahres, das auf die zuletzt eingetragene Lohnzahlung folgt, aufzubewahren. Die Lohnkonten für das Jahr 2020 müssen somit mindestens bis 31.12.2026 zur Verfügung stehen. Entsprechendes gilt für alle übrigen Lohnunterlagen und Beitragsabrechnungen.

BEISPIEL 29

Abführung der Steuerabzugsbeträge, der Sozialversicherungsbeiträge und Umlagen

Lohnsteuer-Anmeldung

Wann sind die Steuerabzugsbeträge anzumelden und abzuführen?

Spätestens am zehnten Tag nach Ablauf eines jeden **Lohnsteuer-Anmeldungszeitraums** sind dem Finanzamt, in dessen Bezirk sich die Betriebsstätte befindet, nach amtlich vorgeschriebenem Datensatz eine Lohnsteuer-Anmeldung zu übermitteln und die Steuerabzugsbeträge (LSt, SolZ, KiSt) abzuführen.

Für jede Betriebsstätte und für jeden Lohnsteuer-Anmeldungszeitraum darf nur eine **einheitliche Lohnsteuer-Anmeldung** eingereicht werden. Die Abgabe mehrerer Anmeldungen für dieselbe Betriebsstätte und denselben Lohnsteuer-Anmeldungszeitraum, etwa getrennt nach den verschiedenen Bereichen der Lohnabrechnung, z. B. gewerbliche Arbeitnehmer, Gehaltsempfänger oder Pauschalierungen, ist nicht zulässig.

Eine Lohnsteuer-Anmeldung ist auch dann abzugeben, wenn in einem einzelnen Anmeldungszeitraum keine Steuerabzugsbeträge einzubehalten waren. Der Arbeitgeber ist von der Verpflichtung zur Abgabe weiterer Anmeldungen erst befreit, wenn er keine Arbeitnehmer mehr beschäftigt, für die er Lohnsteuer einzubehalten oder zu übernehmen hat, und dies dem Finanzamt mitteilt. Das gilt auch dann, wenn der Arbeitgeber nur geringfügig entlohnte Arbeitnehmer beschäftigt, für die die Steuerpauschale von 2 % an die Minijobzentrale zu entrichten ist (vgl. S. 284).

Was gilt bei der pauschalen Lohnsteuer und der Kirchensteuer?

Der Arbeitgeber hat die Summe der mit festen oder besonderen Pauschsteuersätzen erhobenen pauschalen Lohnsteuer (§§ 40 bis 40b EStG) und die pauschale Einkommensteuer (§§ 37a und 37b EStG) nicht zusammen mit der „normalen" Lohnsteuer, sondern gesondert in Zeile 18 der Lohnsteuer-Anmeldung auszuweisen und anzumelden.

Bei der pauschalen Kirchensteuer ist danach zu unterscheiden, ob diese im vereinfachten Verfahren oder im Nachweisverfahren erhoben wurde (vgl. Anlage 1a, S. 405).

Nicht einzubeziehen ist die an die Deutsche Rentenversicherung Knappschaft- Bahn-See abzuführende 2 %-Pauschalsteuer bei geringfügiger Beschäftigung.

Was gilt für den BAV-Förderbetrag?

Ab 2018 dürfen Arbeitgeber vom Gesamtbetrag der einzubehaltenden Lohnsteuer für jeden Arbeitnehmer mit erstem Dienstverhältnis einen Teilbetrag des Arbeitgeberbeitrags zur kapitalgedeckten betrieblichen Altersversorgung (BAV-Förderbetrag, vgl. S. 86) entnehmen und absetzen. Dieser Betrag ist nunmehr in Zeile 22 der Lohnsteuer-Anmeldung 2020 einzutragen. Zusätzlich ist die Zahl der Arbeitnehmer mit BAV-Förderung in Zeile 16 anzugeben.

BEISPIEL 29 *Lohnsteuer-Anmeldung*

Wie ist die Lohnsteuer-Anmeldung abzugeben?

Nach § 41a Abs. 1 Satz 2 EStG sind alle Arbeitgeber gesetzlich verpflichtet, die Lohnsteuer-Anmeldung dem Finanzamt **elektronisch** zu übermitteln. In vielen Lohnabrechnungsprogrammen ist die elektronische Datenübermittlung ohnehin bereits integriert. Zum Ausfüllen und Versenden der Anmeldung kann aber auch das von der Steuerverwaltung angebotene Programm (Elster) verwendet werden, das im Internet unter www.elsteronline.de zur Verfügung steht.

Zur Vermeidung unbilliger Härten kann das Finanzamt auf Antrag zulassen, dass der Arbeitgeber die Anmeldung weiterhin in Papierform nach amtlich vorgeschriebenem Vordruck einreicht. Eine unbillige Härte liegt dann vor, wenn dem Arbeitgeber die Schaffung der technischen Voraussetzungen, die für die elektronische Übermittlung erforderlich sind, nicht zugemutet werden kann, wie dies z. B. in einem Privathaushalt, in dem kein Internetanschluss vorhanden ist, der Fall sein kann. Das amtliche Vordruckmuster der Lohnsteuer-Anmeldung 2020 ist mit BMF-Schreiben vom 24.7.2019 im Bundessteuerblatt Teil I S. 830 veröffentlicht.

Welche Folgen hat die verspätete Anmeldung und Abführung?

Bei nicht fristgemäßer Abgabe der Anmeldung kann das Finanzamt einen Verspätungszuschlag bis zu 10 % der angemeldeten Steuerabzugsbeträge festsetzen. Damit die Zuschlagsfestsetzung vermieden wird, muss die Anmeldung spätestens am 10. des auf den Lohnsteuer-Anmeldungszeitraum folgenden Monats beim Finanzamt vorliegen. Die Abführung und Zahlung der angemeldeten Steuerabzugsbeträge muss innerhalb von drei Tagen erfolgen. Das heißt, der Überweisungsauftrag muss so frühzeitig erteilt werden, dass spätestens am dritten Werktag nach der Fälligkeit (10. des Monats) der Betrag dem Finanzamt gutgeschrieben ist (der Samstag ist kein Werktag in diesem Sinne).

Wer eine Steuer per Scheck zahlt, muss darauf achten, dass nach § 224 Abs. 2 Nr. 1 AO Zahlungen per Scheck erst 3 Tage nach Eingang des Schecks als geleistet gelten. Der Scheck muss damit spätestens drei Tage vor Fälligkeit dem Finanzamt vorliegen.

Was gilt als Lohnsteuer-Anmeldungszeitraum?

Der Kalendermonat, wenn die abzuführende Lohnsteuer im vorangegangenen Kalenderjahr mehr als 5.000,- € betragen hat. Die im Januar 2020 einbehaltenen und übernommenen Steuerabzugsbeträge sind somit spätestens am 10. Februar 2020 anzumelden.

Das Kalendervierteljahr, wenn die abzuführende Lohnsteuer im vorangegangenen Kalenderjahr nicht mehr als 5.000,- €, aber mehr als 1.080,- € betragen hat. Die im jeweiligen Kalendervierteljahr einbehaltenen und übernommenen Steuerabzugsbeträge sind spätestens am 10. April, 10. Juli, 10. Oktober und am 10. Januar anzumelden.

Das Kalenderjahr ist Lohnsteuer-Anmeldungszeitraum, wenn die abzuführende Lohnsteuer im vorangegangenen Kalenderjahr nicht mehr als 1.080,- € betragen hat. In diesem Fall sind die im Kalenderjahr 2020 einbehaltenen und übernommenen Steuerabzugsbeträge spätestens am 10. Januar 2021 anzumelden.

Hat die Betriebsstätte nicht während des ganzen vorangegangenen Kalenderjahres bestanden, so ist die für dieses Kalenderjahr einbehaltene oder übernommene Lohnsteuer für die Feststellung des Anmeldungszeitraums auf einen Jahresbetrag umzurechnen.

Beispiel:
Betriebseröffnung 1. November 2019
Lohnsteuer November und Dezember 900,— €
umgerechneter Jahresbetrag = 5.400,— €
er übersteigt 5.000,- €; Lohnsteuer-Anmeldungszeitraum in 2020 ist somit der Kalendermonat.

Hat die Betriebsstätte im vorangegangenen Kalenderjahr noch nicht bestanden, ist die für den ersten vollen Kalendermonat nach der Eröffnung der Betriebsstätte einbehaltene und übernommene Lohnsteuer auf einen Jahresbetrag umzurechnen.

 Beispiel:
Betriebseröffnung 1. März 2020

Lohnsteuer für März 200,— €
umgerechneter Jahresbetrag = 2.400,— €
Er übersteigt nicht 5.000,- €; Anmeldungszeitraum in 2020 ist somit das Kalendervierteljahr.

In welchem Lohnsteuer-Anmeldungszeitraum sind die Steuerabzugsbeträge zu erfassen?
Maßgeblich ist hierfür der Zeitpunkt der Einbehaltung der Lohnsteuer.

 Beispiele:
1. Die Lohnabrechnung für Januar erfolgt am letzten Werktag im Januar; somit wird die Lohnsteuer noch in diesem Monat einbehalten.
   Sie ist im Anmeldungszeitraum Januar zu erfassen. Die Lohnsteuer-Anmeldung muss für diesen Zeitraum bis 10. Februar dem Finanzamt vorliegen.
2. Der Arbeitgeber leistet am 20. Januar eine Abschlagszahlung. Die Lohnabrechnung nimmt er erst am 10. Februar vor.
   Die Lohnsteuer wird somit erst im Anmeldungszeitraum Februar einbehalten. Sie ist bis zum 10. März dem Finanzamt anzumelden.
3. Der Arbeitgeber zahlt das Gehalt im Voraus; für den Lohnzahlungszeitraum April erfolgt deshalb die Lohnabrechnung am letzten Werktag des Monats März.
   Die Lohnsteuer wird somit noch im März einbehalten. Sie ist deshalb bereits bis zum 10. April dem Finanzamt anzumelden.

Wie ist bei Abschlagszahlungen zu verfahren?
Abschlagszahlungen können vom Arbeitgeber zunächst ohne Einbehaltung von Steuerabzugsbeträgen geleistet werden. Der Steuerabzug ist erst bei der Abrechnung über den gesamten Lohnzahlungszeitraum vorzunehmen. Voraussetzung hierfür ist jedoch, dass
— der Lohnabrechnungszeitraum 5 Wochen nicht übersteigt und
— die Lohnabrechnung innerhalb von 3 Wochen nach Ablauf des Lohnabrechnungszeitraumes erfolgt.

Wird z. B. im Februar eine Abschlagszahlung ohne Lohnsteuerabzug geleistet, muss über den Lohnabrechnungszeitraum Februar spätestens am 21. März abgerechnet werden. Die dabei einbehaltenen Steuerabzugsbeträge sind bis zum 10. April beim Finanzamt anzumelden.

BEISPIEL 29   *Beitragsnachweis*

Wo befindet sich die Betriebsstätte im Sinne des Lohnsteuerrechts?

Für die Bestimmung der lohnsteuerlichen Betriebsstätte ist allein bedeutsam, wo der für die Durchführung des Lohnsteuerabzugs maßgebende Arbeitslohn insgesamt ermittelt wird, d. h. die für den Lohnsteuerabzug maßgebenden Lohnteile zusammengestellt oder bei maschineller Lohnabrechnung die für den Lohnsteuerabzug maßgebenden Eingabewerte festgestellt werden. Geschieht dies nicht in dem Betrieb oder einem Teil des Betriebs des Arbeitgebers oder nicht im Inland, so gilt als Betriebsstätte der Mittelpunkt der geschäftlichen Leitung des Arbeitgebers im Inland. Dagegen kommt es nicht darauf an, wo die Berechnung der Lohnsteuer vorgenommen wird und wo andere für den Lohnsteuerabzug maßgebende Unterlagen aufbewahrt werden.

Ein selbstständiges Dienstleistungsunternehmen (Rechenzentrum, Steuerberater), das für den Arbeitgeber tätig wird, kann nicht als Betriebsstätte des Arbeitgebers angesehen werden.

Beitragsnachweis

Wann sind die Sozialversicherungsbeiträge fällig?

Die Fälligkeit für die vom Arbeitgeber abzuführenden Sozialversicherungsbeiträge ist in § 23 Abs. 1 SGB IV geregelt. An die Stelle des einheitlichen Fälligkeitstags „15. des Folgemonats" ist der Gesamtsozialversicherungsbeitrag spätestens am **drittletzten Bankarbeitstag des Monats**, in dem die Beschäftigung oder Tätigkeit, mit der das Arbeitsentgelt oder Arbeitseinkommen erzielt wird, ausgeübt worden ist oder als ausgeübt gilt, in voraussichtlicher Höhe der Beitragsschuld fällig. Ein eventuell verbleibender Restbeitrag ist mit der nächsten Fälligkeit zu zahlen.

Beiträge für hauswirtschaftliche Beschäftigungsverhältnisse, die im Haushaltsscheckverfahren erhoben werden (vgl. S. 300) sind weiterhin am 15. Juli des laufenden Jahres bzw. 15. Januar des Folgejahres fällig.

Was ist die voraussichtliche Höhe der Beitragsschuld?

Es wird nicht auf die Zahlung der Entgelte, sondern auf die voraussichtliche Beitragsschuld aus der erbrachten Arbeitsleistung des Beschäftigten abgestellt. Da die Beiträge bereits vor Ablauf des Kalendermonats und damit in der Regel vor der Entgeltabrechnung fällig werden, ist die so genannte „voraussichtliche Beitragsschuld" zu ermitteln. Diese ist vom Arbeitgeber so genau wie möglich zu bestimmen, so dass der Restbetrag, der erst im Folgemonat fällig wird, so gering wie möglich ist.

Ausgehend vom Beitragssoll des letzten Entgeltabrechnungszeitraums sind zusätzlich

— Änderungen in der Zahl der Beschäftigten,
— Änderungen in der Zahl der Arbeitstage bzw. Arbeitsstunden,
— Änderungen in den Beitragssätzen,
— Erhöhung der Beitragsbemessungsgrenzen und
— eventuelle Lohnanpassungen

zu berücksichtigen.

Bei der Ermittlung der voraussichtlichen Höhe der Beitragsschuld sind grundsätzlich auch variable Arbeitsentgeltbestandteile und Einmalzahlungen zu berücksichtigen, wenn sie mit hinreichender Sicherheit im Beitragsmonat ausgezahlt werden.

Wie berechnet sich das Beitragssoll?

Die Fälligkeitsregelung stellt auf die voraussichtliche Beitragsschuld ab. Folglich gilt als Beitragssoll des jeweiligen Abrechnungsmonats

— die voraussichtliche Höhe der Beitragsschuld des jeweiligen Monats, in dem die Beschäftigung, mit der das Arbeitsentgelt erzielt wird, ausgeübt worden ist sowie

— ein verbleibender Restbeitrag des Vormonats oder der Ausgleich einer eventuellen Überzahlung aus dem Vormonat.

Der Restbeitrag wird also nicht rückwirkend dem Vormonat (Ursprungsmonat der Arbeitsleistung) zugeordnet.

Gibt es eine Vereinfachungsregelung?

Abweichend von den zuvor dargestellten Grundsätzen kann der Arbeitgeber als Alternative den Gesamtsozialversicherungsbeitrag in **Höhe des Vormonatssolls der Echtabrechnung** zahlen. Nach der durch das Zweite Bürokratieentlastungsgesetz vom 30.6.2017, BGBl. I S. 2.143, modifizierten Vereinfachungsregelung des § 23 Abs. 1 Satz 3 SGB IV kann statt einer aufwendigen Schätzung der monatlichen Beiträge in den Fällen, in denen der tatsächliche Wert für den **laufenden Monat** noch nicht bekannt ist, eine Verbeitragung auf Grundlage des tatsächlichen Wertes des Vormonats erfolgen. Dieser Wert liegt zum Zeitpunkt der Beitragszahlung am drittletzten Bankarbeitstag eines Monats als Ergebnis der Entgeltabrechnung für den Vormonat immer vor. Um die sich dadurch zwangsläufig ergebenden Abweichungen zwischen der tatsächlichen Beitragsschuld für einen Monat und dem verwendeten Wert des Vormonats auszugleichen, ist die Differenz, die sich bei der Entgeltabrechnung für den Monat im Folgemonat ergibt, jeweils von der Beitragszahlung im Folgemonat abzuziehen oder zu addieren. Für **einmalig gezahltes Arbeitsentgelt** gilt wie bisher die Regelung des § 23a Abs. 1 SGB IV. Danach sind Einmalzahlungen im jeweiligen Monat zu berücksichtigen, in dem sie gezahlt werden. D. h. auch in den Fällen, in denen das vereinfachte Verfahren zum Einsatz kommt, sind die Beiträge auf einmalig gezahltes Arbeitsentgelt in der Beitragsabführung für den laufenden Monat zu berücksichtigen. Beiträge, die allein auf Einmalzahlungen entfallen, sind entsprechend im Folgemonat von der Beitragsschuld des Vormonats abzuziehen.

Anders als bei der bisherigen Vereinfachungsregelung ist die Anwendung der modifizierten Vereinfachungsregelung nicht mehr davon abhängig, dass regelmäßig Änderungen der Beitragsberechnung durch Mitarbeiterwechsel oder Zahlung variabler Entgeltbestandteile zu berücksichtigen sind. Der Ausgleich zwischen den nach dem Vormonatssoll geschuldeten Beiträgen auf Basis der Echtabrechnung und der tatsächlichen Beitragsschuld findet mit der Entgeltabrechnung im Folgemonat statt, d. h., ein variabler Restbeitrag ist in diesen Fällen ebenfalls spätestens zum drittletzten Bankarbeitstag des Folgemonats fällig.

Die Spitzenorganisationen der Sozialversicherung haben zur Fälligkeit des Gesamtsozialversicherungsbeitrags im Schreiben vom 23.11.2016 ausführlich Stellung genommen.

BEISPIEL 29 _____ *Außenprüfung*

Wie sind die Beiträge nachzuweisen?
Der Arbeitgeber hat nach § 28f Abs. 3 SGB IV der Einzugsstelle grundsätzlich für jeden Entgeltabrechnungszeitraum den **„Beitragsnachweis"** mit den abzuführenden Beiträgen durch Datenübertragung zu übermitteln. Die Übermittlung hat zwei Arbeitstage vor Fälligkeit der Beiträge zu erfolgen.

Ein besonderer Beitragsnachweis ist erforderlich, wenn in der Zeit vom 1. Januar bis 31. März einmalig gezahltes Arbeitsentgelt dem letzten Entgeltabrechnungszeitraum des vergangenen Jahres zugeordnet wird; er ist als **Korrekturbeitragsnachweis** zu kennzeichnen.

Weitere Einzelheiten ergeben sich aus den Gemeinsamen Grundsätzen zum Aufbau der Datensätze für die Übermittlung von Beitragsnachweisen durch Datenübertragung nach § 28b Abs. 2 SGB IV in der vom 1.1.2018 an gültigen Fassung vom 23.3.2017.

Zur Dokumentation der **Beitragsabrechnung** vgl. Aufzeichnungspflichten S. 391.

Welche Einzugsstelle ist zuständig?

1. Bei Krankenversicherungspflichtigen ist die gesetzliche Krankenkasse Einzugsstelle, bei der der Arbeitnehmer versichert ist (Ortskrankenkasse des Beschäftigungsorts, Betriebskrankenkasse, Innungskrankenkasse oder Ersatzkasse).
2. Ist der Arbeitnehmer nicht krankenversicherungspflichtig, aber freiwillig in der gesetzlichen Krankenversicherung, so ist seine Krankenkasse Einzugsstelle für den Beitrag zur Renten- und Arbeitslosenversicherung.
3. Bei Arbeitnehmern, die bei einem privaten Krankenversicherungsunternehmen versichert sind, ist für den Einzug des Beitrags zur Renten- und Arbeitslosenversicherung die gesetzliche Krankenkasse zuständig, bei der der Arbeitgeber den Arbeitnehmer angemeldet hat.

Außenprüfung

Auf Verlangen des Arbeitgebers können die Lohnsteuer-Außenprüfung (§ 42f EStG) und die Prüfungen durch die Träger der Rentenversicherung (§ 28p SGB IV) zur gleichen Zeit durchgeführt werden.

Lohnsteuer-Nachschau

Mit § 42g EStG ist neben der Lohnsteuer-Außenprüfung nach § 42f EStG nun auch im Bereich der Lohnsteuer die Möglichkeit einer „Nachschau" geschaffen worden. Die Lohnsteuer-Nachschau dient der Sicherstellung einer ordnungsgemäßen Einbehaltung und Abführung der Lohnsteuer. Sie ist ein besonders Verfahren zur zeitnahen Aufklärung steuererheblicher Sachverhalte. Sie findet ohne vorherige Ankündigung und außerhalb der Lohnsteuer-Außenprüfung während der üblichen Geschäfts- und Arbeitszeiten statt. Die genauen Einzelheiten zur Durchführung der Lohnsteuer-Nachschau sind im BMF-Schreiben vom 16.10.2014, BStBl I S. 1.408, geregelt.

Überblick zum Meldeverfahren Unfallversicherung

Seit dem 1.1.2010 prüfen die Prüfdienste der Rentenversicherungsträger auch die Beitragszahlung zur Unfallversicherung. Das Meldeverfahren wurde deshalb um die prüfungsrelevanten Informationen zur Unfallversicherung erweitert. Bei allen Entgeltmeldungen (Abgabegründe 30-49, 50-57 und 70-72) müssen gemäß § 28a Abs. 2a SGB IV nunmehr folgende Daten zur Unfallversicherung zusätzlich angegeben werden:

— die Mitgliedsnummer des Unternehmers,
— die Betriebsnummer des zuständigen Unfallversicherungsträgers,
— das in der Unfallversicherung beitragspflichtige Arbeitsentgelt in Euro und seine Zuordnung zur jeweiligen Gefahrtarifstelle,

Beschäftigte, die **ausschließlich** Beschäftigte **im Sinne der Unfallversicherung** sind, müssen über den Personengruppenschlüssel **„190"** gemeldet werden. In der Praxis sind das beispielsweise folgende Fallgruppen, in denen keine Versicherungspflicht zur Kranken-, Pflege-, Renten und Arbeitslosenversicherung vorliegt:

— Studenten in einem nicht vorgeschriebenen Zwischenpraktikum (vgl. S. 323);
— beurlaubte Beamte, die in der gesetzlichen Sozialversicherung versicherungsfrei sind, aber in der gesetzlichen Unfallversicherung als Arbeitnehmer versichert sind;
— privat Krankenversicherte in einer geringfügigen Beschäftigung, in der auf die Rentenversicherungsfreiheit verzichtet wurde und zu der eine Befreiung von der Rentenversicherung zugunsten einer Mitgliedschaft in einer berufsständischen Versorgungseinrichtung vorliegt;
— Werkstudenten in einer Beschäftigung zu der eine Befreiung von der Rentenversicherungspflicht zugunsten einer Mitgliedschaft in einer berufsständischen Versorgungseinrichtung vorliegt.

Zum **1.1.2016** eingeführt wurde die Unfallversicherungs-Jahresmeldung (UV-Jahresmeldung). Sie ist für jeden im Vorjahr beschäftigten Arbeitnehmer zu erstellen.

Die UV-Jahresmeldung ist zusätzlich zur originären Jahresmeldung und zu den übrigen Sozialversicherungsentgeltmeldungen bis zum 16. Februar des Folgejahres abzugeben. Der Abgabegrund lautet „92".

Die UV-Jahresmeldung enthält das beitragspflichtige Arbeitsentgelt zur Unfallversicherung. Sie geht an die Datenannahmestelle der Einzugsstelle, die zum Zeitpunkt der Abgabe für diesen Arbeitnehmer zuständig ist. Lässt sich die Einzugsstelle nicht ermitteln, dann geht sie an die zuletzt bekannte Einzugsstelle. Von deren zuständiger Datenannahmestelle wird sie direkt an die Datenstelle der Deutschen Rentenversicherung weitergeleitet.

Unabhängig vom tatsächlichen Beschäftigungszeitraum ist der Meldezeitraum immer der 1. Januar bis 31. Dezember des abgelaufenen Kalenderjahres.

Start des digitalen Lohnnachweises

Die Lohnnachweise müssen in elektronischer Form als digitaler Lohnnachweis an die Unfallversicherung gemeldet werden. Den Unternehmen wurden dazu die Betriebsnummer des Unfallversicherungsträgers, die Mitgliedsnummer und ein fünfstelliger Pin als Zugangsvoraussetzung per Post zugesandt und die Arbeitgeber mussten einen Stammdatenabgleich

BEISPIEL 29 *Hinweis auf das Optimierte Meldeverfahren OMS*

bei der deutschen gesetzlichen Unfallversicherung vornehmen, um die aktuellen Gefahrtarifstellen abzurufen. Der digitale Lohnnachweis für das Meldejahr 2018 ist bis spätestens 16.2.2019 an die Unfallversicherung bzw. Unfallkasse zu übermitteln.

Hinweis auf das Optimierte Meldeverfahren OMS

Mit dem Fünften Gesetz zur Änderung des SGB IV und anderer Gesetze (5. SGB IV-Änderungsgesetz) vom 15.4.2015, BGBl. I S. 583, wurde das Meldeverfahren in der sozialen Sicherung bezüglich der Übermittlung von Daten und Verarbeitung von elektronischen Daten in der Sozialversicherung optimiert und mit dem Sechsten Gesetz zur Änderung des Vierten Buches Sozialgesetzbuch und anderer Gesetze (6. SGB IV-Änderungsgesetz) vom 11.11.2016, BGBl. I S. 2.500, weiter vorangebracht. Derzeit ist der Entwurf eines 7. SGB IV-Änderungsgesetzes in Vorbereitung, das zum 1.7.2020 möglicherweise weitere Änderungen bringen wird.

Der GKV-Spitzenverband hat auf seinem Internetportal www.gkv-datenaustausch.de (> Arbeitgeberverfahren -> Kommunikationsdaten) ausführliche Informationen mit den entsprechenden Rundschreiben eingestellt.

ANLAGE 1

Kirchensteuersätze

Land	KiSt in % von der LSt, wenn keine Kinder zu berücksichtigen sind[1]	Mindest-KiSt jährlich	KiSt in % von der LSt im Falle der Lohnsteuerpauschalierung bei Wahl des vereinfachten Verfahrens[2]
Baden-Württemberg	8%	—	5,5 %
Bayern	8%	—	7%
Berlin	9%	—	5%
Brandenburg	9%	—	5%
Bremen	9%	—	7%
Hamburg	9%	3,60[3]	4%
Hessen	9%	1,80	7%
Mecklenburg-Vorpommern	9%	3,60	5%
Niedersachsen	9%[4]	—	6%
Nordrhein-Westfalen	9%	—	7%
Rheinland-Pfalz	9%	—	7%
Saarland	9%	—	7%
Sachsen	9%	3,60[5]	5%
Sachsen-Anhalt	9%	3,60[5]	5%
Schleswig-Holstein	9%	3,60	6%
Thüringen	9%	3,60[5]	5%

[1] Dieser KiSt-Satz findet unabhängig von der Zahl der Kinder bei der Besteuerung sonstiger Bezüge Anwendung.
[2] Die Aufteilung der im vereinfachten Verfahren erhobenen pauschalen Kirchensteuer übernimmt das Finanzamt (vgl. Anlage 1a S. 405).
[3] Die Mindest-KiSt wird nur erhoben, wenn nach Abzug der Kürzungsbeträge für die Kinder noch eine LSt verbleibt
[4] Im niedersächsischen Teil der Bremischen Evangelischen Kirche 8%.
[5] Mindest-KiSt gilt nur für ev.

ANLAGE 1a

Kirchensteuer bei Lohnsteuerpauschalierung

Zur Erhebung der Kirchensteuer kann der Arbeitgeber zwischen einem vereinfachten Verfahren und dem Nachweisverfahren wählen. Welche Methode er wählt, kann er für jeden Lohnsteuer-Anmeldungszeitraum entscheiden. Es ist auch zulässig, für die einzelnen Pauschalierungstatbestände unterschiedlich vorzugehen; der Arbeitgeber kann z. B. bei der Pauschalierung nach § 40a EStG für Aushilfskräfte aus Vereinfachungsgründen auf den Nachweis der fehlenden Kirchensteuerpflicht verzichten und die KiSt im vereinfachten Verfahren berechnen, aber bei der Pauschalierung nach § 40b EStG für Direktversicherungsbeiträge für die KiSt-Erhebung auf die Angaben in den ELStAM-Daten bzw. in Ausnahmefällen in der entsprechenden Bescheinigung für den Lohnsteuerabzug abstellen.

Rechtsgrundlage: Ländererlasse vom 8.8.2016, BStBl I S. 773

Wie hoch ist die Kirchensteuer im vereinfachten Verfahren?

Entscheidet sich der Arbeitgeber dafür, zu einer bestimmten Lohnsteuerpauschalierung die KiSt im vereinfachten Verfahren zu berechnen, muss er für sämtliche in diesen Pauschalierungstatbestand einbezogenen Arbeitnehmer, unabhängig davon, ob sie einer Kirche angehören oder nicht, Kirchensteuer entrichten. Dafür gilt allerdings ein ermäßigter Kirchensteuersatz. Dieser kann für das jeweilige Land der Zusammenstellung in Anlage 1 (S. 404) entnommen werden.

 Beispiel 1:

Der Arbeitgeber nimmt für sonstige Bezüge die Lohnsteuerpauschalierung vor (vgl. S. 226). Die pauschale Lohnsteuer beträgt beispielsweise 10.200,– €. Die lohnsteuerliche Betriebsstätte des Arbeitgebers befindet sich in Bayern.

KiSt 7 % von 10.200,– € = <u>714,– €</u>.

Die im vereinfachten Verfahren erhobene pauschale Kirchensteuer ist nicht auf die Religionsgemeinschaften aufzuteilen, sondern in einer Summe in Zeile 24 der Lohnsteuer-Anmeldung gesondert einzutragen. Die Aufteilung dieser pauschalen Kirchensteuer auf die erhebungsberechtigten Religionsgemeinschaften wird von der Finanzverwaltung vorgenommen.

Wie wird die Kirchensteuer beim Nachweisverfahren berechnet?

Weist der Arbeitgeber nach, dass einzelne Arbeitnehmer keiner steuererhebenden Religionsgemeinschaft angehören, unterbleibt die Entrichtung der Kirchensteuer, soweit sie auf die pauschale Lohnsteuer dieser Arbeitnehmer entfällt. Für die anderen (kirchensteuerpflichtigen) Arbeitnehmer gilt der allgemeine Kirchensteuersatz.

Beispiel 2:
Der Arbeitgeber (lohnsteuerliche Betriebsstätte in Berlin) zahlt für den Arbeitnehmer A (römisch-katholisch) und den Arbeitnehmer B (evangelisch) jeweils einen Direktversicherungsbeitrag (vgl. S. 81) von jeweils 1.752,– € und für den Arbeitnehmer C, der keiner steuererhebenden Religionsgemeinschaft angehört, einen Beitrag von 1.200,– €.

Arbeitnehmer A und B:

Pauschale Lohnsteuer 20 % von 1.752,– € =	350,40 €
KiSt (allgemeiner Satz Berlin) 9 % von 350,40 € =	31,53 €

Arbeitnehmer C:

Pauschale Lohnsteuer 20 % von 1.200,– € =	240,00 €
KiSt fällt nicht an.	

Die pauschale, nicht im vereinfachten Verfahren erhobene KiSt für den Arbeitnehmer A und B in Höhe von jeweils 31,53 € muss in der Lohnsteuer-Anmeldung bei der jeweiligen Religionsgemeinschaft in Zeile 25 und 26 eingetragen werden.

Wie ist der Nachweis über die Nichtzugehörigkeit zu einer steuererhebenden Religionsgemeinschaft zu führen?

Grundsätzlich sind die ELStAM-Daten bzw. in Ausnahmefällen die Angaben in der Bescheinigung für den Lohnsteuerabzug maßgebend. In den Fällen der Lohnsteuerpauschalierung bei geringfügig Beschäftigten nach § 40a EStG (vgl. S. 280 und 301) genügt als Nachweis eine Erklärung des Beschäftigten nach dem folgenden Muster:

ANLAGE 1a Kirchensteuer bei Lohnsteuerpauschalierung

Erklärung gegenüber dem Betriebsstättenfinanzamt zur Religionszugehörigkeit für die Erhebung der pauschalen Lohnsteuer nach § 40 EStG, § 40a Abs. 1, 2a** und 3 EStG und § 40b EStG und der pauschalen Einkommensteuer nach § 37a und § 37b EStG

Finanzamt ....

Arbeitgeber/Unternehmen/Steuerpflichtiger:

Name der Firma ....

Anschrift ....

Arbeitnehmer/Empfänger der Sachprämien oder Sachzuwendungen:

Name, Vorname ....

Anschrift ....

Ich, der vorbezeichnete Arbeitnehmer/Empfänger der Sachprämien oder Sachzuwendungen, erkläre, dass ich

☐ keiner Religionsgemeinschaft angehöre, die Kirchensteuer erhebt, und zwar

    a) ☐ seit Beginn meines Beschäftigungsverhältnisses bei dem oben genannten Arbeitgeber.

    b) ☐ im Zeitpunkt der Gewährung (bitte Datum oder Zeitraum angeben: ......) der Sachprämie oder Sachzuwendung.

    c) ☐ seit dem .... (bei Änderungen nach dem unter Buchstabe a bzw. b genannten Zeitpunkt).

☐ einer Religionsgemeinschaft angehöre, die Kirchensteuer erhebt

    ☐ evangelisch   ☐ römisch-katholisch   ☐ alt-katholisch

    ☐ jüdisch/israelisch   ☐ freireligiös

und zwar seit dem ....*.

* Datumsangabe nur erforderlich, wenn Sie gegenüber dem o.g. Arbeitgeber/Unternehmen/Steuerpflichtigen früher erklärt haben, dass Sie keiner Religionsgemeinschaft angehören, die Kirchensteuer erhebt, und zwischenzeitlich in eine solche Religionsgemeinschaft eingetreten sind oder Sie zu einer anderen Kirchensteuer erhebenden Religionsgemeinschaft gewechselt sind.

Ich versichere, die Angaben in dieser Erklärung wahrheitsgemäß nach bestem Wissen und Gewissen gemacht zu haben. Mir ist bekannt, dass die Erklärung als Grundlage für das Besteuerungsverfahren dient.

....

Ort, Datum   Unterschrift des Arbeitnehmers/Empfängers der Sachprämien oder Sachzuwendungen

Diese Erklärung ist vom Arbeitgeber/Unternehmen/Steuerpflichtigen zum Lohnkonto zu nehmen.

** Bei der Versteuerung mit der einheitlichen Pauschsteuer von 2% nach § 40a Abs. 2 EStG für Minijobs ist die Erklärung nicht erforderlich, da die Pauschsteuer die Kirchensteuer einschließt.

ANLAGE 2

Meldepflichten bei der Krankenkasse

Was gilt im maschinellen Meldeverfahren?

Mit dem Gesetz zur Vereinfachung der Verwaltungsverfahren im Sozialrecht vom 21.3.2005, BGBl. I S. 818 wurde die Modernisierung des Melde- und Beitragsnachweisverfahrens in der Sozialversicherung geregelt und durch das 5. SGB IV-Änderungsgesetz vom 15.4.2015, BGBl. I S. 583, sowie das 6. SGB IV-Änderungsgesetz vom 11.11.2016, BGBl. I S. 2.500, weiter ausgebaut. Beitragsnachweis- und Meldeverfahren wurden auf eine volle Automatisierung umgestellt. Derzeit ist der Entwurf eines 7. SGB IV-Änderungsgesetzes in Vorbereitung, das zum 1.7.2020 möglicherweise weitere Änderungen bringen wird.

Die Meldepflichten des Arbeitgebers ergeben sich aus § 28aff SGB IV und ihre Durchführung aus der Verordnung über die Erfassung und Übermittlung von Daten für die Träger der Sozialversicherung (Datenerfassungs- und -übermittlungsverordnung – DEÜV). Auf die von den Spitzenverbänden der Sozialversicherungsträger erlassenen „Gemeinsame Grundsätze für die Untersuchung von Entgeltabrechnungsprogrammen und Ausfüllhilfen (Systemuntersuchung) und die Datenweiterleitung innerhalb der Sozialversicherung nach § 22 Datenerfassungs- und -übermittlungsverordnung (DEÜV)" vom **28.2.2018 in der vom 1.1.2019** an geltenden Fassung wird hingewiesen.

Alle gesetzlichen Krankenkassen stellen eine einheitliche Ausfüllhilfe zur Verfügung, die die Bezeichnung „sv.net" trägt. Arbeitgeber erhalten dieses Programm kostenlos (www.gkv.datenaustausch.de).

Gibt es Ausnahmen vom maschinellen Meldeverfahren?

Nach § 28a Abs. 6a SGB IV kann ein Arbeitgeber, der im privaten Bereich nichtgewerbliche Zwecke oder die mildtätige, kirchliche, religiöse, wissenschaftliche oder gemeinnützige Zwecke verfolgt, Meldungen für geringfügig Beschäftigte (vgl. S. 280) anstatt durch maschinelle Datenübertragung auf Antrag nun wieder auf Vordruck erstatten, wenn er glaubhaft macht, dass ihm eine maschinelle Datenübertragung nicht möglich ist.

Welche Angaben sind in den Meldungen erforderlich?

In den Meldungen sind u. a. anzugeben

- die Versicherungsnummer; sie ist dem Sozialversicherungsausweis zu entnehmen (vgl. S. 21);
- die Schlüsselzahl für den Meldegrund; die meldepflichtigen Sachverhalte und die zugehörigen Schlüsselzahlen sind in der Anlage 2a zusammengefasst;
- der Personengruppenschlüssel (vgl. Anlage 2b);
- der Beitragsgruppenschlüssel (vgl. Anlage 2c).

Unzutreffende Meldungen sind zu stornieren und mit den richtigen Angaben neu zu erstatten.

Wie wird der Arbeitnehmer unterrichtet?

Auch beim automatisierten Meldeverfahren ist der Arbeitgeber weiterhin verpflichtet, dem Arbeitnehmer mindestens einmal jährlich, spätestens zum 30. April, für alle im Vorjahr durch

Datenübertragung erstatten Meldungen eine maschinell erstellte Bescheinigung zu erteilen. Bei Beendigung des Arbeitsverhältnisses ist diese Bescheinigung unverzüglich nach der letzten Meldung auszustellen.

Wem ist die Meldung zu erstatten?

Für KV-Pflichtige und freiwillig Krankenversicherte sind die Meldungen an die Krankenkasse zu richten, die der Arbeitnehmer gewählt hat. Bei privater Krankenversicherung ist die Meldung an eine gesetzliche Krankenkasse zu erstatten, die der Arbeitnehmer im Falle der KV-Pflicht wählen könnte.

Was gilt bei geringfügiger Beschäftigung?

Abgesehen von der obigen Ausnahmeregelung gilt das automatisierte Meldeverfahren auch für die geringfügig Beschäftigten (vgl. S. 280). Die Meldung für geringfügig Beschäftigte ist an die Deutsche Rentenversicherung Knappschaft-Bahn-See zu erstatten. Eine Sonderregelung existiert daneben für Beschäftigte in privaten Haushalten, für die das Haushaltsscheckverfahren anzuwenden ist.

ANLAGE 2a

Meldepflichtige Sachverhalte

In der nachfolgenden Tabelle sind die für die Praxis wichtigsten Schlüsselzahlen für die Abgabegründe in den Meldungen nach DEÜV zusammengefasst. Treffen für einen meldepflichtigen Sachverhalt innerhalb der Meldegruppe Anmeldung (Schlüsselzahlen 10–20) bzw. der Meldegruppe Abmeldung (Schlüsselzahlen 30–49) mehrere Abgabegründe zu, ist stets der Abgaberund mit der niedrigsten Schlüsselzahl anzugeben.

Schlüssel-zahl	Meldegrund	Meldefrist
Anmeldungen		
10	Anmeldung wegen Beginn einer Beschäftigung	Mit der ersten Lohn- und Gehaltsabrechnung, spätestens innerhalb von sechs Wochen nach Beginn der Beschäftigung
11	Anmeldung wegen Krankenkassenwechsel	Mit der nächsten folgenden Lohn- und Gehaltsabrechnung, spätestens innerhalb von sechs Wochen
12	Anmeldung wegen Beitragsgruppenwechsel (Anlage 2c)	
13	Anmeldung wegen sonstiger Gründe z. B. nach unbezahltem Urlaub oder Streik von länger als einem Monat	
13	wegen Änderung des Personengruppenschlüssels (Anlage 2b) ohne Beitragsgruppenwechsel (Anlage 2c)	
20	Sofortmeldung bei Aufnahme einer Beschäftigung nach § 28a Abs. 4 SGB IV bei bestimmten Branchen (vgl. S. 47)	sofort
Abmeldungen		
30	Abmeldung wegen Ende einer Beschäftigung	Mit der nächsten folgenden Lohn- und Gehaltsabrechnung, spätestens innerhalb von sechs Wochen nach dem Ende der Beschäftigung

31	Abmeldung wegen Krankenkassenwechsel	
32	Abmeldung wegen Beitragsgruppenwechsel (Anlage 2c)	
33	Abmeldung wegen sonstiger Änderung im Beschäftigungsverhältnis (z. B. Wechsel des Rechtskreises Ost/West oder des Personengruppenschlüssels- Anlage 2b)	Mit der nächsten folgenden Lohn- und Gehaltsabrechnung, spätestens innerhalb von sechs Wochen
34	Abmeldung wegen Ende des Fortbestehens eines versicherungsrechtlichen Beschäftigungsverhältnisses nach § 7 Abs. 3 Satz 1 SGB IV (Unterbrechung von länger als einem Monat)	
35	Abmeldung wegen Arbeitskampf von länger als einem Monat	
40	Gleichzeitige An- und Abmeldung wegen Ende der Beschäftigung	
49	Abmeldung wegen Tod	
Jahresmeldungen/Unterbrechungsmeldungen/sonstige Entgeltmeldungen		
50	Jahresmeldung	Bis spätestens 15. Februar des folgenden Kalenderjahres
51	Unterbrechungsmeldung wegen Bezug von bzw. Anspruch auf Entgeltersatzleistungen	Innerhalb von zwei Wochen nach Ablauf des ersten Kalendermonats der Unterbrechung
52	Unterbrechungsmeldung wegen Elternzeit	
53	Unterbrechungsmeldung wegen gesetzlicher Dienstpflicht oder freiwilligem Wehrdienst	
54	Meldung von einmalig gezahlten Arbeitsentgelt (Sondermeldung)	Mit der ersten folgenden Lohn- und Gehaltsabrechnung, spätestens innerhalb von sechs Wochen nach der Zahlung
55	Meldung von nicht vereinbarungsgemäß verwendetem Wertguthaben (Störfall)	Mit der ersten folgenden Lohn- und Gehaltsabrechnung
56	Meldung des Unterschiedsbetrags bei Entgeltersatzleistung während der Altersteilzeitarbeit	
57	Gesonderte Meldung nach § 194 Abs. 1 SGB VI (sog. Vorausbescheinigung auf Verlangen des Rentenantragstellers)	Mit der nächsten Lohn- und Gehaltsabrechnung

ANLAGE 2a — Meldepflichtige Sachverhalte

58	GKV-Monatsmeldung nach § 28a Abs. 1 Satz 1 Nr. 10 SGB IV in folgenden Fällen: Ermittlung der anteiligen BBG aufgrund einer Mehrfachbeschäftigung versicherungspflichtig mehrfachbeschäftigter Arbeitnehmer (vgl. S. 36) Anwendung der Gleitzone in Fällen der Mehrfachbeschäftigung (vgl. S. 39)	Mit der ersten folgenden Entgeltabrechnung nach Aufforderung der Einzugsstelle, spätestens innerhalb von sechs Wochen. Die Meldepflicht besteht für den von der Einzugsstelle angeforderten Zeitraum (§11b der Datenerfassungs- und -übermittlungsverordnung).
92	UV-Jahresmeldung	Bis spätestens 16. Februar des folgenden Kalenderjahres
Änderungsmeldungen		
60	Änderung des Namens	Zusammen mit der nächsten folgenden Lohn- und Gehaltsabrechnung, spätestens innerhalb von sechs Wochen nach der Änderung
61	Änderung der Anschrift	
63	Änderung der Staatsangehörigkeit	
Insolvenzmeldungen		
70	Jahresmeldung für freigestellte Arbeitnehmer	
71	Meldung des Vortages der Insolvenz/der Freistellung	
72	Entgeltmeldung zum rechtlichen Ende der Beschäftigung	

ANLAGE 2b

Personengruppenschlüssel

Schlüsselzahl	Personenkreis
101	**Arbeitnehmer** Sozialversicherungspflichtig Beschäftigte ohne besondere Merkmale
102	**Auszubildende ohne besondere Merkmale** (siehe dazu Schlüsselzahl 105, 106, 121, 122) mit einem Ausbildungsvertrag
103	**Altersteilzeit** vgl. S. 348
104	**Hausgewerbetreibende**
105	**Praktikanten**, vgl. S. 322 Für Praktikanten, deren Arbeitsentgelt die Geringverdienergrenze nicht übersteigt, gilt PGR 121. Praktikanten, die ein vorgeschriebenes Zwischenpraktikum absolvieren, sind ausschließlich in der Unfallversicherung versicherungspflichtig und daher mit dem PGR 190 zu melden.
106	**Werkstudenten,** die neben dem Studium eine Beschäftigung ausüben und in dieser Beschäftigung kranken-, pflege- und arbeitslosenversicherungsfrei sind (vgl. S. 324)
107	**Behinderte Menschen in anerkannten Werkstätten oder gleichartigen Einrichtungen**
108	**Bezieher von Vorruhestandsgeld** vgl. S. 353
109	**Geringfügig entlohnte Arbeitnehmer** in versicherungsfreier bzw. nur RV-pflichtiger Beschäftigung (vgl. S. 280)
110	**Kurzfristig Beschäftigte**, die versicherungsfrei sind (vgl. S. 301)
111	**Personen in Einrichtungen der Jugendhilfe, Berufsbildungswerken oder ähnlichen Einrichtungen für behinderte Menschen**
112	**Mitarbeitende Familienangehörige in der Landwirtschaft**
113	**Nebenerwerbslandwirte**
114	**Saisonal beschäftigte Nebenerwerbslandwirte**
117	**Nicht berufsmäßig unständig Beschäftigte** (vgl. S. 311)
118	**Berufsmäßig unständig Beschäftigte** (vgl. S. 311)
119	**Versicherungsfreie Altersvollrentner und Versorgungsbezieher wegen Alters** Das sind Personen, die nach Erreichen der Regelaltersgrenze eine Vollrente wegen Alters aus der gRV bzw. eine entsprechende Versorgung beziehen, oder die vor Erreichen der Regelaltersgrenze eine Vollrente aus der gRV beziehen und aufgrund des Bestandsschutzes versicherungsfrei nach § 230 Abs. 9 Satz 1 Satz 1 SGB VI bleiben (vgl. S. 312).

120	**Versicherungspflichtige Altersvollrentner**	
	Das sind Personen, die vor Erreichen der Regelaltersgrenze eine Vollrente wegen Alters aus der gRV beziehen oder nach Erreichen der Regelaltersgrenze eine Vollrente wegen Alters aus der gRV beziehen und auf die Versicherungsfreiheit nach § 5 Abs. 4 Satz 2 SGB VI verzichtet haben oder vor Erreichen der Regelaltersgrenze eine Vollrente wegen Alters aus der gRV beziehen und auf die Versicherungsfreiheit nach § 230 Abs. 9 Satz 2 SGB VI verzichtet haben (vgl. S. 312).	
121	**Auszubildende**, deren Arbeitsentgelt die **Geringverdienergrenze** nach § 20 Abs. 3 Satz 1 Nr. 1 SGB IV nicht übersteigt (vgl. S. 320)	
122	**Auszubildende in einer außerbetrieblichen Einrichtung**	
123	**Personen, die ein freiwilliges soziales, ein freiwilliges ökologisches Jahr oder einen Bundesfreiwilligendienst leisten.**	
124	**Heimarbeiter ohne Anspruch auf Entgeltfortzahlung im Krankheitsfall.**	
	Soweit Heimarbeiter aufgrund tarifvertraglicher Regelungen einen Anspruch auf Entgeltfortzahlung im Krankheitsfall haben (§ 10 Abs. 4 EFZG), ist PGR 124 nicht zu verwenden (vgl. S. 97).	
	Heimarbeiter, die in der Kranken-, Pflege-, Renten-, und Arbeitslosenversicherung aufgrund einer geringfügigen Beschäftigung nach § 8 Abs. 1 Nr. 1 SGB IV versicherungsfrei sind, werden mit dem PGR 109 gemeldet.	
190	Beschäftigte, die **ausschließlich** Beschäftigte **im Sinne der Unfallversicherung** sind.	
	Der Personengruppenschlüssel wurde ausschließlich für diesen Personenkreis eingeführt. Diese Personen müssen ebenfalls über das DEÜV-Meldeverfahren gemeldet werden, damit auch dem Rentenversicherungsträger bei der Prüfung die Daten zur Verfügung stehen.	

ANLAGE 2c

Beitragsgruppenschlüssel

In den Meldungen nach DEÜV sind die Beitragsgruppen so zu verschlüsseln, dass für jeden Beschäftigten in der Reihenfolge Kranken-, Renten-, Arbeitslosen- und Pflegeversicherung, die jeweils zutreffende Ziffer anzugeben ist.

Beitrag zur Krankenversicherung	
kein Beitrag	0
allgemeiner Beitrag	1
erhöhter Beitrag (nur zulässig für Meldezeiträume bis 31.12.2008)	2
ermäßigter Beitrag (Bezieher von Vorruhestandsgeld)	3
Beitrag zur landwirtschaftlichen KV	4
Arbeitgeberbeitrag zur landwirtschaftlichen KV	5
Pauschalbeitrag für geringfügige Beschäftigte	6
Beitrag zur freiwilligen Krankenversicherung (Firmenzahler)	9
Beitrag zur Rentenversicherung	
kein Beitrag	0
voller Beitrag	1
halber Beitrag	3
Pauschalbeitrag für geringfügige Beschäftigte	5*
Beitrag zur Arbeitslosenversicherung	
kein Beitrag	0
voller Beitrag	1
halber Beitrag	2
Beitrag zur Pflegeversicherung	
kein Beitrag	0
voller Beitrag	1
halber Beitrag	2

Beispiele:
— Für einen voll sozialversicherungspflichtigen Arbeitnehmer
  lautet der Schlüssel: 1 1 1 1
— Für einen freiwillig krankenversicherten Arbeitnehmer, für den
  der Arbeitgeber den KV-Beitrag abführt, lautet der Schlüssel: 9 1 1 1

---

* Ab 2013 darf „5" bei einer geringfügigen Beschäftigung nur verwendet werden, wenn keine RV-Pflicht besteht (z. B. Bestandsschutzfall oder wegen des Bezugs einer Vollrente wegen Alters). Ansonsten Beitragsgruppenschlüssel „5" nur verwenden, wenn der Beschäftigte einen Befreiungsantrag stellt und auch nur ab dem Zeitpunkt, ab dem die Befreiung wirksam wird.

ANLAGE 3

Zusammenstellung der zulässigen Lohnsteuerpauschalierungen mit der beitragsrechtlichen Behandlung des pauschalversteuerten Arbeitslohns

Pauschalierungsfähige Zuwendungen	Pauschsteuersatz	SolZ aus der pauschalen Lohnsteuer	Rechtsgrundlage	Sozialversicherungsrechtliche Behandlung	vgl. Erläuterungen Seite
Gewährung von sonstigen Bezügen in einer größeren Zahl von Fällen von nicht mehr als 1.000 € im Kalenderjahr	berechnet nach den steuerlichen Verhältnissen der Arbeitnehmer	5,5 %	§ 40 Abs. 1 Satz 1 Nr. 1 EStG	beitragspflichtig § 1 Abs. 1 Nr. 2 SvEV Die pauschale LSt gehört nicht zum beitragspflichtigen Arbeitsentgelt.	226
Nachforderung von Lohnsteuer in einer größeren Zahl von Fällen durch das Finanzamt	berechnet nach den steuerlichen Verhältnissen der Arbeitnehmer	5,5 %	§ 40 Abs. 1 Satz 1 Nr. 2 EStG	beitragspflichtig § 1 Abs. 1 Nr. 1 und 2 SvEV Die pauschale LSt gehört nicht zum beitragspflichtigen Arbeitsentgelt.	—
Gewährung oder Bezuschussung von arbeitstäglichen Mahlzeiten	25 %	5,5 %	§ 40 Abs. 2 Satz 1 Nr. 1 EStG	nicht beitragspflichtig* § 1 Abs. 1 Nr. 3 SvEV	163
Mahlzeitengestellung bei einer Auswärtstätigkeit	25 %	5,5 %	§ 40 Abs. 2 Satz 1 Nr. 1a EStG	nicht beitragspflichtig* § 1 Abs. 1 Nr. 3 SvEV	119
Zuwendungen aus Anlass von Betriebsveranstaltungen	25 %	5,5 %	§ 40 Abs. 2 Satz 1 Nr. 2 EStG	nicht beitragspflichtig* § 1 Abs. 1 Nr. 3 SvEV	111
Gewährung von Erholungsbeihilfen (im Kalenderjahr 156 € für den AN, 104 € für dessen Ehegatten / Lebenspartner und 52 € für jedes Kind)	25 %	5,5 %	§ 40 Abs. 2 Satz 1 Nr. 3 EStG	nicht beitragspflichtig* § 1 Abs 1 Nr. 3 SvEV	—

ANLAGE 3

Pauschalierungsfähige Zuwendungen	Pausch-steuersatz	SolZ aus der pauschalen Lohnsteuer	Rechts-grundlage	Sozialversicherungsrechtliche Behandlung	vgl. Erläute-rungen Seite
Steuerpflichtiger Verpflegungskostenersatz bis zu 100% der steuerfreien Pauschbeträge	25%	5,5%	§ 40 Abs. 2 Satz 1 Nr. 4 EStG	nicht beitragspflichtig* § 1 Abs 1 Nr. 3 SvEV	213
Übereignung von PC und Zuschüsse zum Internetaufwand	25%	5,5%	§ 40 Abs. 2 Satz 1 Nr. 5 EStG	nicht beitragspflichtig* § 1 Abs 1 Nr. 3 SvEV	176
Übereignung von Ladevorrichtungen und Zuschüsse zum Erwerb solcher	25%	5,5%	§ 40 Abs. 2 Satz 1 Nr. 6 EStG	nicht beitragspflichtig* § 1 Abs 1 Nr. 3 SvEV	162
Übereignung von Fahrrädern	25%	5,5%	§ 40 Abs. 2 Satz 1 Nr. 7 EStG	nicht beitragspflichtig* § 1 Abs 1 Nr. 3 SvEV	161
Zuschüsse zu den Aufwendungen für Fahrten zwischen Wohnung und erster Tätigkeitsstätte oder einem vom Arbeitgeber vorbestimmte Sammelpunkt sowie Sachbezüge aus der Zurverfügungstellung eines Fahrzeugs hierfür	15 % oder 25 %	5,5 %	§ 40 Abs. 2 Satz 2 EStG	nicht beitragspflichtig* § 1 Abs 1 Nr. 3 SvEV	121, 144, 125
Arbeitslohn von kurzfristig Beschäftigten	25 %	5,5 %	§ 40a Abs. 1 EStG	versicherungsfreie, geringfügige Beschäftigung (Begrenzung auf längstens 3 Monate oder 70 Arbeitstage innerhalb eines Jahres und keine berufsmäßige Ausübung)	301
Geringfügig entlohnte Beschäftigung mit pauschalen SozV-Beiträgen	2%	—	§ 40a Abs. 2 EStG	Arbeitsentgelt nicht mehr als 450 € im Monat	280
Geringfügig entlohnte Beschäftigung	20 %	5,5 %	§ 40a Abs. 2a EStG	Arbeitsentgelt nicht mehr als 450 € im Monat, aber nicht mit pauschalen SozV-Beiträgen belegt, sondern normal sozialversicherungspflichtig.	292

ANLAGE 3

Pauschalierungsfähige Zuwendungen	Pausch-steuersatz	SolZ aus der pauschalen Lohnsteuer	Rechts-grundlage	Sozialversicherungsrechtliche Behandlung	vgl. Erläuterungen Seite
Aushilfskräfte in der Land- und Forstwirtschaft	5 %	5,5 %	§ 40a Abs. 3 EStG	in der Regel versicherungsfreie, geringfügige Beschäftigung (siehe oben)	309
Beiträge zu einer Direktversicherung und Zuwendungen an eine Pensionskasse, soweit sie für den Arbeitnehmer 1.752 € im Kalenderjahr nicht übersteigen	20 %	5,5 %	§ 40b Abs. 1 EStG	nicht beitragspflichtig, wenn die Zuwendungen zusätzlich zum ohnehin geschuldeten Arbeitslohn gezahlt oder ausschließlich aus Einmalzahlungen aufgebracht werden § 1 Abs. 1 Nr. 4 SvEV*	67
Beiträge zu einer Gruppenunfallversicherung, wenn der auf einen Arbeitnehmer entfallende Teilbetrag nach Abzug der Versicherungssteuer 100 € im Kalenderjahr nicht übersteigt	20 %	5,5 %	§ 40b Abs. 3 EStG	nicht beitragspflichtig, wenn die Zuwendungen zusätzlich zum ohnehin geschuldeten Arbeitslohn gezahlt oder ausschließlich aus Einmalzahlungen aufgebracht werden	136
Pauschalierung von Sachzuwendungen nach § 37b EStG	30 %	5,5 %	§ 37b EStG	beitragspflichtiges Entgelt bei eigenen Arbeitnehmern und Arbeitnehmern im Konzern § 1 Abs. 1 Nr. 14 SvEV	230

* Beitragsfreiheit greift nach § 1 Abs. 1 Satz 2 SvEV nur, wenn die Pauschalversteuerung spätestens bis zur Ausstellung der Lohnsteuerbescheinigung, also längstens bis zum 28.2. des Folgejahres tatsächlich vorgenommen worden ist.

ANLAGE 4

Neue Auslandsreisekosten 2020

Übersicht über Pauschbeträge für Verpflegungsmehraufwendungen und Übernachtungskosten bei Auslandsreisen

Für Reisetage in 2020 gelten die folgenden Pauschbeträge:

Land	Pauschbeträge für Verpflegungsmehraufwendungen bei einer Abwesenheitsdauer von mindestens 24 Stunden je Kalendertag €	Pauschbeträge für Verpflegungsmehraufwendungen für den An- und Abreisetag sowie bei einer Abwesenheitsdauer von mehr als 8 Stunden je Kalendertag €	Pauschbetrag für Übernachtungskosten €
Afghanistan	30	20	95
Ägypten	41	28	125
Äthiopien	39	26	130
Aquatorialguinea	36	24	166
Albanien	29	20	113
Algerien	51	34	173
Andorra	34	23	45
Angola	52	35	299
Antigua und Barbuda	45	30	177
Argentinien	35	24	113
Armenien	24	16	59
Aserbaidschan	30	20	72
Australien			
– Canberra	51	34	158
– Sydney	68	45	184
– Im Übrigen	51	34	158
Bahrain	45	30	180
Bangladesch	50	33	165
Barbados	52	35	165
Belgien	42	28	135
Benin	52	35	115

ANLAGE 4
Neue Auslandsreisekosten 2020

Land	Pauschbeträge für Verpflegungsmehraufwendungen		Pauschbetrag für Übernachtungskosten
	bei einer Abwesenheitsdauer von mindestens 24 Stunden je Kalendertag €	für den An- und Abreisetag sowie bei einer Abwesenheitsdauer von mehr als 8 Stunden je Kalendertag €	€
Bolivien	30	20	93
Bosnien und Herzegowina	23	16	75
Botsuana	40	27	102
Brasilien			
– Brasilia	57	38	127
– Rio de Janeiro	57	38	145
– Sao Paulo	53	36	132
– im Übrigen	51	34	84
Brunei	52	35	106
Bulgarien	22	15	115
Burkina Faso	38	25	174
Burundi	47	32	98
Chile	44	29	187
China			
– Chengdu	35	24	105
– Hongkong	74	49	145
– Kanton	40	27	113
– Peking	46	31	142
– Shanghai	50	33	128
– im Übrigen	50	33	78
Costa Rica	47	32	93
Côte d'Ivoire	51	34	146
Dänemark	58	39	143
Dominica	45	30	177
Dominikanische Republik	45	30	147
Dschibuti	65	44	305

ANLAGE 4 Neue Auslandsreisekosten 2020

Land	Pauschbeträge für Verpflegungsmehraufwendungen		Pauschbetrag für Übernachtungskosten
	bei einer Abwesenheitsdauer von mindestens 24 Stunden je Kalendertag €	für den An- und Abreisetag sowie bei einer Abwesenheitsdauer von mehr als 8 Stunden je Kalendertag €	€
Ecuador	44	29	97
El Salvador	44	29	119
Eritrea	50	33	91
Estland	29	20	85
Fidschi	34	23	69
Finnland	50	33	136
Frankreich			
– Paris*	58	39	152
– Straßburg	51	34	96
– Lyon	53	36	115
– Marseille	46	31	101
– im Übrigen	44	29	115
Gabun	52	35	183
Gambia	30	20	125
Georgien	35	24	88
Ghana	46	31	148
Grenada	45	30	177
Griechenland			
– Athen	46	31	132
– im Übrigen	36	24	135
Guatemala	34	23	90
Guinea	46	31	118
Guinea-Bissau	24	16	86
Guyana	45	30	177
Haiti	58	39	130

* einschließlich Departements Hauts-de-Seine, Seine-Saint-Denis und Val-de-Marne

ANLAGE 4

Neue Auslandsreisekosten 2020

Land	Pauschbeträge für Verpflegungsmehraufwendungen		Pauschbetrag für Übernachtungskosten
	bei einer Abwesenheitsdauer von mindestens 24 Stunden je Kalendertag	für den An- und Abreisetag sowie bei einer Abwesenheitsdauer von mehr als 8 Stunden je Kalendertag	
	€	€	€
Honduras	48	32	101
Indien			
– Bangalore	42	28	155
– Chennai	32	21	85
– Kalkutta	35	24	145
– Mumbai	50	33	146
– Neu Delhi	38	25	185
– im Übrigen	32	21	85
Indonesien	36	24	134
Iran	33	22	196
Irland	44	29	92
Island	47	32	108
Israel	66	44	190
Italien			
– Mailand	45	30	158
– Rom	40	27	135
– im Übrigen	40	27	135
Jamaika	57	38	138
Japan			
– Tokio	66	44	233
– im Übrigen	52	35	190
Jemen	24	16	95
Jordanien	46	31	126
Kambodscha	38	25	94
Kamerun	50	33	180

Land	Pauschbeträge für Verpflegungsmehraufwendungen		Pauschbetrag für Übernachtungskosten
	bei einer Abwesenheitsdauer von mindestens 24 Stunden je Kalendertag €	für den An- und Abreisetag sowie bei einer Abwesenheitsdauer von mehr als 8 Stunden je Kalendertag €	€
Kanada			
– Ottawa	47	32	142
– Toronto	51	34	161
– Vancouver	50	33	140
– Im Übrigen	47	32	134
Kap Verde	30	20	105
Kasachstan	45	30	111
Katar	56	37	149
Kenia	42	28	223
Kirgisistan	27	18	74
Kolumbien	46	31	115
Kongo, Republik	50	33	200
Kongo, Demokratische Republik	70	47	190
Korea, Demokratische Volksrepublik	28	19	92
Korea, Republik	58	39	112
Kosovo	23	16	57
Kroatien	35	24	107
Kuba	46	31	228
Kuwait	42	28	185
Laos	33	22	96
Lesotho	24	16	103
Lettland	35	24	76
Libanon	59	40	123
Libyen	63	42	135
Liechtenstein	53	36	180

Land	Pauschbeträge für Verpflegungsmehraufwendungen		Pauschbetrag für Übernachtungskosten
	bei einer Abwesenheitsdauer von mindestens 24 Stunden je Kalendertag €	für den An- und Abreisetag sowie bei einer Abwesenheitsdauer von mehr als 8 Stunden je Kalendertag €	€
Litauen	26	17	109
Luxemburg	47	32	130
Madagaskar	34	23	87
Malawi	47	32	123
Malaysia	34	23	88
Malediven	52	35	170
Mali	38	25	120
Malta	46	31	114
Marokko	42	28	129
Marshall Inseln	63	42	102
Mauretanien	39	26	105
Mauritius	54	36	220
Mazedonien	29	20	95
Mexiko	48	32	177
Mikronesien	33	22	116
Moldau, Republik	24	16	88
Monaco	42	28	180
Mongolei	27	18	92
Montenegro	29	20	94
Mosambik	38	25	146
Myanmar	35	24	155
Namibia	30	20	112
Nepal	28	19	86
Neuseeland	56	37	153
Nicaragua	36	24	81
Niederlande	47	32	122

Land	Pauschbeträge für Verpflegungsmehraufwendungen		Pauschbetrag für Übernachtungskosten
	bei einer Abwesenheitsdauer von mindestens 24 Stunden je Kalendertag €	für den An- und Abreisetag sowie bei einer Abwesenheitsdauer von mehr als 8 Stunden je Kalendertag €	€
Niger	41	28	89
Nigeria	46	31	182
Norwegen	80	53	182
Österreich	40	27	108
Oman	60	40	200
Pakistan			
– Islamabad	23	16	238
– im Übrigen	34	23	122
Palau	51	34	179
Panama	39	26	111
Papua-Neuguinea	60	40	234
Paraguay	38	25	108
Peru	34	23	143
Philippinen*	33	22	116
Polen			
– Breslau	33	22	117
– Danzig	30	20	84
– Krakau	27	18	86
– Warschau	29	20	109
– im Übrigen	29	20	60
Portugal	36	24	102
Ruanda	46	31	141
Rumänien			
– Bukarest	32	21	100
– im Übrigen	26	17	62

* Die für die Philippinen festgesetzten Werte gelten auch für Mikronesien.

Land	Pauschbeträge für Verpflegungsmehraufwendungen		Pauschbetrag für Übernachtungskosten
	bei einer Abwesenheitsdauer von mindestens 24 Stunden je Kalendertag €	für den An- und Abreisetag sowie bei einer Abwesenheitsdauer von mehr als 8 Stunden je Kalendertag €	€
Russische Föderation			
– Jekatarinenburg	28	19	84
– Moskau	30	20	110
– St. Petersburg	26	17	114
– im Übrigen	24	16	58
Sambia	36	24	130
Samoa	29	20	85
São Tomé – Príncipe	47	32	80
San Marino	34	23	75
Saudi-Arabien			
– Djidda	38	25	234
– Riad	48	32	179
– im Übrigen	48	32	80
Schweden	50	33	168
Schweiz			
– Genf	64	43	195
– im Übrigen	62	41	169
Senegal	45	30	128
Serbien	20	13	74
Sierra Leone	48	32	161
Simbabwe	45	30	140
Singapur	54	36	197
Slowakische Republik	24	16	85
Slowenien	33	22	95

ANLAGE 4

Neue Auslandsreisekosten 2020

Land	Pauschbeträge für Verpflegungsmehraufwendungen		Pauschbetrag für Übernachtungskosten
	bei einer Abwesenheitsdauer von mindestens 24 Stunden je Kalendertag €	für den An- und Abreisetag sowie bei einer Abwesenheitsdauer von mehr als 8 Stunden je Kalendertag €	€
Spanien			
– Barcelona	34	23	118
– Kanarische Inseln	40	27	115
– Madrid	40	27	118
– Palma de Mallorca	35	24	121
– im Übrigen	34	23	115
Sri Lanka	42	28	100
St. Kitts und Nevis	45	30	177
St. Lucia	45	30	177
St. Vincent und die Grenadinen	45	30	177
Sudan	33	22	195
Südafrika			
– Kapstadt	27	18	112
– Johannisburg	29	20	124
– im Übrigen	22	15	94
Südsudan	34	23	150
Suriname	45	30	177
Syrien	38	25	140
Tadschikistan	27	18	118
Taiwan	46	31	143
Tansania	47	32	201
Thailand	38	25	110
Togo	39	26	118
Tonga	39	26	94

ANLAGE 4 — Neue Auslandsreisekosten 2020

Land	Pauschbeträge für Verpflegungsmehraufwendungen		Pauschbetrag für Übernachtungskosten
	bei einer Abwesenheitsdauer von mindestens 24 Stunden je Kalendertag €	für den An- und Abreisetag sowie bei einer Abwesenheitsdauer von mehr als 8 Stunden je Kalendertag €	€
Trinidad und Tobago*	45	30	177
Tschad	64	43	163
Tschechische Republik	35	24	94
Türkei			
– Istanbul	26	17	120
– Izmir	29	20	55
– im Übrigen	17	12	95
Tunesien	40	27	115
Turkmenistan	33	22	108
Uganda	41	28	143
Ukraine	26	17	98
Ungarn	22	15	63
Uruguay	48	32	90
Usbekistan	34	23	104
Vatikanstaat	52	35	160
Venezuela	45	30	127
Vereinigte Arabische Emirate	65	44	156
Vereinigte Staaten von Amerika			
– Atlanta	62	41	175
– Boston	58	39	265
– Chicago	54	36	209
– Houston	63	42	138
– Los Angeles	56	37	274
– Miami	64	43	151

* Die für Trinidad und Tobago festgesetzten Beträge gelten auch für die zu dessen Amtsbezirk gehörenden Staaten Antigua und Barbuda, Dominica, Grenada, Guyana, St. Kitts und Nevis, St. Lucia, St. Vincent und Grenadien sowie Suriname.

Land	Pauschbeträge für Verpflegungsmehraufwendungen		Pauschbetrag für Übernachtungskosten
	bei einer Abwesenheitsdauer von mindestens 24 Stunden je Kalendertag €	für den An- und Abreisetag sowie bei einer Abwesenheitsdauer von mehr als 8 Stunden je Kalendertag €	€
– New York City	58	39	282
– San Francisco	51	34	314
– Washington, D. C.	62	41	276
– im Übrigen	51	34	138
Vereinigtes Königreich von Großbritannien und Nordirland			
– London	62	41	224
– im Übrigen	45	30	115
Vietnam	41	28	86
Weißrussland	20	13	98
Zentralafrikanische Republik	46	31	74
Zypern	45	30	116

Stichwortverzeichnis

A

Abfindung 366
Abführung von
— Lohnsteuer, Kirchensteuer 396
— Sozialversicherungsbeiträgen 399
Abschlagszahlung 398
Abwälzung pauschaler Steuerbeträge 82
Altersentlastungsbetrag 315
Altersteilzeit 348
Anmeldung 46
— Krankenkasse 46
Arbeitgeberzuschuss zur Kranken- und Pflegeversicherung 53
Arbeitsbedingungen, Niederschrift der 13
Arbeitsbescheinigung 365
Arbeitslohnrückzahlung 241
Arbeitslosenversicherung 33
Arbeitspapiere 13, 43, 365
Arbeitsverhinderung 272
Arbeitsvertrag 13
Aufmerksamkeiten 106
Auslagenersatz 106
Ausländische Studenten 328
Auslandstätigkeit 356
Auslandstätigkeitserlass 362
Außergewöhnlicher Arbeitseinsatz 117
Auswärtstätigkeit 183
Auszubildende 319

B

Barlohnverzicht 82
Basisgrundlohn 94
BAV-Förderbetrag 86
Beendigung des Arbeitsverhältnisses 363
Befreiung von der Krankenversicherungspflicht 52
Beginn der Beschäftigung 46
Beitragsbemessungsgrenzen 35
Beitragsfreie Zeit und
— einmalig gezahlte Arbeitsentgelte 220
— Überstundenbezahlung 90
Beitragsnachweis 399, 401
Beitragssätze 33
Beitragszuschuss 53
Belegschaftsrabatte 169
Belohnungsessen 117
Berechnung der Beiträge 37
Berufskleidung 107
Beschränkt steuerpflichtige Arbeitnehmer 387
Besondere Lohnsteuertabelle 30
Betreuungsleistungen 105
Betriebliche Altersversorgung 67
— BAV-Förderbetrag 86
— Durchführungswege 69
— reine Beitragszusage 69
Betriebliche Gesundheitsförderung 109
Betriebsausflug 111
Betriebsstätte 399
Bewirtung von Arbeitnehmern 116
Bundesfreiwilligendienst 35

D

Diensteinführung 116
Dienstreisen
— siehe Auswärtstätigkeit 183
Dienstreiseversicherung 136
Dienstverhältnisse
— mehrere nebeneinander bestehende 29
Direktversicherung 77, 81
— bei Ausscheiden aus dem Arbeitsverhältnis 371

— für den Ehegatten   330
— für Gesellschafter-Geschäftsführer   336
— gemeinsam für mehrere Arbeitnehmer   81
Direktzusage   72
Doppelbesteuerungsabkommen   357
Doppelte Haushaltsführung   208
Dreizehntes Gehalt   214
Drittrabatte   170

E
Ehegatten-Arbeitsverhältnis   329
Ehrung   116
Einmalig gezahltes Arbeitsentgelt   214
— beitragsfreie Zeit   220
— nach Ausscheiden aus dem Arbeitsverhältnis   373
Einsatzwechseltätigkeit
— siehe Auswärtstätigkeit   183
Elektrofahrzeuge   158
Elterngeld   267
Elternzeit   259
Entfernungspauschale   209
Entgeltabrechnungszeitraum   401
Entgeltbescheinigung   390
Entgeltfortzahlung
— Arbeitsverhinderung   272
— Feiertage   257
— Heimarbeiter   97
— Urlaub   244
Entsendung   37
Erstattung
— Kurzarbeitergeld   276
Erziehungsurlaub
— siehe Elternzeit   259
Essengeldzuschuss   163

F
Fahrrad   161
Fahrtätigkeit
— siehe Auswärtstätigkeit   183
Faktorverfahren   28
Fälligkeit der SozV-Beiträge   399
Familienangehörige   329
Feiertagslohn   257
Feiertagszuschlag   91
Flexible Arbeitszeit   342
Flugreisen   204
Fortbildungskosten   130
Freibetragsübertragung   29
Freiwillige Unfallversicherung   136
Fünftel-Regelung
— Abfindung   384
— Lohnnachzahlung   236
— mehrjährige Tätigkeit   225

G
Garagenmiete   147
Geburtsbeihilfen   143
Geburtstagsfeier   116
Gehaltsumwandlungsversicherung   82
Geringfügig entlohnte Beschäftigung   280, 282
Geringverdienergrenze   320
Geringwertige Sachbezüge   140
Geschenke   106
Gesellschafter-Geschäftsführer   334
Gesetzliche Feiertage   257
Gleichbehandlungsgesetz   15
Gleitzone   39
Grundlohn   91
Gruppenunfallversicherung   137, 418

H
Heimarbeiter   97
Heiratsbeihilfe   143

Heizung 179
Hinterbliebenenbezüge 374
Hinzurechnungsbetrag 29
Höchstbetrag bei privater KV 55

I
Ich-AG 60
Insolvenzgeldumlage 42

J
Jahresarbeitslohn 216
Jahresausgleich 378
Jahresmeldung 388
Job-Ticket 122
Jubiläumszuwendung 225

K
Kilometersätze 190
Kindergartenzuschüsse 143
Kirchensteuer 32
— *Pauschalierung* 32, 84, 86, 230
Kontoführungsgebühren 107
Kraftfahrzeugüberlassung 144
Krankengeld 63
Krankenversicherungspflicht, keine 52
Kündigungsfristen 363
Kündigungsschutz für
— *Auszubildende* 365
— *Betriebsräte und Personalvertreter* 364
— *Schwerbehinderte* 364
— *Wehrdienstleistende* 364
Kündigungsverbot 364
Kurzarbeit 273
Kurzarbeitergeld
— *Zuschuss zum* 279
Kurzfristige Beschäftigung 301
Kurzzeitige Beschäftigung 310

L
Lohnabrechnungszeitraum 398
Lohnerhöhung 234
Lohnfortzahlungsversicherung 254
Lohnkonto 391
Lohnnachzahlung 234
Lohnsteuerabzug 27
Lohnsteuer-Anmeldung 396
Lohnsteuer-Außenprüfung 401
Lohnsteuer-Jahresausgleich 378
Lohnsteuer-Nachschau 401
Lohnsteuerpauschalierung 416
Lohnsteuertabellen 27
Lohnzahlung an ausgeschiedene Arbeitnehmer 371

M
Mahlzeiten
— *Kantinenmahlzeiten* 164
— *Mahlzeiten* 163
— *Mahlzeitenabgabe bei Auswärtstätigkeit* 118
Mehrarbeit 90
Mehrere nebeneinander bestehende Dienstverhältnisse 29
Mehrfachbeschäftigte 36
Mehrjährige Tätigkeit 225
Meldepflichten
— *Anmeldung* 46
— *Unterbrechungsmeldung* 63
Meldeverfahren OMS 403
Mietwert 178
Mindestlohngesetz 14
Mischzuschlag 93
Mitgliedsbescheinigung 46
Mutterschaftsgeld 260
— *Zuschuss zum* 261
Mutterschutzfrist 260
Mutterschutzlohn 259

N

Nachtarbeitszuschlag 91
Nachzahlung 234
— für mehrere Jahre 236
Nettolohn 239
Niedriglohn 39

O

Ortsübliche Miete 177

P

Pauschale Abgaben bei geringfügig entlohnter Beschäftigung 283
Pauschalierung der Kirchensteuer 32
Pauschalierung der Lohnsteuer 416
— Gruppenunfallversicherung 137
— Internetaufwendungen 176
— Kirchensteuer, Anlage 1 404
— Ladestromvorrichtung 162
— Land- und Forstwirtschaft 309
— Mahlzeitengestellung bei Auswärtstätigkeit 119
— PC-Übereignung 176
— sonstige Bezüge 226
Pauschalierung nach § 37b EStG 230
Pensionsempfänger 318
Pensionsfonds 77
Pensionskasse 74
Personalarabatte 169
Pflegeversicherung 48, 53
— Beitragszuschlag 34
Pflegezeit 268
Praktikanten 322
Private Krankenversicherung 55
Privathaushalt 298
Progressionsvorbehalt 276, 360
Provision 90

R

Rabatt-Freibetrag 169
Rahmenarbeitsvertrag 305
Reisekostenspitzenbeträge 212
Reisenebenkosten, Dienstreiseversicherung 136
Rentenversicherungspflicht 59
Rentner 312
Restaurantscheck 165
Rückzahlung 241

S

Sachbezüge 105
— geringwertige 140
Sammelbeförderung 129
Sammelkonto 393
Schüler 321
Sofortmeldung 47
Solidaritätszuschlag 31, 380
Sonderzuwendungen 227
Sonstige Bezüge 214
— Kürzung wegen Krankheitstagen 254
— netto 240
Sozialversicherungsbeiträge 33
Sterbegeld 374
Störfall 347
Studenten
— ausländische 328
— Werkstudenten 324
SV-Luft 346

T

Tantieme 214
Teillohnzahlungszeitraum 63
Teilurlaub 244
Teilzeitkräfte, Urlaub 248
Telearbeitsplatz 173
Telefonkosten 173, 337

U

Übernachtungskosten, Auswärtstätigkeit 199
Überstundenbezahlung 90
Umlage
— Lohnfortzahlung 255
— Mutterschutz 264
Unfallversicherung 136
Unfallversicherung, Meldeverfahren 402
Unständige Beschäftigung 311
Unterstützungskasse 74
Urlaubsabgeltung 248
Urlaubsanspruch 244
— Teilzeitkräfte 248
Urlaubsbescheinigung 365
Urlaubsentgelt 246
— Heimarbeiter 97

V

Verbilligte Mahlzeiten 164
Vermögensbeteiligungen 102
Vermögenswirksame Leistungen 100
Verpflegungsmehraufwand 177
Verrechnung von Beiträgen 242
Versicherungspflicht 48
— Kranken- und Pflegeversicherung 48
— Renten- und Arbeitslosenversicherung 59
Verzicht auf Barlohn 82
VIP-Logen 177
Vorruhestand 353
Vorsorgepauschale 23

W

Warengutschein 142
Wartezeit für Anspruch auf
— Entgeltfortzahlung 251
— Urlaub 244
Weihnachtsfeier 111

Weihnachtsgratifikation 218
Weiterbildungsleistungen 131
Werkstudenten 324
Werkzeuggeld 177
Wohnungsüberlassung 177

Z

Zeugnis 365
Zusatzbeitrag zur Krankenversicherung 33
Zuschläge
— Heimarbeiter 99
— Mehrarbeit 90
— Sonntags-, Feiertags- und Nachtarbeit 91
Zuschuss
— Kindergarten 143
— Krankenversicherung 55
— Kurzarbeitergeld 279
— Ladestromvorrichtung 162
— Mahlzeiten 164
— Mehrfachbeschäftigung 58
Zuwendungen, einmalige 214

Hier abtrennen!

Dr. F. Weiss Verlag GmbH, 80021 München, Postfach 20 21 31, Telefon 089 / 791 60 04

Faxen Sie uns einfach Ihre Bestellung – **089/792293**

oder bestellen Sie per E-Mail: **office@weissverlag.de** oder im Internet: **www.weissverlag.de**

Bestellkarte

Bitte senden Sie mir	Einzelpreis	Anzahl
PRAKTISCHE Lohnabrechnung 2020	59,– €	…..
HANDBUCH für Lohnsteuer und Sozialversicherung 2020	61,– €	…..
BAULOHN 2020	58,– €	…..
ARBEITSRECHT in der betrieblichen Praxis 2020	63,– €	…..
Abonnement 2 Bücher: Praktische Lohnabrechnung 2020 und Handbuch 2020	112,– €	…..
Abonnement 3 Bücher: Praktische Lohnabrechnung 2020, Handbuch 2020, Arbeitsrecht 2020	169,– €	…..

Wenn Sie regelmäßig unseren Newsletter erhalten wollen: E-Mail-Adresse:

☐ Ich möchte unverbindlich Neuerscheinungen zur Ansicht zugesendet bekommen

Absender: ggf. Kundennummer:

Firma:

Name:

Straße:

PLZ/Ort:

Telefon: Fax:

E-Mail:

Datum Unterschrift/Firmenstempel

▲ Hier abtrennen! ▲

Dr. F. Weiss Verlag GmbH, 80021 München, Postfach 20 21 31
Fax 089 / 79 22 93 Telefon 089 / 791 60 04

SEPA-Mandat:

Hiermit ermächtige(n) ich/wir Sie widerruflich, die von mir/uns zu bezahlenden Rechnungen bei Fälligkeit durch SEPA-Mandat einzuziehen.

Kundenkonto Nr.:

Name / Vorname des Kontoinhabers:

PLZ: Ort:

BIC: IBAN:

Bank:

Ort: Datum:

Unterschrift des Kontoinhabers:

Dr. F. Weiss Verlag
Seit 1981